两岸关系和平发展的巩固与深化

全国台湾研究会2012年学术研讨会论文选编

主　编　周志怀
副主编　杨立宪
　　　　严　峻

九州出版社 JIUZHOUPRESS | 全国百佳图书出版单位

图书在版编目（CIP）数据

两岸关系和平发展的巩固与深化：全国台湾研究会2012年学术研讨会论文选编 / 周志怀主编. —北京：九州出版社，2013.3

ISBN 978-7-5108-2039-7

Ⅰ.①两… Ⅱ.①周… Ⅲ.①海峡两岸-关系-学术会议-文集 Ⅳ.①D618-53

中国版本图书馆 CIP 数据核字（2013）第058224号

两岸关系和平发展的巩固与深化

——全国台湾研究会2012年学术研讨会论文选编

作　　者	周志怀 主编
出版发行	九州出版社
出 版 人	黄宪华
地　　址	北京市西城区阜外大街甲35号(100037)
发行电话	(010)68992190/2/3/5/6
网　　址	www.jiuzhoupress.com
电子信箱	jiuzhou@jiuzhoupress.com
印　　刷	九洲财鑫印刷有限公司
开　　本	720×1020毫米　16开
印　　张	34.5
字　　数	544千字
版　　次	2013年5月第1版
印　　次	2013年5月第1次印刷
书　　号	ISBN 978-7-5108-2039-7
定　　价	88.00元

目　　录

科学发展观与两岸关系和平发展

海峡两岸关系研究中心　李逸舟

科学发展观是关于发展的世界观和方法论，“揭示的是发展的普遍规律，对全国都有重要的指导意义，各地区各部门都要认真贯彻落实”。[①] 就对台工作、对台政策这一特殊的领域和范畴而言，同样如此。事实上，自2003年10月中共十六届三中全会提出与实践科学发展观的过程，也正是关于两岸关系和平发展重要思想形成并在实践中实现突破的过程。这一政策思想，以胡锦涛总书记2005年3月4日发表新形势下发展两岸关系的四点意见为标志，经由同年胡锦涛分别与连战和宋楚瑜的谈话、2006年4月会见参加两岸经贸论坛代表时的讲话、党的十七大报告、2008年3月在全国政协联组会议上的讲话等等一系列丰富充实，在“12·31讲话”形成完整论述。它有如黄钟大吕，不仅一举打破两岸关系政治上的长期僵局，而且极大地扭转了台湾岛内政治运行的格局。本文拟以科学发展观的宏观视角，探讨两岸关系和平发展重要思想的渊源、理论内涵与实践意义，以期进一步深化对和平统一形势与任务的认识。

一、“初级阶段论、阶段性特征”的思想方法与现阶段两岸关系“和平发展为主题”

关于社会发展的阶段性划分，是马克思主义认识社会的基本方法之一；“我们的理论不是教条，而是对包含着一连串互相衔接的阶段的发展过程的阐明。”[②] 如果不能正确把握事物发展不同的阶段和位置，就不可能制订出

---

① 胡锦涛：《在中央人口资源环境工作座谈会上的讲话》，《深入学习实践科学发展观活动领导干部学习文件选编》，中央文献出版社、党建读物出版社，2008年，第25页。

② 《马克思恩格斯选集》第4卷，人民出版社，1995年，第680页。

真正切合实际的、正确的路线与政策。科学发展观在总结改革开放三十年所取得的重大成就的基础上，全面分析了新世纪新阶段以来一系列新的阶段性特征，要求全党立足社会主义初级阶段这个最大的实际，深刻把握我国发展面临的新课题新矛盾，更加自觉地走科学发展的道路。科学判断、全面把握我国处于并将长期处于社会主义初级阶段的基本国情、深刻认识我国发展的阶段性特征，科学判断、全面把握我们党所处的历史方位和肩负的历史使命，正是提出科学发展观的根本依据。科学发展观不厌其详地反复强调初级阶段的历史定位与新世纪新时期的阶段性特征，对各部门、各领域具有根本性的方法论与指导性意义。

就对台工作而言，1978 年十一届三中全会以后我们确立和平统一的大政方针时，是期望通过国共两党谈判直接实现“一国两制”，及早完成祖国统一大业。这一构想的核心，就是只要台湾当局降下“中华民国国旗”、改变为中国的特别行政区政府，其他生活方式与社会制度均可保持不变。如果台湾方面能够接受，是不需要划分什么阶段的，只是在落实各项具体安排时需要一个衔接与过渡的时间。但是，蒋经国自始至终坚拒接受“一国两制”，并以“三民主义统一中国”作为回应，坚持“不接触、不谈判、不妥协”的立场，直至其 1988 年去世。至 1991 年 2 月，台湾当局通过“国家统一纲领”，订立近、中、远三阶段统一进程。面对这一“基本面”，我们在加强防范与打击“台独”的同时，全局战略上继续坚持和平统一的方针，全方位开展两岸各领域的民间交流交往，并从思想理论上开始了对统一长期性的思考。1990 年 2 月，当时分管对台工作的国务院副总理吴学谦就指出：“实现祖国统一，还要花很大的力气，做长期的工作”。[①] 次年在纪念中共成立 70 周年大会的讲话中，江泽民总书记提议国共两党“派出代表进行直接接触商谈，逐步达成实现祖国统一的原则协议”，[②] 其中开始出现了“逐步”的思想。但是，当时尽管意识到统一难以在短期内实现，但对统一究竟将走过一个什么样的过程尚不清楚，因而也就远不能相应确立阶段性的目标与策略，呈现出“长期性”与“立即性”相互交织的状况，如“可以就国家统一问题达成原则协议，也可以就两岸交往中的重大问题进行谈判”。[③] 至

① 《台湾问题重要文献资料汇编》，红旗出版社，1997 年，第 141 页。
② 《台湾问题重要文献资料汇编》，红旗出版社，1997 年，第 141 页。
③ 《台湾问题重要文献资料汇编》，红旗出版社，1997 年，第 40 页。

1995年江泽民总书记发表“八项主张”，我党关于统一长期性的探索进一步深化。其中第三项提出：“我再次郑重建议举行这项谈判，并且提议，作为第一步，双方可先就‘在一个中国原则下，正式结束两岸敌对状态’进行谈判，并达成协议。在此基础上，共同承担义务，维护中国的主权领土完整，并对今后两岸关系的发展进行规划”。这里有两个要点：一是谈判分步走的构想中，本身已包含了统一分步走的思想；二是在第一步结束两岸敌对状态的基础上，“对今后两岸关系的发展进行规划”，这里显然并不是协商和规划统一问题，而是对两岸关系各方面各领域如何正常发展进行安排，明显是一个长期的过程。讲话发表后，立即受到台湾岛内和国际舆论的高度赞同，认为中共理性务实，极富善意，普遍期待两岸关系将进入一个良性互动、平稳发展的新阶段。但在几个月后，美国不顾我强烈反对允许李登辉以“私人身份”访问美国，我展开大规模反分裂反“台独”斗争予以反制，两岸间出现的缓和势头被迫中断。此后至民进党上台，两岸政治关系总体上处于激烈对抗与僵局状态。

进入新世纪以来，台海形势发生一系列重大变化，两岸关系阶段性特征进一步彰显。第一，“台独”势力极力通过所谓“宪改”、“公投”鼓噪“台湾法理独立”，推行一系列“去中国化”的分裂行径，严重危害两岸关系和台海和平。但同时，在我们坚定不移的斗争与打击下，一波波“台独”活动遭到挫败，“台独”能量有所削弱，其色厉内荏、外强中干的虚弱本质逐步显露。“两岸关系的基本格局和发展趋势没有改变。台湾同胞求和平、求安定、求发展的意愿日益增强”；[①]“更具主导作用的是，祖国大陆继续发展和我们反对‘台独’的坚决斗争、两岸人员往来和经济文化交流的发展、国际社会普遍承认一个中国等因素的综合作用，将更有力地遏制台独分裂活动，也将更有利于我们推动两岸关系朝着和平统一的方向发展”。[②] 第二，以中国加入世贸组织、“奥运”的顺利筹备与举办、“神六”“神七”的成功发射等等为标志，我在经济社会领域的改革发展取得更大进展，在国际经济与政治领域进一步显现出举足轻重的地位与影响，全面复兴的气象廓然成形。两岸综合实力对比更加明显，台湾前途离不开大陆的趋势进一步强化，

① 江泽民：《全面建设小康社会，开创中国特色社会主义事业新局面》，《人民日报》2002年11月9日。

② 《十七大报告辅导读本》，人民出版社，2007年，第366页。

多数台湾人民希望两岸关系和平稳定发展。第三，岛内分裂势力连年在国际上左冲右突，但不仅未能在外部环境中撼动一个中国的基本格局，反而“越套越紧”，被国际社会视为“麻烦制造者”，美国的公开宣示也越来越由“不支持台独”明确为“反对台独”，一些原台湾“邦交国”先后弃台就我，涉台外交大局稳固。第四，我与国民党为代表的岛内认同统一的力量形成共同反对“台独”、稳定两岸关系的统一阵线，极大地遏止了“台独”分裂活动。但同时，“不统不独，维持现状”仍是现阶段岛内认同统一的人们的基本主张；不论是马英九的现阶段“不统、不独、不武”，还是连战、宋楚瑜2004年竞选时的“统一留给子孙后代解决”，都是这一心态的集中反映。在和平统一的基本取向下，两岸统一仍将是一个长期的历史发展过程。第五，经济全球化和区域经济一体化趋势加快发展，求和平、促发展、谋合作是时代的主流。两岸都面临难得的发展机遇，同时也面临严重的挑战。“我们应该站在历史的新高度来审视和对待两岸关系，要维护台海的和平稳定，促进两岸的交流合作，最大限度地为两岸同胞谋和平、谋福祉。”①

由上可知，一方面，随着我经济社会不断进步及其所展现出的乐观发展前景，“台独”将始终是一条“走不通的路”，我们有信心有能力确保中国主权和领土完整不受分割；另一方面，则统一在今后一个相当的时期内不可能“一步到位”，仍有待通过长期的发展逐步解决问题。马克思主义基本原理告诉我们，任何超越现实所赋可能性的追求往往是欲速不达，甚至有害于目标的实现。新时期新形势下，对台工作与国家统一同样面临着这一基本的选择。现阶段“两岸关系以和平发展为主题”、“努力开创两岸关系和平发展新局面”，就是以胡锦涛为总书记的党中央运用科学发展观的根本方法、全面审视现阶段两岸关系总体特征后得出的基本结论。2005年4月胡锦涛总书记与国民党连战主席举行正式会谈，发布“两岸和平发展共同愿景”，提出共同“建构两岸关系和平稳定发展的架构”。② 2006年在会见参加两岸经贸论坛代表时的讲话中，胡总书记进一步阐明：“为两岸同胞谋福祉，是实现两岸关系和平发展的根本归宿”，“深化互利双赢的交流合作，是实现两岸关系和平发展的有效途径”，“开展平等协商，是实现两岸关系和平发

---

① 《胡锦涛会见参加两岸经贸论坛代表时的讲话》，新华社2006年4月16日电。

② 摘自新华网北京2005年4月29日电。

展的必由之路”。[①] 很明显，这里所指两岸交流合作、平等协商、建构两岸关系和平稳定发展的架构，都是阶段性的、长期性的概念，而不是权宜性、临时性的主张。它不仅确立了现阶段两岸关系和平发展的主题，而且相应明确了阶段性的目标与达成目标的政策途径。这一基本主张，蕴含着三十年来对台工作的全部历史经验，体现出对两岸关系客观规律的深刻把握，找到了两岸人民之间的“最大公约数”，标志着我党和平统一方针政策在实践中进一步深化发展。如同当年邓小平确立社会主义初级阶段理论一样，在和平统一的总体进程中明确确立起一个“和平发展”的发展阶段，就使我们现阶段的对台工作建立在了科学而现实的基础之上，为两岸最终实现和平统一开辟出广阔道路与乐观前景。

二、“创新发展理念、转变发展方式”与搁置两岸政治分歧

“一个国家坚持什么样的发展观，对这个国家的发展会产生重大影响，不同的发展观往往导致不同的发展结果。”[②] 同样，对发展阶段的不同定位与认知，也会引申出不同的阶段性目标与任务，产生出不同的发展理念和发展方式，以及与之相应的政策策略。经验表明，当社会主义初级阶段的理论形成以后，“纯而又纯”的指导思想就被扬弃，多种所有制并存的格局随之确立。当我们在和平统一的总体进程中确立起现阶段两岸关系和平发展的主题后，就相应要求对台工作各方面的部署适应新的目标与任务，转变发展观念，调整发展思路，特别是要根据新的形势与要求，进一步解放思想，实事求是，勇于开拓创新，切实把思想和行动统一到和平发展的轨道上来。

在两岸关系中，与阶段性紧密相关的一个问题是统一过程中特别是两岸在接触互动中如何相互定位与相互认定的问题。这是20年来长期困扰两岸的重大症结所在。伴随着对统一阶段性问题认识的明朗清晰，我党在此问题上的看法与主张也与时俱进，从而“破解发展难题”，为两岸关系发展开辟出新天地。

我党对两岸双方最初的政治定位是“中华人民共和国政府与台湾当

---

① 摘自新华网北京2006年4月16日电。

② 胡锦涛：《推进合作双赢，实现持续发展》，《人民日报》2004年11月21日。

局”。这是中央政府对地方政府的定位。“我们承认台湾作为地方政府可以实行广泛的自治。我们要求的仅仅是改变中华民国的名称，成为中华人民共和国的地方政府就行了。”① 从1981年的“叶九条”开始，我党又提出并坚持“国共两党对等谈判”的主张。由于蒋经国一开始即将我统一方案视为“吞并台湾”、“消灭中华民国”而予以拒绝，并以“三不政策”作为回应，两岸和谈统一始终未能取得进展。上世纪80代后半期台湾推行所谓“政治民主化”后，国民党的政党属性转变为只能代表该党成员的“人民团体”，而“有权”代表所有台湾民众作出重大政治决定的只能是所谓“政府”。针对这种变化，我们一方面开始逐步改变两党谈判的提法，一方面展开了对以上二者之外的恰当形式的探求。1991年12月，我成立社会团体海峡两岸关系协会，并获国务院台办授权就民间性、事务性、经济性、功能性事务与台湾海峡交流基金会展开接触。1992年，两会获得各自以口头方式表述海峡两岸均坚持一个中国原则的共识，并在此基础实现了两会领导人于1993年4月在新加坡举行的“汪辜会谈”，“两岸关系发展迈出了历史性的重要一步”。② 但是，在上述两会就事务性接触商谈初步获得默契的同时，李登辉不断升高对一个中国原则的挑战，先是1995年以所谓私人身份访问美国，引发1996年3月的“台海危机”；后于1999年7月公开抛出“特殊两国论”，导致两会商谈全面中止。此后，国民党不断要求恢复两会商谈，并声称1992年双方的共识是“一个中国，各自表述”；我则明确指明“九二共识”是双方“各自以口头方式表明海峡两岸均坚持一个中国原则”。③

2000年民进党上台后，陈水扁当局不断操弄统“独”议题、激化两岸政治对抗，“台独”的危害性明显升高。此后的国民党在主席连战主导下，与我们在反对“台独”、稳定两岸关系上形成了一种事实上的战略合作关系。虽然不论是连战、马英九等国民党代表人物，还是众多国民党基层党员，在“九二共识”上仍然坚持他们既有的认知，但在反对“台独”和促进两岸关系发展上的正面立场是明确的。针对这一基本形势，我们从现阶段两岸关系的现状与发展趋势出发，从对统一阶段论与过程论的基本认知出

① 《邓小平会见日本朝日新闻社社长渡边诚毅时的谈话》，香港《大公报》，1979年10月21日。

② 《江泽民会见台湾民营银行大陆考察团时的谈话》，《人民日报》海外版，1993年5月7日。

③ 《唐树备在厦门两岸关系研讨会上的发言》，《两岸对话与谈判重要文献选编》，九州出版社，2003年，第478页。

发，采取正视现实、面向未来、搁置争议、求同存异的态度，于2005年邀请连战来访并举行国共领导人会谈，在“九二共识”的基础上建立起两党合作关系。近年来，两党领导人频繁接触，两党有关部门先后就两岸经济文化交流与两岸和平发展问题举办论坛；两会也于马英九执政后恢复了接触商谈，就两岸事务性问题达成多项协议，大大推进了两岸关系。胡锦涛在会见连战时指出：“‘九二共识’”既确认了双方均坚持一个中国的共同立场，又搁置了双方的政治分歧，是发挥政治智慧、照顾各方利益的成果，值得我们倍加维护和珍惜。”①

对两岸政治分歧采取搁置争议、求同存异的态度，特别是以“九二共识”重新确立两岸交往互动的政治基础，并非一时的权宜之计，或是所谓的“让步”与否。事实上，它是我们多年来在一个中国原则问题上不断深化认识的结果，有着深厚的思想源渊与理论积累。

众所周知，“和平统一、一国两制”方针确立后，我们在一个中国原则上长期坚持新中国成立以来的一贯立场，即“世界上只有一个中国，台湾是中国领土不可分割的一部分，中华人民共和国政府是代表全中国的唯一合法政府”。蒋经国和国民党虽然也坚持一个中国的立场，但坚持的是他们所称的“中华民国”。以后一个相当长的时期内，两岸围绕是否坚持一个中国原则展开了长期斗争，双方在国际上的较量此起彼伏。在坚决遏止分裂活动的过程中，我党对一个中国的表述也根据形势发展逐步丰富发展，形成了“两岸同属一中”的政策思想。至2000年7月，钱其琛副总理在会见台湾媒体访问团和台湾客人时明确提出：中国大陆、台湾都属于一个中国，并不是非彼即此，两岸只要坚持一个中国即可，而不必在一个中国到底是中华人民共和国或是“中华民国”上打转；“世界上只有一个中国，大陆和台湾同属于一个中国，中国的主权和领土不容分割。”② 这后面一段话，即后来在两岸间极为著名的“新三句”；其中的“大陆和台湾同属于一个中国”，明显扩大了两岸关系发展的政治基础。

2002年党的十六大报告正式载入“新三句”。2003年3月，胡锦涛在参加十届人大一次会议时明确表示，“新三句”就是要表明“中国是两岸同

① 摘自新华网2004年4月29日电。

② 转引自黄嘉树：《“一个中国”内涵与两岸关系》，《两岸关系研究论文精选》，台海出版社，2006年，第402页。

胞的中国，是我们共同的家园”。四点意见中指出：“尽管两岸尚未统一，但大陆和台湾同属一个中国的事实从未改变，这就是两岸关系的现状”；“和平统一，不是一方吃掉另一方，而是平等协商，共议统一”。2005 年 3 月颁布的《反分裂国家法》，将“新三句”纳入国家法律文件。同年 10 月贾庆林在纪念台湾光复 60 周年大会上提出，“认同两岸同属一个中国，是两岸建立政治互信的基础”。至 2007 年党的十七大报告，进一步指明“台湾任何政党，只要承认两岸同属一个中国，我们都愿意同他们交流对话、协商谈判，什么问题都可以谈”。

“两岸同属一中”的思想理论的不断丰富完善，不仅在于上述党的最高决议与国家法律的采纳，而且在于它在具体实践中形成了具有内在同一性的系统政策策略。一是如上所述，在“九二共识”问题上求同存异，并在此基础上接受了前后两任国民党主席的来访，后来又恢复了两会的接触商谈。二是针对台湾“国际活动空间”这一最易引发两岸争执与冲突的问题上，国共“两岸和平发展共同愿景”明确载明“优先讨论参与世界卫生组织活动的问题。双方共同努力，创造条件，逐步寻求最终解决办法”。由于明确具体地落实到个案，就使以前已经提出的“讨论台湾民众关心的参与国际活动的问题”真正落实到具体可靠的基础之上。这些表明，伴随着统一阶段性思想和“两岸同属一中”政策的成熟，国共两党在一个中国原则基础上达成了一定默契，长期以来纷扰两岸的重大症结问题显现出解决之道。如同邓小平当年明确“什么是社会主义，怎样建设社会主义”一样，“对台新战略”进一步明确了“什么是一个中国，怎样坚持一个中国”，展现出“我们在坚持一个中国原则上具有最大的包容性”。①

三、“以人为本”与寄希望于台湾人民

实现和平统一，最重要的是人心的向背。上世纪 70 年代末确立“和平统一、一国两制”的基本国策后，我党即提出解决台湾问题“寄希望于台湾人民”的方针。多年来，全党全社会广泛开展对台湾人民的工作，全力争取台湾民心，在两岸经济、文化、科技等各方面交流合作与各领域、各层面人员往来上取得巨大进展，成为联结两岸的重要纽带。随着科学发展观和

① 唐家璇：《在八项主张发表九周年座谈会上的讲话》，摘自新华网 2004 年 1 月 20 日电。

“以人为本”思想的确立与实践，我党对“寄希望于台湾人民”的认识进一步深化，思想上有了新的解放，实践中有了新的突破。

科学发展观，“核心是以人为本”。以人为本，首先就是要尊重人、理解人；要“尊重人民的主体地位，发挥人民的首创精神”；[①] 要平等相待，而不是居高临下。我党新时期以人为本的人性光辉照耀到两岸关系，就为“寄希望于台湾人民”的方针注入新的内涵，主要体现为既要一如既往地关心照顾台湾人民的各种实际利益，同时充分尊重他们在两岸关系发展过程中的平等地位与自尊要求，从而明显增强了大陆对台湾民众的吸引力与感召力，增强了台湾同胞对两岸关系发展前景的信心。

首先，“两岸同属一中”的命题，既体现了中国主权领土的统一与不可分割性，同时也体现了对台湾人民在国家统一过程中地位的尊重。如前所述，我们在一个中国原则的“新三句”中，由“台湾是中国的一部分”发展为“大陆和台湾同属一个中国”，由“中华人民共和国政府是代表全中国唯一合法政府”发展为“中国的主权和领土完整不容分割”，其要义就是显现双方人民的相互平等与尊重。“中国是两岸同胞的中国，是我们的共同家园”；“和平统一不是一方吃掉一方，而是平等协商，共议统一”。[②]

其次，现阶段两岸关系以“和平发展为主题”，既符合我维护战略机遇期、实现民族复兴根本大计和为未来解决台湾问题累积更有利条件的需要，也照顾到多数台湾民众主张现阶段“维持现状”、先发展后统一的现实要求。长期以来，两岸关系中始终存在两种不同性质的矛盾，一种是统与独的矛盾，一种是不同的统一道路、不同的统一主张之间的矛盾。实践证明，每当两种不同的统一道路与不同的统一主张之间出现较大的争执与分歧时，“台独”势力就会趁势兴风作浪，干扰两岸和平稳定。建立互信、搁置争议、求同存异、共创双赢，正是在长期实践中得出的智慧选择。

再次，讨论台湾民众关心的参与国际活动的问题、“双方共同努力，创造条件，逐步寻求最终解决办法”，既坚持了一个中国的原则，又充分考虑到统一前台湾人民在国际上的实际利益与自尊需求。在这个问题上，我们以前主张“只有实现和平统一后，台湾同胞才能与全国各族人民一道，真正

① 胡锦涛：《高举中国特色社会主义伟大旗帜，为夺取全面建设小康社会新胜利而奋斗》，《十七大报告辅导读本》，人民出版社，2007年，第15页。

② 胡锦涛：《关于新形势下发展两岸关系的四点意见》，摘自新华网2005年3月4日电。

充分地共享伟大祖国在国际上的尊严与荣誉”；随着“和平发展”阶段性主题的确立，我们进一步解放思想，与时俱进，提出现阶段“可以谈妥善解决台湾地区在国际上与其身份相适应的活动空间问题，以使台湾同胞共享中华民族的尊严。”①

“寄希望于台湾人民”方针的丰富发展，也是我党深入理解台湾人民特殊历史遭遇及由此产生的特殊心态的结果。近年来，胡锦涛和我党其他领导人反复强调台湾同胞是我们的手足兄弟，要尊重他们、信赖他们、依靠他们，“我们充分理解和尊重台湾同胞爱乡爱土的情感、当家作主的愿望，十分同情台湾同胞在历史上经历的不幸、蒙受的冤屈。对台湾同胞在特殊历史条件下形成的心态和感情，对他们由于各种原因对大陆产生的误解和隔阂，我们不仅会基于同胞之爱予以充分理解和体谅，而且会采取积极的措施努力去疏导和化解。”② 台湾同胞在过去长期的历史遭遇中形成的“台湾人心态”极为复杂。要真正贯彻“寄希望于台湾人民”、有效争取台湾民心，需要我们做长期深入细致的工作。在彻底阻断“台独”道路的同时，必须以亲情感化，以“母爱”滋养，逐步培养他们对祖国大陆的认同。要充分理解他们当家作主的愿望，消除他们在统一过程中被“矮化”的感受。要尊重他们的生活方式与制度认同，以我们经济社会持续全面进步逐步吸引和转变他们，在中华民族走向伟大复兴的历史进程中最终实现两岸的融合与统一。

四、“全面协调可持续”与两岸关系和平发展前景

科学发展观，“基本要求是全面协调可持续，根本方法是统筹兼顾”。这对发展两岸关系、做好对台工作同样具有重要的指导意义。比如对台工作涉及政治、经济、文化、教育、科技、宗教、军事安全等等各个领域，各方面都要做好工作，不能顾此失彼；制定政策时，要把各个方面相互之间的关系统筹好、协调好，使之相互促进、相互支撑，实现良性互动；还要加强战略思维，妥善处理当前与长远、现实利益与未来目标、内部因素与外部环境等各方面的关系，建立可持续发展的内在调节机制。从宏观战略层面与当前

① 贾庆林：《在纪念江泽民同志八项主张发表10周年纪念会上的讲话》，摘自人民网2005年1月28日电。

② 《胡锦涛与连战会谈时就发展两岸关系提出四点主张》，摘自新华网2005年4月29日电。

人们普遍关注的问题看，主要是要正确认识与把握好两岸关系和平发展与整个国家发展大局的关系问题，以及两岸关系和平发展与未来和平统一之间的关系问题。而作为科学发展观指导下形成的两岸关系和平发展重要思想，本身无疑蕴含着“全面协调可持续”与“统筹兼顾”的科学内涵。

两岸关系和平发展与国家发展大局的关系。一方面，如何解决台湾问题、怎样开展对台工作，是党和国家全局发展战略中的一个部分。进入新世纪以来，我们正处于进一步改革发展的关键机遇期，机遇前所未有，挑战也前所未有，机遇大于挑战。为此，党的十七大再次明确重申，“中国共产党在领导社会主义事业中，必须坚持以经济建设为中心，其他各项工作都服从和服务于这个中心。”① 从对台工作的角度看，保持台海地区和平稳定，对维护改革发展战略机遇期具有重要意义。岛内“台独”势力的存在与活动，是台海和平的最大威胁，也是对我战略机遇期的重要潜在危害。只有坚决遏止“台独”活动及其蓄意挑起两岸对立的企图，才能保证台海和平稳定；同时，也只有最大限度地团结两岸人民、在搁置争议的前提下最大限度地调动台湾人民共同反对“台独”的积极性，才能促进两岸关系和平发展，为改革发展排除干扰因素，共同实现中华民族伟大复兴。另一方面，发展是解决中国所有问题的基础和关键。“发展对于全面建设小康社会、加快推进社会主义现代化，对于开创中国特色社会主义新局面、实现中华民族伟大复兴具有决定性意义”。同样，发展对于最终解决台湾问题、实现祖国和平统一，同样也具有决定性意义。国家发展了，综合实力进一步提高了，社会不断全面进步了，将使我们更有能力遏制“台独”活动，扩大化解“台独”的战略优势；更有能力、更有办法推动两岸人民人员往来与经济文化交流合作，增进台湾同胞对大陆的认同与两岸同胞的情感联系；更有能力、更有优势不断推进两岸经济社会的融合，从各方面为最终实现和平统一奠定坚实基础。

两岸关系和平发展与未来和平统一的关系。维护台海和平稳定、保障国家现代化建设顺利进行对于未来统一的意义如上。那么，两岸关系和平发展的结果会不会导致台湾“和平独立”呢？结论是否定的。当然，和平发展的最终目的是为了实现和平统一，对任何可能妨害统一目标的潜在因素都要

① 《中国共产党章程》，《中国共产党第十七次全国代表大会文件汇编》，人民出版社，2007年，第61—62页。

高度警惕，防备不测。但从宏观上看，两岸关系由和平发展走向和平统一的趋势是乐观的。首先，由于国共两党在“九二共识”基础上重新建立党际关系，“海协”、“海基”两会恢复商谈，双方在搁置政治争议的前提下对经济等领域的商谈已经展开并将持续进行，并初步建立起两岸制度化经济合作机制。随着直接“三通”与经济交流合作大规模推进，“你中有我，我中有你”局面进一步形成。第二，两岸直接“三通”后，随着从台北到上海与台北到高雄一样便捷的那种“一日生活圈”的形成，两岸人员往来及台湾民众在大陆求学、就业、生活、定居、通婚等各种活动成为常态，民间社会联系日益绵密，人民情感持续交融，两岸事实上将逐步实现人民日常生活的融合。在这一点上，不能把两岸关系的和平发展同我们与外国间的和平发展简单类比，两岸同为中国人的血缘情感、同文同语、同习同俗的文化基因将会发挥出它深远的影响。第三，随着两岸交流融合的不断发展与大陆经济社会的全面进步，将逐渐为解决两岸政治分歧提供基础和条件，最终走向两岸政治的统一。第四，即便未来形势真的出现重大逆转、“台独”成为现实重大危险、从而使我不得不以某种“硬实力”面对问题的时候，我在和平发展过程中国防实力的进一步壮大、国防科技的进一步发展，将使我们能够更强有力和更有把握地解决问题。

和平发展共识的深化与两岸共同治理

厦门大学台湾研究院　刘国深

2012年7月28日，全国政协主席贾庆林在第8届两岸经贸文化论坛开幕式致辞中指出："四年多来两岸关系和平发展取得的成就，是国共两党、两岸双方和两岸同胞共同努力的结果。这一全新的实践，给我们带来许多有益的启示，积累了十分宝贵的经验"。贾庆林主席重点强调四项启示和经验：第一，两岸关系和平发展符合两岸同胞的共同期待和中华民族的根本利益，是一条正确的康庄大道。第二，在建立政治互信基础上求同存异、良性互动，是两岸关系改善发展的重要条件。第三，按照先易后难、循序渐进的思路推进两岸协商和各领域交流，是拓展两岸关系的有效途径。第四，两岸同胞的广泛参与和普遍支持，是两岸关系持续发展的根本动力。笔者认为，贾主席强调的前两项启示和经验可以具体体现在"和平发展"这一共识上，而后两项启示和经验则可以具体落实在"两岸共同治理"之中。和平发展共识的累积、两岸共同治理政策的创新，将使两岸人民获得更大的福祉。

一、两岸和平发展的主要内涵

和平发展绝不能仅仅停留在口号上，它必须有丰富的内涵和具体的行动。由于双方客观上存在不少差异性，对和平发展价值观内涵的共同理解可能还需要有一个逐步聚焦的过程。基于两岸双赢的立场，个人认为两岸和平发展至少应该包括以下主要内容：

第一，和平发展需要双方共同努力寻求交集，逐步强化政治上的共识，给对方以更大的信心。依据双方各自依循的最高法理精神，大陆和台湾同属一个国家的领土，这样的价值取向对双方来说都是不困难的事情。两岸同属一个国家的政治定位，确立了两岸不是国与国关系，而是一个国家内部关系的性质。这样的定位并不改变双方各自的坚持，甚至不要求对方立即放弃既有的政治符号和立场。这一价值观的树立经历了艰难而曲折复杂过程，双方为此都付出了极大的代价。

第二，和平发展要求双方共同关切民众的利益和需求。对于民众来说，空洞地谈国家、领土、主权、治权、政府、政权等概念都是相当遥远而且抽象的。只有在国家、领土、主权、治权、政府、政权等概念与民众的生活及利益相联结的时候，两岸人民才能够很容易地找到共同的语言。以民为本，为民谋利是任何国家、领土、主权、治权、政府、政权合法性和正当性诉求的最大来源。如果我们告诉民众，和平发展不涉及国家领土变更、不改变两岸政治现状，和平发展意味着两岸可以实现全面直航、签署 ECFA、更多陆客来台观光、国际活动空间大幅增加，民众就会理解和平发展的“牛肉”在哪里。只要双方从人民的生活和利益出发，就可以超越一时无解的政治意识形态和政治立场困扰，将目光集中在如何实现便民利民，让两岸人民在合作中实现双赢的目标。

第三，和平发展要求双方承认并接受多元文化兼收并蓄的价值。既肯定共同拥有的中华文化传统，又要在海峡两岸合作中演绎出中华文化现代化的新枝叶，丰富和发展中华文化的内涵。文化是两岸人民的精神纽带，文化的融合创新是仅次于经济发展的和平发展的重要载体，在同属中华文化的信心基础上，两岸文化的差异性不仅不影响和平发展，而且有助于双方彼此吸引、彼此欣赏，在此基础上产生交流合作的更大动力，在相互理解的基础上最终形成共同的价值体系。

第四，和平发展要求双方公权力部门从政策法规上进行相应的调整，以便扩大两岸民间社会的交流交往，让人民之间的往来更加正常化、便利化。目前两岸双方在人员交流交往层面还存在不少政策上的限制，建议双方在互信逐步增强的大背景下，检讨现有的管制措施，尽可能放宽限制，让两岸各界人民正常往来，深入交流。人员往来是民间社会求同存异的必经阶段，在相互理解的基础上，双方可以自然而然地找到新的利益交集，找到更多解决矛盾和困难的方法。

第五，和平发展要求双方确立起“领土主权一体，政权差序并存；存量原则不变，增量平等共商”的共识，搁置高阶的、敏感性问题的争议，维护虽不满意但尚可接受的现状。在这样的共识基础上，两岸可以避免因为误判触发的挑战现有利益格局的行动。在军事安全层面，双方应透过协商作出具体的安排，增强互信、增进合作，并尽可能减轻对方的压力。在涉外问题上，原则上不谋求改变两岸在国际社会现有的空间，不纠缠名称和形式，务实地展开合作，相互满足两岸民众在各自主导的国际场域中的实际需求。

二、两岸和平发展共识的深化

2005年4月底，中共中央总书记胡锦涛与中国国民党主席连战在北京共同发表《两岸和平发展五项愿景》，开启了两岸和平发展的新时代。两岸和平发展的共识体现了两岸绝大多数人民的意愿和要求，2008年5月马英九上任以来，两岸和平发展的愿景逐步落实到两岸公权力部门制定的政策中，两岸人民得到了实实在在的和平红利，国际社会也普遍赞扬两岸和平发展的趋势。在2012年5月20日的“就职演说”中，马英九又两度提及“两岸和平发展”，说明国民党执政团队对两岸和平发展政策是相当肯定的。其实，民进党领导人对于和平发展的论述也并不少见。2004年4月24日陈水扁在台中举办谢票感恩晚会时说，“我们要凝聚朝野共识，我们要来制订颁布‘两岸和平发展纲领’”。2005年2月谢长廷在他送往“立法院”的施政报告中提出：两岸关系将以“和平与发展”为主轴，建构和平稳定的两岸互动架构。2011年10月4日，蔡英文在东京表示，她有意愿和大陆领导人一同以“互利、明智、负责”的方式，用和平发展的共同语言，来推动两岸关系。

然而，在海峡两岸的实际政治生活中，两岸和平发展的价值观仍远未真正确立起来，不仅一般民众感到陌生，许多政治人物的实际言行也与两岸和平发展精神背道而驰。两岸双方有必要透过政治社会化的途径，深入系统地向两岸民众推介两岸和平发展这一重要的政治产品，让和平发展的观念深植人心，并且内化成为两岸关系互动中的行为准则。

两岸和平发展价值观的社会化不是短期内可以完成的，尽管两岸主流精英阶层都已认知到和平发展的可贵，但社会大众、甚至部分政党精英人士未必都意识到和平发展的价值和重要性。两岸双方的政府公权力部门、政党、学校、新闻媒体、社会团体都要成为两岸和平发展的传播者、维护者。

对于两岸双方公权力部门来说，必须在和平发展价值观的引领下，认真清理现有的政策措施，清除或调整不利于两岸和平发展的规定。两岸政治和社会精英应该身体力行，调整现有的政治话语系统，避免使用不利于两岸和平发展的言词。两岸和新闻媒体更要共同努力，尽可能减少负面报道，引导两岸民众更多地彼此同情、理解，甚至彼此珍惜对方。特别要提醒的是，台湾的一些民意调查单位，务必慎重对待民意调查数据的发布，在两岸知识系统错位和政治关系尚未理顺的情况下，一些可能过度简化的问卷调查结果可能误导社会舆论，给台湾社会和两岸关系和平发展带来意想不到的伤害。

三、和平发展与两岸共同治理

基于“两岸同属一中”的共识，两岸和平发展可以不惧任何政治上的风风雨雨，只要“两岸同属一中”的体制和规定没有受到强制性颠覆，两岸两个“既自立，又交互重叠”的政治公权力体系将可以长期并存。在和平发展的大环境下，我们将能够找到使双方政治互信逐渐强化的发展路径，这种一国之内两个政治公权力体系并存的局面就有可能走向“危害极小化，利益最大化”。果真如此，在所谓的“统一”和“独立”之间，两岸中国人有可能走出双赢的“第三条道路”，或许终局性的政治谈判问题将变得不再那么急迫。

对于多数长期观察两岸关系互动的专家学者来说，我们不难发现：在和平发展的共识之下，近年来大陆官方已很少简单地诉求“统一”的口号，同时，台湾内部“台独”的声浪也趋于衰减之中。尽管难免一定还会有人高举“统一”的旗帜，那也不必解读为激进的改变现状企图；尽管“台独”销声匿迹不必期待，但“两岸同属一中”的主流社会共识已足以避免在少数人的“台独”叫嚣再次引发剑拔弩张的两岸局势，和平发展将成为两岸绝对多数民众利之所系，这才是两岸中国人在两岸关系问题上智慧的体现。

未来的两岸关系走向，必须建立在这一新的智慧表现和和平发展新环境基础上。当我们更加明晰两岸双方所追求的真正政策目标以后，就不会仅仅停留在喊口号的阶段，就更容易找到双方的共识和交集，就知道如何更好地求同存异、彼此欣赏，而不再是彼此贬抑和排斥。经历过无数的风风雨雨，我们已更加了解，高阶政治议题的解决是一个长期的过程，所谓的“统独”问题并没有火烧眉毛的紧迫性。两岸可以有一个比较宽松的环境来共同解决民生需求，为高阶政治议题的解决营造水到渠成的条件。

尽管短期内两岸政治公权力部门不太可能携手解决两岸高阶政治歧见，但政治公权力在两岸关系互动中仍将扮演十分重要的角色。两岸公权力部门可以授权或授意专业人士就高阶政治议题展开理性的对话和探讨，其中一个紧迫而且重要的议题就是要讨论两岸公权力部门如何引入两岸民间社会的力量参与两岸治理，在公权力部门暂时力有未逮的领域，双方循共同治理的路径解决与两岸人民生活需求息息相关的共同事务问题。

民间社会是指在特定社会中相对于公权力部门存在的社会组织，既包括营利性组织，也包括非营利性组织和其他社会团体，而且包括尚未被有意识地组织起来的其他互动中的人际关系网络。民间社会虽然不具法定强制力，却拥有庞大的社会资源，既有有形的经济力量，也有无形的文化力量和人际关系网络。

民间社会是政治体系稳定的力量，在两岸敌对状态尚未正式结束这一特殊的环境下，无论是台湾方面，还是大陆方面，公权力部门在处理两岸共同事务领域都存在明显的局限性。90 年代以来，两岸双方政治公权力部门已经透过“白手套”的方式进行一定程度的共同治理，但在高阶政治问题一时难以解决的现实面前，两岸关系中存在明显的“政府失灵”却是一个不争的事实，民间社会在某些两岸共同事务中进行自我调节和管理也是不争的事实。民间社会在两岸共同治理中的角色作用自然而然，不请自到，但我们如果不能有意识地组织和引导民间社会参与共同治理，两岸和平发展的质量和水平将大打折扣。

四、民间社会在两岸共同治理中的角色扮演

公权力部门的职能包括使用暴力进行镇压或抵抗外来入侵，运用行政力量进行社会管理。二次世界大战以后，国家边界逐渐底定，国际政治秩序格局基本形成，主流国家公权力部门的功能越来越转向社会管理。现代社会中政府的能力局限性越来越明显，政府的有效运作越来越需要民间社会组织的配合和支持。20 世纪 70 年代以来，西方国家日益常态化的社会危机、经济危机和管理危机，更进一步突显了公权力部门管理社会的主要职能，而社会管理的日益复杂化也迫使公权力部门寻求社会管理的辅助力量，与公权力部门对应的民间社会自然就成为公权力部门共同治理的伙伴。

最近十多年以来，中国大陆学术界基本上接受了共同治理的观念，国家或政府不再是社会管理的唯一主体，各种社会组织也是社会管理的多元主体之一。比起统治的概念，治理的概念更具人性化色彩。对于共同治理的主体，人们的目光更多地强调公权力组织与社会组织，往往忽视了介于两者之

间的赢利性组织，其实以公司企业为主力的赢利性组织也是社会管理的主体，而且是十分重要的主体之一。因此，本文所倡导的共同治理，包括营利性部门和其他非营利性组织参与两岸共同事务的治理。

两岸共同事务的概念并不难理解，两岸共同事务的概念内涵非常丰富。除了两岸各自境内事务之外，与两岸相关的所有事务都可以称为“两岸共同事务”。两岸共同事务的具体内容包括两岸经济事务、法律事务、文教事务、卫生事务……甚至包括两岸相关的涉外事务、安全事务等敏感领域事务。从层次上看，这些共同事务大致可以分为国家事务、政权事务、人民事务三个不同层面。从类型上看，这些共同事务可分为两岸双方“面对面的共同事务”、“背对背的共同事务”、“肩并肩的共同事务”三个不同类型。

过去20多年来的两岸交流产生了大量的两岸民间共同事务，一年1600多亿美金的贸易水平，台湾工商企业界近千亿美金的大陆投资，每年数百万的人员往来……两岸民间性共同事务已到了无远弗界的状态。从层次上看，这些事务大多属于人民事务，而人民事务的发展必然会向公权力提出要求，两岸政权层面的共同事务也就应运而生。过去20年来，除了两岸民间团体自发进行的共同事务合作外，两岸政权层面的共同事务合作主要是以“白手套”的方式进行。2005年以来，两岸政党平台成为两岸共同事务合作的新途径，而且成效显著。但是，随着两岸交流的深入，政权层面的共同事务合作（如两岸高层交往、两岸共同打击犯罪等），甚至“国家层面”的共同事务合作（如台湾参与国际活动问题、两岸军事安全互信机制建立问题等）将提上议事日程，两岸双方都必须为此预做准备。

从类型上看，迄今为止的两岸共同事务合作主要是“面对面”类型，也就是两岸交流交往过程中产生的各种问题。未来两岸共同事务合作还将扩及“背对背”类型（如在双方各自“邦交国”全面保护两岸人民利益问题）。甚至双方有必要主动作为，在“肩并肩”类型的共同事务（如钓鱼岛问题和南海问题等）方面采取积极行动。在两岸互设办事处的基础上，双方可以考虑成立“两岸共同事务委员会”，共同策划、组织、协调、控制和监督两岸共同事务的合作问题。①

为了更加平稳地推动两岸关系和平发展进程，双方对高阶政治议题可以保持一定的模糊空间，不必操之过急。两岸共同事务的共同管理可以先从面

① 参见拙文：《试论和平发展背景下的两岸共同治理》，《台湾研究集刊》2009年第4期。

对面的人民事务入手，由易入难，逐步拓展到肩并肩、背靠背不同类型的人民事务的合作治理、共同治理；从层次上说，就是要逐步从人民事务走向政权事务和国家事务，一步一脚步，不必自我设定期限，顺其自然对国家和民族长远利益最有利。

两岸关系是两岸人民的公共财，利害与共，当我们将两岸共同事务当成包袱的时候，它真的就很可能是包袱；当我们将两岸共同事务当成我们的资源的时候，它很可能就会成为两岸人民的公共财。如何运用好两岸社会资本是两岸利益攸关者的共同权益，参与共同治理的目标就是平衡各利益攸关者的利益需求，使各方利益最大化。因此，两岸关系必须也必然由两岸双方共同治理。公权力部门是两岸共同治理的最有力者，但公权力并非唯一的治理者，民间社会也是两岸共同治理的重要参与者。当公权力部门意识到无法独自治理时，就必须寻求共同治理；当两岸公权力部门都意识到力不从心的时候，就必须支持两岸民间社会参与共同治理。

现阶段的海峡两岸共同事务正以几何级的速度在扩张，由于两岸政治对立格局在短期内难以解决，不少两岸共同事务的治理公权力部门有盲点和窒碍难行之处，这就更加彰显民间社会参与共同治理的必要性。共同治理不是要排斥公权力治理，恰恰相反，共同治理是要协助公权力部门进行社会治理。在这一过程中，公权力部门也并非完全被动，可以主动作为，协助两岸企事业部门、民间社会团体组织和人际关系网络更好地参与共同治理。治理的观念的脱颖而出，两岸双方得以超越政权对立的藩篱、超越意识形态，不再被动等待，为两岸和平发展带来强有力、“清洁的”、可操作的治理动力。

对于两岸民间社会来说，主动参与两岸治理的意识也必须提升。面对公权力部门在一些两岸共同事务中出现缺位的现象，与其怨天尤人，不如主动参与共同治理。“从来就没有什么救世主，也不靠神仙皇帝，要创造人类的幸福，全靠我们自己”。公权力部门当然也不是什么救世主，公权力部门的权力来自于人民的理解和支持。在两岸人民重建一体化的进程中，双方公权力的对立是两岸人民的历史共业，两岸民间社会尚未一体化的情况下，公权力部门力有未逮是正常现象。即使在正常的社会里，公权力部门其实也不是万能的，人民群众、民间社会的主动性、积极性和创造性还是要充分发挥出来。由于公权力部门要观照的领域太大，敏感性、针对性、创造力和执行力往往还不如民间社会。

民间社会在两岸共同治理中可以扮演的角色：第一，协调者。弥补公权力部门在两岸事务中出现的机构和效能缺失，满足两岸人民多元化的利益需求；第二，治理者。发挥社会组织中介和自我管理的功能，协助公权力部门更好地管理两岸共同事务，避免两岸人民矛盾激化；第三，代言者。有效地表达民生需求，帮助公权力部门及时发现职能缺失和政策滞后问题，进行结构优化、政策更新；第四，创意者。发挥企事业单位、非营利组织和民众的敏感性和创造力，更好地释放社会活力，促进两岸共同发展，提升国际竞争力；第五，媒合者。增进两岸人民的共同认知、彼此情感和共同利益。

五、政策创新建议

本文建议，两岸公权力部门适当地进行战略性收缩，引入民间社会组织协助社会管理。一些财政拨款的事业组织实际上并非狭义的政治公权力部门，如科技部门、教育机构、文化机构、卫生机构、体育机构、公用事业、社会福利等等机构，公权力部门可以研究是否对这些事业机构在管理上进行适度放权，尽可能放宽限制，增强自主能力，使其成为两岸民间社会组织的重要组成部分。

两岸公权力部门可以研究是否透过两岸两会等渠道，建立一些共同治理平台，以“共同出资购买公共服务”的方式，透过民间社会组织向两岸民众提供公共服务。两岸可以考虑首先在平潭进行试点，由平潭管委会向两岸民间社会组织购买公共服务，服务在平潭的两岸民众；其次，在平潭实验成功的基础上，着手试点台湾公权力部门在平潭购买公共服务，服务在大陆地区的台湾居民特殊需求；第三步，两岸公权力部门共同出资在平潭购买公共服务，服务两岸共同事务；最后在两岸全面铺开，解决两岸终局政治安排完成前的两岸共同事务需求。

民间社会组织可以增进两岸人民的共识、情感和利益联结、共同的价值观。两岸共同治理需要一个成熟的跨两岸民间社会，这将有助于两岸双方在政治终局安排形成之前，先行形成两岸共同的利益、共同的社群、共同的社团。只要条件成熟，两岸未来还可以透过跨两岸民间社会组织共同参与国际非政府事务，在国际经济、社会、环境、文化、教育、妇女、人口、卫生保健、科学、技术、人道主义及人权等方面的共同事务，培养两岸人民的一体感和共同承担国际义务的认知，为拓展两岸人民的国际活动空间创造新的机会和可能。

在涉外事务上，双方可以秉持“存量原则不变，增量平等共商”的原则，尊重既成现实，一致对外，不再进行无谓的互挖墙脚。现阶段双方可透过白手套的方式由双方两岸事务和涉外工作专家学者和退休官员一起共同协商，在双方各自实际代表着的场域试行相互委托代理，解决对方民众和利益团体的国际参与需求，共同维护并扩张两岸人民的权益。下一阶段，双方可以在两岸政治互信进一步巩固的前提下，推动公权力部门直接接触谈判，在对方已有使领馆或代表团设立联络员（办公室），为双方最终共组代表团或使领馆累积经验、预作准备。

经济理性、政治认同与共识累积

上海交通大学国际与公共事务学院　林　冈　吴维旭

2008年台湾发生第二次政党轮替后，两岸关系进入了和平发展的新时期。[①] 在两岸大交流、大合作与大发展的背景下，台湾的民意开始发生新的变化。根据近期民意调查，支持两岸经贸全面合作和"九二共识"的受访者明显超过了持反对立场的受访者。主张台湾马上"独立"和尽快"独立"的受访者的比例明显下降，自认台湾人的比例也有微弱下降。上述数字说明，两岸关系的和平发展，有助于拉近双方的思想差距，累积共识。

经济理性和政治认同是影响台湾民众对两岸关系看法的重要变量。从理性选择的分析途径出发，两岸经贸关系的发展，特别是两岸经济合作框架协议（ECFA）的签署，有助于台湾经济的发展，培植蕴含两岸命运共同体意识的"连锁认同"观念。[②] 但从政治认同的视角出发，"理性自利"的吸引

① 本文使用的数据部分系采自"2005年至2008年'选举与民主化调查'四年期研究规划（IV）：2008年'总统'选举面访计划案"（TEDS2008P）（NSC96－2420－H－004－017）与"2009年至2012年'选举与民主化调查'三年期研究规划（Ⅲ）：2012年'总统'与'立委'选举面访案"（TEDS2012T）（NSC 100－2420－H－002－030）。"台湾选举与民主化调查"（TEDS）多年期计划总召集人为政治大学黄纪教授。TEDS2008P为针对2008年台湾地区"总统"选举执行之年度计划，计划主持人为游清鑫教授；TEDS2012T为针对2012年台湾地区"总统"与"立委"选举执行之年度计划，计划主持人为朱云汉教授；详细资料请参阅TEDS网页：http：//www. tedsnet. org。作者感谢上述机构及人员提供数据协助，惟本文之内容概由作者自行负责。

② 本文借用魏镛"连锁社群"的概念，将认为自己既是台湾人也是中国人的民众称之为"连锁认同"，以别于持台湾认同或中国认同的民众。有关"连锁社群"，是指某一政治体系之内有一群人民，与另一政治体系的人民及社群具有广泛的社会、文化、商业或其他形式的接触，导致他们跨越体系界线而发展出与另一体系中的人民及社会间的有相当程度的了解、敏感度与情感关系，同时又与本身政治体系内具有相似性与经验的人民保持密切联系。参见Yung Wei，"From 'Multi－System Nations' to 'Linkage Communities'：A New Conceptual Scheme for the Integration of Divided Nations，" Issues and Studies，Vol. 33，No. 10（October 1997）.

力，不足以抗衡台湾意识这一“感性认同”的因素，并最后臣服于后者。① 两岸在经济层面的交流与合作，无助于解决政治文化层面的认同差异问题。甚至有学者认为，鉴于两岸政治制度和行为方式的差异，两岸越交流，可能越会感到彼此的差异，强化“我群”和“他群”的认知隔阂，从而强化台湾认同。以上不同观点，在理论层面涉及经济理性和政治认同对两岸关系未来发展貌相的解释力度问题，在实践层面则关乎两岸关系和平发展是否有利于推进中国和平统一进程这一关键的政策性议题。

一、经济理性与两岸共识

2010 年两岸签署 ECFA，意味着两岸经济交流制度化的重大进展，也是双方的政治互信逐步增强的结果。随着 ECFA 效应的正面发酵，台湾民众支持两岸经贸全面合作的比例增加。对比 2008 年“总统”选举面访案（TEDS2008P）和 2012“总统”与“立法委员”选举电访案（TEDS2012TR），台湾民众认为 ECFA 对台湾经济发展有利的比例（28.7%）虽然低于原先预期两岸经贸全面交流有利台湾经济发展的比例（38.3%），但认为 ECFA 有碍台湾经济发展的受访者比例（19%）也明显低于原先预期两岸经贸全面交流不利台湾经济发展的比例（25.5%）。肯定 ECFA 有利台湾经济的民众远远多于认为其不利台湾经济的民众（参见附录 1 和 2）。② 根据 TEDS012TR 的民调数据，当民众被问到对马英九这三年来处理两岸关系的表现满意不满意时，有 48.5% 的受访者表示非常满意或有点满意，只有 30.8% 的受访者表示不太满意或非常不满意（见表 1）。在选后的追踪调查（TEDS2012TP）中，有 26.8% 的受访者主张加快两岸交流的速度，44.2% 主张维持目前的速度，只有 16.9% 主张放慢速度（参见附录 3）。这说明多数民众满意马英九当局处理两岸关系的表现，同时也认可目前两岸的交流速

① 吴乃德：《国家认同和民主巩固：冲突、共生与解决》，载《民主巩固或崩溃：台湾二十一世纪的挑战》（游盈隆编），台北，业强出版公司，1997 年版，第 25—27 页；陈陆辉、耿曙、涂萍兰、黄冠博：《理性自利或感性认同？影响台湾民众两岸经贸立场因素的分析》，载《东吴政治学报》第 27 卷第 2 期（2009），第 113—114 页。

② 这两次问卷的问题有些微差异。TEDS2008P 的问题（K5）是假设两岸经贸完全开放，台湾经济将受到何种影响，属于预期判断。TEDS2012TR 的问题（Q5）是对两岸签订 ECFA 后，台湾经济受到何种影响的实际判断。由于 ECFA 是两岸经贸全面开放的指标性协议，对这两个问题的调查结果具有一定的可比性。

度，与多数民众主张两岸关系维持现状的情况大致契合。虽然 ECFA 实施才一年多，但已经有效降低了台湾民众中对两岸经贸全面交流持反对态度的人数。随着 ECFA 积极效应的持续发酵，可以预料更多的台湾民众对两岸经贸交流将不会持异议态度，降低对大陆的敌意，从而有利于营造两岸命运共同体意识。

表 1　台湾民众对马英九处理两岸关系的满意度（2012）

	人数	百分比	有效百分比	累积百分比
非常满意	886	18.4	18.4	18.4
有点满意	1544	32.1	32.1	50.6
不太满意	796	16.6	16.6	67.1
非常不满意	682	14.2	14.2	81.3
拒答	41	.8	.8	82.2
很难说	48	1.0	1.0	83.1
无意见	353	7.3	7.3	90.5
不知道	457	9.5	9.5	100.0
合计	4806*	100.0	100.0	/

资料来源：由 TEDS2012TR 中问题 Q4 数据整理所得。

*样本数为 4805，此处是基于各选项数字四舍五入后总体出现差异。

台湾民众对两岸经贸合作的理性认识，也外溢到其对“九二共识”的接受态度上。民进党 8 年执政时期，对“九二共识”和一个中国原则予以污名化。国民党重新执政后，主张在“宪法一中”和“九二共识”的基础上，维持两岸“不统、不独、不武”的局面，以两岸经贸往来与文化交流全面正常化为起点，以双方“和解休兵”为第二阶段的目标，而将两岸问题的最终解决留待未来。在 2012 年选举的关键时刻，马英九主打“两岸关系安定牌”，在与蔡英文的辩论中，刻意引用美国学者任雪丽（Sherry Rigger）的观点，说明台湾选民在最后关头抉择时，多数会考虑选择代表安全、稳定的马英九。① 一批台湾大企业家在选举前夕，纷纷表态支持“九二共识”。说明两岸经济交流的正常化，有助于双方形成政治上的共识。根据 TEDS2012TR 的民调数据，当被问及“在两岸协商的议题上，有些人主张我们应该继续用‘九二共识’（就是一个中国各自表述）与中国大陆协商，也

① 美国学者的说法可参见《美学者：马英九将赢在安全感》，2011 年 12 月 16 日中时电子报。

有些人主张我们不应该再用‘九二共识’，请问您比较支持哪一种?”这一问题时，42%的受访者表示继续用“九二共识”，只有24.2%的受访者表示不应该再用“九二共识”（见表2）。

表2　台湾民众对“九二共识”的接受程度（2012）

	人数	百分比	有效百分比	累积百分比
继续用“九二共识”	2017	42.0	42.0	42.0
不应该再用“九二共识”	1165	24.2	24.2	66.2
都支持	38	0.8	0.8	67.0
都不支持	52	1.1	1.1	68.1
拒答	35	0.7	0.7	68.8
很难说	66	1.4	1.4	70.2
无意见	335	7.0	7.0	77.1
不知道	1099	22.9	22.9	100.0
合计	4806*	100.0	100.0	/

资料来源：由TEDS2012TR中问题Q134数据整理所得。

*样本数为4805，此处是基于各选项数字四舍五入后总体出现差异。

二、政治认同与两岸分歧

强调政治认同作用的学者，指出在部分台湾民众看来，两岸经贸实际上是“与对手贸易”，因此，环绕两岸经贸的辩论，经常牵扯到“爱台”与“卖台”的情感问题，决定了两岸经贸互赖与整合，未能外溢为政治整合。[①] 从经验层面上看，台湾民众的身份认同确实影响到他们对两岸经贸影响台湾经济程度的不同评估。通过对TEDS2008P的原始数据的交叉列表分析，可以发现持台湾认同的受访者，在被问到两岸经贸全面开放对台湾经济的可能影响时，只有近四分之一的受访者认为将导致台湾经济变好，但超过37%的受访者认为全面开放将导致台湾经济变坏。与此相反，在持连锁认同的受访者中，有55%认为两岸经贸全面开放可能使台湾经济变好，只有12.5%的受访者认为可能使台湾经济变坏；持中国认同的受访者则更肯定两岸经贸全面交流对台湾经济的益处（见表3）。

① 吴玉山：《抗衡或扈从：两岸关系新诠释》，台北，正中书局，1997年版，第163—169页。

表3　台湾民众的身份认同与经济理性的关系（2008）

两岸经贸完全开放对台湾经济的可能影响 \ 身份认同		台湾认同	连锁认同	中国认同	总人数*
变好	人数	247	418	57	729
	不同认同者所占比例（%）	33.9	57.3	7.8	
	占同一认同者的比例（%）	24.4	55.0	61.3	
变坏	人数	377	95	10	486
	不同认同者所占比例（%）	77.6	19.5	2.1	
	占同一认同者的比例（%）	37.3	12.5	10.8	
没有改变	人数	205	140	12	365
	不同认同者所占比例（%）	56.2	38.4	3.3	
	占同一认同者的比例（%）	20.3	18.4	12.9	
总人数*		1012	760	93	

资料来源：根据对TEDS2008P问题M1和K5的原始数据交叉列表分析结果制表。

*总人数含不回答、拒答、无意见、不知道等受访者，高于表中相关数字之和。

与此同时，主张继续用“九二共识”与大陆协商的受访者中，属于台湾认同的占31.8%，属于连锁认同者占60.1%。与此相反，反对继续用“九二共识”与大陆协商的受访者中，属于台湾认同的占75.6%，属于连锁认同者只占22.5%。就连锁认同者来说，主张继续用“九二共识”与大陆协商的占59.2%，反对者占12.8%，可以说是泾渭分明。就台湾认同者而言，反对继续用“九二共识”与大陆协商的占36.4%，支持“九二共识”的占26.5%，前者明显高于后者（见表4）。可见，台湾民众的身份认同在一定程度上左右了其对两岸关系的看法。

表4　台湾民众的身份认同与其对“九二共识”的态度的关系

对“九二共识：的态度 \ 身份认同		台湾认同	连锁认同	中国认同
继续用“九二共识”	人数	642	1214	126
	不同认同者所占比例（%）	31.8%	60.1%	6.2%
	占同一认同者的比例（%）	26.5%	59.2%	71.2%
不应该再用“九二共识”	人数	880	262	14
	不同认同者所占比例（%）	75.6%	22.5%	1.2%
	占同一认同者的比例（%）	36.4%	12.8%	7.9%

资料来源：根据对TEDS2012TR问题Q134（对“九二共识”态度）与Q149（身份认同）的原始数据交叉列表分析结果制表。

三、经济理性对政治认同的影响

不过，强调经济理性作用的学者，可以从台湾民意的新近变化，找到理论的支撑数据。近年台湾民众在身份认同和统“独”立场上的微妙变化，突出表现在2011年12月的民调数据上。根据台湾政治大学选举研究中心的历年民调数据，认为自己是台湾人的受访者，从2010年12月的52.7%，上升到2011年6月的54.2%之后，回落到2011年12月的52.2%，出现了近年的第一次下降。与此同时，持连锁认同比例略增0.5%，持中国认同的比例基本不变。虽然持台湾认同的比例，尚未回落到2008年12月的水准，持连锁认同的比例，还是比2008年12月少了近3个百分点，但上述最新变化趋势，仍是值得关注的。

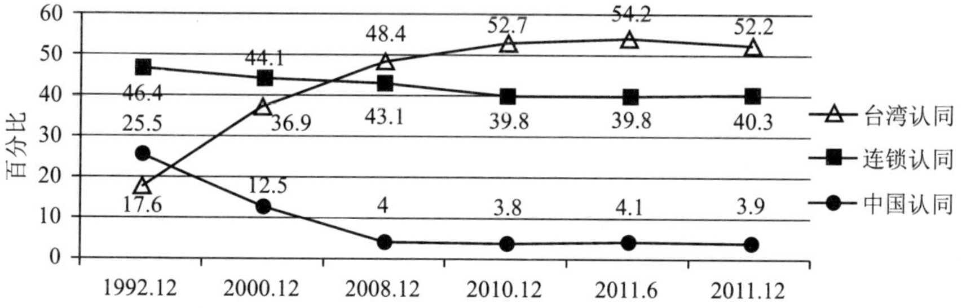

图1 台湾民众身份认同的变化（1992. 12—2011. 12）

资料来源：台湾政治大学选举研究中心重要态度分布趋势（1992—2011）。

http：//esc. nccu. edu. tw/modules/tinyd2/content/TaiwanChineseID. htm

如果对比TEDS2008P和TEDS2012TR，可以看到更为明显的变化迹象。① 在2008年夏天，持台湾认同的受访者占53.1%，到2012年，下降为50.3%；持连锁认同的受访者则从39.9%上升为42.7%。虽然持台湾认同的比例仍然高出持连锁认同比例7.6%，但较之政治大学选举研究中心的民调数据，两者的差距少了4个多百分点。根据这一系列性大型调查计划，持中国认同的比例四年来虽然下降了1.1%，但台湾认同的比例已经回落到2008年以前的水准（见表5、附录4、附录5）

① TEDS2008P调查独立面访问卷1905份，面访时间是2008年夏天。TEDS2012_TR调查独立问卷4806份，电访时间是2011年12月10日—2012年1月13日。

表5　台湾民众身份认同的变化（2008—2012）

身份认同	台湾认同	连锁认同	中国认同
TEDS2008P *	53.1%	39.9%	4.8%
TEDS2012T * *	50.3%	42.7%	3.7%

资料来源：＊TEDS2008P 报告书，第366页；

＊＊由 TEDS2012TR 的 Q149 原始数据统计整理所得。

与此同时，根据台湾政治大学的历年民调数据，倾向“独立”的受访者（包括主张尽快“独立”和偏向“独立”的受访者）已经从2008年12月的23.1%，回落到2011年12月的20.0%，属于近年第一次明显下降。主张永远维持现状的受访者增加了近6%，主张先维持现状再决定的受访者下降了2%，不同程度倾向统一的受访者则维持在10%的水准。主张永远维持现状的受访者的增加，固然缘于倾向“台独”的民众的减少，但也与主张先维持现状再决定的受访者的减少有关（见图2）。

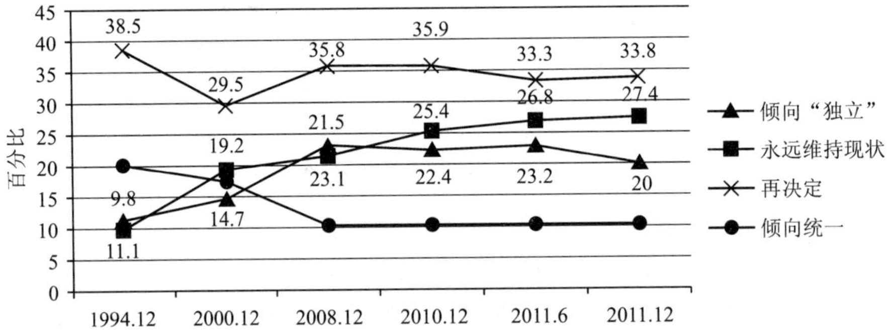

图2　台湾民众统“独”立场的变化（1994.12—2011.12）

资料来源：台湾政治大学选举研究中心重要态度分布趋势（1992—2011）。

http：//esc. nccu. edu. tw/modules/tinyd2/content/TaiwanChineseID. htm

主张维持现状再决定的受访者减少，主张永远维持现状的受访者增加，是否意味着台湾民意朝“独立”的方向演变？答案是否定的。虽然在主张维持现状再决定的受访者中，不排除有人较偏好统一的可能，但同样有人更偏好的是“独立”选项。① 根据 TEDS2008P 的原始调查数据，当选择维持

① 更为准确的问法，应该是将这一问题分解为两个问题，分别为“先维持现状，再决定是否统一”和“先维持现状，再决定是否‘独立’”。也就是将目前流行的“六分法”问法，修正为“七分法”问法，从左到右依次为1）尽快“独立”；2）偏向“独立”；3）先维持现状，再决定是否“独立”；4）永远维持现状；5）先维持现状，再决定是否统一；6）偏向统一；7）尽快统一。

现状再决定的受访者被要求在以 0 代表尽快“独立”、以 10 代表尽快统一的光谱中进行自我定位时，持偏“独”立场（选择0—4 数值）的占 17. 8%（134 人），持偏向统一立场（选择 6—10 数值）的占 15. 1%（114 人），前者高于后者 2. 7%。而在选择永远维持现状的受访者中，持偏“独”立场（选择 0—4 数值）的占 11%（38 人），持偏向统一立场（选择 6—10 数值）的占 12. 8%（44 人），后者反而略高于前者。两相比较，选择维持现状再决定的受访者对统“独”的不同偏好（32. 9%），均高于永远维持现状者（23. 8%），其中偏“独”的比例（17. 8%）超过了偏向统一的比例（11%），如图 3 所示。

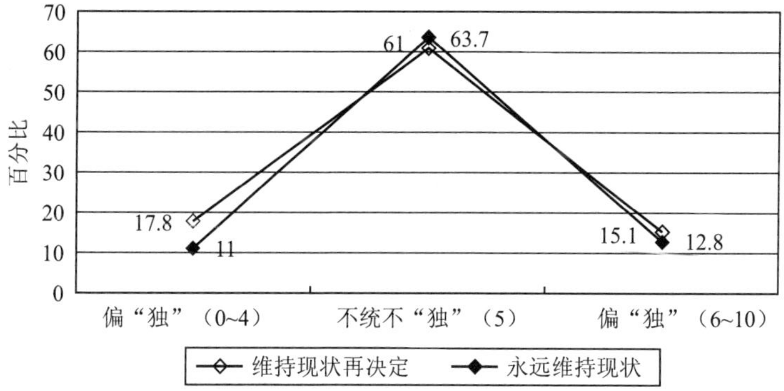

图 3　测量台湾民众统“独”态度不同指标的内在关系（2008）

资料来源：根据 TEDS2008P 原始资料，对问题 M3 和 K1 数据交叉列表分析结果整理制图。

对比 TEDS2008P 和 TEDS2012TR，可以看到更为明显的变化。在 2008 年夏天，主张尽快“独立”和偏向“独立”的受访者占 23%，到 2011 年和 2012 年之交，下降为 18. 5%。在这期间，主张尽快统一和偏向统一的受访者，从 13. 1% 下降为 9. 9%，下降的幅度小于前者。同时，主张永远维持现状和先维持现状再决定的受访者，从 57. 5% 上升为 63. 5%。其中主张永远维持现状的增加了 10. 4%，主张先维持现状再决定的减少了 4. 4%（参见表 6）。值得注意的是，主张尽快“独立”或偏向“独立”的比例的降低，主要源于持台湾认同的受访者。通过对这两次民调数据的交叉分析，可以看出在 2008 年夏天，持台湾认同的受访者中不同程度倾向“台独”的比例为 36. 6%，到 2012 年初已经下降为 28. 5%，减少了 8. 1%。① 与此同时，持连

① 此外，持连锁认同的受访者中不同程度倾向“台独”的比例维持不变；持中国认同的受访者中不同程度倾向“台独”的比例反而增加了近 3%。不过这是因为样本太小所致，不足以说明问题。

锁认同的受访者中不同程度倾向统一的比例也下降了7.8%（见表7）。马英九当局所奉行的“不统、不独”路线，固然压缩了“台独”思潮在岛内的市场，但也造成了岛内民众统一意识的薄弱。

表6　台湾民众统“独”立场的变化（2008—2012）

	TEDS2008P*		TEDS2012TR**		变化
	次数	百分比	次数	百分比	百分比
尽快统一	49	2.6	63	1.3	-1.3
维持现状，以后走向统一	200	10.5	412	8.6	-1.9
尽快宣布“独立”	130	6.8	171	3.6	-3.2
维持现状，以后走向“独立”	308	16.2	714	14.9	-1.3
维持现状，看情形再决定“独立”或统一	753	39.5	1685	35.1	-4.4
永远维持现状	344	18.0	1366	28.4	+10.4
拒答	3	0.1	15	0.3	+0.2
很难说	20	1.0	57	1.2	+0.2
无意见	31	1.6	113	2.4	+0.8
不知道	68	3.6	209	4.3	0.7
合计	1905	100.0	4806	100.0	/

资料来源：*TEDS2008P报告书，第366页；

**由TEDS2012TR中Q145原始数据统计整理所得。

表7　台湾民众身份认同和统“独”立场的关系（2008—2012）

身份认同 / 统“独”立场	台湾认同		连锁认同		中国认同	
	2008	2012	2008	2012	2008	2012
尽快统一	13	21	26	26	10	14
	1.3%	0.9%	3.4%	1.3%	10.8%	8.0%
维持现状，后统一	35	108	138	256	25	43
	3.5%	4.5%	18.2%	12.5%	26.9%	24.4%
尽快“独立”	115	145	13	21	2	5
	11.4%	6.0%	1.7%	1.0%	2.2%	2.8%
维持现状，后“独立”	255	545	52	156	1	6
	25.2%	22.5%	6.9%	7.6%	1.1%	3.4%
维持现状，再决定	347	745	366	865	30	39
	34.3%	30.8%	48.2%	42.2%	32.3%	22.2%
永远维持现状	184	622	134	649	20	54
	18.2%	25.7%	17.7%	31.6%	21.5%	30.7%

资料来源：对TEDS2008P问题M1－M3交叉列表和TEDS2012TR问题Q145－Q149交叉列表合并制表。

四、两岸关系和平发展与政治共识的累积

论者或谓两岸关系和平发展未必会导致和平统一，甚至可能导致两岸的和平分离。根据上述分析，可以说这一担心缺乏经验数据的支撑。不管是持台湾认同，还是不同程度倾向“独立”的受访者比例，近年都出现了比例下降的趋势，后者的变化更为明显。此外，持台湾认同与倾向“独立”这两种态度之间的关联度，下降了8%，说明台湾认同的政治意涵，已经发生了一些微妙变化。之所以如此，是多数台湾民众认识到以ECFA为指标性协议的两岸经贸全面交流，有利于台湾经济的发展。即使是在持台湾认同者中，也只有不到30%的受访者认为ECFA的实施，使台湾经济变坏。随着ECFA积极效应的全面发酵，有理由预期更多的民众将降低对大陆的敌意，接受两岸命运共同体这一连锁认同意识。台湾民众对两岸交流速度的满意，对“九二共识”的认同度的上升，说明两岸关系的和平发展和经济互赖的加强，有助于消除双方的政治隔阂，由经济整合走向政治整合。

虽然台湾大部分民众主张维持现状，但越来越多的民众，已经接受了两岸同属一中的法理现实。台湾的为政者在经历了“阶段性的两个中国”、“特殊的国与国关系”以及“一边一国”论的尝试后，也已经回到了“一国两区”的立场，与大陆以“法理一中”规范两岸现状的政策立场有所趋近。就国家和平统一的未来目标而言，马英九当局所主张的“不统、不独”的政策立场，与两岸在九十年代初所达成的“九二共识”，尚有出入。“九二共识”的要义不但在于“不独”，而且在于“要统”。前者可以视为一个中国的“弱原则”，后者可以理解为一个中国的“强原则”，是前者的逻辑延伸。当年两岸在一个中国的意涵，也就是谁代表中国问题上存在着不同认知，不等于双方不存在“坚持一个中国原则”、“追求国家统一”的共识。民进党以两岸没有文字协议为由，否认“九二共识”的客观存在，不能不说是犯了一个逻辑错误。共识毕竟不是协议，真有文字协议，就不是“九二共识”，而是“九二协议”了。大陆与台湾不同政党在统“独”问题上的立场，由表8可以概见。

中国大陆对两岸关系现状的描述和统一目标的规划均很清晰，就是两岸同属一个中国，以一国两制模式，实现国家统一，但鉴于两岸在谁代表中国的问题上的政治分歧，故主张在事务性协商中不涉及一个中国的含义，保留

表 8　对两岸现状和未来目标的不同认识

未来目标 / 现状描述	统一 清晰	……模糊……		分裂 清晰	战略
法理一中	一国两制 两岸一中	一国一制			清晰
	一中不表	一国两区 一中各表	不统、不“独”		¦
		一国两府、一国两体 “阶段性的两个中国”		“两国论”	模糊
事实“独立”				“中华民国是台湾” “一边一国” “一中一台”	清晰

了一定的模糊性。李登辉用“特殊国与国关系”描述两岸关系，追求分裂路线，属于战略清晰。陈水扁提出“一边一国”，以此界定两岸关系，企图实现“一中一台”的战略目标，同样属于战略清晰。与此相反，马英九以“一国两区”界定现阶段两岸关系，宣示“中华民国主权包括大陆，治权仅及于台澎金马”，同时以“不统、不独”为近期目标，基本上属于战略模糊，但台北坚持以“中华民国”填充“两岸同属一中”这一双方均能接受的宽松框架，以“各自表述”界定“九二共识”，强调两岸的价值差异和心理差距，又带有另一种战略清晰的意味，透露出“三民主义统一中国”的历史遗绪。从中国大陆的观点看来，“九二共识”的内涵是一个中国，而不是“各自表述”，后者只是表达一个中国原则这一内容的方式。① 正因为两岸当年对一个中国的内涵有不同认知，而对这一不同认知如何处理，又有“各自表述”和“各不表述”的意见分歧，所以双方只能就“各自以口头方式表述均坚持一个中国的原则”达成共识，而未能签署书面协议。换句话说，大陆认知到国民党对“各自表述”的坚持，但对此既没有接受，也没有明确反对，而是保留了一定的模糊空间，体现了原则清晰和战略（策略）模糊的高度结合。

从“九二共识”的最初达成，中经四次台海危机，两岸人民对和平发展形成了高度的共识，对和平发展的前景也有了更多的期盼。纵观 20 年来

① 国务院台湾事务办公室副主任周明伟对海外侨界人士的演讲稿，2001 年 2 月，纽约。

两岸关系的起伏变化，可以看出台湾“独立”已经没有实现的可能。长期关心两岸关系发展的美国学者卜睿哲就指出，两岸关系的和平发展，只存在两种可能性。其一是两岸关系的稳定发展，实现宽松共存（relaxed coexistence），告别1995—2008期间的紧张共存（conflicted coexistence）历史。其二是最终解决两岸的根本分歧，实现政治整合（political integration）。[①] 越来越多的美国学者，开始考虑两岸和平统一的可能性、合理性和前提条件问题。例如 Michael McDevitt 就表示，如果两岸和平统一，意味着美国可以走出卷入中国内战的历史，对中美关系来说堪称最好的结果。[②] 曾任美国助理国务卿帮办的柯庆生（Thomas Christensen）更早就撰文指出，保留两岸和平统一的前景，符合美国的利益，因为“台湾作为中国式民主样板的地位”，“可以成为推动大陆自由化的强大动力”。[③] 卜睿哲和容安澜希望大陆提出比“一国两制”更为宽松、更加富有创意的统一模式。[④] 容安澜表示，任何统一模式，只要台湾人民接受，就不会是美国的重大忧虑所在。[⑤] 美国接受两岸统一的前提是，统一后台湾政权的民主性质不会遭到改变，中国大陆不会驻军台湾，对外拓展军力。[⑥] 与邦联模式相类似，卜大年在2010年也提出华人国协（a commonwealth of Chinese - speaking nations）模式。[⑦] 上述学者关于统一模式的讨论，固然反映了美方力图获得最终解决台湾问题的话语权，但也透露出和平统一将是和平发展的必然结果。

---

① Richard Bush, “China - Taiwan: Recent Economic, Political, and Military Developments Across the Strait, and Implications for the United States. ” http: //www. brookings. edu/testimony/2010/0318 _ china _ economy _ bush. aspx.

② Michael McDevitt, “Alternative Futures: Long - Term Challenges for the United States,” in Roger Cliff, Phillip Saunders, Scott Harold, New Opportunities and Challenges for Taiwan's Security (Washington, DC: Rand Corporation, 2011), pp. 103—104.

③ Thomas Christensen, “The Contemporary Security Dilemma: Deterring a Taiwan Conflict,” The Washington Quarterly, Vol. 25, No. 4, autumn 2002, p. 16; pp. 19—20.

④ Richard Bush & Alan Romberg, “Cross - Strait Moderation and the United States,” PacNet, No. 17 (Pacific Forum CSIS, Honolulu, Hawaii: March 5, 2009).

⑤ Alan Romberg, “2010: The Winter of PRC Discontent,” Chinese Leadership Monitor, No. 31 (Stanford University, 2010).

⑥ Alan Romberg, “US - Taiwan Relations: Looking Forward,” paper presented at CSIS conference on US - Taiwan Relations in a New Era: Looking Forward 30 Years after the Taiwan Relations Act, April 22, 2009, Washington, DC.

⑦ Dan Blumenthal, “The United States and Cross - Strait Relations. ”

附录1　TEDS2008P 问卷题目（K5）和调查结果

如果政府完全开放两岸经贸，请问，您认为台湾的经济状况会不会因此而变好、变坏，还是没有不变？

		频率	百分比	有效百分比	累积百分比
有效	变好	729	38.3	38.3	38.3
	变坏	486	25.5	25.5	63.8
	不变	364	19.1	19.1	82.9
	拒答	5	0.3	0.3	83.2
	很难说	166	8.7	8.7	91.9
	无意见	25	1.3	1.3	93.2
	不知道	130	6.8	6.8	100.0
	合计	1905	100.0	100.0	

资料来源：TEDS2008P 报告书第 363 页。

附录2　TEDS2012TR 问卷题目（Q5）和调查结果

请问，您认为在两岸签订“经济合作架构协议”，也就是 ECFA 之后，台湾整体的经济状况，有没有因此变好、变坏，还是没有改变？

		频率	百分比	有效百分比	累积百分比
有效	变好	1379	28.7	28.7	28.7
	变坏	915	19.0	19.0	47.7
	没有改变	1883	39.2	39.2	86.9
	拒答	14	0.3	0.3	87.2
	很难说	71	1.5	1.5	88.7
	无意见	125	2.6	2.6	91.3
	不知道	419	8.7	8.7	100.0
	合计	4806*	100.0	100.0	

资料来源：TEDS2012TR 的 Q5 描述统计结果。

*样本数为 4805，此处是基于各选项数字四舍五入后总体出现差异。

附录3　台湾民众对两岸交流速度的看法

在马英九连任“总统”后，您认为两岸交流的速度应该要加快、维持现在的速度，还是放慢？

		频率	百分比	有效百分比	累积百分比
有效	加快	544	26.8	26.8	26.8
	维持现在的速度	898	44.2	44.2	71.0
	放慢	344	16.9	16.9	87.9
	拒答	3	0.2	0.2	88.1
	很难说	50	2.5	2.5	90.6
	无意见	72	3.5	3.5	94.1
	不知道	121	5.9	5.9	100.0
	合计	2032	100.0	100.0	

资料来源：TEDS2012－TP（选后追踪问卷2032份）报告书第13页。

附录4　TEDS2008P 问卷题目（M1）和调查结果

在我们社会上，有人说自己是“台湾人”，也有人说自己是“中国人”，也有人说都是。请问您认为自己是“台湾人”、“中国人”，或者都是？

		频率	百分比	有效百分比	累积百分比
有效	台湾人	1012	53.1	53.1	53.1
	都是	759	39.9	39.9	84.0
	中国人	92	4.8	4.8	88.8
	原住民	1	0.1	0.1	88.9
	拒答	9	0.5	0.5	90.4
	不知道	31	1.6	1.6	92.0*
	合计	1905	100.0	100.0	

资料来源：TEDS2008P 报告书第366页。

* 报告书中省去了无意见、不知道的选项。

附录 5 TEDS2012TR 问卷题目（Q149）和调查结果

在我们社会上，有人说自己是“台湾人”，也有人说自己是“中国人”，也有人说都是。

请问您认为自己是“台湾人”、“中国人”，或者都是？

		频率	百分比	有效百分比	累积百分比
有效	台湾人	2418	50. 3	50. 3	50. 3
	都是	2051	42. 7	42. 7	93. 0
	中国人	177	3. 7	3. 7	96. 7
	拒答	14	0. 3	0. 3	97. 0
	看情况	20	0. 4	0. 4	97. 4
	无意见	75	1. 6	1. 6	99. 0
	不知道	49	1. 0	1. 0	100. 0
	合计	4806 *	100. 0	100. 0	

资料来源：TEDS2012TR 的问题 Q149 原始数据描述统计结果。

* 样本数为 4805，此处是基于各选项数字四舍五入后总体出现差异。

附录 6 TEDS2008P 问卷题目（M3）和调查结果

关于台湾和大陆的关系，这张卡片上有几种不同的看法：1. 尽快统一；2. 尽快“独立”；3. 维持现状，以后走向统一；4. 维持现状，以后走向“独立”；5. 维持现状，看情形再决定“独立”或统一；6. 永远维持现状。请问您比较偏向哪一种？

	频率	百分比	有效百分比	累积百分比
尽快统一	49	2. 6	2. 6	2. 6
尽快宣布“独立”	130	6. 8	6. 8	9. 5
维持现状，以后走向统一	200	10. 5	10. 5	20. 0
维持现状，以后走向“独立”	308	16. 2	16. 2	36. 2
维持现状，看情形再决定独立或“统一”	753	39. 5	39. 5	75. 7
永远维持现状	344	18. 0	18. 0	93. 7
拒答	3	0. 1	0. 1	93. 8

续表

	频率	百分比	有效百分比	累积百分比
很难说	20	1.0	1.0	94.8
无意见	31	1.6	1.6	96.4
不知道	68	3.6	3.6	100.0
合计	1905	100.0	100.0	

资料来源：TEDS2008P 报告书第 366 页。

附录 7 TEDS2012TR 题目 Q145 和调查结果

关于台湾和大陆的关系，有下面几种不同的看法：1. 尽快统一；2. 尽快宣布“独立”；3. 维持现状，以后走向统一；4. 维持现状，以后走向“独立”；5. 维持现状，看情形再决定独立或“统一”；6. 永远维持现状。请问您比较偏向哪一种？

		频率	百分比	有效百分比	累积百分比
有效	尽快统一	63	1.3	1.3	1.3
	尽快宣布“独立”	171	3.6	3.6	4.9
	维持现状，以后走向统一	412	8.6	8.6	13.4
	维持现状，以后走向“独立”	714	14.9	14.9	28.3
	维持现状，看情形再决定“独立”或统一	1685	35.1	35.1	63.4
	永远维持现状	1366	28.4	28.4	91.8
	拒答	15	0.3	0.3	92.1
	很难说	57	1.2	1.2	93.3
	无意见	113	2.4	2.4	95.7
	不知道	209	4.3	4.3	100.0
	合计	4806*	100.0	100.0	

资料来源：TEDS2012TR 的 Q145 描述统计结果。

对进一步增进两岸政治互信的若干思考

中国社会科学院台湾研究所　朱卫东

当前，两岸关系和平发展正由开创期进入巩固深化期，这将是一个对两岸信心、耐心和智慧带来更大挑战的全新阶段。在两岸关系向“深水区”推进的时候，两岸能否继续保持和增进同舟共济的政治互信，对同在一条船上的双方来说至关重要，逆水行舟，不进则退。在此，笔者拟就当前及今后一个时期如何进一步加强两岸政治互信提出若干建议。

一、要始终将增进两岸政治互信摆在两岸关系发展的突出位置上

政治互信，顾名思义是政治上的相互信任，这既是政治关系发展的一个基本点，也是政治交往中一个很高的境界，一旦有了互信，双方存在的问题就容易找到解决办法，甚至迎刃而解。对涉及信任的相关理论研究表明，信任是政治合作和联盟形成的必要条件。“信心与承诺是构成信任的两个主要组成元素”。[①] 信任作为一种变量，具有“情境性”和“时间性”的特点，在不同的情境中，信任的概念是不一样的，它会随着时间的变化而变化，亦即信任既有程度之分又有时间之别，需要双方用心珍惜、巩固和累积。

两岸政治互信就是海峡两岸各自在政治上相互信任、相互给予对方政治信心。大陆方面一贯高度重视政治互信对两岸关系健康发展的极端重要性。2005 年，胡锦涛总书记在与国民党主席连战举行的正式会谈中，提出发展两岸关系的四点主张，第一点就是“建立政治上的互信，互相尊重，求同

① 彼得·什托姆普卡：《信任——一种社会学理论》程胜利译，中华书局，2005 年版，第 33 页。

存异”；2008年，胡总书记在纪念《告台湾同胞书》发表30周年座谈会上的讲话中提出“六点意见”，第一点也是强调“恪守一个中国，增进政治互信”的主张。2012年3月，胡总书记在会见国民党荣誉主席吴伯雄时再次强调，“两党和两岸双方继续巩固和增进政治互信，仍然是今后两岸关系保持良好发展势头的首要关键和前进动力”。①

基于这样的认识，大陆领导人近年来在很多场合不断强调维护和增进政治互信的必要性和重要性，并在推动两岸关系和平发展的实践中，始终秉持“建立互信、搁置争议、求同存异、共创双赢”的原则，保持双方良性善意互动，不急不躁，努力扩大共识；按照“先易后难、先经后政、把握节奏、循序渐进”的思路稳步扎实推进，积极创造条件，寻求解决两岸关系发展中遇到的问题。另一方面，自2008年5月马英九上台以来，台湾方面在维护两岸政治互信方面也作出了积极的努力，正是两岸双方在反对“台独”、认同“九二共识”问题上建立了最基本的政治互信，使得过去4年两岸关系能够取得一系列的突破性进展和重要成果，实现了历史性转折。

当前，两岸关系虽然获得了很大改善，但政治互信的水平仍然很低，两岸只是建立了初步的政治互信，无论是国共两党之间、还是两岸高层与民间社会乃至领导人个人之间仍缺乏足够的信任，两岸关系和平发展的政治基础、社会基础和经济基础仍需进一步巩固和扩大。

因此，要确保两岸关系健康可持续发展，深刻认识、高度重视、精心维护两岸政治互信的意义至关重要，倘若两岸对此缺乏清醒足够的认识，则不仅将难以累积扩大新的互信，而且业已存在的互信也容易遭到侵蚀甚至毁损。所以，未来一个时期，海峡两岸应始终将维护、累积和增强政治互信摆在两岸关系发展的突出位置上来，这不仅是一个思想认识问题，更要体现在具体的行动中。可以说，两岸政治互信的程度越高，越容易克服干扰、抵御风险，越有利于扩大共识、解决问题。

二、要认同和维护“两岸同属一国”这一双方政治互信的基石

信任理论告诉我们，信任本质上是建立于认知基础上的预期，认知构成

① 《胡锦涛会见中国国民党荣誉主席吴伯雄》，新华网2012年3月22日。

信任概念与信任形成的基础。正如政治心理学家拉森所言，“心理学意义上的信任涉及三种不同的意义——可预测性、可信性以及良好的意图”。[①] 罗伯特·斯温斯认为，信任建立与产生之前，博弈双方应经历一个“承诺期”，“承诺”将直接影响信任的建立；利布曼根据博弈游戏实验的结果，提出一种基于利益的信任概念，即，我们信任他人是与我们自己的个人利益与道德紧密相关。[②] 上述研究表明，信任形成的必要条件为预期的出现，如果对他者的行为、意图等无法做出预期，那么信任很难形成。政治行为者相互信任的建立，取决于双方相互认知基础上的共同承诺、可预测性以及可信性。

就两岸政治互信而言，虽然两岸还没有统一，但中国领土和主权没有分裂，大陆和台湾同属一个中国，亦即“两岸同属一个国家”的事实也没有改变。“确认这一事实，符合两岸现行规定，应该是双方都可以做到的”。[③] 过去，两岸在坚持“九二共识”，坚决反对“台独”问题上达成的共识和共同承诺，其根本点就是认同“两岸同属一国”，这应成为建立政治信任的必要条件，也是双方下一步深化政治互信的根本基础。所谓“共信不立，互信不生；互信不生，团结不固；团结不固，不能共存”就是这个道理。认同“两岸一国”，是两岸建立政治互信并进一步加强合作的题中之义，两岸之间只要确立了“一国”这个“大同”，彼此就有了最基本的互信，就可以做到求同存异、聚同化异。

2012 年 7 月，全国政协主席贾庆林在第八届两岸经贸文化论坛中又进一步提出，“当前，增进政治互信就是要维护和巩固一个中国的框架”，“一个中国框架的核心是大陆和台湾同属一个国家，两岸关系不是国与国的关系，两岸从各自现行规定出发，确认这一客观事实，形成共同认知，就确立、维护和巩固了一个中国框架。在此基础上，双方可以求同存异，增强彼此的包容性”。[④] 大陆在“一中原则”的基础上，进一步提出“一中框架”，二者相辅相成，并行不悖，充分体现了大陆方面解决问题的诚意、善意和包容。从发展的眼光看，体现一中原则、维护一中框架的表现形式，在不同的历史发展阶段，针对不同的对象，可以有不同的表达方式和实现路径，但是

① 《国际关系中的信任概念与联盟信任类型》尹继武，见《国际论坛》2008 年第 2 期。
② 《国际关系中的信任概念与联盟信任类型》尹继武，见《国际论坛》2008 年第 2 期。
③ 《胡锦涛会见中国国民党荣誉主席吴伯雄》，新华网 2012 年 3 月 22 日。
④ 《贾庆林在第八届两岸经贸文化论坛开幕式上的致辞》，新华网 2012 年 7 月 28 日。

“两岸同属一个国家”这一核心不会也不应有任何变化。

两岸不仅要认同维护互信的基础，更要进一步加强和扩大互信。要做到这一点，一方面，两岸要珍惜呵护来之不易的互信，多扩大共识少凸显分歧。目前情况下，两岸刻意模糊搁置重大分歧的做法不是无视其存在，而是不使分歧影响其他容易达成共识问题的解决，进而为解决疑难问题创造条件。比如，台湾方面出于多种考虑将“一国两区”中的“一国”明确为“一个中华民国”，在两岸关系上便压缩了双方在“一国”问题上求同存异的空间。另一方面，要在认同两岸同属一中、维护一中框架这一原则问题上形成更为清晰的共同认知和一致立场，明示“两岸一国”、“两岸关系不是国与国的关系”，努力实现“一中同表”或“共表一中”，直至“两岸同属一国”法律化，为两岸建构全方位的战略互信，为两岸关系和平发展奠定共同的法理基础。

认同“两岸同属一国”，不仅是海峡两岸、国共两党之间建立政治互信的根本基础，也是大陆同包括民进党在内的其他岛内政党建立政治互信的基础。在不违背“两岸一国”的前提下，大陆方面愿意与任何人、任何政党进行对话和谈判，什么问题都可以谈，也一定会谈出双方都能认可接受的成果。

目前，因为民进党一直坚守“台独”和两岸“一边一国”立场导致中国共产党和民进党难以建立政治互信，这是非常令人遗憾的。大陆一直希望民进党能够早日撤除自己为对话设置的障碍，摈弃“台独党纲”，为双方的对话合作创造条件和空间，因为这样做，对两岸关系有利，对台湾民众有利，对民进党也有利。只要民进党诚心诚意地想解决问题而不是以漫天要价的方式拒绝对话，总会有智慧找到处理问题的办法的，毕竟，办法总比困难多。

笔者认为，中国共产党和民进党之间虽无历史恩怨，但是在涉及整个中国国家领土主权问题上存在重大分歧。对此，大陆的立场是一贯的，态度是友善的、真诚的，但是绝不会拿原则做交易。体现一中原则的表现形式可以与时俱进，双方在新形势下也完全有办法找到彼此都可以接受的表述方式，但要害是不能违背“两岸同属一国”。对民进党人士，包括那些曾经主张、追随和从事“台独”的人，以适当身份到大陆走走看看，大陆持鼓励和欢迎的态度。期望民进党拿出实际行动展现诚意，降低敌意，逐步放弃“台独”立场。我相信，通过双方的共同努力，中国共产党和民进党之间的政治互信一定能够建立起来，两党对话合作的新时代也一定会到来。

三、要以自信尊重包容双赢的思维，积极善意稳妥地增进两岸互信

有关信任的理论认为，将信任建立于认知期望基础上，还需考虑情绪因素，信任需要一种温暖和情感的感觉。我们对他人的期望的程度，与情绪因素紧密相关，积极的情绪会影响认知与预期。

当前，增进两岸互信必须要摈弃零和心态、冷战思维等诸多旧观念、旧思维。零和思维的危害在于具有“自我实现的预言”的性质，冷战思维的害处在于，仅以所谓政治制度和价值观来决定双方的关系，搞排他性的对立对抗，这些旧时代的旧思维完全不具建设性，无助于两岸问题的处理与解决。加强两岸互信、发展两岸关系没有指导手册可循，但是树立自信、尊重、包容和双赢的思维对两岸来说是最佳的选择，这些需要双方都具备相当的远见、魄力与创新意识。

未来，双方应从战略和长远的角度出发，认准共同利益，相向而行，善意互动，积极稳妥地不断增强两岸各个领域的互信基础，妥善管控和处理分歧，进一步扩大双方的合作，在合作中形塑共同的价值，厚植共同的利益，增进相互信任。

为此：一是，双方都要增强自信心。政治互信的累积在相当程度上是建立在双方自信心提升基础上的。未来大陆要更加自信从容地对台展现包容与耐心，台湾也应更自信地与大陆共同推动两岸关系和平发展。因为实践已经证明，两岸关系本质上是一国内部两个地区之间互利共赢的关系，合则两利，分则两害。在自信的基础上，要相信人民的力量和人民的选择，大陆没有“统战阴谋”，只有为两岸人民谋福祉的“阳谋”。二是，理性看待对方的战略企图和战略走向，务实善意地对待对方的相关政策，努力提高双方理解对方思维方式的能力，用同理心和“同情的理解”来看待对方，加强常态化、制度化的沟通协调，尽量避免误解与误判。三是，两岸都要根据不断变化的新形势恰当地设定阶段目标，既不能超越情势环境和条件，又不能在机遇面前无所作为而丧失机遇。阶段目标的设定是否符合实际，即预期与承诺定得过高或过低，都将影响情绪，影响信任与互信的累积。四是，在不挑战、不违背“两岸同属一国”这一双方都认可的核心利益的基础上，相互

尊重、妥善对待处理彼此的重要利益和关切，要管理好、控制好两岸之间深层次、结构性的矛盾与分歧，将其消极影响降至最低。五是，从小事和点滴做起，从自我做起，不断提升两岸合作的质量和水平，培植新的共识和观念，塑造新的共同认同，通过信心与信任的逐步累积直至“生长”出两岸的战略互信。

总之，在两岸关系和平发展进程中，两岸要减弱和消除战略上的互疑，强化和增进战略上的互信，有很多潜力可挖，有很多办法可用，但尤为重要的是，双方要牢固树立自信、尊重、包容和双赢的战略思维，从“单独决定论”转变为“共同决定论”，在正视分歧中寻找共同点，在搁置分歧中创造共同点，在减少分歧中扩大共同点，努力实现两岸“求同存异”到“聚同化异”的转变。

四、要在政治互信基础上，稳步建立包括军事互信在内的两岸战略互信

政治信任内涵丰富，涉及民众对政治行为者的信任、对政策的信任、对政府的信任以及对共同价值认同的信任等诸多方面，建立和厚植互信，存在理性选择路径和社会文化路径两种主要途径。这些有关信任的理论内涵也必然成为两岸互信的重要方面，彼此相互影响作用，深刻地影响着两岸互信的累积。

鉴此，笔者主张借用内涵外延更为丰富的“战略互信”的概念，来说明不同领域、不同层次之间的互信是相互关联、相互作用、相互影响的整体，以期为跨入新阶段的两岸关系发展提供更为强劲的动能。所谓“战略互信”是指双方都深刻了解对方的战略意图，并在涉及各自核心利益的领域，持有对于对方立场和行为的积极预期。战略互信的内涵层次包括政治互信、军事互信、经济互信、政党互信、领导人互信、社会互信等更为宽泛的内容。

笔者认为，当前及今后一个时期，两岸应以更开放的心态和更积极的作为，扩大和深化两岸政治、经济、文教和民间社会的大交流、大合作，提升各个领域互利合作的水准，通过形成全方位、宽领域、多层次的互动格局，加深两岸的感情融合与利益捆绑，增强两岸人民的民族、历史、文化认同，摒弃形形色色的“台独”主张，清除各种“去中国化”的遗毒；在彼此交

往和互利合作的过程中，增强两岸同胞一家人的观念，凝聚和形塑两岸休戚与共的“命运共同体”意识。

值得一提的是，目前，两岸各界对加强两岸经济和文化、教育等领域的互信合作有很强的共识，但对于开启和加强军事领域的互信合作，台湾方面还有很大疑虑，其实，这种猜忌也是多余的。政治互信与军事互信二者是相辅相成、相互作用的辩证关系：一方面，政治互信是军事互信的基础，没有政治互信，军事互信是脆弱不稳定的，其功能和作用多体现在危机管理方面。另一方面，军事互信是政治互信的延续和结果，是政治互信发展到高级阶段的产物。两岸努力推进军事对话交流乃至军事互信机制的建构，本身就是增进两岸战略互信的重要环节。因此，二者可以并行不悖，双管齐下。胡锦涛总书记在著名的“12·31讲话”中明确提出，“两岸可以适时就军事问题进行接触交流，探讨建立军事安全互信问题”，这为推动建立两岸军事安全互信指明了方向。虽然两岸目前建立狭义的、单纯的军事互信机制的条件与环境尚不成熟，但这丝毫不妨碍我们提前做些开渠引水的工作，为水到渠成创造条件。

鉴于探讨建立军事安全互信问题的复杂性及其对两岸关系发展的重要象征意义，两岸不妨从可做、能做的地方入手，先易后难、先民后官、循序渐进地加以推动。两岸在军事问题上建立信任措施的过程，是认识和利用共同利益的过程，也是探讨和试验的过程。一开始，可以是有限的接触，可以是象征性的而非实质性的交流对话，然后逐步寻求有意义的合作措施。比如，两岸在钓鱼岛和南海问题上的合作就可以择机适时逐步展开。总之，所谓军事安全是合作的安全而不是对抗的安全，建立两岸军事互信问题无法回避也回避不了，越早推动越有利于双方增进了解、创造积极条件。在两岸政治、经济、文教等诸多领域大交流、大合作的今天，很难想象两岸在军事问题上还缺乏起码的交流对话、存在明显的“短板”，如果两岸在军事互信问题上裹足不前，终将影响和制约两岸政治互信的深化。

五、要加强制度化建设，努力构建两岸全方位的战略互信机制

现代政治信任的基础是制度信任，即公共权力运行的确定性与可信性主要依靠制度的规范和约束。制度具有规范性、权威性、约束性和可预期性的

特点。对两岸互信而言，它既有利于信任的累积和互信合作的深化，又可以避免对对方意图的误判。因此，要巩固、增进两岸互信，必须要建构两岸全方位的战略互信机制；通过制度化框架，对双方的行为进行约束，对未来的发展方向和目标进行规划，从而保障两岸政治互信关系的稳定与可持续发展。

制度化、机制化建设不仅对两岸互信十分重要，对两岸关系和平发展也具有关键的意义。胡锦涛总书记在“12·31讲话”全面阐述两岸关系和平发展思想的同时，提出了构建两岸关系和平发展框架的“六点意见”，涵盖政治、经济、文化、社会交流、涉外事务及军事安全等六大层面。作为构建这一框架的重要内容，如何建构两岸战略互信机制，在一定意义上说，已成为双方能否构建两岸关系和平发展框架的必要前提和重要保障。

笔者认为，当前及未来一个时期，要将推动两岸关系各个领域的机制化、制度化建设作为努力方向，共同致力于推进三大工程建设：一是全力加强和落实以ECFA为核心的两岸经济合作工程，二是全力扩大和深化以“三通”为平台的两岸各界交流工程，三是全力推进和深化以两会协商为主体的两岸多层次对话协商工程，努力营造一个有利于两岸关系和平发展的环境条件和机制，创造不可逆转的机制运行环境，使之成为沛然莫之能御的潮流，让任何人、任何势力改变它都要付出极大的代价。

建构两岸全方位的战略互信机制，首先应发挥好现有管道、机制的作用。

其一，进一步发挥国共平台特别是两党领导人定期会晤机制的作用。由于国共两党已建立基本的政治互信，国共交流机制发挥了不可替代的重大作用，它所导引的趋势、所营造的氛围、所达成的共识，对两岸关系发展做出了实质性的重大贡献。因此，未来无论国民党是否在台上执政，这一机制的功能和作用应继续得到高度重视。目前情况下，两个执政党的交流特别是两党领导人的定期会晤，不仅可以面对面地以“工作会谈”的形式加深了解，增进信任，更可以务实地规划未来的两岸关系发展，体现指导性和权威性，即，国共高层交流可以在战略层面上为两岸关系发展指明方向、创造条件，扮演“指南针”和“发动机”的角色；在战术层面上为两岸扩大共识、增进互信扮演“润滑剂”和“变压器”的角色。此外，一旦国民党领导人同时兼任台湾当局的领导人，理论上，双方可以敏感性较低的党主席名义互访，使两党领导人的会晤机制自然过渡到两岸领导人的会晤机制，如此将为两岸关系和平发展提供更大的回旋空间和更为有利的条件。

其二，继续发挥两会制度化协商机制及其他平台的作用。目前，两会协商机制是两岸正式授权达成协议的唯一机制，作为两岸涉及公权力协商的重要平台，过去4年两会先后举行8次商谈，相继签署18项重要协议，每签署一项协议，都使两岸的交流合作更为规范化，两岸的战略互信得到进一步加强，两岸关系也因此更为紧密融合。两会商谈管道与国共交流机制并不冲突，二者“双脚并进，行稳致远”，属于相辅相成的关系。此外，由于两岸关系的复杂性，两岸还应加强和发挥诸如博鳌论坛、两岸经贸文化论坛、海峡论坛等诸多功能性平台的作用，使之更具多元性、包容性和草根性，以寻求两岸更大的共识，累积更多、更强的互信。

其三，加强两岸学术对话，发挥“二轨”机制的作用。在两岸关系迈向更广、更深、更高领域和层次的时候，两岸之间存在的重大政治分歧以及发展中的新情况、新问题不可避免地将一一显露出来，尤其是诸如台湾当局的政治地位与“中华民国”问题、台“国际空间”与安全问题等等，这些牵涉到主权的核心议题，极为敏感脆弱、复杂难解，稍有不慎，轻则破坏彼此互信，重则使两岸关系倒退，冲击两岸关系和平发展。对于这些问题的处理，笔者主张，应加强两岸学术界的交流，特别是要有计划地开展两岸具有官方背景的智库学者的对话交流，在时机成熟时，进行官方授意或授权的“二轨”对话，“二轨机制”的好处是立足于实质沟通，有助于两岸全面准确地掌握实情，理解和照顾彼此的合理关切，分清轻重缓急，找准切入点和突破口，以达到尽快寻求共识、完善方案的目的。从根本上讲，“二轨机制”有助于强化彼此的战略互信，是处理和解决问题必不可少的步骤和环节，也是行之有效的路径。

综上所述，在两岸关系发展跨入巩固深化新阶段的时候，不断增进两岸战略互信是两岸双方的必然选择。只有通过不断增进两岸政治互信，才能巩固和扩大两岸关系发展的成果；同时又能通过新的发展成果累积更多、更强的互信，推动两岸关系不断取得更大的发展。两岸之间的互信越强，达成的共识越多，分歧就越少，机会就越大，前景就越光明。

目前，大陆同国民党执政当局在共同反对“台独”、坚持“九二共识”基础上所达成的政治互信只是最基本的互信，尚不足以支撑两岸关系迈入深水区面临的各种严峻挑战；同时，这种脆弱不稳定的互信，也摆脱不了岛内周期性选举政治的考验。因此，未来一个时期，两岸应该抓住和用好难得的机遇，全面加强和深化两岸在各个领域、各个层次的交流与合作，让两岸民众不断建立互信、不断扩大互信，从而为两岸政治互信提供更加稳固、更加深厚的社会民意基础。另一方面，还要着力加强两岸关系和平发展机制化、制度化和法制化建设，在建构两岸全方位战略互信机制方面，努力推动双方在认同两岸同属一国、维护一中框架这一原则问题上形成更为清晰的共同认知和一致立场，实现“两岸同属一国”法律化，从制度上确保两岸关系和平发展的方向与成果是不可逆的。笔者深信，两岸通过这些制度性的安排与保障，将打开一扇扇大门，搭起一座座桥梁，拓宽前进的道路，排除各种干扰，为两岸关系和平发展注入强劲的动力，开辟更加美好的前景。

增进两岸政治互信与观念创新

上海台湾研究所　倪永杰

互信是指相互信任，两岸政治互信既是一种价值判断，又是一种互动境界，包括彼此可预期、零意外及善意互动。当前，两岸政治互信已成为两岸关系和平发展的核心问题，互信的高低决定了两岸关系的成败，也对和平发展的未来构成重大影响。4 年来两岸政治互信有所增强，但仍然脆弱，制约了两岸关系的发展。① 因此，两岸双方应着力思考并寻觅增进两岸政治互信的方法、路径。本文在评估 4 年来两岸政治互信进展与缺失的基础上，就下阶段增进两岸政治互信提出若干思考。

一、两岸政治互信现状

4 年来两岸政治互信有所增加，表现在 6 个方面。

1. 国共高层建立多个交流平台。国共领导人先后借助国共论坛、APEC 峰会、博鳌论坛及北京奥运、上海世博会、海峡论坛等平台举行会晤，交换意见，化解分歧，达成共识。

2. 两岸双方达成多项政治共识。双方继续国共“和平发展五项愿景”，坚持“九二共识”、共同反对“台独”成为双方政治基础。两岸和平发展、“九二共识”成为马英九胜选连任致胜的关键。

双方达成“搁置争议、建立互信、求同存异、共创双赢”的共识，取得“先经后政、先易后难、循序渐进、把握节奏”的一致路径。

3. 恢复制度化协商，签署协议得到充分落实。先后举行了 7 次“陈江会”，各层级的会面、磋商制度化。先后签署了 18 项协议、2 项共识，相关

① 参见王伟男：《两岸政治互信的困境析论》，引自厦门大学《台湾研究集刊》2011 年第 2 期，总第 114 期。

协议获得两岸双方的遵守、执行及落实。

4. 两岸共组机构、互设办事处。两岸共同成立“两岸经济合作委员会”。这是60年来两岸共同设立的机构，海协会、海基会高层分别担任召集人，下设6个工作小组，举行了3次工作例会，就两岸经济合作展开充分讨论。海旅会、台旅会互设办事处，两岸经贸机构互设办事处取得新进展。①

5. 涉外事务达成默契。两岸双方通气多了，避免了无谓内耗。台湾先后参与了WHA世卫大会，参与了APEC领袖峰会，妥善处理了“东京影展”、“亚运跆拳道裁判纠纷”等事件，双方共同贡献于国际社会。

6. 建立多个危机应急机制。两岸多个行业主管部门之间的沟通协调机制化。包括旅游、航空航运、司法警察、海事部门的协调、配合增多。两岸共同打击犯罪收获颇多，破获多起跨两岸、跨国的电讯、网络诈骗犯罪活动，大陆先后遣返了180多名台湾通缉犯。

马英九为两岸政治互信作出了巨大努力，有其历史性贡献。2011年元旦，马发表了“壮大台湾、振兴中华”讲话，紧扣中国百年来振兴中华的命题，提出在“中华文化智慧的指引下，为中华民族找到一条康庄大道”。②在今年“5·20”讲话中，马表示要“拓宽合作领域，巩固和平、扩大繁荣、深化互信”。马还表示“两岸同是中华民族，都是炎黄子孙，拥有共同的血缘、历史与文化”。③此言此行等于正面回应了大陆方面提出的增进政治互信的要求，有利双方互信的增强。

总体而言，4年来两岸政治互信虽有所增强，但极其脆弱，容易波动，不稳定、不平衡、不全面、不厚实，制约了两岸关系进一步发展。台湾方面时常传出一些令人错愕、匪夷所思的言行，有些官员对于马英九的大陆政策掌握不准，或呈个人主义倾向，使马英九大陆政策团队出现步调不一、相互矛盾的迹象，做些令大陆民众难以谅解、大陆媒体难以默认、大陆方面难以接受的事。

两岸互信不足表现在6个方面：

1. 强调“主权”，衍生争议。“中华民国”是两岸双方政治上的最大争

---

① 参见《马“总统”执政四周年两岸关系发展成果》，引自海基会《两岸经贸》杂志2012年5月号总第245期。

② 引自台湾《联合报》2011年1月2日。

③ 引自台湾《联合报》2012年5月21日。

议，马英九方面不断强调“中华民国是主权独立的国家”，称“台湾就是中华民国”，“台湾是国家”、“2300 万台湾人民决定台湾前途”。主张“不统”，有违“一中宪法”。“九二共识”遭到弱化，虚化“一中”，强调“各表”。“陆委会”官员在美国提出“民主、主权、安全”等 7 项“台湾核心利益”，渲染大陆“威胁”，要求废除《反分裂国家法》，要求大陆撤除飞弹。凡此种种，有可能摧毁两岸双方的政治互信基础。

2. 强调“台湾优先”，习惯片面行动。炒作、灌输“台湾主体意识”，强调“台湾价值”、“台湾路线”。许多涉及大陆公权力的事务、政策，在两岸之间尚未协商、或尚处于协商阶段，台湾方面便擅自对外宣布，逼大陆埋单，而根本不考虑大陆方面的感受、大陆法律法规的限制，以及大陆内部协调的难度。在涉外事务上不与大陆通气，也不协商，多数先找外国势力作后盾，使之情绪化、复杂化、国际化。

3. 歧视甚至敌视大陆。台湾方面的有关法律、法规、意识形态对大陆怀有某种程度的漠视、歧视、甚至敌视。包括针对陆配（大陆配偶）、陆资、陆客、陆生等种种不合理、不人道、不合时的限制大量存在，处罚在大陆担任公职的人员，持续“通缉”林毅夫，沦为笑柄。军事安全上的敌对尤其明显，无限夸大大陆的所谓“政治统战”、“军事威胁”、“安全渗透”，强化台湾民众的“被统战”、“被威胁”、“被渗透”想象。

4. 鼓吹“民主、人权”，设置交流门槛。台湾有人喜欢对大陆内部事务下指导棋，把“民主、人权、法治”作为两岸关系发展的前提，将大陆的政治参与、人权法治、公民社会等与两岸关系发展相挂钩。我们接受台湾方面“同为中华民族一分子”的善意，大陆方面自然虚心接受有益的台湾经验，也有推进大陆政治文明进程的战略路线图。建议台湾方面提升民主素养，完善民主机制，割除政治“黑金”、少数暴力、“台独民粹”的毒瘤，真正为两岸关系和平发展创造有利的环境。

5. 勾连大陆敏感势力，踩踏“红线”。2009 年允许达赖赴台，后又播放“疆独”头目热比娅的影片，与“民运”、“法轮功”分子保持千丝万缕联系，每年拿“六四”作文章，伤害大陆同胞情感。

6. 扮演遏制大陆的“关键枢纽”。台湾不少人误把美国当做安全保障，以美日为筹码，有意无意充当西方反华势力的棋子。但当中国大陆遭遇国际反华势力战略遏制时，台湾方面却暗中靠向大陆对手，极大伤害同胞的感情。台湾的安全系于两岸关系和平发展，台湾的前途系于中华民族复兴，否则永远只是别人的棋子，不会有任何“主体性”。

两岸政治互信不足、互信不稳、互信不深，难以适应当前两岸关系全面交流、快速发展、深入进行的形势，难以满足两岸关系巩固深化、再创新局的需要，削弱两岸关系发展动力，压缩两岸关系发展空间，制约两岸关系后续发展。

4 年来两岸关系和平发展的历史与实践对增进两岸政治互信有 4 点启示：

1. 同属一中是基础。两岸同属一中、两岸同属一国是客观事实，凡是符合这一客观事实的主张、言论、政策都有利于两岸政治互信增强，反之则相反。

2. 彼此尊重是前提。两岸双方应尊重彼此的关切，以同理心相互体谅，己所不欲，勿施于人，不应强人所难。台湾方面尤其不应与大陆敏感势力相勾联，不做反华势力的棋子、马前卒。

3. 求同存异是方法。两岸双方应持续、强力求同，扩大共识，搁置并包容彼此的异，聚同化异、强同弱异，最后消弭分歧与争议。

4. 政治谈判是关键。两岸双方应积极酝酿气氛，把握机遇，适时开启政治对话，围绕政治议题中的难点、热点、焦点进行讨论，寻找共识，累积互信，为破解政治难题创造条件。

二、增进政治互信需要观念创新

增进两岸政治互信是两岸关系和平发展的必然选择，两岸双方可从 7 大“需要”加以观念变革与政策创新，由此拓宽增进两岸政治互信的实践路径。

1. 需要顶层设计。两岸双方需要从增进政治互信的体制机制、方法途径、内涵特点等加以宏观思考、周密设计。同时，顶层设计需体现两岸特点、中华特色，体现两岸关系和平发展阶段的时代特征。

2. 需要制度安排。两岸双方需设立固定的政治对话机制，两岸双方应在海协、海基两会管道之外，设立制度化的政治对话机制，分别就两岸政治定位、和平协议、涉外事务、军事安全互信等重大议题进行固定的、机制性对话，消除疑虑，增加互信。可采取智库对口、官员参与的形式，进行深度交流与共同研究，为最终解决政治分歧创造条件。

3. 需要综合互信。增进两岸政治互信是一项系统工程，涉及两岸关系各个领域，不能仅就政治互信谈政治互信。在政治互信之外，两岸双方还应建立包括经济、文化、社会、军事、涉外、司法以及非传统安全互信在内的多种互信，形成综合互信体系。①

4. 需要互信增量。两岸双方应在互信存量的基础上进行互信增量的工作，做加法而非减法，绝不能造成两岸互信"赤字"。可采取"堆积木"方式累积互信，由量变而质变。可从大处着眼，小处入手，将增进互信的工作做细、做实、做深，由小到大，先易后难，先低（敏感性议题）后高（敏感性议题），由点滴积累而至全面提升互信。

5. 需要共同成就。增进政治互信需要两岸双方共同努力，在实践中良性互动、相互扶持，彼此倾听、彼此激励、共同成就、共同分享。

6. 需要摆脱制约。两岸双方应思考如何削弱台湾内外各种不利因素的制约，争取各方支持，化不可能为可能。台湾方面需要弱化台湾蓝绿非理性竞争、台湾"主体意识"、"台独"意识对两岸关系发展的不利影响，积极引导民意，督促媒体多做有利于两岸关系发展的事。与此同时，两岸双方应共同思考如何争取有利的国际环境，减少外部因素对于增进两岸政治互信的干扰，使之成为积极因素而非消极因素，化阻力为助力。

三、增进政治互信的实践路径

（一）消除互疑，累积共识

与互信相反，就是互疑。当前，两岸彼此猜忌、相互质疑的情形时有发生，对两岸互信构成重大伤害。因此，消除互疑、累积共识可视为增进互信的基础。两岸应思考在巩固基础、求同化异、共同承担方面作出新的努力。

1. 巩固共同政治基础，明确"两岸一中"、"两岸一国"。两岸必须巩固既有的政治共识，强化"九二共识"、反对"台独"的共同政治基础。台大包宗和教授认为"九二共识"已成为台湾共识，未来需要在此基础上促

① 参见邱坤玄：《建构两岸安全与和平的架构》，引自台湾海基会《交流》杂志2012年4月号总第122期。

进两岸互信。[①] 增进政治互信的核心在于确立“两岸同属一中”，两岸双方在事关维护一个中国框架这一原则问题上形成更为清晰的共同认知与一致立场。2012 年 3 月 22 日，中国国民党荣誉主席吴伯雄在北京与胡锦涛会面时明确表示：“根据双方现行的体制及法律相关规定，彼此都坚持一个中国，两岸同的是‘两岸同属一中’，对于异的部分正视现实，搁置争议。”[②] 这是国民党方面对于“两岸同属一中”作出了明确承诺。同年 7 月 28 日，贾庆林主席在第 8 届两岸经贸文化论坛上表示：“增进政治互信就是要维护和巩固一个中国的框架。两岸虽然尚未统一，但中国的领土和主权没有分裂。一个中国框架的核心是大陆和台湾同属一个国家，两岸关系不是国与国关系。两岸从各自现行的规定出发，确认这一客观事实，形成共同认知，就确立、维护了一个中国框架。在此基础上，双方可以求同存异，增加彼此的包容性。”[③] 这是大陆方面对于“一国两区”的呼应，释出重大善意，旨在求同化异，为下阶段两岸政治互动创造了空间。表明两岸双方试图从各自的现行规定出发，寻找一中框架的交集，“两岸一国”成为双方现行规定的最大交集。

2. 搁置争议、求同化异。针对两岸政治定位、国际活动空间、两岸军事部署、两岸政治、社会体制差异等固有分歧，双方首先应搁置争议而非突出争议，其次是缩小而非扩大分歧，再次是寻求共识，求同存异、聚同化异、强同弱异，以利双方逐步化解分歧、达成共识。

当前，两岸双方应巩固并深化双方的同，搁置并包容彼此的异。两岸政治上求同应包括：两岸共同坚持“九二共识”、反对“台独”；两岸都坚持一个中国；“两岸同属一中”、“两岸同属一国”；两岸不是“两个国家”、两岸关系非“国与国关系”；两岸都要守卫“固有疆域”；两岸同是中华民族、都是炎黄子孙，拥有共同的血缘、文化与历史；两岸都是中华文化的传承者，等等。两岸双方应着力把这些政治共同点塑造成为两岸政治公约数，使之成为两岸关系继续发展的重叠共识。

3. 共同承担责任，维护民族利益。两岸必须共同承担捍卫国家主权与领土完整的责任与义务。台湾方面尤其要守卫“固有疆域”，绝不做出分割

---

① 参见包宗和：《从 2012 总统大选看两岸关系未来发展》，引自台北海基会《交流》杂志 2012 第 2 期总第 121 期。

② 新华社 2012 年 3 月 22 日。

③ 新华社 2012 年 7 月 28 日。

主权、领土之举、造成“一中一台”、“两个中国”。在钓鱼岛、南海议题上台湾方面应维护中华民族的长远利益与整体利益。台湾安全与前途系于两岸关系和平发展，台湾的安全凭借绝不是美国军火，而是中国强大。台湾应不甘于充当美国的棋子，应做国家领土主权完整的守护者。

（二）消除歧视及敌视，转向积极、开放

两岸双方需要与时俱进，台湾方面尤其需要认真清理各政治、经济、社会、法律、教育、文化、意识形态诸领域对于大陆政府和人民的不信任、不友善、歧视及敌视，消弭敌意，表达善意，积极清除不合时宜、不合情理的陈规旧律，真正落实两岸要“对等、互惠、尊严”，以及尊重人权、提倡人道的精神。马英九在2012年5月18日要求修改不合时宜的大陆政策法规，“赶上时代、走在时代前面、因应未来发展”，希望台湾有关部门、“立法”机构积极响应、认真执行。

当务之急，一是废除台湾当局一批“恶法”，例如“投敌罪”、“叛乱罪”等。二是修改不合时宜的法律法规，保障从事两岸交流机构、人员的正当权益。《台湾地区与大陆地区人民关系条例》中处罚任职大陆的规定亟需废除，《条例》中有关陆客、陆生、陆资的不公平、不公正、甚至侵犯人权、不符人性的规定、限制要废除。三是将两岸事务排除在“公投法”之外。

（三）建立两岸各阶层之间互信

两岸需要强化两岸高层互信，培育两岸行政互信、民间互信、基层互信以及媒体互信，相互促进、相互补充。

1. 两岸高层互信。2005年以来，国共高层领导借助国共平台建立了较为稳固的政治互信，包括在博鳌论坛、APEC峰会、北京奥运、上海世博会等场合，国共高层已会面30多次，增进了两岸高层的友谊与了解，为两岸关系发展发挥了重要作用。未来两岸高层应进一步增加接触，适时实现两岸领导人会晤，就推进两岸关系和平发展交换意见，作出安排。两岸领导人可借除夕互致问候，可在金厦水域视察海上救难演习，可在港澳会面，也可进行视频连线。台湾方面应积极为大陆各级、各地领导赴台参访创造条件，提供保障。

2. 两岸行政互信。两岸各级行政机构、业务对口部门之间应加强互动、交流。特别是两岸事务、经济事务、文化事务主管部门之间应建立互动热

线，加强对口人员、业务交流，增进了解，消除隔阂。台湾方面应对行政机构体系进行两岸事务培训，增加台公务员来大陆交流、参访的机会，时机成熟、条件具备的两岸相关行政机构应开展公务员互换实习。

3. 两岸民间互信。两岸民间交流是两岸关系发展中最具活力、最富想象力的因素，是增进同胞感情、扩大共同利益的最好途径。两岸民间团体、行业协会、非政府组织之间应加强交流合作，增进两岸民间机构、人员之间的互信互谅、互让互助，扮演两岸关系推动者功能，充当两岸政治互信的润滑剂，而非两岸政治互疑的催化剂。两岸民间非营利机构包括各式基金会、慈善机构、志工团体应创造条件、积极行走两岸，激活两岸民间资源，开辟两岸交流的新领域。如今，台湾拥有 4 万个非营利组织、15059 个志工团体、超过 70 多万名志工，岛内从事社会服务、慈善团体 2263 个，占所有社会团体的五分之一多，台湾社会具有蓬勃旺盛的民间活力，[①] 而大陆的社会团体、基金会日前增长，两岸民间交流可成为两岸关系新动力。

4. 两岸基层互信。增进两岸基层互信是对两岸高层、民间互信的有益补充，也是增进两岸政治互信的重要渠道。两岸基层型态不同，各具特色。两岸各色新型社区成为两岸交流的新领域，各级区县、乡镇、街道、村里、小区等，应开展对口交流、互动，并深入持久、常态化、有效地开展下去。

5. 两岸媒体互信。深化两岸政治互信，两岸媒体须承担重大责任。在两岸关系史上，台湾媒体曾作出了重要贡献。两岸有关部门应积极引导、管理好两岸媒体，使其正面、客观报道两岸关系，避免台湾媒体、网络特别是亲绿媒体成为“反共”、“反华”、“丑化”、分化大陆的舆论集散地，影响两岸关系的发展。台湾方面除了鼓励言论自由外，应对恶意造谣、损害两岸关系的媒体及其从业人员进行教育、谴责、处罚甚至追究刑责。

四、两岸政治互信内涵

根据两岸关系发展历史，本文就政治互信的具体内涵进行初步整理，从

---

① 参见陈小红：《浅释“社会公义”与两岸“公民社会”之发展》，引自台北海峡交流基金会《交流》杂志总第 123 期，2012 年 6 月。

正、反两个面向进行综合，希望两岸双方应多说、多做、多用有利于增进两岸政治互信的话、事及人，不说、不做、不用有损两岸互信的话、事及人，以此增进两岸政治互信，共同推进两岸关系和平发展。

两岸政治互信正、负表列

项目	正面表列	负面表列
政治互信	①坚持“九二共识”，反对“台独” ②巩固维护一中框架 ③两岸同属一中；两岸同属一国 ④两岸不是“两个国家”、两岸关系“非国与国关系” ⑤两岸同属中华民族、都是炎黄子孙，拥有共同血缘、历史及文化；两岸都是中华文化的传承者 ⑥振兴中华，化独渐统	①“中华民国是主权独立国家” ②“台湾是中华民国”、“台湾是国家” ③鼓吹“台湾路线”、“台湾核心利益”；“不统”、“台独”也是选项、“2300万人决定台湾前途命运” ④反共：“‘六四’不平反，国家不统一；与“法轮功”、“民运”分子勾联 ⑤反华：与“藏独”、达赖相勾结；与“疆独”、热比娅等勾结
涉外互信	①捍卫中国主权领土完整、守卫台、澎、金、马及其附属岛屿 ②国际场合两岸联手，避免内耗 ③在南海、东海钓鱼岛两岸共同应对外来威胁，保护海洋环境，合作开发能源、旅游资源等	①挑战一中原则 ②以“主权国家”身份参与国际组织、非政府组织等，制造“一中一台”、“两个中国”事实 ③炒作台湾民众的“国际参与”情绪
军事互信	①尽早结束敌对状态、签署和平协议 ②尽早建立两岸军事安全互信机制 ③联合反恐、海上救难、海上安全 ④开展退役将领交流 ⑤开展军事科研交流	①视大陆为威胁、视解放军为假想敌 ②战略上遏制大陆崛起 ③对美军购 ④执行“投敌罪”等“恶法”
经济互信	①落实ECFA，开展后续协商 ②扩大开放陆资赴台，提供投资保障 ③妥善处理台湾与新加坡等签署FTA议题	①“台湾优先”、对大陆只要不给 ②两岸投资保护协议中寻求国际保护 ③限制陆资投资
文化互信	①签署两岸文化教育协议 ②放宽陆生限制，提供配套便利 ③清除“文化台独”影响，进行中华文化再教育	①鼓吹“台湾价值”、“台湾主体意识” ②鼓吹“台湾文化优越论”，并与中华文化相对立

两岸关系和平发展制度化建设及框架内涵探索

上海国际问题研究院　严安林

两岸关系和平发展四年来，“三通”实现与大交流、大发展与大合作时代的来临，呼唤着两岸进行和平发展的制度化建设，从而和平发展制度化的框架也成为学术界亟待探讨的重要课题。本文从“制度”、“制度化”、“两岸关系和平发展制度化”的概念着手，探讨了推动两岸关系和平发展制度化建设的必要性与可行性，最后提出两岸关系和平发展的框架在于建立经济、社会、文教、政治与军事安全五大支柱。

一、何谓两岸关系和平发展的制度化建设

（一）何谓制度

制度（Institution）到底是什么？1993 年版的《韦伯斯特大辞典》认为，制度主要包括三方面的内容：一是“一种造成制度化的行为或过程”；二是“具有指导性意义的某种事物”；三是“已经制度化的事物”。[①] 制度学派的创始人凡勃伦认为：制度“实质就是个人或社会对有关的某些关系或某些作用的一般思想习惯”，而“生活方式所构成的是，在某一时期或社会发展的某一阶段通行的制度的综合，因此，从心理学的方面来说，可以概括地把它说成是一种流行的精神状态或是一种流行的生活理论。”[②] 意大利社会学家罗纳德·L. 杰普森认为：“制度意味着一种社会秩序或模式，这种

① Webster's Third New International Dictionary，1993。

② （美）凡勃伦：《有闲阶级论》，中译本，蔡受百译，商务印书馆，1997 年，第 138 页。

秩序或模式在一定程度上已经具备存在的状态或特征。”① 他强调“制度是社会建构的、常规的再生产程序或规则系统。”② 罗伯特·基欧汉认为，“制度”是指有可能涉及行为的一般模式、范畴或特殊的人为安排。③ 由上可见，在有关制度的概念中，包括对特定的、规范性的安排的概括，也包括对这种安排所导致结果的现象描述，内涵是比较宽泛的。根据一般的理解，制度是会被限制的，是约束性的结构，“制度化或者是与稳定性、与存在等同，或者是稳定性与存在的某种形式。”④“所有制度都是确立认同及其活动依据的程序或规则的框架”。⑤ 所以，一个制度的最重要因素是“结构性”特征，第二个特征是一段时间内的稳定性，其规则可以约束双方的行为。

（二）什么是制度化

制度化应该是秩序的特征。罗纳德·L. 杰普森认为“制度化指的是这些状态或特征的形成过程。如果秩序或模式是传统的规范化互动的结果，那么，制度就是表现某一特定再生产过程的社会模式。”⑥ 制度化是建立机制（制度）的程序与过程，是一个动态的概念。制度化形成是“各种关系发展到一定程度后产生了某种需求的产物”，其“过程就是各方进行协商或者沟通，并相互妥协达成一致的过程”，其“成果一般需要通过达成协议或成立相关机构来体现和落实”。⑦ 可见，正式的组织、体制与文化是制度化的三种重要代表。

---

① 罗纳德·L. 杰普森：《制度、制度的影响与制度主义》，薛晓源、陈家刚主编：《全球化与新制度主义》，社会科学文献出版社，2004 年 11 月，第 265 页。

② 罗纳德·L. 杰普森：《制度、制度的影响与制度主义》，薛晓源、陈家刚主编：《全球化与新制度主义》，社会科学文献出版社，2004 年 11 月，第 269 页。

③ （美）罗伯特·O. 基欧汉：《局部自由化世界中的自由主义、权力与治理》，门洪华译，北京大学出版社，2004 年，第 135 页。

④ 罗纳德·L. 杰普森：《制度、制度的影响与制度主义》，薛晓源、陈家刚主编：《全球化与新制度主义》，社会科学文献出版社，2004 年 11 月，第 265 页。

⑤ 罗纳德·L. 杰普森：《制度、制度的影响与制度主义》，薛晓源、陈家刚主编：《全球化与新制度主义》，社会科学文献出版社，2004 年 11 月，第 267 页。

⑥ 罗纳德·L. 杰普森：《制度、制度的影响与制度主义》，薛晓源、陈家刚主编：《全球化与新制度主义》，社会科学文献出版社，2004 年 11 月，第 265 页。

⑦ 李鹏：《两岸关系和平发展的机制化需求与建构》，厦门大学：《台湾研究集刊》，2009 年第 2 期，第 9 页。

（三）两岸关系和平发展制度化的意涵

由于制度化就是建立制度的程序与过程，因此，两岸关系制度化就是两岸在长期的发展与互动过程中，或者是发展演变到一定阶段，两岸双方在促进共同利益或解决利益冲突的驱使下，通过协商与沟通，确定有关规则、原则与准则等，其中既包括人为设计的制度，也包括自发形成的惯例，其意义在于约束与规范两岸执政当局与人民行为、以有效地引导两岸各方面关系稳定地发展，进而维护参与者的共同利益。构建两岸关系和平发展框架就是为两岸关系的和平发展进行制度性的整体设计，通过建立各种交流合作机制，使两岸关系的和平发展走上正常化、稳定化、规范化与法制化的轨道。两岸关系制度化的成果通常需要达成某种协议或者成立相关的机构来落实、推动与执行。

二、两岸关系和平发展制度化建设的必要性与可能性

自 2008 年 5 月两岸关系和平发展局面开启迄今，只有短短 4 年时间，从而两岸关系的制度化建设尚处于“初级阶段”，不仅两岸关系中的外在影响因素众多，而且内在的制约性因素也依然存在，因此，要确保两岸关系和平发展的前景，制度化建设成为必然的路径选择。

（一）两岸关系和平发展制度化建设的必要性

两岸关系制度化，既是两岸关系和平发展的内在需求，也是两岸双方政治上的共同需要，当然也是两岸民间社会的共同呼声。

1. 当前两岸关系制度化建设的缺失。1949 年至 1979 年两岸军事冲突与政治对峙的 30 年中，两岸之间只有军事冲突，事实上没有“关系”。1979 年后，中国大陆对台采取开放的交流政策，但台湾当局在“不接触”、“不谈判”、“不妥协”的“三不”政策原则下拒绝与大陆往来。1987 年蒋经国开放老兵经第三地返回大陆探亲后，两岸民间往来增多，但官方依然没有接触，更谈不上“制度化”。1990 年作为台湾官方的“白手套”海基会成立后，次年大陆成立海协会，并在 1992 年 10 月两会经过香港的会谈、达成后来称作“九二共识”的协商基础后，两岸才开始若干制度化的沟通与联系。

当然，由于台湾政治局势的不断变化与“台独”势力的干扰，两岸之间的制度化建设时续时断，直到2008年5月20日马英九上任，台湾第2次政党轮替，两会之间的协商与谈判才进入真正意义上的制度化，两岸之间各方面的制度化建设也才得以展开。但无论如何，两岸关系中的一个鲜明特征是民间交流与需求远远地走在官方关系的前面，制度化建构明显相对滞后，不能满足日益增长的两岸各方面交流与合作的需要。尤其是2008年5月以来的两岸关系和平发展，已经导致了两岸关系60多年来最重大、最深刻的变化。

2. 两岸关系和平发展呼唤制度化建设。目前乃至于今后比较长的时间里，两岸之间的和平应该是一个基本状态，但两岸之间的和平状态事实上缺乏稳定性，因为，两岸关系事实上是透过两岸之间的各种交流交往的实践所建构起来的，两岸关系和平发展的最重要的特征是两岸在经济、文化、社会甚至于政治方面的高度的交流、融合与相互依存度的日益深化。同时，由于受到外在因素的影响，和平发展的两岸关系确实存在着不确定性，从而需要探讨如何使两岸之间的和平发展状态成为一个不可逆转的趋势，包括提出建立两岸关系“和平发展的制度环境”，“建立起一个保证两岸关系和平发展的法理环境”。[①]

3. 制度化是两岸和平发展的重要标志。制度是两岸关系和平发展中的行为规范与制度化的体现，制度化建设也成为两岸关系和平发展程度的重要标志。“两岸关系和平发展是两岸博弈的结果，同时又是两岸博弈的规则，提供的是一种能够使两岸人民自由进行最大限度合作的框架”。[②] 两岸之间建立起制度化的协商与合作关系，不仅有利于和平发展局面的巩固与深化，而且制度化的合作为解决两岸之间的社会冲突、实现利益整合提供了良好的途径。因此，制度化的建构成为两岸和平发展的必然要求与归宿，是两岸关系和平发展的战略选择，也是必然的选择。

4. 制度化是两岸关系和平发展的根本保证。两岸之间历经几十年的政治对立与冲突后走向和解，和平与和解的两岸关系需要制度化才能长久，需要制度化的协议才能持久，因此，制度化也是两岸和平发展的保证。

其一：制度化有利于两岸关系和平发展局面的稳定性。台湾社会是一个

---

① 包承柯：《两岸关系和平发展中九二共识与一个中国的再思》，《两岸关系和平发展的机遇与挑战学术研讨会论文集》，华东师范大学两岸交流与区域发展研究所、上海海峡两岸法学研究中心、法律系编，2011年10月29—11月2日，第52页。

② 唐桦著：《两岸关系中的交往理性》，九州出版社，2011年9月，第118页。

选举社会，政党轮替已经成为常态，而作为最大反对党的民进党至今没有放弃“台独”主张，因此，如果民进党上台，势必对两岸和平发展形成挑战。如果两岸和平建立了制度化，就不会因台湾政党轮替而被改变，不因外界因素的影响而被中止或者逆转，法律的保障是两岸和平发展相对稳定性的保证。

其二：制度化有利于两岸关系和平发展局面的持久性。过去4年两岸和平发展成果丰硕，是“百年来罕见的历史成就”,[①] 但在两岸的和平发展道路上，过去4年只是一个发展的“初级阶段”，局面尚未稳固。而制度化就是制度保障，是将既有成果用法律与制度化的形式固定下来，当然有利于和平发展的长期稳定。也只有制度化才能减少两岸交往中的风险，增进交往双方的互相依赖，维持双方持续性的交往关系。

其三：制度化有利于两岸关系和平发展效益最大化。两岸和平发展是对两岸双方、两岸民众的各方面利益都有利的发展局面，制度化的建立在于使两岸双方的交流与合作具有稳定性，也能使双方之间的合作效益极大化，当然最终有利于两岸民众的根本利益。正如张五岳所言：两岸关系如何在既有基础上进一步开展，共同为政治上的和平稳定、经贸上的互利互惠、社会上的良性互动奠定稳固与不可逆转的基础，不仅攸关马英九的历史评价，“也攸关两岸人民的长期福祉”。[②]

其四：制度化有利于应对经济全球化与区域一体化的形势。面对全球性经济与金融危机，面对欧债危机的持续深化，面对东亚经济发展一体化形势，两岸和平发展唯有实现各方面合作的制度化，方可顺应东亚经济整合的趋势，也方可共同应对国际经济、金融危机与欧债危机的冲击。

（二）两岸关系和平发展制度化建设的可能性

1. 中国大陆在两岸制度化建设上的积极立场。大陆对两岸制度化建设的立场与政策远比台方来得积极与坚决，这一方面是中国大陆内部在两岸建立制度化框架上的政策立场基本一致，另一方面是中国大陆历经民进党执政8年的教训，深切地认识与体会到两岸合作甚至建立机制性合作的重要性与

① 张五岳：《两岸政治互信深化并不等同政治议题谈判的评析》，台湾《亚太和平月刊》，2012年5月号，台湾亚太和平研究基金会编，第2页。

② 张五岳：《两岸政治互信深化并不等同政治议题谈判的评析》，台湾《亚太和平月刊》，2012年5月号，台湾亚太和平研究基金会编，第2页。

迫切性。2008 年 12 月 31 日胡锦涛在纪念《告台湾同胞书》发表 30 周年座谈会上所做的《携手推动两岸关系和平发展，同心实现中华民族伟大复兴》重要讲话，不仅提出了两年签署经济合作综合性协议的主张，而且首次提出推动建立两岸军事安全互信机制与协商签署两岸文教交流合作协议的重大主张，是两岸关系和平发展制度化建设最全面系统的政策论述。

2. 马英九多次提出“和解制度化”。制度化是海峡两岸双方的共同需要，并非是大陆单方面的需求。2011 年 5 月 12 日，马英九在对美国 CSIS 视讯谈话中，首次正式提出了两岸“和解制度化”的概念，马英九说：“台湾不会从事军备竞赛，接下来会力求两岸和解、发展的制度化，未来一旦要逆转、推翻制度，就要付出非常高的代价，双方关系倒退，对两岸人民都会增加痛苦。”① 马英九所提出的“和解制度化”应该是指两岸政治与军事意义上的和解。

3. 两岸民意支持和平制度化。求和平、求发展、求稳定是台湾的主流民意。从台湾无论蓝、绿还是政治立场比较中立的各种学术机构的民意调查都显示，要求两岸和平是台湾绝大多数民众的呼声。2008 年以来的两岸关系和平发展，使两岸民众也开始支持两岸之间的制度化建设，包括支持两岸协商的制度化。根据台湾“陆委会”公布的民调，72.8% 的台湾民众支持通过制度化协商来处理两岸交流问题。② 台湾《旺报》则提出两岸推动建立“后 ECFA 时代”“两岸可长可久的新合作机制”。③ 2012 年 1 月 14 日马英九的连任成功显示：台湾的民众与多数民意以支持马英九连任的选票展现了对于台湾与两岸“发展方向的选择”，“既鼓励现任者继续朝对的方向努力，更提醒始终否定九二共识的民进党，正向面对两岸对话的重要”。④

三、两岸关系和平发展制度化的框架探讨

尽管两岸已经签署 ECFA，且有关 ECFA 的后续协议在不断地协商、签署与落实，但已经建立的只是和平发展中的经济框架，其他框架的建设远未

① 马英九：《两岸关系改善，深受美国肯定》，Http://www.chinareviews.com 2011 年 7 月 13 日。

② 陈孔立：《建立共识推动两岸和解制度化》，台湾《旺报》，2011 年 7 月 19 日，C6。

③ 社评：《现状是什么?》，台湾《旺报》，2010 年 9 月 25 日。

④ 社论：《连任就是承担更大责任的开始》，台湾《中国时报》，2012 年 1 月 15 日，A23。

达成。两岸关系和平发展的制度化建设的基本任务是要建立起经济、社会、文教、政治与军事安全等五大框架，或者说是五大支柱，只有这样的两岸关系和平发展局面才是不可逆转的。

（一）巩固与深化两岸关系和平发展的经济框架

2010 年 6 月 29 日，海协会与海基会在重庆第 5 次“陈江会”中正式签署了《海峡两岸经济合作框架（架构）协议》（简称“ECFA”），并在经过各自内部相关程序后于 9 月 12 日正式生效。

1. ECFA 为台湾经济争取广阔商机。ECFA 是台湾经济引入活水与发展活力的关键一步，“旨在降低两岸贸易障碍，为台商争取大陆市场的商机”，因为，ECFA 的“早收清单”就约占两岸贸易额的 10%—15%。“台独”大佬辜宽敏承认：“崛起的中国（大陆）经济对台湾具有磁吸效应，使得台湾向中国（大陆）的投资与双向贸易快速增加，台湾与中国（大陆）之间的经济关系越趋密不可分。”① 美国彼得森国际经济研究所研究员王直及罗森合作研究的评估报告认为，到 2020 年签署 ECFA 后对台湾实质经济成长率可增加 4.4%。②

2. ECFA 是台湾参与亚太经济整合的重要一环。高长认为，由于“中国大陆在国际分工格局中的地位稳固，在东亚地区经济整合中的角色举足轻重，未来两岸经贸关系发展势将继续受到这些国际大环境的影响。改善两岸关系是台湾‘拼经济’要获致成就的一项关键因素。”③ 李英明认为，透过以 ECFA 为主的 16 项协议，“两岸经贸关系俨然已经形成一个经济大篮子”，可以让别的国家或者地区，把他们的鸡蛋下到这个篮子里。④ 蔡增家的描述是：ECFA 在于让“台湾从过去如同一座杂草丛生的荒道，摇身一变为牛马杂沓、人声鼎沸的跑马大道，因为任何想要进入中国市场的企业与资金，都必须要汇集到台湾这座孔道，台湾仿佛成为全球跨国企业进入中国市场的终南捷径”。⑤

---

① 罗致政主编：《ECFA 大冲击：台湾的危机与挑战》，序 3，新台湾“国策”智库公司，2010 年 6 月。

② 《美学者称 ECFA 提高台 GDP》，台湾“中央社”，2011 年 4 月 14 日台北电。

③ 高长、王正旭：《两岸关系的回顾、新情势与前瞻》，台湾《远景基金会季刊》，第 9 卷第 3 期，2008 年 7 月，第 185 页。

④ 李英明：《透过 ECFA，让台湾成为经济大篮子》，台湾《旺报》，2011 年 9 月 2 日，C5。

⑤ 蔡增家：《两岸 ECFA 的国际效应》，台湾《中国时报》，2010 年 7 月 6 日，A16。

3. ECFA 是两岸关系和平发展的“里程碑”。ECFA 的签署是两岸经济关系的制度化、经济合作密切化、经济交流的规范化、经济交往的正常化与经济要素配置的自由化。它是两岸经济整合的重要一步，有利于“两岸经济共同体”的建构与发展。“ECFA 的签署反映两岸携手驾驭市场经济力量，让正常化经济关系继续发展，达成合作互惠的格局，以共同应对全球金融与经济危机，适应亚太区域经济整合的趋势。”[①] ECFA 的签署也标志着两岸之间的经济关系实现了制度性的安排，标志着构建两岸关系和平发展框架率先在经济领域获得突破，标志着海峡两岸由过去的对立对抗正式走向了和平合作的新阶段。所以，贾庆林指出：ECFA 的目的是“为深化两岸经济合作提供更有效的制度保障，为台湾企业提供更广阔发展空间，为台湾经济提供更多的有益支持，为两岸经济共同繁荣提供更有利的条件。”[②]

4. 两岸经济整合中需要注意的问题。其一：充分考虑台湾民众对两岸经济整合的复杂心理。只有两岸关系和平才有利于台湾，在大陆不断崛起的过程中，台湾必须充分利用这个机会，发展自己，壮大台湾，这些都是极为浅显的道理。两岸经济发展的事实证明，大陆已经是台湾的主要市场与经济发展的后盾。然而，目前台湾的一部分的民众不愿正视这样的事实，反而认为是大陆“掏空”了台湾的经济。“对台湾的许多民众而言，推动两岸关系的和平、发展与大陆经贸互动的同时，他们仍有另一种忧虑，那就是因为过度紧密的两岸经贸关系，而被中共政权吸纳，失去台湾的自主性的结果”。这样的想法与目前台湾社会中存在着的两种完全不同的经济发展方向与目标的思维是有关系的。一种是以国民党为代表，认为面对中国大陆的崛起事实，台湾的经济发展不能将中国大陆排除在外，“如能妥善利用反而是台湾的机会”；另一种看法是以民进党为代表，在强调“台湾主权”及主张“台湾独立”的前提下，对所有具中国政治象征的事务进行切割，并限制两岸经济交流的相关措施，压缩两岸经济交流。[③] 从经济全球化角度审视，台湾在参与全球化区域经济整合的过程中，最大的课题其实就是如何面对中国大

① 刘震涛、郑振清：《ECFA 与两岸经济关系的发展趋势》，香港《2010 海峡两岸与台港关系》学术研讨会，2010 年 6 月 1—2 日。

② 吴亚明：《海峡两岸关系协会成立 20 周年纪念大会在京举行》，《人民日报》，2011 年 12 月 17 日，第 4 版。

③ 张延廷：《我国国家安全目标与国家战略之刍议》，刘庆祥主编：《两岸和平发展与互信机制之研析》，第 35 页。

陆，对于台湾而言，“全球化”的主要内涵就是“中国大陆化”，“这是民进党无论在政治信仰或是台湾主权上无法忍受的”。①

其二：两岸关系中经济与政治的关系难以完全区隔。一是两岸经济合作本身就是政治，李英明认为“两岸决策者在‘先易后难、先经后政’的战略框架中，找到双方的利益契合点，双方政治关系的发展寓于两岸经济关系的发展中”，因此，“用经济政策或手段来缓解两岸间的政治问题，是对两岸间争正统争主权的一种超越，从而使双方可以跨越零和式的博弈，让两岸关系可以基本地稳定发展。只有尽可能地在较短的时间内迅速取得较好的经济效益和较快的经济发展速度，使两岸人民获得看得见、摸得着的实惠，才能为两岸关系的深化和政治关系的发展奠定稳固的基础。”② 二是经济对政治产生影响需要一个长期的过程，并非短时期内就能够实现。包括台湾民众选举中的政治认同、投票意向等，是经过了几十年的过程后逐步养成的，所以，不能寄希望于4年的两岸和平发展与经济合作就能够改变台湾民众的认同与投票意向。

其三：两岸关系和平发展的红利如何让多数台湾民众共享？这不仅关系到两岸经济关系发展中存在是否“公平化”问题，而且存在需要重视两岸经济合作效率发挥的问题，更需要重视两岸特别是台湾的中下层民众享受两岸经贸发展红利的问题。

（二）推动构建两岸关系和平发展的社会框架

和平发展社会框架的内容包括两岸人员往来正常化、两岸社会交往正常化与两岸形成社会共同体等内涵。

1. 两岸人员往来正常化。两岸人员往来的正常化是实现两岸关系和平发展的基本要求，也是两岸关系保持稳定与发展的动力所在。在经济合作的推动下，两岸人员往来的扩大化与正常化成为必需，其中，两岸民众之间的双向交流的正常化是基本要求。目前大陆方面对台湾民众来中国大陆基本上已经没有限制，但台方对大陆民众的去台湾仍然有诸多的限制，这一问题需要给予正视并给予解决。陆客个人游的启动是一个良好的开端。

2. 两岸社会交往理性化。如何推动两岸社会交往的理性化是一个重要

① 萧万长：《两岸共同市场的理念与实践》，http：//www2. tku. edu. tw/ – ti/new – inf/shiou. pdf。

② 李英明：《为两岸政治对话创造条件》，台湾《旺报》，2011年3月15日，C6。

议题，特别是两岸民众之间的理性交往、客观看待对方是需要解决的课题，因为两岸关系是两岸民众为主体之间的关系，首先是人与人之间的关系，人与人交往的正常化是两岸社会交往正常化的前提与基础。为此，两岸双方都有责任引导与教导自身的民众如何理性地看待对岸的民众，如何从自身法制的层面来规范两岸民众之间的正常化交往，应该已经是当务之急。

3. 建构两岸社会共同体。美国社会学者卡尔·多伊奇的观点是“实行一体化通常意味着由部分组成整体，即将原来相互分离的单位转变成一个紧密系统的复合体”，所以，“一体化就是单位之间的一种关系，在这种关系中它们相互依存，并共同产生出它们单独时所不具备的系统性能。”[①] 根据卡尔·多伊奇的观点，不同社会之间高度的跨界联系，不仅会带来和平的关系，而且会导致“安全共同体”的出现。解决台湾问题、实现中国的完全统一，尤其是要实现和平统一，需要台湾多数民众赞成与支持统一，两岸之间的社会融合则是必不可少的基本元素，也是两岸和平发展时期的工作要点之一。但由于两岸自1949年以来分隔已经长达60余年，如果从1895年台湾被割让给日本，两岸分隔则是长达百年之久，两岸社会事实上走上了完全不同的发展道路。而自1987年以来的交往只有20余年，2008年“三通”以来的和平发展更是只有短短4年时间，加上两岸之间政治上高度分歧，两岸社会的融合之路还很漫长，“安全共同体”的出现还相当遥远，但“从异质到同质，从功能一体化到制度一体化”是两岸合作的必由之路。[②] 尤其是两岸的社会价值差异甚大，所以，开展两岸的价值与思维对话，推动“和谐两岸”的建构，由“利益互惠的和平发展”提升到“价值对接的和谐发展”是值得思考的方向。

（三）推动构建两岸关系和平发展的文化框架

1. 正视两岸交流中的“物质化”现象。2008年以来两岸关系实践显示，经济交流与合作在不断深化，但台湾民众的认同并未因此而有提升，相反有进一步疏离中国大陆现象。余克礼认为：“当前两岸双方都要认真面对的是台湾岛内严重的认同危机问题，它造成岛内的严重内耗，而且还会影响

① （美）卡尔·多伊奇著：《国际关系分析》，周启明等译、吴宝璐等校，世界知识出版社，1992年2月，第267页。

② 单玉丽：《海峡两岸经济合作的模式演进、影响因素与推动策略》，全国台湾研究会编：《进一步开创两岸关系和平发展新局》（论文集），2010年6月，第194页。

到两岸关系和平发展的深度和广度，更是突破两岸政治僵局的巨大障碍。”[①] 其实，台湾民众认同危机的原因固然与台湾社会20年来的本土化、“台湾主体意识”上升有关，但恐怕也与20多年来两岸交流中的过度“物质化”及台湾当局的有关政策有关。谢大宁认为，马英九团队在两岸关系中只敢碰经济，“逐渐将两岸关系物质化了”。[②] 大陆部分民众甚至认为是“大陆一味让利，台湾见利忘义”。而大陆采取的各种惠台政策，实际上也是在把两岸关系物质化。对于台湾企业家说，多数人倾向于：“利益归利益，认同归认同”，“钱照赚，立场照旧”。[③] 两岸各方面的交流与合作中，经济一直是充满活力与生命力，即使是文化交流，也往往是文化产业优先，两岸文化、意识、共同价值的交流则是相对滞后，两岸文化交流似乎成为经济合作的“婢女”，不少地方的“招商引资”一直存在“文化搭台、经贸唱戏”的不正常现象。交流政策“物质化”的结果，事实上不会形成对两岸朝向整合的真正推动力量。因此，两岸关系发展也需要精神化与文明化，物质与精神，两方面都需要，两手都要硬。

2. 两岸文教交流合作机制建立势在必行。两岸关系和平发展进程实际上也是两岸互相争取民心的博弈过程。两岸通过种种经济协议所形塑的是“经贸共同体”，而在两岸关系和平发展过程中，经济交流与合作，包括人员往来的密切，固然为引导与转变台湾民意走向提供了重要的物质支撑与物质基础，但仅此并不足以促使台湾的民意发生根本性的转变，仅有两岸关系“物质化”不能完成两岸价值共同体的营造，需要思想、文化等共同价值的塑造，通过文教交流合作协议建立价值整合的机制化，其中基本途径是文教交流合作协议的签署。如果说两岸和平发展初级阶段是通过经贸合作实现共同利益，那么，在“后ECFA”时期，两岸就应该致力于形塑共同价值，通过文化、教育、新闻等交流合作达成“两岸和谐发展”。

3. 通过文教交流合作协议实现两岸共同的政治认同。“两岸人民福祉的提升和两岸人民感情的交融，毕竟这些才是和平发展乃至和平统一的根本凭借，而不断推动两岸的经贸交流和两岸民间往来更上层楼，使之机制化、细

---

① 余克礼：《正视台湾认同危机，深化两岸和平发展》，香港《中国评论》，2011年3月号，第23页。

② 《思想者论坛——认同与两岸关系》，香港《中国评论》，2009年9月号，第61页。

③ 《思想者论坛——认同与两岸关系》，香港《中国评论》，2009年9月号，第60—61页。

致化，正是达致两岸不断强化共同利益纽带和不断增进理解及感情的不二法门。”① 其中认同的转变是两岸关系质变的基础，为此需要正视两岸文化交流的根本属性与特色：一是要使两岸重新走向共同的中华民族认同，二是“重新走向‘两岸同属一中’的国家认同”，因此，一方面需要马英九与国民党真正确立反‘台独化’的文化政策，以应对当前岛内社会最大的“文化台独化”的危机，另一方面，通过大陆的努力与推动，增强中华民族的吸引力与凝聚力。

（四）推动构建两岸关系和平发展的政治框架

1. 马英九连任为两岸和平发展政治框架的构建营造良好的政治环境。一是两岸关系和平发展的台湾政治环境得到了巩固，不仅马英九顺利连任，而且国民党等主张两岸关系和平发展的政党在“立法院”的席次超过绝对的半数，民进党与台联党席次居于少数，国民党在行政与“立法”两方面的全面执政，未来4年可基本主导台湾政局的发展走向。二是两岸关系和平发展的国际环境得到了巩固，美国、日本、欧洲与东南亚等国际主流社会对4年来两岸关系的和平发展一直抱持肯定、乐见与支持的态度和立场。三是不仅坚持“九二共识”、反对“台独”的政治基础得到了巩固，而且“九二共识”的内涵与外延都得到扩展。四是大陆推动两岸和平发展的政策得以巩固与持续，中间选民与经济选民投票支持马英九连任，不仅显示马英九所推动两岸和平与和解政策得到台湾多数民众支持，而且让大陆能坚定地持续地有信心地推动既定政策方向。

2. 未来4年两岸和平发展的政治框架构建所面临的困难与挑战。一是民进党固有的“台独”立场及其对马英九团队两岸政策的牵制。二是马英九团队对两岸政治协商的瞻前顾后，对两岸政治议题协商心存顾虑，其因在于“经济议题挂帅”、“内政优先”、怕被“污名化”、“两岸政治议题太难”及“政治议题协商是否是圈套”的固有思维，这是国民党传统思维，是对自身信心不足的表现。三是国际不友好势力对两岸政治协商可能的疑虑。

3. 构建和平发展的政治框架是两岸必须面对的共同课题。两岸和平发展的政治框架的构建两岸关系和平发展制度化的必然，是两岸执政当局未来必须共同面对的课题，但也是无法回避的难题，必须面对它、处理它。理由

① 黄嘉树：《关于两岸政治谈判的思考》，香港《中国评论》，2010年12月号，第7页。

在：一是政治与经济的不可分离，是两个难以完全切割“孪生体”，经济会影响政治，政治也能制约经济发展与合作，两岸之间存在已久的结构性、政治性问题，时时在制约与影响着两岸之间包括经济议题在内的一系列问题的解决。二是构建两岸和平发展政治框架是推动两岸关系和平发展制度化的“必修课”。两岸关系制度化建设，既包括两岸经济层面内容，也包括两岸文化、社会领域的合作，更应包括两岸在政治、军事层面的要素。已经是两岸关系和平发展的时代需求与实际需要，也是时代赋予两岸执政当局的历史使命。张五岳认为“应将两岸政治性的沟通与对话界定旨在”：为深化两岸经贸社会文化交流合作奠定基础，为增进两岸人民具体福祉权益创造条件，为两岸避免误判、预防危机发生与危机管理建立管道，为两岸消除敌视对抗、迈向和平互动打造基础。[①] 三是政治框架是和平发展时期两岸关系制度化建设的一项安排，是一个稳定两岸形势、保障两岸关系和平发展的制度性建设，并非是讨论与安排未来两岸统一的协议，所以，有关这方面的政治性议题的谈判并不是统一的谈判，也不必然走向统一，两岸政治对话更不是“洪水猛兽”，完全没有必要“谈政治色变”。四是抓住时机、争取有利空间是台湾发展的利基所在，两岸力量对比的严重不对称是任何人都无法改变的事实，而且这样的力量不对称还将持续与深化。从两岸发展的实际情况看，目前进行两岸政治协商、构建和平发展的政治框架对台湾是相对有利的，可以争取到比较有利的谈判地位、谈判筹码与谈判空间，对台湾民众与台湾政党而言：两岸政治问题是“谈比不谈好”、“早谈比晚谈好”。

4. 两会互设办事机构可作为和平发展政治框架内容之一。两岸两会互设办事处的设想与话题由来已久，特别是随着2008年以来两岸大交流局面的形成，交流中衍生的问题越来越多，根据台湾海基会提供的一组数据：自2008年6月1日至2012年1月31日，海基会协处台商经贸纠纷1342件，较之前同期的223件增长502%，协处人身安全8082件，较之前同期的4643件增长74%。[②] 两岸交流实际呼唤办事处早日成立，既有助于两会提高协商与办事效率，可为两岸民众解决更多实际问题与困难，也将是两岸良性互动的重要标志，可以提升两岸关系发展水平。

---

① 张五岳：《两岸政治互信深化并不等同政治议题谈判的评析》，台湾亚太和平研究基金会编，台湾《亚太和平月刊》，2012年5月号，第3页。

② 高杨：《互设办事处，两会可处理更多两岸事务》，《人民政协报》，2012年5月26日，B1，“两岸经合周刊”。

（五）推动构建两岸关系和平发展的军事安全框架

军事安全互信机制肇始于“信心建立机制”，始自于20世纪70年代的欧洲，一些国家为维护边界和平、减少战略判断而在军事领域采取的必要措施。台海地区军事安全机制构想与欧洲地区的“信心建立机制”虽然概念有关，但意涵不尽相同，一方面在于内涵不同，不仅是关于军事方面，而且扩大到安全层面；另一方面是双方定位不同，是在海峡两岸间，不是欧洲的“国与国”间。鉴于台海地区两岸之间没有结束敌对状态，开展两岸军事安全互信机制的建设有利于和平发展框架的建构，当然十分必要，其中内容则应包括军事人员交流、非传统安全合作、危机管控机制、展现善意的军事动作及建立避免冲突的行为准则等，应通过由低到高、循序渐进的方式给予推动。

两岸关系和平发展制度建设的五个面向

上海台湾研究所　陈鸿惠

2005 年“胡连会”开创性地揭示并推动了两岸关系和平发展的历史进程；2008 年以来两岸关系则呈现出 60 年未有之大交流、大合作、大发展局面。这些新形势既为两岸关系和平发展注入了新的活力，也对两岸关系进展提出了更进一步的制度化诉求。两岸关系和平发展制度建设的核心问题，是要解决两岸关系和平发展的程度和水平与两岸人民群众日益增长的交流交往需求之间的矛盾；其中两岸共同防范“台独”威胁与共同抵御经济全球化风险乃是题中应有之义。两岸关系和平发展制度建设是一个从现实需求到愿景规划再到制度协商又到政策落实的不断深化过程。在此过程中，应当坚持五个面向：共识化、正常化、民族化、科学化、大众化。

一、共识化

共识化是就基础而言，两岸关系和平发展制度建设只有建立在坚实的政治基础以及深厚的社会基础之上，才能在历史考验中屹立不倒。2005 年 4 月“胡连会”提出了“三项共同体认”和“五项共同愿景”，但是，为什么没有把两者归并为“八项共同愿景”呢？这是因为，“三项共同体认”揭示的是两岸之间业已存在的客观事实，这是需要两岸共同认知并持续巩固的；“五项共同愿景”描绘的则是两岸未来可能的发展方向，这是需要两岸共同规划并持续落实的。

两岸关系历经 60 年风风雨雨，已经形成了不可否认的系列“共识群”。上述“三项共同体认”就包括：一是坚持“九二共识”，反对“台独”，谋求台海和平稳定，促进两岸关系发展，维护两岸同胞利益。二是促进两岸同胞的交流与往来，共同发扬中华文化，有助于消弭隔阂，增进互信，累积共识。三是和平与发展是21世纪的潮流，两岸关系和平发展符合两岸同胞的共同利益，也符合亚太地区和世界的利益。其中，第一项“九二共识”是两岸核心、关键的政治共识，是两岸关系和平发展及其制度建设的政治基础；第二项“交流共识”、第三项“和平发展共识”则是两岸广泛、普遍的社会共识，是两岸关系和平发展及其制度建设的社会基础。

蔡英文所谓“台湾共识”的空幻与荒谬之处，在于企图用过程颠倒结果、用虚拟取代事实、用闭门造车遮掩历史潮流，但是忽视了两岸“共识群”的内在关系和稳固联结。“九二共识”、“交流共识”、“和平发展共识”既然是两岸的共识当然也是台湾的共识。2012年台“大选”的激烈攻防，充分展示了两岸坚持“九二共识”、“交流共识”、“和平发展共识”的主流民意，特别是深化了台湾社会对“九二共识”的认识和认同，更加彰显了“九二共识”作为两岸关系核心政治基础的现实作用和历史意义。

二、正常化

正常化是就内容而言，两岸关系和平发展的制度建设是要将两岸关系“正常化”而不是“不正常”的成果巩固下来。两岸关系正常化是两岸关系和平发展过程中从签订经济协议、文教协议到达成和平协议以及建构两岸和平发展框架之间的过渡与衔接。“如果签署ECFA是两岸关系的一个分水岭，则进入后ECFA时期，如何在经贸互动的基础上，把两岸关系推向一个全面正常化的进程，可能是两岸执政当局都必须面对的课题。”①

两岸关系“不正常”的原因在于台湾问题的基本性质，即“上个世纪40年代中后期中国内战遗留并延续的政治对立”；国共内战衍生了政治对立，政治对立又异化出“台独”威胁。两岸在政治、军事上存在的矛盾与分歧，如果不解决或处理得不好，就会成为两岸关系和平发展的瓶颈和桎梏，也就无法实现两岸关系的全面正常化。但是，“两岸复归统一，不是主权和领土再造，而是结束政治对立。”

衡量两岸关系正常化的标准是什么呢？应当坚持“四个有利”，即胡锦涛总书记所强调的：只要是对台湾同胞有利的事情，只要是对促进两岸

① 赵春山：《后ECFA建构两岸和平共处5原则》，台湾《联合报》2010年5月22日。

交流有利的事情，只要是对维护台海地区和平有利的事情，只要是对祖国和平统一有利的事情，我们都会尽最大努力去做，并且一定努力做好。以此来看，当前两岸关系中不正常的情形还有许多，比如在台湾，“外籍配偶入籍4年后可以申请身份证，但大陆籍配偶却需要6年；外籍媒体可以在台设立办公室，但大陆媒体却不行；外籍企业及金融机构可以在台有较好的投资条件，但大陆企业及金融机构来台投资与资金汇入却限制重重”。[①]

两岸关系正常化的内容应包括共识的建立、交流的互惠、规范的对接、机构的互设、敌意的消除、政治的融合等；也可以概括为一个中国框架、两岸制度化协商机制、两岸经济合作机制、两岸文教合作机制、两岸社会互动机制、两岸涉外事务沟通机制、两岸危机处理机制、两岸军事安全互信机制、两岸和平协议机制等。这些内容正在两岸领导人的共同愿景及政策论述中日趋成型（如表1），虽有“意见”上的“小别”却不无“趋势”上的“大同”。2005年4月，胡锦涛总书记与连战主席会谈并发表“两岸和平发展共同愿景”，这是推进两岸关系和平发展进程的历史性、关键性、开创性的重大突破，为两岸和平发展及其制度建设指明方向、描绘蓝图。胡锦涛总书记在2008年12月31日在纪念《告台湾同胞书》发表30周年座谈会上发表重要讲话，明确提出了“维护一个中国框架”；“建立具有两岸特色的经济合作机制”；“协商两岸文化教育交流协议”；“加强人员往来，扩大各界交流”；“在涉外事务上通过两岸务实协商作出合情合理安排”；“探讨建立军事安全互信机制问题，协商正式结束两岸敌对状态，达成和平协议，构建两岸关系和平发展框架”等战略性、建设性意见，这些意见对于推动两岸关系和平发展制度建设具有重大现实意义和深远历史意义。马英九在2011年5月12日与美国智库“战略暨国际研究中心（CSIS）”视频会议上极力宣导“维护台湾安全的三道防线”，即两岸和解的制度化（或称“不武”制度化）、增加台湾在国际发展上的贡献、结合“国防”与“外交”。“两岸和解的制度化”作为马的重要政策诉求，比较完整地体现于其2012年“大选”竞选政见即《“黄金十年”愿景》之中。

---

① 《加速推动两岸关系正常化》，台《中央日报》网络报2012年2月16日，www.cdnews.com.tw。

表1 两岸关系和平发展的制度化安排

层面	"胡连会"愿景	"胡六点"愿景	"黄金十年"愿景	当前互动成果
政治	促进两岸在"九二共识"的基础上尽速恢复平等协商，共谋两岸人民福祉；建立党对党定期沟通平台	恪守一个中国，增进政治互信	在"中华民国宪法"架构下，维持"不统、不独、不武"的台海现状；持续推动制度化协商，建构两岸稳定、机制化的互动模式	海协会与海基会在"九二共识"基础上恢复制度化协商并不断向纵深发展
经济	促进两岸经济全面交流，建立两岸经济合作机制	推进经济合作，促进共同发展	完备两岸经贸往来等相关安全管理机制，循序渐进推动两岸经贸制度化之交流及合作	2008年以来签订《海峡两岸经济合作框架协议》等16项协议并达成2项共识和2项共同意见
文化	共同发扬中华文化	弘扬中华文化，加强精神纽带	推广台湾核心价值与软实力	无
社会	促进两岸同胞的交流与往来	加强人员往来，扩大各界交流	强化两岸交流长期观察机制，促进两岸关系良性互动、有序的发展	2008年以来实现全面、直接、双向"三通"；2008年之前签订《两会联系与会谈制度协议》等4项协议
涉外事务	促进协商台湾民众关心的参与国际活动的问题	维护国家主权，协商涉外事务	发展两岸在国际社会良性互动的新模式	避免恶斗、减少内耗（默契），台湾以观察员身份参加世卫大会（个案），对台免签国家数量剧增（善意）
军事	促进终止敌对状态，达成和平协议	结束敌对状态，达成和平协议	有条件地审酌推动两岸商签和平协议；强化"国防"力量、捍卫"中华民国主权"，保卫台海安全	两岸战斗、军舰日常巡航均不越过"海峡中线"（多年的惯例而非制度化安排）

三、民族化

民族化是就形式而言，两岸关系和平发展的制度建设只有植根于中华民族的文化传统及心理结构并且嵌入于中华民族的当代社会结构与生活方式之中，才能避免陷入“不中不西、不是东西”的尴尬境地，也才能降低制度运行成本、提高制度执行绩效、拓展制度模式的极限与张力。中华民族的古老辩证智慧，如名实、阴阳、奇正、道器、体用、古今、理势、两一、变化、和合等范畴，为两岸关系的趋利避害、逢凶化吉提供了源源不断的智力支持。中华民族的现代化群体结构与生活方式，如“大杂居小聚居”、“一日生活圈”、“两岸族”等，为两岸公共生活以及集体记忆的重新建构提供了取用不竭的交往资源。

1840 年以来的近现代历史，既是中华民族备受欺凌、左支右绌、几陷绝境的屈辱史，又是中华民族同舟共济、自强不息、改革开放的奋斗史，更是中国特色、中国风格、中国气派、中国模式屹立于世界民族之林的复兴史。正是基于民族自尊心、自信心、自强心以及同情心、同理心、同胞心，邓小平创造性地将“和平共处五项原则”适用于港澳问题及两岸关系，“根据中国自己的实践，我们提出‘一个国家，两种制度’的办法来解决中国的统一问题，这也是一种和平共处”。①“和平共处的原则不仅在处理国际关系问题上，而且在一个国家处理自己内政问题上，也是一个好办法。”② 也正是以“一国”界定两岸关系的本质特征并且以“两制”处理两岸生活方式、核心价值与社会制度的巨大差异，才为两岸关系的和平发展乃至和平统一奠定了坚实基础。

台湾问题的根本解决，关键在于排除外力干扰、共同振兴中华。正如胡锦涛总书记在 2011 年 10 月 9 日《纪念辛亥革命 100 周年大会上的讲话》中所说：“两岸同胞是血脉相连的命运共同体，大陆和台湾是两岸同胞的共同家园。当今时代，两岸中国人面临着共同繁荣发展、共谋中华民族伟大复兴的历史机遇，两岸关系和平发展已成为中华民族伟大复兴的重要组成部分。携手推动两岸关系和平发展、同心实现中华民族伟大复兴，应该成为两岸同胞共同努力的目标。”即使是在台湾问题上横插一杠的美国，也不得不在 1972 年 2 月 28 日《上海公报》中声明：“美国认识到，在台湾海峡两边的所有中国人都认为只有一个中国，台湾是中国的一部分。美国政府对这一立场不提出异议。它重申它对由中国人自己和平解决台湾问题的关心。”（The U. S. side declared：The United States acknowledges that all Chinese on either

① 《和平共处五项原则五项原则具有强大生命力》，《邓小平文选》第 3 卷，第 96—97 页。

② 《和平共处五项原则五项原则具有强大生命力》，《邓小平文选》第 3 卷，第 96—97 页

side of the Taiwan Strait maintain there is but one China and that Taiwan is a part of China. The United States Government does not challenge that position. It reaffirms its interest in a peaceful settlement of the Taiwan question by the Chinese themselves.)

四、科学化

科学化是就过程而言，新时期两岸关系的最鲜明特点是和平发展，最显著成就是聚同化异，最突出标志是稳中求进；面对这三种历史性变化，两岸关系和平发展制度建设要准确把握不同发展阶段的主要矛盾以及矛盾主要方面，根据不同的矛盾特点进行对症下药、正本清源的破题、定调、立论、实践，型塑出具有两岸特色的永久和平、永续发展、终极统一之路。

如前所述，两岸关系和平发展制度建设的核心问题是要解决两岸关系和平发展的程度和水平与两岸人民群众日益增长的交流交往需求之间的基本矛盾，共同防范“台独”威胁与共同抵御经济全球化风险是题中应有之义。胡锦涛总书记在2008年12月31日重要讲话中，科学地把两岸关系的纷争与对抗区别为两种性质：① 一是“历史遗留的问题和发展过程中产生的新问题”，其性质“不是主权和领土再造，而是结束政治对立”，解决方式是建立互信、平等协商；二是“台独”分裂活动，对其必须坚决反对、分化瓦解。

两岸关系的发展进程，是一个不断巩固互信、积累共识、解决问题、化解矛盾、深化合作、开创新局的过程。在此进程中，一是要坚持以人为本、全面、协调、可持续的科学发展观，切实推动两岸关系和平发展形成良性循环、开创利好新局，避免两岸关系停滞不前或严重倒退。二是要继续贯彻落实“建立互信、搁置争议、求同存异、共创双赢”的基本思路，通过个案研究、共同研究、二轨交流、一轨协商的方式逐渐破解两岸关系的政治难题以及结构性矛盾。三是要稳步拓展“先易后难、先经后政、把握节奏、循序渐进”的基本途径；通过平等协商、政经互动、重点突出、全面推进的方式逐渐化解两岸关系的不确定性和高度或然性。

---

① 黄嘉树：《两岸对“和平发展”认知的“通”与“隔”》，《中国评论》2009年12月号。

五、大众化

大众化是就动力而言，两岸关系发展的主体是两岸同胞，动力来自两岸同胞，生命力也来自两岸同胞；两岸关系和平发展制度建设只有深入并契合两岸人民群众的经济生活、政治生活、社会生活、文化生活等客观条件，才能够得到广大人民群众的理解和拥护从而具备雄厚的时代基础。正如马克思在《德意志意识形态》所指出，作为上层建筑的“国家制度”只不过是个人之间迄今所存在的交往（即生产关系）的产物。因此，“一切社会变迁和政治变迁的终极原因，不应当在人们的头脑中，在人们对永恒的真理和正义的日益增进的认识中去寻找，而应当在生产方式和交换方式的变更中去寻找；不应当在有关的时代的想象中去寻找，而应当在有关的时代的经济学中去寻找。”①

今后要使两岸关系和平发展制度建设的重心向下沉、向南移、向前看（向青少年倾斜），建立起一系列普惠、深耕、共赢的经济合作、利益分配与民意疏导机制，使得两岸关系和平发展进程足以代表两岸最广大同胞的根本利益，从而把促进两岸同胞团结奋斗作为推动两岸关系和平发展的强大动力。唯有两岸民众的利益联结日趋紧密、道义取向日趋一致、政治认同日趋坚定之时，才能确保两岸关系和平发展的制度建设即使面对两岸政治风波或“台独”惊涛骇浪也仍然能够焕发出无比坚强的生命力和有效性。正如胡锦涛总书记所指出，面对台湾同胞，“我们尊重他们、信赖他们、依靠他们，并且设身处地为他们着想，千方百计照顾和维护他们的正当权益。我们充分理解和尊重台湾同胞爱乡爱土的情感、当家作主的愿望，十分同情台湾同胞在历史上经历的不幸、蒙受的冤屈。对台湾同胞在特殊历史条件下形成的心态和感情，对他们由于各种原因对大陆产生的误解和隔阂，我们不仅会基于同胞之爱予以充分理解和体谅，而且会采取积极的措施努力去疏导和化解。”②“‘台独’分裂势力越是想把台湾同胞同我们分隔开来，我们就越是要更紧密地团结台湾同胞。”③

---

① 《马克思恩格斯选集》第3卷第307页。

② 《胡锦涛和连战在北京举行正式会谈》，中国网2005年4月30日。

③ 《胡锦涛和连战在北京举行正式会谈》，中国网2005年4月30日。

未来四年两岸关系面临的矛盾与挑战

中国人民大学　黄嘉树

一、两岸人民对未来四年和平发展的高度期待与两岸关系即将迈入深水区的矛盾

2012 年 1 月台湾的选举为两岸关系争取到又一个和平发展的四年，人们很自然地期待在这第二个四年中，两岸关系所涉及的范围将更广泛、更深入，两岸经贸交流带来的福祉将更大量、更丰富，两岸人民的感情将更融洽、更亲密，两岸和平发展框架将更坚实、更稳固。

然而，与人们的美好愿望相左，现实中的两岸关系却是容易解决的问题越来越少，难以解决的问题则日益凸显。正像考试一样，从 60 分升到 80 分相对容易，过了 80 分，每提升 1 分成绩都要付出比以往多 10 倍的努力。即使好不容易取得一点新成绩，民众却往往“无感”，因为经过 4 年的和平发展，两岸关系已经过了以突破性为主的阶段，两岸人民渐渐把和平发展视为理所当然，因此除非特别大的进展发生，两会制度化的谈判或再多签几个协议，都不可能像以前那样吸引社会的关注。反之，一旦双方发生矛盾甚至冲突，倒极可能立刻成为新闻热点，立即伤害两岸关系的整体氛围。

中共中央台办、国务院台办主任王毅在 2012 年 3 月 15 日云南腾冲会议的讲话指出，大陆未来几年对台战略总的指导思想是“巩固深化、再创新局”。[①] 王毅在同一讲话中还说明今年两岸关系的关键词是“巩固深化”，可见至少在今年，两岸关系的主要工作是接续前几年“先经后政”的路径，完成 ECFA 的后续协议签订和具体落实，以及推动两岸文化交流等“低政

① 2012 年 3 月 16 日《人民日报》。

治”领域的合作。个人理解“巩固深化”这4个字体现了对于“前路艰难”的高度警惕，所以必须先打好基础、站稳脚跟，再向前进，对“巩固深化”双方不仅有高度共识，而且有行动规划。

而“再创新局”则体现了两岸人民对两岸关系大发展的高度期待。但是，对如何再创新局？创一个什么样的新局？双方还没有一致的答案，不排除彼此对“新局”的构想相互矛盾甚至尖锐冲突的可能。更严峻的挑战是在步入“深水区”后，即使双方确有诚意按照共同商定的方向再创新局，仍然可能因找不到解决结构性矛盾的出路而创不出新局。在“浅水区”，我们可以“摸着石头过河”，即使“跌跌撞撞”，至多是“喝口水”、“呛一下”而不至于“淹死”。但到了“深水区”，涉及双方核心利益的政治矛盾开始凸显，哪一个问题处理不好，都可能造成翻转性的负面影响。在“摸不着石头”的情况下，必须解决“桥”或“船”的问题，此中最关键的是不断强化双方的沟通，具体目标则有：1. 进一步增强双方的政治互信，以便一旦出现摩擦，都不至于过度放大对方的敌意而采取过度的反制措施；2. 加强彼此的信息交流，事先“打招呼”，尽量减少单方面的“放话”，尽量避免在未知会对方的情况下，单方面采取可能让对方尴尬的措施；3. 双方应就“新局”的构想细致研商、共同规划，其间可能也少不了争论，但双方都应以大局为重，不要让彼此的分歧演变为公开的争吵。

二、对政治谈判“积极创造条件”与“百般顾虑”之间的矛盾

目前，双方都高度重视贸然闯入政治议题谈判将招致的风险和困难，因此不约而同地都在做宣传和铺垫，意在降低对于进入政治领域谈判和最终签订和平发展协议的期望值。这种谨慎态度无疑是必要的，在情况不明、时机未到之际，贸然去“闯深水区”极可能未蒙其利，先受其害。

然而，双方虽然都在谨慎地谈论“时机未到”或“条件不具备”，但内心深处的态度和应对策略却不一样，大陆希望尽力去“把握机遇”和“创造条件”，而台湾方面则似乎是不断地躲闪和退却，一再单方面给签订两岸和平协议制定“前提条件”，然后以“条件不具备”作为拒谈的理由。

必须指出，由于两岸实力悬殊，台湾方面在政治谈判的问题上有百般顾虑，是可以理解的，但是有一些观念需澄清。如：

1. “先经后政”意味着可以“政经分离”，于是台湾就有人期待把“政经分离”永久化，即“只经不政”。如民进党现在已经不反对两岸经贸交流，但极力抵制两岸在“九二共识”基础上开启政治谈判，并把马英九任何想签订和平协议的宣示都斥为“卖台”，这其实就是“只经不政”；还有人士提出“提和平协议是画蛇添足，根本没必要”，①似乎也是“只经不政”。问题是台湾当局的态度怎样？应当说马英九对两岸早晚要进入政治领域谈判还是有清楚认识的，所以他只讲“先经后政”而从未说过“只经不政”。和平发展就像一只鸟，经济、文化等“低政治”领域是“鸟之一翼”，政治、军事、安全等“高政治”领域则是鸟之另一翼，只有两翼都扇动，鸟才能飞到远方，如果只有一只翅膀扑腾，鸟不可能真正飞起来。两岸现在政治上的对立、军事上的对峙和安全关系上的相互防范，已经对两岸经贸往来的规模和民间往来的热络形成讽刺性的对比，将来两岸经贸交流无论多么制度化、民间往来无论多么热络，如果没有在政治、军事、安全等领域的相关配套措施予以保障，终究是不稳固、不可靠的。在大陆没有一个人会接受“永远的政经分离”，坦率说，如果未来的四年仍看不到政治方面的任何进展，大陆人民对和平发展的质疑只会上升而不会下降！马英九不是要追求历史定位吗？如果未来四年的两岸关系真的只走到“只经不政”，对马英九而言绝不是够高度的历史定位。

2. “谈政治议题就是迈向统一、就是‘卖台’”。这样的认知是错误的，将来两岸签订和平发展协议，仍然是两个平等的谈判对手所签订的协议，双方的主体性都不会破坏，甚至台湾的主体性还能加强。大陆当然希望能写明统一的目标，但最多也只能要求双方表明愿意通过和平方式“共议统一”的意向，并不会立刻碰到“谁统一谁”的问题。

3. “谈政治议题必然对大陆有利”。其实谈判要出结果，必然要双方都妥协，在两岸的经济议题谈判中，台湾是获利较多的一方，在将来的政治谈判中，台湾也一定能获利，否则怎么会同意签字？如军事互信机制的建构对台湾而言绝对利大于弊、又如两岸和平协议的签订可强化台湾的主体性、透过两岸政治议题谈判有利于台湾所谓“国际空间”问题的更妥善解决——这都是台湾可预期的“得利点”。

4. “谈政治必然损失台湾民意支持”。这样的认知过于简单化，马英九

① 施明德：《台湾共识无法取代九二共识》，2012年3月11日，中评网报道。

4 年前高举要签订和平协议的旗帜，不是高票当选了吗？民进党现在也主张“在不设前提情况下与大陆谈实质问题”，[①] 可见民进党也认为“实质问题”即政治问题是可以谈的。区别在于，民进党提出了“不设前提”的“前提”，但这并不妨碍台湾当局迈出政治谈判的步伐，因为马英九所持的“前提”是“九二共识”，它刚刚经历台湾“大选”的检验，获得台湾选民的多数支持，马英九举着这样的被多数选民认可的旗帜去谈“实质问题”，有什么不可以？

三、两岸领域的“对等共存”与国际领域的“不对等共存”之间的矛盾

双方在共同推动两岸关系和平发展建构的过程中，逐渐摸索出一种“搁置争议、对等共存”的相处之道，所谓“搁置争议”，是指双方在谁为主权国家和中央政府的问题上各有各的“自我认定”，多年来一直是“各自表述”，双方也都很清楚对方是如何表述的。但在两岸关系领域，在处理经贸、文化等“低政治领域”的两岸事务的时候，双方都默契地不在乎对方关于其“政治定位”的“自我认定”，互不要求对方承认己方为“中央”，也不以“居高临下”的态度接待对方。两岸两会的对话谈判乃至签订的所有协议都是在平等协商的氛围中进行的，大陆方面非常不愿意让外界产生“以大欺小”的观感，因而小心谨慎地防止出现谁贬低谁或哪一方的尊严受伤害的问题。为此在最重大的原则问题——一个中国内涵的表述方式上，大陆以“新三句”取代“老三句”，即以“大陆和台湾同属一个中国”取代“台湾是中国不可分割的一部分”，以“中国的主权和领土完整不可分割”取代“中华人民共和国政府是代表全中国的唯一合法政府”。久而久之，外界就产生一种印象，即两岸交流的现状是双方的“对等共存”，双方地位是平等的，没有高低之分。

但这种“对等共存”的现状只限于两岸关系领域。一旦进入国际领域，双方的关系马上就变为“不对等共存”，即一方不仅被国际社会普遍认定为主权独立国家，而且是排名在“前三”之列的“准超级大国”，对国际事务享有越来越大的影响力；另一方则只是地区或“特别关税区”，虽然亦曾有

---

① 《蔡英文谈民进党大陆政策》，2011 年 6 月 20 日，中评网报道。

傲视全球的发展纪录，但其国际影响力毕竟无法同对方相比，自然更谈不上“对等”。为了捍卫中国的主权和领土完整，大陆在与外国交往时必须坚持中华人民共和国政府代表全中国的立场，必须反对台湾方面任何“彰显主权”的举措。而一旦大陆这样做，马上就在台湾岛内引生出“大陆以大欺小、打压台湾”的观感。

双方在国际领域的这种“不对等共存”必然给两岸关系的和平发展带来负面冲击。对台湾方面而言，两难之处在于如果默认这种“不对等”，势必招致岛内在野党和反对力量的指控，坐实“不捍卫主权”、“卖台”的罪名；而如果挑战这种“不对等”，采取措施去突破这种“不对等”，又可能迫使大陆采取反制措施，伤害两岸关系和平发展的整体氛围；而台湾民众对大陆“外交打压”的反对乃至反抗情绪，也很容易转化为反对国民党与大陆改善关系和拒绝让国民党继续执政的理由。对大陆方面而言，尴尬之处在于如果在所谓“台湾国际空间”的问题上一点不让步，则可能使其为改善两岸关系所付出的其他努力连带其成效统统被抵消，甚至成为负数；但如果一定要让步，让到什么程度可令台湾民众满意？鉴于维护“一中原则”的刚性需要与大陆民众的心理底线，大陆能做出的让步必然是有限度的，然而这种“有限让步”能令台湾民众满意吗？如果让了仍然不满意，倒不如开始就不让。

在过去的 4 年，台湾方面对“不对等共存”采取了某种“隐忍”或“不正面挑战”的态度，而大陆方面则做出了一定的“让步”。今后的 4 年，为了两岸关系和平发展的大局，显然双方都应沿续前 4 年的做法。但挑战在于双方的内部都对前 4 年的做法有所质疑，即台湾方面有人质疑马英九对于“坚持主权”的暧昧；而大陆方面也有人担心“外交休兵”将“养虎遗患”。

四、坚持“一中各表”与寻求“一中共表”之间的矛盾

这组矛盾，也可以说是坚持“九二共识”和追求“九二共识”升级版（也有学者称为“后九二共识”）的矛盾。2012 年 1 月选举的结果相当于对“九二共识”的一次公民投票，在其获得台湾最新民意的多数支持以后，提出让“九二共识”“升级”或追求所谓“后九二共识”似乎有点不合时宜！

然而为何仍有那么多学者提出这样的要求呢？说穿了，就在于他们担心有人要把“九二共识”等同于“一中各表”。

首先，必须指出，大陆从来没有同意过“一中各表”。（当然，2000 年以来，基于对台湾政情演变的考量，大陆也没有明确反对或大力反对这个说法）。不同意的原因有三：1. 这不符合当年的事实。当年双方达成的共识是“各自以口头方式表示坚持一个中国的原则，但对一中原则的内涵暂不讨论”。[①] 后来台湾国民党方面将“九二共识”说成“一中各表”，民进党方面则根本不承认。导致今日出现“九二共识、各自表述”的局面，说明和平发展的政治基础仍然十分脆弱。2. “各表”是双方都把一中同自己的法统和政权合法性连接，这就容易突出分歧，不利于搁置争议。两岸任何一方“各表”的主张其实都是重申原来的一贯主张，都难以被对方接受，而和平发展的新格局需要一个双方都能接受的共同表述。3. 如果接受“各表”为游戏规则，必将难以避免有人把“一中”空洞化，或对“各表”做指鹿为马式的处理，这绝不是杞人忧天，台湾论述“中华民国是台湾”、“台澎金马是主权独立国家、目前国号是中华民国”的大有人在。

第二，虽然我们不同意“一中各表”，但也知道在“对内”层次，双方一直是“各表”的。从这个角度讲，台湾当局对内讲“一个中国就是中华民国”，大陆当然也可以理解。问题是在“两岸”场合，“各表”不能形成共同遵守的游戏规则，需要找出一个“同表”的共识。必须有“共表一中”，即对一个中国原则的内涵有一个能超越双方法统与政权认同的表述方式，而且双方都能接受、甚至都同意用书面协议的方式来表述，才能比较久远地解决两岸在“一中”问题上的争议，真正奠定两岸关系和平稳定发展的基础。本人看法，即使将来形成了“同表”，也不意味就取代或否定了原来的“各表”。在统一之前可能会出现这样的局面，就是在两岸场合双方多讲“同表”的内容，但在“对内”的时候各自仍坚持原来的“各表”，但以尽量不刺激对岸为宜（实际上大陆这些年就是这么做的）。

大陆近些年很强调“一中框架”的概念，它和“一中原则”是什么关系？本人理解，对“一中原则”双方有不同的表述，把双方表述中能共同接受的部分连起来，搭起来，就形成“一中框架”。因此“一中框架”比一

① 参阅苏起、郑安国主编：《“一个中国，各自表述”共识的史实》，翰芦图书出版有限公司，2005 年 6 月修订第四版，第 5 页。

中原则更有包容性，它不仅要能包容本方对一中的见解，也要能包容对方的。同时，“一中框架”还包括它将设置一个架子或箱子，把那些暂时解决不了的争端（如“谁代表一中”、谁是中央）搁置或封存，尽量减少由这些争端导致的冲击波伤害两岸关系。

第三，双方共同搭建“一中框架”有可能吗？为此很多学者已经做了努力，如“两岸同属中华民族”、“大陆和台湾是两岸同胞的共同家园”、“包括大陆和台湾在内的全中国的主权属于台海两岸全体人民”之类的提法，在台湾内部还是有不少人接受的。台湾两岸统合学会已经明确主张“一中同表才能为两岸和平发展奠定基石”。① 四年来，国民党的一些重要领导人提出了一些很好的观点和意见，如吴伯雄荣誉主席 2012 年 3 月与胡锦涛总书记会晤时代表国民党提出“一国两区”的表态，就是大陆可以接受的，因而有助于“一中同表”即“一中框架”的建构。② 马英九提出的“主权互不承认、治权互不否认”的主张，③ 也具有一些可供双方共同认可的价值，可通过双方的讨论化成具体的制度安排。特别值得重视的是，胡总书记在会见吴主席时提出了“见之于双方的现行规定”，④ 这就为承认台湾的公权力开拓更广阔的空间。总之，双方的共识还是在渐渐增加和积累，对最终形成一个能被双方共同接受的“同表”方案，还是可以乐观的。

第四，对“一个中华民国，两个地区”的看法。马英九在“5·20”讲话中提出“一个中华民国、两个地区”的主张，⑤ 这是重申自两蒋以来台湾一直坚持的法理，其实并不是新主张。但从反对“台独”的角度观察，重申这一法理意味着与“中华民国是台湾”的“独台”主张划清了界限，这是大陆乐见的，也有助于强化两岸的互信。但问题在于，这样的表述仍然是坚持“一个中国就是中华民国”的“各自表述”，仍然是坚持自己的法统及政权之合法性而排斥对方。与之相比，“一国两区”的提法不明确说明“一国”的内涵，增加一点模糊性，使双方都能“各说各话”，可能更容易被双方接受。所以本人认为相对于“一个中华民国、两个地区”而言，“一国两

① 张亚中主编：《一中同表或一中各表》，生智文化事业有限公司，2011 年 1 月第二版，第 47 页。

② 《吴伯雄提“一国两区”概念》，news. sina. com. cn/2012 - 03 - 23/07562412192。

③ 《马英九就职演说》，2012 年 5 月 20 日，中评网报道。

④ 《吴伯雄提“一国两区”概念》，news. sina. com. cn/2012 - 03 - 23/07562412192。

⑤ 《马英九就职演说》，2012 年 5 月 20 日，中评网报道。

区”的提法更能为“一中共表”提供新的选项，是一种打开两岸政治僵局的有益探索。贾庆林最近提出的“两岸一国”的主张，明显同吴伯雄的“一国两区”主张相近相通。

基于对上述4组矛盾的分析，个人认为，在未来四年两岸可循序做的事情有：

1. 双方都应按照“先易后难、政经分离”的路子，继续强化在“低政治”领域的合作交流，寻求和建构更大更多的共同利益。至少在未来两年，在相对较易取得成果的经贸合作领域，两岸还有很多事情可做：逐步落实ECFA下的早期收获计划，积极推进协议各项后续议题的商谈；进一步整合两岸经济资源，加强新兴产业合作；加快两岸金融合作；帮助大陆台资企业转型升级，实现二次创业。由两岸官方共组的“两岸经济合作委员会”及其主导下的“两岸产业合作论坛”现已顺利起步，未来当可发挥更大作用。

2. 双方都应积极为两岸政治谈判创造条件，都应向民众传播“政经如鸟之两翼”的观点，让两岸的人民都了解早晚要进入政治领域谈判的道理，让两岸的民众都做好己方在谈判中也要妥协让步的心理准备。双方都应更多的宣传签订和平协议的重要性。个人认为，和平协议可以包含经济方面的内容、甚至可以把已经签订的ECFA之类的协议统统视为整部和平协议的组成部分，但毕竟和平协议最主要的内容应是政治性内容，其最主要的功能和意义应是缓解两岸政治分歧，对此完全没必要回避，更不要把台湾民众对和平协议的理解引导到似乎只是经济协议的方向去，这样反而会增加将来签订和平协议的阻力。

3. 在最可能引发两岸冲突的“国际空间”问题上，大陆方面应以更开放的胸襟、更有智慧、更有弹性的思维，去开拓更大的“让步”空间和更变通的两岸共处模式。台湾方面也应建构一种新思维及新的论述框架，即告诉台湾民众，两岸在国际上的“不对等共存”已经变成当今国际秩序的一部分，挑战或正面冲击这种格局既不可能奏效又伤害台湾的实际利益，因此台湾必须学会对这种状况，“不满意但可以接受”；同样的，对大陆在两岸“外交休兵”问题上展现出来的善意和某些让步，也应该以“不满意但可以接受”的心态来看待。台湾不必将每一个“外交成果”都上升到“主权”的高度，因为这种做法的负面作用至少有二：（1）助长台湾民众对“捍卫主权”或“彰显主权”的期望值，一旦这种期望值满足不了，就会成为对和平发展与国民党执政正当性的负面冲击。（2）增加大陆方面的困扰。在和平发展的大氛围中，以谈判代替对抗，以妥协换取双赢，应当是双方的策略原则。因此，如何减少对方做出妥协的障碍，就不仅是对方的事情，也是本方应关切的事情。

4. 大陆方面应当对台湾当局进入政治议题谈判的困难（内有民进党掣肘、外有美国压力）有更深切的体谅，台湾方面则应让大陆对其不追求“永远的政经分离”和真正准备签订和平协议有更坚实的信心。条件不具备可以等，同时应积极创造条件。在“开启正式谈判”之前，有必要也有条件开启智库或学者对重大政治争议和敏感问题的交流探索乃至共同研究，特别是寻找对一中原则的共同表述方案，这是将来签订和平协议必经的程序，是早晚要做的事，早做比晚做好。

5. 在军事互信方面，可先就演习相互通告、前线指挥官定期会晤、营造和平氛围（如与金马守军联欢）等开始互动。

马英九第二任期的两岸关系展望

全国台湾研究会　杨立宪

一

2012 年 1 月 14 日，马英九在台湾地区领导人换届选举中胜出，顺利实现连任，让所有希望两岸关系能够继续和平发展的人们松了口气。5 月 20 日，马英九如期宣誓就职。但正如就职日台北阴雨绵绵的天空一样，马英九的第二任期伊始，即面临内外种种难题，可谓开局不利。

从外部看，2008 年发端于美国的全球金融危机至今仍余波荡漾，欧债危机前景不明，连带影响全球经济形势，有着强大内需市场支撑的中国大陆经济尚且不能免于受累，遑论以外贸出口为依托的台湾经济了。2011 年台经济增长率为 4.04%，较 2010 年下降了 6.78%，2012 年预计为 3.55%（台中华经济研究院预测）或 3.91%（台“经济部”预测），继续呈现下降趋势。

从内部看，蓝绿矛盾与改革所引发的矛盾相交织，造成民怨上升，马的支持度陡降。

首先，民进党对“1·14”蔡英文败选原因的解读不同，虽败而不服。民进党认为，蔡英文以 609 万票暨 45.6% 的得票率败选，已是民进党自创党以来（除 2004 年特殊情况外）在台湾地区领导人选举中所获的最好成绩；蔡英文之败并非马英九之强所致，而是中美联手、外部因素干涉所致；蔡英文登顶所差的最后一里路，也并非民进党的“台独”路线问题，而是基层组织动员能力不足、选举技术操作面出现失误等。因此，选后检讨报告倾向应从加强基层组织建设、加强民进党执政县市的施政绩效表现、加强“立法院”对国民党当局的监督制衡等方面入手，至于两岸政策的检讨则是雷声大雨点小，最终只达成了“加强同中国的互动、在互动中了解中国”的共识，“一边一国”的立场没有丝毫松动。在这样的思维指导下，民进党继续“逢中必反”、“逢马必反”是顺理成章的事。

其次，马当局选后推动系列改革引发民意反弹。近年来，受经济不景气影响，台湾财政赤字高企、社会贫富差距拉大，成为在朝者挥之不去的施政难题。不解决，直接影响台湾经济竞争力提升，饱受社会舆论诟病；要解决，必须改变由政府补贴油电水亏空的做法，以及调整税收政策等，但这无疑会触动社会民生最敏感的神经。除外，还有开放美牛进口问题，事关台湾与美国之间的自由贸易及台加入泛太平洋经济合作论坛（TPP），不开放影响台加入区域经济整合，开放则会引发民众对美牛的担忧，令执政当局进退两难。民进党执政时曾打算开放美牛进口，但最终基于选票考虑没有作为。马第一任期基于经济形势不好和连任的压力也未敢轻举妄动，但第二任没有连任压力，马遂下决心“大刀阔斧”改革，实现让台湾“脱胎换骨”的目标。

3、4月间，马当局连续推出改革措施，包括宣示开放美牛进口、油电价双涨、着手研拟复征证所税等。由于薪资水准不涨、油电价格上调带动民生物价齐涨，引爆全面性通货膨胀等，导致民怨沸腾。对涨价政策不满的民众，与对马的两岸政策不满的深绿阵营、对败选不服的民进党三者结合，使马当局面临一波空前的不信任危机，马尚未正式连任就被民进党“立法院”党团提案罢免，民进党、“台联党”和本土深绿社团更联袂举行了一场示威游行的接力行动。各家民调均显示，马的声望已掉到与被贪腐弊案重创时的陈水扁相差无几的地步，这对于刚刚开始第二任期的马英九来说，无疑是极大的警讯。

二

如果说马英九第一任期的两岸政策是拨乱反正、大开大阖、大破大立的话，那么，其第二任期则势必以拚经济、处理内部事务为主，在两岸关系上会相对采取守势的态度。依据在于：

其一，台湾内部矛盾突出需要当局集中精力处理。台湾的经济社会发展正面临极大的瓶颈，不改革难以理顺各种关系，改革则如逆水行舟不进则退。由于各种矛盾纠结加大了改革遭遇的阻力，要求马当局必须将主要精力用于解决内部问题上，以使台湾走上“健康发展”的轨道，战胜经济全球化的挑战，进而实现“黄金十年”的发展愿景。这对国民党和马团队而言是极大的考验。因此，马在“5·20”连任“就职演说”中，花了三分之二的篇幅讲如何提升台湾竞争力、让台湾“脱胎换骨、迈向幸福”，仅花了六分之一的篇幅讲两岸关系，多少说明了一些问题。

其二，台湾社会对两岸政治谈判没有形成共识。两岸关系经过4年的摸索实践，已建立了比较稳定的和平发展互动机制，“九二共识”经过“1·14”选举的考验已深入人心，但进一步的政治突破不仅需要两岸达成共识，尤其需要台湾社会形成强大的共识。选举期间马放出举行政治谈判、签署两岸和平协议的试风球，结果不获台湾民意的青睐，迫使马作出“三前提下与大陆签和平协议”的宣示，实际等于将此议题搁置；选后吴伯雄受马英九之托在北京见胡锦涛时重申“一国两区”定位，马的“5·20”演讲继续强调这一定位，均受到泛绿阵营的“围剿”，再次表明台湾社会在涉及两岸政治定位问题上仍存在巨大分歧。马在“5·20就职演说”中丝毫未提及政治谈判议题，至少表明现阶段时机不成熟。

其三，两岸关系进入深水区需要蓄积更大的动能突破。随着两岸关系和平发展的深入，不仅彼此经济利益的纠葛越来越多，而且两岸之间的结构性矛盾、社会制度和意识形态的矛盾、发展程度落差的矛盾等也日渐突显，如何顺利完成ECFA后续商谈并落实已签协议，如何在经济合作的基础上推进两岸文化大交流，如何妥善处理台湾期待的参与国际活动问题，如何进一步降低敌意、缩小两岸民众之间的“心理距离”，无一不关乎两岸关系和平发展能否持续推进，需要国共两党继续增进政治互信，拿出更大的智慧和勇气克难前行。2012年3月“吴胡会”提到两岸应“在‘和平稳定、经贸共荣、文教交融’的理念下落实良性互动”，“降低军事敌对与紧张”，满足台湾同胞“开拓国际空间”的需求等；① 同年4月吴敦义在博鳌提出“求同存异，两岸和平，讲信修睦，民生为先”的新16字箴言，② 均反映了国民党当局希望把握时机，行稳致远，把和平发展的根基扎得更牢固。

其四，维持两岸关系现状仍是国际社会的主流想法。以美国为首的西方

---

① 新华网2012年3月22日电；http：//www.cdnews.com.tw，台《中央网络报》2012年3月24日07:57:45。

② http：//www.cdnews.com.tw 2012年4月1日14:04:02台《中央网络报》。

国家乃至中国周边国家，对中国大陆日益发展壮大持怀疑态度，美国高调进行战略东移，持续向台出售军备，相关国家围绕南海岛礁的主权纷争越演越烈，均在某种程度上反映了这种心理。美国等相关国家虽然支持两岸关系和平发展，但并不乐见两岸关系走得太快太近，更惧怕走向统一，会继续玩弄“以台制华”、“以台促变”的两面手法，这对两岸关系的深入发展无疑是一大制约。去年底美国宣布拟将台列入免签证待遇地区，台“1·14”大选时美变相介入，马英九“就职典礼”美派出高规格的代表团参加，马在“就职演说”中刻意提到台美“在许多领域紧密合作，已建构30年来最坚实的‘安全与经济伙伴关系’”，与日本已“建立40年来最友好的‘特别伙伴关系’”等，均证明了美日与台湾关系的特殊性。

综上所述可知，目前无论台湾内部还是国际社会的环境，都不适合两岸马上开启政治谈判、签署和平协议。马英九“就职演说”总体上被认为“四平八稳”、“没有新意”，回顾四年来两岸关系和平发展的成就与意义，重申既定的方针政策，占了大部分篇幅。新意部分主要体现在对两岸关系属于“一个中华民国两个地区”的定位，以及宣示要“开拓新的合作领域，巩固和平、扩大繁荣、深化互信”，希望两岸“在民主、人权、法治、公民社会等领域，有更多机会交流与对话，为两岸和平发展创造更有利的环境”等文字表述上。实际上，“一中两区”定位并非新创，而是1990年代台湾进行“宪政改造”后对两岸关系的法理定位，只不过在李登辉主政后期和陈水扁执政时期已被其全面抛弃。

在继续维持现状的思维主导下，台一方面拒绝进行政治谈判，一方面又不断鼓吹应将两岸和平、“不武”制度化；一方面继续释出有利于加强两岸交流的新举措，如：扩大陆资入台投资项目、范围与额度，扩大开放陆客入台自由行的城市，放宽大陆商务人士出入台湾许可条件，扩大招收陆生赴台就读，准许大陆民间参与金门大桥的建设等，另一方面又做出一些不合时宜的举动，如：怀疑大陆提出的两岸共建平潭实验区的创议是“一国两制阴谋”，禁止大陆省市团在台招商引资或招揽人才，扬言对在大陆担任公职的台胞“依法处置”，以及要对返台探亲的世界银行资深副总裁林毅夫以“叛逃大陆的现行犯”抓捕归案等。这些矛盾的举措，其实是两岸关系和平发展尚处于初级阶段的真实写照。

三

可以说，经过二十多年来正反两方面经验教训的总结，特别是最近4年两岸关系和平发展的启示，大陆对台湾政局与两岸关系问题的复杂性有了更加深刻的认识，对和平统一的长期性与艰巨性也有了更加充分的思想准备，因而对台政策更加理性、务实，工作目标更加明确具体，同时随着大陆综合实力日益壮大，对台政策和对台工作更具信心和耐心。台湾“1·14”选举之后，大陆及时对形势进行了评估，对今后一个时期的对台工作进行了部署，制订了“巩固深化”的总方针。

2012年2月底3月初召开的对台工作会议，提出今后一个时期对台工作的总目标是：以持续推进两岸关系和平发展为主题，以深入贯彻寄希望于台湾人民的方针为主线，进一步扎实有效做好各项对台工作，进一步巩固深化两岸关系和平发展，为实现祖国和平统一大业创造有利条件。① 同年3月7日，贾庆林在十一届全国人大会议台湾代表团指出：“当前两岸关系的发展正由开创期进入巩固深化期，要持续巩固深化两岸关系和平发展，积极推动两岸关系取得更加扎实、更加丰硕的成果。”② 3月15日，王毅在腾冲会议上表示：“将秉持既定的对台方针政策，最广泛地团结台湾同胞，最大限度地调动两岸各界的积极因素，在不断开创两岸关系和平发展新局面的同时，切实做好巩固深化两岸关系和平发展这篇大文章。”王毅并提出四个具体目标：巩固两岸政治互信基础，深化两岸同属一个中国的共同认知；巩固两岸经贸关系发展成果，深化互利合作；巩固两岸各界大交流局面，深化文化教育领域交流；巩固两岸关系和平发展的民意基础，深化两岸同胞的感情融合。这表明新时期的对台工作将以“巩固深化两岸关系和平发展”为重点。③

3月22日，胡锦涛会见吴伯雄荣誉主席，双方就如何巩固深化两岸关系和平发展交换了意见，取得了重要共识。首先是明确两岸关系发展方向，均同意要珍惜与巩固来之不易的和平发展局面，把和平发展的根基扎得更牢

---

① 《2012年对台工作会议在京举行　贾庆林出席并作重要讲话》，2012年3月2日08:00新华网。

② 《贾庆林：采取更加积极的措施发展两岸关系》，中评社北京2012年3月7日电。

③ 《第十届两岸关系研讨会在云南腾冲举行》，中国台湾网2012年3月15日腾冲消息。

固；其次是探讨两岸定位问题，重申反对“台独”、坚持“九二共识”的原则立场，就“两岸同属一个中国”形成更为清晰的共同认知与表述；第三是沟通了对两岸协商议题的看法，同意推进两岸经济文化等领域的交流合作，并就两岸民众关心的问题继续进行磋商。①“胡吴会”对于国共两党统一认识，携手促进两岸关系在正确路线上良性互动意义重大，因而产生了广泛的积极影响。

与此同时，大陆在一些问题上的做法明显有所调整。2012 年 2 月底，国台办发言人明确表示，欢迎民进党基层人士来大陆走走看看。② 3 月中旬，海研中心邀请 3 名绿营学者参加在腾冲举行的第十届两岸关系研讨会，受到岛内外的广泛关注。5 月中旬，国台办发言人表示，愿在两岸政治对话的进程中就双方关心的问题，包括人权、法治等问题平等地交换意见，以增进彼此了解。这一表态在大陆对台发言中尚属首次，表明大陆愿意积极正面回应台湾同胞对这类问题的关心，受到舆论的肯定。

6 月，两岸两会将举行第 8 次陈江会谈，签署台工商界翘首以待的两岸投资保护促进协议和两岸海关合作协议，此举必将进一步促进两岸的经贸交流。

综上所述可知，台湾“1·14”选举之后，大陆对台工作重点转为巩固深化既有成果、争取民心、全面夯实两岸关系和平发展的基础，同时努力开拓新局面，构建两岸关系和平发展框架，让和平发展的红利惠及更多的大众，为实现祖国和平统一大业创造有利条件。

四

综合上述两岸的立场可知，未来 4 年，受制于台湾内部的政治分歧大、经济发展困难和改革任务艰巨，两岸在政治协商上很难有重大的突破，两岸领导人见面的可能性也不大，主要会在深化政治互信的基础上，继续以和平发展为主题，秉持“民生导向”，遵循“先易后难、先经后政、先急后缓、循序渐进”的思路，优先进行经贸问题协商，其次是深化两岸文化教育领

① 社评：《“吴胡会”的三大重要意义》，http：//www. cdnews. com. tw 2012 年 3 月 24 日 07：57:45《中央网络报》。

② 《范丽青：欢迎民进党基层人士来大陆走走看看》，中评社北京 2012 年 2 月 29 日电。

域的交流合作，同时推进民间交往，尝试政治接触，探讨解决两岸政治军事等难题的可能性。

在经贸交流方面：当务之急应是落实两岸已签的 ECFA 及其他 16 项协议，确保 ECFA 早收计划顺利实施，推动包括货物贸易、服务贸易、投资保障、争端解决机制在内的四大后续商谈早日完成，推动两岸两会互设办事机构。由于两岸经贸合作涉及的部门利益广而复杂，谈判议题越深入难度越大，每一项商谈都需要花费数月乃至半年的时间，故积极评估需要两年时间才可能全部谈完，消极评估则可能需要长达四年的时间。

在文化交流方面：根据台方的意向，比照 ECFA 商签一揽子文化交流协议有一定难度，按照大文化概念分门别类地进行协商的可能性较高，例如：区分教育、文艺、影视、出版、文创产业、宗教、体育等门类，优先进行深化两岸教育、文创产业、影视出版等方面的交流合作协商。

在民间交往方面：应会检讨一些不合时宜的做法，或修订出台一些新规，创造条件促进两岸民众交流交往，包括相互通婚、求学和经商；保障陆配、陆商、陆客、陆生和台商、台属、台干、台生等的基本人权，努力减少歧视性的规定与做法；进一步加强两岸工青妇农渔商、民间社团、基层组织和各行各业之间的大交流；加强合作打击犯罪，保障交流秩序。除外，大陆应会增加与民进党基层人士的交往，促使他们正确认识中国大陆和两岸关系的历史。

在政治接触方面：短期内台可能会要求就“不武制度化”和“扩大台湾国际参与”等问题进行协商，之后俟岛内经济情况好转、改革取得一定成效、两岸和平发展红利进一步展现、马英九当局的民意支持度回升，不排除两岸会进行政治对话，探讨两岸政治关系定位、结束敌对状态、商签中程和平协议等一揽子深层次问题，为在合适的时机两岸进行政治谈判奠定必要的基础。

毋庸讳言，台湾“1·14”选举的结果只是“万里长征的第一步”，并不代表“九二共识”已坚不可撼，也不代表未来 4 年两岸关系和平发展会一帆风顺，实际上仍会面临来自内外两方面的严峻挑战或干扰。但人们有理由期待两岸关系在现有基础上更进一步，即：政治互信更加巩固，经济联系更加紧密，文化交流更加深化，两岸民众的心理距离进一步缩短，和平发展的成果惠及更多的民众，和平发展的路线不再因岛内政党竞争而有改变之虞。唯有如此，才可能为受到两岸主流民意支持、国际社会肯定的和平发展局面，注入更多的活力，激发更大的动力，奠定更加坚实的基础，使之不动摇、不逆转、可持续。

在上述诸方面中，政治互信是基础和保障，决定其他各项指标的进展速度、质量、面貌与成败，其他各项指标是对两岸政治互信程度的检验与落实，互信度越高，“克难前行”的动力越足，和平发展的红利就会越生越多，受惠的民众面也会越来越广，和平发展就越有保障，进而形成良性循环。相信有前七年国共两党互动的经验，有马英九执政第一任期两岸两会互动的经验，未来四年的两岸关系应该能够行稳致远。

未来四年两岸关系的机遇与挑战

——战略视角的审视

中国人民大学国际关系学院　郭振家

2012 年 1 月 14 日，台湾地区领导人选举中马英九的第二次胜选标志着台湾形势已经发生了巨大变化。大陆在新形势下拟定研判当前的台海局势可以作为拟定新的对台政策的重要基础。回顾过去，自李登辉抛出“两国论”（特殊的国与国的关系）以来，两岸关系曾经一度急转直下，“台独”势力的猖狂以陈水扁的两次上台达到巅峰。然而，在海峡两岸和国际“反独促统”人士的积极努力下，终于使“台独”势头得到了成功的遏制。因此说，马英九的再次上台是“反独促统”工作的重大胜利。

实现祖国的早日完全统一是中华儿女的共同愿望，当前马英九的选举获胜使得两岸关系的稳定又夯实了一步。但是，我们必须清晰地看到，“反独”和“促统”虽然是对台工作的重要两面，但这两个面不论其研究的侧重点还是政策实施的轻重缓急均有着很大的差别。从“反独”的视角来看，主要需要研究的是“台独”的进一步动向是什么，从国际层面的法理“台独”、到社会文化层面的“台独”宣传、到不断军购谋求武力“台独”等，大陆相应的工作重心就是对“台独进一步发展”予以抗争和坚决制止，这就需要中国军队的长期国防力量建设和学术界对于“台湾独立”的法理驳斥；但是从“促统”的视角进行的话，则主要是要对研究台湾实现统一过程中可能要面临的岛内外障碍因素进行分析（“台独”发生、发展的国内外因素），需要从更深层次挖掘“台独”的土壤、历史背景和国际操作，并以积极的心态不断地检讨和完善现有的大陆对台政策（目前的两岸经贸联系和社会文化往来的加强就是正确的努力方向），从而朝着化解“台独”的民意支持和最终弱化消除“台独”影响力的方向努力。“反独”在有些时候需要大陆有坚定意志来抵抗迎面而来的“暴风骤雨”，“促统”则更需要有无比的耐心进行“涓涓细流”般的交流。我们必须清醒地认识到，“反独”的阶段性胜利并不意味着“促统”阶段的马上展开。

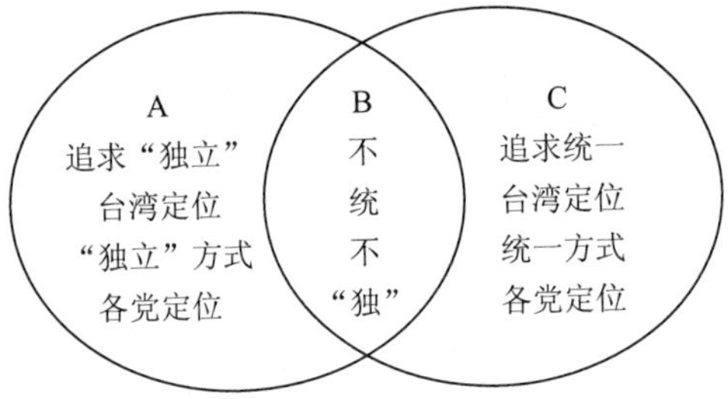

图一 “反独”与“促统”的异同点

另外，鉴于台湾问题的复杂性，台湾问题的产生、发展、解决并不是由台湾岛内局势一方决定的，台湾问题的推动背后常常是国际因素和国内因素（大陆因素+岛内因素）的叠加，并且来自美国等国际因素会对台湾施加不可忽视的重要影响。因此，当前我们对台湾问题进行全面、战略、动态思考更有积极意义。本文将在中美台三边关系的框架中来思考未来四年台湾问题的机遇与挑战。

一、两岸关系“战略机遇期”仍将持续的战略视角

笔者这里提出了台湾问题的“战略机遇期”的概念，是指台湾问题正处于多种因素起伏波动的良性共振期。不论是美国、大陆、民进党，还是台湾整体政局等，如果对台政策良性影响和恶性影响同时存在，势必会影响最终的台海局势。当前，我们可喜地看到，至少是在未来四年，台湾问题将处于“战略机遇期”。因此，“反独促统”工作应该紧紧抓住机遇，争取开创新的局面。

（一）美国对台战略处在“求稳期”

自奥巴马总统上台以来，美国开始了冷战后超大规模的全球战略调整。调整的方向，是美国的“战略重心”逐渐移向了亚太地区。这项调整是美国因应中国的崛起步伐加快做出的重大反应。当前调整正在进行，因此，在调整的过程中需要一些地区战略的紧密配合。

美国的“战略重心”东移一定是服从于美国的全球战略，当然也与美

国的其他地区战略要进行相协调。如果我们从中长期来看，既然美国的战略指向是中国，期望美国在对台战略中按照中国的愿望进行部署就是一种“痴人说梦”。但是，就短期而言，美国在国力衰退的情况下（尤其是现在经济低迷）希望继续保持“一超”地位，其全球战略的调整必然出现了各地区战略之间互相“掣肘”的情况。阿富汗和伊拉克的撤军计划是否能保证当地的稳定过渡、中东“阿拉伯之春”会造成什么样的中东局面而美国该如何推动、“重返亚太”后的政治军事经济如何布局协调等等，头绪众多，非一日可理清。在这样的背景下，美国战略布局虽然是“针对中国”“重返亚太”，但是布局未完成的情况下急需要与中国保持相对稳定的友好关系。因此，台湾问题是不能出乱子的。马英九的维持稳定（不统不“独”不武）就成为美国人利用“免签政策”站台助选的目标。因此，我们要理解当前的美国对台政策是其必须与其全球战略调整保持一致的结果，在这里美国显然有“轻重缓急”之分。

但是，在台湾问题上我们仍然需要时时刻刻存在有危机感。由于中国的崛起被美国认定为未来的挑战者，中美之间存在着“结构性的矛盾”，中美战略互信严重不足。美国始终有一部分人对于中国存在着敌视，美国的“重兵”强化三条岛链，① 对台海、东海、南海的涉及中国主权的问题上美国保持了强力介入的姿态，“台海有事”始终是美国的选项之一。所以说，美国的“战略重心东移”实际上意味着台湾受到的“镁光灯”会更多。美国国内出现的“弃台论”的声音并不能说明美国对台战略的调整，② 只是说明了随着中国的崛起，中国的战略转换空间在不断增大。美国对台政策的稳

---

① 目前学术界讨论的三条岛链的位置是：第一岛链北起日本的九州岛，南至马来半岛的帕纽索普角。岛链上的主要国家和地区有：韩国、日本、我国的台湾省、菲律宾、印度尼西亚、文莱、马来西亚和新加坡；第二岛链北起日本本州岛东南岸，南至印度尼西亚的马鲁古群岛，“第二岛链”的核心基地关岛则是美军在西太平洋中最大的海空军基地（最近一两年来，美军常常演练 B2 轰炸机从关岛长途奔袭回美国本土，测试这种轰炸机的远程投送能力）；“第三岛链”主要由美国的阿拉斯加半岛—夏威夷岛—莱恩群岛等组成，其核心是夏威夷岛。

② 2011 年出现的比较明显的两次呼吁美国“放弃台湾”的论调，一次是 2011 年 3/4 双月刊的美国《外交》杂志上美国乔治·华盛顿大学政治学和国际关系学教授查尔斯·格拉瑟的文章《中国崛起会引发战争吗?》，文章认为，“中国已明确表示，若台湾宣布独立它将动武”，而台海危机很容易升级为核战争，因为每一步对于参与者看来似乎都是合理的。台海危险存在已经几十年，但是，军力的改善使北京“更愿意升级台湾危机”。格拉瑟建议，“考虑到此类危机，美国应该考虑收回对台湾的承诺，这将解除掉美中之间最明显、最有争议的爆发点，有助于两国今后几十年保持良好关系”。针对格拉瑟的观点美国国内引发大量的批评与争论。另一次是《纽约时报》11 月时评中发表保罗·克恩的《为了拯救我们的经济，放弃台湾》。

定期的长度，主要取决于中美关系的大背景和两国的全球战略互动。

当前台海的稳定除了战略上美国不愿意“多分心”之外，还与美国将台湾作为“民主过渡”的“模范生”进行宣传的需要有关。美国对外战略追求的安全、经济和人权的三大支柱并未动摇，通过在其他国家和地区推广“自由、民主”来干涉别国内政成为美国得心应手的做法，廉价高效又容易掌控。因此，仅仅就未来四年而言，不排除美国仍然会在一些具体议题上与中国存在争执和分歧（中美分歧领域的增多也反映了台湾问题在中美关系中所占比重下降），甚至结构性矛盾会进一步凸显，但是台湾作为议题的可能性不大。

（二）大陆将继续坚持“九二共识”

大陆方面认为，正是由于双方坚持了“九二共识”才有了今天比较开阔的两岸关系的大发展，因此，未来会在“九二共识”的基础上更加促进双边的交流。“九二共识”从 1992 年至今，其实是对于现状的一种描述，并没有推进台海现状进一步发展之意。也就是说，以“九二共识”为平台并没有“促统”的压力，这样，实际上可以更长时间地维持现状。这种现状维持可以与两岸的认知判断有关，这些时间为两岸的统派争取更多人的认同创造了条件。而“九二共识”也使得更多的人认同大陆将最后赢得统一，这里面就包括了大量美国人。中评网一篇文章《美国很多人认同　时间在中国大陆》就分析道：“此次台湾大选马英九得胜，多方评论都解读为‘九二共识’是其中的关键，由此可以看出两岸对台海和平进展具有共识，至少是在经济意义上的‘九二共识’。”①

“‘九二共识’已经成为两岸关系的基石”，这样就成为一个新的共识。这个共识成为中国、美国、台湾多方对台海评估的一个新的起点。民进党也不得不面对以“九二共识”为主要特征的两岸和平架构。

（三）台湾政局以稳定为主要特征

本次台湾选举投射出了台湾的政党政治日趋成熟。民进党即使是作为反对党，仍遵守了民主的程序和基本规则。本次选举公布的时候，即使是败选的蔡英文也并没有对对手进行猛烈的抨击和诉诸悲情，而是友好地祝福对手

① 《美国很多人认同 时间在中国大陆》中评电讯，2012 年 2 月 17 日。

旋即解散民众，可见，民进党已经逐渐走向成熟和理性，不再是当初的煽动、攻击甚至是街头暴力，民主的基本含义得到更多台湾民众的认同。未来民进党的新老交替将会强化这种理性。这样的理性和成熟也可以在促使民进党思考两岸关系和应对国民党的时候发挥作用。

当然，从政治格局而言，尽管民进党在 2008 年之后的几次地方选举中获胜，但是，国民党主导的局面暂时不会打破。“稳定且由蓝营主导”，符合大陆对台湾的预期，也为两岸进一步的深入交流打下良好的基础。2012 年 2 月北京市长郭金龙去台湾期间并未遇见当初 2008 年陈云林访台时遭遇的“暴力围攻”（民进党策划），可见，两岸关系正在“坚冰消融”。

（四）民进党的理念危机将持续

民进党的理念危机就是两岸的契机。2008、2012 年两次选举的失败对于民进党而言是沉痛的打击。民进党不得不承认，时过境迁，当初的撩动民意的“台独党纲”（1991 年）和“台湾前途决议文”（1999 年）已经显得十分落伍。这两次国民党的胜选，如果第一次可以看作是对陈水扁贪腐行为和挑衅大陆行为的否定的话，第二次则充分体现了肯定两岸现状是台湾人民的期望，更是台湾多数有战略眼光、抑或支持两岸经济发展的企业家的希望。

逆民意而动就将面临永远下野的窘境。但如何修改党章、如何与“台独”基本教义派切割，又如何与国民党保持独立性，将是民进党的理论建设的困境。当前，由于民进党内地方山头众多，如何凝聚党内对败选的共识都是个大问题；再加上民进党也面临像国民党一样的新老交替的问题，所以，民进党是否能够出现一位“整合”各派和振臂一呼带领民进党“走出泥潭”的强人，陈菊出任代理党主席之后又是否能有一种对台湾现状和两岸关系“脱胎换骨”的认识，这些都难以预料。笔者认为，由于民进党始终无法从理论上走出“台独”和“统一”的困境，再加上民进党理论斗争、权力斗争和派系斗争掺杂到一起，势必“陷进沼泽期”的时间会比较长。

二、两岸关系面临的挑战

所谓两岸关系面临的挑战，实际上是一些多年的“暗礁”在逐渐“浮出水面”，两岸无法去回避的问题。这些问题很大程度上涉及两岸的定位和角色，甚至可能借此来规划在未来中国两岸的权责划分。如何定义台湾在中国战略中的地位？如何定义中国国民党（或者民进党）在中国的地位？如何看待当前的中国现状？简言之，这些问题均属于“促统”阶段必须回答的问题。

（一）和平协议——需要两岸共同努力

两岸关于和平协议的分歧很大，首先一个就是当前要不要签署和平协议，紧迫性到底有多大。一般而言，未来4年国共两党对于“和平协议”的签署均有很大压力。大陆方面，随着国力的不断崛起和新领导人的上台，势必希望在两岸交流方面政策推新，也即希望朝着“统一”的方向更加迈进一步。两岸经济的政策已经有些“山穷水尽”，如果不在军事和政治方面有所突破，难以彰显新领导人的政策决心。而台湾方面，一个是马英九8年任期结束面临的历史定位问题（若4年后“下野”当上国民党荣誉主席则只能是发挥一些余热了），另一个是国民党需要给大陆更多“政治红利”换取大陆的更多“让利”，这样夯实的两岸关系才能使得4年后的国民党立于不败之地，而届时民进党会更加被逼上“悬崖峭壁”。换言之，如果这4年国民党向中间派靠拢过多，反而会削弱大陆与其积极交往的热情。大陆会把多样化党派交流（不排除与民进党的交流）作为优先选项。其次，两岸对于和平协议的内容远没有达成共识。这里面涉及两岸的各自定位问题、军队问题、政治权利问题、是否直接涉及统一描述问题等等；此外，和平协议还涉及台湾在未来中国战略中的地位问题。台湾自然不甘于像香港和澳门一样；但是，一旦保留驻军，则涉及更复杂的未来军事编制、军购进行等项目。总之，两岸均需要给各方一个比较合理的交代，甚至双方的学术圈和民间均需要多轮多次的探讨。

和平协议的签署最怕出现的情况是类似于当初香港的长期谈判。中英联合声明的谈判虽然历经22轮，但是，当时一是两国领导人邓小平和撒切尔都比较强势而且拥有很大的拍板权，二是当时的两国背景是中美缓和双方都对于签署协议有紧迫感（当时邓小平表态，1984年若不签署，中国则将单方面决定）。而现在的台湾问题的和平协议则复杂得多。国民党方面不仅面临来自民进党①和美国②的双重压力，还面临如何定义自身的问题（下面将会讨论）。问题复杂，必然延长谈判时间；而台海的局势又受到国际的干扰，长期谈判久则生变。短期谈判，又很难达成共识。归根结底，两岸其实都很清楚，和平协议其实是事关台湾的历史定位。

有鉴于和平协议的敏感性和复杂性，马英九在未来4年“束之高阁”，仍是消极政府的选项之一。马英九在选前曾经表态，洽签“两岸和平协议”的三个前提是“国家需要、民意支持和国会监督”；③ 而在马英九胜选后不久，台湾“陆委会主委”赖幸媛在美国放话“（马英九）第二个任期内不会启动两岸政治谈判”，这个表态被认为是马英九在赢得选举后“过河拆桥”。④

（二）国民党的“台湾化”还是“中国化”——不光是国民党的自我定位

国民党始终面临一个重大的问题：自身定位。自身定位又包括三个方面：

一是历史定位。国民党继承“中华民国宪法”，继承孙中山先生的“三民主义”，历史定位是比较明晰的，就是继承辛亥革命以来的中国国民党。

二是现实定位。现实定位方面国民党就出现了大的问题。由于国民党历经在大陆和在台湾两个阶段，当前又经历了台湾的所谓“民主化”进程，国民党的党员来源和竞选参政主要都是“台湾人”（当然又可以分为第一代台湾人还是第二代台湾人），国民党自身很难将现实与历史分割，但是又没有很好的理论建设。这样就面临着选举的时候“倾中卖台”的指控（尽管国民党人中本省人的比例也相当高）和“你到底代表谁”的问题。例如，2011年12月3日台湾领导人参选的时候，马英九的表态就是：“中华民国

---

① 民进党又会高举“爱台”大旗，给国民党扣上“卖台”的帽子。

② 美国公开表态对于和平协议是支持的，但是，真实想法是比较暧昧的。如果美国认为“两岸走得太近，会把美国边缘化，也不利于美国在亚太的战略存在”从而从中作梗也未可知；另外，和平协议签署的过程中美国将如何介入谈判也未可知。

③ 马英九2010年10月17日举行“黄金十年”最终篇记者会，抛出与大陆洽签“两岸和平协议”的构想。据台湾《联合报》报道，马英九表示，在“国家需要、民意支持和国会监督”三项前提下，“我们现在也在思考，未来十年当中，两岸在循序渐进的情况下，审慎斟酌是不是洽签两岸和平协议”。

④ 《美国很多人认同 时间在中国大陆》中评电讯，2012年2月17日。

是我们的国家，台湾也是我们的国家。”因此，可以看出现实定位方面，国民党已经与历史进行了一定程度的割舍。当然，这种割舍对于维持两岸的和平与稳定有一定的积极意义。

三是未来定位。如果国民党现在高举的“中华民国宪法”是完全包容大陆的，这也是“九二共识”中“一个国家”的基本依据。“九二共识”虽然是某种现状认同的表达，但也是双方对于“未来统一”的某种期许。甚至在两岸磋商和平协议的时候，国民党就要面临如何进行“未来定位”。假设国民党在现实定位基础上谈判的话，那其实最后就是另外一个版本的“一国两制”；但如果国民党回到历史定位，则有可能对于大陆的稳定和治理造成一定程度的影响。

总之，国民党的定位问题将产生某种“外溢效应”，对中国的长远发展和两岸关系产生一定的影响。当然，由于现在国民党大多数党员都是在台湾出生和成长起来的，对于大陆的印象和情感是比较模糊的。国民党目前首先要做好的，是增进台湾新一代的民族认同。历史教育是一个重要的切入口。[①]

（三）主权理论能否再创新——需要两岸努力

新中国成立以来，中国的主权理论其实是来自两个大的理论。一种是中国古代的“汉贼不两立”。也就是说，代表中央政府的只能是有一个，“非你即我，非我即你”。中国大陆和台湾“两蒋”对于这一点执行得很好，因此，就出现了 1971 年 10 月 25 日联大第二十六届大会表决恢复中国（中华人民共和国）的合法权利之后，“中华民国”的“代表”就被驱逐了；1979 年 1 月 1 日中美建交之后，“美台”就断交了。大多数国家与中国大陆建交，就必然要与台湾方面断交。凡此种种，造成了一种“零和”的主权困境，即“不支持中国统一，就支持台湾独立”。

① 台湾大学政治学系教授、两岸统合学会理事长张亚中 2012 年 2 月 28 日在台湾《旺报》文章《规劝马英九政府改正目前“独台史观”》，文章说，历史教科书“去中国化”的书写开启于李登辉时代，陈水扁时代继续延续。马英九执政 4 年以来，虽然开启了两岸的大交流，物质性交往频繁，但是两岸认同却没有增加，甚而有继续撕裂的情形。两岸认同继续撕裂的原因很多，其中之一在于马英九政府没有能够积极地在教科书事情上拨乱反正，未能扭转李扁执政所留下的“独台”或“台独”史观，以及“一族两国”的政治遗产。在这个史观脉络里，1949 年以前的“中华民国”是放在中国史，1949 年以后是放在台湾史。这表示 1949 年以后的“中华民国”已经不属于中国史，而是台湾史。史观上的“一中一台”因而成形。

第二种大的理论是西方的“国家主权和治权的高度统一”。这一点因为与中国历史并不一致，中国历朝历代对藩属国不愿意过多干涉事务甚至不干预领导层的更迭，所以，中国人提出的“一国两制”在西方人来讲是不可思议的。① 以上两种主权理论第二种被突破创新较为容易，是因为基本符合中国历史文化和历代政治。例如，《三国演义》中诸葛亮“七擒孟获”，又七次放了，就是让你“臣服朝廷”继续做你的“一方诸侯”。而第一种则完全陷入僵局。当前僵局的重要表现就是既然是“世界上只能有一个中央政府代表中国”，那么，为了表达两岸间相互的诚意，那就两岸之间“外交休兵”，谁也不挖谁的墙角（当然，以实力而言，主要是大陆克制不挖台湾的墙角）。问题是，将来外交是否能够实现两岸共管呢？又如何在释放善意的同时维护主权呢？这样，就又回到了对于主权理论的探讨。

笔者认为，中国当前并不是需要完全颠覆西方的主权理论，而只是在针对台湾问题的“特殊事件特殊处理”上应该有主权理论的创新。仅此一家，别无特例。换句话说，“特事特办”也得需要有章可循，这个“章”就需要研究国际关系的学者和台湾问题的学者群策群力，最终去解决。主权理论的成功创新对于解决台湾问题有着重大的意义。因为，毕竟解决台湾问题，始终要面对的是在台存在60多年的国民党、当前民意高达600多万的民进党（以2012年选举为统计的话）。针对台湾问题的特殊事实进行的主权理论创新或许是化解两岸政治认同差异的一个视角。

三、结　论

马英九再次胜选台湾地区领导人给两岸关系带来新的契机，未来4年中国能否在两岸关系上取得新的突破考验着两岸领导人的智慧。本文通过对两岸机遇与挑战的分析，是希望特别说明：

机遇是“可遇不可求”的。在当前台海的“战略机遇期”中国能否在两岸关系上取得新的突破考验着两岸领导人的智慧，贻误良机则必将导致事态朝着另一面的方向发展。笔者深刻意识到，“促统”阶段实际上是比“反独”阶段更加艰难的过程。单是“反独”阶段而言，主要做好“法理抗争”和“军事准备”两件大事就可以了（这两件事并非简单而是逻辑较为清

① 2010.11. TED演讲集，《马丁·雅克：了解中国的崛起》。

晰)；“促统”阶段则会有两岸以前不愿意触碰的许多挑战逐一“浮出水面”。总之，大陆需要正视台湾的政治生态和民意诉求，台湾也应该考量到大陆的稳定和特殊国情。如果两岸可以相互间更加包容和有创新精神，中华民族的统一和复兴就一定可以实现。

两岸关系可持续和平发展的动力机制与路径选择

厦门大学台湾研究中心　李　鹏

过去4年，两岸关系围绕和平发展主题，实现历史性突破，取得丰硕成果，经历台湾选举重大考验。当前，两岸关系发展正处在承前启后的关键时刻，不仅要不断巩固已有的和平发展成果，持续推进和平发展的进程，更需要不断筑牢两岸关系和平发展的政治、经济、文化、社会基础，继续构建两岸关系和平发展框架。笔者认为，要想实现上述目标，就必须树立“可持续和平发展”的理念，建立可以确保两岸关系长期、稳定、良性、协调发展的机制和路径。本文将借用“可持续发展”的概念，从动力机制和路径选择的角度对今后可能影响两岸关系的环境和因素进行系统分析。

一、两岸关系可持续和平发展的理论意涵

可持续发展是近年来各国各地区在经济社会发展中普遍追求和实施的战略。随着人们对“可持续发展”理念的广泛理解和接受，越来越多的领域开始使用“可持续发展”这一概念。1987年，世界环境与发展委员会发表《我们共同的未来》，将可持续发展定义为：“既能满足当代人的需要，又不对后代人满足其需要的能力构成危害的发展”。可持续发展是一种建立在社会、经济、人口、资源、环境相互协调和共同发展的基础上的发展，其核心思想是经济发展应当建立在社会公正和环境、生态可持续的前提之下。从内涵看，可持续发展强调的是发展与可持续的统一，两者相辅相成，互为因果。如果放弃发展，则无可持续可言，如果只顾发展而不考虑可持续，从长远来看发展也必将丧失。因此，可持续发展战略追求的是近期目标与长远目标、近期利益与长远利益的最佳兼顾。从上述可持续发展的概念和内涵来看，其对当前两岸关系的发展也有重要启示。

2008年以来，两岸关系进入了和平发展的新时期，两岸不仅巩固了坚持“九二共识”、反对“台独”的共同政治基础，而且在经济、社会、文化、人员往来等诸多领域取得突破性进展，两岸关系和平发展已经成为两岸同胞的主流民意。但两岸关系和平发展是一个长期的过程，其进程不会一帆风顺，还会受到各种因素的影响，未来的两岸关系依然是机遇和挑战并存。笔者认为，无论是温家宝总理在2012年3月5日的《政府工作报告》中指出的要“拓展两岸关系和平发展新局面”，还是贾庆林主席在2012年对台工作会议上强调要“继续构建两岸关系和平发展框架”，说到底就是希望两岸关系能够实现可持续和平发展。而两岸关系的可持续和平发展，就是既要考虑到当前和平发展的需要，又要满足未来相当长一段时间和平发展的需要。即在遵循两岸关系发展基本规律的前提下，把握好短期机遇与长期战略的关系，尽可能抓住历史机遇，不断拓展两岸关系和平发展新局面，构建确保两岸关系可持续和平发展的框架。

两岸关系可持续和平发展有以下几个方面的内涵：第一，系统性。两岸关系和平发展是一项系统工程，涉及方方面面的内容，可持续就是要具有战略观和大局观。第二，共同性。和平发展是两岸同胞的共同使命，可持续和平发展要从寻求共同基础和共同利益的角度进行长期合作。第三，协调性。两岸关系涉及到政治、经济、社会、文化等诸多领域，涉及岛内、两岸、国际等多个因素，可持续和平发展要求实现这些领域和因素的协调发展。第四，公平性。两岸关系可持续发展要秉持平等互惠的公平原则，避免过度失衡。第五，持续性。两岸关系和平发展是一个长期的历史过程，可持续发展就是要遵循规律，循序渐进，避免过犹不及。第六，动态性。两岸关系要想可持续和平发展，就必定会经历一个逐渐从较低层次向较高层次动态发展的过程。第七，多样性。可持续和平发展本身就包含着多样性、多模式、多维度的选择，两岸之间的差异性客观存在，双方要相互尊重，考虑到各自的实际情况和对方的可接受性。上述内涵决定了两岸关系可持续和平发展是受到多种因素影响和作用的，这些因素之间能否协调发展，能否形成长效动力机制，直接影响到两岸关系可持续发展能否实现。

二、两岸关系可持续和平发展的动力机制

如前所述，两岸关系可持续和平发展是一项系统工程，其在动态发展的

过程中会受到各种不同作用力的影响，这些作用力的相互作用决定着两岸关系的发展方向和内容。两岸关系要想真正实现可持续发展，关键取决于是否存在一个与内外环境相适应，并且能够以持续均衡方式提供能量的动力机制。两岸关系能够可持续和平发展的核心动力来自于民意的需求，民意是两岸关系可持续发展的动力源泉，所以任何动力机制都必须建构在民意的基础之上。大陆长期以来一直坚持“寄希望于台湾人民的方针”，强调“要积极扩大两岸人民往来，努力为两岸同胞谋福祉，使交流合作的成果惠及更多台湾基层民众，要不断团结和汇聚一切支持两岸关系和平发展的各界人士，不断筑牢两岸关系和平发展的政治、经济、文化、社会基础”，[①] 说到底，就是要最大可能凝聚两岸同胞尤其是台湾同胞支持两岸关系和平发展的民意。从过去几年的两岸关系发展来看，两岸同胞基本上形成了支持两岸关系和平发展的主流民意，这为我们构建两岸关系可持续和平发展的动力机制奠定了良好的基础，创造了一定的条件。但两岸关系可持续发展的动力机制是一个动态多元立体系统，它有多个不同的面向，这些面向之间是相辅相成、相互影响的，它们共同形成合力推动两岸关系可持续和平发展。以下本文将从内源性动力机制、联动性动力机制、外源性动力机制的角度对此进行分析。

内源性动力机制是指大陆和台湾内部存在或产生的，能够推动两岸关系可持续发展的动力。两岸同胞同属中华民族，有着共同的历史文化背景，本身对和平发展就有强烈的意愿和需求，这是内源性动力的基础和根本。此外，对于大陆来说，两岸关系和平发展能够为战略机遇期的实现创造良好的环境和条件。如何紧紧抓住面临的重要战略机遇期，在二十一世纪头二十年中全面建设较高水平的小康社会，直接关系到中国在二十一世纪中期达到中等发达国家水平、实现国家现代化的战略目标能否实现，也是中国的根本利益。处理好台湾问题本身就是抓住战略机遇期的一个关键环节，不仅可以为改革和发展创造更为有利的环境，而且可以使台湾问题的解决难度进一步减小。[②] 而对台湾来说，坚持和平发展则可以避免因为两岸关系的紧张而影响到岛内经济发展和社会稳定。台湾自上个世纪九十年代以来的经济社会发展停滞甚至是倒退，与李登辉和陈水扁当局政治上进行“台独”分裂活动，

① 《2012 年对台工作会议在京举行　贾庆林出席并作重要讲话》，国务院台办网站，http：//www. gwytb. gov. cn/wyly/201203/t20120302 _ 2367075. htm。

② 刘红：《和平发展是主流——2007 年两岸关系回顾》，《台声》，2007 年第 12 期，第 17 页。

破坏两岸和平稳定，经济上实行“戒急用忍”、“有效管理”等限制性两岸经贸政策有直接的关系。马英九上台以来，两岸关系得到了很大的改善，台湾经济即便在遭遇世界金融危机的情况也能够保持稳定发展，ECFA 的实施也让很多台湾民众得到了实惠，看到了希望，都会逐渐内化为台湾民众希望两岸关系可持续和平发展的内源性动力。

互动性动力机制是指两岸在交流交往过程中所产生的，能够推动两岸关系可持续发展的动力。即便两岸都有和平发展的内源性动力需求，如果没有两岸之间的交流互动，这种动力也无法呈现出来，也难以让两岸民众感知到。在两岸自从 1987 年以来的两岸经济交流和民间交往，为两岸关系发展提供了源源不断的动力支持。首先，“九二共识”的政治基础在两岸交往中得以建立和巩固。1992 年正是为了处理两岸交流交往中的衍生事务，两岸两会才在香港进行会谈，达成“九二共识”，并成为两岸协商谈判的政治基础。马英九上台来，特别是经历过 2012 年台湾选举之后，“九二共识”的政治基础已经成为促进两岸关系可持续和平发展动力机制的一个重要组成部分。其次，两会协商机制在两岸交往中得以确立。海协会和海基会就是在两岸交流交往中应运而生的，其目的之一也是促进两岸交流和交往。无论是九十年代的“汪辜会谈”，还是 2008 年以来两会的 7 次商谈，都在很大程度上推动着两岸关系不断向前发展。再次，经济合作在两岸互动交往中实现机制化。两岸经贸关系经过二十多年的发展，已经成为最为活跃和最为积极的因素，成为维护台海地区和平稳定和促进两岸共同发展不可或缺的重要力量。两岸经济合作机制化不仅是两岸经贸关系多年密切发展的结果，更会为两岸关系可持续发展提供源源不断的新动力。最后，两岸民间便捷往来在交往中得以实现。2008 年两岸“三通”直航得以实现，这是两岸同胞共同努力 30 年的结果，如果没有庞大的两岸人员往来，没有迫切的交流需求作为推动力，两岸的便捷往来就难以实现。

外源性动力机制是指影响两岸关系的诸多外部因素出于各种考虑，希望两岸关系可持续和平发展而带来的动力。两岸关系和平发展离不开外部环境，国际环境和国际格局向来对两岸关系的发展有着重要的影响，美国、日本等外部势力对台湾问题也从未放松关注。近年来，随着中国综合国力的增强，在多极化格局中的影响力越来越大，当前的国际格局越来越有利于大陆实现两岸关系的和平发展；而在经济全球化的背景下，两岸只要携手合作，顺应世界和平发展的潮流，就能够把握机遇，迎接全球化的挑战。[①] 美国向来是影响台湾问题的最大外部因素，美国经常会通过对台湾当局施加压力、对台军售等方式来影响两岸关系和平发展进程。但2008年以来，美国对两岸关系的改善公开都是表达“欢迎”、“支持”、“乐见”、“深受鼓舞”、“不会担心”等立场。2009年11月，在奥巴马总统访华后发表的《中美联合声明》中，美方表示欢迎台湾海峡两岸关系和平发展，期待两岸加强经济、政治及其他领域的对话与互动，建立更加积极、稳定的关系。2010年6月，两岸签署ECFA以后，美国国务院代理副发言人杜桂德在例行记者会主动表示，这代表大陆与台湾持续强化对话交流，美国表示欢迎，对于近来两岸正面发展，美国深受鼓舞。[②] 虽然美国对两岸在和平发展新形势下，是否和如何开展政治和军事安全领域的对话始终态度暧昧，但整体上希望台海和平稳定的政策立场不会改变。外源性动力虽然不是推动两岸关系持续和平发展的直接动力，却是这种动力机制能顺畅运作的必要外部条件。

两岸关系持续和平发展的内源性、互动性和外源性动力机制不是各自独立的，而是缺一不可、相辅相成的。打个比方来说，如果将内源性动力看做是电源，外源性动力比作是插座的话，那么两岸互动性动力就是充电器，只有三者之间密切配合，形成合力，才能为两岸关系可持续发展提供源源不断的动力支持。

三、两岸关系可持续和平发展的路径选择

从以上的分析中，我们可以看出，两岸关系要想可持续和平发展，就必须实现内源性动力机制、互动性动力机制和外源性动力机制的有机结合、辩证统一。具体来说，两岸关系可持续发展必须要实现短期机遇与长期战略相统一、把握节奏与尊重规律相统一、保持稳定与突破创新相统一，要遵循“放眼长远、循序渐进、稳中有进、统筹兼顾”的发展路径。

第一，放眼长远。两岸关系要想可持续和平发展，就必须要有战略观和大局观，处理好短期机遇和长期战略之间的关系。2008年马英九的上台和

① 李鹏：《海峡两岸关系析论——以和平发展为主题之研究》，鹭江出版社，2009年版，第117、121页。

② 《两岸签署ECFA美国国务院主动表示深受鼓舞》，转引自新浪网新闻中心，http://news.sina.com.cn/o/2010-07-01/084320587317.shtml。

2012 年的连任，为两岸关系和平发展提供了难得的历史机遇，但两岸关系和平发展是一个长期的过程，看待两岸关系和平发展不能拘泥于这 8 年的历史机遇期，而是要着眼长远，既要考虑到马英九当政时期的短期效应，也要考虑到今后台湾岛内政局可能发生变化的长期效应。胡锦涛总书记在纪念《告台湾同胞书》发表 30 周年的讲话中就明确指出，我们应该登高望远、审时度势，本着对历史、对人民负责的态度，站在全民族发展的高度，以更远大的目光、更丰富的智慧、更坚毅的勇气、更务实的思路，认真思考和务实解决两岸关系发展的重大问题。[①] 因此，对于那些在短期内有利两岸关系改善，但从长远来看可能危及和平发展大局的事情，要审慎评估，三思而后行。对于那些短期内可能带来某些负面影响，但从长期来说有利于两岸关系和平发展的事，则要坚持做下去。

第二，循序渐进。两岸关系要想实现可持续发展，就必须遵循基本规律，要把握节奏，循序渐进地进行。两岸关系发展有着自身的规律，两岸当前所面临的问题，有着深刻的历史和政治背景，两岸之间的一些历史遗留问题和结构性政治难题，两岸政治社会制度上的差异，两岸民众之间的某些误解，都不是在一夕之间能够解决的。两岸关系的可持续发展，就必须秉持尊重历史、尊重现实、尊重人民愿望的实事求是精神，要深刻认识和遵循两岸关系的发展规律，循序渐进地去探寻解决问题的办法。如果不顾两岸特殊的历史背景，盲目超越当前的政治现实，就可能导致过犹不及的后果。国台办主任王毅在纪念海协会成立 20 周年的致辞中指出，“先易后难、循序渐进，从双方有共同意愿、有合作条件的议题入手，既有利于协商的持续推进，有利于增强两岸民众的信心，也有利于为将来解决政治难题不断积累共识，创造条件”。[②] 这其实体现了对两岸关系基本规律的尊重和把握。

第三，稳中有进。两岸关系行稳才能致远，但“稳”不是静态不变，而是要在前进中求“稳”，要想可持续发展，必须要有所“进”，要敢于突破创新。两岸关系和平发展不是空中楼阁，而是已经有了一定的成果作为基础。可持续发展的前提是要巩固已有的成果，如果现有的成果都不能确保，就谈不上后续发展，这就需要我们不断夯实两岸关系和平发展的经济、政

---

① 胡锦涛：《携手推动两岸关系和平发展 同心实现中华民族伟大复兴》，新华网北京 2008 年 12 月 31 日电。

② 《王毅在纪念海协会成立二十周年上的致辞》，国务院台办网站，http://www.gwytb.gov.cn/wyly/201112/t20111219_2218245.htm。

治、社会、文化基础，确保两岸的内源性动力机制能够可持续提供能量。但一味“求稳”无法保证两岸关系的可持续和平发展，两岸关系往往是“不进则退”，在求稳的基础上必须要有所“进”，要敢于创新，善于突破。在当前两岸经济合作、人员往来等领域已经取得突破性进展的情况下，两岸完全可以在商签“教育文化交流合作协议”，探讨当前特殊情况下两岸政治关系发展等方面有所拓展。

第四，统筹兼顾。两岸关系可持续和平发展要统筹兼顾“蓝绿”、“官民”、“内外”等多种因素。和平发展是两岸同胞的共同使命，是两岸各政党、各团体的共同责任，也得到国际社会的普遍支持。从“蓝绿”来看，在台湾两党制基本成型，蓝绿对立态势依然存在的情况下，两岸关系可持续发展不应也不可能只与某一个政党、某一派政治势力打交道。大陆已经明确表达“只要民进党改变‘台独’立场，我们与民进党交往的大门是敞开的”，“凡是赞成两岸关系和平发展的台湾各界人士，包括民进党的基层人士，我们都欢迎他们以适当的身份来大陆走走看看”的立场。[①] 而对于民进党来说，不改变“台独”分裂立场，不与大陆打交道，就难以取信于支持和平发展的台湾民众，也不利于民进党在岛内的发展。从“官民”的角度来看，两岸关系不可能永远停留在“民间”的层次，两岸通过既有的协商机制，适时商谈政治问题，提升两岸交往的正式层级，将有利于两岸关系可持续和平发展。从“内外”来看，两岸关系不可能不顾及到美国、日本等国际社会在台海地区的某些关注和利益。促使美、日等外国势力在台湾问题上发挥积极作用，不仅有助于实现两岸关系与中美关系的良性互动，也有助于两岸关系可持续和平发展的实现。

① 《国台办新闻发布会辑录（2012－02－29）》，国务院台办网站，http：//www. gwytb. gov. cn/xwfbh/201202/t20120229_2364002. htm。

新时期两岸关系的历史思考和发展趋势

中共中央党校国际战略研究所　张仕荣

台湾问题是中华民族百年来的“国殇”，既折射了近代中国一个多世纪以来的从屈辱到复兴的曲折历程，又衍生成为当代中国崛起为世界性的大国、强国进程中的主要障碍。中国的国家统一进程具有长期性、艰巨性与不可逆转性，大势所趋而又任重道远。解决台湾问题要立足当前，放眼长远，在中华民族和平发展的进程中实现统一，以中国国家统一为动力促进中国的和平发展。

一、民族国家最终实现统一是世界历史演进中的进步潮流

从世界历史特别是世界近现代史看，任何一个民族国家要实现国家的繁荣昌盛前提在于国家的统一，一个民族国家丧失了主权独立和领土完整后，只能沦为一些霸权国家的附庸，长此以往，其民族精神和民族凝聚力会逐渐消散，这个民族国家从实体和国家理念上都会走向消亡。

马克思、恩格斯等革命导师一直强调民族国家的统一对于无产阶级反抗资产阶级的积极意义，并把丧失主权的民族国家实现其国家统一作为各国共产党人在初级阶段的革命纲领。1859 年，马克思在《意大利的统一问题》中指出：“尽管波拿巴主义者在搞阴谋，尽管皮蒙特君主主义者在搞王朝的反革命图谋，但是在意大利有能够通过革命民主主义的道路实现国家统一的力量。”① 1884 年，恩格斯在《马克思和新莱茵报》一文针对德意志的统一

① 《马克思恩格斯全集（第十三卷的说明）》，第 13 卷，北京：人民出版社，1998 年，第 19 页。

问题指出："'新莱茵报'的政治纲领有两个要点：建立统一的、不可分割的、民主的德意志共和国和对俄国进行一场包括恢复波兰的战争。""无产阶级的利益迫切要求德国彻底统一成为一个民族，只有这样才能把过去遗留的一切琐屑障碍清除掉而扫清无产阶级同资产阶级较一较量的战场。""普鲁士的消灭，奥地利国家的崩溃，德国真正统一成为共和国——我们在最近将来的革命纲领只能是这样的。"①

美国作为现在世界上唯一的超级大国，综合国力列全球之冠，而19世纪在美国发生的南北战争为美国延续近两个世纪的繁荣昌盛创造了重要的历史条件、奠定了坚实的社会、政治基础。19世纪下半叶，美国南方和北方因为对于是否废除奴隶制意见不一而使国家面临分裂的危险，为此当时的美国总统林肯领导美国人民进行了一场付出了巨大民族牺牲的南北战争，维护了国家的统一。林肯在1861年的就职演说中表达了维护国家统一的坚定意志："联邦是不容分裂的；我也将竭尽全力，按照宪法明确赋予我的责任，坚决负责让联邦的一切法令在所有各州得以贯彻执行"，"决定内战这个重大问题的是你们，我的心怀不满的同胞们，而并非决定于我。政府决不会攻击你们。只要你们自己不当侵略者，就不会发生冲突。你们并没有对天发誓必须毁灭这个政府，而我却曾无比庄严地宣誓，一定要'保持、保护和保卫'这个政府。"②

1863年1月1日，美国总统林肯签署了解放黑奴的宣言，在林肯看来，解放奴隶是他的人生观和价值观的核心理念。但是，当南部蓄奴州宣布要脱离联邦寻求独立时，林肯却说："我在这场斗争中的最高目的是拯救联邦，而不是拯救或者消灭奴隶制。如果任何一个奴隶也不用解放就可以拯救联邦，我愿意这样做。如果只有解放所有的奴隶才可以拯救联邦，我愿意这样做。如果我必须解放一部分奴隶，留下一部分不管，才能拯救联邦，我也愿意这样做。我对奴隶制和对黑种人所做的事情，是出于我相信那样做将对拯救联邦有利；有些事我之所以克制不去做，也是因为我不相信那样做会有助于挽救联邦。"③ 所以为了挽救国家不致于分裂，林肯充分地表达了他不惜

① 《马克思恩格斯全集》，第21卷，北京：人民出版社，1965年9月，第21页。

② 黄雨石、辜正坤、邓蜀生译：《林肯集——演说信件杂文公告总统咨文和公告》（上），生活·读书·三联书店，1993年9月第1版，第298、第299、第305页。

③ 黄雨石、辜正坤、邓蜀生译：《林肯集——演说信件杂文公告总统咨文和公告》（上），生活·读书·三联书店，1993年9月第1版，第504－505页。

代价维护国家统一的决心和意志。由于林肯对于美国国家统一的巨大贡献，他成为美国历史上最受美国人民爱戴的总统之一。

二战结束后，德国在冷战的历史条件下分裂为民德和西德。1990 年 9 月 12 日，东德和西德、英国、法国、苏联和美国在莫斯科签署了德国统一的协议，通过这个协议实现了盟国在德国权力的终结，促成了德国的独立、统一。1990 年 10 月 3 日，两德正式统一，统一后的德国领土面积达到了 35.6 万平方公里，人口 7800 万，全年国民生产总值达到 2.4 万亿马克，其经济实力相当于英、法两国的总和，所以，“德国统一之父”——德国前总理科尔指出，德国的统一具有重大的历史意义。统一后的德国逐步成为欧洲格局中的一个中心力量，1990 年 2 月美国《新闻周刊》载文指出，由于统一后的德国具有横跨中欧的地理特点和强大的经济实力，将成为一个新兴的经济大国——经济超级大国，具有称雄全欧的实力。① 统一后的德国与法国一起结成“法德轴心”主导着欧洲事务。同时德国在世界事务中的发言权明显增大，充满自信地要求成为联合国常任理事国，进一步推动世界朝着多极化的方向发展。尽管德国统一后经济和社会发展一度因为东西部区域社会、经济发展的不协调出现了一些问题，但是显而易见，德国统一对于这个国家的积极作用远远大于负面效应。

二、中国的发展质量是最终解决台湾问题的前提和基础

历史经验表明，国家统一的前提是国力强盛，国家分裂的起因在于国力衰微。中国的国家统一乃至分裂与中国的国力强盛与否息息相关，即中国国家统一的前提是中国国力的增强。纵观中国近代史，中国发生国家分裂和领土被侵占的历史时期都是中国国力衰微的时期，而中国完成国家统一都是在国力强盛时期；另一方面，中国完成统一后会进一步促进中国整体国力的提升。

17 世纪初，荷兰殖民者乘明末农民起义和东北满族势力日益强大、明政府处境艰难之时，侵入台湾。1661 年 4 月，郑成功从荷兰殖民者手中收复了台湾。清军入关后建立了清王朝，国力日益强盛，1683 年清军收复台

① 李钟发：《怎样看德国统一》，《半月谈》，1990 年，第 19 期。

湾，中国完成了统一。19世纪40年代，鸦片战争爆发后，中国国力日益衰微，陷入“瓜分豆剖”之窘境，先是英国通过鸦片战争强占了香港；接着在甲午战争后，台湾被割让给日本；20世纪20年代在北洋军阀政府时期，外蒙古独立；此外帝国主义列强纷纷在中国划分势力范围。20世纪30年代，日本入侵中国，经过8年艰苦卓绝的抗日战争，1945年日本战败投降后，台湾回归中国。

中华人民共和国成立后，中国共产党人和中国政府以国家富强、民族统一为己任，国家逐步摆脱积贫积弱的落后状态，邓小平指出“党的十一届三中全会以后，我们集中力量搞四个现代化，着眼于振兴中华民族。没有四个现代化，中国在世界上就没有应有的地位。”① 他铭记作为中国人的历史责任感，经常以中国近代史上饱受屈辱的历史警醒国人，指出90年代初西方七国首脑会议制裁中国的行径令人联想起1900年八国联军侵略中国的历史。

20世纪末，香港、澳门先后回归祖国，主要原因在于此时中国的国力已经今非昔比，“主要是我们这个国家这几年发展起来了，是个兴旺发达的国家，有力量的国家”，② 所以，邓小平在1982年会见英国首相撒切尔夫人时说：“主权问题，中国在这个问题上没有回旋余地。坦率地讲，主权问题不是一个可以讨论的问题，”否则“任何一个中国领导人和政府都不能向中国人民交代，甚至也不能向世界人民交代。如果不收回，就意味着中国政府是晚清政府，中国领导人是李鸿章！”③ 尽管英国、美国在1997年之前曾为归还香港给中国设立种种障碍，但是香港最终回归中国。进入新世纪后，中英关系得到了健康的发展，主要在于包括英国在内的西方国家看到中国的蓬勃发展给他们带来的巨大机遇。

邓小平把国家统一看成是中华民族的最高国家利益，针对台湾问题，指出中国“吞不下去（台湾问题），不会吞下去的。如果真的出现这样的情况，由于台湾问题迫使中美关系倒退的话，中国不会吞下去。”④ 他多次指出，“我们一定要完成前人没有完成的统一事业，”⑤ “实现国家统一是民族

① 《邓小平文选》，第三卷，人民出版社，1993年10月，第1版，第357页。
② 《邓小平文选》，第三卷，人民出版社，1993年10月，第1版，第85页。
③ 《邓小平文选》，第三卷，人民出版社，1993年10月，第1版，第12页。
④ 《邓小平文选》，第二卷，人民出版社，1983年7月，第1版，第377页。
⑤ 《邓小平文选》，第三卷，人民出版社，1993年10月，第1版，第31页。

的愿望，一百年不统一，一千年也要统一。”[①] 1986 年，邓小平再次谈及台湾问题，认为台湾必须同大陆统一，“首先是个民族问题，民族的感情问题。凡是中华民族子孙，都希望中国能统一，分裂状况是违背民族意志的。其次，只要台湾不同大陆统一，台湾作为中国领土的地位是没有保障的，不知道哪一天又被别人拿走了。”[②]

因此，在中国国力强盛的前提下中国的统一才能得到实现，当今世界强权政治仍然存在，国力衰微的背后往往要面对国家分裂、民族纷争的隐患，苏联的解体就是一个明显的例子。

邓小平把经济建设看成是中国的大局和解决一切国内国际问题的基础，他说：“先把经济搞上去，一切都好办。现在就是要硬着头皮把经济搞上去，就这么一个大局，一切都要服从这个大局。”[③] 同时，他一直强调指出“中国还有个台湾问题要解决。中国最终要统一。能否真正顺利地实现大陆和台湾的统一，一要看香港实现‘一国两制’的结果，二要看我们的经济能不能真正发展。中国解决所有问题的关键是要靠自己的发展。”[④] 因此，中国的发展质量则是解决台湾问题及构建稳定的中美日安全架构的前提和基础。19 世纪中叶，中国在鸦片战争中败给英国时，中国的 GDP 总量仍然占世界的 1/3，但是科研实力特别是军事实力已经远远地被抛在了后面。从历史教训来看，中国解决一切问题，包括台湾问题，最终要通过发展特别是增强综合国力从根本上加以解决，尤其是通过科学发展保证经济和社会发展的内在质量。

经过了 20 多年的快速发展，中国大陆已经开始注意由粗放式经营转向集约式经营，注重提高国内的发展质量。“十五”期间，国家的经济实力、综合国力和国际地位显著提高，2005 年中国大陆国内生产总值超过 15 万亿元，5 年平均增长 8.8%；财政收入达 3 万亿元左右，比 2000 年的 13395 亿元增长了 1.3 倍。[⑤] “‘十一五’时期面临的国内外环境，和平、发展、合作成为当今时代的潮流，世界政治力量对比有利于保持国际环境的总体稳定，

① 《邓小平文选》，第三卷，人民出版社，1993 年 10 月，第 1 版，第 59 页。

② 《邓小平文选》，第三卷，人民出版社，1993 年 10 月，第 1 版，第 170 页。

③ 《邓小平文选》，第三卷，人民出版社，1993 年 10 月，第 1 版，第 129 页。

④ 《邓小平文选》，第三卷，人民出版社，1993 年 10 月，第 1 版，第 265 页。

⑤ 《关于制定国民经济和社会发展第十一个五年规划建议的说明》，《人民日报》，2005 年 10 月 20 日，第 1 版。

经济全球化趋势深入发展，科技进步日新月异，生产要素流动和产业转移加快，我国与世界经济的相互联系和影响日益加深，国内国际两个市场、两种资源相互补充，外部环境总体上对我国发展有利。同时，国际环境复杂多变，影响和平与发展的不稳定不确定因素增多，发达国家在经济科技上占优势的压力将长期存在，世界经济发展不平衡状况加剧，围绕资源、市场、技术、人才的竞争更加激烈，贸易保护主义有新的表现，对我国经济社会发展和安全提出了新的挑战”，① 党和政府一贯强调以科学发展观统领经济社会发展全局，制定了“十二五”规划，以邓小平理论和“三个代表”重要思想为指导，坚持发展是硬道理，抓好发展这个党执政兴国的第一要务，坚持以经济建设为中心，用发展和改革的办法解决前进中的问题。

随着中国大陆经济发展欣欣向荣，台湾与大陆经济实力的对比正从数量的增减转向质的变化，台湾《联合报》载文指出，再有活力的企业，在台湾（陈水扁）当局僵固政策的钳制下，竞争力也会大打折扣。几年前没人想到大陆会有单一省份的出口超过台湾，但 2005 年广东省前三季整体出口值达 1656 亿美元，大幅超过台湾的 1371 亿美元，同广东迅速发展相比，台湾则呈现整体衰落，止步不前。而广东的经济发展在大陆的经济格局中并非“一枝独秀”，中国的区域经济发展呈现“百花齐放”的局面，2005 年上半年，根据中国社会经济发展统计数据显示，山东规模以上工业增加值同比增长了近 29%，首次超越广东居全国第一位；中国西部地区如内蒙古等省区的经济发展速度已经在中国大陆地区跃居前列，预计今后几年中国沿海省份和西部省区的经济和社会发展将呈现蓬勃发展、竞相争先的可喜局面。在地区经济发展的速度和经济总量等经济指标上，将不断有大陆的单一省份超越台湾地区。

沃顿计量经济预测协会分析和预测，2000 年中国人均 GDP 为 809 美元，不仅低于全球 5331 美元的平均水平，而且低于马来西亚 3472 美元和泰国的 1960 美元的水平。根据国际货币基金组织（IMF）数据，2009 年，美国人均 GDP 为 46000 美元左右，中国不足 4000 美元。2011 年中国国内生产总值）按现价计算约 47 万亿元人民币，人均 GDP（国内生产总值）约 5500 美元，已进入中等收入水平国家行列。大多数工农业产品产量和货运周转量

---

① 《中共中央关于制定国民经济和社会发展第十一个五年规划的建议》，《人民日报》，2005 年 10 月 19 日，第 1 版。

位居世界第一位。

三、台湾海峡两岸最终走向统一不可逆转

在民族面临统一，结束分裂的历史关头，总有一小部分人蚍蜉撼树，逆历史潮流而动企图使国家分裂的局面固定化、长期化。在统一过程中，对这部分人从战略上要藐视他们，因为最终他们是螳臂挡车；但是在战术上要重视他们，因为历史证明这些分裂势力具有顽固性、冒险性及整合、勾结外部势力的能力，对国家的统一大业破坏性极大。

第一，军事斗争准备在国家统一进程中具有其不可替代性，同时为和平手段提供威慑保证。在国家完成统一的历史关头，必须树立正确的战争史观，充分宣示完成国家统一的决心和意志。按照克劳塞维茨的战争学说，“一方绝对忍受就不成为战争”，① 马列主义、毛泽东思想根据战争性质把战争分为正义战争和非正义战争，所以必须正确理解人们渴望和平的主观愿望与战争爆发的客观性。

对待战争的态度，可以引用毛泽东1964年接见外宾时讲的一段话：“一九二一年，中国成立了共产党，我就变成了共产党员。那时候，我们也没有准备打仗。我是一个知识分子，当一个小学教员，也没有学过军事，怎么知道打仗呢？就是由于国民党搞白色恐怖，把工会、农会都打掉了，把五万共产党员杀了一大批，抓了一大批，我们才拿起枪来，上山打游击。”② 毛泽东言简意赅地揭示了战争是不以人的意志为转移的客观现实存在，涉及中国革命的一些基本问题，同样适用于诠释中国人民对于争取民族独立的解放战争的基本态度，因此，盲目地、无原则地乞求和平只会吞下损害民族、国家利益的苦果。

近年来有人提出“中日不再战”，这完全混淆了战争的责任问题，抹杀了中国人民抗日战争的正义性，把战争责任分摊给中日两国。1939年6月，在国内抗日战争进入相持阶段后，毛泽东就怒斥国内的投降派，指出“战下去，团结下去——中国必存。和下去，分裂下去——中国必亡”。③ 1949

---

① ［德］卡尔·冯·克劳塞维茨：《战争论》（上卷），解放军出版社，1964年版，第15页。

② 中华人民共和国外交部、中共中央文献研究室编：《毛泽东外交文选》，世界知识出版社、中央文献出版社，1994年版，第530页。

③ 《毛泽东选集》，第二卷，人民出版社，1966年7月，第537页。

年，以毛泽东为首的中国共产党人坚决反对苏联等国家提出中国共产党与国民党以长江为界“划江而治”的方案，在《中国人民解放军布告》中宣布：“我们已命令人民解放军奋勇前进，消灭一切敢于抵抗的国民党反动军队，逮捕一切怙恶不悛的战争罪犯，解放全国人民，保卫中国主权的独立和完整，实现全国人民所渴望的真正的统一。”①

李登辉、陈水扁主政台湾时曾一直鼓噪维持台海间的和平，攻击大陆“制造战争”、“破坏和平”。按照这种逻辑，只要中国政府放弃“一个中国”的原则，按照欧盟的邦联模式构筑大陆与台湾的关系，则天下太平，台海宁静，这显然是一个极端荒谬的悖论。台湾作为中国的固有领土，涉及中国的国家核心利益，具有专有性和排他性。在必要的时候以一场正义战争的方式维护统一、遏制分裂，是中国人民所具有的正当权利。邓小平指出：“我们谋求用和平的方式解决台湾，但是始终没有放弃非和平方式的可能性，我们不能做这样的承诺。”“决不能轻易使用武力，因为我们精力要花在经济建设上，统一问题晚一些解决无伤大局。但是，不能排除使用武力，我们要记住这一点，我们的下一代要记住这一点。这是一种战略考虑。”②中华民族自古以来形成了崇尚和平的历史传统和民族性格，“中国人只是在国家民族的生死存亡悬于一发的不得已情况下，才会万众一心地起来拼命”，③ 所以中国会尽最大努力维护两岸和平，但是绝对不能放弃使用武力实现国家统一。

第二，中华民族“天下一家”的“家国意识”、“天人合一”的大同理想成为中国国家统一的文化底蕴。从秦始皇统一六国开始，到历史上中华民族的几度融合，各朝中央政权的不断巩固，崇尚国家统一、反对民族分裂成为中华文化的基本内涵。中华民族“天下一家”的“家国意识”、“天人合一”的大同理想逐渐深入人心，所以国家的统一有其深厚的文化底蕴。就台湾问题而言，日本侵占台湾时推行文化上的“皇民化”运动并未铲除深植于台湾民众中的民族文化之根，而李登辉、陈水扁当局在文化、教育上大搞“去中国化”运动，也不能撼动台湾民众的回归意识和反对“台独”的精神斗志。

---

① 《毛泽东选集》，第四卷，人民出版社，1966 年 7 月，第 1346 页。

② 《邓小平文选》，第三卷，人民出版社，1993 年 10 月第 1 版，第 86—87 页。

③ 金冲及：《中国近代革命与改革》，《新华文摘》，2004 年第 8 期，第 52 页。

解决台湾问题在排除外来干扰的同时，必须要弥合两岸多年来留下的历史伤痕。李家泉在《“台独”乃历史“悲情意识”之异化》一文中分析了台湾民众中“悲情意识”的形成。李家泉指出“台湾商界过去常常提及岛内民众由于历史原因而产生的一种‘悲情意识’。这指的似还是比较原始、朴素，并且是自然产生的那种感情，本是可以理解，也颇值得同情，是无可非议的。”而后来，这种情况却逐渐变化了，特别陈水扁当局利用这种悲情意识培植“台独”意识，则已是上述悲情意识的一种质变和异化，“溯自鸦片战争以后的一百多年，我中华民族一直成为外国侵略者欺凌、压迫和奴役的对象，几乎世界上所有帝国主义国家都侵略过中国，台湾历史上所遭受的不幸，不过是我整个中华民族所遭受的不幸的一个特殊部分。如果说，中华民族所遭受的这种不幸是‘大悲情’，那么台湾所遭受的不幸则是这个‘大悲情’中的一个局部，它是隶属于整个‘大悲情’中的‘小悲情’。当然，这个‘小悲情’，实际上也是这整个‘大悲情’中受害最惨烈的局部。1947年在台湾所发生‘二．二八’事件，从本质上说仍不过是上述悲情历史的一个延续，假若没有美国帮助国民党打内战，这个悲情历史是完全可以避免的。”① 台湾人民感情上的历史伤痕由西方列强造成，而国民党蒋介石独裁政府加深了这一历史伤痕，“台独”势力则趁火打劫完全加以异化。因此，这种以悲情意识为主体的历史伤痕的弥合需要时间，需要两岸领导人宽广的胸襟和超前的气魄，大陆民众和台湾民众之间要逐步沟通感情，全面加强了解。

第三，两岸全方位交流起始在经贸，开花和结果则在文化和教育领域。2008 年 12 月，胡锦涛在纪念《告台湾同胞书》30 周年座谈会上提出的“六条”，就不仅强调了两岸经济合作的重要性，也同时强调了“弘扬中华文化”的重要性，他指出，中华文化源远流长、瑰丽灿烂，是两岸同胞共同的宝贵财富，是维系两岸同胞民族感情的重要纽带，中华文化在台湾根深叶茂，台湾文化丰富了中华文化内涵。② 2009 年 7 月 11 日，第五届两岸经贸文化论坛在湖南长沙开幕，全国政协主席贾庆林、中台办主任王毅、国民党主席吴伯雄、副主席林丰正等出席开幕式。全国政协主席贾庆林在本届论

---

① 李家泉：《“台独”乃历史“悲情意识”之异化》，资料来源：人民网，http：//tw. people. com. cn/GB/14811/14869/1892807. html。

② 胡锦涛：《携手推动两岸关系和平发展　同心实现中华民族伟大复兴——在纪念〈告台湾同胞书〉发表 30 周年座谈会上的讲话》，《人民日报》，2009 年 1 月 1 日，2 版。

坛的致辞中指出："文化是一个民族的灵魂，孕育着民族的生命力、凝聚力和创造力。"经济是一个社会的物质基础，而文化就是这个社会的精神和思想基础。中华文化乃中国人的"根"，根深则叶茂，根衰则叶枯。①

2008 年 5 月 20 日，马英九宣誓就任台湾地区领导人，由于民进党执政时期两岸关系恶化，岛内民生凋敝，台湾民众对马英九执政团队期许甚多。4 年来，马英九能够顺应两岸大势、积极推动两岸关系顺畅交流，促成两岸同根、同种的中华文化情结的培育和壮大。"时势造英雄"，2012 年马英九代表国民党再次参选成功可谓"天遂人愿"，当前海峡两岸共同深耕海峡两岸的和平与发展这块沃土，两岸已经迎来和谐发展和欣欣向荣的重要转折期。

另一方面，公开或者隐蔽地破坏当前的两岸关系发展势头，也是"台独"份子惯用的招数。当前的持"台独"立场的民进党及"泛绿"阵营已经成为影响两岸和平与发展的不稳定因素。民进党急于摆脱政治边缘化的窘境，不得不继续竖起"台独"的旗帜，紧紧握住这根救命稻草不放，因为只有"逢中必反"和"逢统必反"、"逢蓝必反"才能吸引台湾岛内深绿和"民粹化"程度较深的民众的注意力和选票。但是，长此以往一个只是专注于与执政党大唱反调的政党必然迷失基本的政治方向，其路线也不会得到岛内大部分理性民众的支持。更为严重的是，民进党为了遏止当前两岸交流的强劲势头，不断挑起台湾的统"独"争议，2009 年 8 至 9 月，民进党籍高雄市长陈菊继高调邀访达赖后，又在高雄播出热比娅的自传纪录片"爱的十个条件"。"台独"分子遵循的操弄原则，其实很简单。大陆支持的他们就反对，大陆反对的他们就支持。再升高一个级别，大陆越反对他们越支持，搞到台湾民众叫苦连天、台湾经济毁于一旦也在所不辞。② 事实上，民进党在重重弊案的折腾下早已使以往清新、变革、廉政的形象荡然无存，而随着民众认识的逐步提高，明辨的思维日益清晰，民进党操控民粹意识、制造族群分裂等五花八门的伎俩往往收效甚微，无法达到其取得岛内舆论主导权的目的，事实说明，民进党必须通过"台独"路线和纲领的彻底修订才能真正取得在台湾政坛内名副其实的第二大党的位置，并且发挥相应的政党

① 李家泉：《两岸经贸文化论坛的特点和意义》，http：//news. xinhuanet. com/tw/2009 - 07/13/content _ 11699943. htm。

② 《借热比娅挑衅"台独"打错算盘》，来源：中国台湾网，http：//news. xinhuanet. com/tw/2009 - 09/25/content _ 12110735. htm。

制衡作用。

形势比人强。实践证明，只有顺应两岸和平与发展的大势方能真正有所作为。解决台湾问题要立足当前，放眼长远，要以中国国家统一为动力促进中国的和平发展，并在中华民族和平发展的进程中最终实现统一大业。

马英九两岸政策探析

厦门市台湾学会　曾建丰

在2012年1月14日台湾“二合一”选举中，马英九成功胜选连任，其中重要原因之一，就是马英九当局在过去4年间所推行的务实、开放的两岸政策获得了绝大多数台湾民众的肯定与支持。然而，过去4年，两岸和平发展实际上是呈现出一种“政经分离”的格局：即两岸在经贸交流层面快速发展、成果斐然，但在政治关系层面却是冰封未解、依然如故。5月20日，马英九步入“执政”生涯的第二个任期，其第二任期的两岸政策如何，是一成不变、原地踏步，还是创新求进、大步向前，对未来一个时期两岸关系发展将产生重要影响，值得密切关注、深入探析。

一、马英九两岸政策的核心思想是“维持现状”

2008年国民党重新上台执政以来，马英九当局以“反对‘台独’”、坚持“九二共识”为基础，与大陆共同推动两岸关系和平发展，两岸两会（海协、海基）先后举行了7次会谈，签署了包括“三通”、开放陆客赴台旅游、“两岸经济合作框架协议（ECFA）”等在内的16项重要协议。随着这些协议的实施，两岸经贸文教交流与人员往来确实呈现出大交流、大合作、大发展的良好势头，但是，这都只是在经济层面，而在政治层面，马英九当局在政治议题与意识形态领域基本上是一成不变、维持原样的，表现为其两岸政策的核心思想就是主张“维持现状”，固守“中华民国法统”，并且希望“两岸现状”长期化、固定化、法制化。早在2006年3月，时任国民党主席的马英九访问美国，他对美方释放出的最重要讯息就是“国民党主张维持现状”，并称此为“美国、大陆和台湾最大公约数”，承诺2008年“执政”后，10年内有效。2008年5月20日，马英九在第一任期就任演说中就对两岸关系发展做出了明确定位，即“在‘中华民国宪法’架构下，维持台湾海峡的现状”。2012 年 5 月 20 日，马英九在第二任就任演说中再次表示：“两岸政策必须在‘中华民国宪法’架构下，维持台海‘不统、不独、不武’的现状，在‘九二共识、一中各表’的基础上，推动两岸和平发展；而我们所说的‘一中’，当然就是‘中华民国’”。

综观马英九在第一任期形成并付诸实践的两岸政策，主要内容涉及两岸政治定位、两岸互信基础、两岸关系现状、两岸政治议题、两岸交流进程与原则、台湾未来前途等方方面面，而其核心思想就只有一个，那就是要在两岸政治关系定位上“维持现状”。

1. 对两岸政治定位，主张“一国两区”，并称“一国”是指“中华民国”，强调“互不承认主权、互不否认治权”。马英九对两岸关系的政治定位始终明确主张在“中华民国宪法”架构下以“一国两区”定位两岸关系。2005 年马英九第一次当选国民党主席时即表示：对于未来国民党的两岸论述、路线，都将以“中华民国宪法”为本，宪法增修条文第十一条，很明显定好框架，“既非一边一国，也不是两个国家”，而是“一国两区”：大陆地区、台湾地区。2008 年 9 月 3 日，马英九在接受墨西哥《太阳报》专访时再次提及“一国两区”的概念。他说：“我们双方是一种特别的关系，但不是国与国的关系，这点非常重要”。台“总统府”发言人随后补充说明，根据“宪法增修条文”规定，两岸是“自由地区”与大陆地区，也就是台湾地区与大陆地区，“两个地区是对等地区，每个统治地区上都有统治当局”。2011 年初，马英九要求台“行政部门”在公开场合和公文中只能用“中国大陆”或“大陆”而非“中国”称呼对岸。5 月 30 日马英九在一场国际法学术会议中表示：“在‘中华民国宪法’架构下，两岸关系并非国与国的关系，而是一种特殊的关系，传统国际公法的承认制度，不适用于两岸关系，所以台湾无法、也不会承认大陆的主权，但也不应更不会否认大陆当局在大陆有效实行统治权的事实；两岸互不承认对方的主权，但也互不否认对方的治权，因为两岸主权主张相互重叠，涵盖彼此全部领域，无法相互承认主权；但又不能否认对方的治权，则是务实的承认现实。”马英九认为“互不承认主权、互不否认治权”，是对两岸现状最好的诠释，也是正视现实、搁置争议、促进和平的最好方法。2012 年 3 月 22 日，国民党荣誉主席吴伯雄在北京和胡锦涛总书记会面时提及“一国两区”的概念，引发岛内争议。同月 28 日，马英九在中常会上表示：依据“宪法”及法律规定，“一个‘中华民国’、两个地区”，完全合乎“宪法”，“两个地区指的台湾地区及大陆地区，这是‘宪法’架构下的现状”，“这不是新的东西，也没有人赋予新的意义，20 年了，从李登辉、陈水扁到我，都没有改变”。台“总统府”发言人随后也表示，依照“宪法”和“两岸人民关系条例”，两岸关系就是“台湾地区”和“大陆地区”的关系，“一个中国”指的就是“中华民国”，马英九的立场从未改变。5 月 20 日，马英九在第二任期就任演说中再次表示：20 年来两岸的“宪法”定位就是“一个‘中华民国’，两个地区”，历经 3 位“总统”，从未改变。这是最理性务实的定位，也是“中华民国”长远发展、保障台湾安全的凭借。

2. 对两岸互信基础，主张以“九二共识”为基础推进两岸和平发展，但认为“九二共识”就是“一中各表”。对于“九二共识”，马英九一直都承认两岸之间存在着“九二共识”，也愿意在“九二共识”的基础上恢复两岸协商，但马英九把“九二共识”诠释为“一个中国、各自表述”，简称“一中各表”，明确表示：“九二共识”就是“一中各表”，“一中各表”就是“九二共识”。2007 年 2 月，马英九接受 CNN 专访时表示：“我们接受‘一中原则’，但两边（大陆与台湾）有权对‘一中’的内容做出不同的解释，我们把‘一中’解释作‘中华民国’。”2008 年 3 月 28 日，当时已在“大选”中获胜的马英九接受媒体专访，有关两岸关系，他表示：“我不会去搞‘两国论’或‘法理台独’，我清清楚楚就是主张‘九二共识’，全世界讲‘九二共识’最多的大概就是我。”2008 年 9 月 3 日，马英九在接受墨西哥《太阳报》记者采访时表示：“我们在 1992 年与中国大陆所达成的一个共识，称为‘九二共识’，双方对‘一个中国’的原则都可以接受，但对于‘一个中国’的含义大家有不同的看法。”2010 年 12 月 23 日马英九接受媒体专访时说，“九二共识”是两岸关系的基石，如果民进党主席蔡英文不承认“九二共识”，两岸关系将陷入不确定状态，没有“九二共识”，两岸关系的和平发展，是很大的问号。2011 年 7 月 2 日，国民党正式提名通过马英九、吴敦义搭档投入 2012 年“大选”，马英九以参选人身份发表《打拼再四年，台湾更向前》演说时，表示如果连任，下一个 4 年，仍然坚持以“九二共识”为基础。2011 年 8 月 27 日，台湾“中央社”报道称：马英九表示，“‘九二共识’是根据‘中华民国宪法’定义过来的，支持‘九二共识’就是支持‘中华民国’，就是支持‘中华民国宪法’对两岸关系的定位”。由此可见，马英九将“九二共识”解释为“一中各表”，其重点是在“各自表述”，强调“‘一中’是指‘中华民国’”，这与前文所述马英九将两岸政治关系定位为“一国两区”是完全一致的。

3. 对两岸关系现状，主张维持目前台海“不统、不独、不武”现状，希望“不武制度化”。维持目前海峡两岸“不统、不独、不武”现状，是马英九两岸政策的基本内容与核心诉求，也是马英九主张“在‘中华民国宪法’架构下，维持台湾海峡现状”这一思想的集中体现。2007年11月22日，马英九访日与日本议员会面时声称：他的两岸基本政策是“不统、不独、不武”，如果他当选台湾地区领导人的话，不会在任内与中国大陆谈有关统一的问题，也不会支持“台湾独立”。2008年5月，马英九上台“执政”后，在提及两岸政策时，“不统、不独、不武”的“三不政策”就成了他的口头禅。对于“三不政策”的具体内涵，马英九表示：所谓“不统”，就是在我任内不会跟中国大陆讨论有关两岸统一的问题；所谓“不独”，就是我们不会采取“台独”的路线；所谓“不武”，就是不用武力来解决双方的问题。2011年在竞选连任时，马英九又不断强调：如果胜选连任，下一任期仍将坚持“三不”政策。2011年10月26日，国民党在新北市举办行动中常会，马英九在针对两岸和平协议进行阐述时强调，他对两岸关系的立场很清楚，就是在“中华民国宪法”架构下，坚持“不统、不独、不武”现状，而“两岸和平协议”的立场，其实就是“不武”，无关“统独”，目的是将两岸“不武”的现状制度化，以确保两岸长期的和平和稳定。2012年1月12日，马英九在竞选总部举行记者会时表示：“事实上，我的两岸政策清楚明白，一分钟就可以说完”，“就是在‘中华民国宪法’架构下，维持台海‘不统、不独、不武’的现状，并在‘一中各表’的‘九二共识’上，推动两岸的和平发展”。5月20日，马英九在就任演说中再次表示：两岸政策必须在“中华民国宪法”架构下，维持台海“不统、不独、不武”的现状。由此可见，马英九的“三不政策”是建立在他所认定的两岸政治定位（“一国两区”或“一中各表”）基础之上的，并希望在“中华民国宪法”架构下永久维持台海现状。

4. 对两岸政治议题，如两岸商签“和平协议”等，均认为“时机不熟”、“没有急迫性”。综观近年两岸政界、学界所提及的两岸政治议题，主要是指两岸结束敌对状态、建立军事互信机制、签署和平协议、两岸领导人互访等等。两岸对于这些议题的讨论，可以追溯到2005年4月国民党主席连战历史性访问大陆的时候，在当时双方达成的“两岸和平发展共同愿景”中明确指出：要促进正式结束两岸敌对状态，达成“和平协议”，建构两岸关系发展的架构，包括建立军事互信机制，避免两岸军事冲突等。2005 年 8 月 19 日，在国民党第 17 次全代会上“两岸和平发展共同愿景”列入大会通过的国民党政策纲领。2008 年代表国民党竞逐“大选”时的政见，推动两岸结束敌对状态、签署“和平协议”是其中的一项重要内容。2008 年 5 月，马英九上台“执政”以来，便以“先经后政”、“时机不成熟”、“没有急迫性”等为由，避而不谈这些政治议题。2011 年 3 月 8 日，马英九在接受英国《金融时报》专访时表示：两岸政治对话没有时间表，任内不会和大陆谈统一议题，也未曾思考或规划两岸定位问题；两岸关系的发展应该是“先经后政、先急后缓、先易后难”，两岸目前在经济、文化各类问题已经忙不过来，根本没有时间去讨论包括政治在内的其他问题；政治问题目前并没有急迫处理的必要。2011 年 10 月 17 日，马英九在“黄金十年”终结篇记者会上表示：“未来十年当中，两岸在循序渐进的情况下，审慎斟酌是不是洽签两岸和平协定”。在该议题受到民进党等“台独”势力强烈质疑与反对之后，马英九又多次强调：唯有满足“十大保证”的各项条件，才会与大陆洽签和平协议，而且之前一定先经过“全民公投”。“十大保证”包括：“一个架构”，即在“中华民国宪法”架构下，维持台海“不统、不独、不武”的现状；“两个前提”是民众达成高度共识，两岸累积足够互信；“三个原则”是“‘国家’需要、民意支持、‘国会’监督”；“四个确保”则是确保“中华民国”“主权”独立与完整、确保台湾的安全与繁荣，确保族群和谐与两岸和平、确保永续环境与公义的社会。2012 年 1 月 12 日，马英九在竞选总部记者会上表示：“目前看不出来在我的下一任任期内会出现签署两岸和平协议的契机，连任后也没有访问大陆的计划”，台湾想要的是维持现状，而不是和大陆谈统一。5 月 20 日，马英九在第二任期就任记者会上在接受媒体询问时再次表示：目前没有与中国大陆讨论和平协议的计划。

5. 对两岸交流进程，主张“先急后缓、先易后难、先经后政”，循序渐进地开展两岸协商谈判。2009 年 5 月，马英九在接受媒体访问时表示：“对要谈的议题优先级非常清楚”，“三原则”就是“先急后缓、先易后难、先经后政”，政治问题在谈判经济性议题时尽量不去碰，以免造成困扰。2011 年 7 月 2 日，马英九在题为《打拼再四年，台湾更向前》的演讲中表示：“两岸关系的发展将依照‘先经后政、先急后缓、先易后难’的原则，维持‘刚刚好’的步伐，让两岸关系更和平，经济更繁荣”。2012 年 1 月 14 日，马英九在胜选当晚举行的记者会上又一次表示：第二任期仍将坚持“先急后缓、先经后政、先易后难”原则，两岸展开政治对话的时机尚未成熟，未来4年机会极小。16日，马英九又再次强调未来两岸政策三原则，分别是：先经济后政治、迫切的优先、容易的优先。2月1日，台“陆委会”主委赖幸媛在美国华盛顿表示：“两岸还有许多经济、民生议题需要解决，在缺乏岛内高度共识及两岸足够互信等条件下，两岸不太可能跨越到政治性议题谈判”。马英九在两岸交流与协商谈判方面，主张“三先三后”，但实际上则是自2008年上台“执政”以来，始终坚持“只经不政”，其实这也是与其在两岸政治关系方面主张“维持现状”的思想是一致的。

6. 对两岸交流原则，坚持“对等、尊严、互惠”、“以台湾为主，对人民有利”，强调“台湾主体性”。2007年1月22日马英九表示：国民党“未来会以台湾为主、对人民有利为原则，继续为台湾人民付出”；同年6月，国民党第十七次全代会第二次会议讨论通过“党章修正案”，增列“坚定‘以台湾为主，对人民有利’的信念”，并在党员目标中删除“统一”字眼，改以“和平发展”代替，正式宣示国民党立足台湾、保卫台湾，一切以台湾民众福祉为优先。台《中国时报》评论称：此为“国民党来台湾半世纪以来，第一次正式向‘台湾主体性’交心表态”。2008年3月10日，代表国民党参选的马英九说：他绝对不会开放大陆劳工和大陆农产品来台，但会开放大陆观光客来台，让大陆观光客来台消费，让台湾人赚钱；他的所有政见，都是“以台湾为主，对人民有利”。2008年10月7日台“中央社”报道，马英九接受日本媒体访问时表示：他上任后推出一连串改善两岸关系的措施，都是秉持“台湾为主、有利人民”的原则，而与中国大陆改善经贸关系是台湾国际化的一环。2010年12月27日，马英九在“保防工作会报第9次扩大会议”致辞时表示：两岸关系发展应“以台湾为主、对人民有利”为目标，“政府机关”积极扮演“国家安全的守护者”，配合两岸开放，建构正面、积极、有序管理的交流秩序。2011年10月17日，马英九在“黄金十年”系列最后一次记者会上提出：未来10年在“三个条件”成熟时考虑与大陆洽商“和平协议”，其中第一个条件就是“国家需要”；而对所谓的“国家需要”，马英九进一步解释说，第一就是指“以台湾为主、对人民有利”。综上观之，马英九不仅在经贸议题上强调“以台湾为主、对人民有利”，对其他各项交流交往，尤其是在政治议题上，更是处处坚持“台湾主体性”，这实际上也是在两岸政治关系上主张“维持现状”的一种表现。

7. 对于两岸未来与台湾前途，认为“统一、独立、维持现状都是选项”，强调“台湾未来由台湾人民决定”。对于两岸未来与台湾前途问题，马英九的主张是从原先的“终极统一论”逐步滑向“台湾未来由台湾人民决定”的论述。2005 年 7 月，马英九在初次当选国民党主席时表示，“国民党的核心价值是反对‘台独’，‘台独’不是我们的选项”；同年 12 月，马英九接受媒体专访时称：“虽然没有统一的时间表，但对我们的政党而言，终极的目标是统一”。2006 年 1 月 5 日，马英九接受媒体访问时表示：“台湾是个自由社会，统一、独立、维持现状都是选项，每次民调都是选择维持现状的民众最多，国民党的目标也是维持现状。”2006 年 8 月，马英九在赴欧洲招商前回答媒体询问时称：“台湾的未来是由台湾人民来决定，人民做主有很多选项，不论是统一或‘独立’或维持现状，都必须由人民决定。”2008 年 3 月，马英九在“爱台保台大家一起来”的大会上表示：“国民党严正声明：有关台湾未来的前途与发展，必须台湾人民说了算，必须由台湾人民自己决定。”2009 年 6 月，马英九在接受《天下》杂志专访时表示：“‘不统’不是排除统一这个选项，而是在他任期八年内不去讨论统一问题，因为这八年不可能有答案，这种讨论没有意义”；“台湾要不要统一，当然全体人民要表示意见，一定要公投”。2011 年 7 月 2 日，马英九在《打拼再四年，台湾更向前》的演讲中表示：“台湾的未来，不是任何‘总统’可以自行决定的，一定要以台湾的利益为优先，一定要由台湾 2300 万人民，依据‘中华民国宪法’来决定。”对于两岸未来与台湾前途，2006 年以后，马英九的主张实际上已经走到“维持现状”、“公投决定”的所谓“中间路线”上，2006 年之前主张“终极统一”的理想与抱负则丧失殆尽。

综上所述，马英九第一任期的两岸政策，一方面在“九二共识、一中各表”基础上务实推动两岸关系和平发展，谋求“和平红利”；另一方面，在两岸政治关系上则始终“固守法统”、“维持现状”、“只经不政”。这也正是造成过去 4 年两岸关系发展呈现“政经分离”（“政治冷、经济热”）格局的根本原因。

二、马英九第二任期两岸政策将按既定方针办

据岛内多家媒体分析，务实、开放的两岸政策是马英九顺利连任的重要因素之一，也是马英九第一任期民意支持度最高的政策。从深层次看，以目

前岛内政治现实、两岸关系发展阶段、周边与国际因素以及马英九政治个性等角度分析，马英九在第一任期形成并行之有效的两岸政策必然持续推行，第二任期完全没有进行重大调整的主观必要与客观条件。

1. 从岛内政治现实看，任何“改变现状”的政策将都面临重大风险与挑战。首先，在“统独”问题上岛内民意结构为“两头小中间大”，也就是说主张“统一”或“台独”均为少数，而主张“维持现状”的民众占绝大多数民。据台湾《联合报》报道，“陆委会”主委赖幸媛 2012 年 4 月 17 日透过新闻稿表示，从近 4 年来民调数据来看，长期以来，“尽快统一”、“尽快独立”大都在 2% 与 9% 以下，“广义维持现状”的比例平均都在八成五以上，甚至超过九成；马英九主张“维持现状”的大陆政策，近 4 年来一直获得八成五民众的稳定支持。因此，众岛内任何政党或政治人物，如果提出改变“目前现状”（无论是“统一”或是“独立”）的主张立便会立即成为“少数派”，民意支持堪忧。其次，台湾自 1996 年实行“总统”直选以来，“选票至上”成了一种特殊的文化、语言、政治，岛内政党与政治人物实际上已经被选票绑架而丧失理想与信念。台湾资深政论家南方朔 2010 年 3 月 29 日在香港《明报》发表题为《台湾病态的失去选票恐惧症》的文章称：台湾的泛政治化，特别是泛选票化，的确已成了台湾政治的怪现象，出现了奇怪的“失去选票恐惧症”。而台湾则是政治人物太在意选票。而人们看破他们的心虚，用选票来吓他们，把他们吓得手足无措，最后是什么也不敢做也不能做，也没有做。其三，从国民党在台湾的发展看，一方面，国民党是“中华民国宪法”的缔造者，也是“中华民国”“法统”的坚定维护者；另一方面，为了摆脱“外省党”与“外来政权”的阴影，又不得不加快“本土化”的步伐。原本以“统一”为识别符号的国民党实际上已进行了路线调整，如在党员目标中删除“统一”字眼，改以“和平发展”代替，转而强调“台湾优先，以台湾为主”、淡化了“统一”色彩。2007 年 6 月 24 日，国民党第十七届“全代会”二次会议开幕词称：“国民党是建立中华民国的政党，96 年来中华民国始终是主权独立的国家，捍卫中华民国是我们不可推卸的责任，我们立足台湾，台湾的安全与人民的福祉是我们第一优先的要务。”从岛内政治现实看，国民党如果不固守“中华民国法统”，并将“中华民国”与台湾紧密连结，其存在价值与发展空间都将受到威胁与挑战。其四，从台湾最大在野党民进党角度看，其所坚持的“台独党纲”最终目标是要推翻“中华民国”，建立“台湾共和国”，因此，国民党及马英九执政当局提出任何与大陆改善关系的政策都会遭到民进党的强烈反对，如纯经济的 ECFA 议题、马英九所称与“统一”无关的“和平协议”，民进党都一概反对。马英九曾私下对幕僚表示，“内部问题若没有解决，不可能解决外部问题”，台湾内部一定要安定下来，才有可能跟对岸展开谈判，若不能降低内部矛盾，贸然推展两岸关系，最后失败的可能性很高。对于未来两岸政治关系的发展走向，目前国民党与民进党可谓南辕北辙，完全没有互信与共识可言。由此可见，在选举政治和政党斗争的考量下，“维持现状”、回避两岸政治议题的协商谈判便成了马英九当局的必然选择。

2. 从两岸关系发展看，两岸政治互信基础仍然十分脆弱。其一，两岸分隔六十多年所造成的同胞情感疏离、意识形态不同、价值观念差异以及政治歧见甚至偏见，短时间内尚难消弭。众所周知，自 1949 年以来，台海两岸实际上处于“分裂分治”状态，两岸各走各的发展道路，政治、经济、法律、社会制度等等均明显不同，加之“冷战”时代两种意识形态的对立斗争，使得两岸人民从政治人物到普通民众，在思想意识、政治理念、价值观念甚至思维方式等等方面均有较大差异。1980 年代以来，两岸民间经贸交流与人员往来逐渐展开，但基本局限在“民间、单向”层面。在政治层面上，两岸之间相互“敌对对立”、“有我无你”的零和博弈迄今仍未休止，在此期间，尽管大陆方面于 1979 年宣布和平统一的政策，台湾方面也于 1991 年宣告废止“动员戡乱时期临时条款”，但台方仍视大陆为“敌方”。1988 年之后，李登辉、陈水扁先后在台湾共主政 20 年，他们利用手中的权力，从历史、文化、教育、学术、社会意识、对外关系、军事、经济等领域全方位推行“去中国化”，又在相当程度加深了台湾民众与祖国大陆的疏离感。“冰冻三尺，非一日之寒”，台湾社会在两岸 60 多年政治“敌对对立”状态下所产生的“恐共反共”意识，短时间内难以消除，李、扁主政 20 年推行“去中国化”政策所造成的“台独”毒素，一时也很难去除。另一方面，2008 年 5 月，国民党重新上台“执政”，两岸在共同反对“台独”、坚持“九二共识”的基础上恢复两会会谈，步入和平发展道路，到目前为止，两岸所签署 16 项协议均为两岸经贸与人员往来方面的议题，至多也只涉及“公共安全”政策问题，政治议题仍然窒碍难行。究其原因，正是因为两岸政治互信基础仍然十分脆弱与不足，两岸并未找到双方均能接受的解决政治难题的答案。4 年来，两岸推动和平发展的互信基础是“反对‘台独’”、“九二共识”，然而，两岸执政当局和学者对“九二共识”的意涵与理解却有明显的差异。在大陆看来，“九二共识”的内容是海协与海基两会 1992 年在香港达成的各自以口头方式表述“海峡两岸均坚持‘一个中国’原则的共识”，大陆方面所理解的“九二共识”的核心内容是“一个中国”的原则（简称“一中原则”）。在台湾方面，马英九当局以及学界所说的“九二共识”，却是“一个中国，各自表述”（简称“一中各表”）。马英九曾明确表示：“我们在 1992 年与中国大陆所达成的一个共识，称为‘九二共识’，双方对于‘一个中国’的原则都可以接受，但对于‘一个中国’的含意，大家有不同的看法。因为对主权的问题到底能不能解决？如何解决？何时解决？目前可以说都没有答案。”因此，目前两岸执政当局都有继续深化各项交流、增进政治互信、推动和平发展的意愿，但由于两岸对于“一个中国”的内涵定义不同，凡是触及“一中”为何这一在敏感问题时，无论是何议题便只能暂且搁置。厦门大学台湾研究院院长刘国深教授在《增进两岸政治互信理论思考》一文中指出：两岸实质性政治协商必须面对“你是谁，我是谁，我们都是谁”的问题，在这个问题得不到解决之前，两岸基础性互信仍是虚弱的，政治协商也只能是空中楼阁。此论真可谓一语中的、切中要害。

3. 从周边与国际因素看，美国仍是两岸政治关系发展的最大障碍。尽管国际社会普遍期待两岸关系和平发展，对近年两岸关系发展所取得的巨大成就尤其是签署两岸经济合作框架协议（ECFA）给予普遍肯定与支持，但也有外部势力尤其是美国并不愿意看到两岸政治关系的改善。众所周知，美国在台海推行“双轨政策”由来已久。美国基于自身的国家利益，从全球战略考虑，认为一个统一的中国将会促使中国更加强大，从而对美国在全球的霸主地位构成“威胁”和“挑战”，因此，美国大玩“双轨政策”，既发展与中国大陆的战略关系，又兼顾在台湾的战略利益，在两岸之间寻求“平衡点”，企图使两岸维持“不统”、“不武”、“不战”、“不和”的分离现状，达到“以台制华”的战略目标。近年奥巴马提出所谓“美国重返亚洲”的假命题，实际上是要加强在亚太地区战略部署，台湾自然仍是美国对华遏制战略中重要的一环。2008 年以来，两岸关系快速缓和，美国表示“乐见”两岸关系和平发展，但美国支持两岸关系改善是有限度的，就是不能以妨害美国在台利益（包括战略与军售利益等），不能超出美国的掌控范围，不能导致两岸政治关系和解并逐步走向统一。马英九当然深知台湾在美国对华战略中的角色与作用，正好可以借机寻求美国的支持与保护，以面对日益强盛的大陆。2010年2月17日，马英九率团出访中南美洲时表示："这两年来美国的对台军售建立了台湾当局和人民的信心及安全感，以面对和大陆进一步的和解"。"台美坚强稳固的安全关系对两岸和解环境的促成具有重要相关性"。2010年12月10日，马英九在接见美国客人时强调："台美在外交跟军事的合作，比过去更为密切，双方互动相当良好，尤其是在重要的议题上"，"我们保持了一个低调、零意外这样的方式跟美国建立极为密切的关系"。马英九在2012年1月14胜选后，1月底便迅速派出国民党副主席蒋孝严、"陆委会"主委赖幸媛赴美参加全美祈祷早餐会，向美国人"交心"、"交底"。蒋孝严在美国表示："过去连日与美国行政部门、国会议员与智库学者沟通，美国与台湾维持密切关系，及不希望两岸现况有任何改变的政策相当清楚"，"马英九不会急于与对岸进行政治谈判"，"美方不担忧两岸政治性的接触与协商"。赖幸媛也反复向美国人说明："在可见的将来，两岸要跨到政治领域谈判还需许多条件，包括内部高度共识及两岸足够互信等，目前这些条件都不够成熟，不太可能"。可以说，这是马英九对美国人的承诺，也是让美国人吃下定心丸。

4. 从马英九政治个性看，欠缺大开大阖、创造历史的魄力。政治个性，也称政治人格，是指在遗传和环境的双重影响下，逐渐形成的在政治生活中的一种持久性的心理特征的总和，是外在政治行为的内在动力系统，它在政治心理中具有重大的作用，直接影响人们的政治行为和人们在政治生活中承担的角色。从马英九家庭背景、接受教育与成长经历看，马英九政治个性的形成，深受中国传统儒家思想、西方社会的民主、法制观念以及国民党"党国意识"三个方面影响。马英九的政治个性有三个鲜明特征：其一，中国传统的"士大夫"的性格。他做人为政的基本原则包括：诚恳、诚实、自信、自律、俭朴、使命感等等，能从道德、法律、责任上控制自己的行为，遵守所有的规则，讲本分，肯反省，求和谐。有台湾媒称：正因为马英九将"温良恭俭让"等人性特质表现得过于完美，相对的，从他身上或领导特质里面，总让人觉得"少了点什么"，例如"勇敢"、"魄力"等。其二，西方社会"法律人"的个性。马英九1972年台大法律系毕业，1974年8月至1981年7月赴美留学，先后获得纽约大学法学硕士学位、哈佛大学法学博士学位。这使马英九的价值观与政治个性都深深打上了西方法制观念的烙印。他曾坦承"自己是讲求公平、正义与法治的司法性格"。马英九笃信法律是现代人应该遵循的高于情和义之上的唯一最高行为准则，他在处事上则必定以“守法”、“依法”、“按程序”办事作为解决一切问题的最佳方式，即便是在政党、个人行为与法律冲突时，仍然坚持按法律办事。这也就是人们常说他“中规中矩”、“不粘锅”、“法律人性格”、“没有人情味”、“被法律玩死”的个性。其三，“烧成灰都是国民党的人”的“党国意识”。由于受父辈的政治遗传、国民党的长期教育以及蒋经国的重点培养，不仅使得马英九对国民党怀有感恩之心，更使马英九党性坚强、立场稳固，并对“党国”有着强烈的使命感与责任感。马英九曾说自己“烧成灰都是国民党的人”。针对马英九的政治个性，大陆学者章念驰有一段极为精彩评价：“马英九太拘泥法律框框，没有豪气与霸气；他是父母的好孩子，姊姊们的好弟弟，蒋经国的好学生，国民党的好党员，美国的好模范，好得规规矩矩，不敢为天下先，也不敢主动承担责任；注定缺乏大开大阖，注定他的执政团队守成有余，创新开创不足”；“马以正统国民党自居，‘党就是国，国就是党’思想根深蒂固，注定执政团队不能贴近基层民众，很难完全代表民意；马的反共立场坚定，国民党的老大自居封建意识也深入骨髓，他是蒋经国第二，因此，注定不会‘出卖台湾’，注定不会‘成就统一’”。

综上所述，马英九以“维持现状”为核心思想的两岸政策，尽管在大陆看来，在政治层面上明显具有消极、保守、缺乏方向感等特点，但这却是岛内政治现实、两岸关系发展阶段、以美国为主的外部因素以及马英九自身局限性等等因素的集中反映，在这些因素没有发生根本性改变的情况下，马英九第二任期的两岸政策只能是一如既往、按部就班了。

三、未来四年两岸关系展望

总体评估，未来4年两岸关系和平发展格局将继续维持，但“政经分离”的基本态势亦难以改观：在两岸事务性交流层面，经贸文教等各项交流将进一步深化，人员往来也将更加便利与持续扩大，但在两岸政治关系层面，仍将举步维艰、难以进展，包括结束敌对状态、建立军事互信机制、签署和平协议等政治议题均难取得实质性突破。马英九1月14日胜选当晚对第二任期两岸关系前景表示：未来4年将继续深化两岸关系，巩固两岸互信，两岸关系会更和谐，冲突的机会更少。如此低调的评估与展望，一方面正好体现马英九诚实与务实的政治个性，另一方面，也说明马英九对未来四年两岸关系发展没有宏图大志与宏伟规划。

尽管两岸政治接触、对话或商谈，在马英九第二任期任内仍杳无音讯、没有时间表，但在和平发展持续推进的大趋势中，两岸仍可以有所作为。对大陆而言，应该牢牢把握两岸关系的发展方向，利用一切可以深化合作的机会，使两岸互信建构、经贸合作、文教交流、人员往来等同步推进，并尽可能将成果用协议的方式来体现，这样才能更有效地达成并巩固两岸交流的阶段性成果，使两岸交流不断向制度化、机制化迈进。对台湾而言，马英九当局最起码在第二任期内要争取两岸政治互信基础进一步巩固与加强，进而全面推进“两会”协商开辟新领域，推动两岸经济、文化、社会交流与合作朝全面化、深入化、制度化、稳定化方向发展，确保两岸关系不停滞、不倒退、不逆转，始终保持在深化和平发展的正轨上，这是最基本的底线。

首先，巩固和加强两岸政治互信。2008 年以来两岸关系之所以取得一系列重要进展，关键是两岸在反对“台独”、坚持“九二共识”的共同政治基础上，建立了互信。两岸关系要向前走，两岸的互信也要随之增强，如此才能行稳致远。就当前而言，可在“两岸同属一个中国”上形成更清晰的共识和一致立场。2012 年 3 月 22 日，国民党荣誉主席吴伯雄代表党主席马英九率团赴北京，在与胡锦涛总书记会谈中，明确表示“两岸同属一个中国”，并强调“台湾人也是中国人”。5 月 11 日，国民党副主席蒋孝严在北京再次当着全国政协主席贾庆林的面阐述：“两岸同属一个中国没有问题”。“两岸同属一个中国”是两岸在“九二共识”基础上取得政治互信的新共识、新成果、新迈进，马当局如何乘势而为，将“两岸一中”新共识在岛内化为主流民意，这是对马英九政治胆识与智慧的重要考验，也是马英九“拼历史定位”的关键一步。

其次，深化两岸经贸交流与合作。两岸完全有可能在过去累积经验的基础上，进一步优势互补，深化合作，共同应对全球经济危机，化解经济难题，实现共赢共荣。当前要务：一是加速落实已签署的各项协议，积极落实两岸经济合作框架协议早期计划，深化两岸金融与产业合作，进一步松绑陆客自由行、陆资赴台投资、陆生赴台就学，让更多岛内民众对“和平红利”真正有感。二是有序推进两岸经济合作框架协议后续协商谈判，推动投资保障、货品贸易、服务贸易、争端解决、海关合作、货币清算等议题的协商，推动两岸经贸关系正常化、制度化，逐步完善两岸关系和平发展的经济架构。

第三，大力加强两岸文教交流合作与人员往来。中华文化始终是维系两岸同胞民族情感的精神纽带，也是维护中华民族团结和谐、维护国家统一的重要精神支柱。为凸显中华文化在两岸交往中的重要性，2008 年胡锦涛在纪念《告台湾同胞书》发表 30 周年座谈会上的讲话中，郑重提出“将积极采取措施，协商两岸文化教育交流协议，推动两岸文化教育交流合作迈上范围更广、层次更高的新台阶”的主张。在 ECFA 签订之后，两岸均有意在下一阶段重点推动文教交流，因此，应积极争取在马英九第二任期内商签“两岸文教交流合作协议”。在人员往来与交流方面，就是要全方位、多领域推动两岸民间交流往来，不断开辟新渠道，构建新平台，创造新形式，汇聚一切支持两岸关系和平发展的各行各界民间人士，投身两岸大交流大合作大发展的潮流，不断加强两岸同胞在民族、历史、文化以及两岸关系发展方向上的共同认知。

四、结　语

2008 年马英九上台“执政”，结束陈水扁当局及其所推行的“台独”路线，并以反对“台独”、认同“九二共识”为基础，同大陆共同开启两岸关系和平发展的新时代，具有重要的历史意义与时代价值；但马英九两岸政策的核心思想是“维持现状”，固守“中华民国法统”，使得两岸关系发展在政治层面故步自封、裹足不前，这是马英九的历史局限性。

2012 年 5 月 20 日，马英九在第二任期就任演说中表示：两岸人民同属中华民族，都是炎黄子孙，拥有共同的血缘、历史与文化，都同样尊崇 先生。未来四年，两岸要开拓新的合作领域，继续巩固和平、扩大繁荣、深化互信。

人们将拭目以待！

台湾政治格局与两岸关系发展趋势

北京联合大学台湾研究院　陈　星

未来影响台湾岛内政局发展和两岸关系发展趋势的因素主要有两个方面。(1) 和平发展战略溢出效应形成的外部约束。随着两岸关系和平发展的持续推进，这项战略已经产生了强大的溢出效应，推动台湾岛内政治格局产生了较大变化。就基本社会意识而言，岛内话语结构和民众对两岸关系的认知结构等都发生了很大变化。2012 年台湾地区领导人选举中，马英九以近 80 万票的优势战胜民进党候选人蔡英文成功实现连任，被称为是两岸和平稳定的发展诉求战胜了可能带来对抗和动荡的“台独”诉求。(2) 台湾两个主要政党——国民党与民进党的各自内部结构调整和互动关系的嬗变。众所周知，国民党和民进党内部都在进行权力调整，世代交替工作也加速进行。与以前相比，两个政党在内部权力生态、动员模式、基本论述等方面都有或多或少的调整，这些调整的走向会最终影响到台湾社会的基本政治生态，对两岸关系的未来走向也有会一定的影响。

一、和平发展战略的溢出效应

“溢出”概念的提出最早可以追溯到 1890 年，Marshall 在《经济学原理》中提出“溢出”即外部性。[①] 所谓“溢出效应”（Spillover Effect），是指某项活动不仅会产生预期内的效果，同时也连带产生了其他的外部效果，并形成了收益。这是一个在经济学领域应用得比较多的概念，后来逐步引入管理学和政治分析，主要指政策或者行为所带来的非直接的连带性影响。和平发展战略的溢出效应系指随着和平发展战略的持续推进，除了带来直接的

① 吴晓波、王莹：《基于知识溢出视角的知识密集型创业企业产生机理研究》，《科技管理研究》，2011 年第 1 期。

积极效应之外，还使台湾社会的民意认知等方面产生了根本性变化，这些变化又成为未来两岸关系良性发展的积极推动因素。

自2005年以来，和平发展战略不断完善。2005年4月至5月，胡锦涛总书记在与国民党主席连战、亲民党主席宋楚瑜正式会谈时，首次提出了“构建和平稳定发展两岸关系”的重要主张。2006年4月16日举行的第2次“胡连会”上，胡锦涛总书记进一步指出，“和平发展理应成为两岸关系发展的主题，成为两岸同胞共同为之奋斗的目标”，呼吁两岸同胞携起手来，牢牢把握两岸关系和平发展这个主题，共同开创两岸关系和平发展的新局面，共同促进中华民族的伟大复兴。胡锦涛在当日会见连战时提出的四点意见指出，坚持“九二共识”是实现两岸和平发展的重要基础；为两岸同胞谋福祉是实现两岸关系和平发展的根本归属；深化互利双赢的交流合作是实现两岸关系和平发展的有效途径；开展平等协商是实现两岸关系和平发展的必由之路。① 2008年，胡锦涛总书记进一步阐述了两岸关系和平发展的基础、目的和途径，明确指出：“实现两岸关系和平发展，基础是坚持一个中国原则，目的是为两岸同胞谋福祉，途径是深化互利双赢的交流合作。”② 和平发展理论的不断完善确立了新形势下祖国大陆对台工作新的战略思路和政策框架，成为开创两岸关系和平发展新局面的基础。

和平发展战略实施以来，已经取得了丰硕的成果，主要表现在两岸交流规模的不断扩大、两岸经贸联结的不断加强、与国民党等反“台独”政治力量之间的政治互信不断加强等。这些相关学者多有论述，此处不再赘述。本文拟对和平发展战略推进以来对台湾岛内和台海局势产生的溢出效应进行简略分析，并进而探讨这些效应对岛内政局发展和两岸关系走向产生的影响。

和平发展战略的持续推进使两岸关系互动模式发生了根本性变化。在战后相当长的一段时间内，两岸关系处于双方各自封闭和彼此对抗的状态之中。1979年祖国大陆改革开放政策实施以后，两岸关系在大陆对台政策调整的情况下出现了重大变化，两岸之间的交流和交往不断扩大。不过，由于台湾行政当局僵化的两岸政策，两岸之间政治层面的互动还是以对抗性特征

① 《首届两岸经贸论坛在北京举行 胡锦涛会见中国国民党荣誉主席连战一行》，《人民日报》，2006年4月17日。

② 《胡锦涛在看望参加全国政协十一届一次会议民革、台盟、台联委员时就发展两岸关系提出重要意见》，《人民日报》，2008年3月5日。

为主。及至和平发展战略展开以后，这种情况有了根本性改观。一方面，大陆与国民党等反“台独”政治力量形成了在“九二共识”基础上推动两岸关系和平发展的共识，双方在政治层面的互信建构有了较大的突破；另一方面，祖国大陆市场向台湾农产品开放以及大陆游客赴台游的开通，使台湾民众切实得到了经济利益，台湾民众对祖国大陆的看法发生了改变。也就是说，以前台湾百姓心中的两岸关系和自己并无太大的关联，是一种“无感”的状态，但是现在已经切实感到了两岸关系和平发展对自己福祉提高之间的正相关作用，两岸关系的好坏已经成为与台湾升斗小民切身利益密切相关的问题。

随着和平发展战略的推进，台湾岛内的话语权流动出现了新的趋势，反映了台湾岛内民意的最新变动，这是和平发展战略溢出效应的一个重要表现，具体来说可以从两个方面进行概括。

一是“台独”话语霸权的打破。所谓“话语霸权”，系指一个具有政治权力的主体对其他话语体系的敌视和强势阻遏及干涉行为。① “台独”话语霸权是泛绿阵营等“台独”势力长期营造出来的话语结构，即通过篡改历史、建构“台独”观念、引导政治舆论、甚至通过公权力介入话语体系等手段，取得了作为话语主体向客体单向表述的权力，对其他话语系统形成了强大的压力。在和平发展战略持续推进的背景下，两岸加强经济联结已经是一个不可避免的趋势。马英九上台执政后缓和两岸关系、加强两岸联系和促进台湾经济发展的做法从实践上建构出了另外一个“爱台湾”的方式，打破了泛绿阵营对“爱台湾”诠释权的垄断。和平发展战略的溢出效应在这里表现为岛内族群、省籍动员方式的效力的减弱，以及在台湾动员中民生议题诉求的比重和分量不断增加。

二是“九二共识”成为“台湾共识”，在岛内被广泛接受。民调显示，台湾民众支持两岸通过协商共同解决两岸发展及其他问题的民众比例在明显增加。第 7 次“陈江会谈”后，高达 8 成以上（84.8%）的民众支持两岸持续透过制度化协商，来解决两岸交流问题。② 这说明要求维持两岸稳定、加强两岸合作和共同促进两岸和平发展的诉求已经成为台湾的主流民意。2012 年初台湾的“二合一”选举结果更是为这些变化提供了新的注脚。到

① 张凤阳等：《政治哲学关键词》，江苏人民出版社，2006 年，349 页。

② 台“陆委会”2011 年 10 月 22 - 24 日所做的民调，具体见“陆委会”网站。

了选战的最后阶段，“九二共识”竟成为热门议题，甚至成为关键议题，这是台湾地区领导人直接选举以来前所未有的新变化。① 有的媒体认为，此次台湾选举的意义不仅在确立了“九二共识”与两岸和平发展的民意基础，稳定了两岸关系。② 这意味着两岸关系和平发展格局已经深刻地影响到了台湾的社会认知和社会意识，这种变化对未来的两岸关系发展必定会产生深远的影响。

二、国民党的适应性改革

国民党自2000年以来的改革可以认为是一种适应性改革。2000年之前李登辉进行的国民党“改造”，从根本上说，是围绕着自身权力巩固展开的政治运作，当时李登辉对国民党的“改造”主要是以削弱“非主流派”力量作为主要目标，所以说这次“改革”与增加国民党对台湾社会变化的适应性有一些关联，不过相比而言，还是与国民党内的政治权力斗争关联性比较大。国民党的弱化以及对台湾社会统合能力的下降固然有台湾社会政治版图变化的压力使然，更是李登辉在权力斗争需求下主动为之的结果。2000年政党轮替后形势丕变，国民党不得不面对前所未有的变局，最紧迫的任务就是如何调整内部结构以适应日趋激烈的选举竞争，以及如何调整动员策略并建构起新的和比较有效的动员系统。

政党的适应性其实在相当大程度上反映的是政党的学习能力。组织发展理论认为，组织如果想要存在下去就必须完成两项具有关联性的任务：（1）组织要适应外部环境的变化。组织需要通过与外部环境进行资源性的输入和输出活动，来维持组织自身发展，并随时保持对环境变化的敏感度与反应力，这是组织的“外适应”。（2）组织能够协调内部组织成员的活动目的，使组织成员的个人目标与组织的目标保持一致，以维持组织系统的正常运转，这是组织的“内适应”。组织的“外适应”和“内适应”共同构成了组织的适应性问题。③ 就政党的适应性问题而言，一个政党如何在内外环境发生变化的情况下进行政策和结构调整以适应发展的需要，构成了政党适应

① （台湾）《中国时报》，2011年1月17日。

② （台湾）《旺报》，2011年1月31日。

③ 聂平平、武建强：《西方政党适应性问题理论述评》，《新视野》，2010年4期。

性调整的主要内容。

2000年下台以后，国民党面临的发展困境是显而易见的。(1) 就岛内情形而言，随着第一次政党轮替的出现，国民党的传统结构已经无法满足发展的需要。从本质上说，2000年前的国民党事实上并不是一个完全意义上的选举机器，相反，该党在很大程度上承担了资源分配的功能。2000年下台以后，国民党已经在很大程度上失去了资源分配的资格，这种政治结构与政治现实之间的矛盾立即凸显出来。另外，国民党虽然已经在野，但是党内传统的政党文化却没有得到系统改造，按资排辈和“勇于私斗、怯于公战”等老旧的政党文化已经无法满足形势迥异后的选举斗争需要。(2) 两岸关系的发展变化也对国民党产生了强大的压力。随着中国大陆的快速发展，两岸实力对比逐渐向海峡西岸倾斜。同时，祖国大陆自实施和平统一战略以来，不再用对抗性的思维处理两岸关系，而是从两岸民众的福祉出发，不断向台湾民众释放善意与诚意，不断推动两岸经贸文化交流。在这种背景下，传统的对抗性思维已经无法应对已经发生变化了的两岸局势。

自2000年以来，国民党的改革一直在进行，2005年马英九出任国民党主席后，改革的速度开始加快。国民党的改革可以认为在四个层面上进行。(1) 组织改造。国民党下台以后，已经没有办法维持原先庞大的组织机构。同时，选举模式的改变也无需维持如此庞大的动员系统。国民党的组织已经进行了大幅精减，专职党工的人数大幅减少。按照金溥聪的说法，国民党改革的目标就是向选举型政党发展，最后的目标是将该党变成一个选举机器。目前来看，自启动改革以来，国民党已经形成了与以前有所不同的组织系统和动员模式，该党的组织更新和世代交替也在不断向前推进。(2) 形象重塑。国民党要摆脱“黑金”包袱，全力打造清廉的形象，以此与民进党进行区隔。马上台后，这个层面的改革已经取得了一定的进展，这也是马英九能在2012年胜选的深层次原因。(3) 改革党内政治文化。国民党内老旧的政治文化是影响该党的一个重要负面因素，但是如果要改革这些文化结构却又有可能开罪既得利益者，也正是因为这样，党内大佬们对马的改革一直颇有微词，他们对所谓“马金体制”的攻击也大多是出于在利益分配中被边缘化的缘故。不过，在马连续胜选的冲击下，这些传统的政治文化结构已经受到了很大的冲击。(4) 调整两岸政策。国民党的两岸政策调整是其政党适应性改革的重要方面，即顺应时代发展的需求，在承认“九二共识”的基础上支持两岸交流，推动两岸协商，在缓和台海局势的同时，也使自己面临的外部压力减轻。

国民党的改革显然是想兼顾效能提升和结构改造两个方面。组织层面的调整在相当多的时候都是着眼于效能提升，即政党在与外部的经济、政治、社会制度的复杂互动中采取的现实主义的功能性调整，其最终目的在于提高选举和执政中的效能。从这个意义上说，国民党在经历了2008年和2012年的“大选”以后，上述目标已经部分达到。不过，国民党政治精英群体更深层次的调整方面，即结构性调整方面，显然还是任重道远。结构性调整要求远不止于人事和政策调整，而是要求政党精英群体接受的政策不仅仅反映其自身的偏好，更重要的是遵循社会的需求。[①] 比较而言，效能型调整注重于短期的选举效果和政策效果，而结构性调整则是从长期着眼进行的适应性改造。当然，从政党发展的角度来看，后者对政党的发展影响更大，国民党下台以前就是因为结构性调整无法进行彻底而被认为是适应性比较差的政党。[②] 从目前情况来看，国民党远没有完成结构性调整。笔者认为，国民党完成结构性调整的一个标志性指标是世代更迭的进展程度。国民党当前虽然在努力推动世代交替工作，但是完成的情况却不乐观。其实，马经过8年的生聚教训，能否完成国民党的世代交替，完成国民党的结构性调整？这还是一个疑问。可以说，2012年马在台湾地区领导人选举中的胜利为其完成国民党的改革提供了缓冲的空间，但是国民党未来的改革进展如何，是一个值得持续观察的问题，也是对两岸关系影响比较大的问题。

三、民进党的大陆政策困局

民进党未来的走向取决于其对目前面临问题的应对策略。对民进党而言，目前几乎所有的政策困境都指向其僵化的两岸政策。出现这种情况毫不奇怪，这是两岸关系和平发展的溢出效应使然。两岸关系格局已经出现了结构性的变化，但是民进党却一直无法找到适应这种变化的具体方法。当然，民进党并不是没有调整两岸政策，但是这些调整却多是枝节性的而非根本性的。有学者指出，民进党两岸政策的调整是为了适应台湾以及两岸和平发展

① 杨云珍：《政党适应性：理论回溯与中国共产党的实践》，《中国社会科学报》，2011年7月21日，http：//www. csstoday. net/Item/6000. aspx。

② 胡荣荣：《自主性和适应性：政党视角下的政治变迁——以二战后的新加坡和台湾地区为例》，《国外理论动态》，2011年11期。

态势，其最终目的是通过形式上的、浅层次的调整赢得政权；同时可以发现，虽然民进党调整两岸政策的动力与阻力旗鼓相当，但是其阻力方面所呈现出来的问题才是民进党的核心问题和亟待解决的问题。这些阻力大致有：民进党一直没有形成一种比较合理的两岸路线、“台独”基本教义派的牵制、巩固深绿选票的需求等。① 从民进党的历史来看，自上个世纪90年代以来一直无法摆脱在两岸议题上进退维谷的局面。不过，在当时由于两岸之间在实力对比不如今天悬殊、两岸间的开放程度也不及今天高的情况下，民进党的“台独”路线和两岸对抗思维模式尚能欺骗部分民众，但是在两岸关系格局发生结构性改变的情况下，这种僵化的两岸政策已经难以为继。

民进党两岸政策困局的外化形式就是在岛内话语权的逐步流失。民进党因为困守“台独”党纲，无法与对岸建立政治互信，自然也无法使两岸关系稳定下来。事实已经证明，两岸的经济文化交流与交往已经达到了水乳交融的境地，台湾的经济发展无法离开大陆，不管是谁在台上执政，与大陆打交道是必须面对的现实。在和平发展的背景下，公然推动“台独”路线、加剧两岸对抗显然对民进党争取民心不利，但是如果要进行路线调整又会遭到党内激进势力和“台独”基本教义派的反弹，于是民进党内就出现了蔡英文式的两岸关系处理模式，即用刻意的模糊回避这个问题。民进党在两岸议题上的困境从本质上说是因为其“台独”政治立场导致的两岸事务中的边缘化，而在岛内事务中的话语权流失是一个连带的结果。民进党内不少人对于两岸关系和平发展溢出效应的体认不断加深。日前不少民进党要角纷纷表示，民进党不可能不和中国大陆打交道，民进党执政的县市长到大陆来访问和进行经济交流者早已是络绎于途。笔者认为，民进党一直在寻求“台独”立场与“台独”路线和两岸关系和平发展大趋势之间的平衡点，既想守住“台独”立场，在无法拒绝的情况下，又想获取两岸交流的实质经济利益。当然，这是一个基本不可能完成的任务，但是民进党目前来看仍然没有放弃这种尝试。

在竞争性的选举制度下，政党的区隔与斗争是常态，这种区隔通常是以冲突的形式存在和表现出来的。政治学理论认为，政党冲突通常不是局部的，而是具有全面性的冲突，因为在竞争性的政党制度中，每个政党都建立

① 杜力夫、许川：《近期民进党两岸政策的调整及其实质》，《山西社会主义学院学报》，2011年4期（总第87期）

了跨地区的沟通网络，并以此为纽带，形成了全局性的政党体系。各个政党由于所代表的利益与宗旨上的差别，经常会爆发冲突。引起不同政党或政治力量之间的政治冲突或政治分裂的根源是多向度的，或是由于对传统宗教文化的不同认知和信仰，或是由于经济发展或工业革命中利益错位，或是由于地方利益与国家利益的冲突，或是由于民族关系中的对抗等。[①] 在台湾社会，民进党一直在两个方面与国民党保持着区隔，一是两岸政策方面，学者们已经进行了大量的相关讨论，此处不赘。二是在岛内政策方面，更加强调“主体性”和“本土性”的草根特色，强调基层服务。民进党将“本土性”诉求与基层服务结合起来，在地方上逐步蚕食国民党的支持基础。民进党努力营造出的“清廉、本土”形象虽然在陈水扁贪腐弊案爆发以后受到了一定冲击，但是在地方上还是有相当大的影响。而且，民进党通过这种基层服务的方式，形成了全岛性的动员网络。一般学术研究中所谓泛绿的“基本盘”往往是通过这样的方式维系和存在的，从根本上说，这是一种情感取向的联结方式，和两岸关系的关联本来就不大，而且在很多时候还是以负相关的方式产生关联。这也是民进党为什么能做出在两岸关系和平发展情况下不愿改变其“台独”政策和“台独”路线的重要原因。

90 年代民进党发展的历史表明，民进党内部的权力斗争和权力生态的改变会影响到其大陆政策的调整。不过，这不成为民进党一定会大幅调整其两岸政策的依据。一方面，现在的情况已经和 90 年代有很大的不同，“台独”路线已经成为民进党的“神主牌”，难以撼动。民进党内很少有人敢冒大不韪去招惹这种麻烦。另一方面，民进党目前的派系生态和 90 年代也有很大的不同，类似当时那种以两岸政策上的区隔去打击对手的条件已经不存在了。目前民进党内对两岸政策上比较一致的共识，就是“台独”党纲不需要放弃，民进党目前的困境不是两岸论述造成的，而是民进党的选举策略选择不当的结果。也就是说，民进党在两岸议题上形成新的共识尚需时日，两岸论述的大幅度调整更非短期可竟之功。

既然民进党无法在两岸论述上破题，其政策论述和政治动员的重心不得不向民生议题方向移动，这在 2010 年以来民进党的选举动员中已经初露端倪。其实出现这种局面也是大环境使然，在两岸关系和平发展的状态下，两

---

① 宋衍涛、高桂林：《西方政党冲突形态》，《北京师范大学学报（社会科学版）》，2011 年 6 期。

岸议题不再成为论述区隔的选择对象，岛内政党的政策诉求必然会向民生议题方向移动。当然，民进党不会甘心看着两岸关系和平发展持续向前推进并导致台海局势进一步缓和，更不会甘心看着两岸通过经济和社会整合最终走向统一，未来民进党还会利用一切可能的机会不断破坏两岸关系和平发展的局面，会竭力使两岸关系重新回到低度紧张的局面。不过目前民进党手中没有执政权，无法将两岸交流之门关小；同时台湾社会政治冷漠的现象开始出现，台湾选举已经告别激情，在民心思定的情况下，对抗性议题的市场会越来越小。所以民进党炒作两岸议题的难度逐渐加大。以上情况会迫使民进党的岛内外政策进行一定程度的调整，短期内对“台独”立场进行淡化处理，同时更强调基层服务和“本土性”特色，以此来消解两岸关系和平发展溢出效应的影响，同时力图弥补自己在两岸论述与诉求方面的不足。

四、结　语

未来四年，台湾政治发展的基本样态和走势是各种因素综合作用的结果。毫无疑问，和平发展的溢出效应已经影响到了岛内政党政治的运行模式。两岸议题在岛内由原来被用作意识形态炒作，现在已经变成了经济与民生议题，因该议题引起的对抗也逐渐消解。另一方面，经历了长期发展之后，台湾政治版图的对比也基本沉淀下来。有学者研究后指出，目前台湾“蓝、绿”的选票基础大致持平，今后任何一个政党要想维持长期的优势均非易事。鉴于国民党和民进党各有源于不同阶层、不同地域的基本支持者，台湾民众在身份认同、统“独”议题、两岸关系、涉外关系方面存在较明显的“蓝、绿”分野，有理由预料政党轮替将成为岛内的政治常态。① 在这种情况下，两个政党会在两岸关系格局变化的约束下，逐步寻求自身的政策定位和论述定位。而且，这两个政党在结构调整、政策论述等方面的趋势一旦确定，就会保持一定的稳定性，同时会努力优化内部结构，加强政党竞争中的战斗力。所以，未来四年的台湾政局及两岸关系仍然会呈现出稳定中渐变的特征，岛内改革与反改革力量、反“台独”与“台独”力量的拔河仍会继续。

① 林冈：《台湾政党体系发展趋势探析》，《江苏行政学院学报》，2011 年 5 期。

未来四年台湾政治发展与两岸关系

中国社会科学院美国研究所　仇朝兵

2012年1月14日，台湾地区领导人选举落下帷幕，马英九以6%的优势领先民进党候选人蔡英文，赢得连任。在“立法委员”选举部分：国民党拿下64席（其中区域“立委”部分48席，不分区“立委”部分16席），实现“立法机构”过半（总席位113席）；民进党拿下40席，其中分区“立委”27席，不分区“立委”13席，席次较2008之前大幅提升。台湾地区的选举牵动着岛内政局和两岸关系的未来发展，引起国际社会的密切关注。本文拟作以下分析：第一、以此次选举为基准，综合历次选举的情况，评价台湾政治制度当前的基本状态；第二、台湾蓝绿阵营主要政治人物的人格特质对2012年选举结果的影响；第三、此次选举对台湾政治发展可能产生的影响；第四、以上述分析为基础，探讨两岸关系的前景。

一、台湾政治的基本状态

思考未来四年或更长时期里台湾的政治发展与两岸关系的前景，需要首先从总体上把握台湾政治的基本状态。民主，既是一种制度架构、游戏规则和政府及领导人的遴选程序和机制，也是一种政治思维方式、行为习惯和精神气质。作为一种程序和游戏规则，民主要求进行定期的选举和政权的和平转移；作为一种制度架构，民主要求权力的分立和司法独立；作为一种政治思维方式和精神气质，民主需要包容和对少数的尊重，也需要被信仰、被信任。

从1996年台湾首次实现“总统”直选以来，历经5次“大选”，两次政党轮替，基本形成了相对成熟的民主制度。从形式上看，台湾行政首脑及“立法委员”的选举已经定期化、制度化，实现了政权的和平转移；并建立了相对独立的司法体系。

但是台湾民主的品质，还有很大的进步空间。比较严重的是选举中的暴力悬疑事件，如2004年选举最后一天的“3·19”枪击案，和2011年五市选举时枪击连胜文案，这些案件至今未有明确的交代，对岛内民主建设造成严重的伤口，同样为世人所诟病的是蓝绿两阵营间的恶意攻击、刻意抹黑。例如，2000年选举中的宋楚瑜“兴票案”、2004年选举中的“非常光碟”、2008年选举中马英九“特别费”和“绿卡”事件。在本次选举中，虽无具有类似影响力的负面事件，但竞选团队之间的恶言相加也司空见惯。地方选举的情况与此类似，如高雄市长选举，1998年针对吴敦义的“绯闻录音带”事件、2006年针对黄俊英的“走路工事件”等等。这些竞选中不断呈现的负面事件说明，岛内各政治阵营还欠缺对民主精神的把握，对政治对手的尊重和宽容还不足够。这不仅对选战后双方和解造成困难，更会严重损害整个社会的民主氛围和民主气质的养成。

作为劣质选战的后果，岛内立法机构存在严重的政党恶斗。司法独立也未得到社会的充分尊重和信任。经常有蓝绿两大阵营的政治人物借批评司法不公或批评执政党干预司法相互攻击。政治立场左右司法行动和司法判决的事件时有出现，“乌龙”法官事件充分说明了这一问题。

总体而言，尽管台湾岛内的政治格局还存在着政党恶斗致使社会分裂等问题，台湾的民主制度已相对成熟。台湾的选举制度，政府机构以及党团组织等在多轮选举中正不断取得进步。这些基本状态是我们观察台湾政治发展走向的基础。

二、候选人人格特质与2012年选举

选举是一面镜子，照出了蓝绿两个阵营主要政治人物的人格特质。他们的人格特质，既反映在各自政见的论述中，也反映在选战操作上。他们人格特质，经受了选举过程的洗礼和考验，成为影响选举结果的重要因素。需要指出的是，本文之所以强调政治人物的人格特质对选举结果的影响，并不是忽视或否定其他因素对于选举结果的影响（比如，执政成绩、人心思定、八方奥援、周美青旋风等等），而是因为在影响选举结果的众多因素中，人格特质可能是其中最为突出的一个。

以民主形式展开的政治竞争，把台湾两大阵营政治人物的人格特质给充分暴露出来了。一个人具备什么样的人格特质和什么样的修养，会在很大程度上决定他在特定情况下的行为选择，也就因此决定了其成败得失。就本性

而言，在遇到事情时，人们首先想到的自身利益、自我保护等等，在此基础上，是如何兼顾他人之利益。人们经常出于自私的目的，从事一个损人利己，甚或损人不利己的事情。当然，人的价值观不一样，追求不一样，对自身利益的判断不一样。但对于一个社会而言，生活于其中的人们总体上是期望它是一个美好社会；人们对一个社会或国家的领导者，就会在道德操守、清廉、诚信等方面有较高的要求和期待。

（一）蔡英文的人格特质

蔡英文自从参选民进党主席起，就赢得了所谓“清新”的形象，似乎完全不同于民进党传统的政治人物。但从蔡英文担任民进党主席以来，特别是在参加民进党党内初选及台湾地区领导人选举的过程中，其清新面孔掩饰下的投机、奸巧、善变、缺乏诚信、闪避质疑、回避检验等特质也被充分暴露出来。

在从政之路上，蔡英文似乎不是那种有长期规划之人。其成为民进党主席及参加“总统”选举，纯属时势造就的偶然。其投机性表现为：在国民党气势跌入谷底的时刻，投入民进党之怀抱，并在绿营任高官；在民进党跌入谷底的时候，以自己的“清新”形象当选民进党主席。在党内初选过程中，以低劣的操作手法对付党内前辈苏贞昌。对攸关台湾社会政治和经济发展的很多重大议题，态度不一致，比如：对核四与核能政策，既前后不一，又缺少现实可操作性；对 ECFA 的态度，先是批为“糖衣炮弹”、“木马屠城”、“洪水猛兽”，后又表示“概括承受”；一边领着“十八趴”“退休公务人员公保后养老给付优惠利率存款”制度带来的利益，一方面又骂“十八趴”制度。不分区“立委”提名名单，向派系势力妥协，被台湾社会诟病后依然硬拗。在“宇昌案”问题上，具有明显的图利家族企业的意图，却不敢勇于担当，回避质疑。2012 选战中的操作手法，也充分反映出她缺乏领导人所应该具备的最基本的品质。比如，“水果月历”文宣引起的“二元甜柿”风波，损人不利己；对待陈水扁的贪腐，始终不愿明确表达立场。再比如，就在选举临近投票时，台湾一些颇具影响的企业家，如：鸿海集团董事长郭台铭，长荣集团总裁张荣发，民进党内新生代政治明星林佳龙之岳父、奇美实业董事长廖锦祥，国产实业集团总裁林孝信，“全国商业总会”理事长张平沼，晶华国际酒店集团董事长潘思亮，国际物流快递业大公司 DHL 亚太区执行长许克威，远东集团董事长徐旭东，国光汽车客运副董事长王应杰等纷纷表态支持“九二共识”。蔡英文作为民进党“总统”候选人表示：国民党“总统”候选人马英九一直说有“九二共识”，是拿“九二共识”当选举工具，是跟财团和中国一起压迫台湾人民接受“九二共识”，是威权。

从蔡英文的种种表现，可以看出她是一个缺乏良好政治道德的、彻头彻尾的政治投机主义者，但从其核心政治意识形态来看，她从政以来从未动摇过的就是对“台独”的追求和对“九二共识”的否定。反观苏贞昌，在台北市长选举和民进党党内初选过程中，他已试图改变民进党传统的对抗、撕裂和抹黑的选战路线，力图打高格调的选战。

（二）马英九的人格特质

马英九给人们留下的印象是正派、正直、清廉、有诚信、值得信赖；善于守拙、有长远规划；“一路走来，始终如一”。其父马鹤凌把曾国藩的话送给他作为座右铭：“惟天下之至诚能胜天下之至伪，惟天下至拙能胜天下之至巧。”从马英九从政以来的经历来看，他确实是一个善于守拙的人。他始终恪守清廉，远离贪腐，长期以来在台湾社会塑造出了政坛“不粘锅”的形象。马英九信守法律，尊重制度。在权力运用方面的节制，包括不干预司法个案等等，虽一度被批驳为无能，但这对于台湾民主之发展，无疑是正面的。另外，马英九还敢于承认并改正错误，面对质疑从不闪避。

此前，有学者在谈到蔡英文时，经常提及蔡与马英九的同质性，比如：海外留学背景，学者型政治人物，形象清新等等。但实际上，在这些表象之下，是两个人完全不同的政治人格。对照蔡英文和马英九的人格特质，高下立判。这也是决定选举胜败的最重要的因素。台湾学者盛治仁也有类似评论，“蔡英文因为温和的人格特质而受到台湾温和社会的正面评价而崛起。选战后期，受到严格检验的蔡英文在柿子广告、陈盈助案、宇昌案、富邦案、否认‘九二共识’存在、到提出大联合政府等一连串议题的回应态度，都呈现出摇摆的人格特质而使其声望下坠，终究无法让过半选民放心支持。而马英九虽然在执政期间的表现在选战初期令许多上次的支持者失望，使得其选情从一开始就无法呈现出稳定领先的执政者优势。但到了决战时刻，多数选民终究还是选择一个人格特质已知且较为稳定的现任者。”①

---

① 盛治仁：《人格特质和两岸政策决定胜败》，见：http：//mag. udn. com/mag/vote2012/storypage. jsp？f _ MAIN _ ID =456&f _ SUB _ ID =5139&f _ ART _ ID =366574 ［2012/1/15］

在任何民主社会里，政治人物的人格特质在选举竞争过程中都会为选民所关注，并在很大程度上影响选民的投票意向。马英九从政及参与历次选举的经历，已经为台湾选举政治之发展在人格特质方面树立了一个典范。这可能会在一定程度上影响台湾的政治文化之发展。

三、从2012年选举结果看台湾政治的未来发展

2012年1月14日的选举，为我们分析未来台湾政治发展提供了一个新起点。

（一）2012年选举基本情况分析

本次选举结果及2008年选举情况的比较，如下列图表（统计数据、图表取自台湾联合新闻网）所示：

1. 2012“总统大选”三组人选得票率（2012/01/14）

姓名	得票数	得票率	政党	当选
1. 蔡英文/苏嘉全	6093578	45.6301%	民进党	
2. 马英九/吴敦义	6891139	51.6024%	国民党	◎
3. 宋楚瑜/林瑞雄	369588	2.7676%	亲民党	

2. 两届“总统大选”各县市国、民两党得票率（2012/01/14）

/县	国民党			民进党		
	2008 马萧	2012 马吴	增减	2008 谢苏	2012 蔡苏	增减
合计	58.45%	51.60%	-6.85%	41.55%	45.63%	4.08%
台北市	63.03%	57.87%	-5.16%	36.97%	39.54%	2.57%
新北市	61.06%	53.73%	-7.33%	38.94%	43.46%	4.52
台中市	60.0%	52.16%	-7.87%	39.97%	44.68%	4.71%
台南市	66.6%	39.80%	-6.86%	53.34%	57.72%	4.38%
高雄市	50.25%	44.19%	-6.06%	49.75%	53.42%	3.67%
基隆市	67.73%	59.29%	-8.44%	32.27%	36.77%	4.50%
宜兰县	51.42%	44.89%	-6.53%	48.58%	52.53%	3.95%
桃园县	64.64%	57.20%	7.44%	35.3%	39.85%	4.49%
新竹县	74.02%	65.76%	-8.26%	5.98%	30.93%	4.95%

续表

/县	国民党			民进党		
	2008 马萧	2012 马吴	增减	2008 谢苏	2012 蔡苏	增减
新竹市	64.70%	57.43%	-7.27%	35.30%	39.49%	4.19%
苗栗县	70.99%	63.85%	-7.14%	29.01%	33.18%	4.17%
彰化县	57.59%	50.58%	-7.01%	42.41%	46.49%	4.08%
南投县	62.03%	54.63%	-7.40%	37.97%	42.37%	4.40%
云林县	48.47%	41.67%	-6.80%	51.53%	55.81%	4.28
嘉义县	45.56%	39.04%	-6.52%	54.44%	58.56%	4.12%
嘉义市	52.39%	49.27%	-6.12%	47.61%	51.04%	3.43%
屏东县	49.75%	42.93%	-6.82%	50.25%	55.13%	4.88%
澎湖县	57.93%	49.76%	-8.17%	42.07%	45.65%	3.58%
花莲县	77.4%	70.30%	-7.18%	22.52%	25.94%	3.42%
台东县	73.32%	66.4%	-6.85%	26.68%	30.50%	3.82%
金门县	95.13%	89.24%	-5.90%	4.87%	8.22%	3.35%
连江县	95.16%	86.60%	-8.56%	4.84%	8.03%	3.19%

注：得票率小数点第二位以下四舍五入。

3. 三次“总统大选”得票率比较（2012/01/14）

三次“总统大选”得票率比较

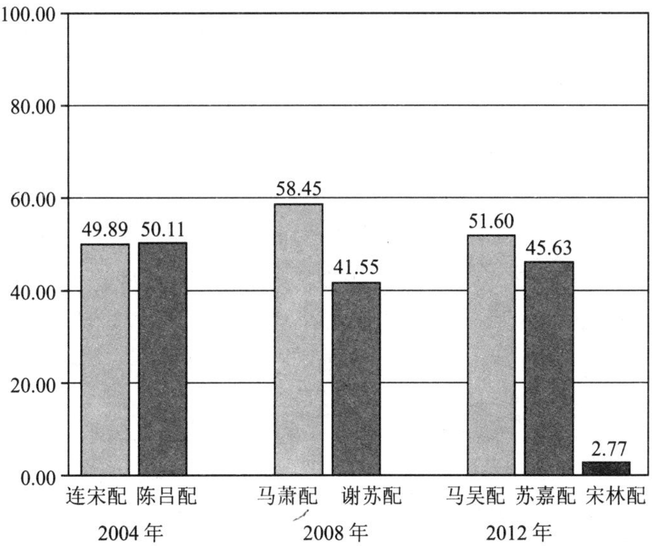

注：得票率小数点第二位以下四舍五入。

4. 第八届“立委”选举各政党席次及得票率（2012/01/14）

	总席次	区域	政党（不分区）	
		席次	得票率	席次
国民党	64	48	44.55%	16
民进党	40	27	34.62%	13
亲民党	3	1	5.49%	2
“台联党”	3	0	8.96%	3
其他	3	3		

注：1. 得票率小数点第二位以下四舍五入。2. “其他”为表列四党及无党籍联盟以外政党，政党及无党籍人士。

5. 第七、八届“立委”选举政党版图变化（2012/01/14）

“立法院”政党版图变化						
政党	总席次率%			政党得票率%		
	七届	八届	增减	七届	八届	增减
国民党	71.68%	56.64%	-15.04%	51.23%	44.55%	-6.68%
民进党	23.89%	35.40%	+11.51%	36.91%	34.62%	-2.29%
亲民党	0.88%	2.65%	+1.77%	—	5.49%	—
新党	—	—	—	3.95%	—	—
“台联党”	—	2.65%	—	3.53%	8.96%	+5.43%
无盟	2.65%	1.77%	-0.88%	0.7%	—	—
其他	0.88%	0.88%	0	—	—	—

注：1. 得票率小数点第二位以下四舍五入。

2. “其他”为表列政党以外政党、政团与无党籍人士。

综合图表1—5，我们可以读出当前台湾政局的重要变化，也可由此判断这些变化对岛内未来四年内政治发展可能产生的影响。

第一，相比2008年选举，此次选举中，以马为代表的执政党丢失了大量票数。2012年“总统”选举有效票总数：13354305（马吴、蔡苏和宋林分别得票：6891139票，6093578票和369588票），2008年“总统”选举有效票总数：13103963（马萧和谢苏分别得7658724票和5445239票）。2012年和2008年选举开出的有效票总数相当，2012年选举比2008年选举开出的有效票仅多出25.1万多张。而马吴配的得票总数，比上次马萧配的765.8万多票大幅缩减为689.1万票，流失76.7万余票。尤其值得关注的是，马吴配在“所有”县市得票率都有下降。这反映出，马英九第一任期执政成绩及表现，确实有让不少民众不满，“海峡两岸经济合作框架协议”（ECFA）的效益和潜能还未得到充分发挥。这既与其执政疏失有关，也与民众期待过高有关。

第二，对比两次“大选”及2004年的选举，蓝绿基本盘比较稳固，中间选民所占空间比较小，中间选民变化相对比较大，但就反映在选举上的数字来看，中间选民的这种变化还是相对比较小的（当然这个问题尚需进一步深入研究）。这也显示，统“独”议题，还将是影响未来台湾政治和社会生活中的一个极其重要问题。

第三，从“立法”机构的政党生态来看，国民党虽然保持了过半席次，但已被大大压缩，民进党上升幅度比较大。这对于未来“立法院”运作及府院关系将会产生比较重大的影响。执政党将会面临更强有力的制衡。

（二）台湾政治的未来发展

从政党政治层面看，马英九虽然连任成功，且国民党在“立法院”保持了席次过半，但“立法院”中民进党席位的大幅增长，将使在第七届“立法院”中本已步履维艰的国民党受到更大窒碍。在第七届“立委”中，以马为首的执政党虽然掌握了几乎3/4的席次，也通过了诸如《法官法》等一些重要法案，但因为民进党的极力阻挠，其表现离社会大众的期待还有很大距离。可以想见，在民进党席次大幅增加的情况下，国民党的立法企图可能面临更多的挑战。另外，从两个阵营提出的不分区“立委”名单和当选的区域“立委”名单来看，国民党提出的人选虽然非常亮眼，也更符合社会大众之期待，但民进党的不分区“立委”和当选区域“立委”的“战斗性”可能更强，且很有可能会延续之前部分民进党“立法委员”劣质的问政作风，比如，霸占主席台，为反对而反对等等，从而阻碍“立法”机构议事正常进行。

这次选举也反映出，台湾社会的撕裂状态仍然比较严重，并且可能长期存在，这对政治议程的设置产生深远的影响。最主要的影响是，统“独”问题将作为政治各派别的主要议题不断被提出，并在某些情况下激化派别之间的矛盾。谈及岛内的社会撕裂，其根本原因在于台湾人精神层面的国家和民族的认同问题，追根溯源，这里必须提及日本在台湾50余年的殖民统治。日本的殖民统治大大改变了台湾社会原有的权力和利益结构，培养了一大批内心深处忠于日本、认同日本的社会精英，也对台湾民众的文化认同和民族的认同产生了深远影响。这种深远影响正是造成“台独”势力成长、民进党在政治上崛起、台湾社会分裂的最重要的历史根源。一个简要的历史回顾可以对此做出说明。

1945年抗日战争胜利后，台湾重新回到祖国怀抱，国民政府接收台湾时措施失当，酿成台湾人民的“二·二八”起义，台湾民众受到伤害。1949年，国民党溃逃台湾，大批精英也来到台湾。1949年5月，国民党政权颁布戒严令，宣布台湾地区处于“战时动员状态”。随后，又颁布了“动员戡乱时期临时条款”、“国家总动员法”等涉及党禁、报禁等的一系列法规、条令。戒严期间禁止非法集会、结社、游行、请愿、罢课、罢工、罢市、罢业等有组织的活动，并对广播、新闻、出版等实行严格的管制和检查制度。从台湾“光复”到国民党败逃台湾，再次大大改变了日本殖民统治时期形成的社会权力和利益结构。因此，国民党威权统治下台湾社会中存在的矛盾，不仅仅是统治阶级和被统治阶级之间的矛盾，更深刻的可能就是权力和利益结构被改变后形成的矛盾。这种矛盾在国民党威权统治下受到压抑，但这种矛盾的种子一直存在着。这些是潜移默化的，也是深刻的，而且还在台湾不断地以各种方式传承着。李登辉就是深受日本殖民统治和教育影响的台湾精英。蔡英文的父亲也是日本教育培养出来的。国民党统治时期的“党外运动”逐步发展为“台独”运动，实际上就是这种矛盾显现的过程。由对日本和日本文化和日本价值的认同，蜕变为对“台独”的追求。由于“台独”运动带有了争取“民主”、反对专制的诉求，它在台湾社会中就更具吸引力，也更加有力量。1987年7月，国民党政府开放党禁、报禁和言论自由，“台独”势力高举“民主”大旗取得了很大发展。实际上，“台独”不等于“民主”，“民主”也决不意味着“台独”，但民主化确实为“台独”势力的发展释放了空间。

2011年，“台独”大佬辜宽敏之妻王美琇发表了一本新书《内在革命》，为实现建立一个名叫“台湾”的国家这一“伟大梦想”提出了药方：“我们需要一场真正的革命，一场有关尊严、自信、正义、勇气和追求真实的内在革命”。所谓“内在革命”，指的是思维的改变。在被专制意识形态洗脑了半个多世纪的今天，台湾人最需要的是‘大脑更新’。作者在书中大力倡导“人民自由选择的权利”。王美琇所倡导的“人民的自由选择的权利”不过是对“台独”的选择。她试图做的事情，不过是用自己的或者自己所代表的集团的理想，去改变或影响其他人的思想和选择，本质上也是非自由的。这种声音，无论是大张旗鼓的宣扬，还是潜滋暗长的发展，实际上都会伤害台湾社会的和谐。从选举后台湾政治的现实来看，民进党依然很难理性现实地看待两岸关系，逐步走向解释“九二共识”。

只要台湾在“文化认同”和“民族认同”方面存在着严重两极化的状态，统“独”议题在台湾选举和政党政治中就会不断被提出来，台湾未来的政治对立和族群撕裂的现象可能就长期存在，民主的品质也会受到影响。

未来四年台湾的政治发展，将取决于：第一，马英九第二任期的执政魄力。他的执政团队能否真正进行他所谓的脱胎换骨的改革。新的行政团队的调整与构成，已展示出新气象，但其实效尚需等待观察未来他们在处理具体问题上的表现。第二，国民党在“立法”机构席次大幅缩减的情况下，朝野能否在一些重要的经济、民生及两岸议题上达致相当程度的共识，推动相关法案的通过和政府政策的平顺推行。第三，民进党经过两次败选之后，能否进行彻底的改革，做一个真正负责任的反对党。惟有在这些方面取得积极进展，从而形成良好的政治文化和积极的民意和民气基础，台湾未来四年或更长时期里才能走向积极的发展道路。

四、大选后台湾政局对两岸关系的影响

在未来4—10年的时间内，两岸关系需面对主要议题有：进一步深化两岸经贸关系和经贸领域全方位的合作，探讨建立两岸军事互信机制和签署两岸和平协议的可能性以及台湾扩大所谓“国际空间问题”。两岸关系的未来发展，受制于这样几个因素：第一，两岸的基本结构；第二，台湾的政治现实及两岸政策；第三，大陆对台政策的灵活性及其限度。

（一）两岸关系的基本结构

两岸之间存在着割不断的历史和文化联系。这不是某一个政党或一种政治势力能够片面割断的东西。由于特殊的历史经历，台湾内部既存在一种诉求“分裂”和“独立”的力量，同时也存在一种认同中华民族和中华文化、追求统一和维持现状的力量。

从大陆一方看，追求国家完全统一，是全体人民的神圣使命，攸关国家尊严和国家安全。大陆对台基本政策是：现阶段致力于维持现状，发展和

平、稳定与繁荣的两岸关系，造福两岸同胞；长期目标是国家的最终统一。这是两岸关系的基本结构，两岸关系的未来，只有一个结果，那就是国家的终极统一。这不会受到“台独”势力的干扰，“台独”势力将会继续面临着大陆的巨大压力。这也就限定了两岸关系未来四年的发展。

（二）马英九第二任期面临的制约

在2008年的选举中，马英九的两岸问题上的政策是“不统、不独、不武”。在此次选战过程中，马英九也多次宣示将继续坚持“不统、不独、不武”的两岸政策，第二任期不会与大陆展开政治谈判，选举期间抛出的“两岸和平架构”在遭受批评之后也变相收回了。在胜选后召开的国际记者会上，马英九阐述了他未来的两岸政策与立场，表示“将坚持先经济后政治、迫切的优先、容易的优先三项原则，继续深化两岸的合作与互信，减少双方发生冲突的机会，维持两岸和平，因此政策上将循序渐进，不冒进，在确保台湾安全繁荣的同时，也维护台湾的尊严”。对于两岸和平架构问题，马英九也曾表示会在满足3个前提条件的情况下审慎考虑在未来10年内与大陆签署两岸和平协议：岛内需要、民意支持、“国会”监督。在2012年2月8日国民党中常会上，马英九又提出“广义和平协议”的概念，认为两岸即使没有签署和平协议，还是可以通过别的途径将两岸和平发展现状制度化，并指出业已签署的16个协议，每一个协议都是广义的和平协议。这一说法似乎是从既有立场的后退。总的来说，马英九成功连任，有助于两岸关系的稳定，有助于两岸政治互信的培育，为两岸关系进一步发展创造了良好条件；两岸在“海峡两岸经济合作框架协议”的框架下已签署了16项协议，这为进一步推进两岸关系奠定了基础。能否实现两岸关系的进一步突破，将取决于马英九执政团队能否展现出魄力，民进党在统“独”议题上能否变得更加现实和温和。这些都将会影响未来四年的两岸关系。2012年选举结果表明，民进党在“立法”机构的力量较之前有了大幅度提升。这将对马英九的两岸政策构成一定制约。

从长期来看，影响两岸关系的最大因素是台湾内部在统“独”议题上的争论及其走势。蔡英文在承认败选的记者会上说：“如果没有‘台湾共识’，两岸问题以后仍将会造成台湾社会的对立和撕裂。”从这个意义上，台湾在推进与大陆的关系时，确实需要一个共识。但这个共识，对于大陆来说，决不能是“台独”共识，只能是一个迈向某种形式的统一的共识，至少是维持现状的共识。如果台湾透过蔡英文所说的“民主”过程，形成的是一个追求“台独”，或者说分裂国家的共识，这既不会有助于改善两岸关系，也将会挑战大陆的政策底线，必将会危及台海和地区和平、发展与稳定。从民进党败选检讨的声音中可以看出，民进党对两岸问题的论述受制于“台湾问题决议文”和“台独”诉求，担心基本盘的崩盘，因而很难在这一关键问题上实现突破。因此，从较长时段看，如果民进党继续坚持这一路线，持续在台湾社会中宣扬“台独”意识，激化统“独”问题，开展诸如王美琇所宣扬的“内在革命”等等，台湾的民意和民气也很可能会在一定程度上被改变，对两岸关系的长远未来造成极其恶劣的影响。

当然，民进党的检讨结果还不明确，有说法认为败选原因很多，但无关“九二共识”，也有青壮派人士主张改善与大陆的关系，等等。民进党能否以及在多大程度上改变其大陆政策并在“九二共识”问题上做出积极的调整，现在来看，态势并不明朗。只有通过民进党与大陆的互动中才能看出端倪，这需要时间。

民主制度既给“台独”势力的发展提供了广阔的空间，也给“维持现状派”及“统派”的活动提供了舞台。这些社会政治势力的发展及力量对比之消长变化，将会大大影响未来长期的两岸关系。两岸日渐密切的经济与文化交流，必将会对两岸关系产生积极影响。

（三）大陆政策的灵活性

过去数年，大陆对台政策已展现出很大的灵活性。在“九二共识”的基础上，在前期互信不断累积的情况下，本着造福两岸人民的目标，大陆对台政策应该能够展现出更大的灵活性。特别是，大陆也坚持“先经后政，先易后难”的思路，与台湾当局的思路是基本一致的。从经济层面看，两岸之间还有巨大的合作空间。大陆是一个广阔的市场，有着巨大的市场潜力。台湾人民以恰当的方式参与到大陆的经济社会发展进程，是对双方都有利的事情，特别是台湾经济也应该会获得进一步提升。合作的前景无比广阔。随着大陆不断发展并走向更加开放，随着两岸合作的红利日益显现，在维护两岸和平发展、共同繁荣的总体格局下，在经贸合作、文化与人才交流等问题上，大陆对台政策将会更加灵活。最近大陆公布的《平潭综合实验区总体发展规划》就是一个比较有说服力的例子。《规划》同意平潭实施全岛放开，在通关模式、财税支持、投资准入、金融保险、对台合作、土地配套等方面赋予平潭综合实验区比经济特区更加特殊、更加优惠的政策。平潭综合实验区的建立和发展，将会成为两岸多层次、多领域的交流与合作的又一典范。

两岸合作的良性互动，更能推动两岸双方当局的灵活性。但是，大陆灵活性是以目前对台政策的底线，即“一个中国”原则、“反对台独”和“九二共识”为基础的。而这种灵活性的限度，又在很大程度上取决于台湾内部的政治发展及其争取所谓“国际空间”的活动是否会碰触“一个中国”的原则。

总之，维护两岸关系的基本现状，是比较容易达致的目标。2012 年 1 月 14 日台湾地区领导人及“立法”机构的选举结果，使得“九二共识”这一两岸交流的政治基础得以维护，在可以预见的未来，两岸关系的和平稳定可以得到维持。作为在台湾问题上具有相当影响的外部因素，美国也希望在台湾海峡保持稳定。美国在台湾问题上的主要利益是：台湾民主的繁荣发展及开展自由、公正和公开的选举；同时维持台湾海峡的和平与稳定。两岸间的冲突不符合美国的利益。[①] 美国现实政策对于维持台海现状表面上是有帮助的。但从根本上讲，它在台湾问题上的政策和意图方面的矛盾性一直是阻碍两岸关系积极发展的重要障碍，因为维持现状不可能是两岸关系的终极状态，两岸关系的前途在国家的真正统一。随着两岸间逐步累积互信，经贸关系和教育文化交流等领域应该可以实现更大突破。两岸关系能否取得更大突破，比如两岸军事互信机制能否建立起来，两岸“和平协议”能否得以探讨甚或签署等等敏感议题，这对观察未来两岸关系具有指标意义。当然，这都取决于两岸在政治领域能否建立起足够的互信和共识。囿于台湾内部政治现实，基于“一个中国”原则的政治互信可能经常会受到来自台湾内部的挑战，这也是对大陆对台政策的一个重大考验。

① Bonnie Glaser & Brittany Billingsley, Taiwan's 2012 Presidential Election and Cross - Strait Relations: Implications for the United States, A Report of the CSIS Freeman Chair in China Studies, November 2011, pp. 13—14.

从理解到化解：两岸关系和平发展时期争取台湾民心工作探析

全国台湾研究会　严　峻

“求和平，求安定，求发展”是今天台湾的主流民意，这点毋庸置疑。但也有学者指出，以上“三求”是“放之四海皆准”的说法，“没有说出台湾的‘个性’”。[①] 按台湾方面自己的说法，台湾的需求主要是“要安全、要繁荣、要尊严”。[②] 事实上，就字面意义而言，“三要”也是“共性”多于“个性”，但由于其所处的特殊语境，背后折射出来的台湾民意值得大陆方面重视。因为对大陆方面而言，既要继续激发台湾民意中支持两岸关系和平发展的因素，也要理解和化解岛内民众对大陆的一些对抗性思维，这样才能真正争取台湾民心，这也是稳步推进两岸关系和平发展的基础性工程。2012年对台工作会议确定今后对台工作的主题是持续推进两岸关系和平发展，主线是深入贯彻寄希望于台湾人民的方针，再次证明大陆方面对这两者密切关系的深刻认识。

一

对多数台湾民众来说，确保台海和平是他们对发展两岸关系最重要的企盼及最基本的要求。可以说，绝大多数台湾人都是两岸关系和平发展坚定的支持者和拥护者。在这样的民意基础上，台湾不论哪个政党执政，都曾宣称要“结束两岸敌对状态”，把创造两岸“和平机制”作为制定两岸关系政策的重要内容。台湾当局在李登辉执政时期就提出要促进与大陆签署“和平

① 陈孔立：《台湾民意的三个层次》，载于《台湾研究集刊》2012年第1期。

② 马英九在2008年就职演说中正式提出台湾的需求为“要安全，要繁荣，更要尊严”，此后又在各种场合多次提及“三要”。民进党等岛内反对势力对此不持异议，且做出类似表述。因此，“三要”大体可以看作台湾民意的一种反映。

协议”，在陈水扁执政时期提出希望建立“两岸和平稳定的互动架构”，现在马英九当局也表态希望两岸关系能够“不武制度化”。

事实上，大陆方面多年来也一直呼吁两岸和平制度化。1997 年 10 月，中共十五大报告指出，“双方可先就在一个中国原则下，正式结束两岸敌对状态进行谈判，并达成协议”。2002 年 11 月，中共十六大报告呼吁两岸“在一个中国的前提下，正式谈判结束两岸敌对状态”。到了 2007 年 10 月，中共十七大报告正式提出“和平协议”一词，希望“在一个中国原则的基础上，协商正式结束两岸敌对状态，达成和平协议，构建两岸关系和平框架，开创两岸关系和平发展新局面”。作为当前指导大陆对台工作的纲领性文件，胡锦涛总书记2008 年的“12・31 讲话”再次重申希望两岸“结束敌对状态，达成和平协议”。应该说，大陆方面是真心实意希望两岸和平能够制度化、永久化，这一方面是为了顺应台湾民意、争取台湾民心，另一方面也是大陆发展对一个和平稳定外部环境的需要。

可以说，两岸都表态要和平发展两岸关系，但在岛内特定的政治氛围及有关政治势力的炒作渲染下，台湾民众并不认为其安全无虞，甚至将“台湾不安全”的责任主要归咎于大陆方面，其直观简单的理由就是：大陆方面一直不愿宣布放弃武力解决台海问题，因此台湾一直处于战争的威胁下。依据普遍被接受的“马斯洛人类需要层次论”，“安全需要”是人性的基本需要，台湾民众这种“不安全”心理情绪若不能得到较好的纾解，大陆方面要真正争取到台湾民心是困难的。在一项有关“台湾人反感大陆的主要原因”的民意调查中，有 67.6% 受访者认为该主要原因是“大陆将飞弹瞄准台湾”，53.7% 受访者认为是“大陆方面制定并通过了《反分裂国家法》”。[①]

然而，要求现阶段大陆方面宣布放弃对台用武是不可能的。根据 2005 年 3 月 14 日全国人大通过的《反分裂国家法》，大陆方面“采取非和平方式及其他必要措施，捍卫国家主权和领土完整”的启动条件有三项：一是“台独”分裂势力以任何名义、任何方式造成台湾从中国分割出去的事实；二是发生将会导致台湾从中国分裂出去的重大事变；三是和平统一的可能性完全丧失。在今后争取台湾民心的工作中，大陆方面须下更大气力，向台湾民众论述“不武”的“条件性”，即条件不存在，则用武不发生。但现在这

① 该民调数据引自陈孔立：《台湾民意的三个层次》，载于《台湾研究集刊》2012 年第 1 期。

方面争取台湾民心工作最大的难点在于，岛内多数民意认为“不武”不应设置条件，也就是说，他们追求的是“无条件”的和平。这种诉求不仅见诸民进党及绿营支持群众，也见诸蓝营支持群众及国民党当局。台“陆委会”公开表示“撤飞弹不应有政治前提条件”，“大陆《反分裂国家法》绝对不需要，而且影响两岸关系进一步发展”。[①] 此外，作为台湾最主要的“安全靠山”美国，其历任当局对台海和平的基本立场也秉持“无条件说”，即“台海问题无论最终如何解决，都必须通过和平方式”。

在这种内外氛围下形成的“不武无条件”的岛内民意，对大陆方面既要坚持不放弃对台用武的政策又要争取台湾民心产生了极大的挑战。事实上，大陆方面近年来在论述用武的条件时，主要在论述“武”与“独”的关系，而对何谓“和平统一的可能性完全丧失”则着墨较少，表现出对统一的最终实现抱有极大的耐心。例如2005年9月，胡锦涛主席赴美参加联合国成立60周年活动，在西雅图对当地侨社说“统一时间会走得很长”。[②] 大陆方面强调“不放弃武力主要是针对台独行径”，而且几乎将对台用武的触发因素仅限于“法理台独”。然而，这一在大陆方面看来退无可退的政策，似乎并未得到台湾民众的正面回应，甚至连反对“台独”的蓝营也未予以支持（例如国民党的态度就是“不赞同‘台独’，但尊重台湾民众的‘台独’选项”）。个中原因，主要是“台湾主体意识”已经成为岛内主流意识，“台湾人有权决定台湾未来”已经成为岛内难以撼动的“政治正确”——这是多年来“本土化思潮”在岛内发酵，以及“主权在民”之西方政治理念已经深入台湾社会这二者相结合的产物。

在这种情境下，大陆要一方面继续以国家、民族大义进行感召，另一方面又不能单纯依靠此法。有学者观察到，“在一个主权纷争的场景下，在一个社会群体间的排斥中，也许行为可以判断高下，但对于立场的坚持很难在理论上、道义上加以驳倒”。[③] 笔者认为，也许“利害关系说”更能从大实话的角度从心底里打动台湾民众。所谓“利害关系说”即，由于两岸间历

---

① 李春明、周伟：《台首次呼吁大陆废除对台动武法律》，《环球时报》2010年8月6日，第10版。

② 新华网报道，http：//www. xinhua. com. xw/dl/2005/0005/00364460. html。转引自邵宗海：《新形势下的两岸政治关系》，台湾五南图书，2012年版，第81页。

③ 杨剑：《和平发展形势下民进党“务实台独派”的生存困境》，载于周志怀主编《两岸关系：共同利益与和谐发展》，九州出版社，2011年版，第177页。

史问题的延续及现实的联系，大陆与台湾无论哪一方发生涉及主权、领土变更的事故，另一方都不可能不受影响，台湾“独立”势必损害包括大陆在内的全中国的利益，基于此，台湾“独不独立”就不仅仅是台湾人的事情，同时也是全体中国人的事情，这是一种客观形势，不以某个政治人物或政治集团的意志为转移。所以，台湾一旦选择了“独立”，大陆方面只能被迫用武力来制止这种伤害行为。这种解释对台湾民众来说可能比较刺耳，但较易理解。这种“你独立不仅仅是你自不自由的问题，也必然伤害到我”的逻辑，在“自由是一个人可以随意挥拳头，以不碰到别人的鼻尖为限”等西方“自由”观念已为岛内民众接受的台湾社会，具有特殊的说服力。

总之，大陆方面在论述“不武”与“不独”的逻辑关系上，要努力让台湾民众相信：从意愿上，大陆方面不愿意用武；从情势上，大陆方面可能不得不用武。同时要使台湾民众感受到，《反分裂国家法》好比一块刹车皮，有了它，两岸发生战争的可能性更低，两岸关系和平发展能走得更快更稳。至于在台湾民众中“反感度”比《反分裂国家法》高出许多的大陆不撤除其在东南沿海部署“威胁台湾安全”的导弹问题，尽管两岸众多军事专家已经指出，这从军事专业角度看这只是一个“假议题”，但三人成虎，为去除岛内的负面民意，相信在未来两岸就军事安全互信机制建设取得进一步共识后，大陆方面在兼顾好其他地区安全问题的情况下，在这个问题上能够展现更大的灵活性。

二

台湾民众支持两岸关系和平发展，最现实的考虑是台湾能从两岸经济合作与交流中获得收益。对大陆方面来说，两岸经济合作不仅解决了自身一定的投资、产业调整等问题，更重要的是希望借两岸经济交流与合作，以共同的经济利益培植两岸共同体的意识，以进一步推进两岸关系和平发展。大陆经济学者认为“共同的经济利益是共同体赖以立足的前提。将不同的区域利益纳入国族经济的主导框架，正是孕育人们共同体意识的关键所在”。[①] 为此，大陆方面出台了一系列“惠台”措施，甚至提出了“让利说”、“牺牲说”，如温家宝总理曾在记者招待会上表示，“为了台湾同胞的利益，我

① 任军锋：《地域本位与国族认同》，天津人民出版社，2004年1月版，第91页。

们愿意做出必要的牺牲，比如说大陆与台湾的贸易，台湾保持多年的巨额顺差，即使这样，我们对台湾还是放开市场。”① 这些工作也的确收到效果。例如在影响台商投票意向上，境外媒体在2012年台湾“大选”后分析道：“此次大选，返台投票的台商20万人。台商代表的不只是一张票，也包括他的家庭成员，动辄十来张票。马英九以近80万张选票成功连任，当中台商和他们的家人占了多大比重，我们无法细究，但是占有率不容低估。因为台商是两岸在‘九二共识’下，开放经济交流的既得利益者。”②

然而，在大陆方面关注的有关台湾民众对中国意识及两岸统一的认同度上，“惠台让利”却未奏其功。岛内多数民意调查显示，台湾民众自认为是“中国人”的比例逐年下降，自认是“台湾人”的比例却逐年上升，据台湾政治大学选举研究中心民调，从2007年以后起，自认是“台湾人”的岛内民众人数开始稳定超过自认“既是中国人也是台湾人”的人数，即使国民党上台执政后也未能扭转这种趋势。而自认为是“中国人”的台湾民众比例到2011年已经下降至3.9%。在统“独”倾向上，“广义维持现状”（即“永远维持现状”加上“维持现状再决定”）一直占据民意主流，但值得注意的是，其中主张“永远维持现状”在两岸关系和平发展最近四年中却大幅上升，从二成左右升至近三成。

表1　台湾民众身份认同

年份 \ 身份认同（%）	台湾人	中国人	既是中国人又是台湾人
2007	43.7	5.4	44.7
2008	48.4	4.0	43.1
2009	51.6	4.2	39.8
2010	52.7	3.7	39.8
2011	52.2	3.7	40.3

资料来源：台湾政治大学选举研究中心

在“偏向统一”和“维持现状再做决定”比例略降、“偏向独立”的比例略升的情形下，“永远维持现状”比例的上升意味着岛内抗拒统一者的增加，因为两岸关系“现状”显然是一种“非统一”的状态。这对大陆方

① 《温家宝：大陆将继续扩大同台湾经贸交流的范围》，新华网北京2008年3月18日电。
② 赵婉仪：《看不到的经济选民》，新加坡联合早报网2012年2月25日。

面而言是个警讯——两岸关系和平发展政策在大陆内部也存在一些争议，其中最主要的争议点就是，和平发展是否必然带来和平统一？和平发展是否能阻止岛内分裂倾向？如果和平发展不必然带来以上效果，是否还应坚持和平发展路线？当然，目前大陆对台研究界主流观点是，两岸关系和平发展路程不可能一帆风顺，“要先易后难，先经后政，要耐得住寂寞”。[①] 但台湾已有学者表示这样的担忧：“在此种‘惠台’与‘让利’政策下，台湾民众仍选择‘疏离’，其（指大陆方面）耐性何时会消失？”[②] 的确，在大陆方面倾注大量财力精力维持、推动两岸关系和平发展局面下，如果台湾民意长时间未能向统一方向靠拢至少制止向“独立”方向滋长，政策继续执行所承受的压力将是巨大的。

表2　台湾民众统“独”认同

年份 统“独”认同（%）					
尽快统一	1.9	1.5	1.3	1.2	1.5
偏向统一	10.0	8.7	8.5	9.0	8.8
维持现状再决定	36.8	35.8	35.1	35.9	33.8
永远维持现状	18.4	21.5	26.2	25.4	27.4
偏向“独立”	13.7	16.0	15.0	16.2	15.6
尽快“独立”	7.8	7.1	5.8	6.1	4.6

资料来源：台湾政治大学选举研究中心。

“惠台让利”为何未能使岛内民调“统长独消”，反而是“统消独长”，其中原因确实值得深究。对于这一现象，近两年来学界已经给出不少解释，笔者将其归纳为两大类：

第一种，可称之为“技术性消长”。即，岛内有民众担心两岸关系在马当局政策推动下发展太快，太过密切（通过下表可以看出这种忧虑感），因此通过在民意调查中对“台湾人”及“维持现状”、“偏向独立”的选择，对马当局进行警示。这种思维，固然也受到民进党有关马当局“倾中卖台”指责的影响，但本质上是对马当局在两岸关系发展中维护台湾安全与利益能力的不信任。也就是说，这种民调消长，主要是部分民众为了达到某种

① 章念驰：《对和平发展勿抱肤浅认识》，中国评论新闻网2009年11月24日。

② 王信贤：《两岸交流与台湾民众认同变迁：2008年以来的分析》，载于全国台湾研究会编《两岸持续合作的动力与机制》，2011年3月，第137页。

“警示”目的而进行的技术性、功能性操作的表现。

表3 民众对两岸交流速度的看法

日期	太快	刚刚好	太慢	不知道
2000. 03	18. 9	40. 8	28. 7	14. 2
2008. 08	29. 5	40. 6	17. 5	12. 4
2009. 04	33. 6	40. 6	12. 3	13. 5
2009. 09	33. 1	44. 7	12. 4	9. 8
2010. 04	37. 7	40. 9	12. 2	9. 1
2010. 09	37. 5	40. 3	13. 2	9. 0
2010. 12	35. 8	43. 6	12. 2	8. 4

资料来源：台湾政治大学选举研究中心

第二种，可称之为“本体性消长”。即，岛内民众近一二十年来对台湾与大陆关系“你是你，我是我”意识的上升，或称之为“我群”与“他群”意识的加深，这与两岸经济关系发展之间并无太多关联。或者说，一些台湾民众把两岸经济交流与合作仅仅看作“商人间的关系”，不因经济获利而提高对中国大陆的认同，反而对本应在商言商却受惠获利存有深深的疑虑，认为这是大陆的“统战阴谋”。台湾学者吴乃德认为台湾民众“欢迎和中国大陆的经济往来，也担心其结果会限制台湾未来的自由选择”。① 这种态度主要源于多年来“台湾主体意识”在岛内的滋长，有台湾学者分析，“从李登辉的‘独台’到陈水扁‘一边一国论’，甚至到马英九的三不‘不统、不独、不武’，一路下来都在不断强化‘主体意识’的认同”。② 因此，这种民意消长出自深层次的心理因素，带有一定的本体性特征。

对于第一种因素，大陆方面不必过于在意，因为其技术性特征，决定了它是暂时易变的，台湾多数民众用选票将主张“九二共识”及两岸和平发展的马英九送上连任座位就是例证。第二种因素才值得大陆方面深思：因为“本体性”带有相对固定的特点。尤其在对岛内民意进行引导的话语权上，大陆方面所能掌控的程度远逊台湾当局及岛内主要政党。在此情形下，如何争取台湾民心？目前大陆方面重点做的事是大力开展两岸文化交流与合作，大力弘扬中华文化。

① 《蓝太倾中，绿太锁国》，台湾《旺报》2011年4月24日。

② 周志杰：《民进党接触大陆，国民党怎么办》，中国评论网2010年12月11日。

笔者赞同在推动两岸经济关系的同时，加强两岸文化交流。针对台湾民众“要繁荣”而又“统消独长”的心态，大陆方面还可以重点从以下两方面着手：

一是继续加强两岸关系的制度化建设。台湾社会是个法制化程度相对较高的社会，民众普遍有相信制度的心理。四年来两岸签署了多项协议，尤其是签署ECFA，推动了两岸经济合作制度化建设的进程，“标志着构建两岸关系和平发展框架在经济领域取得重大进展”，[①] 这在相当程度上为台湾民众对两岸关系的发展前景提供了信心保障。按照新自由制度主义的观点，制度建设的意义除了保障合作的顺畅进行外，还在于制度能激发新的合作动力。[②] 如果能让更多的台湾民众相信大陆重视制度建设、遵照制度办事，这对争取台湾民众对大陆的认同、进一步支持两岸关系和平发展是非常有益的。

二是加强大陆自身建设，改进有关“建设中国特色社会主义”的宣传。大陆方面在经济建设上取得了巨大成就，在推进两岸经贸关系及促进台湾经济繁荣上也做出了许多贡献，但一些台湾民众在经济获利的同时，对大陆的政治制度与政治文化仍怀有负面评价，不以身为“中国人”为豪，质疑“统一”将伤害台湾。岛内偏蓝主流媒体甚至公开认为“对大陆而言，即使统一，也难治理台湾。对‘中华民族’而言，若因勉强统一而摧毁了台湾已经实现的民主成果，那将是无可弥补的民族损失”。[③] 远人不服，修德以来，对大陆方面来说，这里的“修德”，就是邓小平所言“关键还是把自己的事办好”。大陆方面要踏踏实实稳步推进改革，同时要改进有关自身政治体制建设的宣传。事实上，民主内涵的多样性、民主建设与现代国家制度建设的关联性决定了任何政治制度改革都不可以简单地进行模式套用。[④] 今天的大陆仍一直在努力探索改革之路，这种探索也一直处于对岸关注下，台湾学者李允杰指出，“温家宝所提的政治改革，跟胡锦涛所提的四民四权，或者他过去提的新三民主义，很多台湾知识分子跟中产阶级都相当关心”。[⑤]

---

① 《贾庆林在第六届两岸经贸文化论坛开幕式上的致辞》，新华网2010年7月10日。

② 参见秦亚青：《权力·制度·文化：国际关系理论与方法研究文集》，北京大学出版社2005年7月，第100—102页。

③ 台湾《联合报》2009年1月9日社论：《“未统一”比“统一”有更大想像空间》。

④ 参见郑永年：《改革及其敌人》，浙江人民出版社，2012年版，第230页、237页。

⑤ 李允杰在中国评论通讯社举办的“两岸政治与经济关系展望”座谈会上的发言，刊登于《中国评论》2011年2月号，第75页。

可以说，如何让多数台湾民众真正理解大陆走有中国特色社会主义道路的必要性及艰巨性，如何更切实地宣传“和平发展”，改变“和平统一，一国两制”在岛内被妖魔化的现象，已经成了大陆方面争取台湾民意工作中不容忽视的重点。

三

在岛内长年政治宣传下，台湾民众“要尊严”的心理需求主要针对大陆方面对台态度而言，具体体现在两方面，一是要求两岸间的对等性，二是要求大陆方面不要在“国际空间”上“打压”台湾（或“中华民国”）。对大陆方面来说，两岸间的平等协商不是问题，早在1998年国台办负责人就明确表态过，“两岸谈判是在一个中国的原则基础上的平等谈判，不用中央对地方的名义”,① 2002年中共十六大政治报告中也正式提出“新三段论”，改用“大陆和台湾同属一个中国”取代原有的“台湾是中国的一部分”。但在台湾“国际空间”问题上，大陆方面谨慎以对，因为这直接涉及是否会在国际上造成“一中一台”或“两个中国”影响的问题。与此相对地，“限制台湾加入国际组织”也成为台湾民众所有反感大陆因素中最主要的因素，高达77.2%的受访者在这个问题上反感大陆。②

对于这种台湾民意，大陆方面深有体察，“我们了解台湾同胞对参与国际活动问题的感受，重视解决与之相关的问题……对于台湾参与国际组织活动问题，在不造成‘两个中国’、‘一中一台’的前提下，可以通过两岸务实协商作出合情合理安排”。③ 例如在台湾成为WHA观察员一事上，大陆方面就展示了灵活性及善意。台湾有学者认为“这一案例足以说明，透过两岸搁置主权争议务实交流的作法，扩大台湾的国际参与，将有助于台湾人民累积、改善对中国以往强硬作风的反感和负面印象。”④

---

① 陈云林：《发展两岸关系是我们共同的愿望》，《两岸关系》月刊1998年第1期。

② 马英九在2008年就职演说中正式提出台湾的需求为“要安全，要繁荣，更要尊严”，此后又在各种场合多次提及“三要”。民进党等岛内反对势力对此不持异议，且做出类似表述。因此，“三要”大体可以看作台湾民意的一种反映。

③ 胡锦涛：《携手推动两岸关系和平发展，同心实现中华民族伟大复兴》，《人民日报》2009年1月1日，第1版。

④ 蔡昌言：《两岸关系发展的现况与展望》，载于全国台湾研究会编《弘扬中华文化与两岸关系和平发展论文集》，2010年3月，第233页。

当然，在如何处理台湾“国际空间”问题以争取台湾民意上，还是有很多难题摆在大陆面前，尤其是在台湾要求加入以主权国家为会员的国际组织问题上，大陆方面难以让步，因为这背后实际上涉及如何看待台湾或“中华民国”政治地位的问题。从某种意义上讲，在两岸结构性政治难题未得到解决之前，台湾加入以主权国家为会员的国际组织对大陆方面而言是难以承受之重。即使相关国际组织愿意为两岸入会问题而修改规章，同意台湾以“非国家”身份加入，大陆方面也还得考虑是否会造成其他不良影响及后果，例如，政党轮替在台湾将成为常态，今后主张“台独”的政党在台湾重新执政后会不会利用这些组织平台进行相关不利于“一个中国”的操作等。

大陆方面还是应该把争取台湾民意的工作重点放在台湾与有关国际NGO组织关系上，因为与多数台湾民众生活有直接关系的主要还是国际NGO组织，那些挑动台湾民众敏感神经的意外事件（如“江平事件”等）也主要发生在一些国际NGO组织举办的活动场合中。为避免在这些国际场合发生一些让台湾民众感到不愉快乃至产生对大陆仇视心理的事件，笔者认为，大陆方面今后可以秉持四项原则处理两岸在NGO场合互动问题：首先是“搁置争议”，即在NGO场合中不必谈及主权问题，不必过分执着于政治身份；其次是“遵循惯例”，即遵循两岸在该NGO组织活动中的互动惯例（两岸在多数NGO中都曾共同出现过），一般而言，只要遵循惯例就不会有太多争执；再次是“事先沟通”，就是说，对于一些可能出现的矛盾，大陆方面可以事先与台湾方面主动进行充分沟通，以免临时发生冲突；最后是“危机管控”，重点是建立一套危机一旦出现后的处理机制，以尽快平息冲突，降低负面影响。

结　语

从某种意义上讲，当大陆方面选择了和平发展两岸关系的路线，就等于选择了以争取台湾民意作为对台工作的基础及重点，因为“和平”而非“强制”意味着必须争取到对岸多数人的认可与支持。台湾民主政治发展到今天，传统的精英主导型社会已经发生重大变化，主要社会政策制定，必须得到岛内多数民意的支持。随着台湾社会政治的进一步发展，台湾民意对两岸关系能否继续和平发展的影响力也将越来越大。两岸之间的一系列重大问题，包括“和平协议”的签署及最终两岸政治关系的确定，恐怕都不是一时之策可毕其功的，因为背后存在两岸各种政治力量对台湾民意的争取和拉锯，对此，大陆方面要有长期争取的思想准备。

关于当前争取台湾民心工作问题之研究

厦门大学台湾研究院　陈先才

长期以来，“寄希望台湾人民”一直是我们对台工作的重要思想，而做好台湾人民工作、争取台湾民心无疑是其中最为重要的一环。近年来，特别是2008年5月以来，随着两岸关系迎来重大的发展机遇期，大陆加强了做台湾人民工作、争取台湾民心工程的力度与深度，并取得了重大的突破和进展。当前，随着马英九成功连任，国民党将继续在岛内执政四年，两岸关系和平发展的局面得以维系。在两岸关系总体形势相对有利的氛围下，积极提升争取台湾民心工作的力度与成效，无疑具有重要的现实意义。因此，在当前加强对争取台湾民心工作议题的研究至关重要。

一、争取台湾民心工作的回顾与总结

1949年以来，大陆尽管在有一段时间里强调武力解决台湾问题的急迫性，但“寄希望台湾人民”也一直是我们对台政策的重要方针；1979年后，随着我们对台工作的转向，和平统一战略开始提出，改变了过去过于注重寄希望台湾当局，忽视寄希望台湾人民的一面。1979年全国人大常委会发表《告台湾同胞书》，首次以国家最高权力机关文告的方式郑重声明，“我们寄希望于台湾1700万人民”。[①] 但在当时的历史条件下，由于我们对于台湾政治形势的发展演变及对台工作规律性的认识还不是很成熟，因此，即使在上个世纪80年代，我们仍然强调两个“寄希望”，即寄希望台湾人民，也寄希望台湾当局的方针，甚至在很多时候，我们还是把过多的注意力放到促成国共第三次合作来解决台湾问题的老思路上去。进入20世纪90年代后，随

① 参见1979年全国人大常委会发表的《告台湾同胞书》内容。

着台湾民主化的急剧发展以及岛内政治体制的巨大转变，特别是国民党一党独大的“党国体制”逐渐崩解以及李登辉推动台湾本土化进程的开展，我们曾经期盼的透过国共合作解决台湾问题的愿望越来越没有现实的可操作性。在这种情势下，我们党开始逐渐放弃“寄希望台湾当局”的方针，转而积极实施与强化“寄希望台湾人民”的对台方针。由此开始，大陆开始强调和突出做好台湾人民工作、争取台湾民心工作对台政策的分量和重要性。

当前，做好台湾人民工作，争取台湾民心是大陆对台政策的重要内容和关键环节，过去几年来，特别是2008年5月以来，随着岛内政治局势的变化以及台海区域局势的日渐稳定，我们推出了一系列加强做台湾人民工作，争取台湾民心的重大战略举措，并取得了一系列的成就。

从2012年台湾地区领导人选举结果来观察，坚持两岸和解与“九二共识”的马英九最终战胜拒不接受“九二共识”的民进党候选人蔡英文，这说明过去几年我们推动的争取台湾民心工作还是取得了重大突破和成就。在2012年台湾地区领导人选举中，民进党候选人蔡英文尽管气势相当看涨，但最终投票结果却是民进党在南部大本营执政县市的得票率普遍偏低，很多地区的投票率不但比北台湾的投票率要低很多，即使在南部很多深绿板块选区，其投票率甚至都达不到全台平均的投票率，这种结果远远低于民进党的预期，对蔡英文的选情有相当大的伤害。事实上，民进党内部曾在选前的评估中，预估会在南部赢马英九75万票，但最终只赢了53万票，其主要原因就是南部的投票率普遍较低，这显然不利于民进党把绿营的票催出来。但在这些绿营票区，要这些绿营支持者把票投给马英九，在短期内又无法做到，因为他们对马英九并不满意，所以他们干脆就不投票了，而不投票本身就是一种态度，是一种政治思维的表态。而原先一直投票给绿营的选区，现在要他立即把票转投给蓝，事实上是很难投下去的，所以就不投了。这说明在南部已开始出现一些经济选民，正是这些经济选民的出现才使南部的投票率降低，这其实对绿营是有伤害的，是极为不利的。而南部投票率普遍偏低，其关键原因当然是ECFA效应开始显现。正是由于ECFA开始影响台湾社会，它使两岸议题在选民心目中成为中性化的议题，这改变了过去绿营支持者的心态。这应是大陆惠台政策成功影响台湾南部社会和选民心态的直接体现，也是过去几年大陆推动的争取台湾民心工作发挥重大成效的重要体现。

（一）基本经验

从过去几十年，特别是2008年以来我们推动争取台湾民心工作的进展及成效来看，大致有以下几个方面的基本经验值得肯定：

首先，在对台政策上把争取台湾民心作为对台工作的主攻方向，使我们对台工作有了明确的方向与着力点。

和平统一台湾是我们在本世纪的重要任务，而在对台工作中，民心向背无疑是最终的决定性力量。随着台湾岛内政治体制的急剧变化以及选举制度的确立并逐渐完善，从目前台湾的政治生态和社会结构来观察，台湾政党的发展完全要以民意为依归，但它又反作用于民意，这应是台湾政党政治发展中基本明确的方向。也就是说随着台湾政治的发展，民意已成为影响和决定台湾政治发展的关键力量。因此，我们当前和今后一个时期的着眼点和落脚点必须以争取台湾民心为主要方向，所有对台工作都要服务于并服从于它。从某种程度上可以说，争取民心是和平解决台湾问题的必然要求，也是从根本上解决台湾问题的内在要求，正是基于此种认识，从20世纪90年代到进入21世纪，我们党和政府就一直在不断强化争取台湾民心工作的力度。

其次，我们及时把握住两岸关系发展的历史机遇期，积极推动一系列惠台政策的出台与实施。

2008年5月以后，随着国民党重返执政位置，两岸关系迎来了重大的发展机遇期，在这种情势下，大陆审时度势，及时调整对台政策，主动宣布了一系列惠台政策，大幅度提升争取台湾民心工作的力度。例如，2008年12月21日在第四届两岸经贸文化论坛闭幕式上，中台办、国台办主任王毅宣布10项惠台政策措施，内容包括支持因陷入国际金融危机严重冲击下的大陆台资企业在融资转型升级、双向投资、产业合作，以及支持两岸开展农业合作，扩大台湾农产品在大陆销售等方面给予台商及相关业者实际的支持。[①] 此后，随着两岸关系的快速升温，大陆在开放游客赴台旅游的基础上，继续组织各省市的参访团赴台采购以及洽谈投资等事项，有效地帮助台湾经济摆脱金融危机的冲击，起到了积极的作用。此后，大陆继续开放陆客自由行，以及在两岸ECFA协议中让利台湾等动作都是大陆积极推动惠台政

---

① 《大陆10项惠台政策　提供逾千亿融资服务》，参见中国新闻网 http://www.chinanews.com/hb/news/2008/12-22/1496596.shtml。

策，争取台湾民心的重要举措。

（二）不足之处

但我们还是要看到，虽然在2012年选举中整个南部的投票率有所降低，但国民党在南部的选票总数仍然输很多，特别是与2008年的选举相比较，马英九流失了140多万张选票，这从某种程度上也可以说，我们的惠台政策及争取台湾民心工作等成绩并没有自然转化到马英九和国民党的选票上。因此，从客观现实来看，大陆在过去几年的争取台湾民心工作中，虽然有很大的成绩，但仍然存在一些问题需要改进。

现阶段大陆推动的很多惠台政策在实施过程中，由于不少利益被中间环节切割，使普通民众虽然感受到两岸关系好转的大环境不错，但却没有享受到两岸关系改善所带来的具体实在的经济利益，这是当前我们争取台湾民心工作所面临的一个重要问题。

从此次选举的结果来观察，大陆惠台政策客观上存在受惠面太小太窄，多数台湾民众对惠台政策仍然无感，也就是惠台政策在很大程度上仍然没有真正落实到基层去。这也是目前大陆对台政策推行中需要注意的重要问题。例如以台南市学甲区为例，虽然养殖户与大陆签署契作的有100户左右，但整个学甲区享有投票权的人就有2万多人，因此，目前的这种惠台政策其实施面仍然偏小。特别是大陆推动的很多惠台政策，都是要借助与执政的国民党进行合作的方式和路径来推动，特别是很多项目基本上都是透过国民党籍“立委”以及国民党控制的农渔会来组织实施，这在台湾很多民众看来，大陆的惠台政策本身就是白手套模式，其效果和观感自然不好。因为在推动过程中，亲国民党的中间商或特定的利益阶层获得了很大的利益，而真正农民及渔民获得的利益并不大，最多只是一些辛苦钱，这是一个很大的问题。此外，以两岸航线为例，很多台湾民众表示，现在到上海和北京，直航的票价要比陈水扁时期经港澳中转一圈的费用还要高，这让很多台湾人觉得不爽。按理说直航的票价应该是要廉价一些的，但现实情况却不是这回事，这自然很难让台湾民众对大陆惠台政策有多大的感觉。

其次，大陆现阶段的很多惠台政策的实施并未有效惠及台湾各个阶层，特别是中下低层中低收入群体对大陆惠台政策的感受不到位。以两岸签署的ECFA为例，尽管ECFA为台湾经济带来活水，尤其是ECFA对台湾的出口及投资等方面有一定的拉动作用，但并没有缩小台湾民众对大陆的认知差距，原因主要是ECFA所带来的正面效应短期内难以展现，对广大中下阶层来说，更难直接感受。企业以追求利益的最大化为目标，较少考虑社会责任和社会效应，经贸交流扩大，大陆居民赴台人数剧增带来的经济效益，直接受益者主要集中在企业家和部分行业和企业员工，广大的中小企业和中南部民众，中低收入阶层并直接得到实惠，无法亲身感受经济发展的成果。经贸交流虽然拉近了两岸的直接距离，但中下阶层民众生活没有实质改善，无法触动深层次的认同感增长。

最后，目前大陆的惠台政策及争取台湾民心工作还不能完全扭转南部地区的民意基础。

绿营和“独派”在南部的影响比较深厚，其原因主要是南部民众长期被进行政治洗脑，包括三立、民视电视台，以及自由时报等绿媒，成天在骂大陆，刻意播出大陆的负面新闻，而南部很多人长期观看这些节目，自然形成对大陆的敌意与反感，很难在短短的四年时间里有所改观。因此，可以说南部的问题是一个结构性的问题，大陆在短期内要撼动相当不易。这种状况无疑使我们争取台湾民心工作遇到很大的现实挑战。

二、争取台湾民心工作的机遇和挑战

在当前两岸关系和平发展新时期，特别是国民党在岛内继续执政四年的情势下，我们积极开展争取台湾民心工作，既有难得和历史机遇，也面临现实的重大挑战。但从整体情况来看，机遇与挑战同时并存，机遇大于挑战。

（一）历史机遇

目前两岸关系和平发展的总体氛围相当有利。过去四年，两岸双方在“九二共识”的基础上，互信基础不断累积，两岸关系取得了重大的历史性突破和成就。当前随着马英九成功连任，两岸关系和平发展的局面得以维系，尽管国民党坚持“不统不独不武”的三不政策，国民党虽然不是统派，但国民党执政下的两岸环境仍然还是有利于我们开展争取台湾民心工作。

同时，过去四年来两岸之间的密集互动，使双方的互信基础不断增加，两岸社会大交流大合作的局面已经形成，两岸利益紧密结合，两岸社会互动与融合的程度不断加强，在这种情况下，台湾社会不少人的利益越来越与大陆相结合，特别是出现一大批与两岸利益相挂钩的特殊群体，它们成为维系两岸关系和平发展的重要稳定力量，这是过去两岸关系历史上从未出现过的现象，这对于我们开展争取台湾民心工作具有重要作用。

最后，过去几年来大陆推行的一系列惠台政策，尽管其成效尚未完全发挥，但也让部分台湾民众有所感知，有所体会，他们逐渐体会到大陆的善意和诚意，这对于我们下一步开展做台湾人民工作无疑具有重要正面意义。

（二）现实挑战

首先，两岸互信基础仍然不足。

在过去四年，两岸互信基础虽然有所积累，但仍然严重缺乏，其原因既有历史因素，也有现实的因素。

从历史因素来看，国共两党的历史恩怨加剧了台湾民众对大陆的疏离。特别是在过去几十年的台海对峙时期，国民党当局在台湾推行的“反共仇共”教育，经过一代代人的传承，使台湾民众对大陆的负面认知已成为一种思维定式，不易改变。而过去二十年李登辉、陈水扁等“台独”势力在岛内大搞“去中国化”，进一步助长岛内的分离意识，表现在台湾民众在两岸关系问题上的基本心态与大陆认知有很大的差异性。这些导致台湾民众对大陆的心路渐行渐远，许多民众对两岸关系一些基本问题的认识发生了相当严重的异化。

从现实因素来看，主要表现在以下几点：一是两岸在政治、军事及外交等领域的进展仍然不大。过去四年两岸关系的发展是在两岸根本问题一个都未解决的情形下进行的。但这些问题仍然客观存在，仍然会对两岸关系产生重大影响。例如过去四年，虽然台湾成功参与 WHA，但台湾并未满意，台湾希望随着两岸关系的改善，能够大幅度改进台湾“参与国际社会”的状态，但由于台湾“参与国际社会”议题相当敏感，双方政治问题的分歧尚未解决，大陆也没有办法来处理台湾“参与国际活动”问题，所以双方的进展仍然不大。尽管当前台湾在主权范围内不挑衅大陆，但在共同参与的国际赛事或其他国际非政府组织的活动中，两岸间事关参赛、参会名称等诸多方面，时有摩擦和争议。2010 年 10 月上旬亚洲大学篮球锦标赛和下旬的日本东京影展，都出现过争执。二是台湾媒体选择性的报道增加了民众对大陆的负面观感。大陆目前在转型期，存在很多问题与不公正现象，如黑心食品，环境污染，官员腐败等现象，大陆民众也深恶痛绝，但台湾媒介报道选择性太强，大量负面的内容，让很多没有来过大陆或者对大陆有偏见的民众更加不喜欢大陆，直接影响他们对大陆政府和人民的看法，增加了负面观感。特别是两岸在国际场合的碰撞，增强了民众对大陆的不信任感。

其次，目前两岸社会制度的极大差异。

由于两岸在制度上有巨大的差异，特别是在政治制度上的根本差异，也使两岸关系和平发展面临重大的隐患。当前，两岸制度差异也是台湾民众对大陆缺乏认同的重要原因。这与民众过去教育中的“仇共反共”教育有关，也与对大陆现行制度不认同有关。台湾民众对大陆政治体制等方面的不适应强化了对大陆的负面印象。同时，外部西方世界对大陆政治制度的苛责与批评，在客观上也对台湾民众产生影响，使他们对大陆的负面印象格外加深。

在台湾前途问题上，“台湾前途由2300万人决定”是台湾绝大多数民众的基本认知和坚持。无论国民党与民进党都要坚持它，因为这是决定台湾政治人物的选票基础。台湾是选举社会，民意是决定政党能否取得政权的最大关键因素。而在国家认同问题上，台湾民众基本上接受的是“中华民国”或不存在的“台湾共和国”，对中华人民共和国接受的程度相当低，基本上没有。前者因从小受教育已植根于民众心中，在这种教育背影和政治环境下成长的台湾人，要它们接受“中华民国不是一个国家”的观点，没有说服力，情感上也难接受。

最后，在当前两岸关系和平发展新时期，包括“独派”政治势力及国际势力对两岸关系仍然有很大的牵制作用。

虽然目前“台独”势力在岛内虽然有所削弱，但其对两岸关系发展的牵制力仍然客观存在。2008年民进党大败，激进“台独”路线遭受重大的挫败，但民进党过去4年在蔡英文的领导下，逐步站稳脚跟，重新在岛内拥有了与国民党一较高下的实力，特别是在2012年选举中，民进党最终获得了超过600万票的支持基础，这说明目前绿营在岛内仍然有很强大的政治影响力，这无疑为两岸关系发展增添了新的阻力和障碍。

特别是在当前绿营执政的中南部地区，由于绿营长期负面的宣传，使中南部民众对大陆的敌意和负面情绪仍然存在，这对于我们推动两岸关系发展，争取台湾中南部民心工作造成了很大的困扰。

而美国、日本等国际势力虽然主张台海局势要保持和平发展的态势，但他们出于维护自身国家利益的角度，也不愿意看到两岸关系的快速发展，也不愿意看到大陆对台工作取得重大的突破，因此，他们对两岸关系也会采取一些牵制性的动作，从而达到影响两岸关系和平发展的企图。这也是我们当前要注意到地方。

三、争取台湾民心工作的内涵与特点

从本质上看，两岸和平发展进程的本身就是两岸相互争取民心的博弈过程。[①] 我们彻底解决台湾问题的关键在于积极争取台湾民心对两岸和平统一的认同和支持。由于争取台湾民心工作涉及方方面面的事情，是一个庞大、复杂的系统工程，是一项长期的战略任务，绝非一朝一夕就能完成，需要在和平发展战略思想指导下，经过长期不懈，全方位努力才有可能实现。对于大陆而言，必须要想方设法去化解两岸民众长期累积的误解与敌意，努力引领台湾民意朝着有利于两岸关系和平发展的方向转变，从而不断拉近两岸的心理距离，巩固两岸和平统一的民意基础。

（一）基本内涵

两岸之间的交流归根到底还是人的交流问题。过去20多年来，两岸关系取得了很大的进展，特别是在两岸交流交往中源远流长的中华文化成为维系两岸同胞民族情感的重要纽带。事实上，自上个世纪80年代后期两岸重新恢复交流以来，截止2011年1月，台湾居民往来大陆累计已超过6100多万人次，而大陆赴台交流人次也达到59万多人次。[②] 而大陆游客赴台旅游人数累计已超过百万人次。当前两岸人员往来频繁、深入是前所未有的。但我们还要看到，目前台湾还有三分之二多的民众从未到过大陆，而这些人中为数不少还是民进党的支持基础。也就是说，虽然过去两岸人员往来有很大的发展，但两岸民众交流的深度远远不够，这无疑为我们争取台湾民心工作带来很大的困难。

当前争取台湾民心工作的基本内涵包括以下几个方面：

一是对象问题。争取台湾民心工作的对象就是台湾民众。两岸问题的最

① 周志怀：《开创两岸关系和平发展新局的挑战与动能》载《“进一步开创两岸关系和平发展新局”论文集》，全国台湾研究会2010年6月学术研讨会。

② 详情请参见国台办网站“历年两岸人员往来与交流统计”http：//www. gwytb. gov. cn/lajlwl/rywltj/201101/t20110120 _ 1715616. htm

终解决除了要处理好与国民党、民进党等台湾主要政党的关系外，更重要的是要争取台湾主流民意的支持，也就是争取到台湾民心的问题。要争取到台湾民心，我们就需要加大与台湾社会特别是台湾民众的接触与互动。当前，我们要把重点放在争取中南部地区的台湾民众身上，因为中南部地区一直是民进党和绿营的支持基础和大本营。

二是方式问题。由于争取台湾民心工作涉及面广，利益错综复杂，因此特别要强调方式方法问题。在台湾这样一个商业利益至上的社会，我们争取台湾民心就必须要用利益连接的方式来推动，即透过让台湾民众感受到两岸和平发展的现实红利与实际利益的方式来争取台湾民心。同时，我们也要善用中华文化来争取台湾民心。因为两岸同属中华文化，特别是台湾受中华文化的影响相当深，因此可以在文化纽带上做文章。简言之就是以经促政，利益导向，文化拉心，透过协商避免摩擦。

三是路径问题。争取台湾民心工作涉及面广，不能靠单一的路径来实现。可以透过政治、经济、文化、思想、社会、交往等诸多路径来推动争取台湾民心工作的有效开展。例如政治上的适度善意，经济上的某种让利，文化上的合作共赢，社会交往上的便利等等都有助于我们争取台湾民心工作的开展。

四是目标问题。争取台湾民心工作的终极目标当然是要推进祖国和平统一的进程，而在现阶段，争取台湾民心的基本目标则是不断巩固两岸关系和平发展的民意基础，最大可能地排除干扰和破坏因素对两岸关系的负面影响。

（二）表现特点

争取台湾民心工作的特点主要有以下几个方面：

其一，复杂性。争取台湾民心工作是一项极其复杂的系统工程，其复杂程度相当高。其原因主要有以下几点：一是两岸问题本身就很复杂。它既涉及历史上国共恩怨情仇，又有现实中的合作与防范。而且这些问题在现阶段或矩期之内无法有实质的解决之道，它自然会对我们争取台湾民心工作有很大的限制与制约。二是两岸自 1949 年以来的隔离太久，两岸民心的差异已经形成多年，在短期内不可能有实质性的突破空间。三是目前两岸制度上仍然存在很大的差异性，包括政治制度及社会制度以及意识形态等的差异都是现实，这对于争取台湾民心开展当然有难度和包袱。

其二，长期性。争取台湾民心工作是一项长期的工程。由于两岸问题本身的复杂程度相当高，在短期内取得实质突破的可能性很小，这一特性决定了我们推动的争取台湾民心工作本身具有长期的特性。也就是说，争取民心工作并非朝夕之间能够完成，需要有长期作战的心理准备。事实上，从上个世纪八十年代初，我们党就提出了要寄希望于台湾人民的对台方针，在那个时候我们就已确定了要把争取台湾民心作为重要的任务。时间已过去二十多年，虽然有进展，但总体上来看，仍然是缓慢在推动。

其三，反复性。争取台湾民心工作本身也具有反复性的一面。其原因主要是两岸在敏感的政治及军事议题上进展相当有限，特别是在两岸关系的性质、台湾当局的定位、两岸军事互信以及台湾参与国际活动等方面，两岸的认知差距与分歧相当严重。而过去 4 年来，虽然两岸关系取得了重大进展，但两岸在上述问题上的进展并不大，也没有解决。这说明两岸关系的脆弱性相当严重，而这些问题如果稍微处理不好，很容易会导致两岸关系的发展出现反复的局面。

其四，协调性。争取台湾民心涉及方方面面，其中自然需要强有力的协调。一是在两岸关系层面需要协调。当前两岸在“九二共识”的基础上发展关系，这其中就不能缺乏协调。因为双方的政治争议仍然存在，如果没有协调就很容易翻盘。而求同存异本身就是协调的体现。二是在台湾蓝绿之间也需要协调。蓝绿在两岸关系的基本态度上完全相左，没有协调也不好处理。三是大陆内部也需要协调。大陆对台工作牵涉到各个部门机构，地方与部队，各地区各部门的利益关系，缺乏协调也很难有进展。

其五，政治性。争取台湾民心是我们的主动作为，是我方为推动两岸关系和平发展，特别是推动祖国和平统一进程向前迈进的重要举措。因此，我们要继续向台湾民众释放善意，在经济上的让利行为非常重要，尽管短期内看不到实际效果，但长期以来其影响则不容忽视。争取台湾民心是我们对台工作的政策，它要为我们统一目标服务，这是政治目的，与其他目标并不抵触。

四、结　语

在 2012 年台湾地区领导人选举中，坚持“九二共识”的马英九成功连任，无疑使当前两岸关系和平发展的局面能够连续维持八年，这对于我们做好台湾人民工作、争取台湾民心无疑具有重要的正面意义。在当前两岸和平稳定形势继续巩固与不断深入的背景下，我们要时刻把握两岸关系和平发展的大局，大力开展争取台湾民心工作，努力厚植两岸关系和平发展的民意基础，为祖国最终的和平统一奠定坚实的基础。

“寄希望于台湾人民”方针的历史考察

首都师范大学台湾研究室　崔　萍

当前两岸关系正面临着继往开来、巩固深化的新形势，持续推动两岸关系和平发展成为新形势下对台工作的主轴，贯彻“寄希望于台湾人民”方针成为对台工作的重心。

“寄希望于台湾人民”方针是中国共产党对台政策的重要组成部分，是几代领导集体对台政策不断探索的结晶。从最初“寄希望于台湾当局”到“寄希望于台湾人民”，方针的内涵和形式不断得到丰富和发展。对其进行全面的历史总结与回顾，对于我们深入理解党的对台政策的正确性、继续坚定不移贯彻“寄希望于台湾人民”方针不动摇，具有十分重要的意义。

一、寄希望于台湾当局

新中国成立初期，毛泽东等中央领导人做出“武力解放台湾”的战略部署。1953 年朝鲜战争结束后，国际形势趋于缓和，我国国内也正值全面建设社会主义的前夕，中共中央做出了从“武力解放”到“和平解放”的战略调整，并着手同台湾当局协商和平解决台湾问题。

（一）和平解放

1955 年 4 月，周恩来在印尼万隆举行的亚非政府首脑会议上发表声明：“中国人民同美国人民是友好的。中国人民不要同美国打仗。中国政府愿意同美国政府坐下来谈判，讨论和缓远东紧张局势问题，特别是和缓台湾地区紧张局势问题。”① 接着周恩来在访问缅甸期间与吴努总理会谈时指出：“如

① 《周恩来外交文选》，中央文献出版社，1990 年版，第 134 页。

果美军撤退，我们可能用和平的方式解放台湾，如蒋介石接受，我们欢迎他派代表来北京谈判。”这标志着中国共产党人在解决台湾问题的态度上出现了微妙的新的转变，即从“武力解放”历史性地转向“和平解放”。[①] 5 月，周恩来在第一届全国人大常委会第十五次会议上宣布：“中国人民解放台湾有两种可能的方式，即战争的方式和和平的方式。中国人民愿意在可能的条件下，争取用和平的方式解放台湾”，[②] 这是祖国大陆第一次公开提出“和平解放台湾”的主张，引起全世界的强烈反响，认为这标志着中共对台政策有了重大调整。

1956 年以后，大陆进入全面建设社会主义时期，这不仅需要一个和平安定的环境，而且要调动国内外一切积极因素。在这种形势下，中国共产党进一步确立了争取用和平方式解放台湾的思想。1956 年 1 月，周恩来在全国政协二届二次会议上作政治报告，提出：“中国政府曾经再三指出：除了用战争方式解放台湾以外，还存在着用和平方式解放台湾的可能性。”

（二）力争同台湾当局协商和平解放台湾

1956 年 1 月 25 日，毛泽东在最高国务会议上指出：“古人有言，不咎既往。只要现在爱国，国内国外一切可以团结的人都团结起来，为我们的共同目标奋斗。”随后进一步提出“和为贵”、“爱国不分先后，以诚相见、来去自由”的原则，还宣布：国共两党过去合作过两次，“我们还准备第三次合作”。[③] 1956 年 6 月，周恩来在第一届全国人民代表大会第三次会议上明确表示：“为了团结一切爱国力量早日实现祖国的完全统一，我愿意在这里再一次宣布，我们对于一切爱国的人们，不论他们参加爱国行列的先后，也不论他们过去犯了多大罪过，都本着‘爱国一家’的原则，采取既往不咎的态度，欢迎他们为和平解放台湾建立功勋。”[④] 首次明确表示与蒋介石当局立即进行和平谈判的态度和诚意，提出，“我们愿意同台湾当局协商和平解放台湾的具体步骤和条件，并且希望台湾当局在他们认为适当的时机，派遣代表到北京或者其他适当的地点，同我们开始这种商谈。”[⑤] 在报告中，

---

① 《台湾问题读本》，九州出版社，2001 年版，第 42 页。

② 《中国台湾问题外事人员读本》，九州出版社，2006 年版，第 35 页。

③ 《人民日报》1957 年 4 月 17 日。

④ 《建国以来重要文献选编》第八册，中央文献出版社，1994 年版，第 401 页。

⑤ 《建国以来重要文献选编》第八册，中央文献出版社，1994 年版，第 400 页。

周恩来用"台湾当局"取代了过去惯用的"国民党卖国集团",向社会各界传达了中共中央积极寻求与国民党进行和平谈判的愿望。不久,中共中央发出《关于加强和平解放台湾工作的指示》,确定了对台"多方影响、积极并且耐心争取的"工作方针,及"通过各种线索,采取多种方法,争取以蒋氏父子、陈诚为首的台湾高级军政官员"的工作重点。

关于为何要力争台湾当局这一问题,1956 年 12 月,周恩来在印度答记者问时说:"蒋介石及其集团是中国人,作为中国人,我们不愿意看到中国人之间永久分裂。这就是为什么我们认为他们应该而且最后会回到祖国来的原因。这也是我们为什么正在尽一切力量促成台湾和平解放的原因。……我们在努力争取蒋介石。"①

(三)用实际行动表达诚意

在"和平解放"战略方针的指导下,中央一方面在积极努力促使国共第三次合作的实现,另一方面也通过各种途径来表达中共中央争取"和平解放"台湾的诚意。

特赦国民党战犯。"这些战犯与台湾有关",释放一批战犯,将会有利于加强台湾与大陆的联系。

炮击金门。不仅粉碎了美国"划峡而治"分裂中国的图谋,还在客观上使国共两党在"一个中国"问题上达成共识,对争取台湾当局,发展海峡两岸关系产生了重大影响。

"一纲四目"。1960 年 5 月,毛泽东在中央政治局常委会议上提出:台湾宁可放在蒋氏父子手中,不可落在美国人手里。对蒋介石我们可以等待,解放台湾的任务不一定要我们这一代完成,可以留交下一代人去办,现在要蒋过来也有困难,逐步地创造些条件,一旦时机成熟就好了。1963 年周恩来将毛泽东和中共中央关于台湾问题的原则和主张概括为"一纲四目",并指出,今日台湾问题之首要,在于促成国共第三次合作,使海峡两岸实现统一。②

在中共中央的一片诚意之下,台湾当局也有意派人赴大陆商谈。遗憾的是,1966 年"文化大革命"开始,中共对台工作陷入停顿。

---

① 《周恩来外交活动大事记 1949—1975》,世界知识出版社,1993 年版,第 174—175 页。

② 《周恩来年谱 1949—1976》中卷,中央文献出版社,1997 年版,第 321 页。

二、寄希望于台湾人民，也寄希望于台湾当局

1978年12月，中共十一届三中全会以后，我们党和国家的工作重心开始转移到经济建设上，同时，国际形势的深刻变化为和平解决台湾问题创造了新的有利条件。

（一）和平统一、一国两制

1978年党的十一届三中全会公报明确指出："全会认为随着中美关系正常化，我国神圣领土台湾回到祖国怀抱、实现祖国统一大业的前景，已经进一步摆在我们的面前。全会欢迎台湾同胞、港澳同胞、海外侨胞，本着爱国一家的精神，共同为祖国统一和祖国建设的事业继续做出积极贡献。"① 在该公报中，首次没有使用"解放"一词，而是使用了"台湾回到祖国怀抱，实现统一大业"的提法。1979年元旦，全国人大常委会发表《告台湾同胞书》，郑重宣布了实现祖国和平统一的大政方针。《告台湾同胞书》是新时期中国共产党和中国政府对台方针政策的重要宣示，标志着对台方针政策由"和平解放"向"和平解决"的重要转变。

为完成祖国统一大业，在谈到怎样具体解决台湾问题时，邓小平多次表示：对台湾，我们的要求很简单，那就是，台湾的制度不变，生活方式不变。它作为中国的一个地方政府，可以拥有自己的自卫力量，拥有充分的自治权。

1981年9月30日，全国人大常委会委员长叶剑英向新华社记者发表讲话，进一步阐述了关于解决台湾问题、实现和平统一的九条方针政策。"叶九条"是中国共产党和中国政府在新时期对台方针政策的进一步深化和发展。1982年，邓小平在一次谈话中说："九条方针是以叶剑英委员长名义提出来的，实际就是'一个国家，两种制度'。"② 1983年6月，邓小平在会见美籍华人学者时，进一步阐述了实现台湾和祖国大陆和平统一的构想，使得"一国两制"的构想更加完备、充实。

---

① 《三中全会以来重要文献选编》上册，人民出版社，1982年版，第3页。

② 《邓小平思想年谱1975—1997》（下），中央文献出版社，1998年版，第1005页。

（二）积极促谈，争取通过谈判实现统一

在中共中央确立“和平解决”台湾问题战略方针时，台湾的国民党威权体制发生了松动和转型，但是国民党并没有要失去执政地位的迹象，大权仍掌握在以蒋经国为首的国民党手中。在这种情况下，为了解决台湾问题，中国共产党依然是以国民党作为谈判对象，提出国共两党进行对等谈判、实现国共第三次合作。1979 年《告台湾同胞书》指出“台湾当局一贯坚持一个中国的立场，反对台湾独立。这就是我们共同的立场，合作的基础。”1981 年邓小平在谈话中说：“归根到底，中国的统一要由台湾海峡两岸的领导人和人民来决定，首先希望两岸的领导人为中华民族的历史来做这件事，这在历史上是要大书特书的，希望台湾的领导人把眼界放宽一点，放长远一点。”① “如果国共两党能共同完成这件事，蒋氏父子他们的历史都会写得好一些。”②

1982 年 7 月 25 日，《廖承志致蒋经国先生信》发表。③ 这封公开信的发表，引起海内外的极大震动，用个人的私谊，浸透渲染民族感情，完全触动了中华民族之神经。

从 1982 年《廖承志致蒋经国先生信》公开到 1986 年，蒋经国的密使沈诚也曾三度北上，与中共秘密接触。特别是最后一次，他得到了蒋经国明确指令，要加速与大陆领导层的沟通。此次沈诚返回台北，带回一封中国国家主席杨尚昆的信函，蒋经国仔细研读后，觉得中共是有诚意的，国共两党中央层次对等谈判是可行的。④ 然而，就在台湾方面准备进一步讨论赴北京谈判的人选时，1988 年 1 月蒋经国突然逝世，国共两党高层谈判计划就此搁置。

（三）“润物细无声”做台湾人民工作

1979 年《告台湾同胞书》明确提出“我们寄希望于 1700 万台湾人民，也寄希望于台湾当局”。“统一祖国，人人有责”，“希望台湾当局以民族利益为重，对实现祖国统一的事业做出宝贵的贡献”。“我们相信富于爱国传

---

① 《邓小平思想年谱 1975—1997》（下），中央文献出版社，1998 年版，第 764 页。

② 《邓小平文选》第三卷，人民出版社，1993 年版，第 31 页。

③ 《人民日报》1982 年 7 月 25 日。

④ 李立：《目击台海风云》，华艺出版社，2005 年版，第 95 页。

统的台湾人民一定会为实现祖国的统一大业做出积极贡献。"①《告台湾同胞书》的发表，标志着我党对台政策的一次重大转变，

为了推动台湾问题的解决，首先，中共中央从落实原国民党起义投诚人员政策着手开展工作。"爱国一家，既往不咎，一视同仁，量才使用，妥善安置"，是中国共产党对起义投诚的原国民党军政人员的一项重要政策。1979 年 1 月中共中央批转了中央统战部等部门报送的《关于落实对国民党起义、投诚人员政策的请示报告》，并对这项工作给予了高度重视。经过认真细致地查证工作，对起义、投诚的原国民党军政人员的政策落实工作取得了比较圆满的成绩。

其次，把对台胞的关心落到实处，着手解决台湾同胞和去台人员家属政策的落实问题。邓颖超说："对台湾同胞落实政策的工作十分重要。落实一个，影响一家，落实一家，影响一片，务必要善始善终，不要有遗漏。"②在她和对台领导小组的努力推动下，台湾同胞和去台人员家属落实政策问题解决得较好。

再次，为了使对台工作在组织形式上多种多样，台湾同胞联谊会、黄埔同学会等群众团体组织相继成立。邓颖超、廖承志等中央对台小组的领导同志都给这些新生的群众团体以很高的重视，认为它们能成为沟通长期处于隔绝状况的两岸同胞的桥梁。

鉴于台湾人民在两岸关系发展中所起的重要作用，1984 年邓颖超在欢迎台港澳同胞、海外侨胞来京参加建国 35 周年庆祝活动上致词道："我们多次真心诚意地、反复地、郑重地提出祖国统一、台湾回归祖国的方针、政策，寄希望于台湾当局，更寄希望于台湾各族人民来共同努力，付诸实现。"③ 这为中共中央 90 年代后的对台方针政策调整奠定了基础。

三、寄希望于台湾当局，更寄希望于台湾人民

蒋经国逝世后，李登辉继任"总统"，公然挑战"一个中国"原则。在这种情况下，中共中央把解决台湾问题的着力点更多地放到了台湾人民

---

① 谭松球、孔广宁等编著：《海峡两岸交流必读》，中国检察出版社，1990 年版，295 页。

② 赵炜：《西花厅岁月：我在周恩来邓颖超身边三十七年》，中央文献出版社，2004 年版，第 134 页。

③ 谭松球、孔广宁等编著：《海峡两岸交流必读》，中国检察出版社，1990 年版，第 334 页。

身上。

（一）台湾当局逐渐背离一个中国原则

1988 年 1 月，蒋经国逝世，李登辉继任“总统”。李登辉在执政的 12 年间，大力推行国民党“本土化”，公然挑战一个中国原则，在一个中国原则上越行越远。

2000 年台湾地区大选，结束了国民党在台湾的威权统治，由民进党取而代之。民进党当局打着“中华民国”的招牌推动实质“台独”，打着“统一不是唯一选项”的幌子推进“公投决定台湾前途”，以各种改革的名义推行“去中国化”，分裂倾向在加剧。

台湾当局不再坚持一个中国原则，这使得两岸失去了谈判的基础。在这种情况下，中共中央将对台方针的重心更多地放到了台湾人民身上。

（二）在一个中国前提下争取两岸和平谈判

尽管台湾当局逐渐背离一个中国原则，抛弃“九二共识”，使两岸失去了谈判的基础，但中共中央仍然没有放弃台湾当局，希望他们能认清形势，从民族大义、从台湾同胞的切身利益出发，坚持一个中国原则，并多次在公开场合强调“在一个中国的前提下，什么问题都可以谈”。

1995 年 1 月 30 日，江泽民在《为促进祖国统一大业的完成而继续奋斗》重要讲话中提出了八项对台主张。这八项对台主张都体现着一个核心思想，那就是“坚持一个中国的原则，是实现和平统一的基础和前提”。

2002 年 11 月，中国共产党第十六次全国代表大会报告呼吁：“在一个中国原则的基础上，暂时搁置某些政治争议，尽早恢复两岸对话和谈判。在一个中国的前提下，什么问题都可以谈，可以谈正式结束两岸敌对状态问题，可以谈台湾地区在国际上与其身份相适应的经济文化社会活动空间问题，也可以谈台湾当局的政治地位等问题。我们愿与台湾各党派和各界人士就发展两岸关系、推进和平统一交换意见。”①

以上都显示着在李登辉执政期间，以及陈水扁执政初期，中共中央都着力以更具包容性的一个中国原则来争取台湾当局，希望他们能够客观看待历史，认清两岸人民期盼统一与发展的现状，在承认一个中国的前提下，开启

① 《十六大以来重要文献选编》（上），中央文献出版社，2005 年 2 月版，第 34 页。

两岸和谈的步伐。

（三）更寄希望于台湾人民

2000年3月5日，朱镕基在九届人大三次会议开幕式所做的《政府工作报告》中指出："在新的一年里，我们要继续坚持'和平统一、一国两制'的基本方针和江泽民主席提出的八项主张，认真做好各项对台工作。我们更寄希望于台湾人民，要广泛团结台湾同胞，听取他们的呼声，支持他们有利于祖国统一的合理主张"，"要大力加强两岸人员往来和经济文化等方面的交流与合作，鼓励台胞投资和发展两岸贸易，保护台胞的正当权益，推动早日实现两岸直接'三通'。"

从90年代中后期开始，海峡两岸虽然在政治关系上未有进展，和谈也一再陷入僵局，但经济关系和民间交往却持续升温，"更寄希望于台湾人民"的方针开启了"以经促政"、"以民促官"的两岸交往新格局。

四、寄希望于台湾人民

进入新世纪后，面对复杂的国际形势与台湾岛内政治生态的变化，中国共产党的对台方针政策在坚持一个中国原则不动摇基础上，更突出强调和平发展是两岸关系的主题；强调寄希望于台湾人民的方针决不改变。

（一）台湾同胞是发展两岸关系的重要力量

2000年3月台湾局势发生重大变化，民进党候选人陈水扁成为台湾当局新领导人。他上台后，顽固坚持"台湾是主权独立国家"的分裂立场，拒不接受一个中国原则、不承认"九二共识"，阻挠在一个中国原则基础上恢复两岸谈判，继续推行"去中国化"、"文化台独"，在背离一个中国原则的道路上，台湾当局越走越远。在这样的形势之下，祖国大陆对台湾当局已不抱任何幻想，台湾人民成为发展两岸关系、促进和平统一的主要力量。

2002年11月，江泽民在党的十六大报告中指出"解决台湾问题、实现祖国的完全统一，我们寄希望于台湾人民。台湾同胞具有光荣的爱国主义传统，是发展两岸关系的重要力量。"① 这标志着我党对台工作由"寄希望于

① 《十六大以来重要文献选编》（上），中央文献出版社，2005年2月版，第34页。

台湾当局，更寄希望于台湾人民”的方针转向了“寄希望于台湾人民”。

（二）寄希望于台湾人民方针决不改变

2004 年台湾“大选”民进党当局获得连任，“台独”气焰更加嚣张。台湾局势的演变，使做好台湾人民工作的重要性更加突出。2005 年 3 月，胡锦涛就新形势下发展两岸关系提出四点意见，其中提到“贯彻寄希望于台湾人民的方针决不改变”，指出：台湾同胞是我们的骨肉兄弟，是发展两岸关系的重要力量，也是遏制“台独”分裂活动的重要力量。“台独”分裂势力越是想把台湾同胞同我们分隔开来，我们就越是要更紧密地团结台湾同胞。无论在什么情况下，我们都尊重他们、信赖他们、依靠他们，并且设身处地地为他们着想，千方百计照顾和维护他们的正当权益。“四点意见”将“寄希望于台湾人民”的工作方针提升到重要的战略高度。

（三）最大限度为台湾人民谋福祉

2007 年 10 月党的十七大政治报告重申“凡是对台湾同胞有利的事情，凡是对维护台海和平有利的事情，凡是对促进祖国和平统一有利的事情，我们都会尽最大努力去做”，“我们理解、信赖、关心台湾同胞，将继续实施和充实惠及广大台湾同胞的政策措施，依法保护台湾同胞的正当权益”，①进一步深化了寄希望于台湾人民的方针。

2008 年 12 月，胡锦涛发表“携手推动两岸关系和平发展同心实现中华民族伟大复兴”的讲话，提出了在新形势下推进两岸关系和平发展、促进祖国和平统一，实现中华民族伟大复兴的六点意见。其中提到将两岸关系的现实需要同两岸同胞的切身利益更加紧密地结合起来，让更多的台湾民众参与到两岸全方位交流中来，共享两岸关系和平发展的成果。这使寄希望于台湾人民的方针具体转化为准确把握台湾人民的思想脉搏，真正理解他们的心愿和感受，最大限度为台湾人民谋福祉。

纵观上述寄希望于台湾人民方针的历史发展，有几个明显特点。

第一，与时俱进。从党的“寄希望于台湾人民”方针的演变和发展脉络，可以清楚地看出，随着两岸形势的发展，中国共产党坚持解放思想、实事求是、与时俱进，不断研究台湾新情况、新问题，适时地调整“寄希望

① 《十七大以来重要文献选编》（上），中央文献出版社，2009 年版。

于台湾人民”方针的侧重点。

第二，坚定不移。几十年来，台湾经历了蒋介石、蒋经国、李登辉、陈水扁、马英九等不同政治人物主政时期，经历了国民党、民进党的几度政党轮替，但不论谁在台湾执政，不论台湾政局如何变动，我党“寄希望于台湾人民”方针从未动摇过。即使是在岛内分裂势力活动猖獗的情况下，我们“寄希望于台湾同胞”的方针不仅没有动摇，反而进一步强化。

第三，以民为本。“寄希望于台湾人民”方针虽然经历了不同的历史时期，有过不同的侧重面，但其基本精神是一脉相承的，这就是在对台方针政策上充分尊重台湾同胞的意愿，以台湾人民的利益为重，重视台湾人民在发展两岸关系、实现和平统一中不可替代的作用。

当前，台湾的主流民意中多数人要求维持现状，求和平、求安定、求发展，存在极大的可塑性，通过长期不懈的努力和工作是可以改变的，能够使之向着有利于和平统一的方向转化，为实现海峡两岸的最终统一构建广泛的民众基础。在未来相当长的时间内，中国共产党必须继续坚持“寄希望于台湾人民”的方针，认真而细致地做好台湾人民的工作，尊重台湾人民意愿，维护台湾人民的根本利益，引导台湾主流民意的转变，增强台湾民众对祖国和平统一的向心力，这是实现祖国完全统一必须完成的任务。

台湾南北差异的形成及对选举之影响

福建社会科学院现代台湾研究所　单玉丽

南台湾是台湾中小企业、中间选民、中下阶层高度集中的地区。长期以来，由于台湾南北发展差异难以缩小，直接影响了选民的政治倾向，从2012年1月14日的选举中可见一斑。与此同时，多年来，南台湾与大陆的交流与合作相对台湾北部而言也处于弱势的不利地位。在目前两岸已全面“三通”、ECFA正在实施，两岸大合作、大交流、大发展局面已然形成的形势下，应针对南台湾经济社会发展相对滞后，南部一些当政者已开始觉醒，民众也逐步认同两岸合作重要性之情势，全面推动大陆与南台湾的交流与合作，这不仅有利提振南台湾的发展水平，有利于推动南台湾社会走向开放，缩小民进党政治操弄空间，转变南部民众的政治认知，而且对切实贯彻落实“寄希望于台湾人民”方针，夯实两岸利益基础，深化两岸关系和平发展也具有深远意义。

一、台湾南北经济差异对选举的影响

经济议题是影响台湾“大选”的重要因素，经济发展得好，民众普遍“有感”，对选举就可以起到加分的作用，但是如果没有处理好工农收入、区域经济、城乡均衡发展的关系，经济议题也会成为选举的“杀手锏”。所谓“水能载舟，也能覆舟”。因此，无论是国民党还是民进党在历次选举中都紧紧抓住经济议题做文章，而南北差异更是成为蓝绿攻防策略中的重要砝码。1月14日的选举结果再次表明：台湾南北经济发展水平的落差对选举具有重要影响。

（一）南台湾绿营票仓的基本格局

2012年1月14日台湾“大选”尘埃落定，马英九以689.1万多票，

51.6%的得票率胜选，超过蔡英文近80万票，结果与此前大多数预测的“低空掠过”好很多。但从南部得票数和得票率看，此次选举包括台南市、高雄市、屏东县、云林县、台东县、嘉义县、嘉义市7个县市在内的南部地区，绿营所得票数为229.18万票，得票率为54.7%；蓝营所得票数包括亲民党在内为190.1万票，得票率为45.3%。蓝营得票数比绿营少39万票，得票率比绿营少9.4个百分点；而2008年在南台湾蓝绿得票数相差仅4.6万票和1个百分点。2012年绿营在南台湾的得票数和得票率都增加了不少（见表1），可见北蓝南绿的基本格局并未改变，而且有强化的态势。2012年绿营在南台湾各县市得票率高低依次为：嘉义县、台南市、云林县、屏东县、高雄市、嘉义市、台东县7个县市，与2008年各县市绿营得票率排名完全一致（见表1）。

表1　民进党在南台湾选情比较

	2008年		2012年		2012比2008（+或-）	
	得票数	得票率及排名	得票数	得票率及排名	得票数	得票率
全台合计（民进党）	5444949	41.55	6093578	45.63	648629	4.08
其中：云林县	199558	51.53③	214141	55.81③	14583	4.28
嘉义县	166833	54.44①	181463	58.58①	14630	4.14
嘉义市	72442	47.61⑥	76711	51.04⑥	4269	3.43
台南市	571224	53.34②	631232	57.72②	60008	4.38
高雄市	814267	49.75⑤	883158	53.42⑤	68891	3.67
屏东县	249795	50.25④	271722	55.13④	21927	4.88
台东县	29714	26.68⑦	33417	30.50⑦	3703	3.82
7县市合计	2103833	50.55	2291844	54.66	188011	4.11

注：2008年高雄市数据已包含原高雄县数据，台南市亦然。

（二）经济发展水平与选举结果相关性分析

通过分析台湾南北差距及各县市得票率与经济发展水平的关系，可看出经济越落后的县市，绿营的支持者越多。

从GDP总量和人均GDP水平看，2011年南台湾GDP约占全台的28.4%，小于人口数占全台人口总数的比重（31.3%）。在7个县市中，除高雄GDP比重（12.4%）略高于人口比重（11.9%）之外，其余县市人口比重均高于GDP比重。各县市若与台北市比较，差别就更大。2011年台北市 GDP 为 817.4 亿美元，人均 GDP 为 31214 美元。台北市人均 GDP 分别是云林县的 1.96 倍、嘉义县的 1.86 倍、台东县和屏东县的 1.8 倍，比南台湾最发达的高雄市也高出 43.6%。以人均 GDP 衡量，2011 年各县市从高往低依次为：高雄市、嘉义市、台南市、屏东县、台东县、嘉义县、云林县（见表2）。南台湾人均 GDP 比全台平均水平少 1218 美元，人均 GDP 最少的云林县仅为全台平均水平的 78.9%。

表 2　南台湾各县市 GDP（2011 年*）

县市	GDP（亿美元）（排名）	人均 GDP（美元）（排名）
云林县	114.1（4）	15901（7）
嘉义市	52.9（6）	19436（2）
嘉义县	91.4（5）	16817（6）
台南市	341.0（2）	18198（3）
高雄市	602.7（1）	21732（1）
屏东县	151.2（3）	17315（4）
台东县	39.9（7）	17305（5）
南台湾合计（亿美元）	1374.9	18921 美元/人
全省 GDP（亿美元）	4847.1	20139 美元/人
南台湾占%	28.4	南台湾为全省平均的 93.95%

资料来源：http：//bbs.cnhubei.com/thread－2536321－1－1.html，＊为预测数。

从人均可支配收入看，南北也存在较大差距。2010 年云林县人均可支配收入为 14.24 万元（新台币，下同），嘉义县为 13.94 万元，分别是台北市 30.54 万元的 46.63% 和 45.65%，嘉义县还不及台北市的一半；而最高收入的高雄市也只是台北市的 74.03%（见表 3）。由于农村家庭平均人口相对城市多，以户均可支配收入比较，南北差距更为突出。2010 年台北市每户可支配所得是高雄市的 1.49 倍，差距是四年来最大，与台南市相比，更达 1.75 倍的十年新高，显示南北所得差距持续扩大。①

表 3　南台湾各县市人均可支配收入　　　单位：新台币

县市	人均可支配收入（万元）
云林县	14.24
嘉义市	16.11

① 华夏：《台湾南部与北部的差距如何改善》，《海峡了望》2012 年第 3 期。

续表

县市	人均可支配收入（万元）
嘉义县	13.94
台南市	20.13
台南县	15.70
高雄市	22.61
高雄县	17.60
屏东县	17.09
台东县	15.03

资料来源：2010 年台湾各县市城市人均可支配所得，http：//tieba.baidu.com/f? kz = 1362403762 2012－1－13。

再从基尼系数来分析。根据台湾学者研究，以衡量收入分配差异程度的基尼系数来分析台湾各县市的贫富情况，结果表明，经济较好的区域所得分配较平均，经济不好的区域所得分配较不平均。[①] 在全台所得分配不均的县市中，南台湾占较大的比例。1994～2004 年间，所得分配较不均衡的县市依次为：台南县、澎湖县、花莲县、云林县、新竹市、嘉义县、台东县、屏东县、南投县、宜兰县等 10 个县市，南台湾占了半数。2004 年，南台湾各县市基尼系数在全台的排名依序为：屏东县（第 8 名）、台南市（10）、高雄县（11）、高雄市（12）、台南县（13）、云林县（17）、嘉义县（19）、嘉义市（21）、台东县（22）。[②] 排名越后，表明所得越不均衡，而这一状况到目前也没有得到扭转。

从南台湾各县市绿营得票情况和经济发展水平的比较中可见，最“绿”的嘉义县绿营得票率高达 58.6%，该县也是南台湾经济最落后的区域。人均可支配收入居南台湾各县市之末，基尼系数在全台各县市中倒数第 4 位，2011 年该县 GDP 为 91.4 亿美元，人均 GDP 仅 16817 元，在南台湾倒数第二。云林县各项经济指标排名也是居后，而绿营得票率在该县亦高达 55.81%，显示区域发展水平与绿营得票率呈正相关系。这也是民进党不断利用经济议题操纵选举的重要原因。

① 基尼系数最小等于 0，表示收入分配绝对平均；最大等于 1，表示收入分配绝对不平均；实际的基尼系数介于 0 和 1 之间。基尼系数越大，则收入分配越不平均；基尼系数越小，则收入分配越接近平均。

② 《低收入户生活扶助对台湾各县市所得分配的影响》，nccur.lib.nccu.edu.tw/bitstream/140.119/3…2010－1－10。

还需要关注的是，此次“大选”，南台湾的投票率比 2008 年降低了近 6 个百分点，为 74.38%，虽然比全台投票率 74% 略高，但除了台南和高雄的投票率分别达 74.2% 和 75.9% 外，其他几个县市的投票率都低于全台投票率，如云林县 68.9%、嘉义县 72.5%、嘉义市 73.5%，且民进党正副候选人蔡英文和苏嘉全的老家屏东也只有 72.7%，蔡英文在屏东仅赢马英九 6 万票。① 南台湾选民的“一反常态”，其中经济因素也起了重要作用。因为南部县市以农渔业为主，不少基层农民之所以一直力挺民进党，主要是认为国民党“重北轻南、重财团轻基层”，多年来南北差距始终难以缩小。但 2008 年 5 月国民党重新上台后致力改善两岸关系，尤其在 2010 年 6 月两岸签署 ECFA 后，18 种岛内主要水果和渔产品纳入早期减免税计划，有利于南部农民开拓大陆市场。同时，大陆以契约方式直接向台南市学甲镇的渔民收购虱目鱼，避免了中间商的剥削，增加了渔民收入，尽管多数农渔民表示“政治归政治，经济归经济”，不会因为大陆的优惠政策而改变支持人选。但不可否认，大陆的惠台政策及其对台湾经济增长的帮助，南台湾民众是看在眼里，记在心里了。蔡英文一再否定“九二共识”，在国际经济环境不断恶化的情形下，若两岸经贸合作放缓甚至停滞，台湾经济可能陷入比“无感”更可怕的境地，这令原本支持民进党的南部民众忧心不已，担心大陆惠台政策更难以落实到南台湾，从而影响到其切身利益。以学甲为例，往年选举蓝绿的支持度大致为三比七。2008 年“大选”，学甲有 65% 投给谢苏配，35% 投给马萧配，而今年只有 57% 支持蔡英文，31% 支持马英九，12% 支持宋楚瑜，蓝营支持率提高了 8 个百分点。②

二、台湾南北差距的形成、困境与期待

（一）南北差距的形成

台湾南北经济差距形成的背景较复杂，有历史的原因，有资源布局的关系，有经济发展水平的差异，更有国民党当局长期“重北轻南”政策的影响，以及民进党执政后刻意强化“南部意识”和南北矛盾的政治操作所导

① 朱穗怡：《台南部民心思变泛绿板块松动》，大公网，2012 年 2 月 16 日。

② 《中国钱进小镇 对学甲选举影响有限》，www.businessweekly.com.tw/press/content.p…2012 年 3 月 25 日。

致的主观感受扩大等。

20世纪50年代以前，台湾一直是以农业为主体的经济结构，由于南部开发较早，人口较密集，南北经济差距不大。国民党退踞台湾后，近百万军公教人员均集中于以台北市为中心的北部地区和南部都会区。此后，随着北部政治经济文化中心的形成与经济快速发展，人口迅速向北转移，尤其是60、70年代，台湾工业化进入快速发展阶段，包括财政、教育、基础设施、人才等进一步在北部集聚，到60年代中期北部人口首次超过南部地区，南北差距快速扩大。80年代以来，台湾高科技产业异军突起，迅速成长为台湾的支柱产业，其中高科技产业90%以上集中于北部地区。据1996年台湾出版的《资讯电子工业年鉴》记载，当时台湾主要信息电子厂商为264家，其中北部的台北县市、新竹县市（科学园区）与桃园县共有244家，占厂商总数的93.2%，中南部仅占不到7%。在工业方面，北部制造业工厂数量所占比例由1954年的32.97%上升为1991年的46.73%，南部所占比例则由1954年的33.32%降至1991年的26.42%。到20世纪90年代末，南部工商企业登记数量为14.4万家，而北部则多达22.7万家，其中仅台北县就超过10万家。到90年代末，北部地区人口占了台湾总人口的43%，而南部地区降到14%左右。①

2000年民进党上台后，采取“遏北扬南”的策略，限制蓝营执政的北部地区特别是台北市的发展，试图以此达到“南北平衡”，但结果不仅没有缩小南北差距，反而扩大了这种差距，加深了南北矛盾。其采取的主要措施，一是在财政预算上极力向南部倾斜。尤其是增加了其大本营高雄的“统筹分配款”，同时减少对蓝营重镇台北市的拨款，有意把台湾经济和文化建设中心南移；二是遏制台北市的国际性活动。如台北市举办的“亚太文化之都”、棒球世界杯赛等活动，都曾受到陈水扁当局的阻挠与抵制。三是提供优惠，鼓励民间和地方政府投资南台湾。四是加大对南台湾的公共建设，以图改善南台湾环境。然而，由于陈水扁当局一方面财经政策出现颇多失误，执行力不足，缺乏对南台湾发展的长远规划，放牛吃草，加上贪腐，不少下放地方的预算变成昙花一现的烟火，很多公共建设沦为使用率极低的蚊子馆，零散的民间投资也很难发挥聚沙成塔的力量。② 更加之民进党千方

---

① 王建民、毕福臣：《台湾省地理》，福建人民出版社，2002年，第1版。

② 华夏：《台湾南部与北部的差距如何改善》，《海峡了望》2012年第3期。

百计阻挠两岸经贸往来，使得南台湾与大陆的各项交流合作都远不及北部，南台湾因此失去了许多发展的机遇，造成两岸交流北热南冷。因此，在民进党执政近 8 年的时间里，其“抑北扬南”政策，并没有给台湾南部民众带来多少实际利益，南北差距反而进一步扩大。突出表现在：北部工商业发达，产业以服务业和高新科技产业为主，是台湾的经济重心和高科技中心；而南部经济还是相对落后，农业仍占重要地位，尤其在浊水溪以南的云嘉地区，农业人口比例偏高；工业则以传统工业与污染性的重工业为主。全台湾第三产业产值占 GDP 的 65% 以上，而南部所占比例仅为 24.8%。[①] 民众生活品质和健康也深受影响，台湾成功大学医学院公共卫生研究所陈美霞教授曾指出，台湾南部民众的生活质量没有因民进党上台而向上提升，反而差距愈来愈大，作为人民健康重要指标的平均寿命，台湾南部民众过去 10 年来比北部民众平均少活两岁左右。[②] 这种南北差异逐步演变成台湾社会突出的结构性问题，对台湾的投票行为和政治生态产生了深远的影响。

（二）马英九缩小南北差距的努力与“成效”

为扭转“重北轻南”政策及其造成的后果，改变国民党在台湾南部的竞选劣势，有效缩小南北经济差异，获得南部民众的认可，马英九上台后，采取多项措施力推南台湾经济社会发展，包括加强行政区域管理，将台南县市、高雄县市合并，希望其成为带动南部发展的火车头。改善基础设施，积极推动高铁云林设站，在嘉义兴建故宫博物院南部院区，在屏东推动大鹏湾风景区开发等交通与观光建设等。2010 年 5 月马英九公布施行“曾文、南化、乌山头水库治理及稳定南部地区供水特别条例”，编列分年预算新台币 540 亿元，改善、稳定南部供水；改建老旧桥梁，计划在 2 年内将 47 座桥梁改建完成，较原规划提前将近 4 年。马英九在 2011 年 11 月 9 日南下高雄时特别强调，国民党执政后，平均每年在高雄花的钱超过民进党时代，并承诺未来还要在高雄地区推动包括铁路地下化、高雄港洲际货柜中心第二期工程、海洋文化及流行音乐中心、世界贸易展览会议中心等“10 大建设”。然而冰冻三尺非一日之寒，解冻也非一日之功。虽然马英九当局努力发展南台湾并取得一些成效，南台湾民进党籍执政者也曾给予肯定，但马英九对南部

① 李玲、李松林：《南北经济差距与 2008 选举》，《台湾周刊》2007 年第 36 期。
② 李玲、李松林：《南北经济差距与 2008 选举》，《台湾周刊》2007 年第 36 期。

承诺的重大建设政见也的确出现跳票，南北差距仍然客观存在，从而成为民进党大肆攻击的把柄。出于选举的需要，民进党不顾自身执政8年时间里，不仅没有提升南部民众的生活质量，反而使得南北差距愈来愈大的现实，质疑国民党施政措施，把南部经济落后于北部的原因全部归罪于“国民党压迫”的结果，宣称“泛蓝的‘拼经济’主要是促进外省人居多的北部经济的发展，不会惠及南部”，“只要国民党不下台，南部民众在岛内将永无出头之日”；“只有选择代表台湾本省民众的民进党，才能使南部民众首先在政治上‘出头天’，并得到教育、就业、社会福利等各方面的保障，最终实现经济上的发展”，误导民众错误认知南北差距与建设成果，使南部民众普遍萌生了对国民党的不满情绪，认定国民党不能代表南部民众的利益。这种看法对台湾的选举产生了不可低估的影响。在2000年“总统”选举中，浊水溪以南的地区，民进党“陈吕配”的得票数比其他两组候选人的总得票数还要多8.5万张选票（不含高雄市）。2011年5月20日民进党籍的高雄市长陈菊、云林县长苏治芬、嘉义县长张花冠、台南市长赖清德、屏东县长曹启鸿等在其召开的记者会上批评马英九当局“重北轻南”，质疑马英九执政以来，对南部承诺的重大建设政见一再跳票，赖清德以“台北盖捷运，台南铺农路”来形容南北差距。“重北轻南”不仅成为绿营政治人物和产业界人士的“口头禅”，更成为国民党的紧箍咒，成为蓝营难以承受之重。① 因此，虽然马英九执政以来，借助两岸经济合作，成功抵御国际金融危机的冲击，2010年出现恢复性的高速增长，地区生产总值达4200亿美元，GDP实现10.82%的大幅增长，创下24年来的新高，比台湾一直视为竞争对手的韩国6.1%的经济增长率高出4.7个百分点。2011年尽管受到欧美金融危机的深刻影响，全年仍有4.5%的经济增长水平，居亚洲“四小龙”之首。但是4年来，由于马英九当局推出的“经济牌”涉及发展南部经济和缩小南北差距的措施有限，缺乏长远的推动南台湾发展的规划和策略性措施，失业率高居不下，贫富差距难以缩小、南北差距扩大，加之民进党在民生福利方面一直攻击炒作，以致国民党的经济议题，马英九的经济发展政绩难以得到台湾民众的普遍认可，这也是2012年选举结果南北政治版图未能有大的松动，南台湾显得更“绿”的重要原因。

---

① 《“国民党不懂南部人”蓝营南台湾不可承受之重》，news. ifeng. com/gundong/detail _ 2010 _ 11/01/…2010年11月1日。

（三）南台湾对加强与大陆交流合作的期待

在近30年的两岸关系发展中，由于南台湾主要是民进党执政的县市，当政者顽固坚持“台独”路线，拒绝与大陆往来，一意孤行的结果是失去了无数的商机。30多年来，南台湾民众到大陆旅游、探亲、参访与经商活动比较北部要少得多，尤其是南台湾的农渔民与基层劳工到大陆的机会更少，造成了南台湾民众对大陆了解不多甚至受民进党的片面宣传和蛊惑而排斥大陆的现象，也造成了大陆难以与南台湾交流的事实，两岸日益相互开放的市场南台湾难以从中获利。目前，海峡两岸贸易额巨大，一年超过1000亿美元，但主要是北台湾和中台湾与大陆沿海地区的贸易，估计占两岸贸易总额的80%，南台湾与大陆的贸易比重很低，不超过20%。台商对大陆投资也主要是北台湾的企业。唯有在农产品贸易方面，南台湾与大陆的贸易比重较高。在两岸通航、经贸合作安排中，因南台湾经济、人口劣势，获得的利益分配也大大低于北台湾。两岸航运协议中有关海上航运港口的安排，台湾对大陆开放基隆（含台北）、高雄（含安平）、台中、花莲、麦寮与布袋等六个港口，其中南台湾只有一个高雄港（包括安平港）。在两岸直航运输航点与航班安排中，南台湾获得的份额也非常少。① 南台湾在两岸经济合作中出现的边缘化趋势，无疑在相当程度上影响了南台湾的经济发展。

目前，台湾经济发展面临的岛内外形势十分严峻，对南台湾来说，中小企业和农业面临的挑战更为严峻，他们已充分意识到加强与大陆合作的重要性，期盼着与大陆的双向交流与合作，以尽快缩小南北差距，其急迫的心态从各阶层呼吁中可见一斑。如2008年11月原订陈云林于5日晚间与台湾南部农渔界代表举行座谈会，使南部各方人士对这场座谈所带来的商机期待不已。高雄渔业界重要的高雄区渔会、围网公会、鱿鱼公会、鲔鱼公会、渔轮公会等代表中一些人取消了早已安排的海外行程，期待当面向陈云林诉说两岸渔业问题，提出行政措施的建议，争取南台湾发展的生机。然而由于张铭清被推倒事件，出于安全考虑，在陈云林赴台前夕取消了这场座谈，南部农渔界代表认为取消座谈会就意味着失去了台湾农渔业的重大商机，因此感到十分遗憾和失望。这也从一个侧面反映了南台湾对加强与大陆交流合作的深

---

① 王建民：《如何改变南台湾与大陆的互动关系》，《中国评论》月刊2010年10月号，总第154期。

切期待。

三、加强大陆与南台湾的全面合作

台湾南北差异的存在，不仅影响着南台湾民众的生活水平和选民的政治倾向，也影响着南台湾民众对大陆的认知和认同，加之“台独”势力的片面宣传以及台湾选举政治中一再强调“民主化”与“本土化”，造成南部民众一方面有较深的在地主体意识，时常出现草莽激情干预理性思维的现象，对于两岸关系的发展或是比较淡漠或是受蛊惑而反对。目前两岸关系和平发展处在重要时期，加强与南台湾的合作不仅要注重经济层面，还应从社会文化等多层面强化交流合作，努力改变目前的蓝绿光谱格局，以纾解南北差距对台湾选举的影响。

（一）全面开放台湾农产品零关税进入大陆

台湾农业主要集中在南台湾。台湾农产品生产量和出口量对大陆庞大的市场而言是十分有限的。目前，台湾农业在三次产业中的比重仅为1.58%，农业总产值为2146.22亿元新台币，约合68亿美元。包括粮食作物在内的规模化生产的农作物种类约77种，其中蔬菜类35种、水果19种、花卉13种。农产品出口额39.85亿美元，占台湾出口总额的1.52%（见表4）。台湾农产品出口市场主要分布在日本、香港、新加坡、美国和加拿大。其中日本、香港和美国为台湾三大农产品出口市场，占台湾农产品出口总值的近70%。加上岛内市场消费需求，可以出口到大陆的产品并不多，因此可以考虑扩大甚至全部开放台湾农产品零关税进入大陆市场。

与此同时，进一步细化对台农产品零关税的实施细则和落实步骤。从目前情形看，大陆一系列惠台政策没有达到应有的效果，相当程度上是台湾现执政当局在落实大陆惠台政策中的行为偏差造成，如大陆对台湾的农产品采购，除了台湾农会个别领导知晓外，作为生产者和理应从中受益的众多台湾农民并不知道，目前这一情形虽然有所改变，但受利益驱使，无论是“紧急救市”还是“契约”式采购，受益者还是少数农会干部及其有裙带关系和利益关系的行口商、中间商，南部民众未能充分享受到两岸和平发展的果实，也会在一定程度上影响他们的投票意向。未来应在大陆出台优惠政策的同时，要求台湾执政当局有具体配套措施来落实大陆的惠台政策。

表4　台湾农产品进出口情况（2010年）　　单位：万美元

	出口		进口	
	绝对值	比重	绝对值	比重
农产品贸易总额	398530.8	100.00	1275985.2	100.00
农产品	124274.1	31.18	783043.2	61.37
畜产品	110648.5	27.76	234673.1	18.39
水产品	152038.6	38.15	98208.4	7.70
林产品	11569.6	2.90	160060.6	12.54

资料来源：根据台湾"农委会"《农业统计要览2010》整理。

（二）加强与南台湾的特色产业合作

南台湾的产业具有明显的地方特色，以第一产业、重化工业和民生轻工业为主导，产业空间布局清晰，二产和三产主要集中在台南市和高雄市，其他县市多以农业为主。两岸产业合作给台湾带来的好处，对南台湾的企业也产生了不小的影响，尤其是ECFA实施以来，大大增强了南台湾业者希望大陆能加强与之合作的意愿，包括投资南台湾，如台湾义联集团董事长林义守建议，要鼓励陆资到高雄投资地产或大型休闲产业，帮助台湾南部发展，缩小南北差距。他认为，大陆企业到高雄投资，会产生群聚效应，能吸引更多的投资和更多的人到高雄度假、消费，并希望两岸合作的脚步再快一些，当局在相关法令上进行更多的松绑。与此同时，南台湾业界也积极整合资源，以抓住两岸日渐开放而带来的商机。如2011年4月，为因应将开放的大陆旅客赴台自由行，台湾南部医疗、旅游、文创等知名业者建立了"南台湾医疗文创观光乐活联盟"，组团到广州等地行销台湾南部医疗保健旅游，以期吸引大陆游客"南进南出"，推动南台湾经济发展。大陆应抓住这一契机，根据南台湾的产业特点，着重以下方面的合作：

1. 加强临港工业合作

高雄港是台湾第一大国际商港，也是东南亚、印度洋与东北亚间海上航运的转运中心，已形成临海工业区、石油化学工业区和加工出口工业区，集聚了岛内最大规模的炼油、钢铁、造船等企业，不仅是台湾南部重工、化工、机械、建材、炼铝等工业的重镇，也是全台湾重要工业基地。然而近年来，高雄港货物吞吐量在世界排名不断下降，从最高峰时的第3位下降至目前的第12位。由于港口地位的下降直接影响了当地整体经济的发展和民众的生活水平，与大陆合作的愿望也因此更强烈。大陆港口资源丰富，发展潜力很大，港口经济也是大陆着力发展的新的经济增长点，应发挥大陆沿海尤其是福建的优势，加快建设福州、湄洲湾、厦门三大港口群，推动三大港口与高雄港的交流合作，构建福建与南台湾产业合作紧密区域，推动南台湾经济发展。

2. 推动农业合作

南台湾是台湾现代农业的先驱，不仅种植业发达，渔业和畜牧业也十分先进。高雄渔港是台湾最大的渔业区和台湾远洋渔业基地；台南市是台湾的鱼米之乡；台东县制糖与木材加工久负盛名；屏东县素称“台湾的南洋”，是台湾主要农业区之一，盛产稻米，水果产量和品质在台湾首屈一指，畜牧与水产居台湾南部县市之冠，渔业产量居全省渔港第二位，被列为台湾一等渔港。南台湾发达的现代农业，不仅为台湾民众提供了安全、优质的农渔产品，而且在农业合作组织、农产品运销、农业经营模式等方面也有许多值得借鉴的经验。2005 年以来，大陆相继推出一系列惠及台湾农业的优惠政策，ECFA 又获得大陆单方面提供的农产品优惠关税，应将这些政策措施有效地在南台湾实践，加强大陆与南台湾的农业合作，在优良品种、种养技术、农产品运销、农业技术推广模式、农民合作组织、生态环境建设、精致农业、观光农业、农业生物技术、农业信息化等方面开展广泛的交流与合作。

3. 加强以民生产业为主的传统产业合作。

南台湾既有现代大型企业，也有许多传统的中小企业，如集中在台南的橡胶、化学、机械、电器、金属制品、纺织、食品等工业，大陆应加强与南台湾的以民生产业为主的传统产业合作。目前，两岸都存在推动传统产业转型升级的压力。在两岸签署的 ECFA 早收清单中，基本上都涉及上述产业和产品。其中在大陆对台湾实施降税的产品中，有石化产品 88 项、机械产品 107 项、纺织产品 136 项、运输工具 50 项；在台湾对大陆实施降税的产品中，也包括了化工产品、机械产品、电子产品、汽车零部件、纺织产品、轻工产品、冶金产品、仪器仪表产品及医疗产品等，其中大部分是台湾需要的原物料，很少有下游产品或是台湾具有竞争力并与大陆对等开放的产品，这对推进南台湾与大陆中小企业开展互补性交流与合作十分有利。

（三）持续办好“海峡论坛”

“海峡论坛”是以民间为交流主体的两岸综合性大型交流平台，始办于

2009年5月，其以“扩大民间交流、加强两岸合作、促进共同发展”为主题，坚持“民间性、草根性、广泛性”。几年来，海峡论坛以其内容的丰富性、参与人员的广泛性、参与人数的规模化，成为推动两岸同胞大交流、促进两岸各界大合作、开展两岸基层对口大联谊的民间交流合作活动，受到两岸民众的广泛欢迎，成为一年一度的两岸民间交流嘉年华。文化交流是海峡论坛极其重要的内容，尤其是一些民间信仰活动、饮食文化等的交流，深受南台湾民众喜爱。如2011年的第三届海峡论坛，开展了妈祖、关帝、陈靖姑、定光佛、齐天大圣和郑成功等民间信仰活动；举办了家族联谊、亲子阅读交流、烹饪大赛、体育竞技、影视展映展播等民众喜闻乐见的活动。举办的台湾特色庙会，名品特产等则展示了两岸饮食同源；而闽台宗亲联谊、族谱对接等祖地特色文化活动，更是把两岸血浓于水的深厚渊源展现于世，充分体现两岸民间信仰、民间文化的源远流长，这对拉近南台湾同胞的亲情和友情，修复被人为割裂的历史记忆，推动两岸共同的文化认同和民族认同，进而自觉内化为共同的价值取向具有重要意义。要在现有基础上，不断总结经验，在分论坛的设立上要更多地围绕草根性文化和民生问题加强与南台湾文化团体、中小企业和农业组织的交流合作；在邀请对象上，要精挑细选，尽量让没有到过大陆的台湾劳工阶层、青年学子、妇女参加论坛活动，让他们亲身感受大陆的巨大变化和两岸的深厚渊源。通过“海峡论坛”及子论坛，倾听他们的诉求，集思广益寻求解决问题的有效路径，切实帮助他们解决生存、发展、安定、富足的愿望，增强他们对祖国的认同感和向心力。

（四）加强南台湾与闽南文化的交流与合作

南台湾人口主要是闽南移民，南台湾文化与闽南文化一脉相承。数百年来，闽南文化作为入台的闽南移民怀念故土、不忘祖家的心愿与表达方式，在台湾被较为完整地传承下来，融入了百姓日常生活的方方面面。至今从语言、饮食、建筑、生产劳动，到民间习俗、民间信仰、民间艺术、人的性情行为，都浸润着浓重的闽南文化色彩。① 两岸交流合作30多年来，随着两岸关系日趋缓和，两岸闽南民众间交往日益密切，尤其是闽南地区与台湾地区的传统文化氛围浓郁，民间信仰盛行，信徒众多，南台湾民众到闽南进香

① 胡志春等：《闽南文化的历史作用及其弘扬》，福建省炎黄文化研究会等编：《闽台文化研究》，海峡文艺出版社，2008年5月版。

谒祖、进行传统文化交流的活动十分频繁，加之近年来开展了海峡两岸青少年闽南语歌赛、福建民间艺术作品巡展、两岸摄影艺术作品交流展、中国闽南文化节、海峡青年论坛、闽南文化论坛等活动，使南台湾民众对自身文化渊源的了解不断加深，促进了南台湾民众对中华文化的认同，应在此基础上，进一步发挥闽南文化在南台湾的影响力，促进南台湾民众对大陆的认同。一是加强闽南文化的宣传和研究，强化台湾与大陆的“文化脐带”关系。加强对闽南方言、饮食、风俗习惯、民间信仰、乡土文学、民间艺术等传统文化的研究和传承，让更多的南台湾民众了解自己的故土、祖宗先人和文化根源。二是加强媒体合作和信息沟通，扩大传媒影响力。利用已在台湾落地的福建东南卫视，扩大闽南文化宣传，使之成为南台湾民众了解闽南文化、中华文化的重要窗口。充分利用互联网的作用，开办宣传闽南文化的相关网站，突破时空限制，扩大受众群体。三是加快载体建设。加快“闽南文化生态保护区”建设，加快闽南的方言文学、民间音乐、戏曲、民间舞蹈、民间美术、民间手工技艺、民俗、传统体育竞技、民间信仰、消费习俗等的保护工程建设。四是办好“海峡两岸闽南文化节”活动。丰富和完善海峡两岸歌仔戏艺术节、闽南民间艺术节、南音艺术节、全球华人闽南语歌手大奖赛等活动，推动南台湾民众从对区域文化的认同到中华文化的认同再到民族的认同乃至国家的认同。

做南部台湾工作与争取岛内民心的关系

福建师范大学闽台区域研究中心　许　川

前　言

在两岸关系承前启后的上升阶段，南部台湾是两岸力求突破的第二块阵地。这不仅仅是因为南部在人口、地域及行政区划上占据着与北部台湾实力相当的地位，更重要的是南部台湾一度被认为是民进党的大本营，更被视为两岸交往的“禁区”；然它在历史、文化以及民族情感上与大陆却有着千丝万缕的联系。故而，在深化两岸关系和平发展的同时，应该看到岛内主流民意的现状和趋势；在争取岛内主流民意的同时，更应该做好南部台湾工作。换言之，争取岛内主流民意是深化两岸关系和平发展的重要课题，而做南部台湾工作又是争取岛内主流民意的关键环节，即能否做好南部台湾工作直接决定着两岸关系和平发展能持续多久、能走多远。因此，研究南部台湾在争取岛内民心中的地位与作用，对做好南部台湾工作和处理其与争取岛内民心二者之间的关系具有非常重要的现实意义。

一、南部台湾在争取岛内民心中的地位

南部台湾是岛内主流民意能否朝着正面方向发展的决定性力量，是其主流民意的重要组成部分。台湾实行政治民主化至今，民意就一直被当局视为制定内外政策的主要参考依据。当然，台湾民主化的开启就意味存在长达半个多世纪的威权政体将走入历史，人民在政治上翻了身，利益诉求有了合法的表达渠道。尤其是对南部台湾民众而言，自身权利在无形之中被抬升至始

料未及的台阶，这既带有可喜的成分，又具有复杂的因素，本身就具有政治民主化早熟症的特点。在一定时期内就使南部台湾成了岛内政党博弈的灰色地带，其民众也沦为最易被左右的社会群体。尽管南部台湾聚集着大量泛绿民众和多数“独派”人士，然而南部台湾并非铁板一块。从近四年的变化可以窥知一二，主要表现在以下两方面：一是官方党派意识形态色彩逐渐褪色。2008 年至今，民进党人士以各种名义到大陆走访行销，这其中包括党籍“立委”和县市长，形成了前所未有的“登陆热”，这对增进民进党与大陆之间的了解与沟通起着积极作用；二是，如果说两岸关系和平发展是开启南部台湾与大陆交流合作的大环境，民进党人士登陆是促进拉近南部台湾与大陆距离的助推器，那么，民众在选举中的投票意向就应该是对当前两岸关系和平发展局面的认同甚而支持。

2012 年“大选”可以明证。本届“大选”台湾选举民众投票率仅 74. 38% 创历史新低…相较于上次“大选”蓝胜绿 16. 9 个百分点，差距大幅缩小…蓝绿政治版图大致不变”。① 其一：单从数据上看，国、民两党差距有所缩小，民众投票率略有下降。按照一般政治学理论分析，上述现象是民主选举退化的不祥之兆。实际上，此次“大选”展现出与以往不同的选举风貌，理性务实取代了攻讦抹黑，“以前操弄统独、撕裂族群、对立社会等乏善可陈的选举现象正悄然消失”。② 这就表明其并不存在开民主倒车的迹象；其二：蓝绿差距缩小一定程度上表明民众的意识形态逐渐趋同，不再被蓝绿政党所左右支配，主要体现在中间选民板块的扩大和“经济选民”的涌现；民众投票率低并不意味着其不关心台湾“大选”，而是由于在两岸关系和平发展大背景下，不少台湾民众享受到两岸开放交流合作尤其是 ECFA 带来的红利，以往铁杆支持民进党的追随者，既不想红利一夜之间化为乌有也不想背离民进党而支持国民党，故而变得迟疑，选择不投票，满足心灵上的安慰，这一心理被反应在投票率和选举结果上。为此，南部地区逐渐成为争取和维护岛内两岸关系和平发展主流民意不可或缺的部分，并在一定程度上影响着两岸关系和台湾主流民意未来的走向。

南部台湾是两岸经贸合作成效能否持续发挥作用的关键区域，是两岸关

① 《台湾选举民众投票率仅 74. 38% 创历史新低》，网易新闻 2012 - 01 - 16 http：//news. 163. com/12/0116/11/7NSS77OV00014JB6. html

② 许川：《台湾“大选”四大看点》，澳门《九鼎》月刊 2011 年 12 月期，第 41 页。

系和平发展能否深化的重要分水岭。两岸关系能够实现历史突破不仅有赖于两岸政治领袖的高瞻远瞩，更重要的是有赖于大陆经济的腾飞以及两岸经贸合作给台湾带去的和平红利。为此，两岸经贸合作成效是决定着两岸关系能否得以继续保持的重要条件，尤其是在马英九第二任时期，南部台湾对两岸经贸合作成效是否有感，将直接影响着2016年台湾“大选”的走向。如果说2012年大选是“经济选民”拯救了马英九，那么两岸经贸合作的成效就可以是两岸关系发展的晴雨表。

2010年两岸签署ECFA至今，早收清单已在逐步落实，部分民众已受惠于两岸经贸合作的各种好处，“但‘立委’投票结果显示，多数农渔民的心态是‘大陆买归买、投票归投票’，这是两码子事…最受瞩目的是大陆首度对台契作养殖虱目鱼的学甲区，开票的结果，甚至不到2010市长选举的票，ECFA的效应，完全没有反映在选票加分上”。① 从一定程度上反映出两岸经贸合作的力度还是不够的，其效应还没完全发酵，这也警示大陆一定要把握好两岸经贸合作的尺度和评估其所能发挥出的能量，唯此才有助于深化两岸关系和平发展。

近年来，南部台湾政治气候复杂多变，更让大陆在争取南部台湾的时候举步维艰。如新民意代表选举制度的出现，“在其他条件不变的情况下，缩小的选区划分和‘胜者全拿’的规则，在选票的众数定理下，将强化岛内‘立委’席次‘北愈蓝、南愈绿’的格局。”② 无形之中增加了南部更绿的色彩，提高了争取其支持的难度。2012年4月18日，高雄市长陈菊在主持两岸工作小组委员会议上强调：“ECFA届满一年……台湾南部企业对于ECFA的实际效益，感受度明显不足……面对大陆的崛起……高雄市政府主张在符合规范的前提下，与大陆在互动中了解、交流中认识”。③ 台南市也动作频频、紧随其后。然南部台湾县市之所以要与大陆发展关系，主动伸出橄榄枝，其出发点与落脚点都是立足于其发展自身经济的立场。换言之，若是大陆与南部台湾扩大经贸交流合作，将有利于推动两者间关系的提升及两

① 选举观察：《国民党在南台湾输得比较惨!》，中国评论新闻网 2012-01-15 http://www.zhgpl.com/doc/1019/8/0/1/101980118.html? coluid = 93&kindid = 5670&docid = 101980118&mdate =0115004115

② 王茹：《台湾南部的社会政治环境与民进党的政治版图——兼对“南方政治”定义的探讨》，《台湾研究集刊》2007年第2期，第8页。

③ 《陈菊抛出风向球　称将积极处理两岸交流事务》，厦门网 2012-04-18 http://news.xmnn.cn/thxw/201204/t20120418_2264754.htm

地互动，也有利于满足其繁荣经济的欲望，更易获得民心；否则，两岸关系和平发展有可能就此打住，更谈不上什么深化。

南部台湾是岛内政党能否配合大陆制定出积极、理性和务实的两岸政策的原动力，是海峡两岸最终能否走向统一的风向标。众所周知，南部是大陆人民开发台湾的第一块根据地，按道理说这里是最具有大陆特色，最具有大陆情结的地域，也曾一度被视为台湾与大陆联系的脐带，其重要性不言而喻。然时过境迁，此种情势在近几十年来出现了变化：部分人民不再认同自己是中国人，不再认同自己属于中华民族，并图谋以“闽南帝国”取而代之；部分人民不再支持国民党政权，成为民进党“台独”势力的盘踞地，并企图以“台独建国”混淆视听。“本土化”、“台独意识”等毒瘤不断向北伸进侵蚀。2008 年在扁家弊案缠身的情况下还能取得 41.5% 的支持率，这次还略有上升，竟然达到 45%。足以证明其生命力还相当旺盛，民进党的民意根基并未动摇，这显示深化两岸关系和平发展的道路布满荆棘，而南部民众态度的转变将是决定着台湾政党奉行何种两岸政策的重要因素。

不必讳言，南部民众之所以对大陆心存芥蒂，存在所谓“仇共反中”心理，是受到国民党威权政治的政策宣导和民进党“台独”路线的错误指引的综合作用；同时，正是因为民众存在此种意识形态，民进党才固执地认为这就是民意，于是就更加坚定奉行“台独”路线。实际上，从近两次大选可知，以往格局发生了微妙变化，民众已不再是政党使来唤去的麻木群体，而是视自身利益变得理性务实，某种程度上是由于受到了国民党制定、奉行理性务实的两岸政策以及和平红利的影响，并且这种趋势难以扭转。故此，民进党在“大选”败北后才感叹在经济利益面前无能为力，阻挡不了大势所趋、民心所向的现实，故而不得不调整其两岸政策，转型呼之欲出，争取再度向中间靠拢。尽管南部台湾在两岸交往中的作用还未完全凸显，但已有崛起之势。只要加大力度，认真对待，长此以往关注南部台湾，增加两岸了解、增进同胞情谊，不仅南部台湾势必会长久支持两岸开放、交流、合作甚至统合，而且台湾政党也会因时制宜采取积极、理性和务实的两岸政策，共谋台海和平与发展、繁荣与昌盛。

南部台湾是中华民族文化力量能否发挥的重要土壤，是两岸能否共襄中华民族伟大复兴盛举的重大因素。自两岸关系正常化以来，“中华民族”一词就成为两岸交往合作中的最大公约数，成为求同存异、互利共赢、化解隔阂的至佳法宝。2012 年台湾“大选”，台海再次迎来了两岸关系和平发展的最佳时期，这要求大陆必须把握好这一难得的历史机遇。如何深化两岸关系和平发展，如何加强两岸在历史、文化等方面的交流，以及如何为未来开启两岸政治对话和谈判做好铺垫，成为今后四年需要解决的主要任务和目标。

源远流长、瑰丽灿烂的中华民族文化作为非政治因素在促进两岸交往中一直起着不可磨灭的作用，得到了两岸人民共同拥护。更为重要的是，文化交流扮演着连接情感、沟通思想、凝聚认同、弥合分歧、重建共同记忆的基础性作用。在刚结束不久的博鳌亚洲论坛上，国务院副总理李克强多次提及"两岸同胞同属中华民族，两岸经济同属中华民族经济"，[①] 有评论分析到"李克强提出中华民族经济的概念，目的应不是在诉求两岸组成一个封闭的经济圈子，而是期盼两岸双方共同努力，一起来振兴中华民族"。[②] 上海东亚研究所所长章念驰也在《中国评论》4 月刊一文中开宗明义提到："应看到两岸最缺乏的是什么：是信任、是共同经历、是共同记忆、是共同的核心价值、是共同的文化"。[③] 言下之意，就是两岸应该在当前最好时期寻找中华民族历史观，构筑中华民族共同心理与文化。可见，"中华民族"已成为党和国家领导人及专家学者热捧的词汇，这既表明了中华民族具有强大生命力得到各方认可，也指出了往后十年里应当继续以站在中华民族的利益高度来审视和发展两岸关系。

然而，民进党执政期间，在全台各地尤其是南部地区大肆推动"去中国化"，不断升级"台独"活动，蓄意强化本土意识左右台湾社会的意识形态，给台湾民众造成极大干扰，致使台湾民众在文化认同上出现严重偏差；同时也导致了一场深刻的中华文化危机，使得台湾人民对祖国的向心力日趋减弱；加之南部民众受"本土化"意识和自身文化水平、素质、经济发展之限，很难跳脱出"闽南帝国主义（民族）"思维定式，给两岸交往带来极大的隐患。争取台湾民心需要大陆与台湾民众手拉手、心连心，尤其是对南部台湾民众的交流，中华民族是最好的纽带和桥梁、工具与手段。南部台湾能否成功扮演应有的地位和作用，直接决定着中华民族在南部有多少市场，也直接影响着中华民族伟大复兴的进程。

南部台湾是争取岛内民心能否减少外部环境影响的重要条件，是能否借

① 《李克强会见吴敦义一行》，人民网 2012 - 04 - 01 http：//politics. people. com. cn/GB/99014/17564643. html。

② 《博鳌"吴李会"凸显的两大关键词》，《工商时报》（台湾）2012 年 4 月 4 日社论

③ 章念驰：《进一步解读台湾"大选"》，《中国评论》（香港）2012 年 4 月刊第 15 页。

助于一切有利因素和条件发展两岸关系的有力保证。当前，尽管台湾海峡呈现出了一片升平景象，然而影响甚至破坏两岸良性互动的潜在危险仍然存在，这既包括岛内千万百计兴风作浪的“台独”分子也包括海外反华势力，尤其是来自于国际方面的压力越来越大，越来越咄咄逼人，美国不仅高举大旗重返亚太，还有意出售 F－16C/D 战机给台湾等，大陆周边特别是南海问题持续升温，给两岸关系也带来了或多或少的负面影响。实际上，美国长期以台湾作为围堵遏制中国大陆崛起的最有力最有效的棋子，主要是看到了南部台湾民众的思想意识形态和社会政治经济环境不可轻易改变的特性，故而才满怀信心的驾驭于两岸之间。因此，巩固和深化两岸关系和平发展要减少外部环境的影响也应当从南部台湾做起，从南部台湾瓦解国际反华势力的图谋。

随着两岸关系和平发展的逐步推进，美国等国际势力不愿意看到两岸关系进步得太快、走得太近，以免威慑到自身在亚太地区的国家利益，企图从内外两个方面阻断两岸关系的大好局面：一是“积极主动”为南部台湾出谋划策，AIT 在 3 月上旬发布“南台湾白皮书”，对高雄、屏东及台南地区的经济发展提出建议，一位官员更是毫不忌讳道：“台湾民间和政府把观光客的注意力都放在陆客的身上，忽略了其他国家旅客，在他的感觉，陆客来台是增加了，但其他国家来台的观光客似乎是减少了。”① 显然摆出了一副对此种情形的不满姿态，并试图通过主动示好获得南部民众对其的好感。这一举措连续了三年，内容范围不断扩大，反映出美国也看到了南部台湾对维护其国家利益的重要性；二是不断怂恿南海国家，升温南海紧张局势，意图使中国陷入南海泥潭，无暇顾及两岸问题。可以看出美国挖空心思的目的不外乎是想重新取得两岸问题的主控权。

为此，归根结底，中国和美国未来争夺的焦点和地域有可能就转移到了双方在南部台湾的较量，谁先争取到南部地区的民心，谁就能够先发制人。权衡各种利弊得失，南部台湾应当成为争取台湾民心的主要阵地，若是能够成功，不仅能够瓦解反华势力分化中国的图谋，还能团结海内外一切可以团结的力量共同巩固和深化两岸关系和平发展。

---

① 《AIT 白皮书：南台湾最重要是吸引外资》，中国评论新闻网 2012－03－07 http://gb.chinareviewnews.com/doc/1020/3/3/1/102033168.html? coluid=153&kindid=0&docid=102033168&mdate=0307172200

二、南部台湾在争取岛内民心中的作用

前文分析了南部台湾在深化两岸关系和平发展和争取岛内民心中的重要地位，可以看出，南部台湾应当成为巩固和深化两岸关系和平发展的发动机，也应当成为两岸共同维护国家统一、实现中华民族伟大复兴的助推器。若是能做好南部台湾工作，就有很大可能争取到岛内民心对两岸交流的认同与支持，也必将在两岸关系中扮演着不可替代的角色和发挥着不可估量的作用：

第一，有利于两岸共同传承中华民族优良传统，增强国族认同，为两岸最终统一提供精神动力。诚然，把南部台湾列为对台工作的主要方向和重点来抓，体现了大陆在处理两岸问题时能够在兼顾经贸合作交流的同时还能透过人员往来增进相互间友谊和情感及互信，建立起两岸同属中华民族的基本架构。中华民族是两岸从历史过渡到当前，从分离走向统一的重要建构者，是原汁原味的推动力。几年以来，在两岸关系不断恢复、修复和完善之中，中华民族在传承优良传统中的作用逐渐凸显，对增强国族认同的作用也越来越明显。

其主要体现在两岸对传承和追忆中华民族文化上的热情高涨。不仅两岸当局高度重视，而且民间（基层民众）也十分追捧。一方面是对中华民族祖先的共同追忆。在台湾，不论是北部还是南部，每逢黄帝或孔子诞辰日，下至地方首长上至当局领导人，都会亲自遥祭，以示台湾文化血统源于华夏大地，两岸有着共同的历史记忆与追求；另一方面是对民族英雄的共同纪念。在民族英雄郑成功开台 351 周年纪念日，由“内政部长”李鸿源任主祭官，台南市长赖清德、金门县副县长吴友钦等人担任陪祭，“今年……并没大陆代表团，但有参与世界闽南文化节的两岸学者前往观礼，延平郡王祠的里里外外，有更多的陆客观光团，对于台湾如此隆重的奉祀郑成功，许多人都拿出相机与录影机，纪录整个活动过程”。① 场面相当壮观和热闹，体现了蓝绿阵营及两岸在纪念民族英雄上不存在异议。

① 《纪念郑成功开台大典　陆客争睹》，中国评论新闻网 2012 - 04 - 29 http：//www.zhgpl.com/doc/1020/9/1/3/102091382.html? coluid = 153&kindid = 0&docid = 102091382&mdate = 0429141524

重视南部台湾在争取岛内民心中的作用，最主要的是要求发挥出它独特的优势，既然“南部保持着传统中华文化的‘根脉’，从‘四维八德’到民间信仰，代代相传。有人说：那里‘比中国还中国’”。[①] 那么就应该充分利用中国人共通的民族文化意识和思维方式，处理好两岸关系，搭建起两岸交往的民族桥梁，从民族统一渐次过渡到国家统一。

第二，有利于促使民进党调整两岸政策，保证国民党在岛内的持续执政，台湾二元社会色彩将淡化，公众选择趋于理性务实。大陆之所以要争取台湾民心，从长远考虑是希望从心理上争取台湾民众对两岸最终统一的认同与支持，就直接目的而言是针对每次台湾“大选”而定。因为自1996年台湾实现首次民选领导人以来，两岸议题就在选举过程中持续发烧，不断升温。换言之，台湾选举的结果将直接牵动着两岸关系的演变。尤其是2012年“大选”，“第一次重打两岸关系议题牌……两岸议题被提升到了空前的高度，蓝绿双方围绕着‘九二共识’展开了一场空前的交锋”。[②] 因此，有学者将此次大选定位在对“九二共识”的变相公投抑或“九二共识”对阵“台湾共识”。实际上，笔者认为这既不是对谁的“公投”也不是谁对阵谁的问题，而是台湾人民求安定、台湾海峡求和平，两岸各界求合作的愿望被反应到选举结果上，台湾主流民意认同了两岸关系和平发展这一时代主题。

民进党之所以要检讨两岸政策，是基于两次“大选”的失利，是无法回避主流民意的诉求；然又抱残守缺紧咬“台独”党纲或“台湾前途决议文”不放，而不愿面对“九二共识”或“两岸同属一中”的现实，最主要是由于认为自己基本盘还未崩盘，有东山再起的基础，还未到唯转型才能挽救民进党永久沦为在野党危机的进退维谷的两难境地，认为主流民意只是民众对和平环境及和平红利的期许，而不是对两岸政治定位或统“独”立场的正式表态。若是能争取到南部台湾的主流民意，动摇其根基，那么民进党就不得不理性务实转型，回到两岸关系和平发展的轨道上来。

除了能促进民进党务实转型外，对国民党也有加分作用。在相当长的一段时间里，民进党将处于调整期，还位于上升阶段，若是民进党朝着两岸关系正面方向发展，这显然赶不上早已占据桥头堡的国民党，国民党持续执政

---

① 陈孔立：《走进南部台湾》，《同舟共济》2011年第9期第11页。

② 王英津：《2012台“大选”呈现六个第一次》，华夏经纬网2012-01-19 http://www.huaxia.com/thpl/mtlj/2012/01/2728410.html

成为可能直到民进党删除“台独党纲”为止。换言之，民进党的价值取向及政策在朝着国民党靠拢，两党同质性增强，社会将更加和谐，公众选择也就更趋于理性务实。这样，两岸关系就不用随着台湾大选跌宕起伏，两岸关系和平发展就将得以深化。

第三，有利于大陆形成连贯、有序和持续的对台工作理论政策体系，也有利于展开全方位、多层次和深入化的两岸交流。今年，全国对台工作会议上提出了“以持续推进两岸关系和平发展为主题，以深入贯彻寄希望于台湾人民的方针为主线”的工作路线和重心。在两岸关系继往开来的大好时期，要求大陆必须要抓住当前友好和谐的因素，在继续巩固两岸关系和平发展的同时，更应该将重心转移到寄希望于台湾人民的方针上来。这不仅有着坚实的理论基础，也是当前台海形势的必然选择。

一方面，2005 年 3 月 4 日，胡锦涛总书记就新形势下发展两岸关系提出四点意见即“第一，坚持一个中国原则决不动摇；第二，争取和平统一的努力决不放弃；第三，贯彻寄希望于台湾人民的方针决不改变；第四，反对‘台独’分裂活动决不妥协”。[①] 实际上，胡总书记四点意见是一脉相承、循序渐进的，是先急后缓、先易后难的倒叙宣导法。既继承了“江八点”的精髓又提出了具有开创性意义的看法。2005 年至 2008 年间，对台工作的重心是如何遏制“台独”嚣张气焰，如何开启两岸新局，即贯彻反对“台独”分裂活动绝不妥协。如果说“反对‘台独’分裂活动绝不妥协”是“贯彻寄希望于台湾人民的方针”的前提和基础，前者为后者的落实提供良好的社会环境，那么，自然而然，从反对“台独”过渡到“争取台湾民心”就是顺理成章、水到渠成。

另一方面，两岸关系的良性、长足发展有赖于得到台湾大部分民众的认同与支持，尤其是有赖于得到南部台湾民众的认同与支持。过去四年，大陆与北部台湾交往密切频繁，加之北部民众大多为所谓“外省人”，他们明显感受到了和平发展所带来的好处，对大陆的向心力也愈来愈强。然而，南部台湾总体落后，反而成为两岸交往中的短板。故而，当务之急就是如何加强与南部台湾的交往，如何争取南部主流民意。为此，今年 3 月 14 日，温家宝总理语重心长的表示：“在加强两岸经贸交往当中特别要照顾台湾中小企

① 《胡锦涛就新形势下发展两岸关系提四点意见》，人民网 2005 - 03 - 04 http：//politics. people. com. cn/GB/1024/3219958. html

业、特色产业和基层群众的利益，尤其是中南部群众的利益”。[①] 这说明南部台湾成为衡量是否能顺利争取到台湾民心的重要指标。如果说能加强大陆与中南部交流合作的力度，争取到他们的认可与支持，那么大陆就可以将“寄希望于台湾人民的方针”付诸实践中去，不仅能有效推动“争取和平统一的努力”目标的开启，形成连贯、持续和有序的对台工作体系，还能推动两岸交往朝着全方位、多层次和深入化方向发展。

第四，有利于缓解岛内南北矛盾，平衡区域协调发展，构筑和谐、正面、稳定的台湾主流民意。1949 年国民党退踞台湾初始，在执政上就存在“重北轻南”问题，而后岛内南北矛盾和区域不平衡发展问题就日益凸显，但因当时高压的威权统治政策，这一局面并没有得到及时纠正和扭转。上世纪 80 年代台湾实行政治民主化以来，特别是在民进党取得政权后，“出于政治考虑，打着‘南北平衡’的幌子，采取‘抑北扬南’的策略……造成了更多的南北争议……”,[②] 南北矛盾、区域问题被强烈地反应在政党价值取向和选举层面上，加速了台湾社会二分社会的形成，不利于向多元化路线迈进。

南北矛盾、区域问题近来一再显露，已引起了各界相当关注。尽管此次大选，国民党赢得了政权，但就得票分布来看，蓝绿板块伸缩空间很小，并未因两岸交流得以改变，更呈现出“北更蓝、南更绿”的格局。尽管目前国民党可以依赖南北人口差异获得比民进党更多选票，然而，这不可作为长久之计，民进党背后近 46% 的支持者是大陆不能忽视的。导致这种现状的原因主要有：其一是由于民进党对南部民众的长期洗脑，致使南部民众对大陆的看法长期存在误解和偏差；其二是南部民众对马英九当局长期重北轻南的不满所致，与民进党当政者在某些方面形成鲜明对比；其三是大陆在两岸交往期间，对南部台湾的重视不够。故此，解决区域失衡问题，争取南部民众的支持，也得从解决是什么原因导致的方面入手。

在两岸交往的中高阶时段，大陆应当注重这部分群体的作用，必须从目前开始、从现在做起，积极改善与之关系，若是能争取到南部台湾对两岸交往的支持，那么可以有如下两个好处：一是缓解岛内南北矛盾，平衡区域协

---

① 《温家宝：要加快 ECFA 后续谈判 照顾台湾中小企业利益》，新华网 2012－03－14 http：//news. xinhuanet. com/politics/2012lh/2012－03/14/c_ 131466501. htm

② 黄国栋：《台湾的三大社会矛盾》，摘自 2005 年第 37 期《台湾周刊》，载于《党政干部文摘》2005 年第 11 期，第 42 页。

调发展，让南部民众明显感受到大陆对其的关爱和帮助，逐渐消除其对大陆的恐惧感或排斥感，拉近南部台湾与大陆之间的距离；二是通过南部地区民众对大陆主动示好的反作用，间接影响台湾主要政党的价值取向和政策走向，从而站在整个台湾的利益高度来引导台湾民众，更加积极地发展两岸关系，有利于形成和谐、正面、稳定的主流民意，即广义上的“台湾共识”，笔者认为这种状态和情势应该是各界所乐见的，何乐而不为？

第五，有利于加强两岸的交融与团结，减少国际因素对两岸交往的阻碍，真正做到内部事务内部解决。两岸问题虽然是由上世纪国共内战的结果所致，本不应该有外国的干涉，然而，蒋介石退踞台湾后，幻想借助美国的肩膀，做着所谓“反共复国”的迷梦，使两岸问题从形成开始到过程发展都带有浓厚的国际色彩。但是，历史证明，这一举措根本无助于两岸问题的和平有效解决，反而增加了两岸交往和最终统合的难度。虽然，台湾问题是我国的内政问题，涉及我国的核心利益，也绝不容许任何国际势力插手两岸事务，这是我国政府的一贯立场。可是国际反华势力插手两岸事务的活动依旧猖獗，尤其是随着我国综合国力的不断提升，和平崛起势不可挡，某些国家刻意制造所谓“中国威胁论”，故意营造“中国称霸世界”的氛围，并一直扮演者国际反华势力“先锋”的角色，还妄图利用台湾作为牵制中国的强有力工具。

尽管长久以来台湾将美国视为保护伞，因而在其政策制定上一味地向美国倾斜；但这不能简单地认为台湾跟美国就是站在同一条战线上而游离于中华民族之外，这仅仅是因为大陆与台湾交往还不够、了解还不深、互信还不足，造成了台湾人民对大陆的忌惮、对战争的恐慌。总体上看，两岸关系和平发展通过多年的宣导和实践，在台湾尤其是北部已逐渐发酵并为大部分民众所接受，然南部台湾还是停留在对台海和平环境能否长久保持表示忧虑的阶段，故而心扉仍旧放不开，距离还是拉不近。此种局面得以缓解需要借助于南部台湾民众对两岸关系态度的转变，而态度的转变又需要借助外部环境对内部力量的催化效应。为此，加强与南部台湾的交流与合作对正确引导南部地区民众对两岸关系态度的转变有着积极和十分必要的作用。久而久之，不仅两岸会更加交融交织在一起，也能争取到南部民众对两岸交往的认同，进而争取到台湾主流民意的长足支持；此外，国际反华势力意图利用南部台湾作为牵制大陆或两岸关系进一步发展的跳板也就失去了其支点或筹码，两岸问题就能真正成为中国内部事务，有智慧有能力的中华儿女一定能将此处理好。

结束语

分析南部台湾的地位和作用，做南部台湾工作，不仅是深化两岸关系和平发展的重要步骤，也是寄希望于台湾人民对台方针的重大举措。这既有利于两岸人民共同处理内部问题，共享两岸关系和平发展成果；同时也有利于营造友善的外部环境，推动两岸关系进一步发展。总而言之，争取台湾民心，是一项长期而艰巨的任务，任重道远，需要坚定不移将胡总书记的“四个决不”指导思想贯彻到对台工作的实际中去，也需要两岸专家学者群策群力、集思广益，为争取岛内民心共同努力，唯此，既定目标方可达成。

“一国两区”与两岸关系的政治定位

厦门大学台湾研究院　张文生

2012年3月22日，中共中央总书记胡锦涛在北京会见中国国民党荣誉党主席吴伯雄时指出：“两岸虽然还没有统一，但中国领土和主权没有分裂，大陆和台湾同属一个中国的事实没有改变。确认这一事实，符合两岸现行规定，应该是双方都可以做到的”。吴伯雄表示：“海峡两岸并非国与国的关系。根据双方现行体制和相关规定，两岸都坚持一个中国，在此基础上求同存异，同的是‘两岸同属一中’，对于异的部分我们正视现实，搁置争议”。① 吴伯雄为了说明其立场，进一步指出：“台湾现行推动两岸关系的依据是‘两岸人民关系条例’，这是以‘一国两区’概念作为法理的基础，处理两岸事务的部门是大陆委员会，而非外交部，这就足以说明两岸并非国与国的关系，而是特殊关系。”② 吴伯雄在北京抛出了“一国两区”的概念，引起台湾媒体和舆论的高度关注，泛绿阵营不断向马英九当局施加压力，要求“撤回一国两区”。民进党前主席蔡英文发表公开信，质疑“一国两区”“逾越了宪法精神”、“是从虚无的‘一中各表’进一步退却到‘各表一中’”。③ 参选民进党主席的吴荣义甚至对马英九的就职演说直接提出“四不一没有”的“忠告”，其中包括“不得将‘一国两区’纳入就职演说的宣示、不得提出‘两岸同属一中’的类似说法”。④ 虽然国民党荣誉党主席连战以“说明、附带性的文字”⑤ 形容“一国两区”，强调此一说法并非重点，但是“一国两区”的主张在台湾社会引起的争议与对立说明，两岸关

① 《胡锦涛会见吴伯雄》，《人民日报》2012年03月23日01版。

② 《吴荣誉主席与胡总书记会面新闻稿》，中国国民党文化传播委员会2012年3月22日，参见国民党中央党部网站：http：//www. kmt. org. tw/hc. aspx? id =32&aid =6934

③ 《给马公开信小英批一国两区》，台湾《旺报》2012年5月15日A14版。

④ 《绿智库忠告马不得提一国两区》，台湾《旺报》2012年5月16日A4版。

⑤ 《湖北省长访台会连战、吴伯雄》，台湾《中国时报》2012年5月8日A15版。

系的政治定位仍是台湾社会高度敏感与分歧的政治议题，在蓝绿对立的政治格局下台湾社会难以形成对于两岸关系的政治定位的共识。

一、“一国两区”政治定位的本质与特征

“一国两区”是现阶段台湾当局对于两岸关系的法律与政治定位。吴伯雄在访问大陆前曾经面见马英九，显然得到马英九的授意；吴伯雄也公开表示，他此行是“受人之托，忠人之事”。“一国两区”的定位显然是深谙两岸关系的马英九长期以来的定见。3 月 22 日晚，台湾当局“总统府”发言人表示：“在中华民国宪法及法律规定下，两岸关系就是中华民国台湾地区与中华民国大陆地区之间的关系”;[①] 台湾当局的“陆委会”副主委刘德勋进一步解释说，以现行两岸人民关系条例规定，“就是一个中华民国，有一个台湾地区和大陆地区”。[②] 4 月 28 日，马英九参加南台科技大学举办的“两岸青年学生交流论坛”，针对“一国两区”议题，他重申“‘一国两区’是合乎中华民国宪法”，“已 20 年没有改变过，并不是在他任内开创先例”。[③]

“一国两区”可以说是现阶段两岸关系的客观描述，这一主张并不是两岸关系中的新概念，在上世纪 90 年代初就曾经成为台湾当局的大陆政策的核心内容。作为国际法专业出身的马英九应当非常清楚“一国两区”定位的法理意义。1991 年台湾当局宣布结束“动员戡乱时期”，并且以“一国两区”定位两岸关系，时任“陆委会”副主委的马英九认为“一国两地区”是当前台湾当局“规划大陆政策的基本理念，也是最中性的解决方案”。[④]“一国两区”也写入了台湾当局现任领导人马英九曾经参与起草的《两岸人民关系条例》。该条例的第一条规定：“国家统一前，为确保台湾地区安全与民众福祉，规范台湾地区与大陆地区人民之往来，并处理衍生之法律事件，特制定本条例。”第二条规定：“一、台湾地区：指台湾、澎湖、金门、马祖及政府统治权所及之其他地区。二、大陆地区：指台湾地区以外之中华

① 《总统府：两岸关系宪法及法律明订》，台湾《台湾时报》2012 年 3 月 23 日 7 版。

② 《一国两区？府重申三不一中是中华民国》，台湾《中国时报》2012 年 3 月 23 日 A6 版。

③ 《马重申一国两区合乎宪法》，台湾《自由时报》2012 年 4 月 29 日 A03 版。

④ 台湾《中央日报》1991 年 2 月 20 日。

民国领土。"①

"一国两区"的核心是以"台湾地区和大陆地区同属一个国家"来定位两岸关系，呼应了胡锦涛总书记提出的确认"大陆和台湾同属一个中国的事实"的主张。在某种程度上，"一国两区"的法理定位使得国民党对于"九二共识"的理解更加清晰化。"一国两区"的概念比"一中各表"更加明确了"两岸同属一中"、"大陆和台湾同属一个中国"的事实，更加接近于"九二共识"的原有意义。这毋宁说是现阶段海峡两岸在政治定位上所能建立的最大共识，值得肯定和赞许。

当然，"一国两区"并没有解决现阶段两岸关系中历史遗留的政治分歧，国民党当局对于"一国两区"的理解或定位可以用以下的等式表述：

"一国两区"="一个中国"="中华民国"="台湾地区+大陆地区"

这样的理解或定位当然跟大陆的主张仍有分歧，其核心的政治分歧，就是对于所谓"国号"的分歧，大陆主张一个中国就是中华人民共和国，台湾当局主张"一个中国就是中华民国"，这样的政治对立依然回到了1949年两岸关系的原点。在海峡两岸的内战事实已经停止，而敌对状态尚未结束的状况下，这样的政治分歧或政治对立恐怕不是一朝一夕所能解决，但也不应当让这样的政治分歧长期固定难以突破。在现阶段两岸政治分歧仍难以解决的情况下，"一国两区"仍不失为具有积极意义的过渡性的两岸关系政治定位的方案。

第一，"一国两区"的定位的核心是对于"大陆和台湾同属一个中国的事实"的确认，表明在历史和现实状况下，在政治和法理基础上，中国的领土主权都是完整的，从来没有分裂成为"两个中国、一中一台"的状况，两岸关系从来不是"国与国"的关系，而是"一个中国"框架下的特殊关系。

第二，"一国两区"的定位表明现阶段的两岸关系是平等的，是"大陆地区与台湾地区"之间的"两区"关系。依照台湾学者苏起、林碧炤等人的解释，"区"是一个法域概念，承认了现阶段海峡两岸立法、行政、司法管辖权的分立现状。

第三，"一国两区"的定位是国家统一前的两岸关系的法理定位，是国家统一前的两岸特殊关系的安排，它与两岸统一后的"一国两制"的模式

① 台湾《中央日报》1992年7月17日。

并不相同，而这种特殊安排既不是永久的维持现状，它也不能成为排斥或对抗统一的工具和借口。

第四，“一国两区”的定位并没有否定现阶段海峡两岸在“国号”问题上的分歧，但它也不应当突出两岸的政治分歧。“一国两区”的主张在岛内遭到泛绿阵营的批评后，台湾当局重申它所主张的“一个中国”就是“中华民国”，“有一个台湾地区和大陆地区”。

二、台湾社会对于“一国两区”主张的争议与对立

“一国两区”的主张提出后，在岛内引起了广泛的讨论，有支持的，有部分认同的，也有坚决反对的。马英九当局对“一国两区”的主张采取了明确的支持态度，但是更加突出“一国是指中华民国”的意涵。台湾当局“总统府”发言人范姜泰基表示，“‘一国两区’是比较简化的说法，完整来讲，一国是指中华民国，两区则是台湾地区跟大陆地区，这个用语及法律符合《宪法》规定”。① 他也承认，马英九和吴伯雄两人在行前有提到两岸关系，吴伯雄这几天在对岸的谈话“均符合宪法规定”。国民党副主席江丙坤、蒋孝严也表示，“这是根据宪法的规定，没有任何争议”。

“一国两区”的主张也得到了台湾一些研究两岸问题的学者有保留的肯定与支持。林碧炤认为，“一国两区”从法律的角度来看、来解释是没有错误的；“一国两区的‘区’在法律上来说应该写成‘法域’”。② 然而，政大教授何思因认为，用“一国两区”解决政治问题还差一点。杨开煌也认为“‘一国两区’是沿用邓小平的‘以一包二’处理两岸问题，只处理政党，没有处理政府的定位”。③ 虽然绿营政治势力普遍反对“一国两区”的主张，但郭正亮、洪奇昌等人表达了肯定的态度。郭正亮表示，“民进党当年执政时，同样沿用‘一国两区’；执政与在野对中华民国宪法的不一致，是民进党必须诚实面对的核心问题”。④ 洪奇昌认为，“一国两区就法律上解释，没有问题”。⑤

① 台湾《旺报》2012 年 3 月 24 日 A6 版。
② 《林碧炤：一国两区，法律解释无误》，台湾《民众日报》2012 年 3 月 25 日 A02 版。
③ 台湾《旺报》2012 年 3 月 26 日 A8 版。
④ 台湾《联合报》2012 年 3 月 24 日 A2 版。
⑤ 《洪奇昌：一国两区符合宪法解释》，台湾《中国时报》2012 年 3 月 25 日 A4 版。

但是，吴伯雄提出“一国两区”的主张传回台湾后，遭到民进党、“台联党”等绿营政治势力的攻击和批判。民进党前主席蔡英文认为“一国两区”的说法“蛮危险”的，民进党代理党主席陈菊认为“一国两区太冒进”，“台联党”主席黄昆辉则怒斥，“马英九接受这个观念，等于是签下新马关条约，把台湾的主权拱手让给中国”。[①] 3 月 28 日，民进党中央还针对“一国两区”发表正式声明，甚至提出“不排除以一切必要方式，向马总统表达人民对其执政荒腔走板的不满与愤怒”。[②]

绿营政治势力批判和攻击“一国两区”主张的理由，主要集中在以下几个方面：

第一是认为“一国两区”违背台湾主流民意。民进党发言人罗致政就表示，“吴伯雄提出的‘一国两区’概念，明显违背台湾主流民意”。赖清德质疑“吴伯雄在未取得国家社会共识前，竟以单一个人发言改变台湾主权的定位”。[③] 为此，民进党还发布了专门针对“一国两区”的民调，宣称59.9%的台湾民众不能接受“一国两区”的说法，61.6%认为“‘一国两区’的主张会矮化国家的主权”。

第二是认为“一国两区”消灭了“中华民国”。民进党“立法院”党团总召柯建铭在台湾《自由时报》发表专文，认为，“‘主推一中框架、开启政治协商’，已成中共对台工作的新指针”，但“一中框架”并没处理承认“中华民国”的问题，“甚至有可能以一中框架消灭中华民国的意图，吴伯雄的一国两区说，显然就掉进这个陷阱”。罗致政认为“一国两区”最大的危险，“不只是自我矮化台湾成为一个地区，更严重的是把两岸定义为同一个国家，完全违背台湾民意的看法，也是对现状的改变”，“等于正式宣示放弃、甚至消灭中华民国”。[④] 民进党发言人林俊宪也说，“‘一国两区’等于两岸同属一个国家，中华民国当然就消灭、不见了”。[⑤]

第三是认为“一国两区把台湾矮化成为地方政府”。竞选民进党主席的前台南县长苏焕智就表示，“吴伯雄的说法，让台湾沦为中国的地方政府，

① 《一国两区，蔡英文批危险、黄昆辉斥卖台》，台湾《自由时报》2012 年 3 月 24 日 A1 版。

② 《民进党第十四届第五十六次中常会新闻稿》，参见民进党中央党部网站 2012 年 3 月 28 日新闻稿，http：//www. dpp. org. tw/

③ 台湾《联合报》2012 年 3 月 25 日 B11 版。

④ 《一国两区，蔡英文批危险、黄昆辉斥卖台》，台湾《自由时报》2012 年 3 月 24 日 A1 版。

⑤ 《民进党第十四届第五十六次中常会新闻稿》，参见民进党中央党部网站 2012 年 3 月 28 日新闻稿，http：//www. dpp. org. tw/

是严重的自我矮化”。[①] 台湾之友会秘书长蔡淑美表示，“吴的说法是让台湾香港化，让台湾从国家变成‘区’”。[②] 赖清德也认为“一国两区”的主张“把台湾香港化、去主权化，而沦为中国的一个区”。

第四是认为“一国两区”等同于“一国两制”。民进党“立委”潘孟安认为“一国两区”的说法，“无异于中共一再宣传的‘一国两制’，目标就是终极统一；吴伯雄在胡锦涛面前说这种话，若不是患了严重的精神错乱，就是有意背叛国家”。

第五是认为“宪法增修条文”与“两岸人民关系条例”的规定“处理两岸事务性问题，不是用来解释主权”。政大教授童振源认为，“就法理上而言，中华民国的领土分成‘自由地区’与‘大陆地区’，但这只是宪法的领土主张，无助于解决两岸的政治现实”。[③] 蔡英文也表示：“不论‘港澳条例’或‘两岸人民关系条例’，都是处理我国内部法律适用问题，不涉及我国与中华人民共和国双方的政治定位问题”。李登辉也反对“一国两区”，认为“两岸人民关系条例是国内法立法的授权，并不是对两岸政治做定位”。[④]

绿营政治势力批驳“一国两区”的主张，是从“台独”理念出发，核心是反对“一个中国”。黄昆辉就明确表示“‘一国两区’的问题在于‘一国’”。[⑤] 陈唐山也认为“‘一国两区’这种说法，根本是在为‘实质一中’的意图张目”。[⑥]“台独”政治势力不能接受“一个中国”，当然也就难以接受“一国两区”的主张。

三、“一国两区”处理两岸关系政治定位的可行性

马英九通过吴伯雄抛出“一国两区”的主张，事后，马英九当局没有

① 《民进党第十四届第五十六次中常会新闻稿》，参见民进党中央党部网站 2012 年 3 月 28 日新闻稿，http：//www. dpp. org. tw/

② 《民进党第十四届第五十六次中常会新闻稿》，参见民进党中央党部网站 2012 年 3 月 28 日新闻稿，http：//www. dpp. org. tw/

③ 童振源：《两岸为管辖境内境外之特殊关系》，台湾《中国时报》2012 年 3 月 26 日 A12 版。

④ 《台湾时报》2012 年 4 月 19 日 2 版。

⑤ 《一国说，台联质疑马自欺欺人》，《台湾时报》2012 年 3 月 25 日 2 版。

⑥ 台湾《自由时报》2012 年 3 月 25 日 A17 版。

否定吴伯雄的发言经过授权的性质。台湾媒体披露在3月中旬，马英九曾密集约见两岸关系研究的学者。但是吴伯雄抛出“一国两区”的主张后，“陆委会”主委赖幸媛和“国安局长”蔡得胜均否定事前知情。这说明，“一国两区”的主张带有鲜明的马英九个人理念的色彩。岛内外舆论猜测，马英九抛出“一国两区”政治定位的动机主要在三个方面，第一，这是马英九发表第二任“就职演说”前的试金石；第二，这是马英九推动两岸政治谈判前的试探；第三，这是马英九在选后对大陆支持他的回馈。2012年5月20日，马英九正式连任“就职”。在“就职演说”中，马英九表示：“我们所说的‘一中’，当然就是中华民国。依据宪法，中华民国领土主权涵盖台湾与大陆，目前政府的统治权仅及于台、澎、金、马。换言之，二十年来两岸的宪法定位就是‘一个中华民国，两个地区’，历经3位总统，从未改变。这是最理性务实的定位，也是中华民国长远发展、保障台湾安全的凭借。”① 显然，马英九在“就职演说”中试图安抚民进党和其他绿营政治势力的反弹，却突出了两岸关系中难以解决的政治分歧。这也说明，马英九当局无意于以“一国两区”架构来解决两岸政治难题，而只是把“一国两区”当做处理现阶段两岸政治定位、维系两岸关系和平发展的现实架构。

“一国两区”的主张否定了“一边一国论”、“两国论”等，在政治宣传上突破了分裂主义势力在台湾社会操控已久的话语权，也促使台湾社会广泛思考“两岸同属一中”的政治架构。正因为“一国两区”否定了李登辉处心积虑推行的“两国论”，击中了分裂主义的要害，李登辉攻击“这根本就是扭曲历史，不负责的行为”。“台独、分裂”势力的焦虑从反面证明，以“一国两区”的架构处理两岸政治定位，在两岸政治分歧难以解决的情况下，仍然具有一定的积极意义。

（一）“一国两区”在台湾社会具有现实的法理基础

“一国两区”处理两岸政治定位的最大优势是具有法源依据，符合台湾现行的“宪法”与法律。1990年台湾当局决定第二年终止“动员戡乱时期”，为了避开“一国两制”、“一国两府”主张的敏感的政治争议，提出

① 《“中华民国”第13任“总统”、“副总统”宣誓就职典礼》，台湾当局“总统府新闻稿”，参见台湾当局“总统府”网站，http：//www. president. gov. tw/Default. aspx？ tabid = 131&itemid = 27200&rmid = 514

“一国两地区”的中性概念，“采用法律冲突的理论，来解决两个地区的有关法律冲突”。1991年4月台湾当局完成第一阶段“修宪”，其中“增修条文”第10条规定：“自由地区与大陆地区间人民权利义务关系及其他事务之处理，得以法律为特别之规定。”据此，台湾当局在1992年制定了《台湾地区与大陆地区人民关系条例》（俗称《两岸人民关系条例》），以“一国两区”的架构处理两岸民事法律冲突，但并不限于两岸人民之间的关系，也不限于两岸民事法律冲突，实质上也是台湾当局处理两岸关系政治定位的法源依据。正因为“一国两区”的政治定位具有合法性的基础，也成为马英九长期以来坚守的政治定位。

（二）“一国两区”可以在海峡两岸建立过渡性的政治共识

2008年12月31日，胡锦涛在纪念全国人大常委会《告台湾同胞书》发表30周年的座谈会上的讲话指出：“1949年以来，大陆和台湾尽管尚未统一，但不是中国领土和主权的分裂，而是上个世纪40年代中后期中国内战遗留并延续的政治对立，这没有改变大陆和台湾同属一个中国的事实。”“两岸在事关维护一个中国框架这一原则问题上形成共同认知和一致立场，就有了构筑政治互信的基石，什么事情都好商量。”[①]“一国两区”在形式上承认了“大陆和台湾同属一个中国”的事实，在一定程度上满足了“维护一个中国框架”的要求，是海峡两岸在现阶段有可能达成的最大限度的政治共识。在“一国两区”的架构下，海峡两岸有可能维持国家统一前的过渡性的和平发展局面，海峡两岸在搁置争议的基础上发展双方的经济、社会、文化、教育等各方面的交流合作。

（三）“一国两区”可以在两岸关系的交流交往中得到实践

客观上，在两岸政治难题尚未解决之前，建立在“九二共识”基础之上的两岸两会谈判均采取了搁置争议的方式。从2008年6月以来恢复的两岸两会谈判，并且已经达成的16项协议以及其他共识，均是对于“九二共识”的确认与实践。胡锦涛总书记曾经多次强调，“坚持‘九二共识’，意

① 胡锦涛：《携手推动两岸关系和平发展　同心实现中华民族伟大复兴——在纪念〈告台湾同胞书〉发表30周年座谈会上的讲话》，《人民日报》2009年1月1日02版。

味双方可以在一个中国的基础上求同存异"。[①] "'九二共识'的精髓是求同存异，这体现了对待两岸间政治问题的务实态度"。[②] 2012 年 3 月，国台办主任王毅在第十届两岸关系研讨会上的讲话也表达了同样的精神，他指出："'九二共识'的核心是双方各自以口头方式表述海峡两岸均坚持一个中国原则，精髓是求同存异，即求一个中国之同，存政治分歧之异。坚持一个中国，是指认同大陆和台湾同属一个中国，反对和抵制国家分裂。这不仅构成双方接触商谈的重要前提和基础，也符合两岸各自的有关规定。"[③] "一国两区"作为吴伯雄对于"九二共识"解读的补充性说明，也是台湾当局长期以来处理两岸交流交往的法律架构，在处理两岸民事关系，在签署两岸两会达成的 16 项协议，在推动两岸人员交流交往中得到广泛实践。

四、"一国两区"解决两岸政治定位的现实障碍

"一国两区"作为台湾当局处理现阶段两岸关系政治定位的框架，它并不能彻底解决两岸政治定位的问题，其困境在于并不能解决两岸关系中的核心政治分歧，即海峡两岸对于既有的"同属一个国家"的"两个国号"的相互不承认问题，也就是历史遗留的政治对立问题。再加上 20 世纪 90 年代以来"台独、分裂"势力的鼓动与牵制，使得两岸政治难题的解决更加困难重重。以"一国两区"架构解决两岸政治定位具有难以逾越的现实障碍。

（一）"一国两区"在台湾社会的蓝绿对立中难以建立共识

无论是"九二共识"或者是"一国两区"在台湾社会都只能算是国民党或泛蓝阵营的政治主张。民进党、"台联党"以及其他泛绿政治势力都拒绝承认"九二共识"，也坚决反对"一国两区"，其核心就是因为反对"两岸同属一中"的"一中框架"。很显然，20 世纪 90 年代以来的政治转型给

---

① 《胡锦涛会见出席上海世博会开幕式的台湾各界人士》，《人民日报》2010 年 4 月 30 日 01 版。

② 《胡锦涛会见连战》，《人民日报》2011 年 11 月 13 日 01 版。

③ 《王毅在第十届两岸关系研讨会上的讲话（全文）》，中台办、国台办网站，http://www.gwytb.gov.cn/wyly/201203/t20120315_2387813.htm

台湾社会带来了多元的社会结构、多元的政治声音、多元的价值追求。多元化的结果使得台湾社会在任何的事项上都难以取得一致的声音，而蓝绿阵营在两岸政治定位问题上的立场更是泾渭分明。国民党坚持既有的“中华民国宪法”架构，认为“中华民国包括台湾地区和大陆地区”，而民进党主张“中华民国就是台湾，台湾就是中华民国”。为了对抗国民党的立场，泛绿阵营的人士甚至不惜采取玉石俱焚的斗争手段。在马英九即将发表“5·20”就职演说的前夕，蔡英文在脸书上发表给马英九的公开信，要求马英九回答“三问”：“台湾是不是一个国家？中华民国或台湾和中华人民共和国是不是属于同一个国家？未来政府在和中国大陆互动，是否沿袭国共平台的共识，以‘一国两区’为依归？”① 参选民进党主席的吴荣义则对马英九提出了明确的“四不一没有”的要求，其中包括所谓“不得出卖或矮化台湾主权，不得将‘一国两区’纳入就职演说的宣示，不得提出‘两岸同属一中’的类似说法”等等。② 台湾《自由时报》记者邹景雯甚至还发言威胁：“这个总统还是要在520拿国家开玩笑，那么大家就看着办、走着瞧，试试是人民大，还是马英九大”。③ 可见，蓝绿阵营的政治主张的对立夹杂着权力、利益的冲突，两岸关系的政治定位问题在台湾社会已经没有理性对话和探讨的空间。

（二）“一国两区”在台湾社会缺乏民意的认同支持

由于两岸长期的政治对立，由于李登辉和陈水扁统治时期的政治认同教育，由于“台独、分裂”势力的长期挑拨分化，台湾民众的国家认同已经产生了极大的异化和疏离。在多数台湾民众的政治意识中，“中华民国”不仅具有“国家形式”，也应当具有“国家权利”，在国际享有“国家地位”；而“中华民国”的实际统治范围则被局限在“台澎金马”，成为与“中国”不同的政治主体。这种错误的政治认知在台湾社会具有一定的普遍性。马英九当局的“一国两区”主张显然无法厘清台湾民众的认同疑惑。“一国”的“国”是什么？“两区”的“区”是什么？“一国两区”架构下的“中华民国”是什么？都无法说服广大台湾民众，也削弱了“一国两区”的主张引

① 台湾《旺报》2012年5月15日A14版。

② 《马就职演说　吴荣义提四不一没有》，《台湾时报》2012年5月16日2版。

③ 邹景雯：《敢拿国家开玩笑就走着瞧》，台湾《自由时报》2012年5月16日A02版。

导论述的作用。台湾 TVBS 民调中心在 3 月底的民调也显示台湾民众多数并没有被“一国两区”的主张所说服，55% 不认同两岸关系是“一国两区”，只有 19% 认同。

（三）“一国两区”并没有解决两岸关系中的核心政治分歧

“一国两区”的主张在两岸关系上并不能完全解决问题，就国民党的立场来说，“一国”仍是各自表述，“两区”则是模糊定位。马英九当局承认“一个中国”，但是不愿意也不可能放弃“中华民国”；而对于大陆的立场来说，只有“一个中国”，不接受也不承认“中华民国”。因此，即使“一国两区”的主张在一定程度上搁置了争议，模糊了定位，但是从 20 世纪 90 年代初以来困扰两岸关系的核心政治分歧依然没有找到应有的答案。

依据台湾当局的解释，马英九的一贯立场是：“海峡两岸的双方处于一种特别的关系，两岸互不承认主权、互不否认治权”。[①] 但事实上，主权与治权本身在现实政治生活中并没有明确的界限，台湾《中华日报》的社论甚至认为“‘一国两区’彰显中华民国的治权事实”，“借此概念以彰显中华民国是个主权独立国家的事实；因为，主权若无治权，主权便无可凭依，例如中华人民共和国在台湾没有治权，岂有主权可言？中华民国有效统治台澎金马，这就是治权，既有治权当然便有主权。”“治权既为主权的具体化，中华民国在台湾拥有主权，就是一个主权独立的国家。”[②] 可见，主权与治权的概念是容易相互混同的，治权被看作“主权的具体化”，无论是承认或是不否认治权，都容易导致“两个中国”的错误理解。

由于“一国两区”没有解决两岸关系中的核心政治分歧，也很难成为两岸政治谈判的现实框架。显然，无论从程序问题，还是实质问题来看，两岸政治谈判仍将触及如何处理及定位两岸尚未结束敌对状态的两个政权问题。

五、结　语

两岸政治定位问题是长期以来困扰两岸关系的政治难题，也是阻碍两岸

① 台湾《中国时报》2012 年 3 月 23 日 A6 版。

② 《“一国两区”彰显中华民国的治权事实》，台湾《中华日报》2012 年 3 月 28 日社论 A2 版。

政治谈判的关键因素。虽然两岸学界与政界都有意识地寻找突破的方案，其中就包括“一国两区”的概念，但是这些方案都难以突破岛内和两岸既有的结构性的矛盾。一方面，民进党等岛内“台独”势力的干扰使得台湾社会难以形成两岸政治定位的共识，另一方面，海峡两岸的政治分歧缺乏妥协退让的政治空间，使得两岸政治谈判既无法启动，即使启动也难以达成共识。如果条件不足，仓促启动政治谈判，既有的结构性的矛盾不仅将造成台湾社会的严峻的政治对立，也将损害两岸关系和平发展的良好局面。未来四年，两岸政治谈判难有突破的现实空间。我们期待海峡两岸都能够实事求是，把更多的关注焦点放在两岸交流交往的正常化中，解除更多人员往来合作、双向投资贸易、公私机构驻点、文化教育交流的限制，为两岸关系的交流合作解决问题而不是制造问题。

"一个中国认同"在两岸关系中的功能简述

北京联合大学台湾研究院　刘　红

对于台湾"国家认同"的现状，一方面是"就整体台湾民众而言，十余年来支持统一的民调不但与日俱降，且形成倾向"台独"的40%绿色铁板一块",[①] 一方面是两岸关系和平发展取得重大成果情况下，台湾"国家认同"继续呈现严重政治偏差、统"独"取向出现严重错位。这些情况反映出台湾"国家认同"问题的复杂性、严峻性。抓住有利机会，有重点有部署有针对性地的开展工作，改变台湾"国家认同"构成，增加"一个中国认同"，对和平发展与和平统一来说是一项具有战略意义的工作。

一、贯彻和平发展战略的重大举措

引导和重塑台湾"国家认同"，对于实施和平发展战略关系极大，和平发展的深化有助于台湾"一个中国认同"的增加，增加"一个中国认同"则有助于和平发展战略的成功。

和平发展战略的要点之一，是"坚持大陆和台湾同属一个中国作为推动两岸关系和平发展的政治基础"。一个中国原则是中国政治和两岸关系演变的必然结果，只有坚持一个中国原则，反对"台独"，才能保证两岸关系和平发展的正确方向和不断深化，才能有效防止各种人为干扰和破坏，才能从根本上保证和平统一大业的完成。在和平发展阶段，一个中国原则体现为"九二共识"，对此台湾社会的认识与大陆有着很大距离。通过引导和重塑台湾"国家认同"，推动"一个中国认同"逐渐成为台湾的主流认同，"我是中国人"成为绝大多数人的选择，必将有助于台湾社会接受"九二共

① 戚嘉林：《台湾需有"祖国认同"与祖国史观》，参见《中国评论》，2011年4月号。

识”，巩固和平发展的政治基础。和平发展战略要点之二，是充分认识和平发展阶段的作用和意义。两岸关系和平发展战略的确立，不仅揭示出两岸关系的发展方向与目标，更标志着对台工作战略重心转变的开始，祖国统一大业分步走思想的确立。在完成祖国和平统一过程中，和平发展阶段担负着特殊的任务。和平发展阶段作为大陆创造统一条件的准备过程、成为台湾人民接受两岸统一的过渡阶段、完成统一的必经之路，因此要避免强调“过程”忽视“目的”、强调“过程”就是“目的”的偏差。“一个中国认同”是正确理解和认识和平发展阶段的作用和意义的思想基础，“一个中国认同”的增加，将增加贯彻和实施和平发展战略的自觉性、能动性和创造性。和平发展战略要点之三，是“把促进两岸同胞团结奋斗作为推动两岸关系和平发展的强大动力”。在贯彻和落实和平发展战略工作中，争取广大台胞的支持是关键。“台湾同胞是我们的骨肉兄弟”，是中华民族的成员之一，几百年来台胞的命运已经和大陆的命运联在一起；台胞是“发展两岸关系的重要力量”，如今两岸交流与和平发展能有如此大的规模、取得如此多的成就，都是台胞自觉参与和推动的结果；台胞也是“遏制‘台独’分裂活动的重要力量”，对于现阶段“台独”来说，最有效的遏制力量除了大陆和国际反对“极端台独”的压力外，就是台湾民意的压力。总之，“两岸同胞是血脉相连的命运共同体”。作为和平发展与和平统一的重要力量，广大台胞和大陆各界携手合作，团结奋斗，将会大大增加台胞的参与感、成就感、荣誉感，有利于增加“一个中国认同”，也会使得更多的台胞自觉维护“九二共识”、支持和平发展，积极投入大交流大合作大发展。和平发展战略要点之四，是加快大陆发展，为解决台湾问题、实现和平统一创造条件。完成和平统一的过程，需要两岸共同努力，当探讨完成和平统一台湾需要进行什么调整时，大陆也应该思考自身需要那些调整，在加快自身发展的同时，减少两岸“差异”，增加对台胞的吸引力。大陆的调整，有利于改善大陆的形象，表达大陆的诚意，增加大陆对台胞的吸引力、亲近感，扩大两岸关系和平发展的群众基础。

通过引导和重塑台湾的“国家认同”，增加“一个中国认同”，将会有效压缩“台独国家认同”的空间，有效引导其他各种“非一个中国认同”，有利于岛内反“独”力量的增长，有利于反“独”统一战线的巩固，有利于和平发展国际氛围的形成，有利于和平发展的推进，进而对贯彻和落实和平发展战略产生深远的影响。

二、检验做台湾人民工作成效的标准之一

30余年来，广大台胞为两岸交流作出很大贡献，成为两岸交流的主力，赞成两岸关系和平发展，但是现阶段不赞成两岸统一。造成这一情况的原因很多，“一个中国认同”下跌、政治认同混乱是重要原因。从做台湾人民工作的层次讲，确立“一个中国认同”是基础性工作。只有“一个中国认同”成为社会主流认同，对于广大台胞来讲，才能有推进两岸交流、和平发展与和平统一的自觉行动。也就是说，做台湾人民工作是否有成效的标准之一，就是引导和重塑台湾“国家认同”到什么程度。

对此，一是要尊重和关心台湾同胞。这是做台湾人民工作的基础，也是引导和重塑台湾“国家认同”的前提。“实现中华民族伟大复兴要靠两岸同胞共同奋斗，两岸关系和平发展新局面要靠两岸同胞共同开创，两岸关系和平发展成果由两岸同胞共同享有”。[①] 为此，一方面是“对台湾同胞在特殊历史条件下形成的心态和感情，对他们由于各种原因对大陆产生的误解和隔阂，我们不仅会基于同胞之爱予以充分理解和体谅，而且会采取积极的措施努力去疏导和化解”。一方面是“凡是涉及台湾同胞利益的事情都要认真对待，凡是向台湾同胞作出的承诺都要认真履行”，[②]“满腔热情为台湾同胞多办好事、多办实事，依法保护台湾同胞正当权益”；要最广泛地团结台湾同胞，在推动两岸关系和平发展、实现中华民族伟大复兴的道路上，共享一个伟大国家的尊严和荣耀，以做堂堂正正的中国人而骄傲和自豪。[③] 二是让台胞全面了解大陆。通过30余年的两岸交流，两岸同胞相互间的认识逐渐增深，台胞对大陆的了解在增加。问题是一方面参加交流的台胞只占其人口的一部分，至今只有约700万的台湾同胞来过大陆，绝大部分台胞没有来过大陆；一方面到过台湾的大陆民众也只有数百万人次，在台湾留给台胞的形象、感觉，只是大陆形象的一部分；一方面参加交流的台胞接触过的大陆同

---

① 《胡锦涛在纪念〈告台湾同胞书〉发表30周年座谈会上的讲话》，参见《人民日报（海外版）》，2009年元旦。

② 《胡锦涛会见参加两岸经贸论坛代表时的讲话》，参见《人民日报（海外版）》，2006年4月17日。

③ 《胡锦涛在纪念〈告台湾同胞书〉发表30周年座谈会上的讲话》，参见《人民日报（海外版）》，2009年元旦。

胞也仅是大陆民众的一部分。人员接触有限，直接影响到了解大陆的深度和广度，直接影响到了解大陆的真实度。大陆太大，了解大陆需要有正确的立场之外，还要有足够的时间。只有充分了解大陆，才能谈得上做台湾人民工作和争取台湾民意，才能让大陆和统一成为台胞心中的向往目标。

台胞要正确理解两岸“差异”。随着以情缘和利益为主轴的两岸交流的深入，参加两岸交流的两岸同胞的要求在增加、标准在提高、情感在升华，当然对于对方的缺失、对于双方的矛盾的了解也在增加。特别是看到的两岸“差异”越来越多，对于“差异”的认识越来越多。对于两岸“差异”，参加过交流的台胞和听说过大陆情况的台胞反应强烈，如对大陆在政治理念和制度上与台湾的不同被认为是“不民主”，对于大陆在政治运作上与台湾的不同被认为是“不正常”，对于大陆在社会管理上与台湾的不同被认为是“不透明”，对于大陆在信息公开上与台湾的不同被认为是“不公开”，对于大陆在生活方式上与台湾的不同被认为是“不文明”。台胞应从两岸的特殊性看待两岸的“差异”，在“两制并存”情况下，“差异”不是差距，应相互尊重，不能要求“两岸一律”。正确理解两岸的“差异”是对台胞的基本要求，也是引导和重塑台湾“国家认同”的关键。在30余年两岸交流、情感、利益和文化基础上，两岸同胞的共同利益正在形成，这既有利于台湾“一个中国认同”的增加，也将做台湾人民工作、争取和转变台湾民意产生特殊效果。

三、有利于推进两岸“大交流大合作大发展”

“一个中国认同”作为意识形态，在两岸关系和交流往来中，必将产生深层次的作用，形成持久不衰的动力。当前的主要任务是推动大交流大合作大发展。一是巩固和平发展成果，全面推进交流。如落实ECFA，加快实现两岸经济关系正常化、经济合作制度化。《海峡两岸经济合作框架协议》的签订，为实现两岸“经济两化”开辟了道路，随着ECFA的实施，两岸合作实际上刚刚起步，当前及今后一个阶段的工作重点是，全面推进ECFA的各项后续协商取得实质性成果，[①] 全面释放ECFA的效应，特别是要让台

① 王毅：《在桂林第九届两岸关系研讨会上的讲话》，参见《台声》杂志，2011年2月。

湾的各行各业、不分地域的民众都能分享到ECFA的经济红利，享受到两岸关系和平发展所带来的实实在在的利益。当然，如果有人否认"九二共识"，破坏两岸"经济两化"的政治基础，不仅将难以深入推进两岸经贸关系，也将难以保障两岸经济合作的成果。如强化"三通"，加快两岸各界交流和社会融合。"三通"和两岸社会各界大交流，对于增进两岸民众的了解理解，加深彼此的感情融合和利益连结，增强岛内民众的文化认同、民族认同和中国人认同，逐步培养两岸命运共同体意识，形塑新的共同认同，都具有十分深远的影响。因此，下一步两岸仍须全面交流、重点交流，以时间换空间；通过拓宽交流领域、丰富交流内容，创新交流形式，建构交流机制，促使两岸双方和社会各界全面加强经贸、文教、社会等各层次、各领域的交流交往，以实现两岸社会的全面融合。① 如加强对话，强化两岸协商机制。大陆海协会和台湾海基会的定题定期换地会谈，已经取得了令人瞩目的成果，基本解决了现阶段两岸大交流大合作大发展所急需的正常化和制度化问题。一方面深化和平发展还有更多的议题要协商，已经解决的议题基本属于"先易、先经、先急"范畴，开始面临"后难、后政、后缓"的议题；一方面在两会协商之外，两岸一些地区、行业、领域都已开始对口协商和签署协议，两岸旅游部门已经互设办事处，众多两岸论坛纷纷出台，在各自行业和领域共同为和平发展作出各自的努力。因此以两会协商为龙头，进一步巩固和充实国共两党交流合作机制，加强和扩大两岸经贸文化论坛、海峡论坛等诸多功能性平台的功能，强化和完善两岸协商机制。与其他两岸关系实践一样，两岸在"经济两化"、社会融合和对话机制上的加强，形成更广、更深、更高领域和层次的交流合作局面，将对台湾"一个中国认同"重塑过程中产生重大影响，"一个中国认同"的增加将会更加促进大交流大合作大发展为核心的交流合作局面的提升。二是提升对于大交流大合作大发展的认识，全面推进交流。客观地说，两岸交流30余年，大陆推行以情感、利益和文化为核心的交流取得了很多成果，两岸关系实现了历史性转折，但是在争取台湾民意方面成效有限。在台湾一些政治势力宣扬的"阴谋论"、"失衡论"、"无感论"和"无用论"影响下，一些民众一方面欢迎大陆对台湾的扶持，一方面对大陆的负面印象与看法不少；一方面对大陆的期待和要价

① 《朱卫东：后ECFA时期两岸政治谈判的准备与路径》，http://www.chinareviewnews.com 20110615。

在增加，一方面又担心对大陆依赖的增加；一方面不主张现在启动政治谈判，一方面又不断在军事、“涉台外交”等政治议题上做文章。台湾民众对于两岸交流、和平发展出现认识偏差，增加台湾民众的“一个中国认同”是有效解决途径之一。“一个中国认同”成为主流认同后，台湾民众对于两岸交流的认识问题就会得到逐步解决，参加两岸交流实践的自觉性就会逐渐提高。总之，加快“经济两化”，是在为引导和重塑台湾“国家认同”打造经济基础；完善“三通”，加快两岸社会融合，是在为引导和重塑台湾“国家认同”打造社会基础；加强对话，推进两会协商，是在为引导和重塑台湾“国家认同”打造政治基础。上述三项工作的展开，是找到了正确引导台湾“国家认同”的途径，形成了不断重塑台湾“国家认同”的动力。

四、有利于推进两岸和平统一进程

台湾社会“一个中国认同”到什么程度，和平统一的条件就成熟到什么程度；台湾社会“一个中国认同”形成之日，就是和平统一条件成熟之时。把“一个中国认同”对和平统一的意义提高如此程度并不过分。历史上郑成功收复台湾、康熙统一台湾、中华民国收复台湾、国民党蒋介石集团撤到台湾等四次两岸统一或治权调整，都在台湾没有引起反对声浪，两岸政治、社会、经济、文化、教育几乎相同相等（荷兰和日本殖民者的奴化教育和文化不得人心）是重要原因之外，全社会对于祖国的政治认同的存在是主要因素。对于和平统一来说，“一个中国认同”的增加，在现阶段同样具有特殊的意义。一是启动政治协商的动力。两岸关系和平发展是和平统一的过渡阶段，政治协商是建立两岸关系稳定发展机制的必要途径。对此，大陆认为需要“在国家尚未统一的特殊情况下的政治关系展开务实探讨”，就台湾政治定位、结束敌对状态、签订《两岸和平协议》和军事安全互信机制等问题进行协商。关于政治对话，两岸存在很大落差，台湾方面一直以“先易后难、先经后政、先急后缓”和民意不赞成为由加以拒绝。关键是台湾民意对于两岸政治谈判的态度。要让台湾民众知道，政治对话不会“矮化台湾”和“倾中卖台”；和平发展不可能一直把政治与经济分开处理，“只易不难、只经不政、只急不缓”不可能一直成为和平发展阶段的行为准则，要确保现阶段两岸关系长期、稳定、深入发展，必须通过政治谈判建构和平稳定发展框架，和平发展的前景最终将取决于政治关系的进展。因此，两岸通过扩大两岸的利益共同点、增强政治互信，通过加强经济合作的方式，缓解两岸政治分歧，通过经济合作的成效来培养和扩大岛内社会赞同两岸关系和平发展的政治基础；通过两岸交流交往去扭转岛内相当一部分民众在对大陆认识、“国家认同”等重大问题上的严重偏差，拆除横亘在两岸社会大众之间有形和无形的藩篱，特别是心理屏障，凝聚两岸社会的向心力，凝聚政治谈判的条件。[①] 二是解决台湾政治定位的条件之一。启动两岸政治协商的主要障碍是台湾当局的政治定位。台湾和大陆同属一个国家，只是从1949年10月起，中华民国政府被推翻，国民党当局由南京退踞台北，其对外主权代表权和对内管理权由中华人民共和国政府取而代之。经过60多年的两岸各自治理，已经形成“两种制度”下，由“两个政权”管理的“两个地区”。由于法理上“中华民国政府”已经被推翻，事实上的“中华民国政府”还在台湾地区行使治权，并且保持有数十个“邦交国”（2007年起为23个）和在30余个政府间国际组织的席位而拥有部分对外代表权，因此台湾当局在两岸关系中的“正朔心态”和“法统心态”愈加强烈，成为台湾与大陆对峙、两岸结构性矛盾久难化解的根源。台湾当局不满意当前两岸关系的政治定位，担心在现有条件下走上谈判桌会失去“法统优势”，在没有得到大陆承认的相应的政治身份认定前，拒绝与大陆进行正式对话。台湾当局的分裂分治立场成为台湾“一个中国认同”异化的原因之一，台湾“国家认同”多样化成为当局坚持“法统”的民意依据。因此，“一个中国认同”的增加，是理顺台湾民意结构、同时也是为台湾当局改变政治思维提供必要的民意氛围。三是和平统一的思想基础。在推进和平统一进程中，增加台湾的“一个中国认同”，具有极为重要的意义。“一个中国认同”能否主导台湾的“国家认同”，成为中国完成统一大业时使用什么方式、什么时候完成的大问题。实现和平统一有三项基本条件。首先，必须坚持“一个中国”。从历史上看，台湾属于中国，至今没有一个国家政府正式表示怀疑和反对过这一定论。从60多年来的两岸关系看，两岸同属一国，是双方都遵守的基本原则和法律。从两岸关系的走向看，只有坚持一国内部事务才有发展的可能和空间。“两岸一中”是完成和平统一的政治基础。“一个中国认同”的增加是台湾“坚持一中”的重要思想和认识保证。其次，必须

① 《朱卫东：后ECFA时期两岸政治谈判的准备与路径》，http://www.chinareviewnews.com 20110615。

坚持共同发展。解决台湾问题，是中华民族复兴和腾飞的关键；中国完成统一的过程和结果，必然能够促进两岸的发展；大陆经济强势发展情况下，有利于台湾的发展。现阶段的两岸交流和合作，是大陆帮台湾的重要途径和方式，“两岸一中”是加强两岸交流和合作的政治基础，“一个中国认同”的增加有助于台湾“两岸一中”的强化。第三，必须坚持“双方接受”。祖国统一方案必须得到两岸人民的赞成和支持，尤其是台湾同胞的理解和接受，是祖国统一方案是否成熟和可行的重要标准。“一国两制台湾模式”的立足点就在这里。“一个中国认同”的增加，有利于拉近两岸民众心理、感情、政治和现实距离，有利于缩小双方对于两岸“差异”的认识，有利于提升台胞讨论、接受和支持“一国两制台湾模式”的积极性。

因此，更要看到台湾社会对大陆的正确认识和“一个中国认同”的增加，不仅是有利于深化和平发展、推进政治协商，而且还将成为和平统一的思想和认识基础。

五、有利于调整台湾内部的政治构成

增加台湾社会对“一个中国”的认同，不仅有利于两岸关系的推进与和平发展的深入，同样也有利于台湾“国家认同”的调整，有利于台湾内部政治构成的调整。

一是有利于正面引导台湾“国家认同”的走向。对于“国家认同”问题，在两岸引起越来越多的人的关注，尤其是台湾各界也开始重视这一议题，开始从“一个中国认同”的相关影响因素做工作。如强调“民族认同”。经过李登辉、陈水扁长达20年的编造“新兴民族”、“台湾民族”的“台独宣传”后，[①] 在经历这一反面教材教育和危害后，大多数民众在燥热、躁动后，“两岸人民同属中华民族，都是炎黄子孙”。[②] 对于中华民族的认同的存在和强化，必然会增加“一个中国认同”。如强调“文化认同”，历经“台独文化”浩劫后，台湾的中华文化认同越来越受到社会各界的重视。台湾执政当局也采取了一些“去扁化”、反“台独”、结束“去中国化”举

① 《“台独”对台湾社会“国家认同”的误导》，参见刘红：《“台独”误导“国家认同”的阶段、要点简述》，载《北京联合大学学报》，2012年第1期。

② 《马英九“国庆”致词》，参见台《联合报》，2010年10月11日。

措，部分纠正“文化台独”，“中华文化是两岸最大的公约数”。[1] 中华文化认同是政治认同和“国家认同”的长盛不衰的动力。如历史认同。针对“台独”篡改台湾历史的图谋，台湾有关方面从编写台湾历史教材、增加中国历史教学时间、增加两岸历史文化交流、增加大中国意识等方面，增加两岸同属一个国家的历史意识。如政治认同，台湾当局表示，“两岸关系并非国与国的关系，而是一种特殊的关系”，[2]“采取‘九二共识’作为双边协商的基础”，[3] 确保两岸关系有了向前发展的政治基础。“九二共识”与和平发展的成果，成为从正面引导台湾“国家认同”走向的重要保证。

二是有利于内部政治构成的调整。政治现实与政治认同有密切的关系，政治现实对政治认同的形成影响很大，政治认同也会对政治现实产生不可低估的作用。首先，台湾社会的基本矛盾之一是“台独”和反“台独”，决定这一态势的，是因为“台独”势力把台湾“国家认同”发生的变化作为推动“台独”的理论依据和实践基础。在其看来，在台湾政治认同和选择的调查中，出现了支持“台独”的保持在两成以上、自认为是中国人的在下降、自认为是台湾人的在上升的局面，“台独国家认同”已经初具规模。只要“国家认同”出现重大变化，“一个中国认同”不断增加，实质是对“台独国家认同”的否定，有利于促进基本矛盾由“台独”和反“台独”的斗争向“台独”和统一的斗争的转化，促进岛内主张统一力量的增加。其次，台湾政治现实中的基本组成是蓝绿两大阵营。绿营的存在和发展，就是把“台独国家认同”作为判断台湾社会“台独支持率”的重要依据，民进党从有关台湾“国家认同”的民意调查中得到鼓舞，根据四成以上绿营支持率、两成以上“台独支持率”、“我是中国人”认同较低的情况，认为台湾社会“台独国家认同”已经基本确立，所以成为民进党东山再起、重新上台执政的社会和民意基础。只要台湾民众的政治认同和“统独选择”逐渐改变，“一个中国认同”逐渐增加，绿营和民进党作为草根性极强的政治力量还有存在和发展的空间，但是其“（毒）独性”会逐渐减少。因此，蓝绿阵营的存在和斗争依旧，但是斗争的性质和焦点逐渐有改变。第三，台湾政治现实的基本运作，是蓝绿互相监督和各自赢得选举，争取最大的政治、行政和经

---

① 《刘兆玄：大陆应采取王道精神》，参见台《联合晚报》，2010 年 12 月 24 日。

② 《纪欣：马英九与蔡英文区隔　明智之举》，http：//www. chinareviewnews. com 20110617。

③ 《马英九与美国智库视讯会议讲稿全文》，http：//www. chinareviewnews. com 20110513。

济资源，双方斗争的集中体现是在选举上。在选举动员上，利用基本矛盾进行政治宣传，是蓝绿各自巩固基本盘的重要举措。“一个中国认同”被全社会接受后，基本矛盾失去政治依据，将由“台独”和反“台独”向发展社会生产力和提高生活品质方面转化，以往选举动员时利用基本矛盾对各自阵营进行深度政治动员的做法将被放弃，不再成为主要选举动员基调。在选举议题上，随着“一个中国认同”逐渐成为主流认同后，“台独”政党的政治空间被压缩，“独性”将逐渐减少，朝野较量逐渐回归理性和公共政策之争。在选举手段上，炒作“国家认同”是常见竞选方式之一。如果台湾“国家认同”出现趋同趋势，“一个中国认同”逐渐为民众所接受，选举中的大陆政策和统“独”之争，不再围绕“是否卖台”展开，将在如何促进台湾发展的层面展开。

综上所述，“国家认同”状况如何，“一个中国认同”的增减，对两岸关系和台湾政局的演变起到特殊的作用。同时，引导和重塑台湾的“国家认同”，扩大“一个中国认同”，同样也需要长期的努力。

台湾民众“国家认同”的解析与构建

福建社会科学院现代台湾研究所　叶世明

两岸关系虽已进入和平发展新阶段，但岛内“台湾认同”和维护“台湾主体性”的民意基础仍然牢固，民意的疏离表现在国家认同危机上。台湾民众对中国的国家认同出现退化现象，其原因是复合的：权力、经济、意识形态甚至地理、历史因素都在起作用。探讨台湾民众中国认同与台湾民意之间的互动与建构关系成为学术界必须面对的重要理论问题和紧迫的现实问题。此前，不少的研究对此问题进行研究，也提出了不少的对策，但对相关事实解析没有给予足够的重视，过于把眼光局限在国家认同本身，缺乏对国家认同基础的整合研究，从宪法制度和公民身份的视角审视也不够；过于强调文化层面的认同，而对制度层面的认同关注不够；缺乏从“引导、构建”的主动培育的角度，对国家认同的培育机制进行系统科学研究。中国认同日益成为两岸关系发展过程中无法回避的问题。中国认同程度偏低是制约两岸关系发展的瓶颈。应当说，实现两岸统一的民意基础是台湾民众的中国国家认同。鉴于此，本文拟在以对台湾民众的中国国家认同的特征事实进行解析的基础上，以温特的建构主义理论为分析工具，将从理论逻辑和经验现实两个方面展开讨论。通过对中国认同的建构基础、内涵及面临困境的思考，来认识建构中国认同建设对两岸和平统一化的重要意义，并提出中国需要改革政治体制与提高民众的民生以及反思、改善对台策略等，来促使台湾民众的中国国家认同进入良性循环，培养台湾民众对祖国的归属感，建构新的两岸“想象共同体”。本文以探索台湾民众的国家认同机理为学术旨趣，而且把台湾民众的中国国家认同的建构作为学理探索背后的现实关怀。这在很大程度上显示了这一学术话题的价值和意义。

一、关于国家认同与台湾民众的国家认同

国家认同是一个国家的公民对自己归属哪个国家的认知以及对这个国家的构成，如政治、文化、族群等要素的评价和情感，是族群认同和文化认同的升华。对国家的认同，是公民对自己与国家关系的确认，表现为对国家的归属感、政治效忠、责任意识、自豪感，以及爱国主义的情怀。① 国家认同实质上就是一个人、一个民族对所属国家的身份的确认，自觉地将个体或民族的利益归属于所认同的国家。这种认同既以共同的血缘意识和祖先意识为核心，融入共同的历史与文化的特质之中，又投射到对一个国家政治体制和法律体系的认可。在人们所有的政治认同当中，对国家的认同处于最高层次。国家认同是政治认同的最高形式。要稳定与深化两岸关系和平发展，就必须面对两岸关系发展的核心问题，即需要不断地凝聚两岸同属一个中国的共同认同。为解决两岸政治难题创造条件。两岸可以预期的将来统一，简言之，就是对“一个中国”的认同。在两岸关系步入和平发展轨道并大踏步推进大交流、大合作、大发展的同时，两岸关系发展也潜藏着诸多挑战，这不仅仅表现在两岸之间固有的历史分歧和长期存在的一些结构性矛盾等方面的问题难以解决，而且更体现在岛内国家认同危机的不断加深上。分析台湾民众对国家认同复杂的情结与机理，同时，分别借由政治、经济、社会与文化四层面来厘清台湾内部国家认同的面貌与趋势后，我们在建构他们的国家认同上将有所为。

二、台湾民众中国国家认同的特征事实与解析

所谓的“特征事实”是指在一个较长时间段内，稳定地出现的、显现规律性的、能够反映社会现实运行的真实情况和基本特征的具有代表性的关键性事实。从分析台湾民众国家认同错位及原因入手，以求正确认识台湾民众国家认同变迁的机理，以减少影响两岸关系发展中深层次的障碍因素，巩固两岸关系长期和平发展的基础。近二十年来，台湾民众中国认同的特征事

① 参见：互动百科词条 http：//www. hudong. com/国家认同。

实，归结并解析如下：

（一）台湾民众中国国家认同现状及其原因

1. 现状

2008 年以来，两岸关系在反对“台独”和坚持“九二共识”的基础上发生了历史性的转折。但与之形成鲜明对比的是，台湾民众的国家认同未发生明显改变，“一个中国”的认同不增反减，自认“是台湾人”的比例反呈明显增长趋势。如今台湾人的国家认同存在错位，对“中国人”认同度不高。依据“政治大学选举研究中心重要政治态度分布趋势图”中“台湾民众台湾人/中国人认同趋势分布图（1992 年 6 月—2010 年 12 月）”，从 1992 年 6 月到 2009 年 12 月，自我认定“既是台湾人也是中国人”的人数比例一直在 40%—50% 之间；但自我认定是台湾人的比例持续上升，至 2010 年 12 月已达到 52. 4%；而自我认定是中国人的比例持续下降，至 2010 年 12 月仅剩下 3. 8%，还不到 1992 年 6 月时的六分之一。“政治大学选举研究中心重要政治态度分布趋势图”中“台湾民众统“独”立场趋势分布图（1994 年 12 月—2009 年 12 月）”显示，从 1994 年 12 月到 2009 年 12 月，“偏独立”的人数比例持续上升，到 2009 年 12 月时为 20. 1%；而“偏统一”的人数比例持续下降，到 2009 年 12 月时仅为 9. 9%。主张“尽快独立”的人数比例都超过主张“尽快统一”的人数比例，而且主张“尽快独立”的人数比例持续攀升，而主张“尽快统一”的人数比例则持续下滑。到 2008 年 3 月，主张“尽快统一”的人数比例为 1. 7%，而主张“尽快独立”的人数比例为 6. 0%. 而且，主张维持现状以后“独立”的人数比例为 17. 1%，主张“永远维持现状”的人数比例为 20. 0%。

以上资料表明，十几年来认同“台湾人”一路攀升，而认同“中国人”急剧下降，认同“既是台湾人又是中国人”则始终保持 40% 左右。相近的数据有 TVBS 民调中心 2011 年 2 月的民调资料，认同“台湾人”占 50%，认同“既是台湾人又是中国人”占 43%。台湾《联合报》在 2010 年 9 月 11 日发布了“民众对台湾前途的主张”调查。民调显示，主张永远维持现状的民众占 51%，主张尽快“独立”（急“独”）的民众占 16%，主张先维持现状再“独立”的民众（缓“独”）占 15%，主张先维持现状再统一（缓统）的民众占 9%，主张尽快统一（急统）的民众占 5%。上述调查和《联合报》2000 年 7 月做的民意调查相比，民众的统“独”态度明显转变。

在10年前，台湾民众主张永远维持现状、“急独”、“缓独”、缓统、急统的比例分别是32%、12%、14%、20%和9%。10年间，主张永远维持现状者增加了19个百分点，而主张缓统和急统的一共减少了15个百分点。调查结果显示的正是10年来台湾民众国家认同退化的危机。综合近20年来各（蓝绿）传播媒体、学术机构、政治机构以及市场调查公司所作调查，得出的结论大体相近。20年来，台湾民众的“台湾人”与“既是中国人也是台湾人”认同，以及政治上“维持现状”与“急独和缓独”选择，都出现了很大比例的上升。总之，“台湾认同”已经形成，而且已经成为有关台湾前途与两岸关系发展的主流民意，成为两岸关系中的一个关键性问题。与此关联，认同问题成为两岸关系发展的核心问题。①

2. 中国国家认同危机的原因

这一部分将分析国家认同的含义、内容与形成机理，以理解下一部分的台湾民众对中国国家认同的弱化趋势。台湾民众国家认同的变迁，不能只看到台湾内部因素，还需要从大陆、国际方面以及认同本身因素来考察，才能得到比较全面与深刻的认识。究其原因：

（1）“台独”分离主义因素

在影响台湾“国家认同”的诸多因素中，“台独”势力的影响最为恶劣。李登辉在2012年1月24日就声称，只要有“百分之八十到九十的人都认同台湾，落实认同‘国家’，无异是完成了‘独立建国’的最为重要的软件建设”。从中可以看出，“台独”势力十分看重引导和破解“一个中国认同”。首先，早期“台独”分离主义，从确立“台独”方向的方式，引导台湾“国家认同”走向，重点是否定台湾和台湾人的中国属性，构建“台独国家认同”的民族文化族群基础。② 其次，李、扁执政时期，刻意激化矛盾，又抓住民众原有的“对历史的悲怆、对定位的困惑”等悲情心理，从政治、制度和两岸关系方面进行误导民众仇视大陆、仇视中国。民进党执政又将省籍与选举挂钩，全力推动台湾本土化，制造“本省人”与“外省人”的矛盾，“台湾人、台湾民族、台湾主体意识”等观念盛行，不断地对台湾民众原有的中国意识和国家认同进行分化和解构，将原本属于爱乡爱土的

① 资料来源：政大选举研究中心。

② 刘红：《“台独”误导“国家认同”的阶段、要点简述》，北京联合大学学报（人文社会科学版），2012年第1期。

“本土意识”导向具有“台独”分离倾向的“台湾意识”。从思想上、文化上、历史上切断台湾与祖国大陆的联系。民进党当局全面启动以“去中国化”与“台湾正名”为核心的“文化台独”活动，不断修改历史教科书，大幅缩减中国史内容，把台湾文化教育变成“台独”思想教育，向年轻一代灌输“台独”思想理念和所谓的历史知识，改变台湾青年一代对中国历史、文化的认同。李登辉主政时期，“中华民国宪法”已被多次修订，将台湾与大陆进行了法律上的区隔，为台湾民众的制度认同转变奠定了基础，陈水扁接任后，延续修改后的“宪法”，力推“宪政改造”，民进党的“制宪”或“修宪”主张，是彻底与“中华民国”划清界限，图谋通过“宪政改造”实现“法理台独”，彻底去除台湾现有“宪法”和法律架构中的“一个中国”表述，建构新的“国家认同”，从根本上动摇了“中国”意识的根基，使得台湾民众对中国、中国人的认识更加模糊，也进一步颠覆了台湾民众对“中国人”的身份认同。“台独势力”对“国家认同”的误导还在继续之中，也是我们在正确引导和重构台湾民众中国国家认同过程中面临的最大挑战。

（2）台湾内部因素

基于岛内选举现实和政党竞争的原因。根据认同主体的不同，国家认同可以分为个体的国家认同——比如精英和普通大众的国家认同，以及集体的国家认同——比如族群的国家认同。台湾岛内政治斗争的现实使得国家认同议题持续发酵。统“独”意识、省籍矛盾、国家认同等议题，长期以来都是台湾选举过程中重要的话题，成为政党选举的工具。政党和政治人物为了一党一己之私利，为了赢得选举，不断操弄国家认同、族群认同议题，尤其是民进党，对于国家认同议题的操弄，更是其争夺票源的有力武器，使之持续发酵和强化。族群认同的种种诉求，表面上是文化问题，实质上是政治领域中的权力斗争问题，是族群精英基于自身的权力欲望，相互排斥，为了个人的一己权力之私，以族群性为基础，不顾社会稳定发展大局地大肆进行族群分离主义运动的族群动员，刻意强化族群间的这种差异和族群身份意识。族群精英在对族群进行整体动员时，往往会对大多数族群个体做出承诺、或使这些个体认识到，精英们能够满足他们的需求，这时，多数族群个体往往就会舍弃国家转而追随这些族群精英了。如果从需求满足的角度来审视国家认同的病理，这就是为什么台湾民众会产生强烈的族群意识，形成族群政治，并发展为损害国家认同。对这个问题的解析，其实就是一个回答在什么情况下以及为何会发生国家认同危机的问题。台湾著名学者李亦园先生在推荐伊萨克所著《族群》一书时的一段话发人深省："至于今天的台湾，同样处于政治变迁的阶段，族群认同已经开始发酵，在政治竞争的催化下隐然形成区隔的标签，埋下分裂的种子。美国学者白鲁恂（Lucian W. Pye）认为：族群意识可以建立一个国家，也可以撕裂一个国家。"在政党竞争中，在选票最大化考量下，马英九执政后的大陆政策选择追随民意，拒绝引领民意。依据"一中宪法"执政的国民党不再诉求统一，而以"台独"为目标的民进党继续误导台湾民众的国家认同，这使得中国认同越来越边缘化。① 把台湾摆在中国的对立面，主张两岸"一边一国"等都是积非成是、人为政治操弄的结果。

（3）国际因素

除了联合国、中美建交等因素之外，由于国际公认中华人民共和国政府代表中国，而"中华民国"则不是主权国家，于是台湾在所谓"国际活动空间"方面的处境，也对台湾认同起了刺激作用。一方面，台湾要以"中华民国"名义参与国际活动受到很多限制，这也促使台湾民众试图以"台湾人"作为自己的认同，也不再认同中国人了。另一方面，国际上一些国家和人士经常鼓吹"台湾民主，中国专制"，美国总统布什说过"台湾是亚洲与世界民主的灯塔"，这就使得台湾民众以作为"民主国家"的"台湾人"自豪，到今天为止已经有100多个国家或地区给予台湾"免签证"的待遇，这也使得他们更不愿意成为"中国人"了。而且，台湾社会在民主转型中，由于权力的合法性来源于民众手中的选票，民主政治体制的运行也以民众的自主意识为基础，民众可以自主决定谁上谁下，选举制度使得民众的自主意识增强。"国际空间压缩"对于自主意识日益强化的台湾民众来说，可以被解释成一种损害尊严的举动，从而引起心理反弹，产生了相对被剥夺感和挫折感。这些心态一旦指向国家或国家的政策，就会对他们原来的中国国家认同形成某种侵蚀或消解作用，对国家认同产生消极影响。

（4）大陆因素

大陆至今没有统摄性的关于国家认同建设的国家战略，从而延迟了台湾同胞对中国国家意识和国家认同的持续增强，国家意识和国家认同处于任其

---

① 朱爱莉：《浅析马英九执政后台湾社会的中国认同危机》，《海峡两岸持续合作的动力与机制》：全国台湾研究会2011年学术研讨会论文选编，九州出版社，2012年版。

自然的状态，明显不利于国家意识和国家认同的增强。而相对来看，“台独势力”不遗余力地误导台湾民众的国家认同。台湾绿营媒体在岛内强化了台湾民众对所谓“台湾主体性”的诉求，甚至创造了一种新的所谓“台湾想象共同体”。如此，自然会对台湾民众中国国家认同形成某种解构性力量，这时本土认同感逐渐蜕变为“台湾国家认同”，即“台独”意识形态。直接影响着中国国家认同的增强。大陆尚缺乏发达成熟的制度性政治机制，也增强了台湾民众对中国国家认同的疏远与离心力。此外，由于两岸在政治民主和社会制度上的差别，部分台湾民众对大陆产生政治偏见，回避国家认同问题而主张维持现状。这种结构性矛盾的解决，是两岸之间一大难题。

综上所述，经由文化认同、族群认同及制度认同三个环节的认同转变，加之岛内外因素影响，经过几十年的发展变化，逐渐蜕变成当今中国认同虚无化和模糊化，扩大和加速了台湾民众中国认同的解构过程。

（二）台湾国家认同的特征事实解析

1. “中国认同”与“台湾认同”在两种认同向度下的解析。“中国认同”与“台湾认同”是不同层次的双重身份认同，不是对立式的认同，这意味着在两岸关系特殊情势下以及明确两者是不同位阶的认同的前提下（即为政治—法律的和文化—心理两种向度下的身份认同），也可以先认同台湾，然后认同中国。因为，从经验事实来看，公民本身就以双重身份面对国家。面对国家，公民不会只是计算利益、权衡得失，他们也投入情感和想象，寻求精神上的寄托、心理上的依恋，因此，他们也是文化归属的寻求者：要成为公民，人们不仅必须在形式上有所归属，而且必须感到这种归属感是“真实的”，“感性的”。身份认同展示出其双重特性，是故，在台湾，认同台湾，建立台湾命运共同体的需求是正常的。所谓“台湾人认同”是表明：“我与这个群体之间的（归属）关系”。自主意识（本土认同感、乡土情怀）是一种正常的心理需求与正当的情感诉求，自主意识（本土认同感）与中国国家认同是可以并行不悖的。“台湾意识”有着全世界都存在的地域认同因素，同时也有台湾人的“悲情意识”因素。相应地，其本土认同也具有先天的成分，都自然而深厚，根深而蒂固。台湾本土认同与本土意识紧密地联系在一起，甚至就是本土意识的投射或转化形式，因此，总是伴随着本土意识的增长而增长。而随着受教育程度的提高和社会利益关系的调整，本土意识会呈现一种自然增长的态势。如果国家的政策不当，尤其是在利益关系调整中产生了被剥夺感，其本土意识就会迅速增长，与此相适应，本土认同也会随之提高。而国家认同的提升，则需要通过建设来巩固和加强。因此，中国的统一和巩固，都离不开一定程度的国家认同。巩固和提升国家认同的水平，是国家建设的重要任务。国家认同的程度越高，国家统一和稳定的心理基础就越是厚实。而要有效提升国家认同的程度，就必须处理好国家认同与本土认同之间的关系。①

“中国国家认同”与“台湾认同”之间的复杂关系表明，如何处理两种认同之间的关系，是两岸面临的一个重大课题。国家认同有两个存在的基础，一个是身份基础，一个是个体需求基础，但即使是身份基础，也离不开个体需求基础的支撑。因此，从根本上言之，国家认同是个体基于利益需求而主观选择的结果，同时也会因为对这一身份角色的长期性的持续需求而不断得到强化。所以，我们既要重视认同的身份基础，但更要重视认同的非身份基础——利益需求基础和社会环境基础。在学理上应梳理本土化的合理成分，这可以在精神上挖掉“台独”意识形态的根基，使之不至于演变为“台独”的意识形态。大陆要尊重台湾民众的乡土情怀与“台湾意识”，有更大的胸怀来包容台湾民众的一些复杂的政治情感和现实的利益需求。在重构新的国家认同时，要考虑台湾民众的真切感受，合理融入“台湾意识”。“台湾意识”作为地方意识，虽有狭隘的地域排外性，但根本上是中华民族意识的重要组成部分，现阶段要不断强化台湾同胞是“生活在台湾的中国人”的观念，将合情合理的“台湾意识”融入其中，这样才能将乡土情怀引导向对中国国家认同，以此扩大同中国认同的联结，逐步扩大国家认同的基础，构建融入“台湾意识”的中国国家认同。

2. 台湾民众国家认同的异化、危机化特点有几大方面差异具体体现，即地区差异、族群差异、年龄结构差异。实际上在台湾认同统“独”的都是少数，这说明“在台湾的‘台湾人’和‘中国人’的认同，可以和政治上的统、‘独’偏向有区隔。另外，认同是中国人（包括既是台湾人也是中国人）的台湾民众中，绝大多数认同的是文化意义上的中国，停留在血缘、亲缘、文缘层面，即文化层面，没有上升到政治国家层面。他们和大陆同胞理解认同的内涵区别很大。“台湾人认同”也不完全等同于政治态度，是基于情感性的本土认同，当然也有一部分人是要以此表达与“中国人”的对

① 陈孔立：《民意的三个层次》，《台湾研究集刊》，2012 年第 1 期。

抗。另外，台湾民调中关于国家认同的设问不仅存在理论盲点，并未厘清国家认同的内涵，中国认同与台湾认同是不同位阶的认同，在民意调查中，本不宜作为并列的选项。而且，也超出了大部分人的认知能力，影响民调的客观性与有效性。因此，有关台湾民众的国家认同民调理论与方法还需两岸社会展开认真而审慎的思辨。①

3. 在两岸尚未实现统一的历史情境下，“国家认同”概念可以是动态发展的概念，其发展的进程应与两岸关系由和平发展走向统一的进程契合。国家认同其实也是一个程度的问题。台湾民众既不会只保留纯粹国家取向的身份认同而不具有其他下位认同（比如地域认同、宗教认同、语言认同等），也不会是只保留完完全全的族群——民族取向的身份认同，当我们说一个公民具有国家认同时，是指他在这两个极点当中，更接近于认同和使用自己国家给予的公民身份的状态。因此，目前，“台湾认同”应然是以对生活在台湾的“感情”作为基础的本土认同，这也是在情理之中。我们要强调的是，“台湾”只是一个地理名词，不能代表官方的正式名称。

以上分析表明了台湾“国家认同”问题的复杂性、严峻性，表明了正确引导和重塑台湾“国家认同”的重要性、迫切性。公民身份通常被公民认同国家的逻辑进路与现实图景，从学术研究来看，不能割裂公民身份在政治—法律上与文化—心理特性的双维度，如果从这一理性选择的进路来解读，国家认同的基础包括民族（族群）、文化与制度。当在制度的层面上理解国家认同的基础，就是指个体基于自身需求的满足，而在心理上和政治上对国家的支持与忠诚。因此，目前，增强或建构台湾国家认同问题最亟需的就是寻找一条能够重构民众对国家认同的新的理论学说，跳脱二元对立或失衡的思维和实践的逻辑。

三、建构台湾民众中国国家认同的理论依据

建构台湾民众中国国家认同的重点要关注以下两个问题，其一，在现代社会，台湾民众对于国家的认同到底是建立于何种基础之上；其二，对于中国而言，如何实现台湾民众对中国国家的认同，进而在此基础之上形成社会

① 叶世明：《两岸民调体系建构——兼谈审慎思辨民调理论方法的运用》，《台湾研究》，2012年第1期。

团结和爱国主义，最终实现国家的统一。我们最亟需做的就是，去寻找一种新的理论模式，这种理论模式不但要能够解析台湾民众对于国家认同的问题，而且还要解决公民由国家认同所激发出来的爱国主义情感，从而最终形成国家和社会的有机团结和统一。本文试图对这一问题提出新的学理认识，并在此基础上导正目前错位现象，最终促成台湾民众的国家认同朝向有利于两岸关系和平发展与终极目标的实现。

1. “匹配论”

“匹配论”主张国家认同不仅在形式上有其多元性，而且在结构上具有一体性。这种“一体性”意味着单一的国家认同形式，无论归属性或赞同性的国家认同，还是其他形式的国家认同，都不足以组成一幅结构完整的国家认同画面，国家认同的结构是由多种国家认同形式整合而成的一个整体。以中国的国家认同为例，公民认同国家的具体形式或方式当然是多元的：有的公民基于血浓于水的情感与理念以对中华民族同胞的认同作为中国国家认同的主要形式，有的看重中国历史文化的悠久与灿烂而把对中国的国家认同归结为寻求文化心理的归属，有的则强调在政治层面上对国家制度给以支持性、赞同性的国家认同。这些认同国家的具体形式虽然各不相同，但它们相互补充、彼此支撑，共同构成了中国的国家认同。就国家认同理论而言，如果说自由主义国家认同观单纯强调公民对国家制度的认同，而国族主义国家认同观则简单地把国家认同归结为国族认同，它们都在一定程度上有其理论盲点，那么，“双元一体”的国家认同结构论则力图通过克服其理论盲点，以获得对国家认同结构更为全面的整体性把握。无论依据经验事实，还是基于公民身份研究的发现，我们都有理由说：作为国家认同主体的公民具有政治—法律的和文化—心理的公民身份，而正是公民身份的这种复合性构成了分析公民认同国家逻辑进路的第一个基点。“匹配论”对于我们在建构台湾中国国家认同的启示是，作为获得性的政治认同与作为授予性的文化认同固然并不相同，但并不能排除这两种认同在现实中发生重叠的可能。问题的关键在于匹配找到合适的“媒介”或“桥梁”来实现两者的沟通和联结。此外，还使我们认识到台湾民众作为认同主体具有复合性质，从而，正确认识台湾认同的合理性与危险性，因此我们要去除那种非此即彼的传统思维方式，走出二元对立的思维与实践逻辑，指引我们如何将台湾民众的乡土情怀引导向对中国国家认同，以此扩大同中国认同的联结，逐步扩大国家认同的基础，构建融入“台湾意识”的中国国家认同。①

2. 宪法爱国主义

所谓宪法爱国主义，是指公民对现代民族国家普遍确立的关于平等自由权利的宪法原则的认同和忠诚。它是随着现代民族国家的兴起、伴随着自由的政治文化而出现的。宪法爱国主义作为一套信念与倾向，其目的在于使得自由平等的公民能够相互证成其正当性。爱国归属的目标在于建立一种特定的宪政文化，促进公民政治归属感的养成。只有这样，才能带来正当的公民忠诚和公民团结，从而促进国家长久的稳定、社会的发展。宪法爱国主义着眼于国家认同与社会团结的根基的重构。借由宪法这一表达人民共识的媒介来重构公民的爱国主义情感也应当是一个理性的选择。如此，社会团结和公民的爱国主义亦将得到重构，而且更加理性却不失激情。爱国主义教育本质上是一种国家认同教育，而现代民族国家既是一个历史文化共同体，也是一个政治共同体。所以，对国家的认同，不仅要有基于语言、习俗、宗教等的历史文化认同，也要有基于现代国家的政治制度认同。“宪法爱国主义”作为一种国家认同的理论图示对于台湾国家认同建构的启示是，展示了国家认同建构的逻辑进路和现实图景。要通过建构有利两岸人民的历史记忆，扩大群体认同，促进两岸的和平发展和命运共同体的认知。需要解决的根本性问题就是不仅要把关注点放在实现制度性国家认同的突破口，而且，要实现人心的统一，如果中国国家给予台湾民众以足够的信心，从而使“台独”分离主义精英丧失动员族群群众的基础，那么有分离倾向的族群精英的政治阴谋，也就自然无法得逞了。一个真正稳定和团结的国家应当建立在公民对于其政治文化乃至宪政文化认同的基础之上。而只有浓缩一国的政治文化的宪法才能完成此一重任。②

3. 建构主义理论

从建构主义的视角看，身份、认同都是可以建构的。国家认同的形成是社会建构的结果，强调成员的共同经验、记忆、或是历史。建构论的观点较为正面、积极，认为认同是随着情境的变动而高度流动，因此相信个人有相当大的选择度。随着两岸关系的深入发展，台湾民众的认同问题正在获得越

① 郭忠华：《动态匹配 · 多元认同 · 双向建构——再论公民身份与国家认同的关系》，《中山大学学报（社会科学版）》，2011 年第 2 期。

② 翟志勇：《中华民族与中国认同——论宪法爱国主义》，《政法论坛》，2010 年第 2 期。

来越多的关注。在理论逻辑上，国家认同的形成是国家建构、社会塑造和公民自主共同作用的结果。结合上述理论的启发，建构台湾民众的国家认同，可以设定近中长三阶段目标：近期目标是巩固中华民族认同并在此基础扩大对一个国家的认同；中期目标是通过制度化的联结，逐步强化岛内民众对两岸同属于一个中国的认同；长期目标则是建构对未来统一的中国的认同。即循一个国家的认同——一个中国的认同——统一中国的认同的路径来重构台湾民众的国家认同。①

综上所述，对实现国家认同的机理进行分析，就是从正面的角度，启发我们在建构台湾民众的中国国家认同应该怎么做。要实现国家认同，必须坚持的总原则是：消解下位认同（台湾认同）得以生根和强化的基础，同时用国家认同去代替下位认同发挥作用。如何运用对文化认同、民族认同、地域认同来促进国家认同，并将它有效转化成对国家的认同。

四、建构台湾民众中国国家认同的路径

国家认同是国家维持统一和稳定的重要条件与基础。因此，巩固和提升国家认同，是国家面临的一个历史性课题。而要解决好这个重大问题，就必须持续进行国家认同建设。台湾民众国家认同的重构应循序渐进，可从以下思路探索具体做法。

（一）把国家认同提升到国家核心价值的层面。

国家认同是经过国界之内的人们经过不断的互动、协商、学习、定义、建构直至内化而形成的，国家认同是现代国家稳定的心理基础，也是国家建设的重要内容。在中国的学术研究和政治生活中，国家认同问题既没有被纳入国家意识形态的范畴，也没有进入国家核心价值的层面，实际上是没有把巩固和提升国家认同作为国家的最高利益来考虑，由此带来的结果是，中国至今没有统摄性的关于国家认同建设的国家战略，除了在民族国家基础上构建国家认同的时间不长，面临着多样性的国家认同的结构性制约等问题外，现实中的一些问题也对国家认同的状况造成了不利影响，尤其是在两岸关系上，致使国家认同问题上存在着隐忧。对国家认同的任何侵蚀和消解，都是

① 周丽华：《台湾民众中国认同的解构与重构》，《中国评论》。

对国家统一和稳定的心理基础的削弱甚至是破坏，都会导致严重的后果。这种状况再也不能任其发展下去了。因此，必须高度重视国家认同，有计划、有步骤的开展国家认同建设。对于两岸统一来说，国家认同建设更是一个重大的历史性课题。

首先，要将国家认同提升至国家核心价值的层面，构建具有统摄性的国家认同建设战略。因此，不仅要充分利用各种政治社会化的手段来增强国家认同，爱国主义思想以及国家意识和中华民族等观念，而且要构建一个国家认同建设战略，形成国家认同建设的目标、思路和步骤，同时还要形成强化国家认同的政策和措施，构造体现国家核心价值体系的意识形态，而且运用强势的政府机器来灌输国民应有的国家意识，积极推进国家认同的巩固和提升。与此同时，特别要注意避免出台那些有损于国家认同的政策和措施。

其次，两岸携手，通过教育改变台湾青少年的国家认同。从一个国家或社会的角度来看，国家认同观念最早产生于国民的中小学教育，中小学教育中的历史和语文又最具有决定性影响。因此，建构台湾民众的国家认同，特别是要通过小学教育，来传播民族的意象与传统。令人称许的是，目前台湾教育主管部门正在修订台湾高中历史课纲，改变了过去绿营执政时期“去中国化”的倾向，增加了中国历史的部分。两岸可以通过教育交流，多形成共识。甚至可以推动两岸合编历史教科书，构建共同的历史记忆。另外，通过大陆台商子女在大陆所受中小学教育，改变他们的国家认同观念。只有两岸青少年有着共同的历史记忆，一样的文化认同，两岸才有实现和平统一的民意基础。因此，我们要关切马英九再次执政后的教育政策。因为不能快速去除“去中国化”的教育影响的话，那么它会不断地延伸到下一代的身上去，积重难返。①

（二）利用媒体增强台湾民众的国家认同

国家认同的产生和发展，一般是政府通过教育和传媒宣传的结果。因此，国家也被称为“想象的共同体”。那么，两岸如何建构“想象共同体”的国家？在现代社会中，传媒发挥着不可替代的作用。传媒对社会的影响无时无刻，无孔不入。在岛内，新闻媒体是第四大公权力，其影响力已深入到岛内民众生活的方方面面。现存的印刷品、媒介网络嵌入互不相识的人民以

① 黄德展：《对台传播中的国家认同危机》，《青年记者》，2010 年 10 月下。

使他们享有共通的情感与共通的认识。印刷品所承载的事件及其评论，特别是关于公共政策与重大事件的辩论，使得印刷品发布圈中的人们能够透过印刷品、媒介与不认识的他人享有共通的情感与共通的认识，于是跟与不认识的他人形成了“想象的共同体”。鉴于此，在两岸文化交流越来越密切的背景下，两岸相互开放电视、报纸、广播、网络和图书杂志，推进两岸传媒的交流和融合。利用传媒，建构“想象共同体”的国家。另外，通过两岸合作，以电影、电视剧、传统戏剧、流行音乐等多种形式，向台湾民众传播共同的历史文化记忆，促进作为“想象共同体”的“文化中国”。[①] 在实践中，可以先从闽台之间“想象的共同体”的形成开始构建。

（三）在历史时境中建构国家认同

国家认同有相当的成分是决定于成员的共同经验，需要文化上有引以为傲的所共享的价值意义的历史源头。而且，这些集体记忆或失忆往往是高度选择的，并且要透过历史的重现来传递。史观的基调也左右着国家认同的塑造。在台湾，“台独”分子正是通过操纵对台湾近现代史的认知，操纵了台湾民众的家国情怀，摧毁了很多人对中国的国家认同。两岸历史认同缺失，极端表现是“台独”在历史表述上的“去中国化”。人是需要寻找所共享的价值意义的历史源头，使得个体获得一种稳定的归属感与精神的安全感。往往有越古老的文化源头所联系起来的认同越稳定、其凝聚力越强大、越不易被打破。在历史时境中建构国家认同，实际上是一个理性建构过程。如果我们在看待历史的时候呈现更多理性，两岸就可以在历史之外找到更多交集，从而缩小双方文化心理上的距离。通过两党两岸合办近代史重大事件纪念活动，有助于寻求两岸共同的历史认同，它可以成为两岸国家认同的先声。合办纪念活动，本身就意味着一种共同的身份感和归属感。[②]

（四）完善民主政治，在促进两岸政治文化融合中建构国家认同

在两岸“一个中国”认同的建构中，台湾需要完善人民的民主程序与大陆也需要加快政治民主化进程，这是不可或缺的条件。大陆的政治体制与台湾不同，外部媒体又经常渲染大陆军事威胁论，容易使台湾民众产生不信

---

① 黄德展：《对台传播中的国家认同危机》，《青年记者》，2010 年 10 月下。

② 杨于泽：《建立海峡两岸共同的历史认同》。

任感，在大陆快速崛起的背景下，这种不信任感很容易转化为对大陆的敌意，国家认同更是无从谈起。现代社会以公民权利为本位，因此，无论从大陆自身发展的需要，还是国家统一大业的需要，大陆应深化各项改革，加快改善大陆的政治民主化建设，较大幅度改善社会的民生，营造更加良好的社会、经济、文化和政治氛围，建立符合普世价值又适合大陆实际的和谐社会。同时，应设法让台湾民众分享大陆崛起带来的好处，共享中华民族复兴的荣耀，可以减少台湾民众的担忧，并能减少台湾民意对大陆的疏远，增加大陆对台湾地区民众的吸引力。

另外，政治文化既是“政治性的”，又是“文化性的”，促进两岸政治文化融合，借此它可以成为两岸多元文化社会中的国家认同基础。上述的宪法爱国主义所塑造的现代集体认同则能够有效解决这一问题，因为它所力图实现的，就是通过以保障人权、维护多元为核心的政治文化来统合一国范围内不同族群之间的差异性。当然，这种政治文化不可能自然而然形成，而是需要有意识地培养和建构。

（五）政策性建构

在台湾，地方性利益和族群性利益以及对这种利益的认同，总体上要比整体的国家利益更具有真实性、易感性、直接性和具体性，而民众的传统地域观念也要比国家观念更为深刻。中国国家认同观念也就难以在短期内压倒地域观念和族群身份观念。在某种意义上来看，国家观念和公民观念能否并且在多大程度上压倒地域观念和族群观念，提出务实的、理性的、具有前瞻性和战略意义的对台策略是关键。

国家认同本质上是一种功绩认同和利益认同，成功的认同与人们需要的满足紧密相关。换言之就是，如果国籍只是一种没有任何好处的标签，在这个时候，认同危机就真正发生了。因而，我们在制定对台政策过程中，对台湾人民利益的充分考虑与尊重和制度性满足，关心他们的利益、尊严，如果能时时考虑到这一点，使其产生与有荣焉的感觉，国家认同自然水到渠成。在台湾民众利益受到他国干涉影响时，展示大陆对台湾民众利益的严重关切并积极展开行动；中国海军在亚丁湾护航过程中，对台湾轮船一视同仁，就是很好的例子。我们应采取更为积极主动的方式去争取民心。总之，大陆在大交流、大合作、大发展中要持续一系列惠台政策，同时，要着力构建物质文明和精神文明，增强对台湾民众的吸引力。

五、结　语

建构台湾民众的中国国家认同应在学理认识深化的基础上，寻求更为根本的解决之道。让国家与宪法恢复应有尊严，在建构场域，应通过多种途径、组织多种资源直接建构对国家的认同。采取可行的路径，抑制、弱化台湾人的族群认同向国家认同（即否定自己的中国人身份，认为自己是台湾人）的变化，培植台湾人的中国认同。更主要的应着眼于民心的争取，民意动员。民意动员中最根本、最核心的问题就是增强台湾民众的国家认同。两岸要共同培养主张国家统一、民族复兴的新生力量。

从台湾“统派”现状看台湾民众的国家认同问题

北京联合大学台湾研究院　郭　艳

国民党重新执政四年后，台湾民众如何看待自己，其身份认同如何？是否朝着有利于两岸统一的方向发展？在台湾社会，明确以两岸统一为终极目标的人或组织被称为“统派”，“统派”生存状况可以成为检视台湾民众中国认同情况的窗口。本文拟对当前台湾“统派”现状进行初步分析，并在此基础上观察台湾民众国家认同倾向的变迁。

一、台湾“统派”现状

台湾“统派”到底包括哪些人，可谓众说纷纭。有人以主张统一方式的不同将之分为“红统”、“联合派”、“蓝统”三类，还有人在此基础上又提出“紫统”一类等等。由于现今台湾“统派”非常复杂，很难将之精准归纳。但有一点可以肯定的是，不管是从何种意义上对之进行定义，台湾“统派”社会基础薄弱、处于台湾社会的边缘，统一的声音在岛内非常微弱是一个无可争辩的事实，国民党重新上台执政四年后，这一趋势仍在继续。

这从台湾“统派”组织的生存状况就可以看出。台湾目前的“统派”组织虽然数量众多，存在中国统一联盟、劳动党、中华统一促进党、夏潮联合会、中华基金会、人间出版社、海峡评论出版社、中华保钓协会、反军购大联盟等众多团体，但因为没有行政资源、没有财团支持，在台湾的政治影响力很小。从“统派”内部来看，台湾“统派”组织尽管数量颇多令人眼花缭乱，但很多组织都是重复的，都是建立在同样一批人基础上，从而有“细胞分裂说”的戏称出现。尽管“统派”组织人员盘根错节，但由于理念差异、人员队伍不纯净等原因，使得“统派”组织的整合困难，最多只能以共同召开“两岸和平发展论坛”等形式展开合作。更为严重的是，“统派”组织成员年龄结构严重不合理，老年人是组织内部的绝对主力，后继乏人。从外部环境来说，“统派”组织在台湾的生存，无论是追溯历史还是着眼当下，都可以用“辛苦”二字形容，而辛苦的根源在于长期被执政者刻意打压渗透破坏，加上两岸长期对立隔绝和台湾当局反共思想灌输的影响，使得“统派”无法通过选举获得政治资源和认同，社会能见度始终不大，因而对两岸政治的实质发展几乎没有任何影响力。

从法理的角度来讲，台湾“统派”本应是台湾政治舞台最合法的主角，但在现实社会中，台湾“统派”力量薄弱，处于被其他势力欲去之而后快的尴尬境地。仅由以下两点即可看出：

1. 岛内不利于“统派”生存发展的政治氛围和社会环境没有改变，“范兰钦事件”即是最明显的例证。在李登辉执政后期以及陈水扁执政的这一段时间里，虽然台湾社会标榜多元民主，但“独派”声浪甚嚣尘上，并垄断了话语权，主张统一就被指为“台奸”，就是“卖台”，“统派”的声音被压制，“统派”阵营遭到强烈打压，整个社会因而处于一种相当严重的寒蝉效应氛围当中。台湾的主流阵营都忙着与“统派”划清界限，都要用重手打击“统派”来彰显自己的“爱台湾”。民进党主张“台独”不遗余力打击“统派”自是不必说，国民党也宣扬“不统不独不武”与“统派”保持适度距离。与此同时，台湾社会近乎存在一种“外省人可骂，本省人不可骂”的政治正确，即便是政治立场中间的人都认为，过去打压本省人，现在让他们吐吐怨气，就算矫枉过正，也会相对包容。“范兰钦事件”正是发生在这种大的政治氛围和社会环境下，郭冠英的最终结局显示今日之台湾只能讲“独”不能讲“统”的生态环境已经到了极其严重的程度，严重到文字狱和因言获罪的地步。正如台湾大学政治学系教授石之瑜所指出的那样，“台独”人士在政权更替后追打郭冠英的根源在于，他一一推翻“台独”最珍贵的史论，不仅触犯了“台独”的禁忌，也对为了选票的马英九造成了困扰。

2. 民调数据显示“统派”的社会基础没有扩大，并经由此次“立委”选举中新党的泡沫化得到了佐证。

远见民调中心长期观察台湾民众统“独”立场的变动趋势，进行固定题组的测量以供趋势对照。远见最新民调显示，15.3%赞成台湾应该尽快“独立”、9.2%认为先维持现状再走向“独立”（急“独”与缓“独”合计为24.5%），40.1%先维持现状再看情形、14.6%永远维持现状（狭义的维持现状合计为54.7%)，4.4%认为先维持现状再和大陆统一、5.4%表示台湾应该尽快和大陆统一（缓统与急统合计为9.8%)，另10.9%没有明确表态。与上年9月相较，赞成台湾“独立”比例下降2.7%，相对地赞成两岸统一的比例上升3.4%，而认为应维持现状的比例则无明显的变化。有报纸因而将之解读为“支持统一明显增加，挺独下降”。

政治大学选举研究中心从1994年起对台湾人的统“独”立场进行了长期的跟踪调查。其民调结果显示，近4年来，“尽快统一”、“尽快独立”大都在2%与9%以下，“广义维持现状”的比例平均都在八成五以上。但是，从详细的固定题组的对比可以看出，最新一次民调中“永远维持现状”者为29.9%，与2008年相比增加了8.4%，有攀高趋势，有报纸因而将之解读为台湾民众“拒统趋势更加明确”。

仅结合这两家民调机构的数据进行分析，可以发现：无论是将民调数据解读为“支持统一者略有增加”，还是“拒统趋势有所明确”，都无法否定这样一个事实，即两岸密切的经贸、文教交流和人员往来并没有带来台湾民众统“独”立场的根本性改变，主张统一在台湾一直是非主流看法，民调数据的轻微波动并不能说明任何问题。事实上，不少学者认为，经过20多年的“本土化”运动，“台独”与“独台”构成了台湾人口的绝大部分，所谓“维持现状”者其实都是隐性的“独派”。因此，整体的趋势是“独派”力量在台湾稳定而缓步的成长，“统派”力量则是不断萎缩，大致是“统派”减少的数字转到“独派”，无意见者减少的数字则转到永远维持现状的“独台派”。“统派”在台湾不到10%，完全不成气候。反映在选票上，就是明确主张两岸统一的新党在此次“立委”选举中得票数无法跨过5%的门槛而完全泡沫化。

二、“统派”力量薄弱背后的实质：台湾民众国家认同的变化

在台湾，赞同统一的人为什么如此之少？“统派”处境何以至此？有“统派”人士认为，是因为许多台湾人对统一有疑虑乃至排斥。问题是，他们的疑虑来自哪里？为何排斥？在思考这个问题的过程中，我们可以发现，有比“统一”更根本的问题，那就是台湾人对“中国人”的认同问题。

实事求是地说，当代台湾民众的国家认同随着时空的转换发生了很大的

变化，从在联合国争论“两岸谁代表中国”到现在争论“两岸是统还是独”，从1945年欢天喜地回归祖国到现在国家认同多元化。自己是不是中国人？这对大陆民众而言是毫不犹豫的肯定和理所当然的事情，但对台湾民众来说，却成为了值得思考和商榷的事情。今天的台湾，还有多少“中国人”？虽然从客观事实来说，无论是从法理还是文化层面，台湾人都是中国人，但是在主观认同上，台湾的“中国人”却不断减少。

整体而言，台湾民众中的“中国意识”日趋淡薄，不少人认为自己是台湾人而不是中国人。据台湾当局“研考会”2009年5月所作民意调查，认为自己是台湾人而不是中国人者在岛内民众中所占比例竟达64.6%，而认为自己是中国人的（包括认为自己是台湾人又是中国人的）只占29.6%（台湾《远见》杂志2009年5月号）。《远见》杂志稍后的民调显示，82.8%的台湾民众认为两岸事实上是“两个国家”。这一趋势仍在继续，从2012年台湾地区领导人竞选过程中候选人的言论即可见一斑。民进党候选人蔡英文曾推出竞选广告，自称“我是台湾人，我是蔡英文”，马英九次日即做出回应，自称“血统上是中华民族、炎黄子孙；身份上认同台湾、是台湾人；国籍上，是中华民国国民”，两大党的领导人都未明确回答自己是不是中国人。

马英九获得连任后，中国国民党荣誉主席吴伯雄3月22日在北京与中国共产党总书记胡锦涛会谈时提到，台湾现在推动两岸关系的依据，是台湾地区与大陆地区人民关系条例，这是以“一国两区”的概念作为法理基础，处理两岸事务的部门是“行政院大陆委员会”，而非“外交部”，这足以说明两岸不是“国与国关系”，而是“特殊关系”。上述说法在岛内引发极大争议，TVBS民调结果显示，55%民众不认同两岸关系是“一国两区”，自认是台湾人的比例达历次最高。民进党民调则显示，77.9%受访者认为台湾与中国大陆“不是”同一个国家。可见，随着岛内外政治形势的变化，台湾民众的国家认同对象已逐渐转向“台湾”。

台湾社会之所以出现远离“中国”的现象，最主要是由岛内的政治氛围所致。一九八〇年代以前，在台湾谈“中国”是一个很正常的事，谁也没有觉得“中国”是身外之事。但是，随着国民党政府从联合国席位的退出，尤其是一九九〇年代后“独派”的登台，“中国”一词开始从两岸共享的国家观念，转而成为一种“他者”意识。明确主张“台独”的民进党执政后，大肆切割台湾与中国的关系，将“中国非我国，中国乃敌者，逢中要必反”的三段论，通过各种政治社会化途径在台湾社会广为传播，并利用福佬人的人口优势压制住其他人的声音。在这种社会氛围下，大部分被冠以“统派”名号的人士和政治团体节节退缩，不仅缺乏必要的反制，而且一步步落入到“独派”设置的泥淖中，落难到“谈统色变”的尴尬境地。

此外，从上个世纪90年代初以来，台湾一直靠打所谓的“民主牌”有效地拖延与北京的政治谈判，努力寻求其国际地位和支持，[①] 这一做法对台湾民众的国家认同产生了重要影响。因为国家认同本质上是一个多面向的概念，国家对不同的国民来讲，可能是“族群国家”，也可能是“文化国家”或“政治国家”，加上国家认同的这三个层面往往交织在一起，台湾当局通过对民主制度的强调，强化制度认同在国家认同中的地位和作用，凸显当前两岸的制度差异，不仅使得台湾当局能够用“民主统一论”或“民主拒统论”来争取台湾民众的支持，事实上也在“台湾认同”或“中华民国认同”与“中华人民共和国认同”之间进行了区隔。例如，1991年3月14日，台湾当局通过了“国家统一纲领”，表面上坚持“一个中国”原则，但其中蕴含诸如“对等”、“民主”等种种限制性条件，事实上成为“国不统纲领”。当前，即便是被认为具有大中国情结的马英九当选“总统”后一再宣示“一中各表”以表明其坚守“弱统”的立场，但其经常挂在嘴边的“不统不独不武”、“在任内绝不推动统一”等话语，事实上强化着台湾社会“拒统”的正当性，不利于台湾民众“中国认同”的重新建构。

三、大陆方面的战略方向和应对策略

要完成祖国的统一，除了政治上统一和治权的统一，更是两岸民众心态的整合，需要台湾民众对“中国认同”的凝聚和升华。台湾民众的国家认同分歧对于完成祖国的统一大业显然是一个深层的障碍。在当前的情势下，大陆方面需要进一步深化战略和调整策略。

第一，大陆是两岸统一的主导力量，在统一之前的过程中，无论在何时以及何种情况下都必须注重关于统一的论述，掌握话语权，当前最主要的是加强“两岸关系和平发展”与“和平统一”之间的连接。

---

① ［美］王飞凌：《海峡两岸的民族主义及其前景》，《战略与管理》，2000年第4期，第98页。

总的来说，两岸关系是百余年来历史所造成，其解决方案也必须在历史的视野中考量，任何急躁的方案皆是“缘木求鱼”，有其历史盲点。“急统派”的常见论述基础，一是从民族文化观点着眼，认为台湾是中华民族神圣不可分割的领土，二是从经济观点着眼，认为台湾与大陆在经济上互利互补，因此应早日统一。然而，自1895年清政府割让台湾给日本，台湾的现代化脚步已提早迈开，和大陆人民的生活习惯差距日远。1949年之后，随着土地改革、工业化、教育普及、民主观念生根，以台湾为主体的意识日益苏醒。面对这个百年来两岸分治的事实，如果追求立即统一，无疑是将“统一”当做抽离于具体历史情境或条件的意识形态来思考。①

正是基于“急统”在短期内不可行的判断，大陆方面近年来确立了“两岸关系和平发展”的对台战略主轴。台湾学者认为，此举具有重大意义，除包含“防独”重于“促统”的意涵外，从“和平统一、一国两制”的“终局论述”到“两岸关系和平发展”这一“过渡论述”的改变，透露大陆对两岸思维风格的改变。② 应该说，正是大陆把和平发展摆在对台工作的首位，为缓解两岸紧张对峙关系提供了新的契机。

现在的问题是，在这种情况下，两岸皆有人指出，大陆需要反思30多年的对台“和平统一”政策，尤其是当前的两岸关系和平发展战略。因为，对台“和平统一”政策没有给台湾“统派”依靠，反而给予各式各样“台独”（含“不统”）安全发展的时间和空间，现在的“和平发展”也有可能导向最终的“和平分裂”。实事求是地说，从二十多年来两岸关系发展的历程来看，大陆总体的对台战略思想无疑是正确的和有成效的。但是，相关的论述却相对滞后和薄弱，对相关工作人员和社会大众的指导力有待加强。虽然基于当前的现实，我们暂且不谈或者少谈统一，但作为一个完整的对台战略指导思想，仍需要强化“终局论述”。大陆有必要加强当前的两岸关系和平发展与未来的两岸和平统一之间的连接，可以借鉴类似于社会主义初级阶段与高级阶段之间、或者台湾方面“国统纲领”三个阶段进程之间的论述。

第二，利用各种可能的途径，促进台湾社会“中国观”的重新塑造，

---

① 黄俊杰：《历史意识与二十一世纪海峡两岸关系的展望》，参见黄俊杰著：《战后台湾的转型及其展望》，台北：台大出版中心，2006年，第220页。

② 台湾《中国时报》2007年10月17日。

奠定两岸统一的思想根基。

我们称当前及今后的“两岸会谈是两岸中国人之间的平等协商”，那么首先必须确保在台湾还有自认是“中国人”的规模存在。如国台办主任王毅同志所指出的那样，“两岸是一家人，是两岸关系之所以能够不断前行的动力所在”,[①]“台湾民众既是生活在宝岛的台湾人，同时也是传承五千年中华民族血脉与文明的中国人，不能也不应该人为地把‘台湾人’和‘中国人’区隔、对立”。[②] 如果“中国”仅仅剩下孱弱无力的外部定义，任由岛内“中国非我国论”的滋生和繁育，统一的根基就会受到削弱，进而可以说，如果在台湾连“中国意识”的土壤都不存在，和平统一就永远不可能实现。

从历史经验的诠释以凝聚“国家认同”，这是海峡两岸政治文化共同的特征。台湾社会中主张“台独”的人士，从17世纪以后台湾与中国大陆的关系说起，强调台湾与中国大陆之间有其历史的断裂性，台湾历史所展现的独特性则是在于反抗意识的强烈，“台独”论述也特别突出日本在台湾的殖民经验的重要性。[③] 在这种历史经验的脉络下，李登辉“身为台湾人的悲哀”史观，创造台湾人脱离中国建立单一认同的情感基础；陈水扁时代杜正胜以“殖民史观”为基础，创造“同心圆理论”，将台湾完全移出中华民族的历史脉络，置于东亚和世界的架构，重新建立新史观；“新台湾人”论述成为青年学子的“新国族认同”。[④] 台湾的历史教育因而在不断地进行着“改造”，“中国史与台湾史”分开、中国史成为“外国史”，地理教育中的“秋海棠图”转化成“番薯图”，台湾的“中国印记”几乎被蚕食殆尽。历史教科书作为官方书写架构下的作品，主要目的在建构民族与国家认同，如果教科书已经将台湾和大陆切割，将“台湾史”抽离“中国史”，那么台湾人自然就不是中国人了。

虽然随着两岸交流日益频繁，今后可能会产生一些“化学作用”，台湾民众逐渐改变对大陆的对抗心理，两岸慢慢地相互认同。但是，台湾历史教科书由于其台湾史观结构与非传统的书写脉络，已造成年轻人“一边一国”

---

① 王毅：《继往开来，再谱新篇——2012年新年寄语》，《两岸关系》，2012年第2期。

② 国台办主任王毅2012年4月14日在美国休斯敦与侨界台胞座谈时讲话。

③ 黄俊杰：《历史经验与国家认同：海峡两岸文化交流及其展望》，参见黄俊杰著：《台湾意识与台湾文化》，台北：台大出版中心，2006年，第279页。

④ 台湾《旺报》2012年4月18日。

认识的形成。应该说，岛内民众的这种畸形心理，是40年“反共”教育加上20年“台独”教育造成的，要扭转这种局面，责任还要落在领导人身上。在当前岛内的政治现实下，指望马英九当局能明确推动统一运动是不现实的，但是，从台湾过去60年的民意走向即知，政治领袖的立场影响民意甚巨，因此我们得充分利用国民党继续执政的契机，敦促马英九当局开始推动教育领域的拨乱反正。马英九第一任期默认了李登辉的“独台”史观，“中华民国”国号尚在，“国史”已亡，在其第二任期内需努力思考教科书编排问题，调整书写脉络、让台湾史回归本国史。此举也可以间接达到帮助岛内“统派”突破困境、逐渐发展壮大的目的，因为台湾“统派”社团成员主要以学界为主，在教育改造的过程中可以充分发挥“统派”学者的作用，如果能产生扩散效应，就能积极争取社会中潜在支持统一的若干群体。

第三，积极应对和处理“中华民国”的议题。

坚持“一中原则”是大陆对台政策的基石。过去，大陆认为，愈将台湾“去中华民国化”，愈可使台湾走向“中国统一”。但是，随着“台独”势力的兴起和发展，岛内也出现了“去中华民国化”的浪潮，只不过这种“去中华民国化”后的指向是“台湾共和国”。现在，大陆已经认识到，台湾愈“去中华民国化”，台湾人更无法认同“中国”，更不能将自己认同为“中国人”。因此，近几年来，两岸关系遂能在“九二共识”的默契下“和平发展”。这意味着“尽管两岸尚未统一但大陆与台湾同属一个中国的事实从未改变”的现状，就有可能是长期存在的现状，如何面对“中华民国”成为大陆不得不处理的议题。

应该说，在当今大部分台湾人的心中，一个中国如果是广义的中国，或是文化的中国，认同中国，应该没有问题。在台湾有争议的是，一个中国如果只是中华人民共和国，那么很多人会持保留态度，因为不能够接受对于自小烙印在生命中一起成长的“中华民国”，就这样无端的消失。更为重要的是，“中华民国”甚至是岛内“统派”普遍的感情认同。岛内日益萎缩的“统派”，尽管追求中国统一，但对“中华民国”更有感情，“中华民国”是他们的精神寄托。不论是传统“统派”（像《海峡评论》主编王晓波等），还是新的理性主义“统派”（“一中三宪”的鼓动者张亚中等），均坚持承认“中华民国”。2011年是辛亥革命一百周年，大陆方面希望两岸通过共同纪念，在国家、民族认同问题上寻求共识，但“中华民国”是一个绕不开的议题。这需要大陆以战略的眼光、开放的信心和前瞻的视野来理解海内外学者的建议，使两岸关系和平发展的格局更稳定，并逐步朝着统一的方向迈进。

第四，在谋求海峡两岸和平统一的进程中，大陆方面应谋求修文德以来之，注重大陆自身软实力的提升，并在此基础上加大对岛内影响力的投放。

目前两岸双方事实上都采取渐进方法，让两岸先成为经济上的利害共同体，也让文化的交流尽量没有障碍。期待统一的人期待着更密切的交往可以促进了解，却可能想不到密切的交往其实也是一种软实力的柔性较量。两岸越交流，台湾民众在比较两岸的政治制度、经济发展水平和生活方式后，可能会更珍惜台湾当前的民主体制及多元社会。马英九当局宣称，“中华民国”要做中华文化的领航者，也代表了自由民主的生活方式，对向往自由民主的华人地区也将产生示范作用。在两岸既合作又竞争的过程中，大陆如何彰显和提高自己的软实力？

改革开放三十多年来，中国大陆在改善民生、推进民主人权等方面都取得了巨大的进步，不可否认，目前的现实与民众的期待的确还有一定的差距。最重要的是，大陆现有文化缺乏足够的吸引力、感召力，文化资源不能很好地转化为软力量。对中国文化的过去、现在缺乏清醒的认识，特别是在经历了“五四”运动和“文化大革命”的冲击后，中国自身对传统儒家文化认识尚且模糊，又缺乏对传统儒家文化与时代发展相结合的认知。而且，当前中国文化更多是停留在古代，真正为人熟知的现代文化并不多，还需在改革开放的实践中结合优秀的传统文化，进行创造、总结和提炼。

第五，对台工作需要形成立体思维架构，其中重要的一环是要注意加强大陆民众在两岸民间交流过程中的“公民外交”意识，逐步扭转台湾民众对大陆的刻板印象。台湾人对中国大陆的认知往往是刻板而片面的，而且常在两个极端而主观的印象中摇摆：贫穷落后 - 快速发展；威权蛮横 - 国威盛大；中原沙文 - 文化精博、中国是祖国 - 中国是恶邻……。台湾的许多民调结果尽管未必完全正确，却不无参考的价值。近期台湾的民调显示，台湾人民对大陆人民印象，正面观感增加，负面观感渐少，诸如“水准低”、“霸道”、“唯利是图”、“自私”等指标都明显下降，但正负观感仍有差距。显示频繁交流虽已促进彼此相互了解，不过仍有诸多隔阂有待克服，而这对台湾民众中国认同的建立与巩固显然是不利的。随着大陆民众组团赴台旅游和自由行人数的逐渐增多，台湾民众对大陆人会有更多的实际感受。这些在台湾学习、旅游等的大陆民众需要意识到，在当前两岸分裂的现实下，个人的形象就是大陆的形象，要有用个人本身的行动来展现大陆形象的意识。因此，大陆方面应采取多种形式，加强赴台人士的“公民外交”意识，逐步扭转台湾民众对大陆的刻板印象，间接促进其中国认同的建立与强化。

世代、历史叙事、集体记忆、认同与行动

——评萧阿勤《回归现实——台湾1970年代的战后世代与文化政治变迁》

复旦大学国际关系与公共事务学院　雷玉虹

近30余年来，台湾的政治、文化出现明显的本土化、台湾化趋势。如何理解这种趋势及其变化的底流成为两岸学术界共同面临的课题。台湾中研院社会学研究所萧阿勤教授一系列从知识社会学视角出发，由世代与叙事为切入点，以一种类似精神分析般的研究手法对当代台湾社会进行的反思性研究，为我们了解战后台湾政治与文化变迁提供了重要参考。① 萧阿勤的新著《回归现实——台湾1970年代的战后世代与文化政治变迁》一书，无疑是近年以来台湾出版的探讨晚近台湾政治、文化变迁的重要著作之一。在书中作者提出战后台湾重大的政治、文化变迁始于1970年代，激发后来重大政治变迁的积极因素在于台湾社会中形成一股新的广泛社会力量，即由当时大约20—40岁之间的“战后世代”中成员构成的“回归现实”世代。作者通过对回归现实世代的世代意识、国族认同、历史叙事的研究，对战后台湾政治、文化变迁进行了学理上的探讨。本文对书中的主要理论及观点进行简单评介。

① 萧阿勤：《1980年代以来台湾文化、台湾民族主义的发展：“以台湾（民族）文学”为主的分析》，《台湾社会学研究》，1999年第3期；《台湾文学的本土化典范：历史叙事、策略的本质主义与国家权力》，《文化研究》，2005年第1期。Hsiau，A-chin（2000）：Contemporary Taiwanese Cultural Nationalism. London：Routledge；《时间、叙事、与知识建构：从台湾的“中国现代化”社会科学研究（1960—1970年代）谈起》，《“叙事的社会、社会的叙事”研究工作坊论文集》，中研院社会学研究所，2011年4月22日。

一、世代、叙事、集体记忆与认同的相关理论概念

20世纪90年代后社会科学的叙事转向，使得社会建构主义的理论范式在西方社会科学界盛行，其基本特征是认为事物是通过社会建构而存在的。相信世界永远是一个被演绎过的东西，人们凭借语言、符号、意象、书面及其他社会工具，再现他们所理解和观察到的世界，而且人们的观察和理解不断受到自身及外界不同的社会文化背景、历史经验、信仰和意识形态甚至于偏见等因素的影响。该书是社会建构论视角的研究著作。全书主要分成两大部分，一部分为对本研究涉及的相关理论及概念的阐述，另一部分是通过史料的分析对理论进行实证。在第一章“问题意识、概念、理论与研究方法”、第六章“结论”中，作者对该书涉及的几个重要概念及理论进行了非常详尽的论述。并在附录一“威权统治下的国族认同：隐蔽与公开，连续与断裂”、附录二“认同研究中的历史：过去的史实、社会的过程与人类经验的历史性/叙事性”中对该书部分章节在以论文形式先后发表过程中所受质疑答疑的形式，对书中涉及的一些理论问题作出了澄清。该书主要涉及以下主要理论与概念：

（一）世代理论

作者在书中借用了1895年出生于匈牙利，曾任法兰克福大学经济学与社会学教授，后为逃避纳粹政权而移居英国的犹太裔社会学家Karl Mannheim的世代理论作为分析工具。Mannheim为了研究自己所生存的第一次世界大战后快速变迁的欧洲而提出世代理论，认为世代和阶级一样，是一种特殊类型的社会位置，它涵盖了位于一个历史的、社会的过程中相关的“年龄团体”，因为共享经验与共同世界观的浮现而形成社会连带与积极的行动意识。但其不足之处在于他提到一个世代位置成员转化为实存世代、甚至世代单位时，并没有说明形成这种转变的机制。萧阿勤在吸取了Molly Andrews和Wyatt的“觉悟启蒙”、“觉醒”等概念基础上，对Mannheim的理论不足部分进行了补充，提出快速社会变迁固然会促使世代位置成员转变为实存世代，但觉悟启蒙才是实现转变的标志，“与实存世代的世代意识形成有关的剧烈社会变迁，往往是战争、内乱、流亡等历史上令人伤痛的重大

事件。这些事件使人们产生时间断裂或历史分水岭的感受，觉得面临共同的考验。属于特殊世代位置的个人遭遇重大创伤事件而经历觉醒过程，才使他们由消极的‘自在世代（generation in-itself）’转变为积极的‘自为世代（generation for-itself）’”。[①] 属于特殊世代位置的个人因为创伤事件而觉悟启蒙，往往由于他们有所转变而开始明显积极地从一个长远历史过程的角度来定位自己。

（二）叙事认同理论

该书采用的另一个理论分析框架是叙事认同理论。作者采用 Giddens 有关自我认同与反身性的观点，即自我既然很难说是具有固定形体的现象，那么自我认同也并非指持续不变的物体或实在的东西。自我认同不是既定的东西，不是个人所拥有的某种或一群特征，而是“必须在个人的反身性的活动中重复不断地创造与维持的某种东西”。[②] 要发展与维持整合的自我认同感，就需要一个关于自我的叙事。叙事将人类的经验组织成在时间上具有意义的一幕又一幕，是一种重要的认知方式。叙事或讲故事的基本特征是对于事件做开头、中间、结尾的序列安排，使之具有“情节”。“情节赋予”或“情节化”是使事件的陈述具有叙事性的最重要关键。情节的赋予把事件转变成连续故事中的一幕，使独立的个案具有意义。个人的能动性就反映在他或她足以反身性地发展一种关于自我的叙事之能力，亦即说故事的能力——籍著这个故事，个人将自我的过去、现在、未来联结在一起，并且将自我与更大的社会与历史联系起来，或隐或显地向他人与自己展示自我利益所在与行动方向。

叙事认同的分析方法就是将叙事重新概念化，使得叙事概念在分析人类生命存在的基本性质、自我与认同建构的一般动态，以及社会生活经验的一般方式上，成为有效的分析工具，而不是只用来描述一种再现过去、铺陈资料的方式。叙事性最突出的特征就在于：只有在与其他事件之时间的与空间

① 萧阿勤：《回归现实——台湾1970年代的战后世代与文化政治变迁》，中研院社会学研究所专书第6号，台北，2010年二版，第28页、第42页、第36—37页、第38页、第39页、第99页、第130页、第200页，第342页，序。

② 萧阿勤：《回归现实——台湾1970年代的战后世代与文化政治变迁》，中研院社会学研究所专书第6号，台北，2010年二版，第28页、第42页、第36—37页、第38页、第39页、第99页、第130页、第200页，第342页，序。

的关系中，才能辨识任何事件的意义。不过为了寻求秩序与意义，在安排清楚的事件开头、中间、结尾中的情节赋予过程中，叙事并非简单地反映现实，而是包含了选择、重组、简化现实等机制。①

重新概念化的叙事对认同和行动研究的重要性在于既然情节赋予是叙事性的要件，那么，是情节才使得故事具有某种方向，将其各部分抟聚起来，使涉入其中的人们感受到某种完整与一致性。情节之所以可以使故事不至于漫无旨归，在于情节有一种“问题意识”，或者说一种基本的紧张、冲突，而紧张与冲突需要纾解，因此需要故事所涉及的行动者（actor）采取行动（action）。作者也提出，在某个特定时期人们所熟悉的叙事无法在情境变动中创造具有说服力的象征秩序与意义，多重叙事互相竞争、缺乏替代的叙事等，都可能使人在理解自我与世界时碰上困难。即人们寻求适当的叙事，企图将经验或事件纳入其中以求得满意的理解，可能遭遇挫折、缺陷、混乱与变动。这种情况，往往也造成认同与相关行动策略陷入类似的困境，成为激发人们寻求替代的叙事或建构新的叙事的动力之一。② 故事具有反身性及超乎虚构的面向，即我们不只说故事，故事也说我们。叙事与认同是互相建构的一体两面的东西。

（三）集体记忆与叙事模式

记忆是人们认同形成的一个核心要素，而我们的认同的一个主要部分，又往往来自社会互动中他人加诸的人群分类，以及我们自己主观上的集体身份（社群）的归属。集体记忆概念中的“记忆”，应该被理解成是发展、建构某种集体认同所依赖的象征资源之一，而不应被认为是具有共同身份的人群必然自动承载的对过去的认知。集体记忆的性质，并非像这个字眼本身所暗示的那样清楚自明。当我们谈到一群人的集体记忆时，通常指的是和这群人的集体认同有关的过去，以及这样的过去和这个集团认同的相互关系。所谓集体记忆所指涉的‘集体’，也不能单纯地、先验地视为始终存在而界限

① 萧阿勤：《回归现实——台湾1970年代的战后世代与文化政治变迁》，中研院社会学研究所专书第6号，台北，2010年二版，第28页、第42页、第36—37页、第38页、第39页、第99页、第130页、第200页，第342页，序。

② 萧阿勤：《回归现实——台湾1970年代的战后世代与文化政治变迁》，中研院社会学研究所专书第6号，台北，2010年二版，第28页、第42页、第36—37页、第38页、第39页、第99页、第130页、第200页，第342页，序。

明确的一个人群团体。“集体记忆概念中所指称的这个‘集体’的疆界与认同，应当被理解成是同时伴随着这个记忆建构，才逐渐发展起来的。‘集体’与‘记忆’两者是互相建构的；我们可以说，它们的关系，犹如前述的认同与叙事的关系，是相生相成的。”① 集体经验的挑选、意义及象征的创造，以及传播与被接受，这些过程在公共领域中互相激荡强化所确立的，是特定人群理解过往集体经验的参考架构。这种架构，成为人们发展特殊的历史感或历史意识之重要凭籍。知识阶层的政治或文化菁英所擅长，并且在其中经常扮演重要角色的，正在于藉语言、文字、图像等媒介而将集体经验叙事化、象征化，以确立这些经验的意义。集体记忆往往是确立认同、动员支持、竞夺权力的象征资源之一，因此本身就成为权利争夺的对象。

在现代社会的认同政治中，一个常见的现象是：在某种特殊情境中，政治或文化菁英借由再现某种过去的经验的过程，赋予这个经验与某种集体认同相关的特殊象征意涵；而经由种种在公共领域中传播的过程，这个被意义化、象征化的过去的经验，逐渐被愈来愈多的群众所接受——或者说，所“记忆”。菁英对意义与象征的创造，以及这些意义与象征在群众之间的传播及接受，这两方面的过程在公共领域中往往互相激荡、强化。这些过程的另一面是：当人们同意、接受这个过去经验的特殊象征意涵时，他们也就同时发展这个象征意义联结的集体认同面向。集体认同的建构与某种过去经验的特殊再现方式与过程，几乎是不分先后、分不开的。在现代社会中，所谓的集体记忆，通常具有指引行动的意涵，是一种企图形塑人们的能动性、激发行动、赋予力量的论述。

与集体认同建构有关的过去，不同于生活实践本身的内容，并非人们过去如实的经验本身，也不是这些生活实践与实际经验的简单呈现。相对地，在现代社会中，集体记忆通常是那些有较大的机会与能力掌握运用象征资源者——尤其是政治与文化菁英——透过再现的过程，将过去的经验意义象征化，而在公共领域传播的结果。某种过去与某个集体认同的建立，往往是在特定的历史阶段、社会关系与权利冲突中，菁英的建构与群众的接受之间相互激荡，将这段过去纳入某种集体经验叙事模式、成为其情节的一部分而达

① 萧阿勤：《回归现实——台湾1970年代的战后世代与文化政治变迁》，中研院社会学研究所专书第6号，台北，2010年二版，第28页、第42页、第36—37页、第38页、第39页、第99页、第130页、第200页，第342页，序。

成的。人们对过去的经验，往往只有经由上述这种过程，亦即进入公共领域，才具有建构集体认同、催发集体行动的力量。

二、“回归现实世代”的历史叙事、集体记忆、认同及其行动

该书的第二章“70年代回归现实世代的浮现与形成”、第三章“回归现实世代、日据时期台湾新文学与抗日集体记忆”、第四章“乡土文学、国族认同与回归现实世代”、第五章“日据时期台湾人政治社会运动史与党外新生代的历史建构”构成了该书的第二部分，即实证研究部分。作者藉世代理论与叙事认同理论对记录1960年代、1970年代相关现象的史料，包括当时与后来出版的报纸、杂志、文集、论著、校园学生刊物等公共领域的言论与行动的梳理与比对，指出1970年代在保钓运动及一系列外交挫败的刺激下，台湾社会的战后世代中浮现出一个实存世代——回归现实世代。通过对回归现实世代及其中对后来本土化、台湾化的文化与政治变迁最密切相关的三群成员——发扬日据时期台湾新文学的文化界人士、乡土小说家及支持者、党外新生代——的叙事、认同与行动之间关系的探讨，向我们揭示了一幅晚近台湾政治、文化变迁的图景。

（一）台湾战后“轴心世代”——“回归现实世代”的浮现

作者在书中借用德国哲学家雅斯培（Karl T. Jaspers，1883—1969）的“轴心时期”概念，将台湾1970年代的10年称为战后台湾历史上的“轴心时期”（The Axial Period）。[①] 认为就1970年代政治、文化变迁的性质，以及对往后社会的重大影响而言，它在战后台湾历史上，犹如雅斯培所认为的那段西元前时期在世界史上的地位一样重要。作者并指出70年代激发后来政治重大变迁的积极因素，不在于威权统治者本身，因为国民党政府的革新理念与作法是在回应挑战下相当有限度的自我调整。当时包括文化的明显变迁在内，其积极因素都在于一股广泛社会力量的形成，以及它对既有体制的挑

① 萧阿勤：《回归现实——台湾1970年代的战后世代与文化政治变迁》，中研院社会学研究所专书第6号，台北，2010年二版，第28页、第42页、第36—37页、第38页、第39页、第99页、第130页、第200页，第342页，序。

战。这股力量主要来自当时大约20到40岁之间的“战后世代”中的成员。他们不管是本省或外省籍，即使不在台湾出生，也几乎都在战后的台湾成长，并接受国民党体制下教育。他们作为挑战既有政治体制与文化传统的主力，兴起于“保钓”运动、台丧失联合国代表权之后，亦即1971—1972年间。

在1947年发生2·28事件及之后的1950年代前期捕杀左派人士的白色恐怖中，国民党对台湾社会的反对运动进行严密的控制与镇压。本省籍文化精英由于前述镇压及语言问题，在战后前二十年基本处于失声状态。因此战后初期二十年台湾政治、文化、社会弥漫着由外省人经验所形塑的充满流亡与漂泊的特质。1960年代末随着战后新生代人口大量增长，以及高等教育快速发展，台湾战后世代人口趋于成熟，形成新一代知识阶层。国民党在台推行极权统治的同时严格控制出版与言论，并在学校推行以反共为基础的中国民族主义爱国历史教育（1949年以前的思想、学术、文艺的发展脉络因政治理由而被切割掉），但与此同时，却因为号称加入“西方民主阵营”而在学校教育中宣扬西方的知识文化与自由主义。这使得1960年代的战后世代知识分子，不论本、外省籍，他们由于两岸的隔绝而对中国国族历史与命运产生某种隔阂感。他们“不是国家建设的积极参与者”，“被远远地隔离在政治与社会的主轴之外”，而且对自己所生长的台湾本地的过去也相当陌生。这种既对中国也对台湾的历史现实有所隔阂的情形，使得当时战后世代除了被视为苦闷消极、自私沉默之外，也自称“无根的一代”、“失落的一代”、“迷失的一代”。他们普遍有一种孤悬于历史之外、对于时局发展无能为力的强烈感受，同时又信奉西方的自由民主思想。

但1969年底台湾与日本发生的钓鱼台列屿的主权争议改变了这一切。虽然国民党政府与岛内舆论不断声明“中华民国政府”拥有该列屿的主权，但1970年9月，日本外务省正式宣称该列屿的主权属于琉球，而美国即将把琉球归还日本。这一年的年底，又陆续发生冲绳警察拔除钓鱼岛列屿上的“中华民国国旗”、日本与琉球政府的巡逻艇在该列屿附近驱逐台湾渔民船舶等事件。钓鱼岛冲突唤醒了象牙塔里沉湎已久的知识青年，在美国的台湾留学生发起的保钓运动蔓延到台湾岛内。以此为契机，台大等大学的师生打破战后台湾历史上的沉寂开始轰轰烈烈的保钓运动。他们参加集会座谈、校内游行、上书政府、至美日大使馆抗议等，积极捍卫钓鱼岛主权，并在保钓运动沉静下来之后开始积极参加要求政治与社会改革的言论与行动。

保钓运动之中积极行动的战后世代成员对台湾的政治提出渐进的、温和的改革主义。其中一条与其世代认同密切相关，结合了他们民主理念与回归现实理念，却挑战了国民党威权统治核心的“法统”的政治主张是“全面改选中央民意代表”。但保钓运动以来台大师生为主的年轻世代政治社会革新的热烈要求，却最终以陈鼓应、王晓波等强调中国民族主义、反对帝国主义对台湾的政治、经济、文化侵略，论及“将来中国的统一胜利”之故，被国民党怀疑“有为匪统战之嫌”而被逮捕、镇压的台大哲学系事件为标志最终被国民党压制。

作者用 Mannheim 的世代理论分析，指出 1970 年代年轻知识分子中众多成员在台湾面临国际政治重大挫败这一创伤事件冲击之下，敏锐地有所觉悟，受到启蒙而开始觉醒，产生社会连带与积极的行动意识，在台湾社会形成一个包含本、外省籍在内的批判台湾当局政治理念、要求政治、社会改革的年轻实存世代——回归现实世代。虽然他们彼此的理念未必完全相同，但都是一个自为世代的核心成员。就他们在当时与日后政治与文化上的重要性来说，我们也可称之为战后至今台湾历史上的“轴心世代”，在晚近的台湾政治、文化变迁中扮演重要角色。

（二）1970 年代回归现实世代的历史叙事与国族认同

革新言论的沉寂与国民党的压制，并不代表回归现实世代的消失。相反地，许多从保钓运动以来觉醒的战后世代成员逐渐寻求直接参与社会政治改革的方式，即投入党外政治反对运动。与此同时台湾开始出现批判现代主义文学、重新挖掘日据时期台湾新文学、提倡具有强烈社会批判意识的乡土小说等回归现实或乡土的文化发展趋势。回归现实世代正是这种文化潮流的推动者。他们要求社会政治改革的基本精神与出发点，就是回归台湾社会现实。不管对本省或外省籍的这些年轻知识分子而言，回归现实是对家庭或学校教化而来、缺乏实际生活经验基础的拟流亡、拟漂泊心态，或半拟流亡漂泊心态的反省与批判。对他们而言，民族主义的“中国意识”与社会关怀的“台湾意识”两者并无太大矛盾而是相辅相成的，即他们认为“既为台湾的生存，也为中国的前途，或者更明显的意涵是说为了中国未来的前途，就得先要确实地关怀台湾现在的生存问题”。①

构成个人的或集体的行动者之历史意识或历史感的核心，是一个特定的历史叙事。作者通过对大量史料的分析，指出众多回归现实世代成员的“回归现实”或“回归乡土”理念及改革主张，都凭藉一个关于中国在十九世纪中期后，近百年来抵抗外国强权、追求独立、民主、自由发展的国族历史叙事，来理解台湾的处境，并且定位自己这一代在其中的责任与使命。从集体认同与集体记忆之间关系的角度来看，1970 年代具有回归现实理念的青年知识分子在理解台湾的政治、经济、文化问题时，主要是把它们放到一个既有的、以中国民族主义为中心主题的集体记忆——亦即关于中国人、中华民族过去集体经验的叙事模式——中去理解，把台湾涉及国际政治因素的政、经、文化问题，以及钓鱼岛主权争议、台湾丧失联合国席位等外交挫折，视为这个情节发展的一部分。他们强烈反省与批判战后二十几年国民党统治所形塑的流亡心态，提倡改革创新的政治与文化理念。对于出生、成长于台湾的战后世代，不管省籍为何，台湾社会是他们最直接熟悉而可理解的现实。但是这种被理解的现实是凭藉中国国族历史叙事所掌握的现实，是“中国人”、“中国知识分子”所看到，属于“中国老百姓”的生活经验、感受与命运。从这个角度来看，那些具有公共关怀与改革意识的战后世代知识青年，毋宁是在台湾寻找“中国性”（Chineseness）。② 这种情形，也是他们努力地将自我与社会及其相互的关联，纳入一个特定历史叙事来理解的过程与结果。但作者认为，1970 年代党外以中国民族主义叙事来理解反对运动，在实际的行动目标上，则是以保卫台湾为目的。党外人士即使怀抱中国（民族）认同，但这种认同在政治上落实的国家选择，至多是没有排除一个

---

① 作者这里的“轴心时期”概念系借自德国哲学家雅斯培（Kar T. Jaspers，1883—1969）。雅斯培以“轴心时期”来形容人类历史从公元前 800 至 200 年—尤其是公元前 500 年左右——的这段时期。当时中国、印度与西方，人们开始反思自身存在的种种问题，而在三个地区几乎同时发展了各具特色的思想文化。雅斯培认为：“这个时代产生了我们至今仍在其范围内思考的基本范畴，创立了人类仍赖以生活的世界宗教的开端。……这个过程的结果是：到那时为止被无意识地接受的观念、习惯与环境，都受到审察、质疑与清理。一切都被卷入漩涡。就那些仍然具有生命力与现实性的传统内容来说，其表现形式被澄清，因而也就发生了变化。”作者认为，就 70 年代的政治、文化变迁的性质，以及对其往后社会的重大影响而言，它在战后台湾历史上，犹如雅斯培所认为那段西元前时期在世界史上的地位一样，因此作者用“轴心时期”来形容 70 年代在战后台湾历史上的重要性。

② 萧阿勤：《回归现实——台湾 1970 年代的战后世代与文化政治变迁》，中研院社会学研究所专书第 6 号，台北，2010 年二版，第 28 页、第 42 页、第 36—37 页、第 38 页、第 39 页、第 99 页、第 130 页、第 200 页，第 342 页，序。

可能涵盖台湾与大陆的“未来中国”的出现而已。

（三）从中国民族主义到台湾民族主义——抗日历史叙事的建构与重构

1980年代后，台湾许多以战后世代为主的“党外”人士与本省籍文化界人士经历了从中国（民族）到台湾（民族）的历史叙事与认同的明显变化，逐渐成为台湾民族主义者。该书依据大量的史料对此一过程进行了详细的分析。作者指出在许多与国族认同有关的集体记忆中，“他者”加诸于“我群”的苦难（包括剥削、压迫、武力抗拒等），以及我群对这种苦难的抵抗（包括不合作、逃难、武力抗拒等），扮演极重要的角色。战后台湾社会面临一大难题，为如何面对日本在台湾的殖民统治及影响和如何定位“日据时期”的历史经验。在这个被殖民经验的历史叙事中，以抗日的集体记忆建构与国族认同议题的关系最为密切。在战后台湾文化与政治发展的不同阶段，关于日本殖民统治的集体记忆建构中，“抗日”经验，尤其是早期的武装抗日居于核心的位置。

对作为“祖国”政府的国民党政府而言，牵涉的是在经历五十多年异族统治的地区，如何发展一个被殖民的集体经验之历史叙事模式，并且它可以被视为合理正当的，以作为整合国族认同之重要凭藉。“2·28事件”之后，到1970年代的三十年左右，关于日本殖民统治时代的集体记忆，几乎就等于抗日的集体记忆。在国民党统治下公共领域中被视为合理正当的日本殖民统治集体记忆中，台湾人的抗日经验，可以说被“模式化”——亦即被“中国化”，或者更恰当地说，是被“（中国）民族化”——而成为其集体经验叙事模式中一个极重要的历史情节。

但是，国民党的战后抗日集体记忆建构中存在的一个重要问题是对左派与共产党抗日历史的排除。因为台湾是中国最早被割让成为殖民地的领土，反殖民主义的左派思想很早就在殖民地时代台湾民众的抗日活动中发生影响。1947年2·28事件之后，台湾的知识青年中左倾化倾向加剧，在1950年代的白色恐怖中又遭受残酷的镇压。许多日据时代的抗日人士在国民党时代又因左倾思想而被投入监狱。日本殖民统治下以抗日为特征的台湾文学及台湾人抗日史在战后国民党所建构的大中国史观中并没有获得肯定。与此相对应的是随蒋介石来台的外省人掌握了政治上的权力中枢，本外省人处于在政治上不平等的状况。因此，对于对国民党统治有异议的人们（包括本、外省籍）而言，回顾这一段殖民统治的过去，重点在于发展另类的记忆。

在1970年代的回归现实潮流中，以陈映真为代表的众多本省籍乡土作家将自己的文学创作与日本殖民时代台湾新文学关联起来，强调共同的民族精神，同时批判当时弥漫于台湾社会的西方现代主义思潮。“党外”康宁祥等人建构“作为中华民国历史财富的台湾人抗日史”。黄煌雄对蒋渭水的历史定位是强调抗日台湾先辈作为在台湾的中国人之祖国认同，以及孙中山领导的中国近代民族运动对台湾先辈的巨大影响。《台湾文艺》热心推介日据时期台湾作家与作品，视为中华民族可贵的文化遗产。笠诗刊也刊载讨论日据时期台湾的新诗，强调这些诗歌中所流露的对祖国的向往，而其中年轻的诗人更致力于追求创作的中国性与乡土性。这些本省籍的文化人及“党外”运动人士挖掘、建构日据时期抗日历史的目的，是为了确认台湾人的中国性而试图正当化他们党外运动与对国民党的批判，而寻求在战后台湾人与外省人文化上、政治上不平等现状的改变。至少到《美丽岛》创刊前后，以本省籍为主的党外人士，在对自己战后世代位置的强烈自觉上，都是站在一个既是台湾人、又是中国人的主体位置来思考的。

正当“党外”人士怀着强烈的世代身份自觉意识与历史感踌躇满志准备通过选举参与政治时，1979年因为台美“断交”，蒋经国宣布选举停办，“党外”人士通过选举参与政治的途径被阻断，与国民党对抗态势升高，开始走向剧烈的街头运动，国民党加紧对反对运动的压制。在“美丽岛事件”及其后对反对运动的惨烈镇压之后，一部分本省籍的作家与文学评论者开始建构台湾民族主义的历史叙事。在这种叙事中日本殖民统治被视为一项历史“资产”，成为建构“台湾文化特殊性”重要多元来源之一。而这种文化特殊性，尤其被描述为有别于中国文化。于是日本殖民时期的台湾新文学被民族化为“台湾的”、而不被视为中国的。1970年代的乡土文学被“排除”在台湾意识、台湾（民族）文学的发展之外。“党外”也通过对日本殖民统治时期台湾人社会运动史的重构，将它与反对国民党运动联系起来，重新诠释过去。他们修改对台湾历史的看法，以符合自己目前的台湾民族主义主张。如黄煌雄对研究蒋渭水的旧作进行了改动。蒋渭水被塑造成“本土运动家”与带着台湾民族主义意涵的“台湾精神”的象征，而这与70年代是相当不同的。这种政治、文化界的台湾民族主义历史叙事的重新建构，实际上承袭了1970年代回归现实世代所挖掘关于台湾的种种过去，以作为叙事情节的现成素材，但以新的叙事主体而赋予这些素材新的意义。

（四）历史叙事主体的变换与国族认同的转变

1980年代后，以笠诗社、《台湾文艺》为主的本省籍作家与文学评论者及一些加入民进党的“党外”人士，理解日据时期台湾文学与台湾人抗日史的参考架构，逐渐从中国民族主义转变到台湾民族主义。从台湾史观发展的角度来看，1970年代的回归现实世代所发掘的那些在战后社会公共领域中被忽略、排除、压抑的关于台湾的种种过去，提供、准备了台湾民族主义历史叙事情节所需的素材。但是，1970年代在回归乡土、民主革新、省籍平等要求中，回归现实世代的历史叙事主体，是作为中国人、中华民族的台湾人。那些被重新挖掘、要求在公共领域被承认、重视的种种过去，都从这个主体位置取得意义，并且藉着相关行动的问题意识所引领的情节赋予，成为其历史叙事情节的组成部分，彼此共同构成一个具有内在意义的整体。到了1980年代，那些已历经十年光阴所挖掘关于台湾的种种过去，成为台湾民族主义历史叙事情节现成的材料。一旦扬弃了中国人、中国认同，使台湾人、“台湾民族”成为新的叙事主体，那么根据新的行动的问题意识（“独立建国”）赋予那些素材新的意义，一个完整的台湾史观于焉浮现。

作者认为，以事后回顾的观点来看，从1970年代追求民主革新与省籍平等的族群政治、文化转变到1980年代之后追求独立建国的民族主义政治、文化，以及其间涉及的叙事、认同与行动的差异，并非跨越一线之隔那么容易而自然地连续。激化“党外”人士——以及许许多多后来成为台湾民族主义者的人士——全然突破那族群政治、文化与民族主义政治、文化之隔的，是从1970年代末到1980年代之交，国民党当局面对“党外”挑战时所主导的压制、冲突、暴力、流血、构陷、监禁与谋杀，以及这些所带来的众多牺牲。在1980年代之后众多的“党外”人士以及本省籍文化界人士，在“党外”与民进党对国民党、台湾意识对中国意识、“独”对统的挑战与竞争中逐渐成为台湾民族主义者。如果没有发生美丽岛事件，“党外”政治理念与行动是否会在1980年代后快速地激进化，恐怕不无疑问。而在此过程中企图替代“中国史观”的台湾民族主义历史叙事，亦即1980年代之后反国民党的本省籍政治与文化界人士所谓的“台湾史观”，是否会快速发展，大概也很难说。90年代中期之后，许多具有明显的台湾民族主义信念者，逐渐参与官方的文化活动与决策，而愈来愈多的台湾民族主义者及其文化活动也得到官方的肯定与赞扬。特别是民进党取得政权后，台湾政治的本土化、台湾化达到高峰。

作者在实证分析后指出，人们对于自己在时间历程中的生命存在即生活经验的理解方式，与叙事及认同具有密切的关系。从叙事者的主体位置出发，叙事以情节将人们直接的与间接的经验，以及过去、现在与未来，整合联系成一个具有内在意义关联的整体，提供人们建立认同、思考利益与决定行动的重要参考架构。这种参考架构非常重要。族群主义与认同政治经常涉及的对立“历史诠释”，之所以难以找到令当事的各方可以满意的替代诠释，通常不在于叙事情节所涵盖的历史经验或事件的差异，而在于从不同叙事者的主体位置出发，赋予历史经验或事件在不同的整体情节中不同的位置与意义所致。“在历史叙事的建构与再建构中，‘过去’与‘现在’的关系并非稳定。集体记忆与集体认同、集体过去与集体自我的关系是相生相成、一体两面的。关于‘我（们）是谁’等等的主体的塑造，从来与我们对过去的塑造是分不开的；而不管是主体性的塑造或过去的塑造，都是受到特定历史阶段与特定政治力量所左右的。国族的历史叙事模式，正彰显这个事实。”① 作者还指出，从叙事认同的观点来看，减少族群与民族主义认同政治中的冲突、屈辱与仇恨，不管是在认同的理论分析上或者是日常认同政治的批判实践上，“切要的是如何对待人们认同的‘叙事的真实性’，而不是其‘本质上的真实性’。也只有以这样的理论观点，才能恰当地理解 70 年代党外与其他回归现实世代的历史建构，以及后来他们当中部分人士在国族认同上的转变，还有 80 年代之后台湾史观、台湾民族主义的发展。”②

三、结　语

台湾社会主要是由各个不同时期的大陆移民组成的移民社会。晚近一百多年来，由于经历过 50 年日本殖民统治，战后又经历了国民党当局迁台而带来的短期内大量军民的移入，因此不同年龄层社会成员之间由于不同的历

① 萧阿勤：《回归现实——台湾 1970 年代的战后世代与文化政治变迁》，中研院社会学研究所专书第 6 号，台北，2010 年二版，第 28 页、第 42 页、第 36—37 页、第 38 页、第 39 页、第 99 页、第 130 页、第 200 页，第 342 页，序。

② 萧阿勤：《回归现实——台湾 1970 年代的战后世代与文化政治变迁》，中研院社会学研究所专书第 6 号，台北，2010 年二版，第 28 页、第 42 页、第 36—37 页、第 38 页、第 39 页、第 99 页、第 130 页、第 200 页，第 342 页，序。

史体验而存在着明显的政治与文化上的冲突与断裂。有关战后台湾政治、文化变迁的研究著作很多，但通常以省籍、政党政治作为切入点者居多。该书的作者以世代这个理解战后台湾政治、文化中非常重要却又往往被忽略的面向为切入点，将历史视为一个动态的本体，对台湾战后的政治、文化变迁所进行的本体论、认识论层次的探讨，对我们了解当下的台湾具有非常重要的意义。

作者在书中指出，该书是其2000年在博士论文的基础上修改出版的著作《Contemporary Taiwanese Cultural Nationalism》一书的姊妹作，是前一个研究的延续，其研究的初衷都是在探索这块土地上的人们从何处来，往何处去。在前述著作中，作者通过对当代世界中争取民族独立与建国的民族主义与1980年代之后的台湾意识与台湾民族主义在文学、历史、语言等文化界发展过程与影响进行的比较研究，指出台湾民族主义并非如其倡导者所说的，是土壤中等待发芽的种子，而是剧烈政治变迁的产物。而关于该书中有关1970年代台湾的看法，则是作者在大量阅读当时的史料过程中逐渐积累出来的。“作为一部历史取向的叙事认同研究著作，该书既在于澄清这个社会的故事，希望也有助于许多个人理解他们与这个社会的历史关联，让读者觉得他们个人的生命故事与这个社会的故事有所联系。”① 作者自叙该书的主要旨趣在于“挑战一般所流行的民族主义者关于这个关键时期的标准故事，并且分析当时战后世代重新建构台湾历史叙事的社会脉络与过程”，从这个角度而言，该书也可说是一部不同于时下台湾流行的有关这一时期“标准故事”的历史叙事，也是对台湾社会的一种弗洛伊德式的解析。

该书不仅资料翔实，而且概念清晰、理论推理严谨，结构完整，是一部横跨历史学、社会学、哲学、政治学、文学等诸多领域的跨学科研究成果。该书所牵涉到的研究对象众多，作者所定义的“回归现实世代”现在还在各个领域主导台湾政治、文化的时代潮流，包括国民党主席马英九、民进党主席苏贞昌等。该书既是一部实证研究著作，也是一部理论专著。而且作者对世代理论与叙事认同理论均有所创新。作者所提示的理论框架不仅对研究

① 萧阿勤：《回归现实——台湾1970年代的战后世代与文化政治变迁》，中研院社会学研究所专书第6号，台北，2010年二版，第28页、第42页、第36—37页、第38页、第39页、第99页、第130页、第200页，第342页，序。

台湾社会，对研究大陆社会及其他国家的政治、文化变迁均有参考价值。从这个意义上而言，该书堪称一部探索深层历史——即历史这座冰山下的底流之力作。

中国主权理论的发展与扩大台湾“国际空间”的思考

上海国际问题研究院　俞新天

国家主权理论包括对内与对外两个范畴的涵义。其中对外部分保证国家在世界上的活动、权利和义务，亦即国家享有的国际空间。随着两岸关系和平发展的巩固和深化，为了回应台湾民众扩大“国际空间”的要求，中国的国家主权理论即“一个中国”理论必须与时俱进，适应新的环境和要求。本文提出主权共用论、主权层次论和主权共享论，以解决和平发展阶段两岸处理“国际空间”的难题，并为未来和平统一阶段国家主权理论的更大创新提供基础。

一、主权共用论：两岸在对外领域的合作经验

国家主权理论认为，主权具有至上性，不可侵犯性，不可分割，也不可让渡。国家主权理论包括对内的至上性与对外独立性两个范畴的涵义。其中对外部分保证国家在世界上的活动、权利和义务，亦即国家享有的国际空间。尽管今天时移势易，国际上主权现象变得更加复杂，尤其是欧盟已经拥有不少超国家主权的机构和权力，对传统主权理论提出了挑战，然而国家主权原则是迄今为止所有国际法规范的基础和出发点，也被公认为是处理国际关系的最基本准则。[①] 英国著名理论家安东尼·吉登斯指出，现代国际关系是民族国家存在的基础。在主权问题上，存在着相互承认为平等主体的强大压力，不管实际情况中权力差别如何之大。[②] 那种认为主权已经“过时”，

① 参见黄仁伟、刘杰：《国家主权新论》，时事出版社，2000 年，第 37—43 页。

② ［英］安东尼·吉登斯：《民族国家与暴力》，三联书店，1998 年，第 314，331 页。

以“人权”或“自主权”来取代主权的说法，是无视现实的，也不可能被国际所接受。①

作为尚未完全统一的国家，中国的主权在对内和对外都表现出了特殊的现象，国家主权理论也具有自己的特点，然而主权理论的本质并没有改变，它的表述即“一个中国”理论，其核心内容为：世界上只有一个中国，中国的领土和主权不容分割。大陆是中国的一部分，台湾也是中国的一部分。自改革开放以来邓小平和历届领导人都重申选择和平统一的途径。只要不出现“台独”，只要没有外来干涉和占领，大陆中国的决心坚定，意志坚强，和平统一不会动摇。和平统一必然是很长的历史过程。胡锦涛指出，目前两岸关系的主题是和平发展。通过和平发展，使两岸的经济、社会、文化互相交流和融合，使两岸人民互相理解与交融，再建立经济合作制度、政治上的和平架构和安全互信机制等制度，使和平发展进入更高阶段，逐渐走向和平统一。

为了适应两岸关系和平发展的现实要求，“一个中国”的理论在对内和对外已经有所创新和发展。在2008年以马英九为首的国民党重新执政之后，恰恰是在“一个中国”理论的发展指引下，两岸关系达到了历史性的改善。它的重要表现是两岸在一个中国原则问题上以“九二共识”为重要的政治基础。在2012年马英九连选连任的胜利中，国民党坚持“九二共识”改善两岸关系的立场，获得了多数台湾人民的赞同。

“九二共识”在解决两岸之间的问题时相当有效，但在处理对外事务时仍然不足，因为国家主权在国际法中具有独一无二、完整和排他等特性。就法统方面，1949年之后，中华人民共和国已经取代了“中华民国”，联合国的2758号决议已在国际上解决了谁代表中国的问题。世界上绝大多数的国家承认中华人民共和国，只有23个国家承认“中华民国”。在国际法中，仅有国家形式还不是主权国家，必须得到各国的承认才是“法律上的国家”(de jure state)。因此台湾不是一个主权独立的国家，“中华民国”尽管在组织、结构、形式上类似国家，但在国际上不能说是主权独立的国家。在冷战时期两岸对抗的情况下，互相否定对方，并尽量挤压对方的国际空间，是必

① 台湾《中央日报》，1991年8月17日。李登辉说，“应该以人权为基点来探讨国家主权问题，”，“尊重各地区人权的问题，包括主权的再解释，以及政治的自主，是建立世界新秩序的要件”。

然的。在台湾企图搞“一边一国”、“两国论”或者“台独”时，大陆挤压它的“国际空间”是合理的。然而，在两岸达成坚持一个中国原则的“九二共识”的条件下，两岸和平发展必须更好地使台湾人民体认两岸人民是命运共同体，享受作为中国人的光荣与尊严，“一个中国”理论必须在涉外领域继续创新。

在国际舞台上，大量的而且是最重要的活动仍然是由国家政府所进行的，主权在对外领域的表现更加突出。中国尚未完全统一，界定主权的现状是研究的出发点。胡锦涛在其讲话中曾提出对于主权现状的定义：“1949 年以来，大陆和台湾尽管尚未统一，但不是中国领土和主权的分裂，而是上个世纪中后期中国内战遗留并延续的政治对立，这没有改变大陆和台湾同属一个中国的事实。两岸复归统一，不是主权和领土再造，而是结束政治对立。”[①] 这个定义十分重要，已经在两岸和国际都引起了相当的反响。目前各种民调显示，台湾的主流民意希望维持现状，但是可能并未从本质上了解，什么是现状。这一定义有助于人民从主权上认识两岸现状。

正是从这一定义出发，本人认为，两岸现状在对外而言，实质上是两岸共用一个中国的主权的国际空间。其证明如下。首先，两岸各自的宪法所规定的领土包括中国大陆和台、澎、金、马，基本上是重合的，这是一个中国主权的法理根据。有了一个中国的主权，才随之有了主权的国际空间。其次，国际上只承认“一个中国”的主权。联合国承认中华人民共和国代表中国主权，台湾是中国的一个省。世界上绝大多数国家承认中华人民共和国并建立正式外交关系，只有 23 个国家承认“中华民国”并建交。由于其数量少，国家小，人口少，远不足以维持其作为“主权国家”的国际人格。而且，从法理而言，台湾以“中国主权代表”的名义与他国“建交”，23 国承认并建交的是“中华民国”，并不意味它们承认有脱离中国的所谓“台湾主权”。这些国家因此不与中华人民共和国建立正式关系，也从另一面证明它们只承认一个中国的主权。绝大多数的国际组织不支持台湾参加只有主权国家才可以参加的组织和会议。最后，尽管大多数国家承认中华人民共和国并建交，但在不涉及主权问题的经济、社会和文化领域中，仍能与台湾保持交往与合作；反之亦然。这说明，在一个中国的原则之下，台湾人民仍然

① 胡锦涛：《携手推动两岸关系和平发展　同心实现中华民族伟大复兴——在纪念〈告台湾同胞书〉发表 30 周年座谈会上的讲话》，《人民日报》2008 年 12 月 31 日。

有相当的“国际活动空间”。

两岸关系在经历了将近20年的艰难曲折之后，2008年进入了实践和平发展的新时期，实现了历史性的转折，开启了战略机遇期。在对外事务中，两岸领导人都提出了新的思想和主张。马英九于2006年、2007年提出了“活路外交”（modus vivendi）模式，即“Engagement”（交往）、“Economy”（经济）、“Elasticity”（弹性）、“Equality”（平等）。他在2008年的就职演说中首次提到“和解休兵”，后来台对外关系主管部门负责人欧鸿炼进一步解释为“两岸休兵，外交共荣”。其目的是拓展与相关国家和地区之间的实质关系，主要是与美国、日本、东南亚和欧洲的关系。其途径为：首先以改善两岸关系为突破口，寻求打破两岸在国际上争斗的局面。其次把两岸关系改善的成果或经验，延伸到外交领域，在国际场合创造双赢。再次以不破坏两岸关系为前提追求台湾的对外活动空间。最后以台湾获得“国际空间”来进一步缓和两岸关系。①

胡锦涛在2008年12月31日的重要讲话中，也提出了两岸关系和平发展在对外事务中的合作思路，主要有：首先通过建立更加密切的两岸经济合作机制，探讨两岸经济共同发展同亚太区域经济合作机制相衔接的可行途径。其次维护国家主权，协商涉外事务。具体包括维护台湾同胞在国外的正当权益，驻外使领馆加强与台湾同胞的联系，帮助他们解决实际困难。了解台湾同胞对参与国际活动的感受，重视与之相关的问题。避免不必要的内耗。视需要进一步协商台湾同外国开展民间性经济文化往来。在不造成“两个中国”、“一中一台”的前提下，通过两岸务实协商安排台湾“参与国际组织”活动。最后，国家完全统一是中国内部事务，不受外国势力干涉。

正是在两岸和平发展的新思路下，过去4年台湾“国际空间”的扩大有了相当的成果。台湾地区前副领导人、国民党荣誉主席连战出席APEC会议，提升了参与层级。而且每次APEC会议，两岸都举行“胡连会”，显示了两岸在国际上的合作。2009年台湾以“中华台北”名义成为世界卫生大会的观察员。台湾于2009年分别在高雄和台北举办了世界运动会和夏季听障奥林匹克运动会。2008年，世界贸易组织正式采认通过台湾地区加入“政府采购协定”，同年成为政府间国际组织“国际贸易资讯暨合作机构”

① 严安林：《台湾对外关系大变局2008—2010》，上海社会科学院出版社，2011年，第39—48页。

赞助会员，2009年底，成为联合国特别资讯机构之一的“国际检察官协会”成员。2010年，在上海举办的世博会上，台湾有三个馆参加了展览，受到了观众的热烈欢迎和高度评价。台湾正与新加坡、新西兰等国协商签订自由贸易协定。

尽管两岸和平发展仅有4年的时间，然而在台湾扩大“国际空间”和两岸共用一个中国主权进行对外合作方面，仍然取得了长足进步。总结经验和教训，对于进一步推动理论发展和实践行动，具有启示意义。本人不揣浅陋，提出以下总结。

第一，两岸的领导、智库和精英在一个中国的原则问题上达到基本共识。马英九不仅承认“九二共识”，而且否定了“两国论”，否定了两岸之间是“国与国”的关系。他说：“我们基本上认为双方的关系应该不是两个中国，而是在海峡两岸的双方处于一种特别的关系。……但不是国与国的关系，这点非常重要，所以也不能取得任何一个外国，包括墨西哥在内的双重承认，我们一定是保持和平与繁荣的关系，同时让双方在国际社会都有尊严，这是我们的目标。”① 他也谈到了两岸实际上是一个国家两个地区的关系。在台湾有人鼓吹，主权来自人民，既然台湾人民有了民主选举，自然享有主权，是混淆视听的谬论。人民虽然是主权的法理来源，但人民不具有主权，也就没有主权的国际空间，只有国家才有主权，这点连某些主张“台独”的人也不得不承认。②

第二，只有两岸关系和平发展，两岸在“国际空间”问题上达成共识或默契，台湾的活动余地才会更加广阔，实质性参与才能更加顺利。台湾当局和精英都承认，在过去4年台湾“国际空间”的扩大，与大陆展现善意和两岸配合默契分不开。双方把两岸关系放于对外关系的位阶之上，因为除此无法共用主权的国际空间。胡锦涛曾说：“两岸同胞是血脉相连的命运共同体。”其中深意并非只强调了两岸人民的血缘、历史和文化的联系，而且包含现实意义和两岸在国际上合作的必要性和可能性。

第三，两岸在涉及共用主权的国际空间问题上，表现出务实性，灵活性，共同协商，平等尊重，取得了成果。两岸官方在涉及这一敏感问题时，

---

① 马英九8月26日接受墨西哥太阳报系集团董事长巴斯克斯专访，台湾中央社2008年9月3日台北电。

② 参见《台湾国家定位论坛》，台北：前卫出版社，2009年，第16页，第42—43页，第68页，第69—70页。

磋商仍有难度。然而通过务实而灵活的处理，最大程度地求同存异，较圆满地化解了分歧。例如，在台湾被世界卫生大会邀请参加时，双方都作出妥协。台湾以“中华台北”名义获得“观察员”身份，大陆则默认叶金川以“卫生署长”头衔出席。会议期间，卫生部长陈竺与叶金川也有良好互动。

第四，两岸与世界各国和国际组织取得良性互动。尽管两岸关系是中国人的事务，不容外来势力干预，但在全球化的背景下，必须与国际形成良性互动，在国际空间问题上更要与各国和国际组织协商合作。前 4 年的良性互动基本上达到了预期的效果，其间也有许多做法可以为今后借鉴。

当然，两岸共用中国主权国际空间的余地还很大。展望未来，海阔天空，充满希望，今后 4 年更值得期待。从大陆方面看，“胡六点”中提到的两岸在涉外事务方面的协商基本上还未及开展，许多议题还仅有一些案例，需要更多的实践。大陆最担心的是在国际上造成“两个中国”、“一中一台”的事实或印象。从台湾方面来看，民众一方面对于扩大“国际空间”的期待殷切，所涉及的方面广泛，对于现实的进展还不满意；另一方面又担心和惧怕两岸之间的政治对话。在此氛围下台湾当局举步维艰，不敢与大陆商谈政治议题，而“国际空间”问题恰恰是最严肃的政治问题。

为了解决面临的困境，两岸必须在“一个中国”理论的创新上下功夫，使目前两岸和平发展的政治基础“九二共识”充实升华，以适应剧变的国际局势和易变的两岸关系。台湾学者杨开煌写道，“……以往简单地要求北京承认中华民国，这不仅是北京当局无法承诺，在本质上也违反了台北所谓的宪法架构下‘互不承认，互不否认’的原则，因此为了充实‘九二共识’的精神，并使之具有政治的可操作性，启动这一研究是具有急迫感的。”① 看来两岸学者都感到要充实升华“九二共识”，这一任务已迫在眉睫。在最近的选举中，“九二共识”在台湾从被污名化到除污名化，成为台湾的主流共识。尽管还有不少台湾人并不确切了解“九二共识”，但知道要继续发展两岸关系，必须以“九二共识”为基础。这为提升“九二共识”提供了更广泛的民意支持。

本人认为，“九二共识”的充实升华可以向以下方面努力，才能使“一个中国”理论与时俱进，更能指导实践。

---

① 杨开煌：《再谈选后三党之两岸政策之期待》，《海峡评论》，2012 年 2 月 1 日出刊，第 54 页。

第一，“九二共识”的表述和认识应走向“两岸一中”。当年海基会、海协会香港会谈主要是解决双方在一个中国原则上认知的分歧，分歧的核心是谁代表中国。台湾海基会提出的第3种口头表述方案为：“在海峡两岸共同努力谋求国家统一的过程中，双方虽均坚持一个中国的原则，但对一个中国的涵义，认知各有不同。惟鉴于两岸民间交流日益频繁，为保障两岸人民权益，对于文书查证，应加以妥善解决。”大陆海协会于1992年1月16日致函海基会作出了回应，指出它“明确了海峡两岸均坚持一个中国原则”，并通知海基会自己的表述：“海峡两岸都坚持一个中国原则，努力谋求国家的统一，但在海峡两岸事务性商谈中，不涉及一个中国的政治含义。”① 这就是“九二共识”的具体内容。双方求一个中国之同，存一个中国政治涵义之异。

“九二共识”包含三个基本要素，一，两岸应共同努力谋求统一；二，双方均坚持一个中国原则；三，但对一个中国涵义认知不同，因此在两岸事务性谈判中，不涉及一个中国的政治含义。但在李登辉和陈水扁的干扰下，台湾出现根本否定“九二共识”的社会氛围。过去4年两岸尽管将“九二共识”作为和平发展、建立互信的政治基础，但仍未能完全回归“九二共识”的本意，三项要素被简化为两项：“一个中国，各自表述”，最后只剩下“各自表述”即“中华民国”一项。这使大陆产生疑虑，台湾是否仍在搞“两国论”。如果说，目前是两岸关系和平发展时期，和平统一的任务尚未提上议事日程，至少应当强调后两个要素，不回避“一个中国”的原则。“九二共识”至少应上升为“两岸一中”。当年谢长廷提出过“宪法一中”，连陈水扁都觉得没有理由反对，今天马英九强调，从“宪法”角度坚持一中原则，应当不成问题。当然，两岸各有自己的“宪法”，但在坚持一中原则上是一致的，否认或反对一中原则都属违宪行为。

第二，“九二共识”包括共用中国主权的“国际空间”的意义，应当进行新的诠释。两岸官方与民间都应努力，共同研究如何共用一个中国主权的国际空间，如何使台湾的“国际空间”逐渐扩大。双方要充分协商，不造成意外。过去在解释“九二共识”时，未能包括其涉及对外事务的意义，有所欠缺。经过实践，已经可以更加前瞻地从理论上提升“九二共识”的对外应用，从而使未来扩大台湾“国际空间”更加行稳致远。在这个意义

① 许世铨：《十年观察：激荡中的台湾问题》，九州出版社，2007年，第116—117页。

上，两岸关系的位阶高于对外关系，两岸人民是命运共同体，理所当然地包括两岸协商作出安排的内容。

第三，两岸应当建立新的平等协商机制，灵活、务实地处理实际问题。双方官方可以授意或授权，在两会机制下增设新的功能性的对话小组，或者另建新的机制。无论采取哪种方式，都必须承认，新的机制是两岸政治对话的一部分，而且是政治对话的重要内容。显然，既想获得政治成果，又想回避政治对话，将会失去时间和机会，使问题解决得更慢更难，非两岸人民所愿。当然，在具体做法上，也可以由二轨走向一轨半，或者探讨其他途径。

二、主权层次论：台湾 NGO 参加国际民间组织的探讨

尽管对外事务并非都属政治性领域，但涉及国家主权的对外议题却必然是政治性很强的问题。从当代国际关系和国际法规范的现实看，国家主权在本质上的不可分割性和构成上的可分性在内在逻辑上并不矛盾。只有在承认前者的前提下，才能讨论后者。有的学者指出，在对内方面，国家主权可以分为两个层次，第一层是抽象的、原则的、至高的主权，也称为“主权原则”，是一切权力的源泉，但受到人民即“公意”的制约。第二层是政府权力，由主权派生，分为立法权、行政权、司法权，受法律的赋约和制约。在对外方面，国家主权也分为两个层次，第一层是高政治层次，也被称为核心主权，包括政治主权、安全主权。第二层是低政治层次，也被称为非核心主权，经济主权、文化主权是非核心的。[①] 在国际体系方面，大致可分为三个层次，第一层是全球性国际组织如联合国等，其成员为主权国家政府。第二层是地区性国际组织如欧盟等，其成员为主权国家政府。第三层为非政府国际组织如国际足联、世界电影人协会等。在涉及台湾“国际空间”扩大的问题上，进行主权的分层区分，并且在低层范围内适当地开放处理，比较恰当。因此，台湾的非政府国际组织参与，尤其在经济、社会、文化等领域内，可以优先考虑。

从实践上看，欧盟作为超国家的地区组织，各成员国分割和让渡给欧盟的主要也是经济、社会和文化的主权。欧盟整合最早、整合程度最高的是经

① 徐晓明：《全球化压力下的国家主权》，华东师范大学出版社，2007 年，第 144 页。

济领域，甚至使用共同的货币欧元，建立了共同的欧洲央行。在欧洲人员自由流动，各种不同文化交流融合，人民心目中的欧洲认同有相当程度的提高。尽管欧洲国家多年呼吁共同的外交与防务，以一个声音在国际舞台上发言，但至今仍未能在安全与外交方面达成真正的整合。两岸问题的性质与欧盟完全不同，然而欧盟的经验显示，低层主权的让渡相对容易，而高层主权的弹性很小，值得两岸借鉴。

综上所述，既然在国际体系上看，非政府国际组织属于低层，既然在对外领域上看，经济、社会和文化属于低层，那么在两岸关系中放开台湾民众参与涉及经济、社会和文化的非政府国际组织活动，应当是首选。然而为何这个问题迟迟不能解决，原因很多。首先，尽管这类组织属于低层，其主权的政治涵义较少，但仍然在某种程度上带有主权涵义，会造成主权的印象，与纯粹个人出国经商、留学和旅游等的情况不同。其次，在中国尚未统一的情况下，两岸尚未开展对话，协商如何处理涉外事务，包括对 NGO 的国际民间组织参与作出安排。再次，两岸民众都有误解，以为国际非政府组织处理纯粹的民间事务，其实不然。国际非政府组织分为两类，一类是纯粹民间性国际组织，例如专业性组织、休闲娱乐组织等，另一类带有准政府的性质，一国只能有一个代表，必须投票决定重大问题，例如奥运会等。好在两岸处理后一类问题已经有了奥运模式，可以比较妥善解决面临的问题。最后，某些台湾 NGO 有意无意地在民间国际组织中强调“国家主权”的涵义，这又被“台独”势力和媒体大肆炒作，迫使大陆表态，它们反过来又煽动说大陆“打压”台湾人。

尽管双方政府可以通过某种方式的对话达成共识和安排，但要真正在国际场合减少两岸人民之间的摩擦，进而造成两岸人民合作的新平台和新桥梁，还需两岸精英、非政府组织和人民共同努力创造。随着大陆的崛起，企业、非政府组织和人民与国外的交流愈益频繁，与台湾民间力量在国际上会聚的机会大大增多，在很多情况下都与政府行为少有关联，民间力量的独立性和自主性更加明显。两岸的精英、非政府组织和人民必须认识，非政府组织就是非政府组织，不应把它与国家主权混为一谈。尤其在两岸和平发展仍还脆弱，两岸人民之间的互相了解、理解和信任还很缺乏和敏感之际，两岸非政府组织更应谨慎自律，不被政治和意识形态所绑架，珍惜在国际上的互动机会，遇有问题冷静地实事求是地处理，不使它损害两岸关系的大局。相信两岸非政府组织在国际共同活动和参与时会积累新的经验，逐渐形成两岸合作为世界和平发展做贡献的新途径。

三、主权共享论：两岸在国际舞台上的互动展望

两岸关系和平发展继续巩固深化，丰富的实践有助于一个中国理论的提升；反之，一个中国理论也应超前推进，以便更好地指导两岸关系和平发展的巩固深化。和平发展将是一个相当长的时期，毋庸置疑现在仍处于初级阶段，在什么条件下进入中级阶段，如何促使它升级升段，恰恰是我们应当做好理论准备来解答的。

目前两岸关系和平发展在经济领域有所进展，已经签订了 16 项协议，尤其是 ECFA 为后续的货品贸易、服务贸易、投资保障、金融合作铺设了平台，使两岸经济向正常化、自由化、便利化、制度化方向前进，前景广阔。在社会和文化领域也打开大门，两岸交流合作形成潮流，方兴未艾。但是时日尚短，大约只有三分之一的台湾人到过大陆，而访问过台湾的大陆人比例更低。在文化教育领域还未曾达成协议，尽管文教交往的问题已在呼唤公权力的介入。而在政治领域，双方还基本处于空白状态。大陆倡议两岸签订和平协议，建立和平架构，台湾方面始终疑虑重重，连二轨对话都退缩回去。2011 年，马英九在竞选中提出了两岸签订和平协议的倡议，很快在民进党的压力下，又附加了许多条件，设置了新的障碍。

2012 年 3 月 22 日，胡锦涛会见国民党荣誉主席吴伯雄，这是台湾“大选”后国共两党领导人的首次会晤，意义重大。吴伯雄强调，坚持“九二共识”是国共两党重要的政治互信。海峡两岸并非国与国的关系。根据双方现行体制和相关规定，两岸都坚持一个中国，在此基础上求同存异，同的是“两岸同属一中”，对于异的部分则正视现实，搁置争议。他并以自己为例，说明台湾人也是炎黄子孙，中华民族的一分子，也是中国人。“台湾意识”不同于“台独意识”。[①] 如果两岸在此共识下开展政治对话、协商、谈判，甚至签订和平协议，建立和平架构，就有可能解决两岸之间政治定位的难题，对“中华民国”在两岸面和国际面作出安排，这样两岸关系的和平发展才能进入中级阶段。在中级阶段，两岸之间的经济、社会、文化、政

① 《胡锦涛会见吴伯雄》，《人民日报》2012 年 3 月 23 日。

治、安全等方面的合作与融合都会更上层楼，为台湾“国际空间”的扩大提供更坚实的基础。

在和平发展的中级阶段，从对外方面来说，两岸可以从共用一个中国的国际空间，走向共享一个中国主权的国际空间。“共用”与“共享”的不同在于，一、即使两岸关系处于冷战对抗时期，两岸仍在“共用”一个中国主权的国际空间，它是客观现实，与两岸关系改善与否的主观愿望的联系不太密切。但是“共享”则与两岸关系持续和平发展的意愿密切相关，双方主动来讨论和安排扩大台湾的“国际空间”。二、在“共用”阶段，随着两岸关系从冷战对抗到和平发展，在“国际空间”上大陆的政策也从“封杀”“台独”国际空间，转向帮助台湾扩大“国际参与”，尽管这种参与仍然相当有限。在“共享”阶段，双方的疑虑减少，台湾“国际空间”的扩大会在量和质上都有提升。三、既然在和平协议中已经对两岸关系的政治定位作了明确规定，那么“中华民国”在国际上的行动也就能够安排，不至于造成“两个中国”和“一中一台”，两岸人民在共同参与国际活动时也就更具亲密感和舒适感。

在“共享”阶段，台湾“国际空间”的扩大在质量上的提升可能有以下方面。首先，两岸在对外关系中可从避免内耗向增强合作、共享资源发展。这对于台湾人民尤其有利，因为我方的邦交国多，台湾的“邦交国”少。现在当遇到意外事故时，两岸已在护侨、撤侨方面有所合作，但仅限于涉及基本安全和人权事项，双方官方人员的接触仍有很多顾虑。而在“共享”阶段，双方的驻外机构可以在经济、文化、教育、体育等各方面开展合作，更好地帮助两岸人民与驻在国进行正常的交往。两岸达成的 ECFA 和进一步的经济协议，会帮助两岸企业到海外拓展。这些企业与外国开展贸易、投资等活动时，两岸驻外机构可联手帮助了解环境，开拓机会，保护权益等。两岸可以共同向驻在国举办中华文化和文物的展览，影视和舞台演出，体育赛事等等。对于两岸在外国的留学生、旅游者和各种社会文化交流的人员，两岸驻外机构也可以共同提供更好的帮助和服务。

其次，对于台湾人最为关切的参与地区经济合作的问题，其实在“共用”阶段台湾已经探索与地区国家签订自由贸易协定或其他经济合作协议的可能性。在“共享”阶段，两岸经济共同发展与亚太区域经济合作机制相衔接的可能性增强，可选择的途径增多。在亚太地区合作机制中，大陆均为不可缺少的成员，大陆可与台湾协商之后，再与其他国际成员商议，为台湾做出特殊的安排。在某些机制中，台湾可以先派出低阶官员，以适当的名义参与具体的功能性事务的讨论，获得实质性的成果。大陆和台湾也可以合作倡导新的地区合作机制。台湾对于"被矮化"、"被统战"的担忧逐渐减少，大陆对于"法理台独"和"隐性台独"的焦虑也逐渐减弱，两岸关系与地区合作可以达到相辅相成的良好状态。

再次，尽管在中国和平统一之前，台湾仍无法回到联合国，但是在"共享"阶段，大陆可加强与台湾的对话协商，有序渐进地帮助台湾参加国际政府间组织。这些国际组织应是功能性的，关乎台湾实际利益和民生需要，台湾也必须以合适的身份名称加入，成为观察员或准会员。在相当长的时期内，不断累积经验，台湾在国际上的参与感、存在感和能见度都会大大提高。

最后，两岸在对外事务中的合作还可以探索新的领域、项目和方式。在举办运动会、世博会等重大活动时，双方已经解放思想，务实安排，谱写了友好合作的新曲。迄今为止，大部分涉外活动，还是一方申办，另一方参与的，将来两岸应当共同申办体育、文化、教育、社会等活动，创造两岸民众新的集体记忆。两岸可以共同向联合国教科文组织申报非物质文化遗产和物质文化遗产，例如妈祖信仰、佛教禅宗文化、道教文化等等，还有提线木偶、皮影戏、清音雅乐等等。两岸可以共同举办国际讨论会、座谈会、交流活动、表彰活动，如对外援助经验交流、援外医疗服务表彰、国际青年夏令营等等。这不仅不会"矮化"任何一方，还将创造双赢多赢的新局面。

共享"一个中国"的国际空间，台湾人民可以获得实际的利益，解决民生需求的许多问题，更多地实质性参与国际活动，为世界和平繁荣进步做贡献，共享中国的光荣与尊严。大陆人民在这个过程中能够赢得台湾人民更大的理解，加深两岸人民心手相连的感情，为两岸从和平发展迈向和平统一铺平道路。不仅如此，两岸也可以互相学习在国际事务中的经验，在新时代巨变的国际体系中共同成长。台湾在软实力方面具有相当大的优势，值得大陆学习借鉴；大陆在崛起中创造了许多独特的做法，拥有更多资源。从中华民族伟大复兴的高度来看待问题，摆脱斤斤计较得失的心态，两岸人民才能共同获得更大的利益与福祉。

当然，"共享"阶段只是两岸关系和平发展时期的中级阶段，许多安排仍然具有过渡性质，只有两岸关系真正进入和平统一时期，才能完全解决中国的国际空间问题，台湾人民才能真正享有中国人的尊严。目前两岸官方与民间应当继续推动关系向积极方面发展，坚决与“台独”作斗争，防止和应对国际消极力量的干扰，最大程度地帮助两岸民众加入到两岸和国际合作中来，去争取更加光明的未来。

马英九当局“活路外交”简析

中国社会科学院台湾研究所　修春萍

“活路外交”是马英九2008年上台执政以来最重要的施政之一，也是执政4年的最主要政绩。马英九当局推行“活路外交”政策，不仅使台湾的对外交往开始走出陈水扁主政时期的困境，而且为台湾的对外活动营造出了前所未有的宽松环境，一些台湾民众关心的“国际参与”问题也出现了转圜的空间，过去很长一个时期两岸在国际上的尖锐斗争与冲突则开始明显缓解。当然，在两岸间一些结构性问题尚未得到解决的现状下，台湾当局“活路外交”仍然有其无法逾越的局限性。换言之，“活路外交”政策如果没有持续增进的两岸政治互信的支撑，没有两岸政治关系不断取得进展作为后盾，则会举步而趔趄，其行也不远。在马英九第一任期即将结束，第二任期行将开始之际，本文将试着检视4年来马英九当局的“活路外交”政策，通过分析这一政策的基本思路、主要内容与特点，以及实施的效果与影响等，总括出台湾当局“活路外交”的基本脉络，同时推测出这一政策未来4年大致的走向。

一、“活路外交”政策的主要内容与提出背景

马英九最早提出“活路外交”思想是2006年3月在美国哈佛大学的一次演说中，那是他出任国民党主席后的首次访美。在应哈佛大学费正清东亚研究中心之邀请发表演说时，马英九首次提出两岸要建立“国际参与”的“暂行架构”，期待两岸透过新模式，让台湾参与国际活动的问题更为多元。所谓“暂行架构”，来自于拉丁文的Modus Vivendi，原意是“存活下去之道”，也可译为“活路模式”。随行的马英九重要幕僚苏起解释称，马英九提出“暂行架构”这一全新概念，“意谓两岸保留模糊空间，透过双边、多

边的架构，来解决台湾“邦交国”逐年流失、无法参加WHO等国际组织的问题”;① 希望透过两岸谈判，达到“维护台湾国际尊严”、“确保台湾国际参与”、“两岸双赢、终结外交上你争我抢等浪费资源的对抗”三项目标。② 2007年11月，马英九作为国民党2008年台湾地区领导人参选者，在其公布的“外交政策白皮书”中正式提出“活路外交”（Flexble Diplomacy）政策，主张采取尊严、务实、灵活的“活路外交”，为“中华民国”在国际间寻找新的出路；声称“活路模式”是从共同利益出发，以“九二共识”为基础，在互不否认的情况下，与对岸展开务实协商，寻求彼此可以双赢的平衡点；“活路外交”的原则是“维护主权、经济实力、弹性务实、平等尊严”。③

2008年5月，马英九上台后，利用视察台湾当局涉外部门之机，进一步全面阐述其“活路外交”的理念与策略。马英九称，“活路外交”是要摆脱过去的困境，基本理念就是“希望为中华民国的外交寻找一个出路”；其精神与过去（国民党）所推动的“务实外交”是前后一贯的，都是以务实主义为原则。它的总体目标是“巩固邦谊、扩大友谊、参与国际、维护尊严”；基本构想是在两岸关系的正面发展的前提下，两岸在国际社会找出一个双方可以互动、对话、共生共荣的模式。④

马英九提出“活路外交”思想是基于其政治理念以及执政需要，同时也有着深刻的背景原因。

首先是台湾的对外活动环境日益严峻，已严重影响到台湾的“生存与发展”。上个世纪90年代初，李登辉当局放弃两蒋时期“汉贼不两立”的对外政策，转而推动“务实外交”、“经贸外交”，台湾的对外活动空间因而有所扩大。但随着李登辉在国际上制造“两个中国”、“一中一台”用意的暴露，大陆方面对于台湾当局带有明显政治目的的对外活动予以坚决反对和抵制，使台湾当局为“台独”寻求“国际空间”的图谋连遭挫败。陈水扁当局上台后，开始大肆推行“台独外交”、“烽火外交”，不断冲撞一个中国

---

① 《增进台湾国际参与空间马倡议两岸发展“暂行架构”模式》，台湾《中国时报》2006年3月23日。

② 《终结对抗外交双赢马英九：两岸议定国际参与暂行架构》，台湾《中央日报》2006年3月23日。

③ http：//2008. ma19. net.

④ 台“总统府”网站。

政策底线，不仅遭到大陆的坚决反对和强力反制，而且也引起国际社会的普遍反感，陈水扁当局更被冠为“麻烦制造者”。陈水扁当局为达到“台独”目的，不断牺牲台湾民众利益，完全拒绝大陆为照顾台湾社会经济发展实际需要而提出的台湾参与有关国际经济活动的安排，结果造成台湾对外活动空间大幅萎缩。一直在台前和幕后支持扩大台湾“国际参与”的美国等国家，这时也对陈水扁当局的挑衅性行为表达了明确的反对态度；台湾当局参与政府间国际组织的图谋屡遭失败；原本已十分有限的“邦交国”不断流失，到陈水扁下台前仅剩下 23 个，而且随时都有再减少的可能。尤其是在东亚区域经济一体化不断推进的过程中，台湾日益陷入被边缘化的境地，以至于到了威胁其“生存与发展”的地步。马英九提出“活路外交”，最直接的原因是在于要台湾尽快摆脱孤立的困境，为台湾在国际上找一条出路。

其次是两岸实力对比悬殊，差距日益拉大，台湾继续在国际上与大陆正面对抗与冲撞，不仅无法扩大“国际空间”，反而会遭到更强大的反制。中国经过 30 年的改革开放，综合国力持续增强，已成为经济总量排名世界前列、具有重要国际影响力的大国。在全球 200 个左右的国家中，与中国建交的国家有 171 个，承认台湾当局的只有 23 个，而且都是分布在中南美洲、南太平洋以及非洲的小国。在世界上绝大多数国家越来越重视与中国的关系，与中国建交的国家都承诺奉行一个中国政策的国际现实下，台湾当局以正面对抗的方式，图谋突破一个中国框架，在国际上制造“两个中国”、“一中一台”只能四处碰壁。陈水扁主政 8 年间，以“主动出击”的方式，大搞所谓的“烽火外交”，结果无一不是铩羽而归；其着力推行的“经贸外交”在对象国更加看重与大陆经贸往来的背景下，也难以拓展，更无法达成其挟带在经贸中的政治图谋。2002 年台湾当局试图以加大对印度尼西亚的天然气采购和进口印度尼西亚劳工为诱饵，促成陈水扁前往访问，进而实现台湾领导人出访非“邦交国”的“外交突破”。但结果却被印度尼西亚政府断然拒绝，印尼外交部长明确表示，“永不同意‘台湾总统’到访”。①而吕秀莲在印尼的“闯关外交”更是自取其辱。台湾当局以收买新“邦交国”和稳住既有“邦交国”为主要目的的“金钱外交”，随着对象国要价的不断攀升，也越来越难达成目标。陈水扁主政时期，用于收买和稳住“邦交国”的金额不断加码，但新增的“邦交国”仅 3 个，同时丢掉的却有 9

---

① 参见《经部调整南向政策 停止援印》，台湾《联合报》2002 年 12 月 8 日。

个，而且一直处于按下葫芦起了瓢的状态之中，“邦交不稳”的传闻连年不断。面对陈水扁当局留下的烂摊子，马英九当局不得不以变求存，另图生路。

第三是国际社会不仅理解而且已普遍接受并尊重中国政府的一个中国政策，台湾当局谋求突破一个中国国际框架的行为空间遭到强力挤压。中国政府一贯坚持世界上只有一个中国，台湾是中国不可分割的一部分，坚持在一个中国原则下合情合理处理台湾涉外事务，并始终以坚强的决心与坚定的意志维护国家领土与主权完整。中国政府的一个中国政策得到了不断增强的综合国力的强有力支持，也得到了国际社会的理解、尊重与支持。李登辉、陈水扁当局基于冷战结束后美国推行对华遏制战略，将更加看重台湾战略价值进而无条件支持台湾的判断，肆无忌惮地冲撞一个中国政策底线，不断进行“台独”冒险，结果造成两岸关系严重恶化，台海局势高度紧张，包括美国、日本、欧盟以及东盟国家在内的国际社会深受困扰，美国甚至陷入可能因陈水扁的“台独”冒险而被迫与中国发生直接对抗的危险境地。这使得国际社会提高了对台湾当局“台独”活动的警惕，从而更重视在一个中国框架内处理涉台问题。另一方面，面对中国的快速崛起，美、日等西方国家不可避免地会设法加以牵制，台湾问题仍是其重要着力点之一，但他们更倾向于在不激化两岸关系以及台海局势的前提下扶持台湾，以确保两岸分离现状长期化，进而使台湾在对华牵制战略中长期发挥作用。这为马英九当局在不挑战一个中国底线的前提下寻求国际社会对其拓展对外活动空间的支持提供了机会。

第四是两岸关系快速改善，并步入和平发展轨道，在客观上为马英九当局推动“活路外交”提供了重要前提条件。两岸在国际上的斗争是两岸关系在对外领域的延伸。长期以来，两岸间的紧张与对峙，使得两岸在国际上的斗争一直保持着相当强度。尤其是上个世纪 90 年代以后，“台独”分裂势力在岛内执掌政权，两岸关系日趋恶化，两岸在国际上围绕“台独”和反“台独”展开的斗争也同步尖锐化。由于陈水扁当局无所不用其极地进行“台独”挑衅，甚至不惜将台湾民间正常的对外经贸、文化、交流等活动扭曲改造为进行“台独”挑衅的平台，此一行径自然遭到大陆的强力反制，国际社会也对台湾当局“争取国际生存空间”的说辞表达了普遍的质疑。其结果是台湾的对外活动空间因此被大大压缩，陈水扁当局在国际上陷入越来越孤立的境地。这场由台湾当局挑起的，在国际上历时经年的“反独遏独”斗争，最终的结果揭示的一个事实是，在国际社会中已然形成了世界上只有一个中国的基本共识，在已存和现有的国际法律体系及被公认的国际秩序中，没有也不可能有“台独”的“国际空间”。岛内民众由此切身感受和认识到“台独”的危害性和危险性，这也从反面为将两岸关系导入和平发展轨道打下了民意基础，也为国民党等岛内主要政治力量呼吁改善两岸关系创造了条件。

2005 年 4 月，正值岛内“台独”甚嚣尘上之际，中共中央总书记胡锦涛与国民党主席连战先生会面，并明确提出推动两岸关系和平发展的主张。2006 年胡锦涛总书记在会见参加海峡两岸经贸论坛代表时进一步强调，“和平发展理应成为两岸关系发展的主题，成为两岸同胞为之奋斗的目标”。①岛内民意和整个国际社会对此反应积极，这就为承认“九二共识”，并着力寻求停止两岸在国际上进行“零和”争斗的马英九当局提供了相当大的政策空间，从而使其提出并实行期待“双赢”的“活路外交”成为可能。其实，早在 2005 年连战访问大陆时，国民党方面就已向大陆正式提出台湾参与国际活动的问题，胡锦涛总书记当时回应说，可以在两岸协商恢复后就此问题进行讨论，共同努力创造条件，逐步寻求解决办法。② 所有这些均表明，两岸关系的良性发展和互动，是马英九当局提出“活路外交”政策的重要前提。

二、“活路外交”的实施与成效

马英九当局上台后，开始全面落实“活路外交”政策，在积极改善两岸关系的前提下，以务实、弹性和不挑衅、不冲撞的态度，开展对外活动，在扩大台湾国际活动空间方面取得多方面进展。

对外实质关系呈现快速发展势头。发展与非“邦交国”实质关系，尤其是与美、日、欧等主要大国以及东南亚周边国家实质关系是马英九当局“活路外交”的重要内容。马英九当局上台后，充分利用两岸关系改善的有利环境，大力发展对外实质关系，扭转了陈水扁时期对外活动全面受阻的局面，与美、日、欧等主要国家实质关系均有不同程度的提升。

① 《人民日报》2006 年 4 月 7 日。

② 《发展暂行架构开拓国际空间》，台湾《中央日报》2006 年 3 月 23 日。

台美关系方面，马英九当局获得了美国的信任与支持，台美官方接触层次提高，实质关系有新进展。马英九上台后，将取得美国信任作为发展对美关系的重中之重，明确表示“改善台美互信是首要目标”，大力扭转被陈水扁当局破坏的台美互信。为此，马英九当局反复向美表白其“不统、不独、不武”的立场，举凡两岸政策重大决策事先向美通报沟通，坚持“台美关系无意外”，表达强烈对美军购意愿等。马英九的这些努力得到美方肯定，美国不仅公开肯定现阶段的美台关系，认为是“处于最好时期”，而且给台多方面的支持，包括提升官方互动和接触层级，美国务院负责东亚和太平洋事务的助理国务卿坎贝尔在国会听证会上公开说明，美台间已存在副国务卿与台“外交部次长”级官员的互动。2011 年美国助理商务部长库马尔、国际开发署长沙赫、能源部副部长波内曼先后访台，其中波内曼是 2000 年以来美国访台的最高层官员。美国还给予马英九相当宽松“过境”待遇，允许台湾向海地运送救灾物资的军机在美国本土军事基地落地加油，日本“3·11”大地震后美国甚至将台湾作为撤侨点，如是等等，均标志着台美实质关系的推进。尤其要说明的是，作为美国干涉中国内政，推行其“以台制华”战略最重要一环的对台军售，并没有因马英九上台后两岸关系大范围改善而停止或有所减少，反而美台在这个问题上表现出了另一种互动与默契。美国政府在 2012 年台湾“大选”前展开一系列动作，包括高层官员连续访美、宣布将台列入免签证计划名单等，更被视为是对马英九连任的支持。

台日关系方面，马英九当局上台后，提出建立“台日特殊伙伴关系”，一方面加强对日沟通，逐步化解了日方最初对其“亲中反日”的疑虑；另一方面以经贸、文化、人员往来为重点，推进台日实质关系，包括台湾在日本北海道增设新办事处，在东京成立“台北文化中心”，签订台日青少年打工度期协议，恢复台北松山与日本羽田机场间断航 31 年的航线等，尤其是 2011 年 9 月台日签署《亚东关系协会与财团法人交流协会有关投资自由化、促进及保护合作协议》（简称“台日投资协议”），被认为是台日实质关系的重大进展。台日互动层级也有所提升，包括前首相在内的日重量级政治人物访台频率明显增加，日本众议院副议长卫藤征士郎则成为 1972 年中日邦交正常化以后访台的第一位日本国会议长。此外，日本交流协会还资助台湾政治大学成立台湾首个“当代日本研究中心”等。

台欧关系方面，在两岸关系改善、台海局势趋稳的大环境下，欧盟国家对于发展与台湾实质关系意愿明显上升，马英九当局拓展台欧关系尤其在扩大与欧经贸、文化、人员往来的努力得到了欧盟的积极回应。4 年来，台湾当局与欧盟以及英国、法国、德国、匈牙利、意大利等欧盟国家签署了“避免所得税双重课税及防杜逃税协定”、“关务合作”、“航权协定”等多项协定和备忘录，对促进台欧经贸往来起到推动作用。而在英国、爱尔兰率先给予台湾免签证待遇之后，欧盟也做出给予台湾免签证待遇的决定，从而使欧洲国家给予台湾免签证待遇的国家达到近 38 个。

台湾与东南亚国家关系也继续向纵深发展，包括台湾与马来西亚重新启动中断 6 年的“台马部长经贸咨商会议”；与菲律宾就洽签“台菲刑事司法互助协议”以及“台菲共同打击犯罪协议”达成共识；与越南签署“台越民事司法互助协定”等。

其他方面实质关系取得的重要进展还有：先后有 73 个国家和地区给予台湾免签证或落地签证待遇，使台湾获得免签证或落地签的国家和地区达到 127 个；台湾与新加坡已就“台新经济伙伴协议（ASTEP）”进行正式谈判，并与新西兰共同宣布将展开洽签“经济合作协议（ECA）”的可行性研究，与菲律宾宣布启动签署“经济伙伴协议”可行性研究，以及分别与印度、印度尼西亚展开经济合作协议的可行性研究。

参与国际多边组织及其活动取得突破性进展。扩大参与国际多边组织及其活动是马英九当局拓展对外关系的重要方面，4 年来，首先是连年成为两岸攻防的台湾参加亚太经济合作组织（APEC）领导人非正式会议人选问题得到双方都满意的解决，2008 年起，国民党荣誉主席连战先生连续代表台湾当局出席此会议；其次是台湾得以观察员身份参与世界卫生大会。2009 年，受到台湾各界广泛关注的参与世界卫生大会问题取得进展，台湾“卫生署长”获得世界卫生组织（WHO）总干事长陈冯富珍邀请，首次以“中华台北”名义，作为观察员参加了第 62 届世界卫生大会（WHA），到目前（2012 年）为止，台湾卫生部门负责人每年都以同样形式参与 WHA；台湾还顺利成为“国际贸易资讯暨合作机构（AITTC）”的赞助会员，加入 WTO“政府采购协定（GPA）”，参与《南太平洋公海渔业资源养护与管理公约》，台“民航局”则成为“民用飞航服务组织（CANSO）”会员等。

既有“邦交国”得以维系。维持最低限度的“邦交国”是马英九当局对外施政的基本内容，但马英九当局上台时，既有“邦交国”中半数左右的国家存在着有意放弃与台湾官方关系，转而承认大陆的情况。面对台湾除了“金援”已无更多手段“固邦”，而“金钱外交”成本大、效果低、形象差的现实也是马英九当局提出“外交休兵”主张的重要原因。马英九当局希望借此化解“邦交国”继续流失的危机，同时叫停因成本巨大在岛内引发激烈反弹的、带有明显利诱、收买性质的“金援外交”，改以通过执行“目的正当、过程合法、执行有效”的“援外计划”，针对不同对象国，扩大与其在农业、渔业、轻工业、科技产业领域的合作等，稳住“邦交国”，摆脱被“邦交国”勒索的困境，改变台湾推行“金钱外交”的国际形象。在大陆的充分善意下，马英九当局在停止“金钱外交”、“支票外交”的情况下，仍稳住了既有“邦交国”。

马英九当局“活路外交”政策取得成效主要有以下几方面原因：

一是对两岸建立一定的政治互信这一问题的关键有所认知。台湾对外关系是一个涉及国家主权的高度敏感问题，在中国尚未统一的现状下，两岸若没有一定政治互信，双方在国际上的斗争在所难免，对于台湾当局任何可能造成分裂国家的对外活动，大陆都将给予坚决的反制。马英九明确反对“台独”，承认“九二共识”，主张两岸关系是“非国与国关系”，是“台湾地区与大陆地区的关系”，明确表态“不从事双重承认，也不会推动两个中国”。在相关对外活动中，避免直接挑战国际上的一个中国框架，接受以“中华台北”等具有两岸同属一个中国内涵的名义参与国际组织等等。在政策思路上，马英九当局将改善两岸关系作为扩大“国际参与”的重要前提，将台湾“国际空间”的拓展与两岸关系改善相连接，马英九表示，“大陆政策是外交政策的上位”，“要解决台湾的外交，必须从两岸政策这个根本问题上解决”，[①] 必须考虑“两岸关系在整体外交政策上的角色”。“活路外交”的基本构想就是“将两岸关系上的和解休兵，两岸之间达成的互信延伸、扩大到对外关系上”。台“外交部长”欧鸿炼也强调在推动对外关系时，“务须随时考虑两岸关系发展的因素”。马英九当局的上述政治立场，以及上台后积极改善两岸关系，使得两岸得以在反对“台独”、坚持“九二共识”的共同政治基础上建立一定互信，从而为“活路外交”的实施开拓出空间。

二是马英九当局采取务实、灵活、弹性和不冲撞、不挑衅的策略与做法。“活路外交”能够为台湾对外活动打开通道，一个重要原因是采取了务

---

① 台湾《中国时报》2008 年 4 月 8 日。

实、灵活的做法。台湾涉外事务涉及一个中国框架，在一些领域尤其是国际多边领域，只有采取务实、变通的做法，才可能找到解决办法。显而易见的是，如果台湾当局坚持以“中华民国”的名称寻求参与政府间国际多边组织及其活动，既不可能被大陆所接受，也不符合国际法和相关国际组织的现行法规。马英九当局上台后，在对外政策方面彻底改变陈水扁当局以追求“台独”为目标的冲撞、冒进的“外交路线”，提出弹性、务实的“活路外交”政策理念，不冲撞一个中国框架，不挑衅大陆的政策底线，在参与国际组织方面，愿意接受“中华台北”等名称，以不具主权性质的实体身份参与国际组织。马英九当局还停止了连续16年在联合国推动所谓“台湾参与联合国”提案的动作，改以务实的态度，争取参与联合国相关机构及其活动。马英九当局这种务实、弹性、不冲撞的态度与做法，使得合理解决台湾“国际参与”问题有了可讨论以及可以做出各方都能接受的相关安排的空间和可能性。

三是马英九当局愿意通过与大陆的沟通与协商解决台湾的“国际参与”问题。台湾“国际空间”问题，不仅关系到台湾社会经济的发展，更关系到一个中国国际框架的维护，是双方都极为关注的问题，也是高度敏感问题。在当今国际现实下，台湾方面想单方面解决这一问题几乎没有可能性。而大陆方面考虑到台湾社会发展的客观需求，过去一些年，也曾通过单方面与国际组织协商的方式对台湾“国际参与”问题做出安排，但由于没有台湾的参与，再加上被“台独”势力故意歪曲，也往往得不到台湾民众的理解与支持，取得的效果也不如预期。台湾“国际空间”问题由两岸共同解决显然是一个可行的方式，大陆早就提出通过两岸协商解决台湾涉外事务的建议。1995年江泽民在《为促进祖国统一大业的完成而继续奋斗》的讲话中，就有“在一个中国的前提下，什么问题都可以谈，当然也包括台湾当局关心的各种问题”① 的表述。2005年3月，胡锦涛总书记就新形势下发展两岸关系提出的四点建议中再提出，“只要台湾当局承认‘九二共识’，两岸对话和谈判即可恢复，而且什么问题都可以谈。不仅可以谈我们已经提出的正式结束两岸敌对状态和建立军事互信、台湾地区在国际上与其身份相适应的活动空间……等议题，也可以谈实现和平统一过程中需要解决的所有问

① 江泽民：《为促进祖国统一大业的完成而继续奋斗》，《人民日报》1995年1月31日。

题”。[1] 但是，在分裂势力在台湾主政、并顽固推行“台独”路线的情况下，大陆的这一建议没有得到回应，两岸协商解决台湾涉外事务尚不具备条件。2008 年国民党重新执政后，马英九当局明确表示，愿意在“九二共识”的基础上通过两岸协商解决台湾“国际空间”问题，“找出两岸双赢之道”。两岸共同寻找双方都能接受的方案解决台湾“国际空间”问题终于成为可能。4 年来，两岸经过沟通与协商处理台湾“国际参与”问题已经有了成功的实践，也积累了一些经验，这将有助于未来更加合情合理解决台湾国际参与问题。

四是两岸关系和平发展的整体氛围，为台湾当局的对外活动提供了一个宽松环境。民进党执政时期，在内外政策上推行“台独”路线，大陆方面必然对台湾当局的对外活动保持高度戒备，以杜绝其制造“两个中国”、“一中一台”的可能性；国际组织以及与中国建交的国家在处理与台湾关系时，考虑到与中国关系以及承诺的一个中国政策，也都采取更为谨慎、小心的态度，这都大大限制了台湾当局的对外活动。两岸关系改善，在很大程度上减少了这些国家发展与台湾关系的顾忌，而两岸关系和平发展所展现出来的发展红利，对相关国家也产生很大吸引力，这无疑给“活路外交”提供了一个宽松、良好的国际环境。

三、“活路外交”的局限与未来走向

马英九在刚刚结束的 2012 年台湾地区领导人选举（以下简称“大选”）中，击败民进党参选人蔡英文获得连任，国民党在同时进行的“立委”选举中赢得了超过“立法院”总席位的半数以上的席位。这意味着马英九当局现行的内外政策总体上将得以延续。当然，随着第二任期新施政目标的确定，以及客观环境的变化，马英九当局也将会对其未来 4 年的内外政策做出部分调整。

在发展对外关系方面，马英九当局未来 4 年仍可能继续推动“活路外交”政策，因为过去的实践证明，“活路外交”对于拓展台湾对外活动空间是有效的。马英九在竞选期间，将“活路外交”的推行和取得的成效作为重要的政绩大加宣传，用以争取选票，并宣称“活路外交”受到国际社会

① 《胡锦涛就新形势下发展两岸关系提出四点意见》，《人民日报》2005 年 3 月 4 日。

的欢迎，“今后要继续推动活路外交”。[①] 可以预期，未来台湾当局在推动对外关系时，将维持“活路外交”基本精神，包括以维持良好的两岸关系为前提，做法务实、弹性等；同时，期待通过“活路外交”，在扩大国际活动空间方面取得更大突破。

在“国际参与”方面取得突破，是马英九第二任期的执政诉求，也是其化解社会压力的政治需要。未来4年，马英九当局的施政环境存在诸多不确定因素。从岛内看，经济发展动力不足、贫富不均等问题短期内较难有明显改观，民进党等反对力量具有较大牵制施政的能量；从国际上看，一方面世界经济复苏前景并不明朗，另一方面因应未来经济变局挑战的区域经济一体化进程加快推进。这些都增加了马英九当局在内政方面取得显著政绩的难度，也从另一角度推高了其在对外关系方面取得突破的需求。近来，马英九当局已经通过多种方式强烈表达出这一意愿。2012年3月，国民党荣誉主席吴伯雄访问大陆时，当面向胡锦涛总书记表示，希望大陆能深入了解台湾对“国际空间”的强烈意愿。[②] 4月与马英九搭档参加“大选”的吴敦义，出席博鳌论坛与国务院副总理李克强会面时表示，台湾民众对“国际活动空间”需求有“很强烈愿望”，尤其是国际航空组织、联合国气候变化框架公约以及非政府组织等。[③]

台湾社会要求进一步扩大“国际空间”的呼声也很强烈。岛内民众对于扩大“国际参与”一直有很高意愿，近年来岛内各有关机构的民调数据显示，台湾民众对于台湾当局拓展“国际活动空间”的支持度超过70%。两岸关系的改善，给解决台湾“国际空间”问题带来契机，使台湾民众扩大“国际参与”的期待居高不下，而且他们也在一定程度上表现出将大陆处理台湾国际空间问题的态度，作为检验两岸关系以及大陆对台善意的重要指标。此次“大选”马英九在蔡英文的强力挑战下获得连任，很大程度上得益于民众对其改善两岸关系的肯定，以及对未来两岸关系继续稳定发展的期待。政治大学国家发展研究所特聘教授童振源和决策调查有限公司总经理洪耀南在台湾“大选”后发表文章称，根据他们所进行的民调数据分析，马英九在“大选”中以6个百分点的差距胜出，是两岸关系因素让6%的选

---

① 见马英九2011年“双十节”发表的“百年奋斗·民主台湾”讲话。台“总统府”网站http：//www. president. gov. tw/Default. aspx？tabid=1075。

② 《吴胡会 吴提一国两区》，台湾《中国时报》2012年3月23日。

③ 《台湾国际空间 吴李正面讨论》，台湾《中央社》2012年4月。

民转向支持马英九，否则蔡英文可能以过半得票率赢得选举。[①] 而马英九连任，两岸关系和平发展的势头得以为继，反过来也将升高岛内民众对于扩大“国际参与”的期待。台湾学界、舆论界有关进一步开拓台湾“国际空间”的声音也在增大。由前“国安会秘书长”苏起担任董事长的跨党派智库“台北论坛”，在2012年3月公布的一份《政策建言书》中认为，目前台湾各方面在对外关系上有诸多共识：“诸如维持邦交国；提升与非邦交国的实质关系；以对等、尊严之方式与国际接轨，参与更多的国际组织；提升和美、日、欧盟等民主国家之政治、经济等关系；积极推动与亚太国家，尤其东协（盟）国家达成FTA或其他经济实质关系；支持向美国购买先进武器，以降低两岸失衡之军事能力等等”。“建言书”建议马英九当局，“寻找两岸并存国际空间的新模式，逐步取代‘活路外交’；推动两岸在国际空间议题上进行多元化、多对象、多渠道的对话协商”。“推动‘前瞻多元’外交，以‘互信、互惠、互利’为原则，创造新的外交活水；积极争取国际以及对岸之支持，参与更多国际组织；采取外交与两岸并重的政策；在‘和中、友日、亲美’的既有政策下，更应拓展‘和东协（盟）、友欧盟、亲友邦’的政策，扩大对外利基”等。[②]如此社会气氛与舆论都对马英九当局形成一定压力。

从目前情况看，参与国际民航组织（ICAO）、联合国气候变化框架公约（UNFCCC）等与民生有关的功能性政府间国际组织，以及对外尤其是与重要经济伙伴签署经济合作协议（类似自由贸易协议），将是未来马英九当局在对外关系方面寻求突破的重点。在参与区域经济一体化方面，台湾当局也表现出强烈意愿，尤其是对美国积极推动的跨太平洋经济战略伙伴协议（TPP），马英九已多次表示台湾要争取加入。此外，台湾当局还将继续提升与美、日、欧以及东盟等周边国家实质关系。在扩大“国际参与”的路径方面，马英九当局仍然选择以进一步改善两岸关系为前提，并且明确表态愿意就参与国际组织问题与大陆进行协商。4月，吴敦义首次提议，两岸通过海基会、海协会平台，循过去洽签16项协议的模式，相关部门就台湾参与ICAO、UNFCCC等进行协商。[③] 台湾当局同时也强调，如果台湾在国际社会

① 《民调分析：总统大选翻盘导因为两岸关系》，台湾《中央日报》2012年4月4日。

② “台北论坛”网站 http：//140.1190.184.171/taipeiform/policy.php。

③ 《争国际空间 吴敦义：两会洽谈》，台湾《中国时报》2012年4月6日。

继续受到孤立，两岸关系就不可能达到有意义的成长，敦促大陆开放台湾的“国际空间”。

需要指出的是，两岸在“九二共识”的基础上建立起政治互信是台湾“国际活动空间”问题逐步得到解决的根本性因素。未来两岸关系继续和平发展，将为台湾扩大“国际参与”提供有利环境，但这一问题的解决能否取得更大进展，关键还在于两岸政治互信能否进一步巩固与深化。台湾当局对外活动在性质上是属于非民间性的，对大陆而言，处理台湾涉外事务既要充分考虑到岛内社会经济发展的切实需要和民众的切身感受，同时也要确保不会影响到国际社会已然确立的一个中国框架，因此必须慎之又慎。过去4年，两岸建立起一定的政治互信，两岸关系发展也取得了前所未有的巨大进步。但是到目前为止，两岸间仍然存在着相当大的政治分歧，虽然双方在“两岸同属一个中国”上的立场接近，但在关于一个中国的内涵上仍有较大分歧。马英九当局“活路外交”的出发点和落脚点，从根本上说是为捍卫“中华民国”的“主权独立”地位。在此前提下，马英九当局有关在国际上两岸“互不承认、互不否认”等设想，事实上存在着造成“两个中国”的可能。再加上岛内“台独”势力仍然具有相当的政治能量，并且未停止在岛内外进行分裂国家的活动。这些决定了在两岸未建立起更进一步的政治互信，两岸关系和平发展并逐步走向统一尚未有法律保障之前，台湾“国际空间”问题解决的速度和空间都将是有限的。

还有建立有效的两岸沟通协商机制，不仅将有利于寻找双方都能接受的台湾“参与国际活动”的安排，而且也有助于及时化解两岸在国际上出现意外摩擦而引起的对两岸关系的负面影响。台湾涉外事务尤其是台湾“参与国际多边领域”活动方面，常常是针对同一问题，由于双方的关切不同，解决问题的诉求有很大差距。过往经验已经证明，单方面诉诸国际社会，或是单方面做出安排，都难以获得双方都满意的结果，进行沟通与协商是解决问题的较好办法。而双方的沟通协商常态化、机制化，则会使台湾涉外事务问题的处理与解决更为有序、有效，使得两岸在国际上出现意外摩擦的预防成为可能，也能及时化解可能出现的负面影响。

总之，台湾“国际空间问题”是两岸都高度关注的问题，妥善处理这一问题需要双方的共同努力。未来4年“活路外交”能走多远，很大程度上取决于两岸政治互信的巩固与增进，取决于两岸关系和平发展的不断深化，取决于双方能否实事求是地寻找合情合理而且可行的解决方案。

涉台外交：经验与启示

上海国际问题研究院　童立群

涉台外交是指中国外交中涉及台湾问题的部分，即中国整体外交工作中与台湾问题直接或间接相关的部分，应被称作“中国外交涉台问题”。在新中国成立至今的60多年中，伴随着中国外交和对台工作的开展，涉台外交大体经历了四个发展阶段，分别是1949—1979年“中国代表权”争夺战时期、1979—1993年“营造和平统一的国际环境”时期、1993—2008年“反分裂、反‘台独’斗争”时期、及2008年以后“维护两岸和平发展机遇期”。[①] 近几年来，由于国内、国际和岛内形势都发生了根本性的变化，在此认识和判断基础上形成涉台外交的政策、方式、工作思路等也出现了巨大变化。因而，在某些基本原则坚持不变的情况下，涉台外交所形成的战略布局是一个历史过程，是一个不断调整变化的动态过程。

一、涉台外交的“变”与“不变”

（一）手段变化，原则不变

1979年之前，两岸在政治上处于对立、对抗，军事上冲突，新中国“与国民党反动派坚决斗争”的方针决定了涉台外交“斗争”的基本面。1991年之后，两岸虽然保持经济等民间交流，但由于在国际社会存在统、“独”的激烈对抗，涉台外交上继续以“斗”为主，在李登辉、陈水扁执政时期两岸在国际社会“非此即彼”的博弈达到顶峰。2008年以来，两岸关系出现和平发展后，涉台外交逐渐由单一片面的“斗争”向合作、互助的

① 严安林：《新中国涉台外交60年历程、特点、原则及形势展望》，载上海市社会科学联合会编《新中国对外关系60年：理论与实践》，上海市社会科学界第七届学术年会文集2009年度，上海人民出版社。

一面转变。

首先，在1949—1979年的第一个历史阶段中，涉台外交几乎涵盖了中国整体外交的全部，新中国整体外交的最高目标——“打破西方列强对华包围、孤立、封锁”，决定了涉台外交工作最主要的两方面——在国际上与国民党对“建交国”的争夺和两岸在“联合国代表权”上的争夺。通过一系列斗争，新中国整体外交取得了两个重大胜利：1971年第26届联大恢复中华人民共和国的合法席位和1979年中美正式建立外交关系，中国建交国家数量远远超过台湾当局，曾经被“请出去的客人”终于回来了。这也意味着涉台外交对中国整体外交做出了重要贡献。

其次，在1979—1993年、1993—2008年第二、三个历史阶段，涉台外交主要任务是在国际社会进行激烈的反“台独”、反分裂斗争。在身处这两个历史时期中国外交官的记忆里，有关台湾问题和涉台外交的部分，几乎都是由一部部“斗争史”组成。钱其琛在《外交十记》回忆录里，特辟一章谈“涉台外交的两次斗争”,[①] 讲述了“法国向台湾出售武器”以及“美国允许李登辉访美”所引起的两次外交斗争，书中所披露的事件背景、鲜为人知的细节，着实令读者感受到“没有硝烟的战争”。经过努力和斗争，在中国的对外交往中，大部分国家都能够遵守一个中国的原则处理台湾问题，大陆逐渐在国际社会牢固构筑了反“台独”的外交战线和统一战线。

第三，2008年两岸关系开创和平发展的局面以来，涉台外交手段发生重大转变，斗争虽必不可少，但已经不再是主要的方式和手段。“胡六点”[②]中“维护国家主权、协商涉外事务”是新时期涉台外交工作的指导思想。胡锦涛主席说：我们了解台湾同胞对参与国际活动问题的感受，重视解决与之相关的问题。两岸在涉外事务中避免不必要的内耗，有利于增进中华民族整体利益。对于台湾同外国开展民间性经济文化往来的前景，可以视需要进一步协商。对于台湾参与国际组织活动问题，在不造成“两个中国”、“一中一台”的前提下，可以通过两岸务实协商作出合情合理安排。和平发展成为两岸关系的主题，与之相适应的应是一种和谐、协调、合作理念，涉台外交的手段和方式正是在这样的历史背景下发生了转变。在这一思想指导

① 钱其琛：《外交十记》，世界知识出版社，2003年版。

② 2008年12月31日，胡锦涛在纪念《告台湾同胞书》发表30周年座谈会上的重要讲话中提出了进一步发展两岸关系的六点意见。

下，一方面，大陆坚决防堵“台独”、“两个中国”和“一中一台”等情况出现，尽量减少“外交休兵”的消极成分，另一方面则积极引导“外交休兵”中的有利成分，为台湾国际活动参与释放最大善意，形成了“和平发展”的涉台外交新局面。① 另一方面，涉台外交内涵进一步扩大，形成创新的思维模式。涉台外交已经实现了理念与方式进行调整与更新，“斗”的手段在减弱，对抗性大大降低。

第四，不论和谐的还是斗争的方式和手段，涉台外交的基本原则——一个中国的原则是不可动摇的，这一原则始终未曾改变、也不可能改变。涉台外交手段从斗争为主到协调为主的变化，恰恰反映了和体现了这一基本的原则和立场。外交部发言人在两岸关系和平发展之初就重申：无论台海局势发生什么变化，一个中国的原则都不能改变。② 在新形势下，一个中国基本原则的地位不但没有被弱化，而是一再得到巩固和加强。世界主要国家都依据一个中国政策处理与台湾关系，台湾问题在地区安全和国际形势中的敏感性下降，打“台湾牌”、制造支持“台独”事件的国际政治力量在减少。

（二）排序变化，地位不变

首先，总体说来，涉台外交在中国整体外交中的比重呈现出由高到低、由特殊到一般的发展趋势。涉台外交曾经是中国外交中最重要的特殊内容之一，与中国整体外交是同步开启、相向而行。当时的中国急切期望建立统一的国家，开展独立自主的新外交，中国共产党拒绝了国际社会在共产党和国民党之间“两面下注”、利用外交机构干涉中国革命发展的做法。毛主席提出：“如果美国及英国能断绝和国民党的关系，我们可以考虑和他们建立外交关系的问题”。③ 1979 年之后，涉台外交之特殊地位被赋予了新的内涵，但总体上占中国整体外交的比重在下降，这种变化取决于两个重要因素。一是中国整体外交内涵的不断丰富和中国国际地位的不断上升，二是国际格局的根本变化和中国国际环境的根本改善，涉台外交不再是中国整体外交的主要内容，中国的国际地位和影响力决定了中国整体外交必须为国际事务贡献更多，发挥更为积极和重要的作用。2008 年以后，涉台外交已经成为中国

---

① 刘红：《新形势下的“涉台外交”》，载《国际问题研究》，2010 年第 4 期。

② 新华网 http：//news. xinhuanet. com/newscenter/2008 －07/15/content _ 8550335. htm。

③ 《毛泽东文集》第 5 卷，人民出版社，1996 年版，第 285—286 页。

整体外交中相对稳定的一部分。

其次，涉台外交在对台工作中的次序呈现出由低到高、不断加强的趋势。从性质和方向来看，对台工作决定了涉台外交的性质和方向，涉台外交与对台政策调整的变化趋势基本一致。涉台外交所经历的历史阶段，基本上反映了对台工作的发展阶段。台湾问题是中国内政问题，为避免台湾问题国际化，对台工作曾经对在外交场合和国际社会讨论台湾问题相当敏感，进而排斥将涉台外交与对台工作相关联。此后，随着对台思维的变化和涉台外交内涵的扩大，对台工作者逐渐认识到，虽然台湾问题属于内政问题，但这个问题在解决中却遇到美国等国际势力的阻挠和干扰，情况相当复杂。在承认台湾问题确有存在国际因素的情况下，涉台外交与整体对台工作有了更密切的联系。大陆为了阻止台湾“公投”而进行的涉台外交，以主动姿态积极寻求国际社会的支持，鼓励其他国家就此表明立场，成为涉台外交的成功范例。新形势下，台湾“国际活动空间”问题是涉台外交的重要工作，它关系到一个中国框架的稳定、两岸关系良好气氛的维护，以及两岸民心的拉近，是两岸关系和平发展阶段需要高度重视和妥善处理的重要问题之一。基于此，涉台外交在大陆对台工作中的重要性不断增强。

第三，尽管涉台外交在中国整体外交和对台工作中的发展趋势不同，但是涉台外交的特殊地位和意义是不变的。60 年来，中国整体外交和对台工作从不同层面影响着涉台外交，随着时间的推移，这种影响不断发生变化和换位，涉台外交也因此发生了重大变化。然而这种变化是立足于涉台外交长期形成的战略意义——祖国的统一大业基础上的改变，涉台外交尽管有了各种因素而起的变化，但作为其对整个国家统一战略中的意义自始至终并未发生改变。

（三）内涵变化，目标不变

在 1979 年之前，涉台外交的主要任务集中于与台湾方面“中国代表权”的争夺，这决定了涉台外交的内涵也相对单一。1979 年以后，涉台外交工作的目标逐渐转向为整体对台工作服务，因而其内涵大大丰富，包括了不同方面、不同类型、不同性质的各种具体问题，针对不同具体问题的涉台外交只能按照不同的思路、不同的规则和不同的方式予以处理。除了继续要在国际场合与台湾方面进行“代表权”的争夺和反“台独”斗争外，还增加了台湾参与国际组织、国际合作的问题，台湾与非“邦交国”发展“实质关系”问题，在国际上维护台湾同胞的合法权益即海外领事保护问题等等。2008年之后，在两岸关系和平发展的大格局下，又包括了两岸在国际场合的良性互动、支持台湾举行大型国际活动等多方面内涵。

必须指出，涉台外交一直伴随中国整体外交和整体对台工作事务的进展而发展变化，但是涉台外交工作所追求的目标——促进和维护国家的统一和发展却是永恒不变的。也正是为了实现这一最终的目标，才有了现阶段涉台外交的广泛内涵。如前所述，世界上只有一个中国，台湾是中国不可分割的一部分，中国的统一是中华民族的根本利益所在。

二、涉台外交体现了中国外交和大陆对台工作的领导艺术

首先，涉台外交是内政与外交相结合的最好例证。一般来说，内政外交的相互关系分为两个层次，一是互动（interaction），主要体现为重大历史事件、政策和行为之间的相互作用，是显性层面。二是互构（inter-construction），主要体现为国家的本质属性、自我认知与国际角色身份三者在国家的国际社会化进程中的相互建构，是隐性层面，体现了更深层次的逻辑结果。互动是互构的基础，互构体现在互动进程中，但固化了互动的成果。① 从内政外交相互关系视角观察，60年来涉台外交的基本经验是外交上坚持捍卫国家利益、“一中”原则与内政上争取民心、建立统一战线相结合。外交方面，虽然建国60年来中国整体外交获得了飞速发展，但中国内部仍受到巨大挑战，统一是中华民族的根本利益所在。国家统一问题关系中国的核心国家利益，必须认识到，在没有实现中国完全统一之前，台湾问题始终牵制着中国外交的精力和物力。而台湾问题本质上是中国的内政问题，在任何情况下，内因总是主导事务变化发展的根本，也就是说，对涉台外交最终起决定作用的必定只可能是两岸关系的变化发展。外交与内政相互配合，相得益彰，奠定了涉台外交工作不断取得成果。当然，“涉台外交”取得的成就也为实施整体外交战略与两岸关系和平发展创造了重要条件，相应的国际氛围越来越好。

---

① 胡宗山：《新中国外交六十年：基本经验与未来转型》，载《社会主义研究》，2009年第5期。

其次，涉台外交的发展道路体现中国共产党对台工作的指导思想和精神。一是实事求是的选择。例如对美国因素的承认，正视美国在台湾问题上的角色并加以利用。二是灵活务实的方法。1990 年开始中共中央领导人已经提出，只要坚持一个中国原则，“一切问题都可以提出来讨论、商量”。两岸关系和平发展以后，大陆表示，对于台湾参与国际组织活动问题，在不造成“两个中国”、“一中一台”的前提下，可以通过两岸务实协商作出合情合理安排，强调“了解台湾同胞对参与国际活动问题的感受，重视解决与之相关的问题”。[①] 台湾“国际空间”的所获和马英九当局对外关系的“政绩”，正是在大陆调整涉台外交的善意举措下实现的。三是立足长远的眼光。1979 年，邓小平会见美国参议员时指出：“台湾的社会制度可以根据台湾的意志来决定。要改变可能要花一百年或一千年，我这样说的意思是指需要很长的时间。我们不会用强制的办法来改变这个社会”。[②] 这一方面表明了和平统一祖国的决心，即过一百年甚至一千年也要实现统一，另一方面也表明，中国共产党和平统一的方针是立足于长远的，不会“用强制的办法来改变这个社会”。当前涉台外交对台工作的转型着眼于当前实际，只有打好当前务实的基础才会有将来政治上的双赢。四是致力于为台湾人民谋福利的出发点。驻外使领馆保护海外台湾同胞利益是目前涉台外交的一项重要工作，也是对台工作对外交部和驻外使领馆的一项具体要求。在海外发生战争、灾难或重大安全事件的时候，本着“为中国公民服务”的唯一原则，海外的台湾同胞享受到了大使馆提供的“无差别”待遇，在处理台船只在索马里海域申请接护、利比亚台胞撤离、台胞涉外纠纷等事务上充分维护台胞的合法权益，照顾台胞福祉，台湾同胞更能够与全国各族人民一道充分共享中国人在国际上的尊严与荣誉。

第三，在实践领域，涉台外交的变化发展体现了大陆领导人的战略思维。涉台外交具有斗争和协调的双重特点。在战争、动荡和不稳定的年代，对于矛盾的认识更多地强调其“斗争性”的一面，但在两岸关系和平发展的今天，涉台外交需要在坚持原则的前提下更多的往“协调性”一面发展，这种情况导致涉台外交往往与整体的对台工作产生矛盾和不一致的地方。由

---

① 胡锦涛：《携手推动两岸关系和平发展同心实现中华民族伟大复兴——在纪念〈告台湾同胞书〉发表 30 周年座谈会上的讲话》，参见《人民日报》2009 年 1 月 1 日。

② 《“一国两制”构想出炉全过程》，http：//news. hexun. com/2008 - 07 - 16/107473753. html。

于涉台外交处于中国整体外交中的第一线工作，从外交捍卫原则的角度出发，涉台外交中“斗”和“堵”的思维方式是比较容易执行的，然而，从对台工作争取台湾民心的角度出发，又不得不需要有释放善意的工作思维。对此，甚至有观点认为，大陆外交与涉台部门决策思维“截然不同”，这使得大陆的对台工作与政策作为“陷入矛盾对立，软硬摆荡”的局面。[①] 这种看法显然有失偏颇。实际上，恰恰是大陆各部门的协调与合作才会有今天涉台外交的顺利开展。

近年来，外交部与国台办系统人员的“旋转门”，说明大陆对台工作和涉台外交开始一个全新的思维。传统上对台工作是中国共产党的内部工作范畴，属内政工作，外交工作与对台工作的方法与政策都是不同的，外交官到台办系统任职，就是要把对台工作提高到一个较高的空间来考虑，而涉台外交必定是其中的一个重要因素。

第四，涉台外交经验也不尽是完美的。如果说中国地位的显著上升和实力的极大增强，掌握涉台外交主导权是不争的事实，那么也应承认，由于祖国统一大业尚未最终实现，涉台外交工作并没有也不会在短期内改变。改革开放以来，涉台外交实践既是中国整体外交的组成部分，同时也为对台工作的战略方针提供了有力的保证。但另一方面，涉台外交也出现了一些不适应症，如未雨绸缪不够，应对非政府组织与国际舆论不足，不善于提出可行议案，等等。如果说第一个历史阶段中涉台外交的斗争是为中国整体外交“加分”的话，那么后两个阶段的反“台独”、反分裂工作耗费了大量外交资源，并且常常使得中国外交受制于其他国家或国际组织在台湾问题上的“要价”，对中国整体外交的运筹来说，是“减分”的。从表面上看，这是涉台外交矛盾性的体现，但深层探究，却涉及我们对涉台外交工作调适不到位。

三、新时期涉台外交面临的挑战

2008 年岛内政局发生积极变化，两岸关系进入和平发展阶段以来，大陆在一个中国原则和掌握主导权的情况下，为台湾扩大“国际参与”活动

① 《涉台外交决策矛盾，两岸最大障碍》，联合早报网，http：//www. zaobao. com/special/newspapers/2008/01/others080116zb. shtml。

提供善意支持。两岸关系和平发展大局为台湾创造了更广阔的国际舞台，台湾对外关系拓展正是基于大陆涉台外交工作的新思维和新手段。一是对台湾“邦交国”的争夺处于“休兵”状态，马英九表示：“一年多来推动活路外交，两岸同时释出善意，终止长期以来争取建交的恶性斗争”，台湾与“邦交国”关系渐趋稳定，与无邦交国间的互信增强，“台湾国际地位更逐渐提升”。① 二是台湾顺利参与很多国际组织的活动，包括连战作为台方代表参加 APEC 在 2008 年的秘鲁利马会议、2009 年新加坡会议、2010 年日本横滨会议与 2011 年夏威夷会议；加入若干政府间国际组织，如加入 WTO 的“政府采购协定”（GPA），特别是连续 3 年参加了世界卫生大会。三是两岸与美国、日本、欧洲等主要地区和国家的关系没有产生重大事件和危机。四是两岸涉外人员尝试在一些国际场合和领域展开良性的互动。与此同时，台湾获得免签证的国家与地区达到 124 个，又主办了世运会、花博会等大型国际活动，等等。总之，4 年来，台湾的“国际能见度”、“国际参与度”与“国际好感度”都有提高。台湾不再是陈水扁时期国际上的“麻烦制造者”。4 年来的台湾对外关系发展的实践证明，“大陆政策推动得顺利，台湾就有更大的国际空间”。②

台湾“国际活动”的增加正是基于大陆涉台外交的努力和成就，正如上文中指出，两岸在协商台湾涉外事务问题时的对抗性、尖锐性降低是涉台外交的一个重大变化。在牢固的国际反“台独”统一战线的大背景下，大陆的主导权在增加。然而也必须要看到，台湾“国际空间”问题上，涉台外交处于马英九不断要价的压力之下。首先，台湾参与国际活动将会继续是第二任的马英九执政一个重要抓手。在其“黄金十年”计划中，马英九已经明确提出参与“联合国气候变迁架构协定”（UNFCCC）与“国际民航组织”（ICAO）的要求。在台湾参加国际非政府组织、参加或举办重要国际活动等涉及“国际空间”问题上，尽管马英九仍然采取务实策略，不会挑衅中国大陆的“一个中国”原则，但无疑会尽最大可能争取所谓“国际能见度”。而如果马英九内政处理不顺，在“国际空间”上的诉求将会更加紧迫。

---

① 台湾“中央社”，2009 年 10 月 10 日电。

② 陈一新：《从马总统中美洲行看美中台关系》，台湾《新新闻周刊》，2009 年 6 月 4—10 日，总第 1161 期，第 23 页。

其次，马英九频繁在国际上对“中华民国”的推销和宣传对大陆涉台外交形成挑战。马英九在出访中表示“中华民国”在国际上地位比以前更为稳固，因为“中华民国”的存在对国际社会来讲，是一项资产，而不是负债。① 马英九近期多次在会见与答记者问中，将“中华民国”作为特别内容指出，似乎在有意识地塑造“中华民国”的舆论氛围，凸显“各表的‘一中’”。

第三，一些台湾政治人物在国际上仍不断发表不当言论挑衅大陆。台湾“驻英代表”沈吕巡在欧洲外交关系协会（European Council on Foreign Relations）发表演讲，称“中国大陆应该给台湾更多的国际空间，以此作为两岸和解的基础”，言下之意，大陆若不这样做，台湾就没有与大陆和解及发展两岸关系的意愿和可能。沈甚至还表示，台湾将“致力与非邦交国实质关系的官方化，同时善用世界卫生大会（WHA）的参与模式，以政府名义积极争取参与各种政府间的国际组织及联合国体系下的功能性专门机构”。② 这种想法一方面颠倒了两岸关系和平发展与台湾参与国际活动联动的次序，另一方面也揭示出台湾某些涉外人员妄图继续在国际上冲撞和挑战一个中国原则的想法。对此，外交部发言人洪磊表示，中国政府对台湾地区与中国建交国开展民间经贸、文化往来不持异议，但反对进行任何官方往来或签署具有官方性质的协议，反对台湾参加仅限主权国家参加的国际组织。这种说法“违反和挑战国际社会普遍承认的一个中国原则，是十分错误和有害的”。③

四、小　结

60年过去了，涉台外交在变与不变中继承着、丰富着、发展着。在新形势下，涉台外交的地位更加凸出、任务更加繁重、使命更加艰巨。2012年，马英九连任台湾地区领导人，两岸关系和平发展也将会“承前启后、

① 星岛环球网 http://news.stnn.cc/hk_taiwan/201204/t20120412_1726640.html。

② 台湾《中央日报》网络报 http://www.cdnews.biz/cdnews_site/docDetail.jsp?coluid=111&docid=101810454。

③ 人民网 http://world.people.com.cn/GB/157278/17191469.html。

继往开来",[①] 新形势下涉台外交工作如何进一步推进？继承和实践曾经的涉台外交经验理论是有必要的，同时，只有继承没有创新则无法适应时代要求，与时俱进是唯物辩证法的应有之义。创新，就是运用优秀的传统和历史证明行之有效的经验，科学观察变化着的形势，发现和用好新的机遇，来为国家的和平发展服务。必须指出，贯穿涉台外交工作始终的精神应该是一个中国原则，政策、内容、方式方法是有弹性的，但是性质、原则是不能随意改变的。研究涉台外交的经验将从下面几方面对我们今后思考台湾问题和新形势下的涉台外交工作有所裨益：

一是"坚持原则，讲究灵活"这一辩证关系在涉台外交中无处不在。这也是人们常说的硬与软、刚与柔以及举轻若重、举重若轻如何有机结合的问题，涉台外交工作应是有重点的，必须善于抓大放小，争取以四两拨千斤；二是要高屋建瓴又要脚踏实地的工作方法。涉台外交工作应该善于登高远望、纵览全局。既因为涉台外交诸多议题的敏感，也因为涉及国际组织的章程、规定的制约及其他国家的立场和态度等，同时也与两岸之间的政治互信、两岸关系和平发展的程度等形成彼此关联的关系。三是最大限度的维护国家和两岸人民正当权益的目标。台湾民众在海外各方面的利益是涉台外交的基本内容之一。涉台外交既强调捍卫国家主权与领土完整的政治问题，也注重保护在海外中国人的经济、生命等民生利益。涉台外交，特别是在涉及海外利益及领事保护方面，关乎两岸人民根本利益，授权有限，责任重大，务必事事认真。四是平衡内外的压力，协调各方的利益诉求。中国内外政策互动的问题更加突出。在全球化飞速发展的今天，国际制度国内化和国内问题国际化的趋势比以往更加明显，信息化时代的外交活动比以往任何时候都更加公开透明。涉台外交亦是如此，在获得更广泛关注的同时，中国与外部世界的互动越来越受到来自两岸的民意制约，这是今后的涉台外交工作必须面对的重要议题。

---

① 《王毅寄语 2012 年两岸关系"继往开来谱新篇"》，新浪网 http：//news. sina. com. cn/o/2012 - 01 - 30/171723856728. shtml。

新时期的欧台关系：变化与观察

上海国际问题研究院　童立群

在2012年台湾地区领导人的选举中，马英九竞选团队打出了一部长达七分钟的网络竞选影片“爱情签证”，其主题是“因为爱旅行、因为想家、因为免签证，所以牵起一段爱情故事”。影片选取了台湾民众赴德国、奥地利等地的实际旅行团实际取景，其清新、贴近人心的手法引发了热烈回响，效果甚佳。“免签证”是马英九及其团队在竞选连任中主打的“政绩牌”，而欧洲包括申根国家在内的41个国家给予台湾的“免签证”待遇，则是这一政绩的主要贡献者。2008年两岸关系进入和平发展时期以来，马英九当局推行了“活路外交”政策，升温的欧台关系也成为马英九宣传政绩、获取连任的“资本”。

一、新时期欧台关系的变化及表现

欧洲作为经济发达地区和国际关系的主要政治力量之一，曾经是台湾当局进行的“外交”重点地区之一。民进党执政时期，台湾当局通过“议会访问”、举办“俱乐部”会议、打“人权牌”等手段全方位提升了双方的实质关系，欧台关系呈现出一种渐进调整、稳步提升的发展轨道。[①] 但在陈水扁执政后期，由于其疯狂的“烽火外交”和“台独”路线，使得包括欧洲在内的整个国际社会都加入了“反台独”的统一战线，欧台关系受到巨大影响。马英九就任台湾地区领导人之后，带领其团队终结了陈水扁“烽火外交”的政治路线，以“活路外交”为理念，推动“两岸休兵、外交共荣”的对外政策路线，主张“尊严、务实、灵活”地“为‘中华民国’在国际间找到一条新的出路”，逐渐扭转了台湾在整个国际社会的孤立与困境。这

① 童立群：《试论欧台关系的渐进式调整》，载《现代台湾研究》2008年第4期。

其中，欧台关系的变化无疑是其“活路外交”的试金石之一，建立在实质双边关系基础上的内涵大大丰富了。新时期欧台关系变化主要表现在四个方面：

一是在延续性基础上寻找新的增长点。一方面，在马英九“活路外交”的推动下，欧台双方均延续了之前的互动轨道，即以经贸关系为基础，以人权和价值观为支撑点互相走近，欧洲议会则继续扮演双边关系中比较重要的角色，是台湾“国际空间”问题上摇旗呐喊的主力军。“议会外交”更频繁，关系更紧密。2008 年以来，作为欧盟重要机构的欧洲议会仍频频在台湾问题上发表与欧盟对台政策不同的意见，它不仅支持台湾加入由主权国家组成的国际组织，多次发表文件和声明要求扩大台湾“国际空间”，并且在人权保护问题上多次指责大陆，褒扬台湾。① 另一方面，“免签证”成为台湾寻求与欧洲实质关系新增长点与突破点。2008 年以来，欧洲国家相继完成对台湾免签证的措施，从英国和爱尔兰开始，再到全体欧盟申根国家，再到阿尔巴尼亚等国。马英九在任四年内，欧洲各国几乎每年都会送给台湾一个“免签证”的大礼，已经成为欧台关系发展的一项“新催化剂”。这项互惠性措施，更是台湾国际地位提升的重要标志。

二是欧台经济关系出现了波动和不稳定趋势。传统上，欧台关系是建立在双方经贸紧密联系的纽带之上，对欧洲的出口和贸易的增加是台湾经济增长的重要来源和保证。但是，从 2011 年开始，由于欧洲整体陷入经济衰退和金融、债务危机，经济低迷不振时，极大影响了以出口为导向的台湾企业，特别是太阳能等行业，对以出口贸易为命脉的台湾经济是重重打击。据台湾经济部门的统计显示，台湾对欧洲订单年增长率从 2011 年 8 月减至 8.08%，9 月、10 月分别下滑 2.22%、0.78%，尽管 11 月年增率转正，但也只剩 1.02%，接近零增长。其中，台湾对德国的出口已经超过 6 个月连续下滑，至 2012 年 1 月，已经负增长 18.94%。② 由于欧洲经济的复苏目前仍是未知数，双方加深贸易与经济合作前途未卜。与政治、文化方面的热络联系和互动相比较，欧台经贸关系波动很大，这从另一面凸显了欧台关系的变化。

---

① 《欧洲议会友台小组》二十位议员在 2011 年 6 月 14 日联名寄出措词强烈的抗议信函给 WHO，称“将台湾视为中国的一省完全没有国际法上的根据”。

② 数据来源：台湾“中华经济院”网站。http：//www. cier. edu. tw/mp. asp？ mp = 1。

三是欧台关系融入岛内政治之争。2008 年以来，欧洲成为台湾两大政治势力——民进党与国民党说明政见、寻求支持的重要场所。两党纷纷与相关国家的国会议员、智库学者以及政府官员等接触，建立联系；欧洲议会以及欧盟成员国国会议员、重要智库学者等访台。前民进党主席蔡英文在宣布参选后立即出访德国和英国，为宣传其政见和争取国际社会的支持奔走。而国民党当局更是派出众多人马访问欧洲，“立法院长”王金平等多次率代表团访问欧洲议会，获得高规格接待，等等。欧洲国家和欧盟的态度、政策和意见，成为岛内政治势力互动和竞争的“标杆”之一，这在以往也是没有的情况。

台湾当局与欧洲交往的总体战略是，在欧盟的架构下，建立、运作、保持与欧盟成员国的关系，打造了包括经济、贸易、文化、学术、技术、观光旅游等多层面欧台关系。虽然目前双方贸易额大大下降，欧洲企业仍是台湾最主要的外国投资来源之一，双方已经开始研究和准备欧台经济协定。此外，免签证的成效逐渐显现，至 2011 年上半年，台湾民众赴欧人数增加约 7%，① 双方人员往来大大增加。技术合作方面，通讯、建筑、新能源等领域是双方合作的基础领域。

总之，有别于美日关系、日台关系所经历和受到的关注、议论和变数，曾经无声无息的欧台关系在近年来出现大幅度提升的迹象，成为台湾当局对外关系中的一个亮点。

二、欧台关系变化的原因

一是两岸关系和平发展大环境的保驾护航。2008 年 5 月以来海峡两岸关系的和平发展，是台湾对外关系政策大调整的基本背景与条件，也是欧台关系出现如此发展的前提条件。正是两岸间和平发展为双方在国际社会的“停止内耗”创造了条件，提供了可能。由于马英九“首先在两岸关系上积极作为，化开了双方的心结，建立了彼此的默契，很快就在外交空间上见到了成效，国际观感与待遇方面也获得了改善。”这就证明：“只有改善两岸关系”，台湾的“外交问题才能逐渐解决”，“大陆政策做得好，台湾就有更

---

① 新浪网，http：//easy. sina. com. tw/news/article _ newsid – 88094. html。

大的国际空间”。[①] 和平发展也成为互为因与果的关系，并且开始了良性循环。另一方面，两岸在国际社会停止内耗也使和平发展的两岸关系得到巩固。台湾《中国时报》的社论指出：“整体基调上，‘活路外交’与‘两岸和解’是一体两面，都是力图让两岸从零和式的殊死战走向和平共存、彼此体谅、相互尊重。”[②] 欧台关系所取得了一些正面的成果，离不开大陆人民的善意和两岸和平和解的大局。

二是“活路外交”政策的成功运用。马英九对媒体公开承认，他相信有台湾的“邦交国”提出与大陆建交的请求，但大陆却是婉拒了。这显示了大陆以具体的行动在善意回应台湾方面提出的“外交休兵”政策。对于台湾能够参与世界卫生大会，他也承认是与大陆的善意分不开的。“活路外交”理念有三个支撑点。第一，是两岸关系的互信和良性互动。马英九说，“大陆政策是‘外交’政策的上位政策，突破‘外交’困境要从两岸关系着手”。其次，是取得国际社会的同情和支持，至少要得到美国、欧盟等主要国家和地区对台湾“国际空间”的支持。第三，是务实参与，名称、方式都可以弹性处理，以谋取在国际组织中的实质突破为目的。从效果上来看，欧台关系也体现了马英九“以人为本”的对外事务的考虑，与陈水扁时期的“功利‘外交’”、短线操作相比，显然有很大不同。欧台关系的发展取得了预期效果，受到岛内民众与社会舆论的肯定。不仅是其取得为数不多的获得正面肯定的“政绩”，也是内容相对稳定、体系较为完善、执行基本顺畅的政策体系。反过来说，欧台关系的实践也证明，马英九“活路外交”的主张逐渐被充实和完善。

三是欧洲方面的积极反应。欧洲国家和欧盟一直在处理台湾问题和对台关系上相对保守和谨慎。欧盟和大多数欧洲国家历来承认“一个中国”的原则，在对台关系上基本表现为实行“政经分离”的政策。2008 年以来，基于两岸关系中的根本性变化，出于经济、政治利益方面的考虑，欧洲国家特别是欧盟在与台湾关系方面比较积极。台北欧洲商会（ECCT）刚刚庆祝欧洲在台湾的外商直接投资（FDI）规模超过 300 亿美元，强调对台湾经济前景深具信心。[③]

---

① 周天瑞：《迎马英九优异出访归来》，台湾《新新闻周刊》，2009 年 6 月 4—10 日，总第 1161 期，第 6 页。

② 社论：《替台湾外交多找几条活路》，台湾《中国时报》，2008 年 8 月 13 日，A11。

③ http：//cnews. cnyes. com/Content/20111129/KE0GXR6UFGSD2. shtml。

在欧盟内部，对台湾问题和欧台关系重要性的认识分歧颇大，但在中欧关系的实践领域，欧盟及其大多数成员国的对华政策中都包括了对台政策。随着中欧关系的历史性发展，欧洲国家在与中国保持外交关系的同时，也维系着与台湾的微妙关系。欧洲学者让·皮埃尔·卡贝斯坦（Jean – Pierre Cabestan）认为，台湾问题是中欧关系中的刺激点，而非平衡器。[①] 言下之意，台湾问题的敏感性对于中欧关系来讲，有着极为微妙的作用。欧盟不把台湾问题当做平衡中国的工具，而只是被动地跟着这个刺激点做出反应。在欧洲学者和欧洲官员看来，尽管今天台湾经济和政治地位正在下降，欧洲安全上的关切点也不在亚太，但是欧洲可以以其自身的整合经验，通过与海峡两岸的互动，为两岸关系的未来做出独特的贡献。

三、对于欧台关系变化的观察和思考

首先，从中欧关系的角度看，欧台关系是否会对中欧关系产生负面影响？有观点认为，欧台关系和台湾问题可能会成为欧洲的一张“牌”，尽管这张牌并不一定如同美国对台的战略与安全关系，但也有可能挑战大陆涉台外交中关于一个中国的原则，进而造成对中国整体外交的不利局面。2004年，当时美国开始多次重申反对台湾搞“防卫性公投”，并拒绝台湾“公投”宣传团访美后，欧盟却接待了台湾代表团。这一举动在当时是一个十分引人注目的信号，是欧洲国家和欧盟对华政策进行战略调整——“以台制华”的重要表现。种种“先例”可能是产生此类担心的主要原因。

笔者认为，虽然不能排除可能性，但未来欧洲在处理中国事务中打“台湾牌”的可能性微乎其微。主要有三点理由。其一：欧台关系的变化虽然与整体国际环境相关，但似乎并没有与中欧关系的联动，大陆、台湾与欧洲关系发展是平行线而非三角线，这与中美关系中的台湾问题有较大区别。美国学者沈大伟甚至认为：中欧之间不存在台湾问题。[②] 实际上，在国际反“台独”统一战线基本牢固的情况下，欧台关系的政治性和敏感度比较低是主要原因。其二：当前，寻求中国的支持对陷入债务危机、甚至制度危机的

① 沈大伟（David Shambaugh）、艾伯哈德·桑德施耐德（Eberhard Sandschneider）、周弘（Zhou Hong）等，《中欧关系：观念、政策与前景》，社科文献出版社2010年版。

② 沈大伟：《美国视角下的中欧关系》，中国社科院网站 http：//ies. cass. cn/Article/xshd/lfxz/201004/2426. asp。

欧洲经济复苏非常重要，在这种情况下，中欧关系必定会被置于欧洲和欧洲国家对外政策中最关键的位置。而政治上打“台湾牌”对欧洲有害无利。其三：两岸关系和平发展是欧台关系“默默耕耘”的基础。笔者在2010年访问欧洲期间，有部分研究中国问题的欧洲学者对台湾顺利获得欧洲“免签证”，但是大陆方面并没有过多的干预与表达不满，他们对此“感到意外”。笔者认为，这是对两岸关系和平发展和大陆对台政策缺乏认识和了解所造成的，大陆的原则和立场是：在坚持和不违反“一个中国”的原则下，在两岸关系和平发展的进程中，对有利于台湾人民切身利益的台湾对外交往不持异议。

其次，在美台关系、日台关系进展不顺的情况下，欧洲是否会成为马英九当局下一任发展对外关系的重要对象？从现象上看，日台、美台关系的发展确实充满了种种变数。由于台“外交部”常务次长沈斯淳刚刚接替冯寄台出任“驻日代表”，由于其“日本背景”的欠缺而遭到外界质疑，对日台关系的前景也是“唱衰”者居多。而尽管马英九在其胜选感言中表示“十年内要加入TPP”，但是“美牛”议题已经从各个方面影响了马英九第二任内美台关系的开局。美国在台协会主席薄瑞光在选后立即指出，台湾想加入TPP（跨太平洋经济伙伴协议），在农业与医药等方面要“更自由化”才行，“解决牛肉议题”可以是第一步。[①] 美国牛肉议题牵动台美经贸合作，也影响了马英九视为优先的美台关系。目前，马英九国民党当局面临来自美国和岛内反对党的双重压力。美台关系似乎难以找到能各退一步的双赢之道。

相比之下，欧台关系的马英九第二任的开局则顺利的多。近日台湾的“外交”部门发生了比较敏感和受人关注的事件都与欧洲有关。一是台湾“驻英代表”沈吕巡在欧洲外交关系协会（European Council on Foreign Relations）发表演讲，称“中国大陆应该给台湾更多的国际空间，以此作为两岸和解的基础”，言下之意大陆若不这样做，台湾就没有与大陆和解及发展两岸关系的意愿。他甚至还表示，台湾将“致力与非邦交国实质关系的官方化，同时善用世界卫生大会（WHA）的参与模式，以政府名义积极争

① 中国评论新闻网，http：//gb.chinareviewnews.com/doc/1019/9/6/5/101996555.html？coluid = 7&kindid = 0&docid = 101996555。

取参与各种政府间的国际组织及联合国体系下的功能性专门机构”。[①] 二是台湾“经济部次长”林圣忠于2012年2月访问法国、德国和比利时，主要目的是针对欧台经济合作协议（ECA），向欧洲官员与产业公协会代表等进行游说。[②] 由于欧洲议会在2011年5月就已经表示支持台湾和欧盟签署经济合作协议的决议，加上在台湾的欧洲商会的积极运作，配合台湾在欧洲主要城市做相关说明，并促请各国政府早点做出决定等。一时间，签署欧台经济合作协议大有突破之势，似乎要成为欧台关系发展的下一个基石和努力方向。

笔者认为，马英九第二任内将会视欧洲为台湾对外关系的重点之一，推动欧台关系朝着更深入方向的发展，将会吸引民众更多的关注和讨论。这主要还是由于欧台关系政治、安全议题与经济、文化等议题分离、受干扰的因素较少等特点所造就的。欧洲与台湾的经济协议（ECA）是双方下一步的交流主线。台湾目前在欧洲进行的游说工作，是对欧盟行政部门、各成员国政府及国会、工商民间团体同步进行。虽然欧盟的政策与成员国的意见表达有高度关联性，技术上双方立即达成共识的可能性很小，但是由于双方积极姿态所营造的友好气氛却是不能否认的。如果能借着商谈经济协议和其他合作的机会，顺势推动欧台关系发展，提升并扩大台湾民众赴欧洲从事各种活动的便利性，则实现了马英九当局真正用意。

最后，大陆如何因应欧台关系的发展形势？笔者认为，一方面，欧洲不能成为国际上挑战一个中国原则的场所，如果欧台关系的发展违背一个中国原则、造成“两个中国”或“一中一台”的方案，是大陆不会接受的。沈吕巡的说法完全无视国际政治现实和既定规则，也完全无视大陆的立场与政策。大陆愿意在两岸关系和平发展的进程中，认可欧洲国家和欧洲与台湾发展“非官方”的交往关系。相反，如果欧台关系朝对外活动的“官方化”方向“致力”，则非但不能“开展两岸在国际社会良性互动的新模式”，反而会重蹈陈水扁时期“烽火外交”的覆辙，对增进台湾民众的福祉毫无帮助。另一方面，大陆应对中欧关系与欧台关系的具有自信。大陆在对台的政策思路已越来越显示出自信、稳健和成熟，近年来大陆对台湾国际空间、对

① 台湾《中央日报》网络报，http：//www.cdnews.biz/cdnews_site/docDetail.jsp？coluid=111&docid=101810454。

② 台湾中华经济研究院网站，http：//www.cier.edu.tw/ct.asp？xItem=15803&ctNode=52。

外关系问题的处理、对欧台关系的处理也验证了这一点。两岸如何与欧洲互动是一直以来就存在的话题。对大陆来说，今后一个两岸与欧洲国家和欧盟互动的发展方向应该是：在中欧关系的战略框架下，在“一个中国”的原则基础上，努力促使台湾当局不再往“台独”的方向滑动，采取积极有效措施，避免或遏制国际政治势力对台海局势和两岸关系的介入和干预，同时采取更多积极主动的作为，致力于两岸关系和平发展的建设。这战略和策略运作，将会在未来的中欧关系中获得落实。

美国重返亚太对两岸关系的影响

军事科学院台海军事研究中心　白光炜

近年来，美国高调重返亚太，提出所谓“亚太再平衡”战略和“空海一体战”等作战构想，重塑亚太军事联盟机制，防范牵制我力度明显加大。与此同时，两岸关系大幅缓和，美国一方面“乐见”两岸关系和平发展，另一方面又抱持警惕心理，并不断通过强化美台关系平衡两岸关系，对两岸关系和台海局势造成了一定影响。

一、美国重返亚太的背景与进程

美国国防大学教授柯尔曾表示，美国对两岸关系的政策是更大范围内亚洲战略的一部分，台湾问题必须在地区背景下进行分析。[①] 对于重返亚太，美国主流学界大多不同意使用“转向”（pivot）亚洲的说法，而宁愿使用美国亚洲战略的“再平衡”（rebalance）；而美国政府官员也称，美国从来没有离开过亚洲，根本不存在“重返亚洲”的问题。然而，美国一直将战略重心置于欧洲和中东，2009 年以后才逐渐转向亚太地区却是不争的事实。奥巴马上台以后，国务卿希拉里一改过往首先访欧的惯例，上任后首访亚洲。2009 年 9 月，奥巴马在亚洲访问时称，美国是太平洋国家，自己将当第一位太平洋总统。希拉里在《外交政策》发文称，今后十年美国外交方略最重要的使命之一是大幅增加对亚太地区外交、经济、战略和其他方面的投入。与此同时，美国战略重心东移步伐不断加快。2010 年，美国利用韩国“天安舰事件”和中日撞船事件，强化了与韩国和日本的同盟关系。

① Speech on the conference of “Cross – Strait Relations in a New Era of Negotiation”, hosted by Carnegie Endowment for International Peace. From the web site of Carnegie Endowment for International Peace：www. carnegieendowment. org.

2011~2012 年，利用南海问题，美国同菲律宾强化了同盟关系，同越南也改善了关系。此外，美国还在澳大利亚增加驻扎军队的数量。2012 年 1 月，美国发布新时期军事战略称，虽然美国将大幅缩减军费开支，但战略重心向亚太地区转移的目标不会改变；同月，美国国防部发布了具有指导性意义的“联合作战进入概念”，全面整合前期提出的“空海一体战”作战构想，旨在遏制战略对手的“反进入/区域拒止”能力；4 月，奥巴马当局正式提议在亚洲、中东建设弹道导弹防御系统；6 月 2 日，美防长帕内塔宣布要将 60%的海上军力部署在亚太地区，同月在夏威夷举行环太平洋 22 国联合军演。

在美国重返亚太背景下，美台关系逐渐升温，合作交流力度不断加大。2010 年 11 月 10 日，美国务卿希拉里在夏威夷“东西中心”发表演说，指出亚太地区将是美国今后外交战略的重心，二十一世纪将是美国的太平洋世纪，表示美国实行“一个中国大陆”政策，致力维持台湾海峡的和平及稳定，但仍强调“台湾是美国重要的安全及经济伙伴，美国与台湾有坚实的关系”。2011 年下半年美国商务部助理部长库马尔、能源部副部长伯纳曼、国际开发总署署长沙赫相继访问台湾，着力推动台美高层交流，借此显示美对台“战略再保证”的决心。此外，美国还继续支持台“有意义”参与国际组织、以商讨 TIFA、TPP 等协议为“饵”强化美台经济关系。特别是在军事合作方面，美国分别在 2010 年 1 月、2011 年 9 月下旬宣布对台军售案，金额合计高达 120 亿多美元，其中包括爱国者三型反导系统、黑鹰直升机、F-16A/B 战斗机升级等内容。同时，台湾方面也主动响应美方重返战略，2012 年 8 月 7 日，台湾防务部门副负责人杨念祖在华盛顿智库“史汀生研究中心”发表演说，表示台湾希望在美国重返亚洲的战略布局中扮演角色，双方也正在就此接触当中。①

二、美国重返亚太对两岸关系的影响

1. 美国高调重返亚太使中美之间结构性矛盾更加凸显。多年以来美中之间具有三个结构性的固有矛盾。第一个矛盾是美国始终不肯正视和承认中国对于台湾的核心利益诉求。2012 年年初，习近平访美期间会见美副总统

---

① 2012 年 8 月 8 日 17：21，凤凰卫视。

拜登时特别指出，“台湾、涉藏等问题事关中国核心利益，希望美方务必谨慎妥善处理，避免中美关系一再受到干扰和损害”。[①] 然而美国当局始终没有正面回应中方在核心利益方面的诉求，突出表现在中美建交和“八一七”联合公报中，美方只是“认知（acknowledge）到中方坚持‘一个中国原则，台湾是中国的一部分’”，而非“承认（recognize）”。而2012 年4 月 27 日美国前国安会主管亚太事务官员贝德在台北演说时强调，双方对核心利益的看法互异，是美中两国在亚太地区形成竞逐关系的主因。而这就直接形成了中美之间第二个矛盾：中美在亚太地区战略结构中的竞争博弈，突出表现在美长期对华实施围堵战略。大陆学者王缉思表示，2009 年美国重返亚太之后，中美之间的矛盾变得更加复杂，中国周边的安全环境有恶化的趋势，东海、南海、中印、中缅、朝鲜半岛、中亚等方向安全形势都有了不同程度的变化，而这种种变化的背后似乎都有着美国重返亚太政策的影子。[②] 第三个矛盾是美国长期坚持以“与台湾关系法”为依据，对台军售和加强美台军事交流合作，构成中美关系发展最主要的障碍，多年未曾得到解决。在美国重返亚太的背景下，三大固有结构性矛盾的存在，与美国对华“离岸制衡”的围堵政策相叠加，更加重了中国的“安全焦虑”。

2. 美重返亚太并没有改变其对台政策的延续性、两面性和现实性。一是战略上的“延续性”。布热津斯基曾经表示，美国不能放弃台湾“那不是为了一个分离的台湾，而是为了美国在亚太地区的地缘政治利益”，[③] 换句话说，只要美国在亚太地区的利益基本盘不变，那么美国对台湾问题、两岸关系的基本立场及政策就不会变。纵观美国 60 多年的两岸政策虽多有调整，但还有“五个没有变”：服务于美国的国家利益及战略需要的出发点没有变，维持台海两岸局势稳定的态度没有变，以台制华、牵制中国的策略没有变，保持对台海事务的介入能力没有变，不甘心在中美台三角关系中被边缘化的焦虑感没有变。二是战术上的“两面性”。美国一方面公开声称遵守中美两国达成的三个联合公报，另一方面又以”与台湾关系法“为更高依据，保持对台所谓的政治上的“非官方关系”，发展军事上的“准同盟军事关

① 《习近平同美国副总统拜登会谈》，新华网，http：//news. xinhuanet. com/world/2012 - 02/15/c _ 122701771. htm。

② 王缉思：《中国的国际环境为何趋于严峻》，《环球时报》，2012. 06. 13.

③ ［美］布热津斯基：《大棋局：美国的首要地位及其地缘战略》，中国国际问题研究所译，上海：上海人民出版社，2007 年版。

系”；既谋求与中国大陆的战略关系，又兼顾在台湾的战略利益，在两岸之间寻求“平衡点”，维持“和而不统、离而不独”的局面。三是行动上的“现实性”。在美国对台海政策中，美国与中国关系居主导地位，美国与台湾关系相对处于次要地位，并且是越来越处于比较次要地位，这是由国际政治现实所决定的。美国对台政策基本服从于对华政策，但也有反牵制作用，值得注意的是，虽然目前乃至于今后比较长时间内美国不会放弃“以台制华”基本策略，但其策略手法可能有所调整：在注重发展美台实质关系以平衡两岸关系的发展的同时，也更加注重加强与大陆在具体行动上的沟通与协调。

3. 基于维持台海局势现状和发展中美关系考虑，台湾问题在现阶段很难成为美重返战略的重点。美国国务卿希拉里·克林顿在《外交政策》2011 年 11 月刊中发表题为“美国的太平洋世纪”的文章，详细阐述美国在今后 10 年里的亚洲政策，其中提到了与中国的关系至关重要，需要与中国合作共同面对诸如朝鲜、伊朗核问题，阿富汗、巴基斯坦反恐问题及南中国海开发问题，却只字未提“台湾问题”。[①] 面对现在中美关系的机遇与挑战，美国是否会考虑中国的“核心利益”，以维护在亚太地区更大的利益，这应该是美国政府需要慎重处理的战略选择。两岸和平是两岸保持繁荣的必要条件，也符合美国在亚太地区的关键利益。台湾问题的本质说到底就是中国内政问题，事关我国的核心利益，若美国明目张胆将台湾纳入其重返战略之中，势必引发我强烈反应，危及中美关系，进而影响其重返亚太的战略大局。因此，美对台政策仍将服从服务于整体对华关系，但“以台制华”战略不会改变，其“两面性”的手法也不会改变。同时，受金融危机和全球战线过长的影响，美国重返亚洲在策略上必须有所取舍。美将基于地区力量均衡的前提下，交替采取离岸制衡与选择性介入策略，以保持其战略灵活性和综合性。从目前亚太局势上看，围绕着中国麻烦不断、“寒气袭人”，唯独台海局势回暖。也说明，台湾问题作为中国最敏感的核心利益，美国在打“台湾牌”时也不得不谨慎地出牌。但台湾作为长期以来制衡中国大陆的一个有力工具，美国不会甘于失去这样一个落脚点和踏脚石，在美国战略东移的大背景下，台湾的地位只会增强，不会削弱，更不会“弃台”。只不过表面上不将台湾问题与重返亚太挂钩，暗地里却在不断强化美台实质关系，呈

① Hilary Clinton, America's Pacific Century, Forign Policy, NOVEMBER 2011.

现出"高调重返亚太，低调对待台湾"的"现实性"特点。① 任何一组三角关系都是既相互推动又相互制约的关系，这也造成亚洲格局的"多元平衡"，无法形成"冷战"时期的"选边站"格局。美国重返亚洲遏制中国，既利用了这种"三角关系"，但又受制于这种"三角关系"。虽然美国可以通过制造矛盾掣肘中国，但多种"三角平衡"的存在也使得美国无法形成围堵中国的"统一战线"，从而为中国实现战略突围创造了条件。

4. 美国重返亚太造成台海周边热点频繁，使台湾战略面临战略选择困境。美国重返亚太战略意图高涨，中国综合实力不断增长，"两大之间难为小"，台湾将面临棘手尴尬的选择判断问题。长期以来，台湾在亚太区域战略格局中的地位，基本上采取沉默的中间立场姿态，来应对复杂多变的亚太地区形势。尽管岛内民众对东海、南海等问题关注度升高，但台湾执政当局受美国钳制，担心被质疑与大陆走得过近，基本上长期处在失语状态。随着美国重返亚太的战略步伐加快，美国不断深化和菲律宾、越南、新加坡、印尼等国的战略合作，台湾位处第一岛链枢纽位置，既无法置身事外，也无法偏向任何一边，在我美台三角关系中，处于相对尴尬的位置。目前台当局仍采取安全上依靠美国、经贸发展依靠大陆的平衡政策，但随着美国的重返过程中一些具体问题的出现，如东海、南海的资源开发与岛屿争端、东亚经济区域化发展等，其政策平衡模式恐难以因应。而且由于 ECFA 签署，导致两岸经济一体进程加快，美也担心两岸关系走得过快、过近。因此，美国提出愿重启美台 TIFA 协商，透过各种渠道展现允台加入 TPP 的愿景，虽附带"美牛"议题，但实质上也是美防止两岸经贸关系过度密切的再平衡战略工程的一环。此外，未来也不排除美国推动军售议题、支持台湾加入国际组织议题，进一步提升美台实质关系。

三、几点思考

1. 两岸不断巩固互信与累积共识，深化两岸关系和平发展是确保台海局势和平稳定的根本所在。台海局势的和平稳定最终取决于两岸关系和平发展的不断巩固与深化，而不是外部势力所能主导的。特别是在美国重返亚太的背景下，两岸关系发展不可避免地会受到其影响和制约，而两岸共促和平

① 史坤杰:《美国重返亚洲》，台湾地位弱化?"，《台海》，2012 年第 2 期。

发展的努力则是抵制美国干涉台湾问题的关键内因。只有两岸关系持续保持和平发展的势头，继续保持台海地区的和平稳定繁荣，美国才没有干涉两岸关系发展的口实。两岸经济一体化和社会融合也将在很大程度上压缩了美国插手台湾问题的空间，在一定程度上抵消美重返亚太的负面影响。6 月 11 日，海基会董事长江丙坤在海基会脸书粉丝团中抒发两岸两会复谈 4 周年时指出，“两岸过去 4 年的变化，可说是巨大且深刻的。两岸之间要多一分了解，才能减少摩擦，减少误判，进一步增加台海和平稳定繁荣的因子，创造更多和平红利。”① 只有牢牢把握两岸关系和平发展主题，不巩固深化两岸关系的政治、经济、文化、社会基础，才能持续推动台海局势的和平稳定。政治上坚持“九二共识”、反对“台独”的共同立场，不断增进两岸同属一中的共同认知；经济上加快推进 ECFA 后续商谈，加强两岸金融合作、产业合作，发挥互补优势；文化上重在思想上交流、感情上交心、认同上交融，深化两岸同胞一家人的理念；不断扩大两岸社会各界的直接交往，使更多台湾民众在两岸交流中受益。特别是随着近来南海、钓鱼岛等海洋权益问题的不断升温，两岸民众对加强合作共同维护权益具有共识，据民调显示，在在“保卫钓鱼岛主权”的立场上，大陆居民有 64% 的民众认为两岸在此议题上两岸存有默契，85% 的大陆民众和 52% 的台湾民众支持两岸携手合作。在南海议题上，48% 的台湾民众和 79% 的大陆民众认为两岸可在南海等对外领土纠纷中携手合作。这些共识为两岸在维护中国的海洋权益提供了民意基础，两岸尤其是台湾当局应当顺应民众呼声，加强两岸合作，排除外部干扰，以实际行动维护主权领土。

2. 妥善处理好中美关系，对于两岸关系和平发展至关重要。自美国高调宣布重返亚太以来，美中之间似乎进入一种“战略焦虑期”，两国、两军之间好不容易积累的一些互信似乎也变成了“互疑”。在此背景下，两岸关系虽然面临新的挑战，但伴随着中国的崛起以及世界多极化发展，美国在台湾问题上的影响力呈下降之势也是客观事实。一方面，随着国力的增长和国际影响力的加大，大陆对两岸关系基本格局和发展方向的主控能力明显；另一方面，随着中美共同合作利益增多、相互依赖加深，在一定程度上对美国插手台湾问题形成自然约束。上海东亚研究所所长章念驰说，“美国要重返

① 《台声》，2012 年第 7 期，第 12 页。

亚洲，要遏制中国大陆发展和崛起，台湾永远都是其政治筹码”。① 持续推动两岸关系和平发展，除了两岸同胞共同努力外，妥善处理好中美关系也至关重要。美国政府基于外交及安全上的战略考虑，美台关系发展将服从于中美关系大局。大陆学者林冈认为，美国对中国和平统一的接受度，与中美两国战略合作的需要，存在正相关性。② 美国前国务卿基辛格在其新书《论中国》中提出“美中关系不应被视为零和博弈，一个繁荣强大的中国的出现本身也不应被假设为美国的战略失败”。③ 美国尊重中国在台湾问题上的核心利益，有助于两国增强战略互信与合作，也能为两岸关系发展提供良好环境。国台办主任王毅四月中旬访问美国期间表示，希望美方继续发挥积极作用，期待中美共同努力，使台湾问题真正成为中美关系中的积极因素，不是消极因素；真正成为合作的因素，而不是摩擦的因素；真正成为增进战略互信的因素，而不是导致战略互不信任的因素。④ 因此，妥善处理中美关系，有效地拓展中美战略合作的利益交集，可增加美牵制我的难度，增大其插手两岸问题的压力，更多地兼顾我核心利益，有利于两岸关系和平发展和台海局势稳定。

---

① 《章念驰：否认九二共识即否定两岸政治对话根本前提》，中国新闻网，http：//www.chinanews.com/tw/2011/11-26/3488602.shtml.

② 林冈：《美国对解决台湾问题的政策取向》，《美国研究》，2008年3月，第66—78页。

③ Henry Kissinger, On China, New York: Penguin Books, 2011.05.

④ 《王毅会见美著名学者：台湾问题应由两岸协商解决》，http：//www.gwytb.gov.cn.

马英九执政后的台湾政局演变趋势

北京联合大学台湾研究院　刘　红

马英九执政的后四年开局不利，决策施政一再受阻，重要政策接连碰壁，民意支持度一再下跌，社会上批评之声四起，① 执政遭受空前阻力。台湾政局演变有其特殊性，马英九在连任就职前后，已经把今后一段时期内朝野之争的"绞杀性议题"都已成功引爆，执政开始逐渐进入正常状态，有利于国民党继续执政的态势没有改变，有利于两岸关系和平发展的态势没有改变。

一、执政背景不易转变，但有区别

正如"5·20连任就职演说"所说，马英九执政后四年，因为"1·14总统选举"稳住阵脚，执政基础有所稳固；自下而上处于多数，执政优势较为明显；没有执政连任压力，执政决策更加主动；第一任期考核过关，执政经验有所丰富；执政集团清廉勤政，执政形象有所改善。执政集团自身拥有的优势之外，论执政的外部环境，两岸关系和平发展人心所向，执政动力更加强劲；"活路外交"重塑形象，国际支持更加稳定。应当说马英九任期后四年的"执政大气候"十分有利。或者说，台湾当局的外部环境如此有利，是过去60余年来任何一届台湾地区领导人所没有的。

从马英九执政后四年的"执政小环境"看，并不理想，"5·20就职演说"中也反应出一些情况。一是基本矛盾继续激化。因为打破国民党连续执政惯性，已经成为民进党的首要任务，民进党失败后的"报复心态"不断累积。"台独"的反"台独"的基本矛盾形成的社会基本对立更趋激化和

① 《观察："全民批马"台湾应反思》，中国评论网，2012－05－12，http：//www. chinareview-news. com/crn－webapp/doc/docDetailCNML. jsp？coluid＝7&kindid＝0&docid＝102102881。

复杂，以蓝绿阵营画线的态势没有改变，以各自意识形态进行“泛政治化”的情况没有改变，大陆政策上和平发展和“倾中卖台”的对立没有改变，蓝绿各有一套评价施政和大陆政策的标准的情况没有改变。这是马英九方面执政小环境中最糟糕也是最难处理的一点。二是民进党重新出发。四年多来，下野后的民进党没有乱没有垮，得票率在稳定中小幅上升，蔡英文拿下民进党候选人在正常选举中的最高票。在争夺执政权中没有走完“最后一里路”的情况下，民进党在经过党主席争夺战的暂时动荡后，集中力量和意志重新出发，在新主席苏贞昌集团的带领下，直逼国民党执政防线。[①] 这将成为阻挠马英九方面发挥执政优势的主要因素，也成为减少执政政绩和政绩效益的主要因素。三是政治生态要适应。马英九新任期面临的是新的政治生态，“立法院”中除了国民党、民进党和无党籍之外，又增加亲民党和台联党两个“党团”。“党团”和山头增加，为“立委”们合纵连横、充分发挥少数派的力量，监督执政党提供了很多机会。特别是出现的在野党不分蓝绿进行议题合作、亲民党多次和泛绿军“立委”合作、[②] 国民党籍“立委”出工不出力甚至反出力、泛绿军“立委”在“立院”实施“焦土战”阻挡议事等情况，[③] 更为执政是否顺利和能否多出政绩增添变数。四是党内开始关注接班问题。连任就职前夕出现的要求马英九弃选党主席的说法，与其说是因为马英九进入后四年时期、党内实力派“逼宫”，[④] 不如说是党内开始关注权力交接、培养接班人、实现国民党连续执政问题。这一问题处理得好，则会成为有利于马英九执政的动力，处理得不好，则会成为执政的阻力。总之，马英九连任的执政背景近期内不易转变，执政小环境有压力，执政大气候有助力。两岸在“九二共识”基础上共同推进和平发展，国际间支持马英九与大陆一起稳定两岸关系的基本政策，两者成为马英九执政的重要支点。再加上马英九执政团队自身的清廉、勤政等方面固有的优势，其后

---

① 《王昆义：两岸大棋盘　苏贞昌面临三大关》，中国评论网，2012－05－29，http：//www.chinareviewnews.com/doc/1021/2/4/7/102124703.html？coluid＝0&kindid＝0&docid＝102124703。

② 《在野党呛：国民党多数还想用警察权》，中国评论网，2012－06－18，http：//www.zhgpl.com/crn－webapp/doc/docDetailCNML.jsp？coluid＝93&kindid＝2910&docid＝102144261。

③ 《美牛案6月闯关　绿拟焦土抗争》，中国评论网，2012－05－25，http：//www.chinareview-news.com/doc/1021/2/0/5/102120500.html？coluid＝0&kindid＝0&docid＝102120500。

④ 《柔性逼宫？国民党：勿过度解读党代表发言》，中国评论网，2012－05－05，http：//www.chinareviewnews.com/doc/1020/9/8/1/102098189.html？coluid＝0&kindid＝0&docid＝102098189。

四年执政应该是逐步好转。

二、“两党政治”更加成熟，但有波动

“1·14总统选举”结果再次表明，台湾“两党政治”更加成熟，“两党政治格局”成为台湾政治舞台的主要组合方式，在今年四年间，国民党主导政局、民进党负责监督、第三势力有声音没实力的态势不会改变。

究其原因，从源头讲，两党政治格局形成于陈水扁执政后期，蓝、绿两大阵营成员都出现向主要政党靠拢的趋势，泛蓝军的亲民党、新党核心成员和基层支持回归国民党，泛绿军的台联党主要成员和基层支持者回归民进党，此类回归成为两党政治的政治基础。从制度讲，2008年1月第7届“立委”选举开始实施“单一选区两票制”，即“一选区一席、第一名当选制”,[①] 使得弱小政党依靠在原有“都会、复数选区、多名额”基础上，集中使用兵力赢得部分席位的选举策略失效，因而严重压缩了同一阵营内部的小党的发展空间，选成“大蓝超小蓝、大绿吃小绿”的趋势，成为“两党政治”的制度保障。从现实讲，“1·14选举”中国民党拥有56.6%的席位，民进党拥有35.3%的席位，其他政治力量拥有8%的席位，因此一方面是在野力量即使组合起来也不够否决执政党的实力，在朝野之争中国民党拥有“多数优势”，一方面是政治运作程序和过程不利于非主流政党的发展，在两大阵营内部也是大党起决定性作用。从长远看，蓝、绿两大阵营内部的非主流势力都有可能站出来挑战主流势力。问题是在“两党政治格局”趋于稳定的趋势中，在选举中，任何脱离同一阵营主流政党的参选者，只能处于极少数状态。如在“1·14选举”中，泛蓝阵营的亲民党只赢得1席“区域立委”，远低于预想席位，宋楚瑜参选“总统”得票不超过3%。较有可能的是争夺“政党票”，如“1·14选举”后“台联党”和亲民党成为“立法院”内的“新党团”，但缺乏推翻两大党决议的实力。总之，在今后一个阶段，亲民党和台联党都有可能与社会上一些政治势力联组“第三势力”，

---

① 富权：《“总统”“立委”选举脱钩战略考虑重大》，中国评论网，2012-06-08，http://www.chinareviewnews.com/doc/1021/3/5/0/102135046.html?coluid=0&kindid=0&docid=102135046。

《李登辉认为应“修宪”改“立委”选制》，中国评论网，2012-01-07，http://www.chinareviewnews.com/doc/1019/8/3/0/101983047.html?coluid=0&kindid=0&docid=101983047。

挑战国民党和民进党两大政党，但第三势力发展不被看好。一是蓝、绿阵营内部的各种非主流势力，难以完成整合，组织上难以走向联合；二是在“台独”和反“台独”尖锐对立状态下，政治上和路线上很难找到第三条道路；三是第三势力缺乏公认的领袖，宋楚瑜屡战屡败、屡败屡战一事表明，第三势力没有稳定的支持目标；四是第三势力当然拥有话语权，但无力否决大党的意志，只有依附于大党，才有实现自己部分政策目标的可能。在是否进口美国牛肉议题上，出现了反“台独”的亲民党“立委”和泛绿军联手对付国民党的不正常组合，就是典型案例之一。问题是，特别是随着2014年“七合一选举”和2016年“二合一选举”的临近，第三势力内部的蓝、绿政治对立将逐渐明显，又会服从蓝、绿两大阵营竞争的大局。

三、执政重在多出政绩，但有干扰

正如“5·20就职演说”中表明的，执政集团的首要任务，是为实现国民党的顺利执政、长期执政目标，拿出亮丽的执政政绩。在演说中，马英九重申了“黄金十年政纲”，表示要在“确保主权的独立与完整，确保台湾的安全与繁荣，确保族群和谐与两岸和平，确保永续环境与公义社会”的基础上，要建设“活力经济”，实现“廉能政府”、“优质文教”、“永续环境”、“持续经济”、“和平两岸”、“国际参与”等“八项愿景”。[①] 这是马英九第一任期经历全球金融海啸、“八八水灾”、能源涨价等各种情况冲击后，从中学到的经验与教训，基本精神是开放，通过与大陆交流合作，加快台湾经济与亚太经济的整合，完成台湾的经济转型，促进台湾的发展。更为现实的是，希望通过未来几年的努力，创造政绩，为实现国民党的连续执政创造条件。无论是要实现“黄金十年政纲”，还是面对现实，需要解决的问题众多。一是保持经济继续增长问题。2010年台湾增长10.82%，2011年增长4.04%。四年来台湾经济平均增长3.42%，仅次于新加坡，在亚洲四小龙中排名第二。2011年人均达到20139美元，首次突破2万元。[②] 面临欧债危

① 《马政府上菜“政院”通过黄金十年愿景》，中国评论网，2012－06－07，http：//www.chinareviewnews.com/doc/1021/3/3/7/102133782.html？coluid＝0&kindid＝0&docid＝102133782。

② 《马英九第二任期展望：为所当为　再创新局》，中国评论网，2012－05－17，http：//www.chinareviewnews.com/crn－webapp/doc/docDetailCNML.jsp？coluid＝7&kindid＝0&docid＝102094854。

机冲击下，如何在后四年中保持经济增长速度？四年来经济成绩亮丽，但在民进党和某些舆论宣传下，台湾社会流行经济增长“无感论”，很多人声称没有感觉到经济在增长、没有感受到经济增长带来的好处，那么后四年如何给台湾民众一个“有感经济”？二是推动永续发展问题。如何制订完成经济转型和升级所需要的产业政策，如何解决日益高涨的环保呼声，如何刺激货币、消费、投资和财政促进经济发展，如何扩大对外招商和引进陆资？三是建立社会的公平正义问题。一类是存在多时的4.39%的失业率降低不易，①一类是贫富差距缩小不易，一类是赋税改革、司法改革、教育改革、体制改革推动不易，一类是在现有基本矛盾上，消弭蓝绿对抗、减少南北对立、增加族群融合、朝野政党沟通不易。四类问题解决不好，当然就谈不上“公平、正义”。四是危机处理机制问题。如近期暴发的进口美牛问题、油电双涨、通膨、“食品卫生管理法”、证所税复征、12年“国教”、鹿港镇长补选等问题，② 几乎没有一项是得到民意肯定，在野阵营联手反对，国民党“立院党团”内部意见也不一致，泛蓝阵营也多批评。五是应对“林益世事件”的冲击。时任“行政院秘书长”的林益世巨额索贿案被查处后，因为林益世的地方实力派的显赫家庭背景，因为林益世而立之年出道、31岁当选“立委”的显赫仕途，因为林益世一再被马英九重用的显赫政治背景，案件对国民党执政形成重大冲击，对马英九执政团队的清廉程度产生怀疑。马英九方面快刀斩乱麻，在交付法律惩处的同时，强调要清廉执政。总体上看，有着马英九执政状况的绝大部分争论性、敏感性公共政策性议题，大都由执政当局在马英九连任就职前后主动提出，实质上是对朝野的政策主张、抗争程序、民意落差进行有效测试，接下来就是有的放矢，该坚持的坚持，该调整的调整，该放弃的放弃，以争取施政制高点和主动权。

对于马英九方面来说，清廉勤政洁身自律基本能做到，决策不出差错难；“内政优先”好说，不好做；经济继续增长、可持续性发展、社会公平正义问题提出容易，解决起来难，要有实际效果难，要得到“泛政治化”、深受蓝绿政治意识形态支配的社会民意的肯定更难。当然，在政绩问题上，只要两岸关系和平发展继续巩固和深化，“活路外交”继续走活走顺，应该

① 《台新“内阁”应谨记的七个关键数字》，华夏经纬网，2012－02－01，http：//www.huaxia.com/tslj/jjsp/2012/02/2737614.html。

② 《国民党近来究竟怎么了?》中国评论网，2012－05－01，http：//www.chinareviewnews.com/doc/1020/9/1/8/102091859.html? coluid=0&kindid=0&docid=102091859。

说为内部治理多出政绩打下扎实基础，多出政绩、出好政绩是有可能的。

四、泛蓝阵营重在长远，但有难度

马英九成功连任和国民党继续执政，为泛蓝阵营在台湾发挥更大作用创造了条件，更重要的是也为泛蓝阵营的团结和调整打下了基础。对于泛蓝阵营来说，是在实现马英九连任的阶段性目标后，立足当前，志在长远。

一是联手主导执政。泛蓝军的合作是马英九顺利执政的前提和基础，虽然国民党、亲民党和新党在反对“台独”、承认“九二共识”、推进和平发展方面能够协同作战，但在国亲联合问题上，国民党有一些姿态和安排，力度显然不足以安抚败选后的宋楚瑜和正在急于扩大影响亲民党；亲民党“立委”则是公开表示要和其他政党进行“议题合作”，并且已经在“进口美国牛肉”、“油电双涨”等问题上联手民进党、“台联党”与国民党较量。国亲如何合作、能否团结，已经成为影响马英九执政的因素之一。二是扩大泛蓝支持阵营。扩大泛蓝基本盘的条件越来越好。两岸“三通”的实现，促进两岸经贸文化和人员交流高潮的到来，对和平发展产生不可估量的影响，为台湾带来巨大的经济效益，直接帮助台湾经济抵御国际金融危机冲击和完成经济转型。两岸的共同利益在增加，精神纽带在增强，在直接往来中增进了相互的了解、理解与感情，和平发展的两岸氛围大为改善。更为重要的是，对台湾民意产生了正面引导作用。在“1·14 选举”中，两岸关系和平发展首次成为台湾重大选举中的正面因素，“九二共识”首次成为国民党和马英九的竞选主张之一，大陆惠台政策和效益首次成为选举正面议题之一，这就为泛蓝军宣传自己的政治主张和大陆政策提供了富有说服力的论据。[①] 现在的问题，是国亲新三党如何减少不信任、服从扩大基本阵容这一大目标。三是加强泛蓝团结。泛蓝团结出现在“台独”执政以后，国民党、亲民党和新党为反制“台独”阵营的打压，组成反“独”统一战线，与陈水扁当局对抗。民进党下野后，泛蓝三党的直接威胁解除，三党联合因为国民党执政开始出现裂缝。特别是亲民党因为分权目标没有实现，2010 年 12 月宋楚瑜在高雄不支持国民党的市长候选人，“1·14 总统选举”因自行参

① 倪永杰：《2012 年台湾“大选”观察与启示》，载《中国评论》月刊 2012 年 2 月号，总第 170 期。

选“总统”再次破坏泛蓝军的团结，在本届“立法院”议事过程中亲民党籍“立委”则与“台独”阵营站在一起。亲民党和宋楚瑜所为，给泛蓝阵营带来巨大伤害，十分不利于反“台独”力量的集结和增长，也直接关系和影响到国民党执政的“多数优势”的发挥。

当然，宋楚瑜的败北，导致泛蓝阵营内近期内基本没有挑战国民党主流势力的人物，为泛蓝军的团结打下必要基础。泛蓝团结是岛内反“独”力量团结一致赢得选举的条件之一，国民党要有相应的规划。如何增进泛蓝团结，彻底摘掉泛蓝“兄弟阋墙”的帽子，是考验马英九政治智慧的难题。

五、泛绿阵营有意调整，但有阻力

台湾政局演变的重心，依然是“台独”和反“台独”的较量；对于马英九连任执政最大威胁，依然来自“台独”阵营；“台独”阵营进行如何调整，依然是台湾政局的焦点之一。

民进党的败象是因为政治上失误、① 泛绿军基本盘不足，② 问题只是民进党过分自信自狂自恋，所以出现遍及全党和泛绿阵营的失败感、失落感和反扑感，调整政治路线和大陆政策的必要检讨，反而被过多的人事、派系、策略、过程、议题等次要问题所替代。民进党调整重点有三，一是基本态度。如何认识民进党的调整？如果改变“台独党纲”、改变以干扰两岸关系和平发展为中心的大陆政策，“顽固台独派”有可能出走，带来民进党的分裂，基本盘在短期内会下降而继续败选；如果顽固坚持“台独党纲”，“台独路线”不变，基本盘在短期内无法增加而继续败选。问题是如果民进党放弃“台独党纲”，重新确立作为在野党的合适政治定位、通过公共政策之争扩大影响和教育选民，短期内会出现“顽固台独派”出走而实力下降，从中远期看则会增加对中间选民的吸引力而赢得执政权。民进党的决策阶层还没有认清其中的辩证关系。二是权力重组。在蔡英文败选辞职后，全党卷起一股“争当主席潮”。辞职后的“蔡英文系”、“天王级”的老一代、卸任的高级公职人员、学运世代、旧政务官等5类人士，推出各自的代理人出

---

① 《台湾〈中央日报〉：“两岸选民”攸关大选胜负》，中国评论网，2012－01－10，http：//www. chinareviewnews. com/doc/1019/7/3/1/101973145. html？ coluid＝0&kindid＝0&docid＝101973145。

② 《蔡英文辞党主席　牵动民进党权力重整》，中国评论网，2012－01－15，http：//www. chinareviewnews. com/doc/1019/8/0/3/101980396. html？ coluid＝0&kindid＝0&docid＝101980396。

马竞选，过去四年来一直受到蔡英文排挤、“天王”之一苏贞昌胜出，权力之争告一段落。新主席苏贞昌面临党内派系新一轮合纵连横、政治路线如何调整、如何处理泛绿阵营发起的“特赦陈水扁”的行动、回应党内“党主席不能参选2016‘总统’选举”的呼声等四件大事，近期内的处境不会比蔡英文好。三是政治路线。观察民进党25年来的路程，政治路线和主张一直在随着政治环境的改变、发展的需要在调整，① 但变的方向和实质一直没变，始终是在坚持“台独党纲”、否定“九二共识”的前提下，为了选举的需要进行策略性调整。苏贞昌下一步的调整，也是民进党的现有政治惯性中挣扎。四是监督执政。重点有两方面，一方面在公共政策上与国民党死缠烂打，并且苦于“立法院”席位不足于否定执政党提案，则联合在野势力，在“立法院”内进行“焦土抗争”，使用非正常手段阻挠会议讨论和表决议案。一方面在大陆政策上干扰两岸关系和平发展，口头上表示赞成两岸大交流大合作大发展，行动上还是转不过弯，继续“逢中必反”，对于两会协商和签订新协议，总是从“倾中卖台”、“矮化台湾主权”角度进行攻击。

出于“为反对而反对”的极端心态和“台独”的好斗行为，② 民进党监督和评判马英九执政的标准，在于是否有利于“台独”，是否有利于对泛绿军进行政治动员，是否有利于煽动两岸的对立情绪，这就成为影响和干扰马英九执政和出政绩的主要因素。

六、历史定位重在定位，但有压力

从“5·20就职演说”中可以看出，马英九作为负责任的政治人物，第二任期的任务和目标中，“历史使命感”很强，完成“历史定位”的企图心很强。

“历史定位”重在“定位”，③ 一是长期执政。无论是对于马英九来说，还是对于国民党和泛蓝军来说，所要思考的是如何保住国民党的执政地位。

---

① 民进党在1994年10月为因应年底的第一届省市长选举提出“民进党即使执政也宣布台独”，1997年底为因应年底的县市长选举提出“先执政后台独，地方包围中央”，1999年5月为因应次年3月的台湾地区领导人换届选举表示接受“中华民国国号”，下野后为因应2012年1月选举提出“柔性台独”。民进党政治路线的每次调整都相应争取到一些“中间选民”的支持。

② 王琼：《苏贞昌党魁路上的三大考验》，中国评论网，2012－06－04，http：//www.chinareviewnews. com/crn－webapp/doc/docDetailCNML. jsp? coluid＝123&kindid＝0&docid＝102130352。

③ 张亚中：《马英九面对历史定位的选择》，《中国评论》月刊2012年2月号，总第170期。

观察国民党10年来的转型实践，为应对2016年的台湾地区领导人换届选举，需要解决的问题是要建立完善的交班体制、组建合格的接班梯队、培养必要的换班心态。也就是说，马英九在完成执政、做大政绩的同时，要开始思考国民党新一届接班队伍问题，要尽量避免在新一届接班队伍到位后，出现类似马英九执政第一任期出现的“批马、反马”为特征的“党内不适应症”。针对党内浮现的吴敦义、朱立伦、郝龙斌和胡志强为代表的新一轮政治组合，[①] 马英九要从实现长期执政的战略高度，组成最佳梯队，避免“强人越多、内耗越大”的反常现象。二是系统清理“台独”流毒。经过“台独势力”20年煽动、其中8年“台独执政”推动，在文化、教育、历史、意识等领域，“台独”思想和主张继续存在，学校使用的是“台独执政”期间实施的“9年一贯课程”，这与其他史地教科书一起，灌输“文化台独”和“去中国化”内容，宣扬“台独历史观、民族观、国家观”。在意识形态领域，各种“台独意识”不少已经成为日常、普遍的社会认识。因此，思想上文化上意识上的“脱胎换骨”非常重要，否则马英九可能成为历史上“最大的失职”。三是确立台湾正确的政治定位。这一议题既是和平发展的巩固和深化的难点，也是启动两岸政治对话、进行政治协商的需要，对此马英九方面应该说已经做了一些拨乱反正的工作。他以“宪法”和现行法律为依据，在“5·20连任就职演说”中强调大陆和台湾为一个中国的两个地区。从“历史定位”的高度出发，马英九方面应该采取积极态度，完成台湾的政治定位，建立和平发展的坚实基础，为破解两岸政治难题、启动两岸政治对话创造条件。四是推进两岸关系和平发展。对于台湾政治人物来说，最大的“历史定位”是为两岸关系的前进所作的贡献。马英九的前四年已经交出漂亮的成绩单，关键是后四年如何更上一层楼，如何推进和平发展的巩固和深化。“5·20连任就职演说”在继续强调推动两岸大交流大合作大发展的同时，一方面认为要继续签订和平发展所需要的其他协议，继续进行ECFA后续协商，继续协商两会互设办事处、和平发展委员会等事项。重点应该是继续巩固两岸政治互信基础，深化两岸同属一个中国的共同认知；继

---

① 杨实秋：《后马英九时代的接班问题受到瞩目》，中国评论网，2012－02－12，http：//www.chinareviewnews.com/crn－webapp/doc/docDetailCNML.jsp？coluid＝93&kindid＝3311&docid＝102004603。

《沈富雄预言：2016赖清德战朱立伦》，中国评论网，2012－01－17，http：//www.chinareviewnews.com/doc/1019/8/2/4/101982448.html？coluid＝0&kindid＝0&docid＝101982448。

续巩固两岸经贸关系发展成果，深化互利合作；继续巩固两岸各界大交流局面，深化文化教育领域交流；继续巩固两岸关系和平发展的民意基础，深化两岸同胞的感情融合。一方面认为两岸关系和平发展，为台湾推行“活路外交”提供了机会。要点是在继续为加入世界气象组织和民航组织创造条件的同时，与新加坡及纽西兰谈判经济合作协议，与美国恢复TIFA协商，同时为未来加入跨太平洋经济战略伙伴协定（TPP）做准备，那么台湾在世界经济的版图上，必定能脱胎换骨。[①] 推进两岸关系和平发展和“活路外交”，继续是马英九的执政重点。

联系马英九第一任期四年的经历，第二任期四年的执政态势又在克隆前四年的情况，第一年下跌，第二年调整，第三年稳定，第四年提升。在影响执政政绩的三大要素中，两岸和国际因素主要是正面帮助，岛内因素中正面的和负面的影响都有。在岛内因素中，国民党拥有执政“多数优势”，和平发展红利和效益会继续增加，经济情况会逐步好转，马英九方面的决策失误情况会逐步改观。因此，有利于国民党继续执政的态势在继续，有利于两岸关系和平发展的态势在继续。

① 《马：完成ECFA等4协商　台湾将脱胎换骨》，中国评论网，2012－04－14，http：//www.chinareviewnews.com/doc/1020/7/4/9/102074947.html？coluid＝0&kindid＝0&docid＝102074947。

国民党转型分析

浙江大学台湾研究所　孔小惠

自上个世纪台湾社会进行民主转型期以来，中国国民党一直面临着转型的问题。2000 年和 2004 年台湾地区领导人选举中的败选，给国民党的转型提出了更为迫切的需求。在 2008 年重新执政之后，随着岛内政治生态环境的变化，为巩固其政权，国民党继续进行转型改革。

一、国民党转型的背景

（一）马英九和国民党都需要“本土”的光环

首先，岛内民众的本土意识日渐高涨，国民党、马英九必须以实际行动争取其信任与认同。经过李登辉、陈水扁近 20 年的大肆操弄，岛内民众的本土意识逐步抬头。一是出现“统降独升”趋势，岛内民调显示，要求急统及缓统的比例由 1994 年的 27% 降至目前的 15%，广义的“台独”支持者（包括急“独”、缓“独”与永远维持现状）由 24.5% 升至 39.1%，主张维持现状后再决定者约占 36%。二是自我认同为台湾人的比例由 1994 的 20% 攀升至 43%，自我认同为中国人的比例目前不到 10%，认为两者都是的维持在 45% 左右。三是对所谓“一边一国”、“公投、正名、制宪”等“急独”主张的认同度有所上升。这既为民进党在选举中操弄本土、煽动民粹提供了极大的空间，也增大了国民党争取本土选民支持的压力。

其次，“本土牌”、“统独牌”是民进党的选战王牌，国民党必须提早因应。“本土牌”、“统独牌”一向是民进党操弄选举的利器，且近年均能起到反败为胜的作用。2004 年“大选”，陈水扁主要靠打“一边一国”、“公投、制宪”、“本土政权”等“统独牌”保住政权；2006 年年底的高雄市长选战再次证明，即使民进党政绩不佳、贪腐弊案连连，但只要成功唤起岛内民众的本土意识，就有可能扭转劣势。近期，民进党大肆推动“台湾正名”、“去蒋化”、“以台湾名义入联公投”等一系列运动，就是意图将2008年“大选”再度操作成“本土与非本土”、“爱台与卖台”的统“独”大对决。一向被视为在两岸政策上持温和、理性立场的民进党“总统”参选人谢长廷也叫嚣，“国民党是外来政权，台湾人要选台湾人当总统”，“明年大选将是台湾民主自决本土价值的关键选举”，“马英九当选不是政党轮替而是主权转替”等。

马英九的“软肋”是他“外省人”的出身背景，对于这一点，他个人相当在意。面对民进党人的攻击，马英九曾幽默地回应说，自己的母亲是在台湾怀孕、在香港生下他，以企业的说法是“台湾生产、香港交货”，怎么会是外来政权？马英九想尽办法拿掉“省籍”这个紧箍咒，“我是新台湾人”成了他包装个人的论述基础。经历了“特别费案”从侦查、审讯、起诉直至一审被宣判“无罪”的整个过程，对一向以清廉正直自许的马英九来说，“清白受到质疑，清廉竟被起诉，实在比失去生命更痛苦”。马英九要为证明自己的清白、为保卫自己的声誉而战，从这点上看，他强化“本土论述”，“纯为胜选，从不是为重振党魂，或厚持信仰”。

与马英九一样，国民党的“先天不足”也在于它的“外来性”。这也是在历次选举中国民党饱受攻讦之处。2007年7月9日，马英九和谢长廷首度同台辩论，谢长廷依旧抓住这一点火力全开，他将国民党和日本殖民政府并称为“外来政权”，着重攻击国民党在威权体制下的种种倒行逆施，进而揭示民进党才是台湾民众追求建立本土政权的正朔。马英九回应说，1996年“总统”直选后，国民党“外来政权”的性质已经改变，而评价一个政权的正当性与其是否为外来政权无关，“当政府贪污、无能，正当性也会遭到质疑”。相比之下，国民党的反击显得绵软无力，既击不中对手的要害，也引不起民众的共鸣。未来如果国民党不能与民进党在“本土”上一较高下，不仅先在气势上输了半截，即便取得执政权，也会在政权的正当性上遭到诟病。

（二）台湾政治生态的演变及选举政治的残酷性

民进党掌握政权八年，刻意利用民众的历史悲情、制造省籍对立，为其“台独”理念开道。在民进党的操弄下，“爱台湾”成为台湾社会的“主流”价值观，“所有的政策都失去了理性讨论的空间，只有主观的认定，只有帽子和标签”。而手持这把政治切割刀的正是民进党自己，“它靠着这把切割刀，决定着谁是本土、谁不是本土；也决定着谁爱台湾、谁不爱台湾”。民粹主义日益成为台湾政党政治的重要生态，国民党陷在其中难以自拔，只得被动应战。

当前岛内政治社会已发展为选举政治，政党改革一切以胜选为目标。依据目前台湾的选民结构，蓝绿的基本盘十分接近且都不过半，无论是国民党还是民进党都没有十足的获胜把握。要想胜选，一要充分动员自己的支持群众出来投票，二要切割到足够多的“中间选民”，政策和策略尤为重要。在选举政治压力下，国民党从威权政党逐渐向现代民主政党转变。

二、国民党转型的目标及相关举措

（一）加速本土化

为了夺取政权与巩固政权，马英九早在第一次任党主席时就寻求国民党与本土连接的新论述。国民党的政治领袖与精英不断强调自己是台湾人或新台湾人，强调国民党是坚持“以台湾为主”与“以台湾优先”的。

国民党加速本土化的主要举措包括：

一是马英九出版《原乡精神》一书，意图重新定义本土的内涵，与民进党抢夺本土话语权。在其著作《原乡精神》一书中，马英九系统地阐述了自己的“新本土论述”体系，正面迎击民进党的本土理论。马英九明确提出，“‘本土’绝不是‘去中国化’，‘本土’是有生命的，是不断再生、再创造的过程，‘本土’就是包容，更是移民文化的总和。解构台湾‘本土’内涵的同时，也要为‘本土政权’寻找新的定位，最后经由全台湾2300万人通过民主选举产生的政权，就是‘本土’政权。台湾‘本土’的问题，不是定义过去，而是要走向未来。”

二是将“坚定地以台湾为主，对人民有利”的理念写入党章，这是国民党建党100多年来党章首度出现与台湾紧密结合的重大修正。2007年国民党进行史上最大幅度、也最重要的“去统加台湾”党章修正，被认为是国民党本土化的重要里程碑。《中国时报》报导，2007年5月26日，国民党史113年来，党章首度出现与台湾紧密结合的重大修正。《中山会报》高层会议周二通过党章修正草案，不但首次将“台湾”写入党章，宣示将

"以台湾为主，对人民有利"作为党的信念，并在党员目标条次中删除"统一"字眼，改以"和平发展"代替。

三是为反制民进党所提的带有变相"统独公投"性质的"以台湾名义加入联合国公投"，改变过去反对任何可能涉及"法理台独"的"公投"的一贯立场，推出"以务实、有弹性的策略重返联合国及加入其他国际组织"的"公投案"。

四是积极拉拢亲绿重量级人物，全面深耕中南部基层。马英九上台后，不顾党内不同声音，执意启用赖幸媛和黄昆辉等亲绿人士。从今年年初开始，国民党高层就积极赴南部深耕。今年2月5日，马英九南下台南市安平"走春"，向民众拜年并发送红包，一同期盼新年经济好、风灾少，与民众互动热络。同时，国民党积极招募愿意服务于南部的党工。在招募党工考试过程中，把考生是否愿意到南部服务作为一项重要的考察。

（二）年轻化

2000年，党主席连战指出"政党要永续发展，保持旺盛的活力，必须要不断有大量的青年加入，否则必定会老化、僵化、失去活力、也失去战斗力。40岁以下年轻人的选票已超过选民总数的一半，本党应该加速世代交替，让年轻人扮演更重要角色，并参与党内决策。为强化新陈代谢功能，本党应大力培训与提拔青年，使年轻、形象好与操守受肯定的菁英投入各项公职选举，以提升本党的形象。①

2006年4月2日，随着国民党青年团的成立，国民党新生代力量开始登上政治舞台，如今，国民党内的老一代，即以连战为代表的党内元老派的力量正逐渐淡出历史舞台，第二代，即以马英九为代表的中生代力量现正是党的核心领导层，主导着党的发展方向，一大批出生于上世纪六七十年代的"五、六、七年级生"新世代成员已走上了各级重要岗位并发挥着越来越重要的作用，如国民党青年团首任团长、国民党副主席、中央政策会执行长林益世、中常委周守训、连胜文等人年龄都只有三十几岁，这批新生代成员在国民党败选后成为推动党内各项改革的生力军，其中比较著名的新生代团体如"五、六、七大联盟"在国民党年轻党员和基层中颇具影响力，他们的

① 台湾《中央日报》6月18日刊登国民党代理主席连战在国民党"十五全"临时会开幕上致词。

政治诉求对于国民党进行党内改革起到极大的推动作用。

2005年10月，国民党推出“蓝天使项目”，全力吸收年轻党员与女性党员，计划至少新发展1.2万40岁以下的青年党员，这些举措，为国民党新生代的崛起创造了良好的条件。

从国民党十七大当选的新生代中央常委和中央委员来看，国民党年轻一代呈现出“知识化、专业化和本土化”的发展趋势，这批新生代党员对国民党拥有极深的认同度，也表现出高度的责任感。2004年8月，国民党提出“民主、和平、新台湾——我们现阶段的基本论述”，包含了台湾认同、两岸关系、“宪政体制”、民主自由、经济发展、人民福祉、族群问题七大主张，这些主张中，大多数都是由这些新生代党员提出并付诸实践的，而且近年来的几次重大选举更是他们在幕后唱主角，从议题策划，组织动员到民意调查等，新生代都是主力干将。

（三）“选举机器”化

2000年国民党下台后，3月31日，国民党改造委员会第一次会议后，连战敲定改造的六大方向，即“党的定位、组织、架构重新调整；落实党内民主化，决策透明化；结合民意主导政策，落实政党政治的运作；争取年轻人认同、培训党务人才；重新塑造国民党形象；党产党营事业如何处理及其他”。① 并在国民党十五全临时会提出了《从零出发，全面改造》的改造方案。要使国民党“朝着本土化、年轻化、多元化、民主化、精实化、草根化、社团化、义工化、社区化等方向发展”。逐渐消除李登辉的路线、影响和流毒，将国民党“变成一个完完全全的选举机器”。

马英九出任党主席后，邀请金溥聪出任国民党中央秘书长，开始了对国民党新一轮的改造。其中的重点就是学习西方政党制度，改变党的职能。2011年1月，金溥聪卸任国民党秘书长时提出了著名的“雨伞”理论，他指出，“要让国民党成为骨架完整，‘选举时打开来，没有选举时收起来’的选举机器”。②

为把国民党转型为“选举机器”，采取的举措包括：一是党产归零。对

① 2000年8月10日台湾《中国时报》。

② 《金溥聪：“雨伞理论”说明国民党革新须变选举机器》http：//www.chinanews.com/tw/2011/01-20/2801240.shtml。

于党产和党营事业，国民党的改革由起初的透明化、效率化、信托化，转变为彻底清零党产。处理党产是国民党推动改革与转型的关键，马英九决定，除保留党工离退金与党务运作及发展经费外，剩余将全部捐作公益，国民党未来竞选经费将以募款为主，不再经营营利事业。对于党营事业的彻底处理，国民党将之视为进行彻底转型大战略中的一环，认为是关乎党的体质再造、党机器蜕变再生、党魂再凝聚的重大工程，是国民党直接迎向社会，寓资源于社会的坚定选择。在 2009 年 12 月 30 日的中常会上，马英九公开明确宣示，要在 2010 年 6 月底前，完成党营事业的公开标售作业，让党产归零，未来不再经营党产。国民党连续多次组织“党产”公开招标、限期出售，加速国民党机器再造和转型。

二是推进精简人事工作，活化党内血液。以“精实原则”调整党组织，中央委员会由 18 个工作会、委员会、处裁并为政策、选务、文宣、行政 4 个部门。裁撤台湾省委员会，所有专业党部并入县市委员会。提升基层组织效能，持续推动“深耕专案”，强化基层党部和党员的联系互动。推动党务干部志工化，为“小而美”的政党努力。活化党内血液，培养青年人才。国民党推动在各县市基层，以“在地招募”的方式，寻找具有奉献精神、对公共服务有热忱的优秀年轻人担任基层党工。2010 年 2 月，金溥聪邀请人力资源专家吴睿颖加入国民党中央团队，负责规划国民党的人力资源重整，协助将国民党在三年内转型为“选举机器”。而吴睿颖也已经表示，未来将以企业管理的方式对党工进行专业考核，“该留的就留，该走的就要走”，同时要建立人才资源库。金溥聪曾表示，国民党将会在各县市基层，以“在地招募”为方式，以年轻人为对象，寻找优秀、具有奉献精神、对公共服务有热忱者担任基层党工，“也为选举储备人才”。

这两项措施紧密相关，未来国民党要转型成选举机器，组织编制要朝扁平化发展，必须先处理退职党工与精简现有党工，但前提是要有一笔庞大经费，因此必须先处理“中投”等党营事业。金溥聪也表示，国民党在转型初期，处理党产与人事精简将会配套进行。他说，未来党营事业标售所得将优先处理党务人事问题，因为现在在职党工与退休党工共有 2000 多人，一年负担达新台币 15 亿元，人事负担非常沉重，最后所剩余额，才会考虑捐作公益。

三是组织再造。完成新一轮的地方党部主委的换班，这其中涉及台北、台东、宜兰、台中四县的党部主委调动。特别是台北县党部主委由前中和市副市长江政彦接任，则透露出未来国民党提名机制的改革方向，即由准候选人或公职人员担任地方党部主委。

以往国民党在地方上往往是两套人马——地方党部系统和候选人系统，各有各的总部，在选举到来时，经常会发生不同调的情形，这大大削弱了党的战斗力。而未来由要参加选举的人（党籍公职人员或准候选人）来担任地方党部主委，两套人马合二为一，选战中更能展现战斗力。

但“组织再造”将向怎样的方向进行，目前还没有清晰的轮廓，只能从国民党高层零星的话语中看出点端倪。2009 年 12 月 30 日，国民党副主席詹春柏曾公开对媒体说，未来包括中常会功能、党内提名办法将面临调整。金溥聪也曾指出，在转型为选举机器过程中，党的组织再造工程，将以组发为主、文宣为辅，思考人力精实方向。组发会仍是主力部队，其他部门该精实就精实。

四是重建政党形象。先在党纲党章中明订“黑金排除条款”，规定凡经一审判定有罪者一律取消参与党内初选资格，并不得由党提名。党的各级领导人和公职人员要谨言慎行，以免给民众留下负面印象，损及党的形象。2005 年，马英九竞选党主席时，反复强调“选举不买票，执政不贪污，问政不腐化”，全力扭转长期存在于党内的腐化歪风。特别是2009 年，马英九兼任党主席后，坚持提拔正派、优秀的候选人，杜绝黑金参与选举。为展现国民党清廉改革的决心，国民党专门拟定杜绝贿选的五项选风要求，并史无前例地创下建党以来常委全面重选的纪录。

三、国民党转型面临的困境

国民党的转型，给自身的发展带来了重重困境：

（一）核心价值的缺失

马英九一直期许他自己能为国民党找回“党魂”。所以，马英九曾在连战当党主席时，公开倡议要推动“寻回党魂”运动，至今，每当马英九进出国民党中央党部时，必然恭敬向孙中山遗像行礼，今年是辛亥革命 100 周年，也是马英九主导要推出“黄花岗七十二烈士”的林觉民“与妻诀别书”当成国民党的新形象广告。

马英九这些举动恰恰反映了国民党发展面临的重大困境所在，即核心价值的缺失。在过去相当长的一段时间里，国民党一直把“实现国家统一”作为最高目标标榜，1991 年 2 月 23 日还首次公开提出第一个关于“国家统一”的方案。然而时过境迁，“反共复国”、“三民主义统一中国”这样的口号早已成为历史的记忆，“国统纲领”也随着陈水扁一席“终统论”形同废除。国民党原有的价值理念正不断受到蚕食而日益空洞，对民众也难有感召力。原先以“统一”为识别符号的中国国民党进行了政党路线调整，转而强调“台湾优先，以台湾为主”、“不排除公投”等，淡化了“统一”色彩，甚至可能抛弃原有的“统一”主张，也就是“加台去统一”。

国民党迫切需要重塑核心价值，然而在岛内讲“终极统一论”只会招来民进党的冷嘲热讽，同时国民党也无力为“统一”注入更多的时代内涵，只得另辟蹊径。马英九选用萧万长作为竞选搭档，也是着眼借用他曾经提出的“中华民国就是台湾”的论述，在“中华民国”与“台湾”之间建立新的联结，然后重建国民党是“中华民国”正统代表的价值理念。但这样的论述又使国民党陷入了如何既与民进党作区隔、又与李登辉作切割的两难，于是就有了“台湾就是中华民国”这个与各方相妥协的产物。这种看似“包容”的论述实则体现了国民党“价值的混乱与逻辑的矛盾”。今天的国民党始终建立不起自己的核心价值理念，最大的困境在于“他们只讲血统本土，却端不出一套完整且有别于绿军的政治主张”,①没有找到真正能感动人民的力量。

（二）依靠力量的模糊化

过去，国民党有较明确的统“独”光谱，倾向统一或不主张“台独”的民众多倾向支持国民党，主张“独立”的民众多支持民进党。但是，由于国民党政治立场的倒退，对统一的排斥及对事实独立的认同或追求，让原倾向于认同一个中国或统一的民众对国民党的支持度下降。这是近两年来深蓝民众不积极投票、国民党屡屡在选举中受挫的重要原因之一。国民党过去的一些铁杆支持者——农民、劳工阶层、军公教群体对国民党的不满情绪上升，逐步从国民党的支持者转变为民进党的支持者。本来就与民进党有密切历史渊源的环保主义者，在新一波环保运动的高涨下，不分蓝绿多数都成为反国民党的力量。今天的台湾，除了部分工商界人士和担忧两岸危机的民众

① 《困境与出路》，台湾《中国时报》，2004 年 6 月 1 日。

外，国民党已没有清晰与明确的支持群众与社会阶层，这是国民党未来发展的重大危机。国民党机械地学习西方政党模式，造成地方党部权力弱化，功能衰退，人心涣散，不仅没有达成当初设想的目标，反而影响了选情。在“五都”选举中，国民党地方领袖与盟友公开抛弃了国民党候选人，让国民党在五都选举中输掉了40万张选票。

（三）地方势力的分化

地方势力是国民党在台湾发展的重要基础与力量。即使在民进党执政时期，国民党依然有很强的地方势力，不仅占有地方县市多数执政权，而且在县市议会也有绝对的实力，议会议长与副议长几乎都是国民党掌控，根本没有民进党的机会。国民党重新执政后，马英九宣誓对地方派系进行改革，企图消灭敌方派系与地方势力，加上推动“党产归零”计划，让国民党的地方势力出现大分化、大流失，使其对国民党的支持力度减弱或者倒向绿营，这在市议员与正副议长选举中均得到充分体现。

在“五都”议会选举中，国民党席次大幅减少，民进党大幅增加，两党打成平手，各有130席议员，这在历史上从未有过。在随后五都市议会正副议长选举中，由于国民党中央无法整合地方势力与基层党员，再次出现严重的分裂投票，国民党在台北市议员占有较大优势的情况下，因党籍议员倒戈，让民进党首次在台北市议会取得副议长一席。同样，在高雄市议会正副议长选举中，国民党失去两席议长与三席副议长。在国民党对台南市正副议长选举违纪党员处罚之后，台南市议会只有3席党议员，使得“五都”议会的国民党议员人数首次少于民进党。这是国民党地方势力分化与基层逐步崩盘的具体写照。

四、国民党转型前景

未来国民党的转型将面临重重困难。国民党的本土化转型将自己陷入一个矛盾的境地：国民党本土化与国民党两岸政策之间的矛盾。国民党的本土化进程强化了台湾民众的“主体意识”，而另一方面，国民党的两岸政策是让台湾与大陆联结，这中间必然产生对立的矛盾。在国民党本土化转型的过程中，台湾“主体意识”逐步成型。台湾民众面对大陆，一方面希望两岸关系和平与稳定，另一方面也希望保持台湾的主体性。因此，针对2008年以来两岸关系的快速发展，特别是ECFA签署后，两岸经济关系的密切使得有些台湾民众感到不适应。因为经济因素确实会改变一些民众的认同，使他们放弃民进党走向中间，甚至转向支持国民党的两岸政策。但是，两岸社会之间的差距会使另一些台湾中间选民，甚至蓝营民众因为对中国大陆怀有疑虑，对两岸关系的快速发展感到不适应，担心两岸关系的发展危及台湾的主体性而选择支持民进党。这次民进党在南部两市选票大幅提升客观反映了南部民众对两岸关系快速发展的担忧。2010年9月11日台湾《联合报》公布的民调显示，过半的台湾民众希望维持现状。台湾大学政治学系教授石之瑜发表文章指出，“即便经济形势好转，但国民党却犹如在野党，那是因为在选民的观感中，国民党才是要改变现状，民进党才是要维护现状。若选民对现状感到满意，就愿意支持民进党。值得北京警惕的是，大陆在经济上对台湾的各种让步，并没有带来台湾选民对大陆的好感，反而是让台湾选民更加担心国民党倒向北京，北京更像是台湾的反对党”。石之瑜认为：“五都选情的启示是，试图在经济基础上改善两岸政治关系，已经遭遇瓶颈。”①

国民党转型产生的矛盾，可能会使国民党大陆政策的实施变得困难，也可能带来国民党在选举上的失败。

五、国民党转型对两岸关系影响

首先，国民党从一个有着“大中国情结”的政党彻底变为地方型政党，逐渐割断了两岸的历史联结。

与民进党相比，国民党发展的一个重要优势在于，它是与大陆有着重要历史渊源的政党，是一个曾经坚持两岸同属一个中国的政党，是反对“台独”的政党，是一个色彩鲜明的蓝色政党。但李登辉掌权后，这一切开始发生了变化。没想到的是，重新执政的国民党，面对民进党“亲中卖台”言论的攻击，失去了政治的话语权，而跟随着民进党的政治主张，逐步有绿化、成为第二个民进党之势。目前，在马英九当局内的许多机构都有绿色人物的影子，其关键部门“陆委会”主任由绿营人士担任。国民党当局及马英九不断强调“台湾（或中华民国）是一个主权独立国家，台湾前途要由2300万台湾人民决定”，而这正是民进党“台湾前途决议文”的核心内容，

① 石之瑜：《五都选情警讯国民党犹如在野党》，中评社台北11月24日电。

是国民党绿化与民进党化的重要标志。在2011年12月3日的领导人辩论中，马英九甚至说出了“台湾也是我们的国家”的话语。

国民党在追求本土化认同的过程中，国民党也彻底地变成以台湾为中心的政党，“爱台湾”成为一切指导原则，失去了中华民族大家庭的观念，更没有了胸怀祖国统一的理想。国民党与大陆的关系仅仅成为政治利用、经济合作的关系，成为了维护国民党生存发展与保卫政权的工具。

许多国民党官员、深蓝学者的政治立场也随之发生了很大变化，他们不再坚持一个中国原则，甚至要求大陆不要再提一个中国原则。在最近有关两岸和平协议的谈论中，有些深蓝学者甚至提出以“九二共识”取代“一个中国”原则，作为两岸和平协议的前提。这种把“九二共识”与“一个中国”对立的观点，值得我们注意。

还有很多国民党官员倡导将中华民族或中华文化作为两岸的最大公约数或国共两党的政治基础。辞去“行政院长”后出任台湾中华文化总会长的刘兆玄被认为是具有深厚中华文化功底的官员与学者，但他开始强调用“文化一中”取代两岸的“政治一中”。他在接受《21世纪经济报道》专访时表示，“今天你们在台湾，去问台湾人民，政治上谈‘一中’谈不下去，经济上谈‘一中’都很困难。可是我今天即使到南部去演讲，我讲‘中华文化是两岸之间的最大公约数’，没有人反对。换句话说，这文化的‘一中’，就是中华文化”。马英九的重要智囊、深蓝学者陈一新等也提出将“中华民族作为两岸的最大公约数”，也是讲“民族一中”而非“政治一中”。

其次，国民党在岛内加速的过程中，台湾民众的本土认同与主体意识被强化，两岸民众的疏离心理加剧。这些对大陆来说，都将带来新的挑战和考验。据台湾《联合报》2010年调查显示：2000年台湾主张永远维持现状者为32%，而2010年主张永远维持现状者为51%，比10年前增加了19%。

这些影响的产生，长远来说，对两岸关系的未来发展都是不利的。因此在大陆对台政策中，要考虑这些影响，制定相应措施以抑制这些影响的发酵。

民进党社会基础的现状与趋势

中国社会科学院台湾研究所　彭维学

2012年“大选”失败后，民进党上升势头受挫。该党与国民党社会基础的差距虽然缩小，但未突破“蓝大绿小”格局。当前，岛内外形势总体上不利“台独”扩张，民进党短期内难以突破诸多结构性困境，未来四年民进党要在“中央层级”选举中跨过50%选票门槛，仍面临较大难度。

一、民进党社会基础的现状与特点

民进党自1986年成立以来，由于岛内政治民主化的推进和“台独”运动的发展，尤其是李登辉的刻意扶植，其社会基础一度呈现“量增质优”的发展态势，在2004年“总统”选举中首次得票率过半（50.11%），但在2008年“总统”选举中遭受重挫，得票率跌至41.55%，勉强保住基本盘。当前，民进党社会基础的发展正由波谷向波峰缓慢攀升。

（一）民进党社会基础缓慢恢复，但未突破“蓝大绿小”和“国强民弱”格局

“中央层级”选举得票率、各层级公职人数、政党认同度、党员发展规模，是反映岛内政党社会基础发展变化的主要指标。近几年来，民进党社会基础演变呈现以下特征：

一是民进党基本盘比国民党小。经过2009年县市长选举、2010年“五都”选举，民进党得票率上升到48.3%，蓝营约51.7%。2012年“大选”，民进党得票率为45.63%，比2008年增加4.08个百分点，但仍比蓝营少8.74个百分点。在合并举行的“立委”选举中，民进党得票率达到43.8%的历史最高点，比绿营2008年选举增加4.64个百分点，但仍比蓝营少7.07个百分点。从近20年“中央层级”选举蓝绿阵营得票率看，民进党除2004

年“总统”选举得票率为50.11%、领先国民党0.22%外，其他几次“总统”选举得票率从未超过46%，泛绿“立委”选举得票率从未超过44%。[①]目前，蓝绿选民结构从2000年的60%比40%缩减为55%比45%，国、民两党基本盘约为45%比40%。

二是民进党拓展社会基础的资源比国民党少。民进党未掌握“中央执政权”和“立院”议事主导权，所能运用的“中央”执政资源无法与国民党相提并论。民进党县市长和“立委”席次比国民党少，基层掌控力比国民党弱。该党拥有“五市”中经济相对落后的南部2市、17个县市中4个农业县的执政权，执政县市人口不到台湾总人口的三分之一。该党乡镇市长、村里长席位约占总额的10%。

三是民进党政党认同度比国民党低。岛内知名民调机构台湾政治大学选举研究中心长期追踪民调显示，国民党认同度从2000年21.1%的最低点逐渐攀升，2005年以来领先民进党9－17个百分点，而民进党迄未恢复到2000年26%的最高点。[②] TISR台湾指标调查研究股份有限公司“民众政党立场倾向追踪分析”最新数据显示，受访者对国民党、民进党的支持度分别为29.6%、24.7%。[③]

四是民进党党员人数大幅下降，党员向心力削弱。党员人数从2006年54万的高峰，降到2009年不足46万。2011年蔡英文推行“党费自缴”、取消党员对“总统”、“立委”初选投票权后，党员人数迅速下降到16万左右，退回到1997年的规模。

（二）民进党“急独”色彩有所弱化，但“独派”实力和影响有所增强

陈水扁推动“法理台独”、“公投制宪”遭受重挫后，岛内主张“急独”民众的比例由2007年的7.8%下降到2012年6月的4.3%。不过，由于李登辉、陈水扁“台独”分裂施政和台湾主体意识上升，“独派”的比例仍然不小。台湾政治大学选举研究中心追踪民调显示，主张“急独”和“缓独”的“倾独”民众占台湾民众的比例，由1994年的11%左右上

① 参见拙著《“台独”的社会基础》，第91页，九州出版社2008年4月第一版。

② 《选举研究中心重要政治态度分布趋势图——台湾民众政党偏好趋势分布（1992年6月—2012年6月）》，台湾政治大学选举研究中心公布。

③ 《民众政党立场倾向追踪分析》，TISR台湾指标调查股份有限公司2012年7月公布。

升到 2000 年的 14.7%，2008 年达到 23.1% 的最高点，2012 年 6 月降为 19.6%。①

民进党支持群体近半数属于“独派”，构成民进党社会基础的核心。他们多属“理念型台独”，“只问蓝绿，不问是非”、“只讲意识形态、不顾经济民生”，对大陆存有严重偏见和敌意，对绿营政治人物道德操守要求较低，对绿营务实派人士无情打击。“独派”在诸多重大议题、选举活动上扮演民进党的助攻部队，同时对该党公职候选人提名、高层权力结构、路线政策走向施加影响。2012 年“大选”后，“台独基本教义派”不惜以分道扬镳相要挟，迫使党内务实派放弃调整“台独党纲”的努力。

（三）浅绿和中间选民对民进党的向心力有所下降

民进党支持者由深绿、浅绿、部分中间选民三部分组成。除深绿者外，占选民总量 20% 多的其他支持者多属“民主价值型”、“经济利益型”和“情感依托型”选民，虽强调“主权尊严”，但不反对两岸关系和平发展。因不满“台独”贪腐施政、担心民进党上台会造成两岸和平红利得而复失、损害台湾发展和自身利益，这部分选民开始回归理性，对民进党的支持度由 2004 年的最高点波动下降。

一是浅绿选民自 2005 年县市长选举以来投票热情降低，部分人投票取向发生微妙变化。一些长期支持民进党的台籍大企业、大财团、中小企业主、城市中产阶级转向支持国民党。在 2012 年“大选”最后两周，长荣集团总裁张荣发、台塑集团总裁王文渊、台湾首富王雪红、奇美实业董事长廖锦祥、国泰金控董事长蔡宏图、远东集团董事长徐旭东、义联集团董事长林义守等人，以及台湾中小企业总会，公开支持“认同‘九二共识’的人”，在浅绿选民中具有一定代表性。

二是一些长期支持民进党的南部农民转为“含泪不投票”的隐性选民。2012 年“大选”中，南部 6 县市民进党铁票区投票率 73.99%，比全台投票率 74.38% 低 0.39 个百分点，比北部 8 县市投票率 75.56% 低 1.57 个百分点；除高雄外，其他 5 县市投票率低于全台投票率。民进党在南部赢国民党

① 《选举研究中心重要政治态度分布趋势图——台湾民众统独立场趋势分布（1994—2012.06）》，台湾政治大学选举研究中心公布。

53 万票，比预期少赢 17 万，比 2004 年陈水扁在南部大赢 80 万少 27 万。①其中，绿营铁票区台南市学甲区投票率 71%，比全市 74% 低；废票率 0.8%，比全市 0.7% 高。

三是中间选民对民进党支持度下降。中间选民政党归属感与意识形态较泛蓝、泛绿选民弱，投票意向可塑性、游离性较大。他们主要关注经济利益得失，关注各政党执政能力、两岸政策、政党形象等。民进党在 2008 年以来的重大选举中始终没有突破基本盘，"中央层级"选举得票率增幅有限，表明多数中间选民仍对其政党形象心存疑虑。民进党前主席许信良认为，有一成多、近 200 万关注两岸和经济的中间经济型选民，站在政党监督立场，可以支持民进党地方执政，但因民进党"台独"立场，不放心将"中央政权"交给民进党。② 蔡英文两岸政策幕僚内部评估，2012 年"大选"最后两周岛内形成"蔡英文上台、两岸关系倒退"的风潮，导致 2.4% 准备"弃马投蔡"、2.2% 准备"弃马投宋"的中间经济型选民回投马英九，成为决定选举胜负的关键因素之一。

四是民进党"总统"候选人 2012 年"大选"在多数陆客旅游与大陆采购集中区得票率的增幅小于所在县市增幅。这说明，大陆惠台政策开始对中南部农业县市、民进党一些铁票区选民投票意向发挥积极作用。

陆客旅游与大陆采购集中区域国、民两党得票率比较③ 单位:%

地区	2008 年大选得票率		2012 年大选得票率		所在乡镇蔡苏配比谢苏配增加率	所在县市蔡苏配比谢苏配增加率	民进党比 2008 年增加率
	马萧配	谢苏配	马吴配	蔡苏配			
南投埔里	64.01	35.99	57.53	39.74	3.75	4.40	4.08
南投鱼池	56.99	43.01	50.25	47.16	4.15	4.40	
嘉义县阿里山	78.68	21.32	72.96	24.43	3.11	4.14	
云林古坑	45.65	54.35	38.43	59.06	4.71	4.28	
嘉义县大林	48.03	51.97	41.34	56.47	4.50	4.14	
台南学甲	34.83	65.17	29.66	68.37	3.20	4.38	
高雄永安	48.27	51.73	41.86	55.62	3.89	3.67	

注：埔里、鱼池、阿里山为陆客旅游集中区；古坑（柳丁）、大林（文心兰）、学甲（虱目鱼）、永安（石斑鱼）为大陆采购集中区。

① 根据台湾《联合报》2012 年 1 月 15 日刊载的选举数据整理。

② 《老许是永远的卡娜德拉?》，台湾《时报周刊》第 1774 期，2012 年 2 月 18 日。

③ 根据台"中选会"公布的"大选"数据整理。

（四）民进党支持者对抗性、草莽性、保守性较强，民进党“南部党”、“乡村党”特质突出

与泛蓝支持者相较，民进党支持者中闽南籍、中南部地区、中小企业、劳工农渔民、高龄段、低学历人群比例较高，多数没来过大陆，担心两岸开放过快“损害主权尊严”、担心全球化“冲击台湾弱势产业”。他们在长期反对国民党威权体制斗争中形成的冲撞性、对抗性特征，在陈水扁主政期间得到强化。蔡英文任党主席时努力引导民进党转型，但成效不大。

国民党重新执政后，民进党在执政期间建构的政商关系大部分趋于瓦解，一些本土大企业家转向支持国民党，民进党接受的政治献金大幅减少。民进党“沦为劳工、农渔民、无业待业人员等受难阶级守护者”，“穷人党”特色更加鲜明。

民进党支持群体在南部农业县市所占比重较大，北部和都会地区民众对民进党支持热度减退。2012 年“大选”，民进党在执政县市领选国民党 55 万票，但在中北部等 15 县市落后国民党 134 万票。

《中国时报》、《联合报》等媒体分析，民进党蜕变为区域性的“乡村党”、“南部党”、“恶质党”，民进党党籍县市长、“立委”、乡镇市长等公职人员绝大部分集中在经济落后、科技不发达的南部县市，代表民进党反省、改革、开拓的动能明显不足。

二、未来四年民进党社会基础的发展趋势

社会环境和民意走势，政党的路线政策、实力、形象与候选人品德操守，大陆与美国因素，选战策略，是影响岛内政党社会基础消长的重要因素。理论上，蓝绿政治实力进一步拉近，民进党拓展社会基础仍有一定的实力、空间与条件，“蓝消绿长”态势仍可能缓慢发展。第一，台湾主体意识仍持续上升，岛内民众民族认同、国家认同“去中倾台”的趋势没有根本改变。第二，因“台独”势力强力掣肘以及世界经济发展迟滞，马英九当局发展经济、缩小贫富差距、降低失业率的任务相当艰巨。第三，美国推行“重返亚太”战略，加强“拉马”、“压马”力度，影响两岸关系进程，暗中支持民进党。第四，两岸在一个中国框架、台当局政治定位、台湾“国际空间”等关键问题上的分歧与矛盾短期内难以解决。两岸关系和平发展

由开创期进入深化期后，ECFA 后续协商、两岸互设办事处、两岸签订文化协议等两会协商议题面临越来越大的难度。

但更应该看到，未来四年民进党拓展社会基础，仍面临一系列结构性困境的制约。

第一，岛内外局势和岛内民意走势发生深刻变化，尤其是大陆“遏独”能力持续增强，将加大民进党以“台独”思维和传统手法扩张社会基础的难度

与民进党自成立到2004 年发展扩张期的社会环境相比，当前岛内外形势发生深刻变化，“台独”在岛内和国际社会的发展空间受到明显挤压。一是岛内政治民主化、国民党台湾化基本完成后，台湾都市化进程加快，选民政治素质不断提高。二是两岸关系和平发展格局不断深化，两岸和平红利不断扩大，两岸关系处于60 年来最好的时期。目前，“认同‘九二共识’、拓展两岸和平红利、发展台湾经济”已成岛内主流民意。三是大陆综合实力和国际影响不断提升，影响岛内政局、主导两岸关系、引导美台关系的能力将进一步增强，将在遏制“台独”扩张方面发挥越来越大的作用。在上述因素的综合作用下，民进党“台独”对抗、“逢中必反”思维、路线与政策，越来越与岛内外新形势脱节，“本土牌”、“联共卖台牌”、“公平正义牌”、“联美制中牌”等民粹及愚民式选举操作，除了巩固基本盘外，难以有效争取多数中间经济选民支持。

第二，“台独”痼疾、贪腐恶质形象等结构性困境，是制约民进党务实转型和拓展选票的重大障碍

一是“台独基本教义派”的强力牵制，成为民进党务实转型的最大障碍。2012 年“大选”败选后，民进党务实派为摆脱“反中仇中、对抗封闭”形象、展现处理复杂两岸议题的能力，摆出“愿意了解中国、与中国交往”、朝“稳健型、交往型台独”方向调整的姿态。苏贞昌就任民进党主席后，立即恢复成立“中国事务部”，“铺陈与大陆和解的氛围”。但因“台独基本教义派”牵制，尤其是担心基本盘崩盘，民进党仍坚持“台独”立场，不敢承认“九二共识”，推动两岸交流的实际作为也很少。如果苏贞昌、蔡英文为争取 2016 年“总统”候选人提名，竞相讨好、拉拢“独派”，未来民进党两岸政策可能朝“台独立场坚定、两岸论述灵活、私下赴陆增多”的方向发展。

二是民进党贪腐黑金形象严重，仍难赢得社会信任。民进党高层人士执

政期间所涉弊案不断曝光，苏贞昌、谢长廷、蔡英文等人形象不同程度地存在争议，张花冠等多位党籍县市长、多位重量级不分区“立委”弊案丑闻缠身。尤其是，苏贞昌为扩大党内支持，不但没有公开与陈水扁贪腐切割，反而高调为涉案县市长辩解，对民进党争取中间选民具有极大杀伤力。

三是民进党选举恩怨和权力斗争较国民党复杂，短期内难以形成强有力的领导核心。苏贞昌掌握党机器后，通过“封官加爵”策略缓解与谢长廷等人的矛盾，但苏、蔡“两个太阳”之间围绕2016年“大选”候选人提名的斗争仍很激烈，有可能加深党内裂痕，削弱战斗力。

四是民进党“南部党”、“恶质党”特质，加大了该党优化社会基础的难度。北部8县市选民人数842万，是南部552万的1.53倍。[①] “北蓝南绿”格局强化，都市化进程加快，对民进党拓展都会区社会基础不利。

第三，马英九坚持推动改革，重视深耕南部，使民进党开拓选票面临更大挑战

马英九解决“油电双涨”、“美牛案”、“课征证所税”三大难题后，执政困局得到极大缓解，改革大方向也得到主流舆论肯定。尤其是，马英九利用庞大执政资源、两岸政策优势和大陆惠台政策，积极处理中小企业、中南部民众、中下阶层、中产阶级等“四中”问题，高度重视深耕南部基层，提早部署2014年“七合一”选举和2016年“大选”。国民党有针对性地争取各界支持，大力拓展社会力量，将加大民进党拓展社会基础的难度。值得一提的是，吴敦义、朱立伦等接班梯队，其行政经验、人格特质、两岸政策、选举经验比民进党台面人物具有一定优势，2012年“大选”无论是对苏贞昌，还是蔡英文，会形成不小的压力。

从目前形势看，如果国民党不出现重大施政缺失和重大弊案，蓝营不出现大的分裂，民进党想在短期内突破结构性困境、扭转“蓝大于绿”的选民结构、在2016年“总统”选举中再争取5%的中间选民、突破50%的选票门槛，仍有较大难度。即使民进党在2014年“七合一”选举中县市长席次和得票率小有突破，也难以在2016年“大选”中完全转化成民进党得票。《中国时报》、《联合报》等主流媒体认为，民进党不能靠坐等国民党执政出错来夺取大位；如果解决不好路线调整、党内团结、形象提升等重大难题，尤其是提不出中美支持、民众认同的两岸政策，民进党走向执政的最后

① 根据台湾《联合报》2012年1月15日刊载的选举数据整理。

一里路，“可能会变成一里宽的河”。

三、遏制民进党拓展社会基础的几点想法

鉴于民进党是影响岛内政局、阻碍两岸关系发展的重要势力，我们要着眼于构建两岸关系和平发展框架的战略大局，以“深化交流合作、落实惠台政策、扩大和平红利、松动‘台独’基础”为思路，压缩民进党扩张社会基础的能量，扩大岛内支持两岸关系和平发展的群众基础。

（一）务实分析两岸关系和平发展初级阶段的形势与任务，审慎处理两岸敏感政治议题和外交涉台议题，理性面对岛内民众的重大利益关切，扩大岛内各阶层对两岸关系和平发展的认同与支持，避免民进党利用岛内民众反弹、扩大支持群体

一是认真做好两岸大交流、大合作、大发展的文章，认真落实两岸两会签署的18项协议。借助两岸关系和平发展格局不断深化，以利两岸逐步化解敌意、加强利益联结、加深同胞情感、增强社会互信、培养价值认同。

二是理性看待马当局两岸政策和岛内民意走势。对马当局在坚持“九二共识”前提下所谓“不统不独不武”、“一中各表”、“治权互不否认”等说辞及“亲美友日和陆”政策，予以理解包容；对岛内两岸关系和平发展新认同初步形成时、岛内民众民族认同、国家认同“去中倾台”持续演进的现象，不要过度担心，要正确解读。

三是对台当局政治定位、两岸政治谈判、和平协议等敏感政治议题，不宜操之过急，不能急于求成。对于惠台政策的推动要展现诚意，不要与解决两岸政治难题直接挂钩，不能急于回报，更不能强求回报。

四是本着“先急后缓、适度开放、渐进可控”的原则，审慎处理台湾民众关心的国际参与问题。在不违反一个中国原则的前提下，对台参与《联合国气候变化纲要公约》（UNFCCC）、国际民航组织，适度放开。对台非政府组织（NGO）扩大国际参与问题，与台加强沟通，力避冲突，以免民进党乘机煽动“中共打压”悲情。

（二）本着“区分对象、扩大交流、加强了解、促其转变”的原则，有针对性地加大对民进党的工作力度

认真区分民进党内“基本教义派”与务实派，当权派与边缘人士，党中央、执政县市长和基层支持者等不同的政治立场和现实需求。在坚决打击“台独基本教义派”的同时，以适当方式肯定民进党务实调整两岸政策的姿态、政策与行动，给务实派人士参与两岸关系和平发展的信心与台阶。促成更多“务实派”骨干、绿营县市长、两岸政策幕僚、地方实力派人士，来大陆参访交流、推销农产品与环保产品、招商引资等。适时适度加大与民进党党职公职人员、智库研究人员私下接触、对话力度。增加直航班机数量、简化入境签证手续，减轻两岸往返费用，促成更多民进党地方桩脚、基层支持者来大陆参访。

（三）深入了解台湾民众需求，提高惠台政策质量，尤其要以“两岸一家人”的心胸服务好台湾“四中”群体

鼓励资质良好的大陆企业建立直接、稳定、公道的对台采购机制，加大对中南部旺季丰产、滞销农产品的采购力度。鼓励陆资赴台、陆客自由行重点面向台湾中南部，有计划地援助中南部一些落后乡镇。继续关心和支持大陆台资企业发展，助其加快转型升级，尤其是为台资中小企业设立专项基金、建立担保机构，提供更好的融资、法律服务。扩大台资个体工商户来大陆经商的试点城市与行业，并做好相关服务保障工作。通过坚持不懈地为台湾民众多办实事、办好难事，使台湾民众更多、更广、更均衡地从两岸交流合作中受益，吸引越来越多的台湾民众投入两岸关系和平发展阵营。

民进党的世代交替问题及其前景

北京联合大学台湾研究院　胡文生

自民进党下台以来，世代交替问题一直是一个观察民进党走向的重要观测点。其中牵涉到民进党内权力的新老交替，派系结构的变化，蔡英文作为民进党“共主”地位的确立等一系列重要问题，对民进党的影响至深且巨。民进党的世代交替主要体现在拥有党内中生代支持的蔡英文与代表美丽岛律师世代的苏贞昌之间的权力争夺。目前这场竞争还没有最后落幕，虽然蔡英文因为取得2012年民进党候选人资格而一度占据主场优势，但也因为她的选举失利而让苏贞昌有了东山再起的机会。因此苏蔡之争并非二人的权力竞争，而是反映了党内两个世代的权力斗争。从长远来看，世代交替是必然，但完成世代交替的时机、方式、结果等却会因为蔡苏二人政治命运的升降沉浮而有所不同。

因此，民进党内这一场以世代交替为名的政治斗争，其过程十分复杂曲折，需要加以深入分析。其影响也需要加以认真评估，特别是对于走上权力中心的民进党新世代进行综合分析，对于我们正确认识民进党的未来发展走向有着重要的理论和现实意义。本文将对这些问题作出初步的分析。

一、民进党世代交替的基本脉络

民进党的世代交替其实是一个老问题。迄今为止，民进党已经走过了三个世代，即美丽岛世代、美丽岛律师世代、新世代。而新世代又可细分为学运世代和幕僚世代。美丽岛世代的代表人物是许信良、施明德等，这一批政治人物在20世纪90年代后期已经被残酷的交替掉了，取而代之的是以陈水扁、谢长廷、苏贞昌、游锡堃等为代表的美丽岛律师世代。美丽岛律师世代收割了美丽岛世代的政治资源，在2000年“大选”中取得执政权。而美丽岛世代被赶出民进党的权力核心，像许信良、施明德等政治人物在民进党内的遭际都让人心寒，这也充分证明民进党斗争哲学的残酷性。

美丽岛律师世代没有美丽岛世代的政治操守和理念，大多是政治投机分子，这在陈水扁身上表现得最为明显。陈水扁上台之后，对内大肆操弄族群政治，搞大福佬沙文主义，并处心积虑的建构所谓“台湾主体性”；对外则大搞“烽火外交”，企图制造“两个中国”或“一中一台”，并执行对抗性的两岸政策，肆意制造两岸的紧张对立。同时，陈水扁及其托庇其下的各类政客则大肆贪污腐败，其贪腐的行径及程度可为触目惊心。美丽岛律师世代执政八年就将民进党 20 年所累积的政治资源消耗殆尽，这其实注定这一世代难逃下台后被清算的命运。这也是以蔡英文为首的年轻世代能够提早进入权力核心的历史大背景。

其实在陈水扁执政后期，民进党也曾试图进行有计划的世代交替，最大的表现就是 2005 年台湾县市长“三合一”选举，陈水扁推出大量具有扁系色彩的年轻政治人物参选，如罗文嘉、邱太三、李文忠、林佳龙、陈其迈等等，但最后却全军覆没。这次失败使得民进党的新老交替遭遇严重挫折，也标志着以陈水扁为核心进行世代轮替的努力破产，而这批年轻政治人物则成为陈水扁贪腐政治的陪葬品，但这也为幕僚世代的迅速崛起提供了政治前提。

随着民进党的下台，以及陈水扁因为贪腐弊案而锒铛入狱，民进党的形象一夕之间土崩瓦解。牵连所及，整个美丽岛律师世代都难以幸免，政治光环受到或大或小的损害，以至于一时找不到一个恰当的人物出来担任民进党的党主席。正是在这种背景下，民进党内的年轻世代开始串联，逐步打破派系的禁忌，而合谋拱蔡英文出来选民进党主席。当时与蔡英文竞争的是“台独”大佬辜宽敏，主要是公妈派及其他老派的政治人物在支持。这场党主席选举从一开始就充满着世代交替的政治意味。选举的结果，代表年轻时代的蔡英文顺利胜出，这也标志着在第一个回合新世代就取得了胜利。但这个时候，蔡英文的权威并没有树立。人们包括民进党内部更多的是从派系平衡的角度来看待蔡英文的角色，认为她是一个派系平衡的产物，是一个过渡性的政治人物。这一点笔者 2009 年在岛内访问时曾问过新潮流的几位核心政治人物，作为蔡英文的主要支持力量，新潮流也不隐晦这一看法。

在蔡英文担任党主席之初，她确实能做的有限。她与民进党渊源不深，又无自己的嫡系力量，只能在各派系的平衡中勉强维持局面。但情势的发展很快超出了所有人的预计。这种情势主要是由于马英九执政的种种失误，而使民进党迅速地从谷底攀升，并重新崛起。其分水岭是2009年的八八风灾，这次风灾使马英九的民调支持度遭受重创，一度跌落到19%。在随后的一系列选举中，特别是该年底的“三合一”选举中，民进党取得了惊人的好成绩，好几个地方都险些翻盘成功，这使民进党看到了重新执政的希望。在接下来的几次“立委”补选中，民进党又取得了一系列选举的胜利。整个台湾的蓝绿政治情势开始发生逆转，蓝降绿升的态势明显。这一系列战功，首先受益的是蔡英文，因为她是民进党的主席。凭借这些战功，她的地位也开始逐步巩固。

所有人都低估了蔡英文的政治能量，事实上蔡英文并不甘心做一个派系平衡的角色。蔡英文清楚她的支持力量来自于哪里——这就是民进党内的年轻世代。年轻世代想尽早出头，但他们由于大都依庇于某个派系头目，因此不便于主动向派系头目发起挑战。蔡英文作为党主席，具有天生的合法性外衣，这个身份便于对抗派系头目的压力。于是这些年轻世代与蔡英文一拍即合，结成了一个利益共生体。在这里，蔡英文找到了自己的支持力量，而年轻世代群获得了早日出头的政治机会。民进党是一个崇尚战功的政治团体，为了尽早树立这些年轻世代的政治权威，蔡英文利用自己所掌握的党机器，大量的在选战中启用年轻世代，最为明显的是2009年底的三合一选举，民进党推出大量政治新人，并取得了不俗的战绩，像林右昌、郑文灿等都是如此。这批人凭借战功也迅速累积起了政治能量。一个以蔡英文为首的年轻世代政治集团开始迅速崛起，并逐步掌握了民进党的政治实权。2010年5月，民进党举行党主席选举，蔡英文以超过90%的选票当选，而她的对手——代表公妈派的尤清只获得了不到10%的选票。只经过一年多时间，民进党内世代交替的进程已经不可阻遏。当年8月民进党召开全代会，虽然各派系头目纷纷想办法企图重回权力中心，但后来的事实证明都是徒劳。

美丽岛律师世代的政治人物在民进党失去执政权之后，他们身上背负了太多的原罪，已经不可能重返权力的中心了。所谓“四大天王”之中，谢长廷背负着自己“败选就退出政坛”的紧箍咒，吕秀莲有心而无力，游锡堃也无实力。这里面唯一还有能力也有意愿的是苏贞昌。所以苏蔡之争不可避免，并在2010年的“五都”之战中全面爆发出来。

“五都”选举之中，苏贞昌抢先出手，宣布参选台北市长，而迫使蔡英文参选新北市。两人由此交恶。选举的结果，苏贞昌在一片看好声中而大输17万票。蔡英文则获得100万票以上的好成绩，创下民进党在新北市的得票记录，仅输朱立伦8万多票。这场选举重伤了苏贞昌的政治能量。虽然公妈派在选后企图检讨蔡英文败选的政治责任，但面对年轻世代强势“护驾”，也只能知难而退。

苏蔡之争最为直接的一次冲突，是围绕民进党“总统”候选人提名战而展开的。在这场斗争中，蔡英文一开始就获得了各派系的支持，营造出派系共主的气氛。苏贞昌独木难支，最后虽然只以些微差距败下阵来，但整个民进党已经形成了以蔡英文为共主的政治格局。面对蔡英文的来势汹汹，苏贞昌只能选择退避三舍，暂时沉潜，以待时机。如果蔡英文在2012年的大选中获胜，也许苏贞昌永远也等不到这个机会了，民进党的世代交替也将随着这场选战的落幕而最终完成，但蔡英文却在一片看好声中而以80万票的差距落选。这个结果，使得蔡英文受伤不轻，她的权威和能力第一次受到党内外的强烈质疑。

选后蔡英文即宣布辞去党主席，暂时退出了民进党的权力核心。蔡英文的蛰伏，使得党内中生代变得群龙无首，这股凝聚起来的力量现在面临溃散的危险。因为中生代中没有任何一个人的力量能够和苏贞昌对抗，谁也无法阻止苏贞昌的卷土重来。而如果苏贞昌掌握了党的权力核心，民进党将进行新的一轮权力洗牌，这种权力重组将以派系斗争的形式展开，而党内中生代将被迫重新站队。因此，即将到来的民进党主席选举，将是一个观测民进党世代交替能否继续推进的一个重要节点，对民进党未来的权力格局将产生深远影响。

二、民进党新世代的构成及其政治特点

以上我们大致清理了民进党世代交替的基本脉络。就世代而言，民进党已经走过了三代，即美丽岛世代、美丽岛律师世代、新世代。美丽岛律师世代取代美丽岛世代发生在上世纪90年代末，虽然方式残酷但结果还是比较成功的。但新世代取代美丽岛律师世代则过程并不顺利。这里有必要对于新世代做一个清晰的定义。

我们这里所讲的新世代，确切地说是指学运世代和幕僚世代。学运世代崛起于上世纪90年代野百合学运，像周奕成、罗文嘉、马永成、段宜康、李文忠、林佳龙、郑文灿、陈其迈等都是代表人物，他们出名较早，又大多依庇于某一政治人物或势力。学运世代与美丽岛律师世代事实上是一个利益

共同体，像陈水扁的上台，罗文嘉、马永成等学运世代居功至伟。但这种利益共同体也使得他们成为陈水扁贪腐集团的共犯而被社会清算，其所付出的政治代价极为惨痛。目前学运世代较为活跃者已经屈指可数，只有段宜康、郑文灿、陈其迈等还有一定的政治能量，其余大部分都已经被消耗掉，从而使民进党的发展出现了可怕的人才断层。这种负面影响在短期内难以消除。

当前民进党内新世代的主角是所谓幕僚世代，像林右昌、刘建忻、张宏陆、吴秉睿、赵天麟、阮昭雄、洪耀福、梁文杰等，他们都出身于幕僚，或者部属。严格说来，幕僚世代较学运世代晚半个世代，相较于学运世代，幕僚世代具有如下一些特点：

其一，幕僚世代缺乏完整的政治历练，缺乏大气魄、大格局。学运世代的一批人本来已经具有完整的政治历练，但由于他们与美丽岛律师世代走太近而被消耗掉。仓促走上前台的幕僚世代还来不及经历完整的行政历练，从政资历一般较浅，他们既没有美丽岛世代的大视野、大格局，也没有律师世代善于把握社会主流民意脉动，也没有学运世代的论述和策略能力。基本而言，他们还没有形成自己独特的政治风格，更没有提出自己的政治主张。幕僚世代要真正成熟，担当起大任还需要相当长时期的政治磨炼。

其二，政策执行力强，有较强的选举操作能力。幕僚世代大都长期跟随某一派系头目，对于政策的执行力较强。同时作为幕僚，其选举、文字等方面的能力都较佳，像赵天麟的口才能力，梁文杰的文字能力等都较为出色。这批人的选举爆发力不容小觑。

其三，意识形态色彩较弱，较为理性务实，有一定的可塑性。这一点与学运世代相类似。相较于美丽岛世代和律师世代，新世代没有政治包袱和历史悲情，较能理性务实地看待台湾的政治现实，这也使得幕僚世代的世界观和两岸观具有一定的可塑性。

其四，幕僚世代的反叛性不强，难以彻底摆脱派系政治的羁绊。幕僚世代具有顺从、遵循政治伦理的特色，这使得他们不可能直接去对抗他们所托庇的派系头目。这决定幕僚世代不可能形成一个独立的政治团队，也不可能跳出派系政治的窠臼。在这一点上，幕僚世代还不如学运世代。

其五，提不出明确的政见，也没有鲜明的政治风格。作为一个政治团体还稍嫌稚嫩，难以承担大任。

其六，政治形象较为清新。由于从政经历较浅，还没有太多的政治污点。这一点对于急于走出贪腐阴影的民进党来说显得特别重要。

相较于学运世代而言，幕僚世代的独立性不强，理想性缺乏，也无法提出鲜明的政见。这使得幕僚世代在短期内并无法真正主导民进党的发展。民进党的政策论述、发展前景还必须依赖于学运世代甚至更老辈的政治人物。这是民进党在相当长一段时期内难以改变的现状。幕僚世代作为一个整体虽然已经站到了民进党权力舞台的中央，但他们的准备及历练都明显不足。对于急于谷底爬升的民进党来说，远水解不了近渴，因此蔡英文只能启用学运世代甚至陈水扁时期的一些政治人物来进行政策论述和制定。像蔡英文主导成立的民进党智库，其主要班底还是陈水扁的旧部，像吴乃仁、吴钊燮、陈明通、陈忠信、萧美琴等等，都是陈水扁时期的核心幕僚。由他们制定的政策论述，不会有太多新意，这也决定了蔡英文所谓改革的局限性。可见，新一波民进党的世代交替其实是很不充分的，无论在组织上，还是在思想上都是如此。未来幕僚世代能不能提出新的有突破性的政策论述，将是决定民进党新世代交替成败的关键。

不管怎样，民进党的世代交替已经是一个无法扭转的事实，虽然过程曲折，但结果是确定的。并且目前新世代已经在民进党内占据了有利的政治地位，像最新民进党籍的“立委”席次，年轻世代占据了相当分量，如陈其迈、段宜康、萧美琴、吴秉叡、蔡其昌、李昆泽、邱志伟、赵天麟、林佳龙等，都属于民进党内的新世代代表人物。因此，作为一个群体，民进党新世代的崛起已经是无可争辩的事实。

三、当前民进党世代交替的基本特征及其前景

在美丽岛世代与美丽岛律师世代实现世代交替的过程中，律师世代通过自己的努力逐步累积政治能量，并最终取代了美丽岛世代。交替过程比较残酷，这从许信良、施明德、张俊宏等美丽岛世代人士在民进党内的命运就可以看出来。

与上一波世代交替不同，新一波世代交替（即民进党新世代与律师世代的交替）具有如下一些特点：

首先，民进党以幕僚世代为主体的这一波世代交替具有很大的妥协性和不彻底性。其妥协性主要表现在摆不脱与派系头目的依庇格局，短时期内无法独立的承担政治责任；不彻底性则体现在幕僚世代在政策准备、行政历练

等方面准备不足，无法真正主导民进党的发展。这个主导权目前看来，还在民进党的传统政治人物手中。

其次，新一波世代交替承担着民进党价值重建和政党形象重塑的历史重任。在上一波世代交替中，美丽岛律师世代承接了美丽岛受难者们的道德光环，因此他们在道德形象上是享受者，他们在当权后则变成了挥霍者。由于陈水扁八年执政，消耗掉了民进党长期累积起来的“清廉、勤政、爱乡土”政党形象，民进党必须要重新建立其政党形象。因此，重建党的形象，这一道德责任成为民进党新世代无法绕过的历史课题。

由于美丽岛律师世代及学运世代大多受到了陈水扁贪腐弊案的牵连，已经难以承担这种道德责任，民进党的道德重建只能选择政治资历尚浅的幕僚世代，利用他们的清新面孔重新唤回民众对于该党的信任，重新博取台湾民众对民进党在政治价值上的认同。因此，民进党在下台以后的历次选举提名中，都十分注意候选人的清新形象，特别是要有清廉的政治记录。事实证明，民进党的这种提名模式对于改变政党形象是有效的。但幕僚世代的政治人格和政治历练能否承担得起这种道德重建责任，这是需要观察的。目前看来并不乐观。

其三，新一波世代交替有突破民进党传统派系政治的趋势，但目前他们的政治软弱性使他们无法走出派系政治的窠臼。由于新一波世代交替是在蔡英文的领导下催生的，而蔡英文并非传统的派系人物，这使得中生代在世代交替问题上能够突破传统派系政治的成见而合作。如果这一次蔡英文能够在“大选”中获胜，则未来民进党内只有蔡系，其他派系将式微，民进党将可能突破传统的派系政治结构而成长为一个正常的现代政党。目前显然这一发展前景并不乐观。在蔡英文主导民进党时期，新世代选择支持蔡英文，但由于新世代大都来自于各派系头目的推荐，这决定幕僚世代难以摆脱派系头目的羁绊，而蔡英文也难以形成自己独立的派系势力。在这一点上，作为民进党共主的蔡英文与陈水扁有着很大的不同。新世代通过双重效忠，使得蔡英文与各派系头目达成了一个基本的权力平衡。由于新世代先天的政治缺陷，使他们难以跳出派系政治的窠臼，因此，这一波世代交替注定是不彻底的。

新一波世代交替的不彻底性，使得传统派系政治极可能因为苏贞昌当选为民进党主席而又卷土重来，民进党的政党转型之路将更为艰难。但如果未来民进党内的反苏力量能够集结而成功阻止苏贞昌的主席之路，而寻找一个新的代理人出来扮演派系平衡的角色，那么民进党的世代交替将比较平顺。

因此，即将到来的民进党主席选举具有十分重要的意义，其结果如何值得密切关注。现在一种观点认为，只要苏贞昌出来选主席则如探囊取物，其实并没有那么乐观。这里面除谢苏心结外，新世代如何决策也十分关键。如果苏贞昌执意参选，他所要面临的最大问题是，他能驾驭得了新世代吗？也可能，苏贞昌最终会知难而退。毕竟，民进党世代交替已经被拖得太久了。

从基本盘构成看民进党转型前景

海峡两岸关系研究中心　鞠海涛

2012年台“总统”选举民进党候选人蔡英文得票率45.6%，以近80万票差距败于寻求连任的马英九。得票情况明显低于民进党自身及外界预期，民进党继2008年“总统”选举失败后再遭挫败。民进党在选后针对败选原因掀起了一波检讨声浪，党内围绕是否调整两岸政策的争议渐次台面化。再度引发民进党“台独”路线转型问题。

一、民进党转型的历史回顾

民进党在党外时期即主张“住民自决”，明显具有分离意识。1986年民进党成立后，短短几年内从“自决”主张不断升级走向“台独”，于1991年将“建立台湾共和国”写入党纲，蜕变为“台独党”。民进党在当年底“国代”选举中大肆宣扬“新国家”、“新宪法”、“制宪建国”等“台独”主张，结果以23.9%得票率惨败，引发民进党开始反思激进“台独”主张的负面影响，不得不面对“台独是票房毒药”的现实，民进党转型之说肇端于此。

第一波转型从1992年至1995年，主要表现是：不再露骨宣扬“台湾共和国”，淡化“台独”诉求；新潮流系逐渐转向务实；时任党主席许信良、施明德先后宣称“民进党若执政不会也不必要宣布台独”等。第一波转型因许信良在1995年民进党“总统”候选人初选中败给彭明敏而中辍。

第二波转型从1996年至2002年“一边一国”论出台，起因于民进党在1996年台首次“总统”直选中惨败，得票率仅21.1%。民进党候选人彭明敏在选战中主打“台独牌”，选后有民进党人士认为这是惨败主因，由此掀起又一波转型。主要表现是：民进党新生代发起“反对路线大辩论”，发表“台湾独立运动的新时代纲领”，抨击激进“台独”，被基本教义派称其为

"实际上是反台独宣言"；部分激进"台独"势力从民进党出走，另组"建国党"；务实派许信良再次掌控民进党党权，推动民进党转型，宣称"台独党纲是民进党的历史文献"；1998年举行党内"中国政策大辩论"，达成"强本西进"、"全方位谈判"等共识；1999年推出"台湾前途决议文"，称"台湾是一主权独立国家，以目前宪法称为中华民国"，开始阶段性、策略性承认现行"中华民国"体制；陈水扁提出"新中间路线"，标榜"新思维、新潮流、新方向"淡化"台独"色彩；陈水扁执政初期曾提出"未来一中"、"九二精神"、"统合论"等。第二波转型在2002年8月3日陈水扁提出"一边一国"论转向"急独"而终止。此后，尽管陈水扁在2005年说过"台独做不到就是做不到"，有一些转型的迹象，但很快又转向激进"台独"。

第三波转型从2008年至2012年"总统"选举前。民进党在2008年"总统"选举中遭到空前惨败，党内再一次出现检讨声音。主要表现是：党内检讨会议达成共识，认为"台湾主体性应是包容、接纳、扩大路线，不应成为党内斗争或敌我矛盾间相互攻击的工具"；废除代表深绿路线的排蓝民调；相对温和、理性的蔡英文出任民进党主席；几年来"正名"、"制宪"、"公投"等激进主张在民进党内已基本无人提及，操弄统"独"、族群、省籍矛盾的力度趋于弱化；蔡英文先后提出"若重新执政将会延续前朝政策"、"和而不同、和而求同"、"中华民国就是台湾、台湾就是中华民国"等言论。

综观民进党转型历程，可以看出有几个基本特征：（1）策略性。转型主要内涵是策略性调整"台独"路线，而非战略性、根本性调整或改变"台独"基本立场；差别只在于如何包装，是用"中华民国"的外衣还是追求"台湾共和国"，（2）温和化。总体上看，民进党转型方向是从激进"台独"转向温和"台独"、渐进"台独"，或林浊水称谓的稳健"台独"，采取了一些温和化措施，"台独"调门有所降低，力图改变民进党的激进形象。（3）有限性。每一波转型皆起因于在重大选举上的挫败，民进党内相当一部分人士意识到"台独是票房毒药"，必须弱化"台独"诉求，在不同时期党内也有人提出过修改或废除"台独"党纲的动议，但都因受到较强反弹压制而声音微弱，无果而终，"台独"党纲的"神主牌"地位难以撼动，"台独党"本质未变。"半截子"转型导致其效果有限，无法从根本上消除多数台湾民众对民进党的不信任感和不安全感。

二、民进党转型艰难的根源

民进党“台独”路线转型牵涉诸多方面的复杂因素，笔者认为泛绿基本盘构成是制约民进党转型的根本原因。基本盘概念是指政党的基本社会基础，他们是一些政党认同倾向明显且稳定的选民，其特点是“选党不选人”，只要是其所认同的政党提名的候选人都会支持，是政党的忠诚型选民。综观近20年来台“总统”、“立委”选举的整体走势，民进党基本盘呈现稳定成长的态势。民进党在上世纪90年代已具有三成五左右的基本盘。2000年民进党执政后基本盘进入一个快速扩张期。2004年陈水扁以50.11%的微弱多数当选连任，民进党基本盘继续扩张，接近四成。2005年以后，民进党基本盘成长明显趋缓。2008年“总统”选举民进党“谢苏配”在气势非常衰弱情况下，仍有41.45%的得票率，因此可将41%视为现阶段民进党的基本盘。

民进党的基本盘构成大致可分为两类（注：以“总统”选举作为判断标准，民进党基本盘等同于泛绿基本盘，还包含台联党和其他“台独”势力），第一类主要是从认同“台独”分离主义的角度而认同民进党，这些支持者的“台独”意识形态较为明确；第二类是因认同民进党从党外时期即奠立起的反对威权、追求民主、勤政清廉的政党形象而认同民进党，这些支持者的“台独”意识形态不如前者明显和强烈。

对于第一类“台独”支持者的实力究竟有多大，是一个较难精准评估的问题，采用不同的研判标准如认同“我是台湾人”，或认同“台湾主体性”，或认同“台湾共和国”等，就会有不同的认定结果。笔者认为，以岛内统“独”民调进行研判相对较为客观、准确。岛内统“独”民调一般设有尽快“独立”（“急独”）、维持现状以后走向“独立”（“缓独”）、维持现状以后再定、永远维持现状、维持现状以后走向统一、尽快统一、无意见或不知道等选项，其中“急独”和“缓独”加总起来就是第一类“独派”力量，是泛绿阵营中“台独基本教义派”的支持基础。笔者选取了2008年以来的若干岛内民调作为量化观察指标：（1）2008年10月台“陆委会”民调显示，岛内主张“独立”（包括尽快“独立”以及维持现状以后走向“独立”）的比率从2008年3月马英九上台时的23%上升至27.3%。（2）《天下》杂志“2009年国情调查”显示，岛内民众期待台湾“独立”（包括

“急独”和“缓独”）的比率为23.5%。（3）近两年《远见》系列民调显示，赞成独立的比率2010年5月为26%、2010年7月29%、2011年4月为27%。从这些数据看，“台独”势力的社会基础大约在27%左右，这些是民进党基本盘中的深绿部分。以此推算，民进党基本盘中浅绿的部分约在14%。

由上述分析可知，尽管“台独”力量仅占台湾总体选民的四分之一强一点，是台湾社会中的少数派，但在民进党基本盘中却占有绝对优势，几乎是浅绿基本盘的两倍，这种力量对比显然不利民进党“台独”路线转型，这正是民进党转型之所以举步维艰的根本原因。

三、民进党转型前景评估

选后民进党内针对败选原因展开大规模检讨，综合观察，民进党及泛绿阵营主要有三种声音：第一种声音认为需要修正“台独党纲”。如谢长廷抛出“台独”党纲也可以修改的话题，还进一步提出民进党的两岸政策应往中间靠拢，不要和国民党差太多，不要让两岸政策成为选举议题，让台联党去固守“台独”。郭正亮认同民进党与台联党分工合作的想法，认为民进党要勇于向中间转型，让民、国两党的竞争议题转为内政议题。将统“独”议题让给台联党。许信良认为，蔡英文否定“九二共识”犯下严重战略错误，民进党很难不接受“一中各表”，因为一中原则已是全球共识。部分新潮流系及前美丽岛系人士也持类似观点，认为“台独纲领”和“台湾前途决议文”都可以动，应回到“中华民国宪法”上来，承认“宪法一中”现状，甚至可以接受“九二共识”；民进党若决定向中间靠，大可不必受“基教派”的牵制。

第二种声音以蔡英文及其主导推出的民进党中央败选检讨报告为代表，认为导致民进党败选的因素很多，也很复杂，很难说“九二共识”就是关键因素。认为需继续坚持台湾主体性、“台湾主权”，在这个所谓的原则问题上不能退让，暂时不能修正“台独”党纲，坚守“台湾前途决议文”有关现阶段主权论述的底线。但是，也意识到需要改变“反中锁国”的负面形象，蔡英文提出，在不损害“台湾主权”的前提下民进党党职和公职人员应该多和中国大陆交流、沟通，开始转变以往禁止民进党党公职人员赴大陆交流的保守做法。

第三种声音以“台联党”和辜宽敏等形形色色的“台独基本教义派”为代表。《自由时报》连篇累牍地围剿民进党内质疑“台独”路线的声音，对温和派大加挞伐，攻击谢长廷、郭正亮等的言论根本忘了自己是谁，忘了民进党的本，忘了民进党为何而生。认为若接受一中原则，民进党的存在价值、理想、愿景都将荡然无存，终将沦为尾巴政党，坚持“台湾主权是任何本土政党无可退让的底线”。扬言民进党若承认“九二共识”，“必遭台湾人民唾弃”。

第一种“修正派”声音引起台湾社会的一定反响，但第一种声音在民进党和泛绿阵营中显然处于少数地位，第二种“温和台独”和第三种“顽固台独”声音明显高于第一种声音，在民进党内占据主流地位。从目前民进党基本盘尚未松动、“独派”力量依然顽固且颇具实力的实际状况看，未来民进党“台独”路线转型的前景不令人乐观，未来几年内修改“台独”党纲的可能性不大。

可以预估，“顾佛祖”还是“顾肚腹”的困惑和争议将会继续困扰着民进党。在一中原则已是全球共识、“九二共识”已是两岸共识的大趋势和大环境中，民进党的确已经到了历史性的转折时刻。“变则通、通则久”，为台湾民众福祉计、为自身生存发展计，民进党必须要勇于面对现实，放大格局，抛弃任何不切实际的“台独”幻想。唯有如此，民进党才有赢得台湾人民的信任，赢得两岸人民的信任，否则，民进党终将难以跨越迈向执政的“最后一里路”。

从党魁之争透析民进党大陆政策调整的阻力及前景

浙江台湾研究会 周丽华

2012 年举行的民进党党魁选举，群雄争霸，合纵连横，其结果将牵动民进党权力的重组、派系力量的消长及路线策略的调整，更关系到未来大陆政策的走向及其能否完成重返执政的“最后一里路”，值得外界关注。

一、民进党主席选举简况

在民进党正陷入群龙无首的过渡阶段时，蔡同荣、苏焕智、许信良、吴荣义和苏贞昌等五位候选人正式登记参选。五位候选人实力强弱不等、从政经历各异，政治立场迥异，大陆政策主张在不同时期亦有不同的表现，既有蔡同荣、吴荣义坚持“台独”理念的“顽固派”，许信良主张“大胆开放”的“理想派”，也有苏焕智既倡导改革又向“独派”靠拢的“骑墙派”，苏贞昌缺少两岸论述、立场模糊的“务实派”。从民进党发展及政党生态可以判断，此次党主席选举，虽人数创下历史之最，选情却呈现“一强四弱”的基本态势。

（一）选人简况及其大陆政策主张

蔡同荣：76 岁，是美国“台独”联盟创盟主席、台湾人公共事务会（FAPA）创会会长，多次担任民进党“立法院”党团总召、中常委，现任台湾民视董事长。作为上世纪六、七十年代海外“台独”头目，蔡不遗余力地宣扬“台湾主权独立”、“公民投票”，“台独”立场鲜明。其大陆政策主张：一是声称“台独”是民进党的“党魂”，反对放弃“台独”神主牌；二是以“公民投票促进会”会长身份，极力主张通过“公投”实现“台湾独立”，是“公投立法运动”的推动者，外号“蔡公投”；三是反对“九二共识”，主张民进党应监督两岸谈判，支持以台湾名义加入联合国。参选党主席发表了“八大政见”,[①] 核心是坚守“台湾主权独立”的理想，维护民进党“党魂”，发动群众修正“公投法”，加强对美“外交”，争取美国对民进党的支持。[②]

苏焕智：58 岁，曾任二届台南县长、第 2、3、4 届“立法委员”、民进党第 11 届中常委、台湾人权促进会第 7 届副会长。五位参选人苏焕智最年轻，属中生代人物。在表态参选初期，他发表了许多有关民进党改革与调整大陆政策的言论，呼吁重视中国大陆的崛起，两岸应互动往来。但正式登记参选后，其言论逐渐向“独派”靠拢，3 月 14 日正式宣布参选时表示：台湾正处在十字路口，面对国共联手促统压力，民进党必须坚定捍卫“台湾主权独立”现状，他的“八项参选政见”[③] 核心思想是认为必须正视全球化及中国崛起的事实，以“主权坚定、观念务实、策略灵活、风险分散”[④] 的原则规划民进党涉及中国的经贸、文教交流等政策。他同时呼吁找出民进党早期可以理性辩论的精神，建立对话平台，讨论对中国大陆政策。[⑤]

许信良：71 岁，曾任台湾省议员、桃园县长、美丽岛杂志社社长。曾于 1991 年和 1996 年二度当选民进党主席，属于美丽岛世代，但大陆政策主张最为开放。他认为台湾已是“主权独立的国家”，民进党应调整“台独论述”、搁置“台独党纲”，主张“大胆西进”，认为“九二共识”是确保两岸现状的最佳策略，反对陈水扁提出的“防御性公投”，也不支持民进党的“入联公投”。在其 2011 年参加民进党内“总统”初选时，主张确保现状，大胆开放。认为台湾没有“主权流失”的危机，没有被统一的威胁，大胆开放是台湾经济持续增长最有效的对策。许信良已远离民进党权力核心，其务实开放的大陆政策主张长期以来不被民进党所接受。此次他自诩蔡英文代理人，以无条件“支持蔡英文再选 2016”为首要参选政见，表示“民进党应该把蔡英文在竞选‘总统’时提出的重要政策，如执政后概括承受两岸经

---

① 详见民进党第 14 届党主席候选人资料 http：//www. dpp. org. tw/news _ content. php? sn = 6099。

② 详见民进党第 14 届党主席候选人资料 http：//www. dpp. org. tw/news _ content. php? sn = 6099。

③ 详见民进党第 14 届党主席候选人资料 http：//www. dpp. org. tw/news _ content. php? sn = 6099。

④ 林河名：《“为蔡路线而战”许信良选党魁》，台湾《联合报》2012 年 4 月 12 日。

⑤ 刘晓霞：《民进党魁候选人 喊面对中国》，台湾《旺报》2012 年 4 月 30 日。

济合作架构协议（ECFA）等主张，列入党代表大会决议，增加人民对民进党的信心。"[①] 认为"台独党纲"是民进党的历史文献，"没有废除不废除的问题"，但是如果民进党党代表大会通过新的决议文，就会取代旧的决议文。[②] 承诺当选后将成立"两岸关系委员会"，并希望由谢长廷担任主任委员。

吴荣义：73 岁，现任新台湾智库董事长，曾任台湾经济研究院院长、证交所董事长、"行政院"副院长、"总统府"资政。吴荣义的支持者是"独派"大佬辜宽敏。吴作为知名的经济学教授，在经济研究领域颇多建树。民进党失去政权后，出于"反大陆"的立场，强烈反对 ECFA，主张采取严格管制的大陆经贸政策，被辜宽敏看中，出任辜捐款成立的"新台湾智库"董事长，成为"激进台独势力"代表人物之一，具有浓厚的"独派"色彩。参选党主席后，他提出七大政见，主张发起"二次创党运动"，[③] 强调"台湾前途决议文的主张，民进党应该在党纲原则下强化与中国交往"，[④] 同时强化处理国际事务和财经政策的能力，特别是对美国和中国的关系。[⑤]

苏贞昌：64 岁，民进党创党成员之一，曾任台湾省议员、"立委"、台北县长、中常委、党主席及"行政院长"等。苏是最有实力的候选人，由于从政经历中主要担任民意代表和地方首长，对两岸政策较少有个人的看法，被视为最缺乏两岸论述的"天王"。苏过去发表的有关两岸关系的谈话大都遵循民进党的基本立场，如支持陈水扁提出的"一边一国论"，否认"九二共识"，主张"台湾是一个主权独立的国家"、"台湾前途应由 2300 万台湾人民决定"等等，但他同时也主张两岸和平相处，台湾不要挑衅大陆，在其担任"行政院长"期间，主张两岸经贸交流应"积极开放"，务实推动，其松绑政策被视作"苏修路线"，展现了务实的一面。他在参选声明中强调："不能以不变应万变"，"要积极自信地与中国交往、互动"，"不必逢中必反"，要"在互动中追求互利互惠，促成共存共荣"。[⑥] 他要带领民进党"打赢 2014、重返执政，打造一个更大、更好、更符合人民期待的民进党"，

---

① 《许信良：两岸不谈政治最好》，台湾中央社新闻速报，2012 年 4 月 27 日。

② 《许信良：若当党魁 推与陆交往》，台湾中央社新闻速报，2012 年 4 月 26 日。

③ 详见民进党第 14 届党主席候选人资料 http://www.dpp.org.tw/news_content.php? sn = 6099。

④ 林修全：《民进党的 Next 两岸政策转型》，台湾《联合晚报》2012 年 4 月 11 日。

⑤ 杨毅、陈文信：《让对岸更了解台湾 面对中国大小苏要民进党有自信》，台湾《中国时报》，2012 年 4 月 30 日。

⑥ 联合晚报社论：《期待民进党"以对话代替对抗"》，台湾《联合晚报》2012 年 4 月 11 日。

并以“找回创党精神，坚持台湾价值，超越现在的思考”① 模糊表述其大陆政策主张，给外界留下想象的空间。

4月29日，民进党在高雄举办首场政见辩论会，辩论焦点除了如何带领民进党打赢2014“七合一选举”以及赦扁议题，对外界普遍关心的如何调整大陆政策却着墨不多，五位候选人在申论和辩论中均回避两岸话题，只在结论部分一语带过，显然，对于这个高敏感度的议题，在第一次政见辩论中，大家都采取低调的方式，一方面观察社会反应和其他候选人的表态，另一方面避免过早掀开底牌，以免被动，或许在后两场辩论中会成为焦点。

（二）党主席选情分析

党主席选情呈现“一强多弱”，但可能朝向“四打一”的方向转变，一旦“反苏”成为其他四位候选人的共识并得到各自支持者的认同，苏贞昌或会遇到强大阻击。

1. 苏贞昌在竞选中胜出的可能性最大

苏贞昌参选党主席，是其人生中最后一场政治豪赌。在两岸关系大幅改善的背景下，如何带领民进党走出败选阴影，重新夺回执政权，挑战大于机遇。对苏贞昌来说，与其被动等待2016，不如主动出击、背水一战，若能顺利当选党魁，便拥有了挥洒政治抱负的舞台和空间，也赢得了两年时间，利用党主席一职，统合党内资源，积聚能量，若能带领民进党打赢2014年“七合一”选战，等于提前拿到了参选2016的通行证。

此次党魁之争，除了苏贞昌，并无传统意义的“天王”出马，苏贞昌具有的优势：一是苏的最大奥援力量是基层党员。苏的从政经历、能力、声望及2007、2011年两次党内初选惜败的遭遇，使党内出现一股“给苏一次机会”的声音，使他拥有很多同情票；二是党内几大派系中，“新系”势力最大，却从不推出自己的候选人，继续扮演辅佐的角色。“新系”很多成员支持苏，“绿色连线”也力挺苏，形成“新苏连”，基本力量强大；三是放低身段化解反苏力量。拜会谢长廷、蔡英文等党内重要人物，希望以此化解恩怨，虽未得到谢、蔡等人的支持，但至今谢、蔡等党内要角并未公开表态反苏，给未来进一步整合派系留下空间，整体来说胜算极大。据TVBS民

---

① 详见民进党第14届党主席候选人资料 http://www.dpp.org.tw/news_content.php?sn=6099。

调：62%民进党支持者希望苏贞昌当选，[1] 在“未来事件交易所”更有64.8的交易合约支持苏贞昌。[2]

但是，苏贞昌亦有其不利因素。一是苏贞昌不擅与人分享权力、强硬的性格得罪了党内多个派系，明显缺乏人和；二是2008年不愿临危受命，缺乏担当，2010年又径自宣布参选台北市长，失去“光复”新北市的机会，被批自私、“不顾大局”，目前看来，谢系、游系、扁系，尤其是“新蔡系”，都不愿看到苏贞昌出任党主席而阻断2016年蔡英文再选“总统”之路，这些力量正在酝酿集结，可能成为苏主席之路的最大障碍；三是在两岸政策方面，被视为“脑袋空空”，无法让外界相信能带领民进党走出一条新路。

2. 许信良参选带来的变数

苏贞昌原可毫无悬念轻松胜出，但许信良为“小英再战2016”披挂上阵，被普遍解读是“许蔡谢”大战“新苏连”，[3] 仿佛民进党内2016年“大选”前哨战提前开打，打破了苏贞昌独领风骚的局面，也为选举结果投下变数。回顾2011年党内“总统”候选人初选的情形，许信良在蔡苏两大阵营夹击下，短短1个月集聚了12%的支持率，而苏贞昌却在三人对决中败给了蔡英文。

许信良被称党内孤鸟，已远离主流，老美丽岛系也早已分崩离析，在党内属于“无派、无职、无权”的三无人物。但或许就是这只孤鸟，具有“夜奔敌营”敢作敢为的个性，已无政治野心，只有政治抱负，不会对任何派系造成威胁，让期待民进党真正改革转型的党员燃起希望。许成为反苏势力均可接受的平衡点，一旦反苏联盟真正形成，谢、游、蔡等势力共同支持特定候选人（以许信良可能性最大），加上陈胜宏主导的绿色连线（陈属老美丽岛系，其主导的绿色连线亦有转向的可能）的支持，南部对苏贞昌不满的“新系”势力亦可能出现松动，若最后出现“苏许对决”的局面，则党魁之争出现重大逆转的可能性依然存在。

3. “独派”势力多人参选，意在索取政治利益

蔡同荣、吴荣义政治立场基本相同，都属于极端“台独派”。苏焕智虽

① 《民进党党主席选举民调》，TVBS民意调查中心2012年4月12日。

② 《民进党主席候选人得票率预测》，台湾未来事件交易所网站2012年5月3日。

③ 黄驿渊、李昭安：《党魁选举 二次苏蔡之争开打》，台湾《联合报》2012年4月16日。

不属于“台独派”，但参选后为争取“独派”支持，其立场向“独派”靠拢，他的参选政见无论是两岸论述还是“特赦阿扁”的主张都与蔡、吴两人十分相近。他们三人虽背后的支持者各有不同，但同质性高，票源重叠，同台竞逐，必定分散选票，当选希望渺茫。4 月 12 日 TVBS 针对民进党主席选举所做的民调显示，认为蔡同荣、吴荣义当选对于民进党的改革比较有帮助只有 3%，苏焕智是 9%；同样对于他们当选比较能够帮助民进党赢得 2014 年“七合一选举”，也只有 3%，苏焕智是 8%。① 事实上，作为党内“激进台独”势力代表，其中任何一人当选，都不利民进党的反省检讨、改革转型，不仅无法实现所谓的“二次创党”与重新执政，反而会让民进党离重新执政越来越远。他们明知不可为而为之，无非是想借助党主席竞选舞台作秀发声，向未来的党主席传递信号，索取各自的政治利益。

二、民进党调整大陆政策的阻力

影响民进党大陆政策走向的因素很多，既有民进党内部的共识，又有缓解外部压力的需要。在政党竞争、选民支持、大陆态度、美国立场等众多外部因素中，大陆态度在民进党“台独”立场改变之前是不变存量，永远存在；而政党竞争、选民支持等能量只有在选举敏感期才会显现和发酵；美国虽希望岛内存在“捣乱”因素，但其亚太战略尚未调整成型，现阶段并不希望台海局势出现波动，故暂时不会对民进党施加压力。现在起至 2014 年末，台湾没有重大选举，外部因素处在相对稳定期，均未达到足以迫使民进党进行大陆政策重大调整的程度。决定事物变化的根本原因是内因，因此，在未来一段时间内，决定民进党调整大陆政策的因素仍在其内部。纵观民进党败选后的检讨以及党魁之争中各派系和候选人的表现，显示民进党调整大陆政策的共识不足，阻力很大。但许信良的参选，为民进党大陆政策的调整增添了些许变数。

（一）民进党高层缺乏调整大陆政策的意愿和动力

2012 年 2 月 15 日，由刘建忻等人起草的“2012 大选检讨报告”递交民进党中常会讨论，22 日中执委通过，报告洋洋洒洒近 30 页，分成“投票结

① 《民进党党主席选举民调》，TVBS 民调中心 2012 年 4 月 12 日。

果分析、民调分析、选战作为检讨和问题与建议”四个部分，对于社会普遍认为的败选主因——否认“九二共识”只字未提，只是突出国民党执政优势、两岸经贸恐吓牌、投票率和弃保因素等选战策略层面的检讨，① 甚至技术性赞扬了蔡英文个人的功绩，肯定她为民进党带来的选票成长。

事实上，民众之所以对民进党执政产生疑虑，主因在于民进党否认“九二共识”，其两岸政策不被选民接受。败选之后，党内检讨声浪四起，部分党籍“立委”直言“两岸问题是败选主因”，② 许信良指出“否定九二共识是严重战略错误”，③ 个别亲绿学者甚至认为“民进党根本不必神主牌，应抛弃台独党纲”。④ 尽管绿营内部批评声不断，但中执委最终通过的败选检讨报告并未切中要害，对“台独党纲”的危害视而不见，也只字未提否定“九二共识”的战略错误，不难看出目前民进党高层缺乏调整大陆政策的意愿，调整动力明显不足。

（二）“台独基本教义派”阻挠大陆政策调整的步伐

“台独基本教义派”人数虽少，但因其能用简单易懂的煽情语言，论述“台湾主权独立”的要义，容易被支持者接受，从而掌握着党内论述主导权，绿营内部任何检讨反思、对“台独”造成威胁的言行，都会被无情批判。蔡英文败选后，以“台联党”及辜宽敏为代表的“基本教义派”面对民进党转型的呼声，在《自由时报》连篇累牍地围剿党内质疑“台独”的声音，指责谢长廷、郭正亮等人的言行忘记了民进党根本，认为接受一中原则，民进党的存在价值、理想都将荡然无存。“台独基本教义派”的极力阻挠，成为民进党大陆政策调整的重要障碍。

（三）党内共识尚未凝聚

派系共治和派系竞争在民进党的发展过程中起了十分重要的作用，也限制了民进党的发展。2008 年失去政权后，中生代曾有过政策辩论的呼声。蔡英文接掌党主席后，也曾打算走“中间路线”，但她党内地位不稳，只能依靠平衡、照顾各派利益来稳固自己的地位，路线调整不了了之。对于需要

① 参见民进党《2012 大选检讨报告》。

② 黄驿渊：《绿委：就败在两岸》，台湾《联合报》2012 年 2 月 16 日。

③ 台湾《中国时报》2012 年 2 月 14 日报道。

④ 《司马观点：民进党应抛弃台独党纲》，台湾《苹果日报》2012 年 2 月 22 日。

怎样的大陆政策，党内意见纷呈，如谢长廷的“宪法共识”、吕秀莲的“九六共识”、苏贞昌的“台湾共识”等。蔡英文提出的“和而不同、和而求同”、“十年政纲”，因内容空洞也未能获得各派认可。目前民进党各主要派系对于大陆政策的调整分歧依旧，“独派”甚至以出走另组政党相威胁。在党内无法取得共识的情况下，民进党要对大陆政策做重大调整恐力有未逮。

（四）民进党仍有不调整大陆政策亦能执政的迷思

2008 年失去政权后，民进党气势跌入谷底，在蔡英文主席的领导下，声势一路看涨，直至“五都”选举，民进党得票率超过 45%。2012 年大选，蔡英文挑战马英九虽然失败，但她获得 609 万选票，得票率超过 45%，“立委”席次也大幅上升至 40 席，取得近年来最好成绩。台湾政坛持续演绎“蓝消绿涨”的现象，让民进党认为只要坚持捍卫“台湾主权”就能稳定票源，只要大声“呛马反中”便可获得民众支持，这一切让民进党在大陆政策问题上丧失了调整动力和反思能力，陷入无需调整大陆政策照样能执政的迷思。

（五）新任党主席的声望和魄力难以肩负转型重任

进行政党转型和大陆政策的重大调整，需要要打破现有的政治格局，触动既得利益者，这需要领导人具有较高的党内声望、坚定的改革魄力和决心以及细腻的操作手法和能力。但目前来看，党魁当选者不可能取得压倒性的胜利，倘若许信良当选，许具有改革的魄力、决心和操作能力，但有无实力成功转型尚待检验；若苏贞昌当选，他并不具备大开大合的战略思维，其声望和魄力也难以担当民进党转型的重任，无法带领民进党走出一条振衰起敝的转型改革之路。

（六）许信良参选对民进党大陆政策调整的影响

许信良曾对民进党的路线及两岸政策转型起过重要的推动作用。这次参选，不仅引发媒体的强烈关注，也激起民进党内各派系合纵连横的巨大涟漪，更可能对民进党未来大陆政策的走向产生重大影响。目前看来，许信良当选的可能性较小，但若许当选或其得票率超过三成而当选党魁，则许的政策理念和其参选所代表的意涵可能在民进党未来的发展中获得重视。许信良的参选具有以下几方面的意涵，一是代表世代交替，尽管许信良已是上个世代的人物，但其参选目的是带领民进党完成转型，将转型成功的民进党交给下一世代，老将出马仍具浓厚的世代交替的特点；二是代表民进党不再走激进、冲突路线。许信良直言将延续蔡英文路线，蔡虽因支持民进党街头抗议获得“暴力小英”的雅号，但整体上比陈水扁温和理性；三是代表民进党将从革命党向现代政党转型。民进党现在仍是一个革命性政党，许信良主张民进党应转型为现代政党，成为选举机器；四是代表大陆政策的重大调整。许信良坚持的“大胆西进”理念的核心价值，即以开放的心态与大陆打交道，处理好两岸关系，民进党才有可能重新执政权。以上四个意涵尤以大陆政策的调整影响为大。若苏贞昌当选党主席，可能也会重视许信良所代表的民意，在大陆政策方面作出部分调整。

三、民进党大陆政策的调整方向

政党转型指战略性、根本性地改变政党属性和立场，民进党“大选”落败，转型及调整两岸路线的压力接踵而来。新的党主席产生后，受制于岛内的政治生态及民进党自身权力组成和派系力量的牵制，在涉及“国家、主权定位和台湾未来前途”等问题上，党内意见多元、分歧严重，废除“台独党纲”、对大陆政策进行实质调整的机会不大，但为了重返执政的最高目标，可能从策略层面做出务实调整。

（一）暂时不会放弃或修改“台独党纲”

为了巩固地位和权力，团结凝聚人心，新任党主席将不得不顾及党内各方利益，包括基本教义派的“台独”诉求，不敢在大陆政策上大动干戈，更不会废除“台独党纲”。“台独”在岛内尚有市场，支持者是民进党的铁票部队和赖以生存的根本，《新新闻》周刊2月下旬委托“山水民调”所做的调查显示，仍有33.4%的受访者不认同废除“台独党纲”，如果大幅调整大陆政策或试图废除“台独党纲”，势将失去基本支持力量，本已濒临泡沫、主张“急独”的“台联党”在“立委”选举中获得近9个百分点的政党票，不难看出这种牵制力的隐形能量，何况2014年“七合一选举”属于地方选举，以地方建设成绩、候选人形象及地方势力支持为主，民进党并无改变大陆政策的紧迫性。在“台独”意识的社会基础和统“独”民意格局尚未实质变化的政治环境之下，无论谁当选主席，放弃“台独”主张、从根本上废除“台独党纲”几无可能，但可能将“台独党纲”供奉起来，以新决议文取而代之。

（二）开放讨论“九二共识”，寻求解套方案

“九二共识”是两岸关系和平发展的政治基础。舆论普遍认为否认“九二共识”是蔡英文败选的主要原因。就连偏绿的“台湾太平洋发展协会”去年9月民调都显示，37%的民众不赞成蔡英文“否定九二共识”（赞成的只有34%）。[①]“九二共识”是未来民进党无法回避的问题。党主席改选后，若苏贞昌当选，不能期望他过快调整大陆政策，但苏曾有务实开放两岸经贸政策的主张，理念上并非坚定反对“九二共识”；另外，出于尽快确立共主地位的需要，可能对“九二共识”采取开放讨论的态度，不做结论，走一步看一步，伺机寻求“否定九二共识”的解套方案。而若许信良当选，则“九二共识”的承认将为期不远。

（三）支持两岸经贸交流，改变“逢中必反”的负面形象

蔡英文提出民进党要在“互动中了解中国”，引来一片掌声，[②]说明民进党竭力需要摆脱“反中锁国”的刻板印象，企图在捍卫所谓的台湾主权的同时，改善与大陆的关系，博得民众的信任，凝聚社会支持度。新任党主席会更加务实，对两岸经贸交流采取务实开放，不会再强烈反对涉及民生福祉的经贸政策，比如ECFA及其后续谈判，以改变民进党反对两岸经贸交流的印象。

（四）强化监督功能

民进党在“立法院”拥有40席，加上台联党的3席，拥有超过35%的实力，新任党主席未来会有效利用“立法院”的监督功能，对两岸间的各项协议和内容进行监督，强调程序和内容的透明，积极扮演所谓“台湾利益守护神”的角色，赢取民心。

（五）开放党公职人士与大陆交流

在规范管理的基础上，鼓励执政的县市首长与大陆开展交流，从两岸交

---

① 林政忠：《太平洋协会民调，宋参选，马在双北输蔡》，台湾《联合报》2011年9月5日。

② 台湾《联合报》2012年2月23日。

流中捞取实质好处，获取和平红利，扩大基层的支持力量；支持党公职人员和智库成员积极参与两岸交流，开始在互动中了解大陆。

民进党务实调整大陆政策，旨在通过与大陆的交流交往，向外界传达民进党有和大陆交往的意愿，表明其拥有和大陆交流的渠道和处理两岸问题的能力，使民进党突破发展瓶颈，再度获得重新执政的机会。

四、结　语

政党政策的制定和执行，取决于该政党的纲领、性质、目标、定位等因素。但在岛内特殊的政治情势下，民进党大陆政策走向呈现理论和实践脱序、矛盾的特点，既受制于内外因素的牵绊，也受到领导人和特定事件的制约。5 月 27 日民进党主席的选举，无论谁当选，以岛内蓝绿对决的格局及民进党的生态，改变政党属性，修改党纲的阻力很大。近期来说，在巩固权力、调整大陆政策及打赢 2014 年“七合一”选战间找到平衡，将成为考验新任党主席智慧和能力的关键。长远来看，只有明确放弃“台独”主张，大陆才能与民进党开展正常交往。在两岸关系和平发展深入人心、国民党两岸政策获得主流民意认可的大背景下，近五成民众要求民进党废除“台独党纲”,[①] 如果民进党一意孤行，死守“台独”立场，仅寄望于策略调整两岸政策的权宜之计，恐怕永远也走不完重返执政的最后一里路。

① 陈敏凤《近五成要民进党废除台独党纲》，台湾《新新闻》周刊 1304 期。

浅析民进党大陆政策调整前景

浙江台湾研究会　陈凌雄

2012年1月14日举行的“总统”、“立委”二合一选举顺利落幕，蔡英文挑战马英九失败，民进党“立委”席次也大幅落后于国民党。一般认为，否认“九二共识”以及无法在大陆政策上赢取民心是民进党败选的根本原因，党内出现一股“‘两岸之路’才是民进党‘第一里路’”的强大声音，①似乎进行路线检讨、调整大陆政策势在必行。主观上，民进党的大陆政策有其固有的思维逻辑，客观上，受党内派系力量的掣肘和岛内意识形态区隔的限制，民进党对其大陆政策进行重大调整实属不易。本文拟从2000年以来民进党大陆政策脉络入手，分析其制定大陆政策的基本逻辑和影响大陆政策调整的内外因素，从中探究其大陆政策调整的前景。

一、2000年后民进党大陆政策的脉络

2000年，拜国民党分裂之赐，民进党陈水扁意外当选“总统”，从选前通过“台湾前途决议文”冻结了“台独”党纲，到就职当天许下“四不一没有”的承诺，② 及后来提出成立和平委员会、商谈和平协议和军事互信机制，一定程度展现了务实的大陆政策。然而好景不长，受固有政治理念及现实政治斗争和权力维护之需要，民进党一方面利用执政优势，提出“一边一国论”，推行“去中国化”措施，主导“修宪”，通过“公投法”，建构实现“法理台独”所需的法律体系；另一方面又以试行“小三通”为标志，企以经贸政策的松绑缓解“急独”带来的政治压力。

---

① 孙庆余：《民进党的第一里路》，台湾《苹果日报》2012年2月20日。

② 陈水扁就职典礼致词全文《台湾站起来——迎接向上提升的新时代》，台湾《联合报》2000年5月21日。

（一）政治上走“台独”路线

陈水扁上台伊始，为稳定局势、欺骗岛内民众，缓解大陆及国际社会的压力，承诺“不宣布台湾独立、不更改国号、不推动‘两国论’入宪、不推动改变现状的‘统独公投’，也没有废除‘国统纲领’与‘国统会’的问题”的“四不一没有”政策，但拒不接受一个中国原则，否认“九二共识”，不愿在两岸关系上迈出实质步伐。政权基本稳定后，逐渐显露本性，开始推行“台独”路线，由“缓独”走向“急独”。他提出“一边一国论”，亮出“台独”目标的底牌，主导“修宪”，通过“公投法”，建构了实现“法理台独”所需的法律体系，为实现台湾最终“独立”做好法理准备。连任之后，更是肆无忌惮，加紧“台独”步伐，放弃“四不一没有”的承诺，废止“国统纲领”，终止“国统会”，提出“公投入联”，走上了“法理台独”的不归路。

（二）以“正名”、“去中国化”措施为“台独”路线服务

为丰富“台独”理论，服务“台独”目标，陈水扁利用执政优势，推行“正名”和“去中国化”的路线，将“外馆和国营事业”改名、在护照上加注“Taiwan”、采用“通用拼音”代替国际通用的汉语拼音等，去除一切带有“中国印记”和“中国符号”的元素；思想上集中宣扬“台湾是台湾”，“中国是中国”、刻意区隔“台湾人”与“中国人”、将台湾意识、本土意识和“台独意识”模糊化，扩大“台独”的社会基础；文化上强力推行“文化台独”的扎根工作，企图培植以台湾为主体的新认同，削弱中华民族意识，强调“台湾本土文化”，不提“中华文化”而称“华人文化”，将“台湾”与“中国”并立；修改历史教科书，切断两岸历史文化的纽带等。通过这些措施企图从思想上、文化上、历史上切断台湾与祖国大陆的联系。

（三）务实调整经贸政策，缓解执政压力

面对企业界要求抓住大陆快速发展的商机、调整“戒急用忍”经贸政策的呼声，也为发展台湾经济、改善其执政基础，骗取民心，民进党执政当局不得不在两岸经贸政策方面有所放松和调整，用“积极开放、有效管理”取代“戒急用忍”，为缓解台湾各界对两岸“三通”的压力，开放金门“小

三通”，试行一年后扩大了“小三通”适用范围，开放了春节包机直航，大陆记者赴台驻点等。尽管在执行过程中，民进党政府又出台了建立大陆投资“新审查机制”、投资大陆“动态调节机制”等办法，事实上采取“积极管理、有限开放”，但比李登辉后期全面紧缩两岸经贸交流有所进步，缓解了其执政无能及后期贪腐压力。总体上看，以“台独”作为最高目标的民进党，八年执政的脉络甚为清晰，即利用执政优势极力推行“台独”主张，丰富“台独”理论，不断扩大并夯实“台独”的社会基础。与大陆开展有限的经贸交流完全是为了缓解其内部压力，不得已而为之。这种政经分离的大陆政策显示民进党惯用两面手法，既坚持“台独”理念，又务实调整具体策略。

2008 年民进党败选之初，代理主席谢长廷公开提及民进党的路线和核心出现问题，党内出现“中国政策大辩论”的呼声。蔡英文出任党主席后，虽被外界视为非典型的民进党人，但她本身是个主权论者，并未跳出民进党固有思维的窠臼，四年来的大陆政策也未能超越陈水扁执政时期的基本框架：一是强调捍卫主权，鼓吹中国威胁，刚性否认“九二共识”；二是以空洞的“台湾共识”，模糊两岸关系定位，而“中华民国是台湾、台湾是中华民国”亦只是当年陈水扁态度的重复；三是反对两岸开展和平协议和建立军事互信机制的商谈，反而从陈水扁执政前期的立场倒退；四是坚决反对 ECFA，掣肘国民党执政，为了骗取选票，转而持接受态度；五是制造冲突，破坏两岸关系和平发展，如研拟修改“公投法”、邀请达赖访台、围堵陈云林、殴打张铭清等；六是采取两套标准对待两岸交流，一方面默认陈菊、苏治芬等现任县市长访问大陆，另一方面却不允许公职人员甚至退休大老到大陆参加文化学术交流。

二、民进党制订大陆政策的基本逻辑

民进党内派系力量强大，在涉及“国家、主权定位和台湾未来前途”等问题上，党内意见多元、分歧严重，派系妥协的结果，即寻求“虽不尽如人意，但各方都能接受”的平衡点，这种平衡点，不同时期由不同的派系主导，但最终仍逃不出民进党固有的逻辑思维的范围。

（一）坚持“主权独立”，形塑“台湾主权维护者”的形象

“台独”党纲是民进党的神主牌，也是精神鸦片，尽管1999年通过的“台湾前途决议文”形同将“台独”党纲束之高阁，但民进党制定大陆政策的思维出发点仍是“台湾主权的守护神”。由于国民党是外来政权，先天不足，背负原罪，在“台湾主权”论述问题上始终处于下风，而民进党在很长一段时间掌握着岛内“主权”论述的主导权。在陈水扁执政的8年内，“中华民国是主权独立的国家、台湾已是主权独立的国家、国家主权属于2300万台湾人民、反对‘一个中国原则’、确保台湾的主权”等几乎成为民进党重要政治人物的口头禅。这些论述简单易懂，在一般台湾民众尤其是中南部民众中具有较强的欺骗性和煽动性，故以“台湾主权维护者”自居，构成民进党制定大陆政策的最高准则和基本思路，同时成为大陆政策失败卸责的护身符。

（二）以“泛政治化”的思维处理两岸问题

政治挂帅是民进党处理大陆政策的另一重要逻辑，但两岸关系有其深刻的历史因素和时代背景，复杂而敏感，需要当政者具备高度的智慧、魄力和细腻娴熟的操作技巧，决非一般草莽英雄意气用事可成。面对两岸交流不可阻挡的大势时，民进党往往将两岸事务“泛政治化”，两岸“三通”、经贸交流、文教交流、甚至大学学历的承认、大熊猫的赠送等，都被赋予太多的政治涵义，或反对、或紧缩、或拒绝开放，泛政治化的基本思维，阻碍了两岸关系的发展，“泛政治化”也成为掩饰其执政无能的挡箭牌。

（三）政经分离，攫取政治经济的最大利益

闹分裂，搞“台独”既不符合两岸人民的根本利益，更脱离了国际和两岸政经情势的现实，民进党的做法直接导致两岸关系停滞不前，甚至倒退。即使陈水扁也不得不承认“‘台独’做不到就是做不到”，但在既无法实现目标，又不能放弃“台独”目标的情况下，民进党只能避难就易，采取政经分离的策略，推动两岸经济关系的发展，借以取得其维持政权的最基本条件。

（四）“逢中必反”，彰显在野党的角色

李登辉执政后期开始长期推行“去中国化”路线，岛内民众对中国的感情呈现复杂多元的形态，当局的刻意误导，使部分民众对大陆敌意和误解加深，操弄族群和省籍意识是争取这部分民众的有效方式和捷径。“逢中必反”，也因此成为民进党最廉价的大陆政策思路之一。

（五）民意为先，务实面对两岸政经情势的发展

台湾的选举制度，一切以选票为依归，处理两岸事务亦然。陈水扁执政时，“冲突、谈判、妥协”三步曲在党内斗争中屡试不爽，他深信这一策略同样适用于两岸关系，因此在执政的 8 年内，冒进和冲突几成常态，但同时亦不乏策略性的政策作为，诸如金门、厦门、马祖海上通航的推行和扩大适用范围、春节包机直航、“戒急用忍”的调整、参加国际组织名称的多样化等。蔡英文任主席的四年同样充斥着这样的思维，如对待“三通”、ECFA 等，只要有利于争取选票，妥协和务实即成不二选择。

三、影响民进党大陆政策调整的内外因素

影响民进党大陆政策走向的因素主要有二方面，一是民进党内部共识，二是选民认同、政党竞争及大陆压力等外部因素，而外因只有通过内因才起作用。

（一）党内共识尚未凝聚，调整动力不足

民进党“派系共治”和“派系竞争”在其发展过程中起了十分重要的作用，但也限制了民进党的发展。2008 年失去政权后，党内弥漫着低迷的情绪，中生代曾有过政策辩论的呼声。蔡英文接掌党主席后，也曾打算重启“台湾主体论述”，走“中间路线”，但她党内地位不稳，只能依靠基本教义派。随着“立委”补选、“五都”选举的结束，蔡英文调整大陆政策的压力逐渐减轻，调整的动力和迫切性随之降低，路线调整不了了之。为与马英九一决高下，蔡英文在大选的过程中公布“十年政纲”，提出台湾共识，但党内对于台湾共识意见不一，几大天王对于形成怎样的共识，也各有想法，如谢长廷的“宪法共识”、吕秀莲的“九六共识”、苏贞昌的“台湾共识”。

民进党败选之后，部分党籍“立委”直言“两岸问题是败选主因”，[①] 许信良指出“否定九二共识是严重战略错误”，[②] 部分亲绿学者甚至认为“民进党根本不必神主牌，应抛弃台独党纲”。[③] 尽管绿营内部批评声浪不断，对败选原因众说纷纭，但中执委最终通过的败选报告对“台独”党纲的危害视而不见，也只字未提“否定‘九二共识’的战略错误”，不难看出目前民进党内调整大陆政策的共识尚未凝聚，调整动力明显不足。

（二）外部因素压力不足

影响民进党大陆政策调整的外部因素主要有三：一是台湾岛内的民意压力；二是大陆因素；三是以美国为核心的国际因素，从目前情势看，三方面因素均未达到足以迫使民进党进行大陆政策重大调整的压力程度。

岛内因素方面，政党竞争中，大陆政策是国民党的强项，但民进党利用了马当局执政中犯下的错误，回避两岸政策议题，在过去一系列选举中逐步走出谷底，呈现夺城略地、扩大地盘的攻势，取得多次地方性选举的胜利，[④] 直至“五都”选举结束，全台县市总得票率超过国民党。2012 年，民进党虽然输掉了“大选”，但选票的增加，加之在“立法院”拥有 40 席，掌握了南部四个县市的执政权，在政党竞争中仍具有相当的实力，缓解了民进党调整两岸政策的迫切性。

民进党是选举型政党，善于操弄民意并根据民意变化务实调整。蔡英文在缺少行政资源、投票率下降的情况下，仍拿到 609 万多选票，得票率比 2008 年增长 4 个百分点，泛绿基本盘稳固，甚至被视作“超越了传统铁票，是过去路线成长的结果”，[⑤] 而且到 2014 年底前，台湾没有大的选举，民进党并没有立即调整大陆政策的民意压力。

大陆因素方面，反对“台独”是大陆始终坚持的原则立场，但民进党死守“台独神主牌”，否认“九二共识”，始终幻想只要赢取选举，无论是否存在“台独”党纲，大陆都将被迫接受并与之发展两岸关系。因此大陆

---

① 黄驿渊：《绿委：就败在两岸》台湾《联合报》2012 年 2 月 16 日。

② 台湾《中国时报》2012 年 2 月 14 日报道。

③ 《司马观点：民进党应抛弃台独党纲》，台湾《苹果日报》2012 年 2 月 22 日。

④ 笔者指的选举是：2009 年的三次“立委”补选、2009 年底的“三合一选举”，2010 年初的二次“立委”补选，以及年底“五都”选举。

⑤ 林修全：《609 万票　党内人士：她超越了传统铁票》，台湾《联合晚报》2012 年 2 月 15 日。

的压力对民进党来说可以回避闪躲，也可以置之不理，更何况蔡英文辞去党主席职务，陈菊暂时代理，民进党再度进入各派系和政治力量合纵连横、势力重组的过渡阶段，即使5月新的党主席产生，依然存在派系协调和权力稳固的过程，目前来看，民进党调整大陆政策缺乏外部动因和压力。

国际因素方面，美国基于其重返亚太的重大战略调整，需要在大陆周边营造围堵大陆的氛围和压力，台湾始终是美国制衡、遏制中国大陆非常重要的一张牌，维持岛内政治生态，符合美国的国家利益。美国不愿看到两岸走向统一，也不希望台海局势混乱，美国暗中鼓励民进党与大陆对抗，能维持台海局势“和而不统”、“稳而不乱”的局面，因此民进党也没有调整大陆政策的外部压力。

四、民进党调整大陆政策的方向

从2000年来大陆政策的脉络、民进党制订大陆政策的逻辑思维以及影响其大陆政策走向的内外因素分析，目前在党内缺乏调整大陆政策动因，外因压力又显不足的情况下，民进党的“反省、改革”仅会触及皮毛，选后检讨恐怕又是流于口水，到下次大选之前，修改“台独”党纲可能极小，大陆政策进行实质调整的机会不大，但为了吸取败选的教训，会从策略层面做出务实调整。

（一）难以放弃“台独”党纲

“台独”意识在台湾具有一定的社会基础，在“统独”壁垒分明、“统独”民意格局尚未实质变化的政治环境之中，仍有相当多的民众倾向支持“台独”，他们“不问是非，只问蓝绿”，成为“台独”的死硬支持者，也是铁票部队，是民进党赖以生存的根本。此外，民进党内对“台独”迷信崇拜走火入魔的“基本教义派”，人数虽不多，但凝聚力和影响力较大，牵制着民进党，如果大幅调整大陆政策或尝试废除“台独”党纲，民进党将失去基本支持力量，而这股力量也将迅速地被其他“台独”势力所取代。此次选举，本已濒临泡沫、主张“急独”的“台联党”获得近9个百分点的政党票，不难看出这种牵制力的隐形能量。因此，民进党放弃“台独”主张、从根本上废除“台独党纲”几无可能。

（二）“九二共识”承认不易

蔡英文在败选之初，坦承大陆政策需要调整，显示其了解否认“九二共识”对其选举的致命伤，但在正式的检讨中却对此只字未提，显见党内确实存在拒不承认“九二共识”的土壤。蔡英文以“加强互动，了解中国”掩饰其政策失误并企图以此框定民进党未来发展两岸关系的架构，等于间接承认了“九二共识”是未来民进党无法回避的选择。党主席改选后，新主席尤其若苏贞昌当选，对“九二共识”可能不会轻易做结论，会等下次大选临近时再进行新的包装，寻求“否定九二共识”的解套。

（三）策略调整，改变其“逢中必反”的负面形象

蔡英文在中执会检讨败选报告中提出民进党要在“互动中了解中国”，引来一片掌声，① 说明民进党竭力需要摆脱“反中锁国”的刻板印象，企图在捍卫所谓的台湾主权的同时，改善与大陆的关系，博得民众的信任，凝聚社会支持度。未来可能的方向应有以下几个方面：

一是不再强烈反对事关民生的经贸政策，但会强调程序的透明和公正。民进党本来就非常清楚 ECFA 对于台湾经济发展的作用，只是不愿意让国民党从中获利做大，因而不顾事实一味反对，临近选举时为讨好选民又企图以“延续前朝政策”化解反对 ECFA 的立场，岂知这种出尔反尔的态度反而失去民众信赖而伤及自身，故民进党将从过去强烈反对 ECFA 中得到教训；

二是鼓励民进党执政的县市长与大陆开展城市交流，从两岸交流中捞取实质好处，获取和平红利，扩大基层的支持力量；

三是支持鼓励民进党公职人员积极参与两岸交流，但会制定相关限制和规范条款；

四是开放若干智库与大陆智库举办论坛。

五、结　语

2012 年民进党败选后的氛围与 2008 年的情况何其相似！候选人都在第一时间承认大陆政策需要调整、各天王对路线检讨意见纷呈，中生代积极奔

① 台湾《联合报》2012 年 2 月 23 日。

走呼吁“中国政策大辩论”……这一切凸显了民进党“民主”、和“善于反思”的特性，但民进党制定大陆政策的基本逻辑和岛内外因素的影响，决定了民进党难以彻底摒弃不合时宜的大陆政策，最多只是外科手术式的治标不治本地做些策略调整。历史往往在不经意间重演，民进党或许会复制2008 年到 2012 年的发展轨迹，以不调整大陆政策同样能重返执政的迷思，继续前行。只有当民进党在“大选”中一再受挫后，才可能幡然醒悟，彻底改变固有的思维逻辑，也才有可能让民进党认真思考调整大陆政策。

贫富分化与选举政治

——探索全球金融危机下台湾选举路线的演变

清华大学台湾研究所　郑振清

一、台湾选举动员模式的变化：从“认同政治”到“阶级政治”

过去二十多年来，很多研究认为两岸对抗与东亚冷战背景下的台湾社会分歧，包括本省/外省（本土/外来）、“独立”/统一、民主/威权等对立矛盾，塑造出台湾民主政治的两党制形态。① 其中大部分社会分歧矛盾属于原生性社会矛盾，例如本省/外省、本土/外来、“独立”/统一等结构。甚至民主/威权这对结构，也在本土化思潮崛起的年代来与这些结构相连，形成了本省人追求“自决”和民主而外省人乃是统一和威权之代表的论述。对连续三届台湾“总统”选举的研究证实了上述政党政治发展路径。在1996年、2000年和2004年台湾三次“总统”选举中，民进党的选举动员方式注重开展省籍－族群－认同上的切割，这样可以凝聚台湾省籍民众的“我群”意识和本土认同，进而转化为投票行动，支持民进党候选人，而国民党常常被动地追随民进党的选战议题，这就使得台湾“总统”选举的焦点常常是

① 徐火炎：《台湾的选举与社会分歧结构——政党竞争与民主化》，载陈明通、郑永年主编：《两岸基层选举与政治社会变迁》，台北：月旦出版，1998；徐火炎：《台湾结中国结与台湾心中国情：台湾选举中的符号政治》，《选举研究》（政治大学选举研究中心主办），2004，第11卷第2期；王甫昌，《族群政治议题在台湾民主转型中的角色》，《台湾民主季刊》，2008，第2期；Chu Yun－han, and Jih－wen Lin, “Political Development in 20th Taiwan: State Building, Regime Transformation and the Construction of National Identity.” The China Quarterly, 2001, 165. Chang Andy G. and T. Y. Wang, “Taiwanese or Chinese? Independence or Unification?” Journal of Asian and African Studies, 2005, 1/2.

省籍-族群-认同矛盾链上的“认同政治”议题。[①] 可以说，过去一般认为台湾新兴政党政治的主要特点，一是政党政治的形成路径是以横向社会族群分歧为基础的，不同于欧美国家以纵向经济社会分化为基础的路径；二是统“独”认同矛盾经常被当做选举主轴。

多年来台湾选举研究的重点在于选民层面的投票行为研究，很少重视经济社会因素如何影响政党的选举路线，其中一个原因是把很多经济社会因素当做省籍-族群-认同问题的依附品或者装饰物。直到2008年以后，随着台湾贫富分化的加剧并且反映到政党政治之中，才有研究者跳脱传统的省籍-族群-认同视野，开始研究经济社会状况对选举政治的影响，但是这方面的文献数量仍然很少。台湾社会学者胡克威和林宗弘的研究报告是少数试图扭转这种趋势的实证研究，他们通过建立统计模型分析1992—2004年台湾重要的选举投票数据，发现台湾在“民主巩固”之后，族群投票（ethnic voting）虽然没有明显变化，但原先“阶级政治”下滑的趋势开始反转，工农阶级与自雇者大幅变“绿”，中产阶级与资本家转“蓝”，可见受经济社会因素影响的阶级投票（class voting）在台湾越来越重要。[②] 台湾大学陈明通教授的论文《五都选举与民进党转型》提出“蔡英文路线”的概念并阐述其内涵：其一、刻意淡化统“独”议题争议，但是“坚持台湾是一个主权独立国家”；其二、面对全球化的挑战，但要防止全球化发展过程中台湾贫富差距的恶化，完备社会安全及福利制度；其三、在全球化的架构下，“秉持台湾的主体性与中国进行经贸往来及文化交往”。[③] 他认为这样的路线就是将台湾的政党分歧线逐渐从过去的族群与统“独”分歧，转移到所得分配不均的阶级分歧，而民进党将在坚持“台湾的主权地位”下，成为社会弱势阶级的代表，以区隔执政的国民党倾中、轻忽“主权”又代表资本

① 陈孔立：《台湾政治的“省籍-族群-本土化”研究模式》，《台湾研究集刊》，2002，第2期；陈陆辉，《台湾选民政党认同的持续与变迁》，《选举研究》，2000，第7卷第2期；施正锋：《台湾民族主义》，台北：前卫出版社，2003；徐火炎：《台湾结中国结与台湾心中国情：台湾选举中的符号政治》，《选举研究》（政治大学选举研究中心主办），2004，第11卷第2期；王茹：《台湾当前的政治危机与“省籍-族群-本土化”进程》，《台湾研究集刊》，2006，第4期；郑又平：《民进党选举策略中“本土牌”运用之政治分析》，《国政研究报告》，国家政策研究基金会：国安（研）096-008号，2007年9月26日。

② 参见胡克威、林宗弘：《阶级政治的复兴：台湾的民主巩固与阶级投票，1992—2004》，台北：中研院社会学研究所“周五论坛”报告，2010年2月26日。

③ 参见陈明通：《五都选举与民进党转型》，2010台湾政治学会年会暨学术研讨会，台北：东吴大学，2010年12月4日。感谢陈明通教授分享该论文稿。

阶级。① 这两份研究文献对台湾政治发展研究来说是一种新尝试。本文认为对2010—2012年台湾选举经验的研究应着眼于经济社会因素，增加对政党内部选举决策机制及主要经济社会议题的考察。

研究多元社会的贫富分化和选举政治需要有清晰的概念和路径，这方面我们需要借鉴政治经济学、政治社会学的理论积累。西方政治社会研究中的“李普塞特—罗康命题”（Lipset－Rokkan thesis）认为随着民族国家走向成熟，政党政治的分野将会反映相对稳定的社会阶级分裂，各个阶级在经济增长与财富分配中的利益都可以通过政党选举和代议制得到表达。② 1960—1980年，这种“阶级政治”（class politics）的观点在西方发达工业化国家十分流行，因此对阶级结构及其变动的测量成为选举投票研究的重点。不管是新马克思主义者（the New Marxism）还是新韦伯主义者（the new Weberianism），都认识到职业虽然不是生活状态的唯一决定因素，但是职业状态能够反映就业市场上的社会经济差异，可以转换为衡量阶级/阶层处境的重要指标，因此都充分利用便于调查的职业结构（或称“就业聚合”）来表述抽象的阶级/阶层结构及其分化趋势。③ 甚至在今天各国的社会分层调查中，“就业聚合”的测量研究方法依然被隐含地认为代表了整个“阶级分析”。④ 本文采用这种方法，根据台湾“行政院主计处”公布的台湾经济社会统计资料，把就业者从业身份分为雇主、自营作业者、私人雇佣者、政府雇佣者和无酬家属工作者，分析台湾社会职业从业结构、产业结构与贫富分化之间的关系。

本文认为从经济社会路径探索台湾选举政治的变化，应该着重分析以下几个方面：（1）贫富分化现状及其动因：内外部经济形势如何影响社会分层；（2）主要政党选举决策体制与选举路线，亦即贫富分化通过什么机制影响选举路线，（3）重要选举政见和议题的特点。

---

① 陈明通：《五都选举与民进党转型》，2010台湾政治学会年会暨学术研讨会，台北：东吴大学，2010年12月4日。

② Lipset, S. M. & Rokkan, S. “Cleavage Structures, Party Systems and Voter's alignments: An Introduction,” in Lipset & Rokkan eds., Party Systems and Voter Alignments: Cross－National Perspectives. New York: Free Press, 1969. pp. 1—63.

③ 罗丝玛丽·克朗普顿（Rosemary Crompton）：《阶级与分层》，上海：复旦大学出版社，2011年，第124页。

④ 例如，英国国家统计局“社会经济分类”（ONS－SEC）根据职业类别、雇佣关系及就业地位高低，把英国社会分为8个阶级17个分类，其压缩版的五阶级划分，包括管理与专业性职位、中间型职业、小雇主和独立经营工人、低级监督与技术性职业、半日常性职业等。

图1显示本文的研究框架。研究贫富分化的现状和特点，及其多层次的经济和政策动因，是为了分析横向的贫富分化社会分歧如何促使台湾主要政党的选举主轴和策略发生变化；至于主要政党的选举策略，则是由政党决策体制直接决定的，并体现在选举策略和主要议题上；而最终结果则是政党生态的变化，包括支持率、社会基础和政党路线的变化。

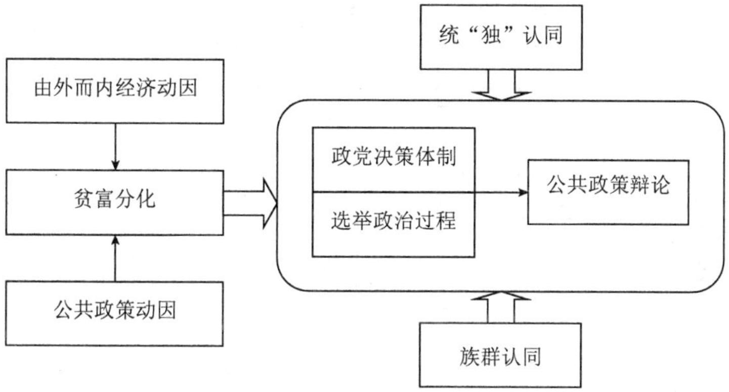

图1　台湾贫富分化与选举政治研究框架

资料来源：作者制图

二、台湾的贫富分化及其政治经济意涵

（一）台湾贫富分化的结构分析

贫富分化往往与经济结构紧密联系，是一个长期的过程，需要对调查数据作结构分析和比较分析。本文把近三十年来台湾产业结构转型、从业结构与贫富分化三类数据列出来比较，参见表2。

从表2可以看出，最近三十年来，台湾服务业的就业者比例从不到40%上升到接近60%，服务业产值占GDP比例则由47%上升到70%左右。此外，大学以上劳动者在就业人口中的比例由1980年的5%到2007年超越了20%，约与1990年代美国劳动力中的高等学历比例相当。由于台湾农业产值在国民经济总产值中的比重，自1980年代中期以来长期停留在1.5%—2.5%之间，台湾农业处于边缘化地位，因此伴随着服务业（包括批发零售、金融保险、不动产、资讯传播业等）比重的持续上升，必然是工业（包括制造业、营造业、水电燃气及污染整治业）比重的连续下滑。

最近十年来，台湾工业产值比重一直停留在30%左右。① 美国社会学家丹尼尔·贝尔在《后工业社会的来临》著作中指出，后工业社会（post-industrial society）的重要特征是服务业就业者比例的优势与制造业就业者比例的持续下滑。② 1990年代以来台湾产业结构与就业结构变迁，符合“后工业社会”的特征。

表2　台湾产业结构转型、从业结构变化与贫富分化（1981—2010）

社会指标	1981	1986	1991	1996	2001	2006	2010
产业结构（服务业比重%）*							
服务业人口占就业者比例	38.8	41.4	47.1	52.4	56.5	58.5	59.9
服务业占生产总值比例	47.2	47.4	55.2	61.1	66.9	71.7	68.1
大学以上占劳动力比例	5.2	5.8	7.2	9.5	12.5	19.3	26.2
从业结构（%）							
雇主	4.5	4.3	5.1	5.3	5.2	5.1	4.5
自营作业者	20.8	20.2	18.6	17.0	15.8	13.9	12.7
无酬家属工作者	10.4	10.9	9.1	8.4	7.3	6.4	5.6
私营受雇者	51.9	52.8	55.7	58.0	61.5	65.3	67.2
政府受雇者	12.4	11.9	11.4	11.3	10.2	9.2	10.0
贫富分化**							
大岛指数（五分位所得高/低倍数比）	4.20	4.61	4.96	5.38	6.41	6.02	6.19
中间三等分占总所得比例	54.2	53.5	53.6	53.9	52.5	53.3	53.3
基尼系数	0.282	0.293	0.308	0.317	0.350	0.339	0.342

（资料来源：* 1981—2006年数据来自台湾“行政院主计处”“中华民国统计信息网”：http://61.60.106.82/pxweb/Dialog/statfile9L.asp，2010年数据来自“行政院主计处”《“中华民国”统计月报》，2011年6月。**来自“行政院主计处”《台湾地区家庭收支调查2010年》，2011年10月）

在后工业化背景下，1970—1980年台湾以中小企业出口生产为主的经济结构发生了巨变，尽管近年来台湾中小企业家数依然占台湾企业总数的95%左右，但是其中服务业企业大量增加。表2产业结构数据显示近三十年

① 参见“行政院主计处”编：《“中华民国”统计月报》第545期，表8-2“各业生产结构”，2011年6月：http://www.stat.gov.tw/lp.asp?ctNode=2114&CtUnit=1041&BaseDSD=30。

② Daniel Bell, The Coming of Post-industrial Society: a Venture in Social Forecasting. New York: Basic Books, 1976.

来服务业从业人口比例由将近40%上升到60%，同时从业结构数据显示台湾私营受雇者占就业者的比例也持续上升，由1981年的50%左右到2010年超过了67%；而其他从业身份，包括雇主、政府受雇者、自营作业者和无酬家属劳动者的比例相对稳定或者稍有下滑。怎么解释服务业比重扩大和私营受雇者比例增加的关系呢？答案就是私营受雇者增加的部分主要在服务业。正是由于服务业涵盖范围广泛，其中高技术高利润的科技企业和金融业与低端低利润的小餐饮及销售业并存，因此服务业从业人员收入差距很大，导致两个贫富分化指标——大岛指数和基尼系数的提升，加剧同一时间段内的贫富分化程度。

（二）台湾贫富分化的比较分析

本文根据台湾“行政院主计处”的家庭收支调查报告，分析国际上常用的衡量贫富差距的两组数据——基尼系数和大岛指数——在台湾地区的变动情况。如图7所示，从基尼系数和大岛指数来看，台湾工业化以来家庭所得分配可以分为三个阶段。第一阶段为1970年代到1980年代，这二十年间台湾基尼系数在最低0.277（1980年）到最高0.303（1989年）之间变动，高低倍数比在最低4.17（1980年）和4.92（1989年）之间变动，显示台湾处于均富型经济增长阶段，所得分配比较平均。第二阶段为1990年代，这十年间基尼系数从1990年的0.312逐步上升到2000年的0.326，高低倍数比从1990年的5.18上升到2000年的5.55，显示台湾的均富型增长模式和所得分配发生变化，贫富差距开始扩大但不算严重。第三阶段为2001年至2010年，这十年间基尼系数从0.35缓步上升，逼近国际警戒线，同时大岛指数基本上在6.0以上，2010年达到6.19，远超1990年代的倍数，显示过去十年来台湾收入分配差距出现不断扩大、高位徘徊的趋势，不同于1970—1980年均富型增长时期的状况。

不过，从横向的跨国比较可以看出，近年来台湾贫富分化虽有逐年扩大的趋势，但是相对而言并不属于严重的行列。如前述图4所示，把9个东亚国家和地区2008—2010年的基尼系数进行比较，可以发现台湾和韩国都不算贫富分化最严重的地区/国家，2010年台湾和韩国的基尼系数分别为0.342和0.310，按国际参考标准来说处于相对合理区间。至于东亚其他国家的贫富分化则更为严重，更不用说经济发展阶段更为落后的其他发展中国家了。

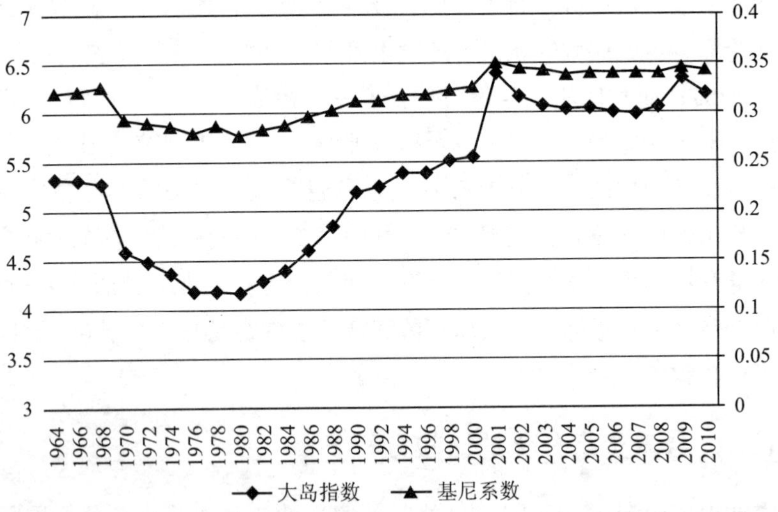

图 2　台湾地区家庭所得分配走势图（1964—2010）

资料来源：台湾“行政院主计处”：《台湾地区家庭收支调查报告（2010 年）》，2011 年 10 月编印。说明：第 5 组（所得最高组）为第 1 组（最低组）的倍数为求精确系以第 5 组家庭可支配所得总额除以第 1 组家庭可支配所得总额计算所得。所得总额包括薪资报酬、产业主所得、财产所得及移转所得。

概言之，从横向比较来看，台湾贫富差距并不算最严重，但是通过纵向历史进程的比较，可以看出台湾贫富分化比以前明显。2010—2011 年台湾虽然出现短期经济复苏，但由于长期分配不均的累积效应和短期金融危机的冲击，多数民众的经济生活状况并没有改善，马英九当局引为政绩的经济复苏，因此被舆论称为“无感复苏”。同时，分配端的薪资停滞和消费端的物价持续上涨，使得贫富分化扩大背景下台湾社会中下阶层的“相对剥夺感”不断加强，这些都为选举政治动员提供了社会基础和舆论氛围。

三、台湾的阶层分化与阶级认同的模糊

2008 年全球金融危机使台湾长期演变的阶层分化在短期内加剧了，这种分化不是以传统劳资阶级两极分化来定义的，而是以家庭所得的差距来界定的。

根据台湾“行政院主计处”的家庭可支配所得调查数据（参见表 3），最近十年来台湾家庭所得增长率明显低于经济增长率，越贫困者越明显，越

到经济衰退时期越明显。表2列出最近11年来台湾地区家庭五等分组后各组可支配所得的年增长率和同时期台湾人均GDP增长率，比较这两类年增长率可以发现：（1）台湾收入最低的两组（组一和组二，共占40%家户）的平均所得均为负增长；（2）全部五组家庭呈现出平均所得越低，则所得减少越明显（最低为组一的-0.39），平均所得越高，所得增长越明显（最高为0.85）；（3）更明显的是11年来所有组别的所得年增长率（总平均0.23）低于人均GDP增长率（0.60）。利用表2的数据绘制成图8，可以直观地看出按家庭所得划分的台湾各阶层的利益受损的幅度，在下层（组一和组二），所得的增长一直落后于经济增长，上层（组五）的所得增长在2008年以后超过经济增长。这显示出了各阶层贫富分化加剧的趋势。

表3　台湾家庭可支配所得分组年增长率（2000—2010）

年份	组一	组二	组三	组四	组五	平均	人均GDP增长率
2000	-0.58	-0.44	0.01	1.15	0.25	0.08	3.24
2001	-11.35	-8.15	-4.95	-2.88	2.11	-5.04	-2.37
2002	4.55	2.63	0.52	-0.81	0.79	1.54	3.82
2003	1.43	1.28	0.18	1.60	0.01	0.90	1.75
2004	0.34	1.83	4.09	1.43	-0.46	1.39	4.81
2005	0.13	0.12	0.43	0.69	0.28	0.33	3.16
2006	2.21	1.57	2.10	2.91	1.70	2.10	3.40
2007	2.59	1.11	0.50	-0.34	2.16	1.20	5.61
2008	-2.76	-1.09	-0.40	-0.10	-1.70	-1.21	-2.47
2009	-1.68	-1.47	-0.16	0.49	1.62	-0.24	-1.05
2010	0.11	0.28	1.87	2.56	2.61	1.49	1.13
平均	-0.39	-0.30	0.38	0.62	0.85	0.23	0.60

资料来源：台湾“行政院主计处”：《台湾地区家庭收支调查报告（2010年）》，2011年10月编印。说明：各组划分系按照所得高低五等分，组一为最低的20%家庭，组五为最高的20%家庭。

另外，再根据“行政院主计处”的调查资料绘制出1964—2010年台湾家户五等分组平均每户可支配所得变化图，参见图4。可以看出，1990年代以来最高所得组（第五组）的可支配所得大幅抛离其他各组，而第三和第四组的所得增长则与全体平均所得增长率相近，可以当做收入停滞的中产阶层，至于第一和第二组的所得增长不仅基本停滞，而且落后于中产阶层，更不用说与最富有的阶层（第五组）的差距已经出现了巨大的鸿沟。从这里

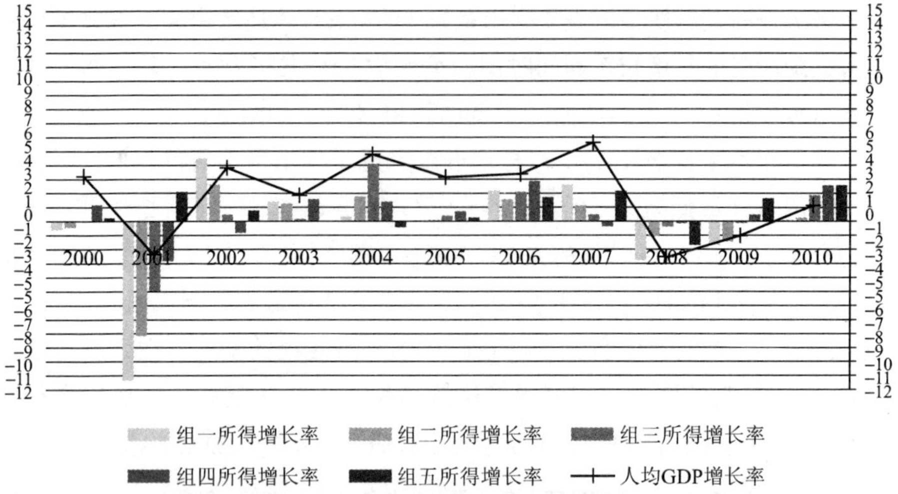

图3　台湾家户五等分组各组所得增长率（2000—2010）

资料来源：台湾“行政院主计处”：《台湾地区家庭收支调查报告（2010年）》，2011年10月编印。

我们可以理解台湾中下阶层普遍存在的相对剥夺感以及对执政当局的不满情绪。

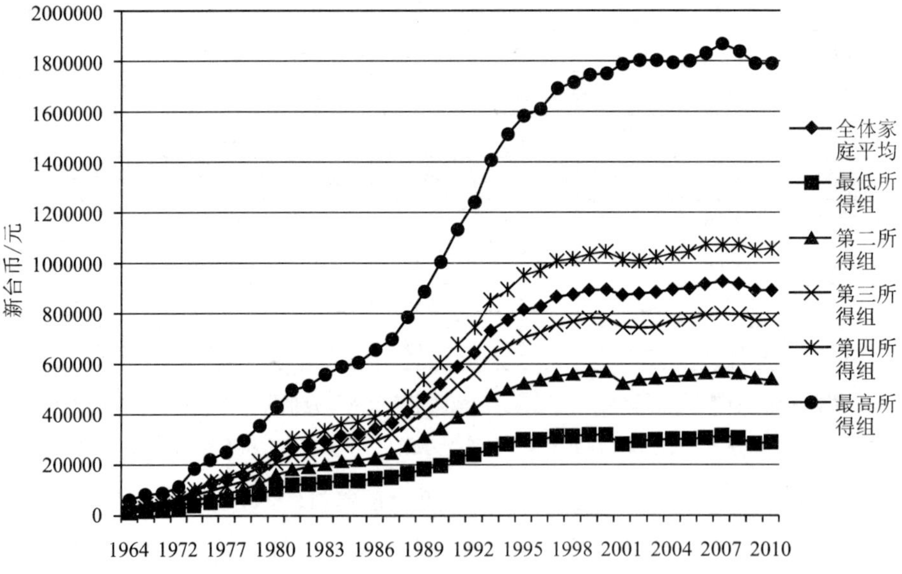

图4　台湾家户五等分组平均每户可支配所得变化（1964—2010）

资料来源：台湾“行政院主计处”：《台湾地区家庭收支调查报告（2010年）》，2011年10月编印，全部数据参见该报告第22页，第3表。

总的来说，台湾的贫富分化是一个长期过程，以家庭所得为基本划分标准的社会分层也在长期贫富分化中愈加明显。2008年全球金融危机对台湾各个行业、职业产生很大的冲击，加剧了不断扩大的贫富分化和社会分层。低收入水准的家庭所得的增长率的下滑最为明显，增强了社会中下阶层的相对贫困化。台湾朝野政党不得不面临这个严峻的问题，关于经济增长优先还是社会分配优先的选择难题因此浮上政治台面，进入公共政策辩论空间。所以，过去西方政治竞争语境中的“左右”问题，亦即民生公共政策上重“分配”（所谓“左”）还是重“增长”（“右”）的问题，在今天的台湾确实存在。

另外一个方面，台湾社会一向缺乏清晰、稳定的阶级认同，缺少阶级对抗的社会基础。一方面，从台湾的产业结构和从业结构的变化，特别是服务业私人受雇阶层的扩大可以看出一个规模庞大、组成复杂的中间阶层或说中产阶级已经成为台湾社会的主体。① 有调查研究表明，在1990年代初有40%—50%的台湾民众自认为属于中间阶层或中产阶级，这种阶层认同感在最近五年处在40%上下。② 另一方面，对台湾制造业雇佣劳工的研究表明，由于台湾特殊的制造业产业结构、企业规模和生产外包制度，台湾的阶级流动比较通畅，经常有“黑手变头家”的创业故事。③ “黑手变头家”是闽南语俗语，指受雇的体力劳工者变成了雇主资本家，这种现象的普遍存在意味着台湾工业化中缺乏明显的劳工阶级认同，劳资阶级对抗并非主要的社会矛盾。此外，由于受两岸经贸发展和出口布局的影响，台湾的产业经济从加工制造业到高科技研发形成了较为完整的产业链，大企业和中小企业具有共同的发展利益，企业兴衰又与雇佣就业和家庭所得密切相连，因此企业和就业

① 社会学研究中，中间阶层和中产阶级的概念内涵常常相通，其身份有多种界定标准，但按美国社会学家米尔斯提出的广为接受的界定，指自营作业群体（旧中产阶级）或白领受雇群体（新中产阶级）——参考米尔斯（C. M. Mills）：《白领：美国的中产阶级》，南京大学出版社，2006年。1990年代台湾社会的中产阶级按职业与收入交叉分析，主要包括行政主管、专门技术人员、监督及佐理人员、买卖工作人员及服务人员等新中产阶级，年收入大多在新台币20万—100万区间，其中三分之一是公教人员，参见许嘉猷：《台湾中产阶级的估计及其社会经济特性》，载萧新煌主编《变迁中台湾社会的中产阶级》，巨流图书公司，1990，第58—73页。

② 黄毅志：《社会阶层、社会网络与主观意识》，台北：巨流图书公司，2002年，第37页；以及参见林宗弘：《台湾的后工业化：阶级结构的转型与社会不平等，1992—2007》，《台湾社会学刊》，2009年12月，第43期，第93—158页。

③ 谢国雄：《黑手变头家：台湾制造业中的阶级流动》，《台湾社会研究季刊》，1989年，夏季号，第2期，第15—54页。

没有形成严重的对立。所以，传统马克思主义所说的“阶级斗争”并没有在台湾出现。2012 年 1 月上旬，台湾“总统”选举前夕，台湾很多大中小企业家纷纷表态支持“九二共识”，间接“挺马”，对选举结果产生深刻的影响。有台湾“女首富”之称的宏达电集团董事长王雪红在选前一天召开记者会指出“不论企业大小为何，相信企业创造就业、就业产生员工，每个员工背后都有支持他们的家庭。”① 这里表达的就是产业经济、企业利益与就业利益乃是一个“命运共同体”的观念，得到了台湾社会舆论的广泛支持。

正是基于这样的贫富分化状况和社会结构背景，现在的民进党和国民党虽然不得不直接面对促进经济复苏与缓解贫富分化的双重挑战，面临经济增长优先与公平分配优先的选择难题，但不可能是完全以特定阶级为基础的纯“左翼”或纯“右翼”政党。

四、贫富分化下蓝绿两党选举路线的调整

现在进一步分析全球金融危机下台湾贫富分化问题影响政党选举策略的机制。2010 年以来，在蔡英文主持下，逐渐摆脱陈水扁贪污阴影的民进党敏锐地捕捉到全球金融危机冲击下台湾产业经济滑坡、失业率激增和贫富分化对于中下阶层民众生活的负面影响，重新布局选举策略和议题动员模式，迫使国民党执政当局也从短期经济复苏的政绩迷梦中惊醒过来，重视社会民生问题。

（一）民进党路线调整：回归“中间偏左”

在 1980 年代后期以来的台湾政治转型中，认同政治以省籍—族群—统“独”争议的形式出现在台湾多次重要选举中，这种现象在李登辉执政后期（1996—2000 年）和陈水扁执政时期（2000—2008 年）表现得最为突出，掩盖了其他经济社会议题，直到 2008 年的“总统”选举才开始出现转变的迹象。

从 1989 年台湾县市长选举到 1997 年台湾县市长选举，是民进党从成立到崛起为台湾第二大政党的过程。在这八年间的重要选举中，包括“总统”

① http://tw.finance.yahoo.com/news_content/url/d/a/120113/3/2yxks.html

直选、“立法委员”选举、“国大代表”选举、县市长选举和地方民意代表选举等，国民党、民进党和新党的选举竞争围绕着统“独”议题和民主化议题展开。在国民党威权统治时期长期被压制的台湾本土认同及其极端的“台独”主张，在1990年代历次选举中急剧反弹。民进党政客利用这种形势，刻意宣扬“本土”对抗“外来”、“台湾认同”对抗“中国认同”的二元政见论述结构。1996年台湾地区第一次“总统”直选在某种程度上体现了直接民主制在台湾的重大进展，此后民主化议题的热度开始消退，两党制政治格局形成，以认同争议为核心的统“独”议题成为台湾蓝绿两党竞争的主轴。[①]“认同政治”成为台湾选举政治竞争中最重要的特点。

这条主轴有两种表现形式：其一是两党都淡化统“独”主张，但是两党都强化台湾本土认同；其二是一党强化“台独”主张，同时两党都强化台湾本土认同。这两种形式源自对台湾选民的政党偏好分布的两种不同理解：[②] 前者认为台湾选民的政党偏好是一种“单峰分布”或者说“正态分布”，即铁杆的“深蓝”和“深绿”支持者都是少数，而多数选民是没有蓝绿政党偏好的中间选民，因此淡化统“独”而强调本土认同有助于争取中间选民的支持；后者则认为台湾选民的政党偏好是一种“双峰分布”，即“蓝”基本盘和“绿”基本盘都是多数，而中间选民则是少数，容易跟随大势而游动，因此民进党可以通过强化“台独”立场巩固基本盘，再去吸引中间选民。另外，按台湾大学石之瑜教授的分析，后者是针对中间选民为寻求稳定身份认同而持有“可统可独”或者“非统非独”的心理，以“台独”主张促进台湾本土认同的巩固并争取最大化选票支持。[③] 第一种表现形式体现在2000年“总统”选举，民进党候选人陈水扁以“改革”和“新希望”的本土政治领袖形象赢得选举，第二种表现形式体现在2004年“总统”选举，陈水扁通过宣扬“台独”、“制宪”和“公投”，结果扩大了选票基础，并最终赢得选举。不管是哪一种形式，主张“台独”的民进党候选人都被塑造成比国民党候选人具有更加鲜明台湾本土色彩的政治明星，而

---

① Niou, Emerson, 2004, “Understanding Taiwan Independence and lts Polity Implications.” Asian Survey, 4. also see: Ross, Robert S., 2006, “Taiwan's Fading Independence Movement,” Foreign Affairs, Vol. 85, No. 2.

② 在台湾选举政治圈和学术圈中，这两种理解都存在，并且都影响蓝绿两党的选举策略，但都缺乏可靠的实证数据来证明其中一种而同时否定另外一种。

③ 参见石之瑜：《消失的中间选民：2004 年总统大选对空间理论的修正》，《问题与研究》，2005 年，第44 卷第4 期。

国民党从大陆迁移入台的历史背景和对“一中宪法”的坚守，都使其摆脱不了“偏统”的形象。因此，统“独”问题隐藏在高调的“认同政治”之中，成为2000—2004年台湾重大选举中具有决定性的选举主轴，并且民进党往往是挑战方，其选举论述表现为如下几类：（1）民进党对抗国民党是本土政党对抗外来政权；（2）是本省籍的民进党候选人对抗外省籍的国民党候选人；（3）是追求正常化的“台湾共和国”对抗不正常的“中华民国”；（4）是民进党带领台湾本土力量对抗“中共霸权”。[①]

2008年的“总统”选举是在自诩为“本土政权”的陈水扁政权弊案缠身的背景下展开的，国民党候选人马英九以其清廉正派和注重发展经济的形象赢得台湾多数选民（得票率为58%）的支持。[②] 不过，即便在这场以“清廉Vs. 贪腐”、“经济发展Vs. 意识形态”为主轴的关键选举中，马英九的外省人背景也备受攻击，甚至被打成“终极统一”的代言人。民进党还通过一系列竞选广告，指责国民党“承认大陆学历”、建设“两岸共同市场”等政策主张将导致“开放大陆劳工来台”、“开放大陆农产品入台”，乃至形成“一中市场”，会影响台湾本土经济社会的稳定发展。台湾政治经济学者陈陆辉、耿曙等人2009年的研究表明：当台湾民众支持两岸经贸交流更加开放以及预期开放后台湾经济将会变得更好时，愈倾向支持国民党候选人；而当台湾选民的本土认同愈强，则愈倾向支持民进党的候选人。[③] 可见，统“独”认同议题在2008年台湾“总统”选举中虽然不是决定性的选举主轴，但仍然扮演重要的作用。另外，就民进党本身而言，2008年也意味着选举主轴策略调整的开始。当时民进党候选人谢长廷试图以“正常国家、幸福台湾”作为竞选主轴，“正常国家”依旧是带有统“独”认同争议的议题，而“幸福台湾”则带有社会民生色彩。

2009年5月民进党新潮流系的大本营“台湾新社会智库”发表社论《多研究些问题，少谈些主义》指出：“中间偏左本来就是民进党的立场。”[④]民进党早期（1980年代末到90年代初）的社会基础是以自营作业者

① 参见郑振清：《本土化与台湾政治转型的动力与进程》，《政治学研究》，2010年第6期。

② 赵永茂：《二次政党轮替后对台湾民主的省思》，《台湾民主季刊》，2008年第5卷第2期。

③ 陈陆辉、耿曙：《台湾民众统独偏好的变迁与持续》，吴玉山、包宗和主编：《重新检视争辩中的两岸关系理论》，台北：五南图书，2009。

④ 2009年5月15日台湾新社会智库社论：http：//www. taiwansig. tw/index. php? option = com _ content&task = view&id = 1404&Itemid = 136&userid = 92&content _ type = article。

和蓝领工人为主，1998 年以后吸引了南部农业县份的人口，这些都是传统左派的目标阶级。不过，陈水扁执政期间（2000—2008 年），民进党当局与大企业联手，建立政商寻租联盟，不仅收编了台湾主要工商团体，还控制了一批官商合一的大型金融控股集团，大力推行图利于大企业和财团的公营事业民营化和二次金融改革等财经政策。① 这些做法不仅使民进党与中小企业关系疏远，也失去了很多基层社运团体和中下阶层的支持，实际上背离了“中间偏左”的政党定位。②

从 2010 年底到 2011 年底，本文作者先后在北京市、台北市、新北市、高雄市等地访谈民进党重要智囊人士和党内干部，他们基本认为民进党应该扭转陈水扁时代强烈的“台独”意识形态和亲近企业财团的重商倾向，回归“中间偏左”的政党路线，紧扣全球金融危机冲击下台湾社会突出的民生问题，重新把握选举议题的主导权。民进党新潮流系元老洪奇昌表示，“民进党的社会基础在中下阶层，民进党一直强调社会公平，能够迅速回应弱势群体的心声，这是我们的优势。民进党失去执政权后，缺乏政治经济资源，只有发挥原有的优势，重新与社会基础相结合，才能再起。”“蔡英文主席要走不同于陈水扁的路线，就是要以民生政策为主轴的选举动员方式”。③ 此外，陈明通的论文认为“五都”选举期间“蔡英文路线”就已成形，其核心理念乃是政党竞争是一种治理能力的比较与检验，而不是族群的撕裂与统“独”对抗，她要与执政的国民党竞争他们所没有照顾到的“非资本家阶级”或所得分配上弱势的一方，这种诉求有别于过去的民进党。④ 他认为，“现在民进党的路线当然与陈水扁时期不一样，现在就是要回归社会中下阶层，老老实实做好左派政党，才有选票和前途。”。⑤ 民进党幕僚的这些说法证实了蔡英文时代的民进党回归“中间偏左”的路线。考察 2010 年底台湾“五都”选举议题，可以发现民生议题成为了该党选举动员的主

---

① 黄宗昊：《台湾政商关系的演变：历史制度论分析》，《问题与研究》，2004 年，第 43 卷第 4 期；巫永平、郑振清：《政治转型与政商关系：台湾政商关系演变的政治经济学分析》，《经济社会体制比较》，2009 年第 2 期。

② 前民进党青年部主任、新议程研究室主持人周奕成访谈，北京，清华大学：2008 年 5 月 30 日；前民进党“立委”、台湾产经建研社董事长洪奇昌访谈，北京，清华大学：2010 年 12 月 20 日。

③ 洪奇昌访谈，北京，清华大学：2010 年 12 月 20 日，台北：2011 年 5 月 3 日。

④ 陈明通：《五都选举与民进党转型》，2010 台湾政治学会年会暨学术研讨会，台北：东吴大学，2010 年 12 月 4 日。

⑤ 陈明通访谈，台北，台湾大学：2011 年 5 月 4 日。

要内容，这正是“中间偏左”路线在选举动员中的反映。当时民进党蔡英文、苏贞昌十分注重社会边缘族群、弱势群体、失业群体、脆弱中产阶级等群体的利益要求，连续打出社会住宅、失业危机、贫富差距等民生议题牌，虽然最终在蓝大绿小的台北市、新北市败选，但稳固了绿营基本盘并争取到部分中间选民的支持。

2011 年 8 月民进党主席蔡英文谋划已久的“十年政纲”终于公布，标志着民进党新政治路线成形。该政纲“总论”如此分析台湾发展的新形势：“经济发展偏差造成失业率持续攀升，贫富和城乡差距不断扩大，已严重冲击社会的和谐发展，分配正义的挑战陆续浮现。都会区的房地产在市场失灵与投机炒作下，价格节节飙升，更让许多中产阶级与弱势者住的权益遭到剥夺。”① 为了应对这个新形势，“十年政纲”列出民进党的六项基本主张：就业导向的优质经济、公平分配的互助社会、永续发展的安全环境、多元开创的教育文化、人民参与的民主深化以及多边稳定的和平战略。其中前两项主张成为引领民进党选举策略和未来施政重心的主轴。按照“十年政纲”的阐述，就业导向的优质经济，是指台湾应进行产业结构转型，以知识、创新提升全球竞争力，并促进产业发展和在地经济与在地就业的结合。② 至于公平分配的互助社会，是指面对台湾人口老化、少子女化、家庭解组、失业增加及工作贫穷扩大等社会新风险，台湾当局必须建构“永续的社会安全网”，重视各项社会保险的公平性及永续性，同时应维护就业稳定、所得成长与劳工权益，力行税制合理化，以最大程度缩小台湾的贫富差距，营造高就业、高平等的和谐团结社会。③ 不难看出，这些政见主张正是“中间偏左”政治路线的要求，具有明显的“阶级政治”倾向。

（二）国民党选举路线变化：从促进经济复苏到重视社会分配

在 2010 年底“五都”选举中，马英九执政当局虽然注意到贫富分化的问题，但是政党高层与大企业的往来已经形成某种利益共同体，自然体现在经济政策上注意照顾大企业的利益，相对忽视公平分配问题。④尽管国民党

---

① 民进党：《十年政纲·总论》，2011 年 8 月。

② 民进党：《十年政纲·总论》，2011 年 8 月。

③ 民进党：《十年政纲·总论》，2011 年 8 月。

④ 财团法人国家政策研究基金会：《国政评论》财金（评）099－223 号，2010 年 12 月 16 日，http：//www. npf. org. tw/post/1/8520/

内新生代也注意到中产阶层日益脆弱、弱势和边缘群体存在反抗心理，但是很难在政策上有效照顾他们的利益，所以民进党把国民党扣上“中间偏右”政党的帽子。虽然“五都”选举具有地方选举的属性，但是不能否认占全台湾60%的“五都”选民对两党竞选主轴的态度延续到2012年的“立委”选举和“总统”选举。

在走向2012年“大选”的进程中，国民党一度十分重视宣传马英九执政团队带领台湾经济走向复苏的政绩，不过随着选战的推进，愈来愈重视贫富分化及其引发的各种社会民生问题。2011年11月之前，国民党不断强调，马英九执政团队在2010年创造出10.88%的经济成长率，为24年来新高，“让人民感受到经济发展的成果”；马英九执政当局还积极建构一个有利经济发展的财税政策环境，分别完成所得税、遗产及赠与税修正，将营利事业所得税率从25%大幅降为17%；遗赠税率从最高级距的50%降为10%单一税率，并且通过《产业创新条例》，让企业研发费用可享15%的免税优惠，鼓励原有企业扩大投资、吸引外商来台。[①]

不过，民进党的选战策略给马英九的压力愈来愈大，迫使马英九竞选团队也开始宣传其民生政策，声称过去三年面对全球金融风暴来袭，已采取全方位的措施积极应对。其一是“政府挺银行、银行挺企业、企业挺劳工”的金融政策，由台湾行政当局提出对银行存款的全额担保，并要求银行尽量不要对企业抽银根。其二是推动实施“二代全民健保”，采用双轨制征收保费，使得有工薪之外高额所得，包括股利、利息的民众，必须多缴保费，而若依靠工薪过日，奖金一年累计也不超过月投保薪资4倍者，保费则略有缩减。其三是通过“奢侈税”立法并实施，遏止北部都市区的投机炒房行为。其四是推出“居住正义”的整体配套措施，运用公有地，在交通方便的地区兴建出租住宅，减轻年轻人缴付巨额房贷利息压力。其五，“社会救助法”新制于2011年7月1日正式实施，直接让全台湾86万低收入人口和弱势族群受惠，并由提出辅导就业等配套脱贫措施。2011年11月份以后，马英九竞选团队开始在社会福利和农民生产生活问题上做文章，包括调涨“老农津贴”、“中低收入家庭儿童及少年生活扶助”、“中低收入老人生活津贴”等福利补助。

---

① 国民党中央政策委员会《大陆情势双周报》第1607期：http：//www. kmt. org. tw/hc. aspx? id=44&aid=6503

五、台湾选举结果及其典型意义

图5显示1996—2012年国、民两党在若干重大选举的得票率情况，可以看出2009年以后在蔡英文的带领下民进党走出了2008年陈水扁执政末期的低谷。2010年11月“五都”选举民进党虽然只得到台南市和高雄市2个市长席次，但政党总得票率达到49.87%，超过国民党的44.54%，仅次于2004年“总统”选举时统“独”高度对抗下的本党得票最高峰。2012年1月14日“总统”选举结果，蔡英文获得45.63%的得票率，输给了得到51.60%选票的马英九，两者相差79.8万张选票，只有将近6%的比例差距。这个差距与2008年“大选”时谢长廷落后马英九将近17%的比例相比，已经减小了很多，不能不说是民进党的某种进步。

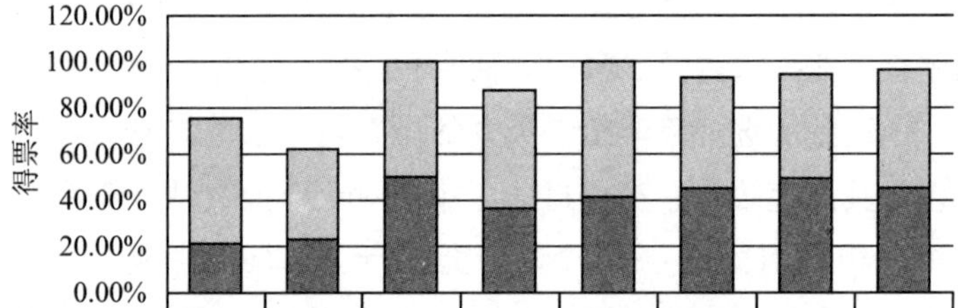

	1996“大选”	2000“大选”	2004“大选”	2008“立委”	2008“大选”	2009县市长	2010“五都”	2012“大选”
国民党	54.00	39.30	49.89	51.23	58.45	47.88	44.54	51.60
民进党	21.30	23.10	50.11	36.91	41.55	45.32	49.87	45.63

图5　台湾蓝绿两党重要选举得票率比较（1996—2012）

资料来源：台湾“中央选举委员会”：http：//www.cec.gov.tw/

可见“蔡英文路线”下的民进党确实能够稳住绿营“基本盘”，小幅扩大社会基础，与国民党维持基本势均力敌的格局，但还是欠缺足够实力去赢得这种一对一的“大选”。多年来担任蔡英文重要幕僚的陈明通在“五都”选后指出，蔡英文虽然启动了民进党由“族群动员路线”转向“阶级动员路线”，但是在台湾复杂历史背景下长期形成的蓝绿“基本盘”仍然存在，有蓝绿意识的选民只要有风吹草动就宁愿退回“基本盘”，不愿意给转型路线掌声，这是民进党未能赢得“五都”选举第三席的原因，也意味着“蔡英文路线”虽然有吸引力，但仍属萌芽阶段。① 这样的分析比较中肯，某种程度上也能够解释2012年1月民进党败选“总统”选举。更何况，在此次选战进程中，国民党逐渐意识到贫富分化和民生议题的重要性，并且利用各种资源提出民生政策，一定程度上化解了民进党的民生议题攻势，使得中下阶层选民并没有一边倒地支持蔡英文。当然，重大选举不可能只由单一方面的因素决定，就2012年台湾“大选”来说，候选人形象人格、民生议题与两岸议题成为决定选民投票行为的三个主要因素。在候选人形象人格相对稳定并且民众已经形成相对固定的印象以后，后两个议题因素如何运转，成为影响选举投票的关键。

总的来说，在2010—2012年间，在台湾选举政治中的统“独”认同议题逐渐降温，而贫富分化引发的民生公共政策则升温并成为选举主轴，尤其以2012年初的“总统”选举最为明显。此次选举中，蔡英文延续2010年“五都”选举中淡化统“独”认同议题、强化贫富分化下阶级议题的选举路线，主打分配端的民生议题牌，并且在两岸经济合作与台湾社会分配不均之间建立联系，促使民生公共政策议题成为整场选战的主轴。马英九首先宣扬增长端的经济复苏政绩和ECFA，随着选战进展也重视分配端的民生福利问题，并且控制消费端的物价上涨问题，由此获得企业界和中产阶级的信任。而蔡英文最终受制于民进党的两岸政策包袱，无法在增长端提出妥善处理两岸经济合作与台湾产业振兴的方案，使其在分配端和消费端上缓解贫富分化的政见失去可靠的经济基础，最终无法赢得大多数选民的支持。这说明这次选战的独特之处蓝绿都愿意积极处理全球金融危机冲击下社会分配不均的问题，并在促进增长与调整分配之间做好平衡。所以，2010—2012年的台湾选举政治进程，十分典型地反映了东亚地区存在的“外部经济冲击—社会贫富分化—内部选举公共政策辩论”的政治经济过程，并且由于独特的两岸关系和台湾政党演进的族群认同背景，而具有自身的特殊性。

六、总　结

2008年以来全球金融危机和经济衰退究竟如何影响各国和地区内部的

---

① 陈明通：《五都选举与民进党转型》，2010台湾政治学会年会暨学术研讨会，台北：东吴大学，2010年12月4日。2012年2月15日陈明通在北京清华大学台湾研究所座谈会的发言。

政治发展？最近几年东亚地区的选举政治中出现大量的公共政策辩论，区别于西亚北非以“去威权化”为特点的政治动荡和欧美国家对利益代表制和金融寡头模式严重不满的社会骚乱。

一方面，近年来的台湾选举政治集中体现了东亚地区普遍存在的“外部经济冲击—社会贫富分化—选举公共政策辩论”政治经济三部曲，反应出全球金融－经济危机背景下东亚独特的政治反应模式。全球金融危机和经济衰退使得台湾走到了新的转折年代：从长期来看，过去四十年间台湾经济发展中突出的“均富增长”的特点逐渐消失，不可避免面临着经济增长趋缓、贫富分化扩大的问题；从短期来看，最近四年来全球金融危机冲击下的后遗症，包括出口萎缩、高失业率、收入增长停滞、通货膨胀等经济民生问题显得十分突出。台湾政党政治不得不对这些新的重大经济社会问题作出回应。民进党和国民党都调整党内选举决策体系和选举动员论述，以经济民生政策为主轴，开展增长优先政策或者分配优先政策的公共政策辩论，使得全球传导的经济－社会压力沿着选举动员的制度化路径进行释放。当然，增长—分配—消费三者是紧密联系的链条，任何一个政党都不可能采用只要其一，不要其二其三的“理想型”左翼政见或右翼政见，而是会根据自身既有优势、选民基础和议题偏好，采取偏重某一方面的政策，并且选举竞争中形成一定程度上的政策趋同效应。

另一方面，过去在两岸对抗与东亚冷战背景下，一般认为台湾政党政治是沿着以省籍－族群－认同的纵向社会分歧线形成的，但是在新一轮全球金融危机和经济衰退背景下，事情起了变化。从2010—2012年“五都”选举和“总统”选举选战进程中蓝绿两大政党的选举论述、选战策略和选举议题来看，以公平分配优先和经济增长优先为两端的公共政策分野和选举议题空间在台湾已经形成。不过，台湾社会一向缺少清晰、稳定的阶级认同，当代台湾政党政治的形成更是受到族群分歧和统独认同矛盾的深刻影响，不可能短期内转变为西方发达国家语境下以阶级分野为基础的左翼政党或者右翼政党。

近年来在西方发达国家，族群认同、女性主义等“认同政治”（identity politics）兴起，而经济增长、社会分配等“阶级政治”议题被讽为“老式政治”,[①] 台湾的政治发展进程却相反，是由“认同政治”走向“阶级政治”（class politics），即由关注族群和认同问题转向关注贫富分化和公平分配问题。在东亚其他国家和地区也有类似的选举议题主轴转换的现象。可见，东方和西方由于经济发展阶段的不同，以及在全球生产—消费结构中位置的差异，在政治发展主题和选举动员模式上也存在很大的差别。

① Claus Offe,“Work: A Central Sociological Category?” in Disorganized Capitalism. Cambridge, UK: Polity Press, 1985.

从 2012 年“大选”选民投票行为看台湾民意脉动及其对两岸关系的影响

中国社会科学院台湾研究所　张　华

相较于过去四次“总统”选举，2012 年“总统”选举不仅呈现出投票率创新低，选民以两岸关系和经济因素为重要投票取向的新特点，统“独”议题也首次没有成为选民投票行为的重要选项。这说明台湾民众的政治热情已由过去的激情、狂热过渡至理性、成熟，也展现出支持“九二共识”及两岸关系和平发展、反对“台独”的台湾主流民意，即便南部选民也因两岸新局受益匪浅，“挺蔡”立场转趋保守、“反马”立场开始松动。经过近四年两岸关系和平发展的实践，岛内民众对大陆的态度出现向好转变。未来，随着两岸关系和平发展不断深入，台湾民众所获和平红利逐渐增多，推动两岸关系继往开来的民意基础必将不断厚植。但由于“台湾主体意识”依旧高涨，台湾民众的中国认同依旧没有提升，两岸关系长远深入发展仍面临重要课题。

一、2012 年“大选”台湾选民投票行为的新变化

（一）投票率低于预期

由于此次选举是台湾首次举行“大选”与“立委”同时进行的“二合一”选举，多评估两项选举互有拉抬效果，加之马英九和蔡英文双方选情空前紧绷，国、民两党选前疯狂拉票、催票，致使外界普遍认为此次“大选”投票率将不会低于 2008 年“大选”的投票率，台“中央选举委员会”更预估投票率近 8 成。若再考虑到选举日当天天气状况较为理想，投票率应

该更高。但实际投票率为74.38%，这不仅远远落后于2000年“大选”的82.69%的投票率与2004年的80.28%的投票率，也低于2008年“大选”的76.33%，创历次选举最低。

（二）能否妥善处理两岸关系成为选民投票的重要取向

与1996年至2008年四次“大选”时两岸关系受制于台湾执政当局执意进行政治操作完全不同，2012年“大选”是在两岸关系进入和平发展新格局后的首次“大选”，其结果从未像现在一样攸关岛内民众近四年来享有的和平红利可否延续。由于近四年来，不仅马当局积极推动两岸关系向前迈进，民进党也因阻挠、破坏两岸关系失去市场而试图展现妥善处理两岸关系的能力，致使此次选举中，谁更有能力处理两岸议题成为选民重要投票指标，两岸关系的重要性自然提上前所未有的高度。由于民进党顽固坚持“台独”立场，拒不承认“九二共识”，引发岛内各界及国际社会对其上台后可能致使两岸关系和平发展进程中断甚至逆转的广泛忧虑。与此相比，尽管岛内民众对“九二共识”的来龙去脉及确切内涵了解不多，但对其重要性及由此带来的和平红利却受益匪浅，对马英九继续执政两岸关系的发展方向有安全感、确定感。选举结果表明，多数选民的投票取向与马英九坚持的“九二共识”及两岸关系和平发展具有高度关联。

（三）经济投票取向首次与两岸关系投票取向密切关联

席卷全球的全球金融危机和方兴未艾的欧洲债务危机，对台湾这个开放经济体造成重大冲击，加剧高失业率、通货膨胀和贫富差距扩大等一系列问题，致使在选战过程中，经济、民生议题，而非意识形态色彩强烈的统“独”问题，成为台湾选民普遍关心的焦点，更是马英九、蔡英文、宋楚瑜在此次“大选”中攻防的议题主轴。这与之前统“独”议题一出现，经济议题就失焦的现象截然相反，显示台湾社会出现了前所未有的民意新现象，即谁能带给台湾安定与繁荣，谁能让民众的荷包鼓起来，谁的当选可能就更大。从选后民众对马英九改组“财经小内阁”抱有高度肯定与期望，也可看出民众关心的议题已从意识形态转向民生和经济，若当局继续让民众对经济“无感”，必将难逃下台命运。唯因台湾经济发展与两岸关系从未像现在这样紧密，2008年5月以来近四年的实践证明，和平、和谐的两岸关系是台湾经济继续向前发展的重要因素。从这一层意义上讲，提升台湾经济，首先要处理好两岸关系；从选民角度讲，二者关联度越高，选民的经济投票取向和两岸关系取向联动性越强。

（四）统“独”议题已非选民投票行为重要选项

曾几何时，两岸议题中的统“独”议题高居所有议题之首，远非经济、民生议题可比。炒作统“独”对立、操纵“卖台爱台”曾是民进党选举制胜的“王牌”，国民党因此长期陷入被动，在选举中持续失分。但2005年时任国民党主席的连战登陆实现国共两党跨越60年的历史性握手之后，民进党的统“独”牌开始失灵。2008年“大选”过程中，民进党候选人谢长廷主打统“独”议题，最终败给了主打经济与清廉议题的国民党候选人马英九，显示统“独”议题已非选民首要关注对象。2012年“大选”过程中，蔡英文曾炒作马英九父亲骨灰坛上的“化独渐统”、“我是台湾人”广告等“认同”、统“独”议题，但频遭舆论围剿，更引起中间选民挞伐。之后，马英九抛出“签署两岸和平协议”“公投说”也致使其一度领先蔡英文近10个百分点的民意支持度大幅滑落。以上在在说明，在当今两岸关系进入和平发展新局、岛内民众渴望安定的氛围下，任何挑动统“独”议题的举动不仅不能获利，反而可能深度自伤。

除以上显著变化外，选民的政党认同投票取向与历次“大选”一样，依旧是蓝绿支持者的重要选项，而候选人因素即马英九和蔡英文双方的个人特质同样在此次选举中有所表现。

二、对当前台湾民意的几点看法

投票行为是选民通过选举以投票形式表明自己对政党、政治人物、政策等支持与否的政治行为，群体选民的投票行为则可以展现出候选人各自的选票基础，进而在政治互动过程中勾勒出台湾民意的大致走向及主要变化。与历次“大选”相比，2012年“大选”选民投票行为出现的新特点，折射出当前台湾民意的主要变化。

（一）选民政治热情回归理性

一方面，从2011年整个选举过程看，选民的政治热情多处于低潮期，关注的议题也从之前高度意识形态化议题转为务实的经济与民生问题。另一方面，在台湾社会"老年化"趋势愈益明显的情况下，虽然有投票资格的选民大幅增加，但真正行使投票权利的人却在减少，投票率不断降低（本次"总统"选举的投票总人数约为1808万人，与四年前的1732万相比多了约77万人，创下历年选举人数的新高），说明台湾选民的政治热情趋冷。尤其是，台湾地区的"大选"是岛内各类选举中最受民众关心并热衷参与投票的选举，而此次"大选"选情更是空前诡谲，但台湾选民在历经四次"大选"后，其投票热情却没有外界预期的高涨，显示选民的政治热情由最初的狂热逐渐向理性转变。

（二）台湾多数民众认识到"九二共识"的重要性，对两岸关系和平发展的认知由感性期盼升华至理性支持

"九二共识"是两岸关系和平发展的重要基础。李登辉、陈水扁执政期间台湾社会统"独"严重对立、两岸关系长期僵持对峙，岛内社会、经济及广大民众均为此付出过沉重代价。2008年马英九执政以来，在岛内放弃统"独"操作路线，在两岸关系方面坚持"九二共识"、反对"台独"，积极推动两岸关系发生历史性转折。尽管自2008年5月至2012年1月14日"大选"投票日仅3年多，但民众对两岸关系和平发展带来的政治、经济和平红利"有感"，以至让"九二共识"及两岸关系和平发展成为决定此次选举胜负的最关键因素。"真枪实弹"的选举实践证明，岛内多数民众最终对"九二共识"投下赞同票，使其第一次在岛内以最严格的检验获得"正名"，成为台湾民众可以信任、有安全感、有发展的主流共识。选后民意调查显示，马英九胜选的首要原因就是马以"九二共识"为基础的两岸政策获认同，对马英九实现连任的接受度更高达77%，① 显示选举效应进一步提升了台湾民众对"九二共识"的支持率，这在台湾选举史上具有重要的里程碑意义。

如果说，2008年"大选"凸显的台湾民意，是对"台独政权"的抛弃以及对两岸关系和平发展的期盼，那么，2012年"大选"过半选民支持马英九连任，既是对过去近四年两岸关系和平发展的积极肯定，又是对未来两岸关系保持既有发展势头的更大托付。经过近四年的亲身经历，台湾民众对"九二共识"的重要性及两岸关系和平发展的意义已经有了实践性的理性认

---

① "民调/77%接受马胜选36%认赢在两岸、安定"，台湾《联合报》，2012年1月16日。

知，在此基础上形成的民意，自然比2008年更扎实而稳定，更具有不可逆性。因此，马这次获胜，尽管赢得的票数远不如2008年，但其背后的分量更重，意义更为深远。

（三）台湾南部民进党支持者“挺蔡反马”立场开始松动

一方面，马英九与蔡英文在南部的得票差距低于预期，显示南部民众“反马”立场出现松动。2012年“大选”投票前，多家民调认为国民党将在南部大输民进党，因此将南部视为国民党的“重灾区”，绿营还比照2004年“大选”南部领先泛蓝阵营75万票的纪录，喊出南部“大赢70万票”的目标。结果，蔡英文只赢了53万票，与预期有相当差距，显然国民党在南部与民进党的差距有所拉近，而非外界评估的“差距在扩大”，也说明马当局在南部农业区所挹注的两岸和平红利已产生相当影响，包括陆客旅游胜地日月潭、阿里山所在的选区南投、嘉义，以及热销大陆的虱目鱼、石斑鱼及橙子等所在的台南、高雄、云林等地区。据岛内媒体报道，这些区域的绿营支持者或暗中票投马英九，或放弃投票及投废票，其中以后两者居多，成为南部投票率创新低，民进党票没开出来而国民党小输为赢的主因之一。

另一方面，蔡英文在南部优势选区的得票低于民进党“立委”得票，显示南部民众对民进党重新执政仍抱持疑虑。此次“二合一”选举，蔡在南部绿营优势地区，如云林、台南、高雄、屏东地区皆出现得票少于同选区民进党“立委”得票现象，台南市的差距更高达4万票。南部民众对“民进党监督”的期待大于对“民进党执政”的信任成为出现这一现象的根本原因。2008年“大选”时，民进党因贪腐无能在南部流失部分选票，蔡英文代表民进党卷土重来，虽凭借其非典型形象赢得南部选民好感，但在攸关两岸关系与台湾经济发展的重大问题上均未提出具体可行的政策，不少民众因此担心民进党执政可能损害两岸经济框架协议带来的经济效应和陆客赴台商机而转为不投票的隐性选民，致使蔡即使在优势选区也未能开出理想票数。

（四）台湾民众对大陆评价有所改善，但其中国认同与两岸关系和平发展严重脱节。

一是对大陆的隔阂、误解和敌意明显降低。由于两岸关系进入大交流、大合作、大发展新时期，岛内民众与大陆各界人士的接触、交流、合作的机会空前增多，客观上有利于两岸民众彼此认知与了解，从而逐渐降低台湾民众对大陆的隔阂、误解和敌意，进一步推升其与大陆交往的意愿。岛内长期跟踪民意变化的相关调查也显示了同样的趋势。在马英九执政期间以“陆委会”2004.12—2008.3陈水扁执政期间与2008.8—2011.9马英九执政期间所作的各11次民调结果为例，[①] 台湾民众认为大陆政府对台湾当局不友善的比例，从陈水扁执政期间平均61%，降至马英九执政期间平均54%，平均下降了7%。尽管台湾民众认为马英九执政期间大陆政府对台湾民众的不友善比例没有大幅下降，但也出现向好趋势。2010年台《远见》民调显示，民众认为两岸关系为“伙伴关系”、“朋友”以及“亲戚或家人”的比例合计为74%，认为是“敌人”的只有5.1%。[②] 以上变化说明过去对大陆持有高度敌意的台湾民意，目前已骤然降低。这样的民意变化，不仅让国民党靠两岸政绩赢得选举进而继续推进两岸不断前进，也迫使民进党面临调整两岸路线的困境。这是两岸和平发展的重大成果，也是岛内民意的可喜进步。

二是台湾民众的中国认同下降趋势没有效遏制。虽然台湾各界对“和平红利”不仅“有感”还有期待，对大陆的看法也开始发生正面变化，但台湾民众在认同问题上却与两岸和平发展趋势出现严重脱节现象：认同自己是中国人的比例不断下降，认同自己是台湾人的比例却在持续攀升。台湾政治大学的民调（见图1）显示，自2008年马英九执政至2011年6月，认同自己是中国人的民调维持在3.8%—4.2%之间，低于陈水扁第二任执政期间（2004—2007）5.4%—7.2%；认同是台湾人的比例则在48.4%—54.2%之间，高于陈水扁第二任执政期间的41.1%—45%；即便是“认同既是台湾人也是中国人”比例，也由2004年的47.7%降至2011年的39%。这不仅是此次“大选”中，马英九、蔡英文反复强调“台湾主体性”、“台湾尊严”、“台湾前途的自由选择权”等说辞的主要原因，更是马将成功连任视为“台湾路线胜利”的原因。

三是“台湾人认同”大幅攀升没有造成“台独认同”同比例提升。也就是说，认同自身是“台湾人”的选民未必都认同“台独”路线。因此，在2012年“大选”中，民进党候选人蔡英文的两岸政策不得不向中间靠

① 台湾“陆委会”网站，http://www.mac.gov.tw

② 《两岸什么关系？44%民众：生意伙伴》，台湾《联合报》2010年3月20日。

拢，在强调“中华民国是台湾”的前提下，更多强调与“台湾”有关而不是“台独”的说辞。这一点，也可以从近年来的民调数据得出结论。常年追踪岛内民众身份认同和政治认同的台湾政治大学选举研究中心的民调显示，认同台湾人的比例从1994年12月的20.2%上升至2011年6月的54.2.%，18年间上升了34个百分点（见图1），而支持“台独”的比例从1994年12月的11.1%上升至2011年6月的23.2%，即18年间上升了12个百分点（见图2）。

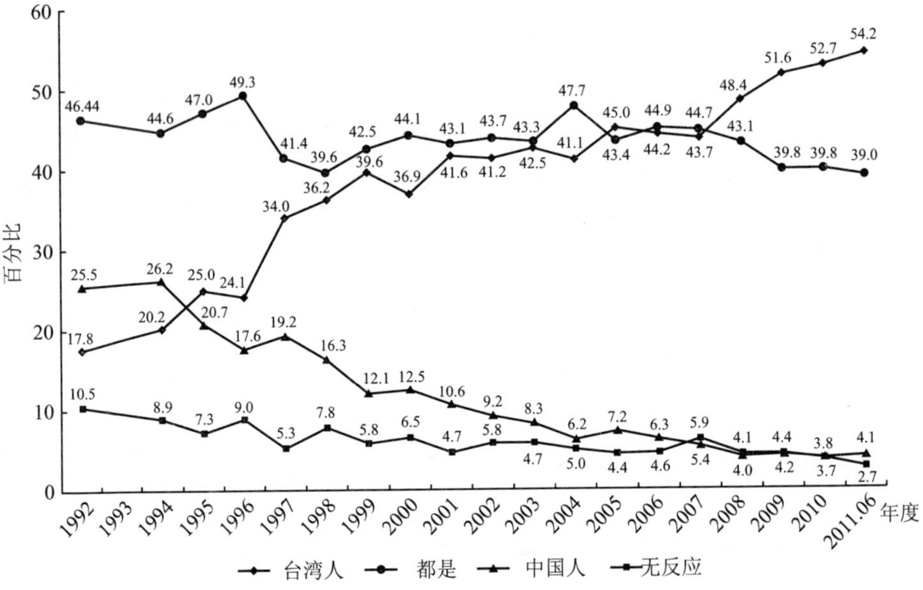

图1　1992—2011年台湾民众族群认同趋势分布

资料来源：台湾政治大学选举研究中心，http：//esc. nccu. edu. tw/ newchinese/data/attitude. htm

三、新民意对两岸关系未来发展的主要影响

（一）放弃激情、回归理性的选民投票行为可避免两岸关系被恶意操弄

此次选民投票行为的新变化，展现出台湾民意放弃政治激情、淡化统“独”意识形态，转而朝向理性、冷静方向转变的趋势，这既是岛内选举渐

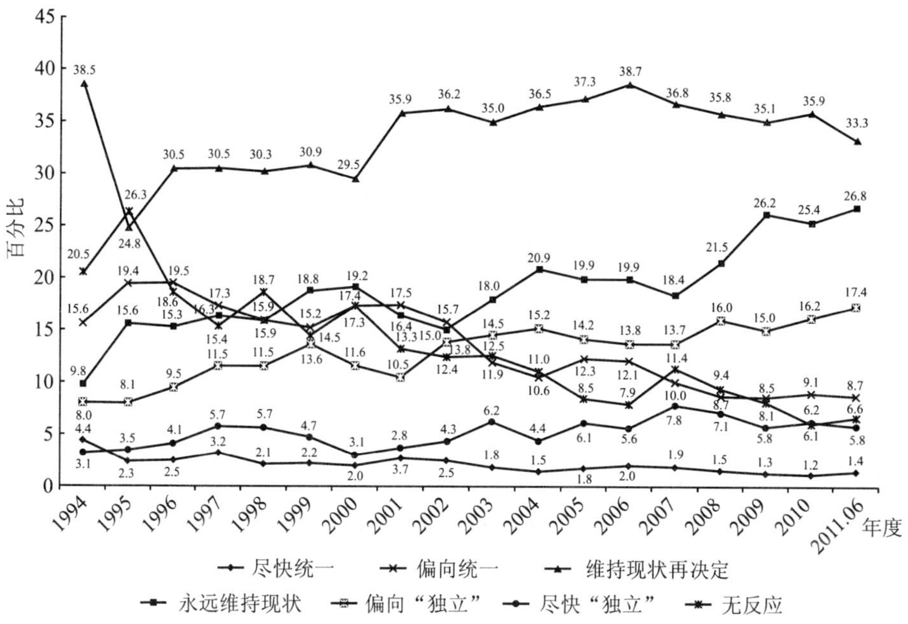

图2　1994—2011年台湾民众统“独”立场趋势分布

资料来源：台湾政治大学选举研究中心，http：//esc. nccu. edu. tw/newchinese/data/attitude. htm

成常态的客观结果，也是20多年来岛内民众通过国、民两党执政对岛内经济、政治及两岸关系带来截然相反局势的必然反思。

选票是政治人物的生命。当选民投票行为趋于民粹与盲从等非理性特征时，政治人物将随之提出激进的竞选主张，其中对岛内政治人物重要且有效的短期因素，就是负面性两岸议题的发酵，如丑化甚至妖魔化大陆形象、挑衅“一中原则”、煽动台湾民众对大陆的“仇共”、“反中”情绪等，其结果必将对两岸关系的健康发展产生极大的消极影响。而当政治人物执政后，为巩固政权，或实现连任，仍将继续诉诸“两岸牌”，一旦激起选民的非理性投票行为，必将再次造成两岸关系发展的恶性循环。当选民投票行为渐趋务实理性，选民不再随政治人物惯用的民粹、族群、悲情、统“独”、两岸牌等选举策略起舞之际，参与选举的政治人物和政党不得不调整自身选举策略，甚至放弃原有策略，使得以往挑衅两岸关系，激发两岸紧张，进而煽动岛内民众仇恨大陆、仇恨中国的现象逐渐减少，这必将使台湾的选举政治逐渐回归正常轨道，因政治人物的不断挑衅而导致两岸关系恶化，甚至高度紧张的局面很难再次出现；同时，由于两岸关系对台湾未来发展的日益重要，参与竞选的政党和候选人将不得不主张积极开放的大陆政策。在这种情况下，台湾选民不是从“独”与“反独”的候选人之间做出选择，而是更多地从“谁的大陆政策更有利于台湾长远发展以及两岸关系发展”这个角度进行投票，两岸关系必将因此不断开创和平发展新局面。

尤其是，两岸关系发展迄今已非少数人能决定，其所造成的影响广及在这块土地的所有人民，所有人都是两岸关系的“利害关系人”，这种背景下，两岸关系不再仅仅是选举动员的议题，而是攸关利益生计的问题。①

（二）和平发展的民意基础不断扩大为开创两岸关系新局面提供强大民意动力

选举结果显示，岛内求和平、求发展、求稳定的民意基础已经出现转折性扩展，在避免2012年“台独”政权由梦魇变成现实，防止近四年两岸关系和平发展已取得的丰硕成果遭到破坏的同时，更为两岸双方继续共同推动两岸关系沿着健康稳定的正确方向发展提供了强大的民意动力。

一是“九二共识”的重要性获认同让两岸关系和平发展的政治基础更加夯实。作为两岸关系和平发展的政治基础，“九二共识”成为台湾民意的“最大公约数”，无疑为今后四年国民党和马英九更加理直气壮地坚持这一政治立场提供了强大民意基础，也让携46%民意支持度的民进党失去了继续肆意污名化“九二共识”的空间。随着两岸大交流、大合作、大发展趋势的深化，岛内民众因此所获和平“红利”必将不断增多，支持和认同“九二共识”必将成为不可阻挡的历史潮流，这是两岸关系和平发展强大的生命力之源。

二是南部民众加入两岸交流大潮有利于厚植两岸关系和平发展民意基础。南部民众占岛内总人口约三分之一，是两岸交流的重要组成部分。但长期以来，多数南部民众因受民进党“台独”施政影响，反国民党、“反中”情结较深，对两岸交流与合作多持负面、排斥甚至抵制立场，成为两岸关系多年来交流与合作向纵深发展的重大薄弱环节。过去四年，虽然两岸和平“红利”的效应仍局限在南部少数区域和部分群体，由此引发的民意变化尚不足以撼动所涉区域“绿大于蓝”的选民结构，但南部民众对两岸关系和

① 王信贤、柯采霈：《两岸交流与台湾民众认同变迁：2008年以来的分析》，载张济平发行《续与变：2008—2010年两岸关系学术研讨会论文集》，台“法务部调查局”出版，2010年12月，第98页。

平发展的认同开始增加则是不争事实。选后赴台湾南部倾听民意的国台办常务副主任、海协会常务副会长郑立中表示，他“一路走来，感受到台湾南部同胞热情，他到每个乡镇都是一见如故，最强烈的感觉是回家，无论在哪里都没有任何区别”。① 这与 2008 年 10 月海协会副会长张铭清在台南孔庙前遭到民进党市议员王定宇率众袭击形成鲜明对比。未来，随着两岸和平“红利”不断彰显，将有越来越多的南部民众加入到两岸关系和平发展的潮流中，这有利于化解两岸民众相互间的误解与敌意，增强彼此之间的了解和互信，巩固两岸“反独”战线，不断扩大两岸交流与合作的民意基础。

三是对两岸关系和平发展的理性支持有助于两岸关系再创新局面。全国政协主席贾庆林指出：“台湾同胞是发展两岸关系的重要力量”；国台办主任王毅指出，“两岸关系的转变，根基在民间，动力在人民”。过去四年正是在台湾民众广泛支持，参与和推动下，两岸关系和平发展取得了丰硕成果。在攸关台湾及两岸关系何去何从的关键时刻，岛内民众用手中的选票展现了对两岸关系继续走和平发展道路的理性支持，这种自觉行动成为未来两岸关系进一步深化发展的重要民意动力。一方面，两岸非政治领域有望取得新突破。在支持两岸关系和平发展的民意主流的背景下，两岸的经济合作机制化必将持续完善，两岸文教交流或将取得重大突破，两岸人民的感情必将进一步深化，包括不断落实两岸经济合作框架协议早期计划，加速展开两岸经济合作框架协议后续协商，加快放宽陆客个人游、陆生赴台求学、陆资入岛等相关政策的多重限制……另一方面，两岸低政治领域的民意基础不断走强。随着两岸关系的不断深入发展，有关结束两岸敌对状态、签订两岸关系和平协议等政治议题不断浮上水面，成为两岸各界关注的热点话题。事实上，在“大选”期间马英九抛出的“和平协议”话题延烧之际，台媒体公布的调查显示，59%受访者认为，“签订和平协议有助于两岸稳定交流，避免兵戎相见，其中泛蓝民众的支持率更高达 90%”。② 选后岛内也出现不少声音，讨论马英九是否应开启与大陆签署和平协议。多数观点认为，签署两岸和平协议，对于台湾长久繁荣稳定，两岸关系和平发展制度化，以及不受政党轮替影响等有积极、保障作用。这样的呼声显示了岛内对推动两岸政治关系突破瓶颈寄予一定期望，这为两岸未来解决低政治领域的议题提供了

① 《郑立中：两岸交流路越来越宽》，台湾《中国时报》，2012 年 2 月 14 日。

② 《名家 - 新台湾共识下马“总统”的抉择》，台湾《中国时报》，2012 年 1 月 15 日。

可能。

（三）台湾民众“去中趋台”的认同现状，为两岸关系可持续发展埋下隐患

如前所述，支持两岸关系和平发展的民意已成台湾主流，并对巩固现有两岸关系成果甚至推动两岸关系在某些领域取得进展具有重要意义，但台湾民众在两岸同属一个中华民族、同属一个中国这一本不是问题的政治认同上出现了错乱。“历经了多次的‘总统’选举，在政治人物为了选票不断操弄之下，台湾岛内的本土认同，被操作成了狭隘的民粹，所有涉及大陆的符号，都失去了正当性，甚至被硬生生地烙上了‘叛徒’的印记。台湾人不再敢公开承认自己的中国血缘，不敢说自己是中国人”,[①] 反而是强调所谓“台湾主体性”、“台湾主权”、“台湾前途的自由选择权”的声音越来越多、越来越大。这种趋势更不利于两岸共同构建、凝聚两岸同属一个中华民族、同属一个中国的共识，增加了两岸展开政治对话的难度,[②] 更可成为国际社会插手台湾问题的民意借口，最终对两岸关系长远、深入、可持续发展埋下隐患。

台湾民众“去中趋台”的认同现状自然肇因于长达 20 多年的“台独”施政，也与马英九上台后部分泛绿选民忧虑两岸关系发展过快而由隐性变为显性不无关系，但马当局近四年来加快本土化趋势、不断强调“中华民国主权”、两岸政策论述始终缺乏方向感则加剧了目前台湾民众认同与两岸关系发展的背离趋势。因此，作为执政者，实现连任的马英九当局理应审时度势，积极引领民意向有利于两岸凝聚共同认同的方向迈进。

一是正确宣导“九二共识”的客观内容，提出有方向感的国族认同理论。国台办主任王毅在今年 3 月 25 日于北京会见国民党青年工作总会“辛亥革命百年访问团”一行时指出，两岸关系之所以有今天的良好局面，是因为国共两党在一些最基本的问题上形成了共识，其中最重要的就是两岸双方都反对“台独”，双方都坚持体现一个中国原则的“九二共识”，当然对一个中国的含意，双方认知会有不同，但是可以求同存异，“求同存异是九

① 《社论：说自己是中国人，就是台湾的叛徒?》，台湾《中国时报》，2012 年 1 月 9 日。

② 余克礼：《正视台湾认同危机深化两岸和平发展》，《中国评论》月刊 3 月号。

二共识的精髓所在”。[①] 由此可以看出，大陆对于一个中国有自身的原则和立场，但是在两岸目前仍有诸多结构性难题未解之际，大陆不去单方面突出强调一个中国的具体含义，对“九二共识”的诠释则展现出前所未有的善意。但马英九却将“一中各表的九二共识”挂在嘴边，甚至还强调“一个中国就是中华民国”，这种做法显然与两岸四年来秉承的“建立互信、搁置争议、求同存异、共创双赢”不相符合，不利于岛内民众国族认同的导正，不利于未来两岸双方战略互信的深化。未来，在“九二共识”重要性广受岛内认同的背景下，马当局更应客观反应“九二共识”内容，本着两岸双方共创双赢的原则，建立一套正确的国家及民族认同理论，带领台湾民众逐步走出认同分歧的漩涡。

二是要加大力度反对各个领域，尤其是意识形态领域的“台独”遗毒，对“去中国化”全面进行拨乱反正。台湾民众认同歧异的历史源于李扁长达20多年的“台独”施政及“文化台独”教育，马英九2008年上台至今近四年的时间里，虽对“文化台独”和“去中国化”进行了一定程度的拨乱反正，但力度不大，尤其是意识形态领域的拨乱反正并不明显。目前岛内在前“行政院长”郝柏村的呼吁下，再次小规模掀起关于在教育文化领域反“去中国化”的辩论与呼吁，岛内要求民进党放弃“台独”党纲的呼声也空前高涨，[②] 在这种新背景下，马英九当局应审时度势，拿出魄力，掀起反对“文化台独”和去“去中国化”的新一轮社会运动，从意识形态上让台湾“脱胎换骨”。

当然，在建构、凝聚两岸共同认同的历史过程中，大陆的角色也很重要，在两岸关系和平发展的历史进程中，大陆同样要着力塑造一个有利于争取台湾民心的内外部环境，增加大陆对台湾的吸引力，增加台湾对大陆的认同感。[③] 只有这样，台湾民众的认同才会逐渐向有利于两岸关系可持续发展直至两岸最终统一的方向趋近。

---

① 《王毅：求同存异是九二共识精髓》，台湾《中国时报》，2011年3月25日。

② 台湾《新新闻》第1304期委托山水民意研究股份有限公司所作民调显示，岛内近5成民意要求民进党放弃“台独”党纲。

③ 周志怀：《开创两岸关系和平发展新局的挑战与动能》，载《全国台湾研究会2010年学术研讨会论文选编》，九州出版社，2010年11月第1版，第65页。

中间选民与台湾选举政治发展的新趋势

上海大学台湾研究中心　严　泉

“中间选民”的概念，一般认为是代表中产阶级价值，政治认同上表现为不走极端，以稳健的态度参与政治，或形成左、右派之间的中间力量，或形成执政党与在野党之间的制衡力量。台湾的中间选民，除符合以上概念外，还具有投票自主意识强、较少统“独”意识、省籍情结与政党倾向等特征。①

近年来虽然已经有一些学者关注台湾中间选民现象，并探讨中间选民与岛内政治发展的关系，但是集中论述中间选民与台湾地区领导人选举的研究尚不多见。本文以中间选民与2012年“总统”选举为重点，从中间选民政治参与的视角进一步探讨未来岛内选举政治发展的新趋势。

一、2000年以来的中间选民与台湾选举

传统政治学理论认为，对一项政治主张的极端认同与极端不认同，应是曲线两端的少数，真正大多数人应该是落在“有点认同”或“有点不认同”的中间区块。但很奇特的是，各项调查都显示，在台湾两个主要政党的长期选举操弄下，蓝（统）绿（“独”）这两块，各自累积出三成五至四成的基本支持者，处于中间的则是不统不“独”的选民，即中间选民。

中间选民在台湾选民数量中所占比例众说纷纭，根据岛内多家民意调查资料的综合分析，一般认为中间选民占全体选民的比例约为20%左右。而台湾官方“国科会”2002年的民调也显示，台湾中间选民的比例约为

① 史卫民：《解读台湾选举》，九州出版社，2007年，第124页。

19.2%。① 虽然中间选民人数小于蓝或绿营的基本盘，但它却能对选举结果产生超乎其自身比重的牵动力量。在台湾，蓝绿营基本盘一般固定不变，但选票开出以后，常常会出现与基本盘比例不相符合的结果，这就是中间选民转了向，造成巨大的“板块移动”。因此，国民党与民进党都意识得到，要在一对一的“总统”选举对决中取胜，要斩获超过半数的选民支持，要争取的不是蓝或绿营的基本盘，而是处在中间的两成选民。谁能获得中间选民的青睐，谁就能获得超过半数的绝对优势，笃定胜出。

台湾近年来的选举经验也表明，中间选民的影响与作用呈缓慢上升态势。有研究表明，在民意代表选举方面，中间选民大多支持小党和无党籍候选人。1986—2006 年，小党和无党籍候选人在“中央民意代表”（“立法委员”和“国大代表”）选举中的得票率，大致在 5%—18% 之间浮动；1998—2005 年，小党和无党籍候选人在县市议员选举中的得票率在 30%—37%之间浮动。以 2004—2005 年的选举为例，2004 年“立委”选举，无党团联盟和无党籍候选人共计得票 936387 张，2005 年的县市议员选举，小党和无党籍候选人得票 2716385。在这两年中投票给无党团联盟、小党和无党籍候选人的 90—270 万名选民中，大部分应是中间选民。②

2000 年以来的历次“总统”选举的结果，则说明中间选民的关键性少数的作用更具分量。2000 年“总统”选举，因不满国民党“黑金”体制以及独裁专制，中间选民大多倾向支持标榜改革、清廉的陈水扁，而民进党也不失时机地提出“新中间路线”，以吸引中间选民的眼球。2004 年的“总统”选举，虽然“3·19 枪击案”博得一些中间选民的同情，陈水扁在最后关头险胜。但是相当多的中间选民由于既不满意陈水扁执政四年的政绩及其极端“台独”路线，又不认同形象保守、缺乏改革魄力的“连宋配”，投票意愿大幅下降，多数成为拒绝投票甚至投废票的选民。2008 年“总统”选举，马英九大胜，与 2004 年相比较，蓝营的得票数增加了 120 多万张票，绿营得票则减少了近 100 万张票，人们普遍认为马英九胜选的关键是获得中间选民的支持。2012 年 1 月马英九获得连任，再次说明了中间选民的关键性作用。

---

① 《中间选民：总统大选等你表态》，台湾《中国时报》，2003 年 8 月 4 日。

② 史卫民：《解读台湾选举》，第 128—129 页。

二、中间选民与2012年“总统”选举

2012年“总统”选举在伊始阶段，中间选民的重要性就得到蓝、绿阵营的高度重视，这也是与此前历次“大选”不同之处。

（一）中间选民与2012年“大选”结局

中间选民在本次“大选”中的重要性，可以从一个引人关注的政治现象中反映出来，即蓝、绿阵营的民调一直到选前两周都是非常接近，相差只有5到6个百分点，一直以来都有20%多的选民没有表态，这些人多数属于中间选民。中间选民迟迟不表态，主要原因是多数民众并不十分满意台湾经济形势表现，认为过去四年民众工资偏低，收入增长缓慢，物价偏高，实际失业率仍高，生活压力大，贫富差距扩大。这种现象又被称为“经济无感”或“复苏无感”，即普通民众认为他们没有直接感受到经济成长的好处，没有明显感到自己生活的改善。台湾民众对经济增长“无感”与对民生现状的不满，在很长时间内都对马英九的选情产生相当大的冲击力。

虽然选前民众的经济“无感”认知对马英九的选情不利，但是台湾宏观经济形势对中间选民还是有吸引力的。台湾的失业率只有4%，与欧美发达国家与许多发展中国家10%左右失业率相比，属于低水平。工资增长放慢是事实，但这是发达经济体的普遍特征，更何况在2011年台湾人均GDP首次突破2万美元，属于世界中上水平。台湾的财富分配与贫富差距在扩大，但基尼系数目前只有0.35左右，尚未达到国际警戒线标准。此外，中间选民对民进党的执政能力没有信心，特别是在发展经济方面，陈水扁执政的惨痛经验仍然历历在目，而蔡英文实际政务经验不足，也很难得到人们的认可与信任。

中间选民没有特定的蓝、绿立场，对个人的选择非常慎重，一直到最后时刻，才会做出选择。从选举结果来看，国民党候选人马英九和吴敦义共获得选票约689.1万张，得票率为51.60%；民进党候选人蔡英文和苏嘉全共获得选票约609.4万张，得票率为45.63%；亲民党候选人宋楚瑜和林义雄共获得选票约为37万张，得票率为2.77%。马英九和吴敦义领先蔡英文和苏嘉全79.8万张选票。虽然相比2008年的台湾地区领导人的选举结果，国民党的优势显著缩水，但是国民党此次能够胜出，还是与其在中间选民中相

对优势的支持率有关。

一般认为台湾中间选民占整体选民的比例约为20%左右，2012年“大选”选民总数达到18086455人，占台湾总人口的约78%，投票总数为13452016人，其中有效票13354305张。根据20%的比例推算，中间选民的有效票数约为267.1万张。而2008年“大选”选民总数为17321622人，投票总数为13221609人，有效票数为13103963张，中间选民的有效票数约为262万张。2008年“大选”马英九胜出民进党的221万多张选票，约占中间选民总数的84.4%，表明8成多的中间选民在上次“大选”中支持马英九。民进党扣除剩下的约41万张中间选民，泛绿选民约为503.5万人，约占有效选票总数的38.4%，这样推算下来，泛蓝选民人数约为544.9万人，约占总数的41.6%。参照2008年的选民结构比例，2012年“大选”泛蓝选民总数约为555.5万人，泛绿选民总数约为512.8万人。国民党与亲民党的得票总数约为726.1万，泛蓝阵营实际多出选票170.6万张票，约占中间选民的64%，这表明多数选民还是选择支持泛蓝阵营。即使把亲民党宋楚瑜的支持者全部算作中间选民，国民党方面仍然还有133.7万张中间选民的选票，即超过半数的人支持马英九。

（二）2012年“大选”与中间选举民的政治参与

虽然台湾中间选民在政治参与方面，呈现出政治立场变动频繁、投票取向相对分歧、政治态度不稳定等特点，但是中间选民在本次“大选”中呈现出来的政治参与的新特点，却值得重新关注。

1. 理性中间选民人数居多。有学者将台湾中间选民分为5类：一是政治无知者。此类选民严重缺乏政治知识，无特殊政治立场。二是政治冷漠者。这类选民没有明显的人口特征，对政治事务和选举较为冷漠，政治参与度低，投票率通常不高，又被称为“不投票选民”。三是理性投票者。这类选民多居住在都市区，教育程度较高，政治意识和自主立场较强，具有“中产阶级价值”的政治取向，投票多以政见或候选人为取向，不容易受政治抹黑和负面宣传的影响，他们要求候选人拿出实际政绩，而不是空洞的意识形态诉求或大开选举支票。四是立场游离者。这类选民没有固定的投票倾向，一般视选情态势决定支持对象。五是拒绝表态者，这类选民或许已有明确的政治立场和投票倾向，但在接受民调访问时不愿作答，拒绝表明其政治立场的选民。[1]

观察此次“大选”结果不难看出，第三类理性投票选民人数在不断增加，正在成为中间选民的主流。理性中间选民多数聚集在都市区，一般看重候选人的施政能力和政绩，往往以候选人及其经济类竞选政见作为投票取向，厌恶、反对恶质选举文化，投票取向较为独立，不易受他人影响，即使是偏绿的年轻选民也更加务实，关注就业胜过蓝绿色彩。理性中间选民人数呈上升趋势的原因，正如美国学者任雪丽（Shelley Rigger）分析岛内四代人的思想形成和性格特点时指出，1968 年以后出生的为第四代人，与前几代有了更大的不同。第四代人对强烈的政治意识形态表示冷漠，认为统“独”都是政治人物手中的工具，是不真实的问题。[2] 选后也有人将此类中间选民称为“经济选民”，认为“经济选民”在这次选举扮演了关键性的角色。选举前的两个星期，企业领袖，包括选前一天振臂一呼支持“九二共识”的宏达电董事长王雪红、曾经是深绿支持者的长荣集团老板张荣发都是经济选民的代表性人物。这部分中间选民从总体上来说，能够比较理性地看马英九执政以来的政策作为。2012 年马英九“大选”获胜，与认同其政见与形象的理性中间选民支持是密不可分的。

2. 中间选民的经济诉求优先。对中间选民来说，经济问题与切身利益密切相关，是影响他们投票意向的最重要因素之一。蓝、绿阵营在选举过程中抛出的一些经济政策纲领内容，就充分考虑到了中间选民的经济诉求。国民党方面，马英九以“黄金十年”作为未来台湾经济发展的目标，重视经济的可持续性发展。产业政策以“六大新兴产业”与“四大智慧产业”为主；财税政策以公平、轻赋（降税）为主，增税为辅；在环保与经济发展问题力争平衡处理，尽量不因环保问题影响经济的发展，但也不忽视环保问题。而蔡英文的经济政策，只是在环保与经济发展问题对中间选民有吸引力，强调“环保先于经济”，“环保重于经济”，强烈反对在岛内发展石化产业、反对核能建设，提出“核四兴建不商转”与“2025 年实现非核家园”主张。其他的诸如“反全球化”的政策，较为空洞与抽象，对中间选民缺乏吸引力，在选举的经济议题上居于劣势。

---

① 张华：《台湾地区中间选民投票行为分析》，《台湾研究集刊》2010 年第 6 期。

② 章念驰：《必然的趋势：评任雪丽教授关于“台湾四代人”的论述》，《中国评论》（香港），2007 年 5 月号。

两岸经济关系是台湾经济发展的重要内容，蓝、绿阵营的两岸经贸政策，也是中间选民极为关切的。马英九在两岸经济合作方面取得了突出的成绩，未来会延续务实、开放的政策，推进两岸合作。相对的，两岸经济议题是蔡英文的弱点。蔡英文在坚持民进党“台独”路线与“反中”立场下，坚决否定与不承认“九二共识”，是两岸关系和平稳定发展的最大风险。在此原则与立场下，蔡英文一直攻击马英九的两岸经贸政策是“卖台倾中”，反对两岸经济合作，反对台湾经济过度依赖大陆，主张“公投ECFA”或反对ECFA。正如有媒体在评论蔡英文“十年政纲”时指出：“此举缺乏新意，固然可以稳定绿营支持者，不免让中间选民失望。提到维持现状的‘台湾共识’也被认为是模糊其词、内容空洞，连外籍媒体都产生质疑。两岸政策是民进党与国民党差距最大的政策，蔡英文昨天端出的‘主菜’，如同外界预期，并没有突破民进党底线，蔡仍重申‘台湾前途决议文’、维持台海现状等，这些论述都是‘独派’所能接受的‘保守牌’。蔡的两岸论述，只能巩固绿营基本盘，对理性选民缺少吸引力。”① 蔡英文的两岸经济关系发展政策主张，让关心两岸关系发展与两岸经济合作的中间选民忧虑，不敢轻易投票支持蔡英文，这成为影响蔡选情的关键性因素之一。

3. 中间选民影响力在增长。从投票人数来看，虽然本次大选投票率为74.38%。低于2008年76.33%的投票率。但是由于一些年轻人获得选举权，所以2012年法定选民人数与实际投票人数仍略超过2008年。根据对有效选票的数量的统计与比较，2012年比2008年在选民总数与有效票数上分别多出764822人与250342张票，相应地，中间选民的投票人数也略有增加。而从投票行为来看，从2000年以来，中间选民“投蓝”的可能性一直大于“投绿”的可能性。有研究表明，2000年“总统”选举、2001年“立委”选举与2004年“总统”选举中，中间认同“投蓝”比台湾认同“投蓝”的可能性分别高出27%、37%和41%。② 上文提及的此次选举结果表明，仍有约64%的中间选民支持国民党与亲民党。

2000年以来历次“总统”选举的结果表明，蓝绿营基本盘的差距在不断缩小，本次选举更是如此。所以，在蓝绿力量日趋接近的情况下，中间选

① 《蔡英文两岸政策仍无新意中间选民失望?》，中国台湾网，http：//www.chinataiwan.org/plzhx/hxshp/zhzh/201108/t20110824_2005650.htm。

② 唐文方：《台湾中间选民的特征及选举行为》，《国际政治科学》2007年第3期。

民在选举中的关键性作用相当重要，从2012年投票人数与投票行为来看，中间选民的影响力在稳定增长，应是一个不争的事实。

三、台湾未来选举政治的走向

从中间选民的投票行为与此次“大选”的结果来看，未来岛内选举政治发展有三个趋势与变化值得重视。

一是选举投票率的变化与中间选民。2012年台湾地区领导人选举投票率为74.38%，有效票率为73.8%。按照这一投票率，相当于全台湾大约58%的民众参与了此次选举。虽然选举人数还是略有增加，但是这一投票率属于历次选举中的最低水平，不仅低于2008年领导人选举的76.33%，更远低于2000年的82.69%。“大选”投票率的下降，表明岛内选举政治逐渐进入到更加成熟的阶段。可以预计的前景是，未来台湾选举的投票率将会与其他发达国家相似，呈逐届下降趋势，甚至可能降到不足6成、有效投票少于总人口半数的地步。

投票率的下降，一方面表明越来越多的选民政党态度的松动，或是对政治不感兴趣，或是弃守原来的政治立场，蓝绿阵营选民都会出现大量流失的现象，其基本盘将会呈现萎缩的态势。另一方面，政治立场不确定与不预设的选民人数相对就会增加，这部分选民在都市区多是理性中间选民，在这种前景下，中间选民的重要性是可以预期的。

二是选举政策诉求的聚焦与中间选民。上文提及中间选民最为关切经济政策。而关于2012年“大选”的政策诉求，有学者认为：“台湾民生议题与认同议题之间的互动关系越来越强，短期内使得本次选举议题呈现复杂化、交叉化的特点，长期来看将使两岸和平发展的进程更加曲折。在本届选举中，过去经常被当做社会动员的主轴的‘统独之争’相对淡化，选举主轴让位于民生议题。”① 这种政策诉求的变化也是台湾宏观经济社会形势所决定的。2001年至2010年，这10年之间基尼系数从0.35缓步上升，虽然还没有达到国际警戒线，但仍显示台湾的贫富差距持续扩大，所得分配不同于上世纪70—80年代均富型增长时期的状况。解决财富分配不均和贫富差

---

① 郑振清：《民生政策小异大同，认同问题趋而不同—2012年台湾选举透视》，《中国评论》（香港），2012年1月号。

距扩大的经济社会问题，将是台湾当局未来 10 年，甚至是更长期面临的主要任务。

由此可见，民生议题将会继续成为未来“大选”的主轴，影响最大的群体当属中间选民。即使是习惯操纵统“独”议题的民进党也意识到这一点。在此次选举期间，民进党中央在其公布的《十年政纲·总纲》中，把“就业导向的优质经济”并列为政纲六大主轴第一位，提出“未来十年，台湾要积极进行经济结构的调整……扩大内需，促进出口多元化、优化产业结构，同时须进行第二次产业再造，以知识、创新提升全球竞争力，并促进产业发展和在地经济与在地就业的结合”。① 此外，《十年政纲·两岸经贸篇》也提出“台湾应关注在两岸经贸发展过程中，沦为经济弱势的一群……应积极解决两岸经贸所造成的薪资停滞与所得分配恶化等问题，改善弱势产业与弱势族群的经济地位，确保两岸经贸之正面效益由全民所共用”。② 虽然民进党在“台独”纲领与执政能力的双重制约下，难以贯彻执行民生纲领，但是不排除在未来“大选”中继续操纵民生议题，从而影响到中间选民的投票行为。

三是选举影响因素的转变与中间选民。过去，虽然人们认为两岸关系对台湾“大选”的影响至关重要，但是一般还是放在岛内因素之后。但是从此次选举结果来看，两岸关系的和平发展对台湾“大选”的影响，已经上升到与岛内因素同等的重要地位，这从中间选民的两岸观中就不难看出。从总体上来说，台湾主流民意的统“独”观仍是主张维持现状，这也是中间选民的代表性看法。即使是在陈水扁在执政期间，虽然台湾民众的统一意识下降，“独立”意识上升。不过政治大学选举研究中心的调查发现，从1996—2005 年的 10 年发展趋势来看，比较多数的民众还是抱持着“维持现状，看情形再决定独立或是统一”的立场，比例持续在三成以上，而且自2001 年之后，比例大致超过三成五。并且在 2003 年，10 年来第一次认为发展两岸关系比“外交关系”重要。还有六成以上的民众认为两岸应持续经贸交流，两成左右的民众认为两岸经贸交流的速度太慢，应取消不合理的限

① 民主进步党：《十年政纲——未来十年台湾发展政策纲领》，台北：民进党中央，2011 年 8 月。

② 民主进步党：《十年政纲——未来十年台湾发展政策纲领》，台北：民进党中央，2011 年 8 月。

制。[①] 岛内这些主流民意基本上也是台湾中间选民的两岸关系立场。

形成这一立场的主要原因还是中间选民的“安全观”与“利益取向”等因素。在“安全观”上，反对“急独”，主要是怕“台独”引起战争，其结果是家园不保，生命财产毁于一旦。而“利益取向”则是看到大陆经济的快速增长与综合国力的不断增强，通过加强两岸交流交往，从而可以开拓自身利益的发展空间。随着大陆经济的持续发展和两岸经贸交流的不断深入，两岸经贸关系呈现出从垂直分工向水平分工及功能型分工的转化，大陆对台湾经济的发展与繁荣更加举足轻重。根据摩根斯坦银行模型推算，在不计算台湾对大陆出口损失的情况下，大陆经济增长率下降1%，则台湾就会相应下降0.16%。维持“不独不统”的现状，安全有保障，利益也不会受损，并且还可以从两岸缓和中得到很多好处。其中最有代表性的群体就是大陆台商，有评论指出“此次‘大选’，返台投票的台商超过20万人。不少学者在选后检讨选举结果时指出，台商代表的不只是一张票，也包括他的家族成员，动辄一人牵动十来张票。‘总统’马英九以近80万张选票成功连任，当中台商和他们的家人占了多大比重，我们无法细究，但是占有率不容低估。因为台商是两岸在‘九二共识’下，开放经贸交流的既得利益者”。[②]

过去人们在分析台湾中间选民的特征时，认为中间选民一是无强烈的政党取向，在选举过程中没有固定的“投蓝”或“投绿”立场。二是有较强的政见取向和候选人取向，不仅在统“独”问题上保持不极端的立场，还关心其他议题和候选人的政策主张。三是具有“中产阶级价值”的政治取向，有较强的自主意识主导自己的政治行为。四是对政治有一定程度的冷漠，较少关心并参与选举。[③] 现在回首台湾2000年以来的历次“总统”选举，特别是2008年与2012年的两次“大选”，经验表明，“中间选民”在政党取向、政见取向与政治取向的特征变化不大，但是政治参与的积极性却有显著变化，正在日益成长为影响岛内选举政治的关键性力量。中间选民政治态度与投票行为，对今后台湾选举政治变化趋势与走向的影响，其重要性是不言而喻的。

---

① 严泉、陆红梅：《台湾的中产阶级》，九州出版社，2009年，第130页。

② 赵婉仪：《看不到经济选民》，联合早报网，http：//www.zaobao.com/zg/zg120225_011.shtml

③ 史卫民：《解读台湾选举》，第128页。

台湾政党“中间化”趋向探析

河南师范大学政治与管理科学学院　王鹤亭

2012年“大选”被认为是一次较为理性的、成熟的选举，虽然有三组候选人参选，但从过程和结果来看，基本上是两党候选人的选战，国民党马英九得票率51.6%，民进党蔡英文的得票率45.6%，亲民党宋楚瑜得票率则不足3%。结合“单一选区两票制”下“立委”选举的发展情形，岛内两党政治基本成型。按照相关政治学理论和西方政治发展经验，两党政治的发展会促使主要政党在意识形态、政策主张等方面趋向“中间化”。德国政治学家奥托·基希海默使用“兼容型”这一术语来描述西方庞大的、意识形态松散的、争取各类选民的政党，采取超越左右之争的“中间路线”，这一新型政党，“只有成为兼容型政党才能获胜，这几乎成为一个公理”。[①] 台湾岛内政治发展具有自身的特殊性，两党政治下的主要政党是否存在“中间化”发展趋向，受何种因素和动力影响，“中间化”的具体内容会涉及哪些方面，未来四年两党是否会有相应转型，这些问题对于未来岛内政治生态和两岸关系应当会有相当程度的影响。

一、台湾政党“中间化”的发展轨迹

与西方政党“左右”之争不同，台湾政党之间的分歧主要集中于省籍、族群、国家认同和统“独”立场、两岸政策等方面。西方政党发展的“中间化”体现在倡导超越“左右之争”、调和政府与市场的关系，在意识形态、政策主张和争取目标选民等方面从原来政治光谱的“左右”两极向中间靠拢；而就台湾的历史经验来看，台湾政党由两极向中间调整的倾向则主要体现在省籍、族群、国家认同和统“独”立场、两岸政策等领域。对照

① 迈克尔·罗斯金：《政治科学》，中国人民大学出版社，2009年，第232页。

西方的相关“中间化”理论和先例，台湾政党的“中间化”调整或发展具有不同的外部环境和自身特色，既在一定程度上坚持基本理念，又面对现实变得更加开放、务实、灵活与包容，以扩大目标支持者的范围，增加执政合法性或者累积上台执政的民意基础。

中国国民党在“戒严”时期，以中国认同、统一话语弥合台湾内部的省籍、族群冲突。晚年的蒋经国等外省籍国民党人逐渐认识到要赢得越来越占多数的台湾本土人，就必须认同台湾，扩大本省人的政治参与，并宣称自己也是“台湾人”。此后出于自身的危机意识，政治人物不断提出“新台湾人”概念，希望获得“本省人”的认同与支持，改善族群分裂的状况，或促进族群融合，如高希均呼吁“必须从历史灰烬中重生，从意识形态中破茧，从悲情中跨越”，1994 年宋楚瑜提出“新台湾人”口号，表示愿与本省人一起为台湾打拼，希望本省人能支持他，1995 年更是公开提倡“新台湾人”观，说“只要认同台湾，疼惜台湾，愿为台湾努力奋斗，就是台湾人”。“新台湾人”论述对于民进党以“省籍情结牌”和“悲情牌”攻击外省籍政治人物和国民党起到了正面的化解作用，这在宋楚瑜省长胜选和马英九台北市长胜选上都得到体现。此后国民党在省籍族群问题上，继承了“新台湾人”概念中族群融合的论述，在马英九时代并凸显了认同“台湾意识”，坚持“台湾优先、台湾第一、台湾本位”，推动“本土化”，以此来化解省籍矛盾下“外来政权”的阴影和攻击。由于省籍族群问题的复杂性，加之台湾民众在省籍族群认同与政党认同、政权认同乃至国家认同的联动性，国民党在国家认同、统“独”倾向上的论述及行为也呈现“模糊化”或“中间化”倾向。“新台湾人”的论述也被赋予了凝聚全民共识，整合“国家认同”的功能，早期强调“新台湾人是中华民族或中国人”，“新台湾人”与“中国人”互不排斥，但“急独”力量也把“新台湾人”作为营造新国家认同的工具，后期李登辉更是以“新台湾人”对抗中国人意识。“新台湾人”主张是台湾朝野对敏感的统、“独”及族群问题已趋向“中间”的表征，这“中间”已与中国大陆渐行渐远。① 在国家认同上，从早期坚持“一个中国”到“一个中国”的去政治化、模糊化，再到只坚持“中华民国是主权独立国家”，相对于台湾各政党以及岛内民意而言，国民党的“中间化”态势明显。在统“独”倾向上，国民党经历了早期的“阶段统一”、

---

① 《信报》（港），1999 年 1 月 20 日，转引自《新台湾人与新台湾主义》。

“终极统一”论到“台独选项”论再到“维持现状”，尤其是“不统、不独、不武”以及台湾前途的“人民决定论”，越来越向台湾各政党统“独”倾向坐标系的中间趋近。

民进党经历了从反对党到执政党再到在野党的发展历程，在本土意识、国家认同、台湾主权、国家定位及台湾前途等方面也存在较为明晰的向中间靠拢的轨迹。“党外运动”时期的本土意识彰显政治资源配置的不公平，并以此来反对国民党借“中华民国法统”实行独裁统治，凝聚本土的政治力量。处在反对党时期的民进党为了争取更多的本省人支持者，刻意将本土意识与省籍族群问题挂钩，以“本省人=台湾人”的代言人自居，建构国民党“外省人=中国人=卖台集团”的负面形象，在省籍族群的分歧中营造政治对立，从中获利；因台湾政治“民主化”与“本土化”的关联，加之台湾政治发展特殊的历史过程和外部环境，在反对国民党政权的同时扩大为反对“中华民国法统”、反对“中国”，早期的主张逐步从选项开放的“台湾住民自决”升级到“建立台湾共和国”，坚持台湾“事实主权”，将两岸关系定位为“两个国家”；然而随着政治体制的改革和问政路径的增加，民进党的“台独”主张呈现逐渐淡化的趋向，重新解释“台独主张”，如“台湾已经是主权独立国家，民进党执政，也不会宣布台湾独立”，重视对大陆政策调整，达成“强本西进”共识；在寻求执政的过程中，民进党通过“台湾前途决议文”，陈水扁也提出“新中间路线”，强调包容多元、尊重多数，“台湾已经是主权独立国家，不是中华人民共和国的一部分，国号为‘中华民国’”，已经与国民党的两岸主张有部分重合之处。在成为执政党后，陈水扁也曾以“全民政府，清流共治”延续中间路线，以“四不一没有”作为两岸政策主线，党内检讨和修改“台独”党纲的呼声不断，甚至提出“民进党不排斥统一的选择”，“扁宋会”也强调以“中华民国为最大公约数”，遗憾的是民进党执政后期“急独”路线抬头，“2008 民进党在激进‘台独’立场或‘中间路线’间举棋不定中败选”。① 正因为在野的民进党面临转型的需求，才会有蔡英文担任党主席，淡化省籍族群意识，扬弃陈水扁后期的激进路线，提出民进党“未来不走深绿路线”，“不要当为反对而反对的刺”，不再打“悲情牌”，回归“公平正义”，要走“中间偏左”

① 林浊水：《DDP 的转型问题》，美丽岛电子报，2012 年 2 月 22 日，http：//www. my-formosa. com/article. aspx? cid =5&id =22524。

路线；在两岸政策上，蔡虽然曾反对ECFA，但基本不打“反中牌”，不再反对两岸和平发展和开放交流，提出要形成不同于过去的“新中国论述”和“台湾共识”、“‘一中各表’可以纳入台湾共识”等说法，意图向中间靠拢。这次转型虽然没有能让民进党再度执政，但民进党走出了低谷，得票率提升。转型已成为再度失败后民进党的最大“共识”，党内认为“应正视、面对九二共识的政治争议与‘台独’党纲的检讨、修正，配合两岸情势的发展与时俱进，提出可以形成‘台湾共识’的两岸和平稳定互动架构主张与具体规划及时程安排”① 的呼声不在少数，中执委通过的“2012大选检讨报告”在“中国因素影响的因应”上提出，“强调务实与温和的路线，并且也不排斥与中国交往”，“摆脱反中、锁国等错误的刻板印象”，② 可视为一种趋向“中间”的态度。

台湾政治民主化以来的蓝绿两大党，意识形态的兼容性日渐增强，政党的政策主张的差异性呈缩小趋势，目标支持者的拓展范围趋同，存在着较为明显的“中间化”发展趋向。

二、台湾政党“中间化”发展的影响因素和动力

首先，“一个中国”的既有框架是台湾政治发展过程中根本的限制性外部因素。无论是早期国民党政权坚持“一个中国”，还是到“一中各表”，或者是民进党坚持“一中一台”、“台湾主权独立”，主观认知的差异改变不了既有的法理和政治现实，不可否认的是“一个中国”虽受到一定程度的冲击，但仍是一个既有的政治现实和外在的限制性架构。意图获取更广泛的选民基础和执政权的政党，都必须通过承认、不否认或者模糊化、回避的方式去应对“一个中国”的事实或“问题”，而不能突破这一底线，“一个中国”的架构是国际社会的共识，也是两岸关系和平发展的基础。从陈水扁的“四不一没有”到民进党候选人都要向国际（尤其是美国）表明态度，都说明了在客观上“一个中国”框架对于民进党由“独”趋向“中间”具

① 陈淞山：《民进党中国政策的转型?》，美丽岛电子报，2012年2月2日，http：//www.my-formosa.com/article.aspx? cid=5&id=21589。

② 《民进党第十四届第二十次中执委新闻稿》，http：//www.dpp.org.tw/news_content.php?&sn=6043。

有基础的使动作用。

其次，台湾社会的本土化运动是影响台湾政党“中间化”发展的内在因素。本土化是一个相对复杂的过程，强调本土文化和“台湾主体意识”，强调“台湾有限，台湾第一”的价值取向，从政治角度观察，“‘本土化’意识被用来突破‘动员戡乱体制’对台湾民主政治发展的限制，并作为调整台湾政治、经济和社会资源分配的手段”。① 由于执政资源、社会基础的本土化，加之具有“本土色彩”的政党占据道德制高点，操弄“本土意识”，从省籍、族群的分歧和对立中来获取选民支持，使得“中国”、“外省”成为负面资源，“本土化”成为主要政党必须占据的“中间”领域。国民党也被迫开始本土化转型，摆脱“外省人党”、“中国党”形象。马英九领导下的国民党在核心价值方面进行了重大调整，确立“以台湾为主，对人民有利”的政治纲领。

表1　台湾民众中国人与台湾人的身份认同　　单位:%

时间 选项	2005	2006	2007	2008	2009	2010	2011.6
台湾人	45	44.2	43.7	48.4	51.6	52.7	54.2
中国人	7.2	6.3	5.4	4.0	4.2	3.8	4.1
都是	43.4	44.9	44.7	43.1	39.8	39.8	39.0
无反应	4.4	4.6	5.9	4.1	4.4	3.7	2.7

资料来源：笔者根据政治大学选研中心“身份认同（1992—2011.6）”民调资料整理。

而随着“本土化”的脱“台独化”，“本土选民”比例远大于“台独选民”，也在促使民进党调整其“台独主张”，向中间靠拢。

表2　台湾民众统“独”立场趋势分布　　单位:%

时间 选项	2005	2006	2007	2008	2009	2010	2011.6
尽快统一	1.8	2.0	1.9	1.5	1.3	1.2	1.4
偏向统一	12.3	12.1	10.0	8.7	8.5	9.0	8.7
尽快“独立”	6.1	5.6	7.8	7.1	5.8	6.2	5.8
偏向“独立”	14.2	13.8	13.7	16.0	15.0	16.2	17.4

① 胡凌炜：《台湾社会的本土化与蓝绿政治板块移动》，《中国评论》，2011年2月号，总第158期。

续表

选项＼时间	2005	2006	2007	2008	2009	2010	2011.6
维持现状以后再决定	37.3	38.7	36.8	35.8	35.1	35.9	33.3
永远维持现状	19.9	19.9	18.4	21.5	26.2	25.4	26.8
无反应	8.5	7.9	11.4	9.4	8.1	6.1	6.6

资料来源：笔者根据政大选研中心“台湾民众统独立场趋势分布（1994—2011.6）”民调整理。

第三，两岸关系和平发展的趋势则是推动台湾政党“中间化”发展的积极性外部因素。在两岸军事对峙时期，“反攻大陆”、防止“血洗台湾”的话语下，执政党具有了垄断资源的合法性和合理性，能够以外部的“敌对”来压制内部的分裂，其意识形态、政策主张具有单极化特征。而随着两岸多领域的交流互动，外在压力的缓和，让台湾社会内部族群认同、国家认同、统“独”等问题的多元化开始显现，两岸关系问题也内化为影响岛内政治生态的重要因素，成为政党之间整合群众、利益聚合、政策攻防的工具。“两岸关系走向和解的趋势对岛内的蓝绿、‘族群’甚至‘省籍’对立起到缓解的作用，使得台湾内部的政治势力经由刺激两岸关系而挑起‘族群’与‘省籍’矛盾进行政治动员的效能下降。”① 台湾民众从两岸交流中获益，也希望保持台湾的主体性，促使国民党、民进党都会在某些方面吸收对方的理念与政策主张，诸如“倾中卖台”、“闭关锁国”那种简单的为反对而反对的概念和行为逐步被消解，尽可能地凝聚“内部共识”或获得最大限度的民意支持，走向包容、开放而中庸的道路。

表3　民众对两岸关系整体看法　　单位:%

选项＼时间	2008.8	2008.12	2009.4	2009.9	2010.4	2010.9	2010.12
比较缓和	52.2	64.8	53.2	54.4	54.1	51.9	57.6
比较紧张	9.8	12.2	14	10.6	14.3	10.2	10.2
没有改变	29.9	22.6	27.1	30.1	25.1	30.5	26
无反应	8.0	0.5	7.7	4.9	6.6	7.5	6.2

资料来源：笔者根据“陆委会”民调资料整理。

① 严安林：《台湾政局演变与两岸关系的和平发展》，《北京联合大学学报》（人文社会科学版），2009年第3期。

第四，台湾政治的逐步理性与成熟也推动了“中间化”。复杂的历史记忆以及两岸曾经的隔绝带来台湾民众多元认同，所谓“外来政权”的压制、历史的“悲情”、“出头天意识”等都曾是影响民众政治行为模式的重要因素，成为撕裂族群、制造两岸对立的可资利用的资源。然而随着政治民主化的深入和两岸的沟通理解，民众在个体“理性自利”与“感性认同”的内在冲突下，“民粹激情开始消退，主流民意是求和平、求安定、求发展，人心思治、人心思安。台湾社会因省借、蓝绿、统独对立而引发的激情开始逐渐减弱”，“体制外的、非理性的抗争将越来越不能被民众接受，体制内的理性竞争已经成为社会普遍认同的价值。”① 相应的，利用简单的“反中牌”、“悲情牌”、“省籍牌”等意识形态工具可能会在短期内凝聚和稳固民意，但其边际效用呈递减趋势，甚至会起到反作用，促使政党转向族群融合，注重以执政能力、绩效和美好愿景来获得更广泛的支持。

第五，选举制度变革是政党“中间化”的直接促因。开放“党禁”，反对力量通过组党竞争获取政治权力，体制内的参政方式成为主流，使得政治参与向有序化发展，以选票来决定政治资源的配置，政党必须注重社会基础和民意。选举的简单多数决定制有利于两党制，比例代表制有利于多党制。“两党体制中的政党，有意识地修改它们的纲领，从而导致它们彼此间的相似；然而，多党体制中的政党则试图尽可能地保持彼此意识形态之间的区别。”② 各级行政首脑采取直选简单多数决，以及2008年以来的“立委”单一选区改革，迫使政党不得不修正较为极端的主张，候选人为了吸引“中间选民”选票，最佳的策略就是在意识形态与公共政策上向中间靠拢，提出温和中庸的主张，以符合选区内大部分选民需求，并促进“两党政治”的形成。选制的变革直接促动了政党及候选人的“中间化”，比例代表制下的民意代表选举中，可以推出比较激进的候选人和政见，诉求于特定的族群而当选，而单一选区下的候选人必须推出选区内大多数人都能接受的政策主张，这种竞争又进一步影响了新生选民的政治观点，强化了“中间化”的基础。

第六，台湾的选民结构是促进政党“中间化”发展的特殊因素。西方政党“中间化”趋向的一个重要原因在于中间选民占据多数，整个选民立

① 曾建丰：《民进党转型的困境及前景》，《中国评论》月刊2010年11月号，总第155期。

② 安东尼·唐斯：《民主的经济理论》，姚洋等译，上海人民出版社，2005年版，第106页。

场成“单峰”正态分布，政党“中间化”的维度相对单一。而就政党认同而言，台湾的选民分布则呈现出“双峰一谷”的M型，由于国民党与民进党的政党支持者比例差距愈加趋近，多数决的选举使得“任何一方政党候选人仅靠基本盘难以胜选，中间选民的数量虽然被严重压缩，但却是决定选举胜负的关键因素”，也成为蓝绿政党争取的对象；但从议题导向的选民结构来看，“台湾政党的统‘独’倾向、台湾的民意越来越往中间靠拢，呈‘正态分布’，即中间大两头小”。[①] 两种结构的落差会牵引政党在维持基本盘的基础上向中间靠拢、向对手靠拢，以获取不同议题下的“中间”选民的支持，而这个过程中存在的内在张力使得“中间化”过程相对复杂，例如如何兼容与调和政党内部不同派系间的分歧，是否与阵营内部的激进力量“切割”等问题，会左右着政党转型的力度，而“第三势力”或“中间政党”则面临支持力量不足的困境。

三、台湾政党“中间化”的趋同区域

首先，“台湾主体意识”将成为各个政党坚持的基本意识形态。“台湾主体意识”是在特定历史下的“台湾意识”基础上发展起来的，“更强调台湾价值、台湾利益、台湾优先与台湾主体性的一种社会意识，已成为台湾社会的主流价值，成为台湾当局处理两岸关系凭借的重要民意基础与手段”。[②] 这一意识形态的概念内涵相当庞杂，“是地缘认同、社会认同（共同体认同）和国家认同相互纠缠的产物”，[③] 但也因此使其具有相当大的包容性，在建构过程中容纳了“台湾意识”、“新台湾人”、“台湾优先”、“台湾第一”、“以台湾为中心”、“台湾民族”、“生命共同体”、“台湾精神”、“台湾认同”、“台湾前途由台湾二千三百万人民来决定”甚至“主权独立”等诉求。支持率较低的“统一”与“台独意识”均非台湾社会的主流意识，相比之下高支持率的“台湾主体意识”则成为主要政党必须争取与坚持的价值，陈水扁执政后期“用‘台湾主体意识’取代以往‘本省与外省’、‘爱

① 郭志珊：《李登辉的“新台湾人主义”评析》，《台湾研究》，1999年第2期。

② 王建民：《关于“台湾意识”与“台湾主体意识”问题的讨论》，《北京联合大学学报》，2008年第4期。

③ 陈星、相靖：《“台湾主体意识”的概念性解析》，《台湾研究集刊》，2009年第4期。

台与卖台’陈旧论述”,[1] 而国民党也只能“拿香跟了拜”，在2006年国民党检讨高雄市长败选中，马英九首度提出应强调“台湾主体意识”。当然，各党对于“台湾主体意识”的诠释角度、政策转换以及工具性操作各有不同，例如，民进党更强调“台湾人民决定论”的主体意识，而国民党则强调“以台湾为主、对台湾有利”；大多数情况下，民进党进行“彰显台湾‘国家认同’基点上的族群动员，其对‘台湾主体意识’的诠释也偏重于‘本土’的身份认同。相比较而言，泛蓝阵营由于外省人身份及其所带来的‘原罪感’，在对‘台湾主体意识’进行诠释时，只能以族群融合为主要诉求，以民生议题和经济发展作为主要论述方向，以此为基础与泛绿展开‘台湾主体意识’诠释权的争夺”。[2]

其次，“中华民国”是台湾主要政党政治认同的“交集”。除了少数的激进“台独”性的政党外，“中华民国是生活在台湾的两千三百万人最大的公约数”，“中华民国”逐渐成为主要政党乃至“第三势力”拥护与接受的政治符号。即便是民进党内有“中华民国是流亡政府”、“建立台湾共和国”等主张，但在面对选举压力时，其国家认同和政府认同主张不得不向“中华民国”靠拢，如2000年“大选”绿营选择了中间路线，蔡英文在选前则表示，“今天的中华民国的政府，其实就是台湾的政府”，“台湾就是中华民国，中华民国就是台湾”；[3] 而在面对大陆的情境下，“中华民国”更成为绿营增强内聚力的旗帜。当然，由于“中华民国”认同具体涉及国家认同和政府认同两个层面，而在这两个层面的认同差异也使得国民党、民进党等在“交集”中有“分歧”，对于“中华民国政府是台湾的合法政府”的政府认同两党基本一致，而分歧主要出现在国家认同部分，包括“中华民国”的疆域、“主权与治权”关系，如中国国民党侧重“中华民国在台湾”、“一中各表”，民进党强调“台湾是主权独立国家，国号是中华民国”，或“台湾就是中华民国，中华民国就是台湾”，而这一分歧也直接牵涉到对“中华民国”宪法的认同，国民党坚持“守护中华民国宪法”，而民进党内部存在着从“正名制宪”到“一中宪法”的不同主张。

---

① 章念驰：《“台湾主体意识”辨析与构建新型的两岸关系》，《中国评论》月刊，2006年6月，总第102期。

② 陈星、相靖：《“台湾主体意识”的概念性解析》，《台湾研究集刊》，2009年第4期。

③ 《台湾就是中华民国　蔡：包容台独 认同分歧》，自由时报电子报，2011年10月10日，http：//www. libertytimes. com. tw/2011/new/oct/10/today－fo2. htm。

第三，开放、理性的两岸政策是未来两党的竞逐点。两岸关系的和平发展逐渐成为一种趋势，符合国际、两岸及岛内的利益，也成为台湾的主流民意。理性、开放的两岸政策不仅源自于经贸整合的推动，也是“两岸一中”架构下的内在要求，“以和解消弭冲突，以合作取代对抗”是解决两岸政治对立的基本精神。过去四年，两党对于两岸的开放趋势基本形成共识，国民党积极推动，民进党则相对保守。从2012“大选”过程来看，“两岸牌”不再是负面影响因素，马英九在选情不利情况下，以“两岸牌”、“安定牌”、“和平牌”突围；而“民进党首次被迫改变选战主轴”，“不得不改变过去历次选举中均以负面炒作两岸议题为主轴的传统战法”,[①] 蔡英文也提出程序性的“台湾共识”和“两岸对话工作小组”试图正面回应两岸政策问题。而理性的两岸政策必须基于两岸关系中既有的可操作空间，必须从台湾主体意识、“九二共识”等诸多限制中务实地探寻可行性路径。国民党以“九二共识”的安定牌、和平牌，牵动繁荣牌、民生牌，赢得2012“大选”，而民进党的“台独色彩”和蔡英文“台湾共识”的模糊性，使得民进党两岸政策缺乏说服力，选举后期更引起商界等对其不承认“九二共识”的疑虑，而未来民进党的“中国论述”和两岸政策必须正确面对“九二共识”，寻求中间道路。

第四、民生政策将是台湾政党“中间化”的应有之义。随着台湾民主化、本土化之后，民生政策在决定政党能否执政或执政绩效上的作用越来越重要，“顾佛祖”更要“顾腹肚”，这也回归到“中间化”的本义上来。如何促进台湾经济发展、人民福利提升，缩小贫富不均，保障社会公平正义，是各党都要解答的问题。2008年国民党执政后，经济无感，失业率、房价、物价、贫富差距等问题均引起民众不满，也影响到了2012年的选情。而蔡英文在担任党主席时，倡导要走“中间偏左”路线，选举策略以“公平正义”作为竞选主轴，打民生议题，试图以贫富差距和阶级矛盾为核心来主导选战，也正如民进党的检讨报告中指出，选民对民进党执政后，可能出现的经济变动产生疑虑，因而降低对蔡英文的信任度，都说明了民生的重要；2012年国民党不分区“立委”提名提高了弱势族群代表，对国民党形象转型也有加分的效果。在意识形态领域、基本政治价值趋向中间之后，民生问

① 周志怀：《两岸关系再赢难得发展机遇》，全国台湾研究会网站，http://tyh.chinataiwan.org/yaowen/201201/t20120114_2248378.htm。

题必然成为争夺民意的主要场域。

四、“中间化”趋向下的政党转变

以执政或获取政治权力为目标的政党，在两党制下，其意识形态、政策主张等发展在相同的影响因素和动力下，趋向相同的中心区域，但中心区域的空间大小仍具有不确定性和弹性。围绕“中间化”的趋同区域，政党理念和政策转变在尽可能吸引更多投票人和增强对每个投票人的吸引力之间存在内在张力，“在这种情况下，维护意识形态的纯洁性和赢得竞选之间的冲突就产生了”。[①] 冲突可能会失去一部分支持者（如“极端投票人”），“在哪一点这种漏损量能阻止政党 A 与 B 的趋同，取决于向中间运动过程中，失去的极端分子人数和争取到温和投票人人数之比”。[②] 对于“双峰一谷”的台湾选民分布来讲，中间化的边际收益存在一定的不确定性，牵制政党转型的因素也与“中间”选民的构成、政党的集中化程度、派系斗争等相关。同时由于台湾各政党在多个趋同区域间展开竞争，多议题的政策重叠也赋予了政党较大的活动空间，政党在各个趋同区域的相关政策各有优劣，其各项政策的“中间化”也不必落在中点，甚至是在这些趋向“中间”的政策中掺杂极端立场的观点，或者尽可能模糊政策的实际最终位置，这可以使每个投票人都感觉在他最关心的领域有相关政策最符合其要求，增加了“中间”空间的弹性，如民进党曾通过选择“台湾主体意识”中偏激进的位置，获取相应选民支持而弥补两岸开放政策的不足，也导致两岸政策转型的不足，国民党以开放的两岸政策补足“民生”绩效的短板。这都使得“中间化”趋向下的政党理念和政策转变并非必然是直线式的。

从历次“总统”选举得票率和“立委”选举席次来看，蓝绿版图呈现北蓝南绿、蓝消绿涨的态势，绿营从 30% 左右，慢慢到 40%，这次甚至到 46%；国民党则从 70% 降到 50%，总的趋势是绿营上升、蓝营下降。国民党在未来四年内，应是继续立足台湾、立足本土，使本土化不再成为国民党的软肋，在具体的政策和操作上，深耕南部、深耕基层。在得票率降低、“立院”席次减少、两岸协商议题难度加大、朝野多元对抗的情况下，作为

---

① 安东尼·唐斯：《民主的经济理论》，姚洋等译，上海人民出版社 2005 年版，第 104 页。

② 安东尼·唐斯：《民主的经济理论》，姚洋等译，上海人民出版社 2005 年版，第 109 页。

执政党的国民党必须加强台湾内部的沟通对话，尤其是在两岸协商等问题上，否则将难有所作为。在民生政策上，应以制定切实可行的措施和挹注资源，而非简单的利益输送，应对贫富差距、失业、弱势群体等问题，继续改善国民党的形象。在两岸关系上，“不统、不独、不武”的政策不会改变，会继续推进两岸关系和平发展，不会签署两岸和平协议，但会在坚持“对等”的立场上与大陆签订各项具体协议，通过“堆积木”或“切香肠”的方式将两岸和平发展现状制度化，如马英九所言，“透过别的途径将两岸和平发展现状制度化，现在签的16个协议，每一个协议都是广义的和平协议”。未来四年，国民党可以重建主流论述，如“捍卫中华民国主权和宪法”，反对“台独”，深化“九二共识”，倡导“两岸和平协议”。

而民进党则会面临相对较大的转型压力和任务。败选后的检讨尤以两岸政策为主，党内不少重量级人士肯定蔡英文选前往中间路线靠拢的两岸政策，主张两岸政策趋蓝。未来民进党两岸政策可调整的空间可能限定在“三不”框架内，即不否定两岸交流的既有成果和两岸协议，不直接否认“九二共识”，不正面承认“九二共识”，但必须解答在两岸互动与谈判协商中台湾所应秉持的“宪法”与法律依据究竟为何？民进党对两岸协商中能够容忍的底线能否与大陆达成谅解？“不预设人为的或政治的门槛”的主张是否真能代表主流民意？如何面对“九二共识”？能否在“一中宪法”的架构下展开新的“中国论述”，或通过新的决议文来调整或冻结“台独党纲”？在“本土选民”远多于“台独选民”的情势下，两岸政策要秉持“理想主义”还是“现实主义”？在这些问题上，形成一套对台湾人民有利、对两岸有利、让国际社会放心的两岸政策，是一项艰巨的任务。同时在转型过程中，是否会出现“转型分裂”，如谢长廷所主张，深绿出走投靠“台联”，或是“基本教义派”与务实派分歧激化？而且由于民进党内世代、派系较为多元，虽然世代派系之争不是问题，但是必须解决如何达成真正符合“中间化”趋向的“党内共识”、促进执政信赖度提升等问题，都需要进行相应的党务改革。

此外，其他党或中间势力的崛起，按照唐斯（A. Downs）的理论，有三种可能：一种是由于外部环境和选民分布的重大变化，从侧翼崛起，取代原来的一翼，另一种是两大党都将自己的意识形态极端化，代表了左右两极，第三党从中间崛起，掌握中间选民的选票，第三种是当政党向中间运动时，它的极端支持者组建新政党，以便把它的政策再拉向他们。[1] 根据台湾选民分布的情况，未来四年第一种可能性不大，而在第二种情况下，由于两大政党本身的“中间化”，会压缩缺乏基本盘和执政资源的中间势力的生存空间，第三种情形下的选民分布已被蓝绿阵营内不同政党所吸纳。但中间势力会产生使两大党向“中间”调整的压力，而“极端”的政党是否会造成相同色彩主要政党对“中间化”的反动，则有待进一步观察。

① 安东尼·唐斯：《民主的经济理论》，姚洋等译，上海人民出版社 2005 年版，第 117—120 页。

城市化与台湾的人情式民主

上海东亚研究所　李　秘

一、问题背景

台湾的民主发展从威权体制到民主体制的转型是一场“宁静的革命”，没有任何的流血冲突。在民主转型之后，没有发生任何民主动荡和民主危机而很快实现民主巩固。西方社会普遍对台湾民主发展予以高度评价。但是台湾民主是西方民主价值植根于传统中国社会所接触的果实。这使得台湾民主与西方民主有明显的差异，呈现出人情式民主的特色。

第一，关系本位而非类属本位。在西方民主社会里，独立的个体按照类属，如族群、阶级等组成一个个集团，这些集团成为民主生活的基本单位，在投票、利益表达上通常具有一致性。但是在台湾民主的基本单位是由关系网构成的群体。所谓的“族群”与其说是类属，毋宁说是一个关系共同体。同样的，阶级也没有成为民主生活的基本单位。相同阶级背景的选民，处在不同的关系网络中，也会有不同的投票行为；反之，阶级背景不同的选民，会因相同的关系网而形成一致的投票行为取向。

第二，以人情关系为媒介的社会交换。代议民主在一定意义上是政治人物与选民之间的交换过程，如政治支持交换民生福利。但西方民主的交换主要是一种市场交换行为，选民按照“利益最大化”原则，将选票投给将带来最大利益的候选人，而人情因素被冻结或者被置于次要位置。相反，台湾民主更多的是一种社会交换——交换过程通常是在熟悉可信、有人情关系的人之间进行，人情关系成为民主交换的媒介而处于中心位置。如果没有人情关系，民主交换常常难以进行。

第三，特殊主义。西方民主作为一种市场交换行为，并不因私人或特殊关系而有差等次序，从而具有普遍主义色彩。相反，台湾民主作为一种社会交换行为，资源分配与合作经常沿着特殊人情关系展开，从而具有特殊主义的色彩。特殊主义对台湾的民主转型和民主巩固均较为有利，但是对于进一步提升民主品质则形成制约。

按照现代化的理论，"人情式民主"是西方民主价值植根于中国传统社会文化的必然结果，是台湾民主不成熟的表现。随着台湾社会日益工业化都市化，利益因素日益重于情感因素，人情关系在民主过程中的作用虽不至于完全消失，但却无可避免地会逐步减弱其功能，甚至人情的内涵也将改变。

对于"城市化是否弱化人情关系在民主过程的角色和作用"这样一个问题，需要进行多维度的研究，才能得出比较确切可靠的结论。本文仅针对其中的一个维度，即随着城市化的发展，人情关系在选举中的作用是否有所下降？

二、研究内容和测量方法

为研究城市化对于人情式民主的影响，有两个方法上的问题需要解决。第一个是如何选择研究资料。研究城市化影响的理想方式是进行历时性的比较，即比较某一个地区在都市化之前和都市化之后，人情关系在选举中的作用是否下降。但这一方法往往受限于资料的缺乏或不完整。比较简单的方法是进行共时性的比较，即比较同一场选举中城市和农村的投票行为。但这一方法必须考虑地区差异问题。2010 年，台湾台中县、台中市合并成新的台中市，高雄县、高雄市合并成新的高雄市，并在年底举行了"五都"选举。台中县、高雄县是都市化程度较低地区，而台中市、高雄市是都市化程度较高地区，并且地区差异问题也较低。因此，我们可以比较原台中县和台中市以及原高雄县与高雄市在这次市长和市议员选举中，人情关系的作用是否存在差异。本研究使用的资料来自于台湾政治大学选举研究中心等单位组织的"2010 年台湾选举与民主化调查研究（2010C）"。

另一个方法上的问题是很难精确测量人情关系对于选民投票决定的影响。事实上选民自己常常也难以判断人情关系对其投票决定的影响到底有多大。所以本文通过选举拉票的程度、效度以及拉票者的身份等指标来间接测量和比较传统地区和都市地区中人情对投票的影响。

第一，哪些人对选民投票决定影响最大的比较。观测都市地区与传统地区的选民中，投票决定是"自己决定"还是主要受他人影响。

第二，选举动员中拉票的比较。测量都市地区与传统地区在拉票动员上是否存在差异，这包括两项内容，（1）拉票的比例；（2）拉票人的身份是什么。

第三，拉票效果的比较。对此进行三项观测：（1）受候选人拉票是否会提高投票率；（2）一部分选民仅被其中一位候选人拉票而没有被其他候选人拉票，那么这些人是否会更倾向于支持拉票的候选人，传统地区与都市化地区是否存在差异？（3）如果某一候选人没有进行拉票（忽略其竞争者是否拉票），那么选民投给该候选人的比例在都市地区和传统地区是否有所差异。

三、结果分析

在台湾过去的投票中，人情关系常常会对选票决定产生重要影响。那么在都市化程度较高的地区这一状况是否有所改变呢？表一显示，在台中市，都市地区与传统地区相比，认为“自己决定”的比例高了 2.2 个百分点。高雄市比台中市更明显，都市地区认为“自己决定”的比例比传统地区高 6.9 个百分点。这显示出，城市化提高了选民的自主意识。

表一　在市长选举中哪些人对选票决定影响最大

	原台中县（%）	原台中市（%）	原高雄县（%）	原高雄市（%）
候选人	7.9	7.8	11.5	8.0
党工、助选人员	1.5	3.1	2.5	3.7
参与的宗教团体、社会团体或职业团体	0.4	0.3	0.2	0.3
地方上有名望的人或家族、村里邻长或村里干部、派系	1.9	1.0	1.5	1.5
同事	1.7	2.5	2.5	2.9
邻居、朋友	6.8	6.1	6.3	6.2
亲戚或家人	30.0	27.6	32.9	28.1
自己决定	49.3	51.5	42.3	49.2

从表二可以看出，在 2010 年的台中市长选举中，都市化地区（原台中市）与传统地区（原台中县），选民被拉票的比例均超过 50%，而且两个地区的拉票比例几乎一致。与传统地区相比，都市化地区的候选人拉票略有下

降，而党工和辅选义工的拉票略有上升。将二者合在一起，则辅选团队的拉票在都市地区与传统地区基本持平。我们再从初级团体的拉票情况看，与传统地区相比，都市地区通过亲戚或家人的拉票比例有所下降，但是邻居、朋友以及同学的拉票比例上升，地方上有名望的人或家族、村里邻长或村里干部、派系，也没有下降。都市地区中初级团体的拉票比例与传统地区基本持平。综合来看，台中市的城市化地区与传统地区相比，拉票的程度几乎相当，而且拉票的成分结构也没有大的变化。

在2010年高雄市长选举中，都市化地区与传统地区相比，拉票的比例略低。但是这个下降主要体现在辅选团队的拉票上。相反，家人、亲戚、邻居、朋友、同学等初级团体的拉票反而有所上升。地方名人、望族、村里邻长、村里干部、派系等传统的动员网络的拉票程度也没有下降。由此可见，高雄市长选举中，通过直接人际关系动员选票的力度并没有因为都市化而出现下降趋势。这与台中市的状况相一致。

表二　拉票动员的比例以及拉票人的身份性质

		原台中县（%）	原台中市（%）	原高雄县（%）	原高雄市（%）
被拉票的比例		54.6	54.9	51.2	48.0
受到不同身份者拉票的比例	候选人及其家人	16.1（8.8）*	12.4（6.8）	15.0（7.6）	15.6（7.5）
	党工、助选人员	53.0（28.9）	58.0（31.9）	66.5（34.1）	48.5（23.3）
	参与的宗教团体、社会团体或职业团体（包括宗亲会、同乡会、农渔水利会）	4.4（2.4）	2.7（1.5）	0.8（0.4）	2.0（0.9）
	地方上有名望的人或家族、村里邻长或村里干部、派系	11.6（6.4）	12.1（6.7）	11.5（5，9）	12.1（5.8）
	服务机构的上司或同事	1.6（0.9）	4.6（2.5）	8.1（4.1）	8.5（4.1）
	邻居、朋友或同学	15.7（8.6）	19.1（10.5）	25.0（12.8）	33.9（16.2）
	亲戚或家人	17.3（9.4）	13.2（7.3）	15.0（7.7）	17.9（8.6）

*括号前面的数字是该项目在所有被拉票样本中所占的比重，括号里的数字是该项目占整个有效样本的比例。

一方面是都市地区选民自主意识得到提高，另一方面是选举中拉票仍是一个非常重要的手段，而且在都市化地区，邻居、朋友、同学这种初级团体的拉票力度反而超过传统地区。为什么会出现这种落差？一个可能的原因是虽然选民的自主意识明显提高，但是直接的人际互动（拉票）仍有显著的效果。

我们从表二看，在台中市传统地区，如果一位选民受到 A 候选人拉票，但是没有受到其他候选人拉票，那么该选民投票给 A 的几率为 49.1%。如果没有受到 A 候选人拉票，那么该选民投票给 A 的几率为 39.5%。二者相差 9.6 个百分点。在台中市都市地区，如果一位选民受到 A 候选人拉票，但是没有受到其他候选人拉票，那么该选民投票给 A 的几率为 48.9%。如果没有受到 A 候选人拉票，那么该选民投票给 A 的几率为 40.4%。二者相差 8.5 个百分点。可见，在台中市的传统地区，拉票仍有很高的效度，但是都市地区拉票效度略有下降，但下降幅度不大。

在高雄市传统地区，如果一位选民受到 A 候选人拉票，但是没有受到其他候选人拉票，那么该选民投票给 A 的几率为 43.1%。如果没有受到 A 候选人拉票，那么该选民投票给 A 的几率为 26.1%。二者相差 17 个百分点。在都市地区，如果一位选民受到 A 候选人拉票，但是没有受到其他候选人拉票，那么该选民投票给 A 的几率为 40.6%。如果没有受到 A 候选人拉票，那么该选民投票给 A 的几率为 26.5%。二者相差 14.1 个百分点。可见，在高雄市的都市地区，拉票的效度虽略低于传统地区，但仍然有很高的效度。

表三　拉票的效应

	原台中县（%）	原台中市（%）	原高雄县（%）	原高雄市（%）
被拉票者的投票率	89.1	89.5	92.3	90.9
未被拉票者的投票率	84.6	85.0	85.6	83.3
二者差值	4.5	4.5	6.7	7.6
仅被某一候选人拉票者投给该候选人的几率	49.1	48.9	43.1	40.6
未拉票而投票给该候选人的几率	39.5	40.4	26.1	26.5
二者差值	9.6	8.5	17.0	14.1

四、结论和讨论

通过以上分析，可以初步得出以下几点结论：

（1）随着城市化的发展，选民的自主意识明显上升，他们更可能根据候选人的政见和施政能力来“理性选择”投票对象，而不是简单地从人情关系出发来决定投票取向。

（2）在都市地区，候选人并没有因为选民自主意识提高而放弃直接人际互动这种“人情”动员方式，相反拉票的力度并不低于，甚至超过传统地区，都市化并没有弱化选举中人际互动的重要性。进一步研究发现，虽然都市地区拉票的效度要低于传统地区，但是直接人际互动对投票仍有显著影响。人情式民主仍是台湾民主的一个重要特色。

（3）本文并没有进一步研究拉票作用于投票决定的内在机制。在传统地区，人情经常能够直接决定投票取向，但是在都市地区，这个机制可能更为间接，比如，有助于提高候选人的情感温度计，有助于理解候选人的政策。这需要进一步研究。

排除外力干扰，推进两岸军事安全互信机制进程

中华文化发展促进会　郑　剑

一

自1990年代末以来，两岸军事安全互信机制逐渐成为两岸关系的热门话题。但是，尽管这个议题炒作了十多年，至今仍缺乏实质性进展，目前基本处于止步不前状态。究其原因，不仅有岛内因素的制约，还有外部因素的干扰牵制，特别是美国从中作梗。本来，美国对这个议题的态度是有变化的。在李登辉和陈水扁执政时代，美国比较积极，主要目的是制约大陆对台动武，防止"台独"引发战争，以避免引火烧身。马英九上台后，美国的态度转向"表面积极、实质消极"，前者是给大陆看的，摆出"支持两岸关系任何进展"的姿态，换取大陆在重要国际和地区议题上与美合作；后者是针对马英九当局的。国民党重新执政以来，美国一直担心两岸关系走得过快、过近、"失控"（指失去美国的控制）。就两岸军事安全互信机制议题而言，美国政客们担心的是，一旦该机制建立起来，将对两岸政治关系发展与和平统一进程产生重大推进作用，或者说，将意味着两岸政治关系与统一大业取得重大进展。这是其所不乐见的。尤其美推行重返亚洲战略以来，竭力挑拨中国与周边国家及利益相关国的关系，牵制中国发展。此时此刻，美轻易不会帮助中国卸下台湾这个内部的大包袱，不会放弃"以台制华"战略，不会坐失"维护台海安全"这一增兵亚太的借口。而问题的关键是，时下的台湾当局十分在乎美国立场，常常置对美关系于对大陆关系之上，对美几乎言听计从。外因总是通过内因起作用的，从这个意义上说，美国因素根在岛内。

二

2008年12月31日，中共中央胡锦涛总书记在纪念《告台湾同胞书》发表三十周年座谈会上的讲话中明确提出，“为有利于稳定台海局势，减轻军事安全顾虑，两岸可以适时就军事问题进行接触交流，探讨建立两岸军事安全互信机制问题”。同时郑重指出，“解决台湾问题、实现国家完全统一是中国内部事务，不受任何外国势力干涉”。这是基于两岸民众意愿、两岸关系现实及未来发展需要、台湾问题演变的历史经验教训所提出的，作为两岸关系和平发展思想有机组成部分，这一主张是严肃认真、切合实际的。在这里，排除外力干涉也适用于两岸军事安全互信机制议题。近代以来，外力始终是中国维护领土主权完整、推进国家统一大业、实现中华民族伟大复兴的反动力量和障碍所在。两岸问题本身，也是外力介入造成的。1894年日本发动甲午战争，导致1895年清政府被迫割台，两岸骨肉分离。日本对台湾长达五十年的殖民统治，造就了一批既得利益群体和“皇民”意识民众，为“台独”提供了基本生存土壤。1949年起美国阻挠中国人民解放台湾，使台湾问题延续至今悬而未决。期间，台湾问题每一次凸显、台海方向每一次动荡，几乎都有国际插手特别是美国背景；美国和日本长期为被两蒋驱逐的岛内“台独”分子提供庇护，保留“台独火种”。尽管这些人后来有时也不听美国的，肆意在两岸问题上兴风作浪，常使美国人有“搬起石头砸自己的脚”之感，正如1980年代美国扶植本·拉登对抗苏联入侵阿富汗一样，但是，美国没有也不会接受教训，今日在中东、北非，美国还在做同样的事！因为扶植反对势力是其帝国主义本性使然。所以，对于外国势力对中国内政的干涉，中国人民无论从历史经验、民族情感还是现实需要出发，都必须反对。

寄希望于外国势力包括美日的干涉，早晚会被出卖，不符合台湾的整体和长远利益。外国势力插手台湾问题，总是打着维护“民主”、“人权”和“台湾利益”的口号，实际意在谋取自身政治、经济和战略利益。台湾作为美国分化遏制中国的“马前卒”、和平演变中国的“民主墙”、军火利益集团的“钱袋子”、维持美国霸权脸面的“信用卡”，固然不会被美轻易放弃。但是，美国同样还要考虑“保台”、“纵独”的代价。面对两岸力量的加速倾斜，面对加速增长的“友华”、“联华”、“求华”战略性需求，美国在两岸问题上的战略处境日趋尴尬、左右为难。从眼前和战术上看，美国会采取“保台”政策，但从长远和战略上看，美国“弃台”是必然的。对美国而言，两岸关系维持现状、停滞不前最有利。但两岸关系一定要向前发展，这是两岸民众的愿望。经济基础决定上层建筑，经济基础的调整改变必然推动上层建筑调整改变。所谓“现状”，包括两岸政治、军事关系的现状，不可能永远维持，两岸经贸、文化和人员交流的发展，势必对两岸更高层次关系的发展提出要求；中国人民在国家和平发展进程中也必然提出国家统一的要求。中国人民不能想象，一个没有统一的中国会是一个实现了伟大复兴的中国，在中国的和平发展路线图中，有解决台湾问题这一环，时间点应当是可预见的将来，台湾问题总不能无限期拖下去。况且，两岸关系的现状是中国没有分裂，正如胡锦涛总书记所指出，“1949 年以来，大陆和台湾尽管尚未统一，但不是中国领土和主权的分裂，而是上个世纪 40 年代中后期中国内战遗留并延续的政治对立，这没有改变大陆和台湾同属一个中国的事实。两岸复归统一，不是主权和领土再造，而是结束政治对立”。台湾问题长期不解决，就等于两岸分裂。两岸关系不能倒退，从没有分裂退化到分裂就是倒退！看到这一大势，就不难判断美国对台政策大势。这个问题的实质是，“弃台”的战略选择是必然性所致，“保台”则是偶然性的体现。面对国际形势、中美关系的新发展和新格局，这些年，美国政军学界有识之士的思想走在了前面，“弃台论”的再次出现，就是其慎重思考的结果。虽然从横向看这个声音还不大、影响还很有限，但从中美关系历史进程和未来趋势的纵向看，这个声音的出现，已经是很大的历史性事件，而且是正在进行时。可以预计，今后这种声音会愈来愈大，最终影响美国政府决策。无论今后台海形势如何发展、台湾问题以何种方式解决，有一点是可以肯定的，即台湾问题解决之日，必是美国政府弃台之时。

实际上，美国对台湾政治、经济、涉外事务、安全等方面利益的伤害也从来没有停止过。美国在台湾的利益是它在整个中国利益的组成部分，每到重要关头，美国会在两岸之间进行轻重权衡、利益取舍，作出“损”、“伤”、“弃”、“保”选择。岛内一些人士，被美国为首的西方世界 1989 年以来推动的反华新高潮所迷惑，笃定美国会永远奉行“以台制华”战略、把利益的天平永远倾向台湾。殊不知，西方世界的反华新高潮是冷战结束后背景下产生的，其目的是搞垮中国，使苏东剧变的悲剧在中国重演。但是，美国为首的西方世界并没有达到目的，不但没有搞垮中国，反而使中国愈遏愈强，在经济上、外交上、战略上更加依赖中国。历史表明，每当他们对中国（大陆）有较大利益需求时，总是会毫不犹豫地牺牲、抛弃台湾。“弃台论”不是新生事物，美国早有前科。1949 年推出彻底“弃台”的“等待尘埃落定”政策、1958 年金门炮战期间美军失约（“共同防御条约”）而逃、1979 年“断交”和“撤军”及“废约”、1982 年承诺逐步停止对台军售的“八·一七”公报、1996 年美军航母望风（解放军核潜艇出击）后撤200 海里，一直到目前的“美牛”事件，美国在维护自身利益上从来都毫不含糊。殷鉴不远，台湾岛内人士对美国的行径不应选择性记忆。一个没有历史记性的群体，必将重蹈历史的覆辙；若想历史的悲剧不重演，最好的方法是汲取历史的教训。拥抱美国和西方大腿，挟洋自重，搭载在人家的战车上对付大陆，是对台湾利益最大的伤害。

具体到两岸军事安全互信机制议题，如果任由美国等西方国家插手，对台湾而言，一是损害两岸互信。没有互信，就没有和平发展；互信不足，和平发展将面临瓶颈效应。二是伤及两岸民众之间的情感认同。面对近代以来屡屡蹂躏中国的列强诸国，大陆民众不会谅解“与狼共舞”者，无论是当局还是民众。对美国、日本越有感情，对两岸人民关系伤害越大。三是置台湾当局左右为难境地。在两岸军事安全互信机制议题上，美国的利益与大陆有差距、与台湾同样有距离。在中美之间走钢丝，是十分危险的举动；跟着美国走将伤及自身，应当排除美国因素。四是迟滞甚至停止两岸军事安全互信机制进程。第三方利益加入，将使两岸有关协商谈判运作复杂化，相互矛盾的利益需求更将给达成相关协议设置更高的门槛。在美国没有改变对两岸军事安全互信机制的消极政策之前，达成协议甚至可能成为不可能的事务。在美国阴影下的两岸军事安全互信机制即便勉强建立，也很难发挥应有作用，因为双方难以相信对方会遵守承诺，何况第三方还会不时出面搅局。五是严重影响两岸关系和平发展。在军事这样敏感的问题上引入外国因素，只能恶化两岸关系，加深双方敌意，影响其他方面合作，于和平发展大局极为不利。

三

既然建立两岸军事安全互信机制是两岸民众意愿、符合两岸双方利益，两岸应当拱排除外力干扰，大力向前推进。一是两岸达成排除外力的共识。

两岸同属一个中国、一个民族，两岸的事是家事，两岸之间的共同利益归根结底大于与外国之间的共同利益，自家的事总是好商量。面对列强不可告人的战略考量，两岸没有理由不团结对外。二是低调推进相关进程。只做不说、多做少说、高做低说，重在解决实际问题。三是大陆方面充分考虑台湾当局的处境。本着平等的原则推进相关行动，协商谈判解决问题，作出必要让步和承诺，使台湾方面相信没有美国撑腰也能放心；体谅对方困难，不要求过急、过高、过频，循序渐进，水到渠成。四是台湾方面更新观念、转换思路。超脱长达半个多世纪以来形成的以美国为后盾与大陆周旋的思想窠臼，解放思想，实事求是，选择依靠大陆，应对美国，造福两岸，这样的思路对台湾最有利。因此，客观认真地分析新旧两条思路的得失、前景，进而作出正确抉择，应当是摆在台湾当局面前的紧迫课题，也是摆在岛内主要政党面前的重要课题。做到这个境界，需要政治人物的战略远见和行动魄力。中国共产党成立以来，之所以迭挫强敌和困境，不断发展和壮大，关键之一是思想路线对头。解放思想、实事求是马克思主义的精髓，是中国共产党九十多年成功实践的宝贵经验。在两岸问题上，台湾方面要登高望远。眼界决定境界，站得越高，看得越远，两岸共同利益越多，两岸军事安全互信机制达成协议可能性越大，台湾的军事安全越有保障。其他问题亦然。坐井观天，小肚鸡肠，只见眼前，不见未来；只看自己，无视别人；只顾台湾自身，不考虑中华民族整体利益，漫天要价、斤斤计较、得寸进尺，总有一天，形势会向一些人想象的相反方向发展。五是从务实合作入手，不一定急于达成协议。两岸在维护台湾同胞在内的中华民族整体利益上实现了合作，共同协防南海、东海、钓鱼岛等，用战略合作达成军事互信，也许是排除外力干扰、解决军事安全互信机制议题的可行之道。过犹不及，欲速则不达。这是笔者一贯秉承的观点。总之，两岸要团结起来，共谋和平、共谋发展、共谋伟大民族复兴。

两岸经济合作框架协议的意义与启示

中国社会科学院台湾研究所　张冠华

一、ECFA的意义

ECFA的签署与实施，是2008年以来两岸关系和平发展的重要实验与重大成果，无论对于两岸经济关系还是两岸和平发展，都有着重要意义。

（一）经济合作与ECFA进程是推进两岸关系和平发展的重要凭借

2008年以后，两岸在反对“台独”、坚持“九二共识”的政治基础上，启动了共同推动两岸关系和平发展的开创性实践。在共同政治基础上，同时体认到两岸的政治现实，两岸按照建立互信、搁置争议、求同存异、共创双赢的原则，形成先易后难、先经后政、把握节奏、循序渐进的思路，将推动两岸经济合作作为两岸关系和平发展的优先步骤与重点领域。四年来，两岸两会达成16项重要协议，绝大多数属于经济合作领域，而其中最重要的就是ECFA。如果说ECFA之前的诸多协议，主要是还旧账，即通过推动两岸直航、人员、资金、货物的相互往来，实现由“间接单向”的非正常化向“直接双向”往来的正常化转变的话，则ECFA的签署开启了两岸经济合作的制度化、机制化与自由化进程，率先在经济领域启动了建构两岸关系和平发展框架的重要实践。

ECFA从签署到实施的实践，对推动两岸关系和平发展进程的效果与意义是明显和富有成效的。其成效不仅仅在于早期收获清单给两岸民众带来的直接利益，更重要的是切合了世界经济变动与两岸关系发展现状的脉动，又成为务实推进两岸关系和平发展进程的重要平台与载体。首先，两岸经济交流与合作在过去三十多年来，一直是两岸关系中最积极、最活跃的因素，两岸已互为最重要贸易伙伴，大陆是台商海外最主要地区，发展两岸经济关系得到两岸主流民意认同，本身就有深化合作的强劲市场需求与民意动力。其次，全球金融危机发生，中国与东盟自贸区的全面实施以及亚太区域经济一体化的加快，更增加了两岸深化经济合作、签署 ECFA 的迫切需求。第三，在经过两会协商实现两岸直接通航、大陆民众赴台旅游等一系列历史突破后，两岸最迫切的经济议题得到初步解决，在两岸文化、教育、政治议题协商仍面临诸多障碍的形势下，通过推动并达成两岸经济合作框架协议，实现更广泛领域、更高层次的经济合作制度性安排，便成为深化两岸关系和平发展的重要和优先路径，它不仅是加强两岸经济整合、互利共荣的重要步骤，也有利于增强两岸关系和平发展氛围，通过经济合作逐步培养和累积互信。因此，ECFA 的签署不仅是两岸经济利益的需求，也是推进两岸关系和平发展的重要凭借。

表 1　两会达成 16 项协议

时间	地点	协议与成果
2008 年 6 月 11—14 日	北京	1. 《海峡两岸包机会谈纪要》 2. 《海峡两岸关于大陆居民赴台湾旅游协议》
2008 年 11 月 3—7 日	台北	1. 《海峡两岸空运协议》 2. 《海峡两岸海运协议》 3. 《海峡两岸邮政协议》 4. 《海峡两岸食品安全协议》
2009 年 4 月 25—29 日	南京	1. 《海峡两岸共同打击犯罪及司法互助协议》 2. 《海峡两岸金融合作协议》 3. 《海峡两岸空运补充协议》 4. 对于陆资赴台投资议题达成共识。
2009 年 12 月 22 日	台中	1. 《海峡两岸渔船船员劳务合作协议》 2. 《海峡两岸农产品检疫检验合作协议》 3. 《海峡两岸标准计量检验认证合作协议》 4. 同意将 ECFA 与知识产权保护列入第 5 次会谈议题
2010 年 6 月 29 日	重庆	1. 《两岸经济合作框架协议》（ECFA） 2. 《海峡两岸知识产权保护合作协议》

（二）ECFA 是现有两岸关系互动架构下的合理选择

一般而言，经济体间类似 FTA 的经济合作协议，是在双方在共同政经利益达到较高程度的产物，有很强的内在的政治与经济需求，同时也兼具经济与政治的双重目的。如欧洲联盟，不仅已实现目前全球最高水平的经济整合，也形成共同外交与安全政策、警察与司法事务的决策机制。东盟成立之初，主要合作目标也侧重于军事安全与政治问题，结束后才开始转向加强区域内经济等领域的整合。目前全球各国家和经济体间双边和多边 FTA 方兴未艾，在全球化背景更追求经济利益的最大化，但也鲜少有政治僵局甚至对立状态下签署 FTA 的范例。因此，在 2008 之前的 30 年间，两岸虽然实现了经济往来且投资贸易规模迅速扩大，但由于海峡两岸政治上处于对立、僵持，连基本的正常化都难以实现，建立更为密切的经济合作机制更难谈起，过去两岸关系的政经背离对双方尤其是台湾经济造成很大困扰。

2008 年后，两岸在共同政治基础上开启了和平发展新局。两岸经济关系回归正常化并进而向整合方向发展具备了一定的前提条件与基础。但同时，两岸在重大政治问题上仍存在严重分歧，两岸有了初步的政治互信但仍然不足。在两岸政治互信、协商机制未能形成、政治互信仍较薄弱的形势下，两岸协商建立经济合作机制本身成为两岸关系发展的特色之一。事实上，在 ECFA 的酝酿、协商、签署与落实过程中，政治因素的影响十分明显的并体现在各个方面。

比如关于两岸经济合作机制的形式问题，自上世纪 80 年代来各种民间构想甚多。2005 年国共两党以及中共与亲民党领导人的会谈新闻公报中，分别提出讨论和推动两岸共同市场、两岸自由贸易区的建议与设想。2008 年台湾“大选”中，两岸共同市场构想在台湾岛内受到民进党的强烈批评，并对马英九的选情造成冲击。于是马英九后来提出签订两岸综合性经济合作协议的设想，这一设想并在胡锦涛 2008 年年底纪念《告台湾同胞书》三十周年的重要讲话得到明确回应。此后，两岸加快了推动建立经济合作机制的酝酿、设计，在多重因素的考虑下，经济合作协议的名称、形式发生较大变化，最后参照中国与东盟自由贸易区的框架协议形式与内容，以 ECFA 而非综合性经济合作协议的名称与形式定案。

应该说，ECFA 的设计符合两岸关系现状与形势，体现了先易后难、循序渐进的原则，是现行两岸关系基本架构下的合理选择。因为在两岸仍存政治分歧、岛内民进党强烈抵制、两岸政治互信不足的情况下，全面达成建立两岸经济合作机制的协议难度极大，在技术与操作层面上也难以短期内完成，无法满足国际金融危机与亚太区域一体化进程下两岸经济特别是台湾经济的迫切需求。而ECFA形式兼顾了两岸政治与经济现实需求，是合理与务实的选择。当然，如果从经济角度以及操作的灵活性上看，ECFA不一定是最优选择。如果不存在政治因素影响，最优选择当然是如全球绝大多数FTA那样全面达成协议然后分步实施。再次，如果两岸能够比照内地与港澳的CEPA模式，采取更为灵活务实的每年签订补充协议方式稳步推进，对两岸经济尤其是台湾经济更为有利。但CEPA模式显然在岛内会受到更大的政治抵制。

（三）ECFA是构建两岸关系和平发展框架过程的中的重要制度创新

建构两岸关系和平发展框架，是维护并推动两岸关系和平发展的重要制度保障。而ECFA的签署与后续推进，在构建两岸关系和平发展框架过程扮演了制度创新的先行角色，它考虑并融入了以下几方面因素：一是充分考虑了WTO规则，由于两岸均已成为WTO的成员，因此两岸涉及关税减让、市场准入的相关安排就难以跳脱WTO的基本原则与架构，难以再如上世纪80年代初那样进行内贸形式的安排，因此在框架安排与设计上应比照FTA的相关方式并遵守WTO规则。二是充分考虑了两岸特色，早期收获清单的规模之大、范围之大、领域之广均为其他FTA形式所仅见，这一方面避免了ECFA只见框架不见实利的尴尬，也部分满足了两岸最迫切的经济需求，实现了虚中有实。三是照顾了双方的利益需求，两岸在市场开放与自由化进程中利益群体的多元化，以及两岸政治因素的敏感性，使经济利益与政治利益的纠葛分外复杂。

表2　ECFA早期收获货物贸易清单

大陆降税				台湾降税			
产业	项目	金额亿美元	占进口比重/%	产业	项目	金额亿美元	占进口比重/%
石化	88	59.44	6.93	石化	42	3.29	1.21
纺织	136	15.88	1.85	纺织	22	1.16	0.43
机械	50	11.43	0.18	机械	69	4.74	1.75
运输工具	50	1.48	0.18	运输工具	117	15.3	5.64
农业	18	0.16	0.02				
合计	539	138.38	16.14	合计	267	28.58	10.53

在ECFA的早期收获清单中，充分考虑了两岸特别是台湾弱势产业、中小企业以及农民的利益诉求，大陆自台进口货物早收清单中单方面将18项台湾农产品列入，税率由平均13.3%分步降为零；对台降税清单50%以上为传统产业和中小企业为主的货品，对于台湾提出的17项弱势或敏感产业，大陆未要求纳入早收清单降税项目，从而充分照顾了双方特别是台湾的合理需求。正是由于对利益群体的合理照顾与安排，早收清单实施一年多来，得到两岸特别是岛内民众的高度认同。在ECFA早收清单公布及实施后，原来以中下阶层利益受损为诉求强力反对ECFA的民进党失去着力点，政策立场也相应发生较大变化。

因此，两岸在当前环境下，能够在ECFA签署中完成了既合乎国际规则、适应现阶段两岸关系、又能够照顾各方利益群体的制度设计与实践，而且取得双方主流民意的认可，弥足珍贵。ECFA设计的理念、政策思路与实践方式，对于未来全面建构两岸关系和平发展框架有着重要示范意义。

（四）ECFA机制开启了两岸公权力互动的新平台

两岸交流规模与领域的扩大，必然越来越涉及两岸公权力层次，使两岸公权力实现制度化、机制化的互动成为必然要求。在现有两岸互动架构下，两会协商机制是两岸进行互动的主平台，但受政治因素干扰曾中断过多年。在两会中断的时期内，两岸也曾以行业协会间互动的方式促成了两岸试点直航、两岸包机等涉及公权力的交流事宜，如“澳门方式”。但因方式限制，只能处理较低层次的事务性问题。早期两岸“试点直航”不“通关入境”，严格意义上并非海上直航。“澳门方式”促成的两岸包机，也仅止于商业与民间层次。且“澳门方式”只是达成共识、各自安排，不签协议，不属于常态性制度化、机制化安排，因此层次稍高些的经济议题如两岸金融MOU等均无法在这种方式下达成。而ECFA的签署，在两岸经济事务领域务实促进了两岸公权力的互动：一是ECFA签署得到两岸公权力部门与立法机构的批准，有法律约束性。二是ECFA相关条文以及后续推动落实，须修改调整双方各自的政策与法规，更高层次和更大领域内推动了两岸政策互动和一定程度上的接轨。三是两岸经济合作委员会的成立，使两岸相关部门间的直接互动与协商有了机制化的平台。

需要特别指出的是，是两岸经济合作委员会的建立，对于两岸公权力互动的制度化、机制化意义重大。从架构上，两岸经合会的建立是按照ECFA

条文而设立，而 ECFA 又是两岸两会签订，因此两岸经合会属于两岸两会大平台下的经济互动次平台；两岸两会有关负责人各担任两岸经合会召集人，两岸经合会协商的成果最后由两岸两会来签署，也确定了其从属于两岸两会的性质。但同时，由于两岸经合会的建立以及下属各小组的分别运作，又使两岸经济部门的互动更加便利和常态化，而且不受两岸两会领导人正式会谈时间、次数的直接影响，从而大大增强了两会平台的功能，丰富了两岸制度化协商的内涵。按照 ECFA 规定，在 ECFA 的后续协商、落实与执行中，两岸经合会扮演着后续协商的主要功能，而在后续主要协议协商完成后，又将扮演监督和评估协议执行、解释协议规定、通报信息等角色，由于 ECFA 涵盖两岸经济合作主要领域，未来两岸经合会将一定程度上扮演着共同治理两岸共同经济事务的角色。

这种两岸公权力部门间新的互动机制与平台，使双方共同处理更高层次、更广领域的两岸事务成为现实，对于保障两岸经济交流与合作的规范、有序及深化发展具有重大意义。

（五）ECFA 为妥善解决两岸政经互动难题积累了重要经验

总体上看，ECFA 的签订与妥善运行是两岸政经朝向良性互动的产物。正是有了反对“台独”、坚持“九二共识”这一共同政治基础，才有了 ECFA 这一重大经济合作成果。反之，如果失去共同政治基础，ECFA 的后续协商与落实也难以为继。ECFA 以及两会达成的其他 15 项协议，实际上是两岸所构建的共同政治基础的经济外溢与和平发展红利，因此使得“九二共识”更为岛民众所认同与接受，并在 2012 年岛内“大选”中体现出来。

而在两岸政治仍存在分歧、政治互信仍然不足的情况下，两岸 ECFA 在务实处理所涉及的政治及敏感性问题，充分体现了求同存异、搁置争议原则。如 ECFA 的名称、ECFA 中的两岸定位、与 WTO 的关系、相关条文的措辞等等，都一定程度上涉及敏感性政治性因素，但也都相应得到了务实处理。ECFA 的名称一再变更，但并未构成两岸协商的实质影响。ECFA 条文中，两岸不再纠结于定位问题，条文以两会名义、以“双方”代替两岸在 WTO 中的名称，解决了可能产生纷扰的定位问题。在与 WTO 的关系问题上，ECFA 以“本着”而非“按照”或“依据” WTO 基本原则，特别强调“考虑双方的经济条件”逐步减少或消除彼此间的贸易与投资障碍，从而使

ECFA 的内容能够避开有关敏感议题，能够弹性处理有关争议性较大的内容。如针对民进党的强烈反对以及岛内担心的农产品、弱势产业问题，ECFA 是以“实质多数”、“众多部门”这类弹性而非严格的规定来界定未来两岸货物与服务贸易自由化的程度。在时间表上只规定了启动后续协议的时间，并未按 WTO 规则确定以 10 年实施为限，等等。可以说，在两岸政治互信不足、在重大政治问题上仍有分歧的环境下，两岸通过务实处理相关政治与敏感性议题，在如此高层次、宽领域的经济协议上取得成功，充分展现了两岸的智慧。为今后两岸在促进文化、教育、政治等领域的合作与协商上积累了重要经验。

二、两岸经济合作框架协议实施的成效与存在问题

两岸经济合作框架协议已经生效，自 2011 年开始的早收清单内容在 2012 年已进入全面实施阶段。目前看，ECFA 早收清单取得明显成效，后续协商进展较为顺利。但随着 ECFA 后续商谈难度加大，面临的环境更趋复杂，ECFA 的落实与执行正在逐步进入深水区。

（一）ECFA 早期收获项目取得明显成效

经济体间达成 FTA 及类似经济合作安排，其产生的贸易、投资促进效果无论从理论还是实践上都已得到证明。关税减让与市场准入的扩大，会促进双方贸易规模的扩大。而贸易扩大带动的相应投资，原产地规则产生的投资转移效果，以及 FTA 本身一般包含的投资促进的相关安排，对双方吸引和扩大投资也会产生重要积极影响。按照已公布的 ECFA 早期收获项目实施情况，其成效也已显现。

据已公布的资料，2011 年全年大陆进口列入早收清单项目的台湾货品金额为 198.53 亿美元，同比增长 9.88%，高于全体自台湾货物进口 8% 的增长率，其中 41.21 亿美元已适用优惠关税，获减免关税额约 1.23 亿美元。同期，台湾自大陆进口早期收获清单项目金额 50.37 亿美元，同比增长 28.14%，高于自大陆总体进口额 21.29% 的增长率，其中已适用于优惠关税的金额为 10.36 亿美元，关税减免额 2276 万美元。从行业来看，台湾对大陆出口中列入早收清单的农产品（同比增长 127%）、运输工具业（增长

46.11%）、机械与零组件业（29.17%）、其他类（增长55.39%）等均获得大幅增长。[①] 2012年，ECFA早收清单进入全面实施阶段，绝大部分产品将实施零关税，其对两岸经济产生和积极影响将更为显著。

服务贸易领域的早期收获项目也取得积极进展。根据第三次两岸经济合作委员会分布的资料，到2012年3月底，台湾方面根据早收清单核准大陆赴台服务贸易投资43件，投资金额1.08亿美元，大陆的中国银行与交通银行在台设立分行。大陆已批准6家台湾的会计师事务所申请获得有效期1年的“临时执行审计业务许可证”，批准131家台湾服务企业开展独资或合资经营业务，金额为6.04亿美元，其中以专业设计服务最多；金融领域则涉及19家台湾金融机构，其中多家台湾银行已成立分行；批准8部台湾电影片进入大陆市场，其中5部已在大陆影院上映。此外，两岸经贸团体互设办事机构也正式启动，台湾外贸协会以及大陆的机电产品进出口商会将互设办事机构，使两岸经济合作的机制化又得以延伸和扩大。

（二）ECFA后续协商总体进展较顺利

自2011年两岸经济合作委员会正式成立后，一直有效运作，就ECFA后续主要协议及有关经济合作展开积极协商。刚结束的第8次两会领导商谈，签署了两岸投资保护与促进协议、海关合作协议，标志着ECFA后续主要协议的协商取得重要进展。其他主要协议如货品贸易协议、服务贸易协议及争端解决机制等协商进展顺利，其中服务贸易协议协商进展顺利，有望于2012年底达成协议。争端解决机制两岸在许多方面已成达共识。货品贸易协议是后续四大协议中最难的部分，涉及五、六千项货品关税的减让，目前两岸已就原产地规则、海关程序、贸易障碍、检验检疫、贸易救济、协商范围、降税模式等交换意见，但由于该协议涉及的利益问题更为复杂，2012年内达成达协议并非易事。

推动两岸产业合作，是在推动ECFA后续协商与实施过程中，推动两岸经济整合的重要步骤。过去四年，两岸共同推动有规划指导、政策支持、产学研共同参与的新型产业合作，并取得积极进展。ECFA将其列为重要内容，两岸经济合作委员会专门成立产业合作工作小组，并在2011年第七次两岸两会商谈中达成共识，选择LED照明、无线城市、冷链物流、TFT－

① 台“经济部”网站数据。

LCD 和电动汽车作为试点合作项目。十月又在昆山召开由两岸产学研参与的第一届产业合作论坛，标志着两岸新型产业合作的制度化、机制化初步形成。第三次两岸经合会在产业合作上又有新进展，两岸同意定期举办两岸产业合作论坛，宣布 5 项先期合作试点工作均已取得一定进展。同时，在重大项目合作上，两岸就石化业者成立合资公司及经营权等问题充分交换了意见。

在第三次两岸经合会例会上，台湾方面提出尽量在两年内完成 ECFA 后续主要协议的签订。虽然协商谈判很难确定时间表，但由于 2014 年台湾又将进入重要的地方选举，然后又进入领导人选举，会对 ECFA 协商进程产生一定的政治干扰。如果 ECFA 主要协议能够在此之前大体完成，无疑对于 ECFA 的全面落实与实施是有利的。

（三）ECFA 对于台湾经济产生的正面影响日益显现

台湾经济部门委托学术单位所做调查显示，多数企业认为 ECFA 为其带来正面利益，其中中小企业获益比例更高；6 成左右受访企业认为 ECFA 对于其拓展大陆内需市场产生积极影响；还有相当比例的厂商认为 ECFA 有助于其在两岸尤其是台商投资与生产布局。① 同时，ECFA 对于台湾增加吸引外资与台商回流、增加岛内就业与薪资增长等也产生积极影响。② 2011 年瑞士洛桑国际管理学院（IMD）公布的竞争力指数中，台湾竞争力排名大幅提升。IMD 同时指出，台湾排名继续前进的主因之一，在于两岸 ECFA 签订提升了企业界的信心与乐观态度，同时台湾努力改善两岸关系，创造了更稳定的环境，加强了民众的信心，这些都反映在竞争力评比时的意见调查中。

（四）ECFA 后续协商与落实逐步进入“深水区”

在现行两岸关系架构下，ECFA 的后续推动存在诸多不确定因素。由于 ECFA 涉及的领域广泛以及其高层级，使其未来落实与推动仍面临诸多不确定因素。

一是政治因素的影响。从 ECFA 的酝酿、签署到实施，岛内朝野政党展开激烈攻防，并在 ECFA 签署的形式、内容等方面有所体现。2012 年岛内

① 台“经济部”网站数据。

② 尹启铭：《还给 ECFA 一个公道》，《旺报》，2012 年 3 月 7 日。

大选，也使 ECFA 经受了岛内政局走向的考验。同时，两岸仍然存在的政治分歧，也使一些涉及政治及敏感性的经济议题受到干扰。过去 ECFA 的签署与执行过程，虽然务实处理了一些敏感性议题及政治问题，但更多是回避而非真正协商解决了相关的政治议题；而且框架协议主要是原则性概述，早收项目范围不大，尚未直接涉及更深层次的政治性议题以及与政治因素密切相关的利益问题。但随着 ECFA 后续主要协议的协商与落实，一些深层次政治问题会越来越多的浮现出来。如两岸投资保护与促进协议是 ECFA 后续推动的重要协议之一，但由于双方在投资促进、仲裁及人身安全等方面存在一定分歧，原来被寄望于第七次两会商谈中达成协议并未实现。而有关分歧的背后一定程度上反映了两岸存在的政治分歧。

二是两岸互信仍然不足，这种互信不足不仅表现两岸政治互信仍待加强，也体现在两岸经济互信上，尤其是在涉及双方核心或支柱产业、重要领域的开放、重大项目的合作以及涉及经济安全的领域，双方互信不足构成经济合作的重要障碍，也造成一些重要机遇的丧失。如 ECFA 有关两岸产业合作，以两岸产业合理布局与重大项目为内容与重要目标。而两岸产业合理布局，最优选择是两岸本着优势互补进行整合形成产业链，这就意味着两岸产业的相互依存度将大大提高。但在现有两岸政治现状下，两岸很难在战略性、关键性产业实现合理布局以避免重复投资和直接竞争，因为这直接涉及双方的经济安全。同时，虽然 2008 年以来台湾方面三次开放大陆投资入岛，开放范围与幅度有较大增加，但总体上陆资在入岛问题上尚与一般性外资有很大差距，至于享受 ECFA 例外待遇就罕见。陆资进岛问题，表面是市场保护问题，深层是政治互信不足。

三是两岸各自不同利益群体以及两岸之间利益分配的复杂性，也将使 ECFA 的后续推进与协商的难度相应提高。ECFA 早期收获项目涉及的货物与服务贸易只占一小部分，因此两岸在考虑对方合理需求、尤其是弱势产业、中小企业和农产品方面可以相对较容易的进行一定照顾性安排，从而使得 ECFA 在当时较复杂的政治环境中能够顺利签署。但随着两岸经济交流合作规模与领域的扩大，两岸在共同经济利益迅速增加的同时，相应的利益差别甚至冲突也相应增加。未来货物贸易涉及五、六项产品，服务贸易涉及几十个部门，在如此全面性的关税减让与市场准入过程中，也无可避免会涉及两岸各自的弱势产业、中小企业与农民利益，对于相应群体、产品的利益照顾难度无疑将大幅增加。而可预见的未来二、三年内，全球经济仍将充满不确定因素，两岸经济增速放缓是大概率事件，经济发展环境也使两岸之间以及两岸不同群体的利益分配问题进一步放大。再者，随着后国际金融危机时期两岸经济的转型升级与结构调整，各自都存在利益分配变化的新格局与更多样化的利益群体，两岸经济的竞争性也将相应升高。利益分配问题将是未来两岸 ECFA 协商与落实的主要难点。

四是 ECFA 后续落实如何与各自的政策、体制相衔接，也关系到能否真正实现 ECFA 应有的积极效应。两岸 ECFA 的签订以及后续推动与落实，对两岸双方都是一次新的重要开放过程，这不仅因为两岸互为重要贸易伙伴，也因为双方都有较强的竞争力。两岸的相互开放，除了后续协议的达成，更重要的是各自相关政策、体制与之对接并相应调整，尤其在未来服务贸易方面更为重要。在目前两岸政策、体制仍存在较大差异的情势下，这种调整与对接是一项更复杂的工程。而 ECFA 并未将两岸内部市场的开放尤其是体制、政策的开放、调整等纳入协议之中，这与一些更高标准的 FTA 形式如正在推动的 TPP 等仍有差距。

五是两岸社会经济转型走向，对两岸推动 ECFA 提出更高要求。在当前全球经济进入深刻变革之际，两岸经济社会都在步入一个重要的转型时期。不仅两岸经济正在应对全球需求结构调整、产业结构变革进行深刻的重大经济转型与产业升级，同时两岸共同出现的贫富差距拉大、社会矛盾增多等问题，也要求经济转型与产业升级必须更大程度上兼顾社会公平的要求。因此，减少以追求经济增长为主要诉求、更加注重社会公平与福利的经济发展方式，正在成为大陆“十二五”规划与台湾“黄金十年”规划的共同诉求。两岸未来社会经济转型升级的方向，不仅将对未来两岸经济合作、产业合作等产生新的深刻影响，也相互对未来两岸 ECFA 的推动与落实提出更高的要求，亦即：未来两岸 ECFA 推动不仅要带动两岸经济增长，还要更多考虑与照顾到两岸更多领域、更多阶层的福利与公平性要求。

三、ECFA 的后续推动及其启示

ECFA 的后续推动与协商，对推动两岸经济转型升级和促进两岸关系和平发展都将产生重要影响。两岸要珍惜这一重大成果，一方面共同努力加快推进 ECFA 后续进程，另一方面借鉴其成功经验，推动两岸关系全面深化发展。

（一）进一步营造 ECFA 后续协商与落实的有利环境

ECFA 是包含两岸经济交流主要领域的制度性安排，随着其后续协商进程深化，涉及的领域与因素也迅速增多与复杂，不仅关系到两岸经济结构的转型升级、各自的产业布局、两岸不同群体间的利益协调等，也涉及越来越多的非经济因素。尤其目前两岸存在的政治分歧与互信不足，仍是 ECFA 推进的重要制约因素。两岸应本着求同存异原则，更为务实地处理 ECFA 后续商谈中涉及的政治因素及敏感议题。更重要的，是两岸应当进一步增进政治互信逐步以实现两岸政经的良性互动，除了适时启动两岸政治对话、协商外，如何运用经济合作化解一些低层次的政治性问题，也应该是未来 ECFA 落实中应注意的方向。如通过经济互利增进两岸共同利益，通过两岸海外经济合作探讨减少两岸国际上的冲突与内耗，共同增加国际竞争力的新方式；探求通过两岸企业合作、经济利益的共享与风险共担等多元化合作方式增进经济互信的可行途径，等等。

未来四年，两岸关系和平发展将由开创期进入巩固深化的新阶段。其中增进两岸政治互信，对于两岸同属一个中国形成更为清晰的共同认知和一致立场，是巩固和深化两岸关系和平发展政治基础的重要前提。前不久胡锦涛总书记与国民党荣誉主席吴伯雄进行的两党领导人工作会谈中，就此一问题形成重要共同认知，对于增加两岸互信发挥重要积极影响。政治互信的不断增强，有利于为深化两岸经济合作、加快推动 ECFA 进程提供更加有利的环境与条件。

（二）加快推进 ECFA 后续协商

受制于当前两岸关系的总体架构，ECFA 只确定了“早期收获”清单实施与开启后续协商的时间表，并未明确后续几项重要协议完成的时间表，更未确定基本完成贸易自由化的时程以及自由化应达到的水平。这与其他经济体间类似协议显然不同，如果说这是两岸特色的体现，毋宁说是现实两岸关系环境下的妥协。它固然有利于两岸 ECFA 在较短时间内达成，也使后续进程有了根据两岸关系形势进行相应调整的弹性空间，但也意味着后续进程不确定性的增加。而无论从全球经济环境、两岸经济转型需求，以及推进两岸关系和平发展及增进互信的角度看，ECFA 后续进程都应尽可能加快推动与切实落实。否则一方面会造成双方失去相应机遇，另一方面也容易影响双方在 ECFA 上的互信。两岸应充分利用今后有利时机，争取尽快完成后续主要协议的协商进程，确定并开始实施各主要协议的时间表与路线图。

（三）以平等互利而非简单“让利”推动 ECFA 后续进程，更注重 ECFA 与各自政策、法律与体制的接轨

ECFA 以及未来后续主要协议，其有效实施取决于两岸相应政策、体制与之的接轨程度。这也是 ECFA 对于两岸经济真正深远的积极影响所在。ECFA 在一般意见上是双方关税的减让、市场的准入及贸易、投资障碍的消除，但更大意义上是通过双方的进一步开放，促进各自生产要素质的更合理配置和政策、制度的对外接轨。“让利”思维短期内有利于减少利益与政治干扰，但也意味着开放不足和保护落后产业，长期看不利经济竞争力的提升。岛内有媒体指出，ECFA 后续协商不可能再冀望于大陆单方面继续让利，台湾方面必须做好充分的准备，依据台湾经济长期发展需要和从经济战略观点，规划未来两岸经贸发展蓝图，再据以拟定 ECFA 的协商策略及具体执行规划。如此才能引导各个机关按部就班推动协商，建立各项配套。① 因此，形成平等互利的思维对 ECFA 后续协商更为重要。同时，在两岸推进 ECFA 进程的同时，还要同步梳理双方相应的政策、体制调整，真正从政策、体制等层面减少贸易、投资障碍，否则可能出现“大门开小门不开”、“玻璃门”、“弹簧门”等现象，将使 ECFA 的成效大打折扣。尤其在服务贸易领域这一问题尤其值得重视。

（四）借鉴 ECFA 的有益经验，推动两岸关系全面深化发展

两岸在签署及实施 ECFA 的过程中所体现的原则、内容与形式，以及两岸所展现的务实与创新，对于今后全面构建两岸关系和平发展框架具有重要的启示与借鉴意义。从推动和建构两岸关系和平发展框架的全局角度看，今后在加快推动和落实的 ECFA 的同时，也应尽快启动两岸社会文化交流与合作的制度化建设，尤其两岸文化、教育合作的制度化、机制化建设，可以充分吸纳 ECFA 的有关经验，可考虑先达成框架性制度化安排，再分步实施与推进的方式。经济、文化、社会、教育合作与交流相辅相成，互为补充，相互促进。此外，两岸应适时启动两岸各种方式的政治对话与协商，充分吸引

① 《旺报》，2012 年 4 月 26 日。

ECFA 商谈中两岸所展现的精神与程序、形式。有台湾学者即提出，可以 ECFA“研究先行，协商在后”的模式，研讨两岸政治对话进程的可行性问题。研究的课题包括两岸在国际社会的相处之道，对于处理非传统安全问题的合作，以及有关推动两岸商签和平协议和互设办事机构等政见的可行性问题。①

（五）采取特区方式，先行进行两岸经济深层合作的实验

ECFA 的全面实现及两岸经济自由化，在现有两岸关系发展框架下将是个较长期的过程，而当前全球经济形势的变化以及两岸加快经济转型的需求，对两岸进行更深层、更多元的经济合作有着更迫切要求。大陆于 2009 年发布《关于支持福建省加快建设海峡西岸经济区的若干意见》，将海峡西岸定位为两岸人民交流合作先行先试区域，并赋予一系列先行先试政策，如在促进两岸贸易投资便利化、台湾服务业市场准入方面先行先试，设立平潭综合实验区等两岸合作的海关特殊监管区域，优先批准台资金融机构在福建设立分支机构或参股福建金融企业、扩大两岸货币双向兑换范围、试行便利两岸人员往来的管理办法、扩大和新设立台商投资区等等。目前国务院已正式批准平潭综合实验区规划，采取海关特殊监管方式，赋予“一线放宽、二线管住、人货分离、分类管理”方式，具备了对台经济合作先行先试的更大空间。如果未来两岸在 ECFA 架构下，就平潭的开发开放加强合作，结合台湾正在规划的“自由经济示范区”或已有的“自由贸易港区”，通过两岸特区对特区的方式先行实现局部区域的经济整合，将对未来两岸经济合作与整合发挥重要示范效应。

（六）推动两岸经济整合迈向新格局

现行两岸经济关系发展方式，造成两岸经贸交流规模虽大，但整合度较低。台湾产业仍将大陆视为“工厂”而非市场，两岸贸易投资集中于制造业而服务业合作薄弱，绝大多数台资企业采取“独资”方式，在原物料与设备取得、产品行销、资金取得等与大陆当地生产体系、市场关联度不强，两岸产业交流更多体现两岸上下台商之间。两岸贸易形成“台湾接单、日本进口、大陆制造、出口欧美”的四角关系，这一态势在世界需求结构正

---

① 赵春山：《扩大九二共识和解制度化》，《联合报》，2012 年 1 月 18 日。

在发生深刻变化的形势下，正面临新的挑战。未来，在全球需求结构与产业结构将继续进行深刻变革的形势下，以及大陆“十二五”规划更加注重经济转型升级与拓展内需市场、台湾以“黄金十年”加快外贸布局与产业结构调整大背景下，加上ECFA的推进与产业合作的深化，有利于推动两岸经济整合迈向新的格局：一是推动两岸服务业合作成为两岸合作新的重点领域，尤其是重点推动两岸金融、现代物流、文化创意产业、旅游休闲、医疗等服务业的合作，并使其成为未来两岸经济合作的新动力、新亮点。二是加快两岸新兴战略性产业合作，尤其要以大陆“十二五”规划提出的七大战略性新兴产业以及台湾六大新兴产业合作有为重点，同时在传统产业如石化业等通过重大项目合作共同提高竞争力。三是逐步改变两岸以加工出口贸易为主的贸易、投资形态，通过增加两岸市场的相互容纳，提高两岸一般贸易比重。四是深化完善两岸经济合作的机制化、制度化，通过ECFA的推进以及与之相适应的各自政策、制度调整，推动两岸政策与制度面的衔接与整合。

两岸经济关系发展的宏观环境与重点合作领域选择

福建社会科学院现代台湾研究所　单玉丽

当前两岸关系和平发展已进入巩固深化的新阶段，未来的一段时间，既是大陆“十二五”规划建设的关键时期，也是台湾发展“黄金十年”的重要阶段。而且“黄金十年”与“十二五”规划有不少契合点，两岸合作的领域和空间十分广阔。然而由于全球经济增速放缓，影响经济复苏的不稳定、不确定因素复杂多舛，两岸经济合作将在较长时期面临严峻的外部环境。因此，在两岸经济关系越来越紧密，相互开放度越来越大的情况下，深刻认识并利用好世界经济变化趋势，不仅对保持大陆和台湾经济持续健康发展，提升国际竞争力具有现实意义，而且对深化两岸经济合作也至关重要。

一、两岸经济合作面临的国际环境

（一）世界经济下行压力加大

近一年来，围绕着欧美债务危机引发的对世界经济前景的看法虽然众说纷纭，但几乎众口一词的是，未来世界经济发展前景仍然充满不确定性和不稳定性。我们从世界三大主要工业体经济发展现状来看，世界经济下行压力确实在增大，这势必给两岸经济合作带来影响。

首先，从美国看。2008 年的全球性金融危机后，美国经济就一直处在起伏不定的徘徊期，债务危机快速凸显，2011 年 8 月标准普尔下调美国国债信用评级，由最高的 AAA 降为 AA^+。为了纾解债务问题，去年奥巴马提出了预算平衡方案，然而被美国国会否决。目前美国的债务总额已超过 50

万亿美元，而美国的 GDP 只有 15 万亿美元，债务总额是其 GDP 的三倍多，[①] 债务问题成为制约美国经济增长的最大因素。近期美国经济虽然出现改善苗头，但长期增长的势头依然微弱，究其原因，一是消费动力不足。美国经济 75% 以上来自私人消费，然而受房地产低迷和失业率高的双重影响，消费增长短期内难以起色。其二，经济结构调整缓慢。虽然美国在 2008 年的金融危机后就开始调整经济结构，经济也一度复苏，但欧债危机恶化后，冲击了美国经济结构的调整步伐，科技创新、新能源、出口等战略调整尚未到位。美国经济结构调整很难在短期内完成并影响经济的增长水平。最新数据显示，2012 年 6 月美国制造业指数大幅下滑至 49.7%，制造业陷入萎缩。[②] 第一季度 GDP 增长率为 1.9%，第二季度为 1.5%。经济增长缓慢，必然拖累贸易增长。美国是世界第一大进口国和第二大出口国，其贸易额占国际贸易总额的 10% 以上，美国经济缓慢增长导致的进口需求减速，对国际贸易增长和世界经济前景都十分不利。[③]

其次，从欧洲情形看。欧洲债务危机是在 2008 年金融风暴尚未完全消退之际发生的，持续蔓延，影响之大远超出预料，不仅影响欧盟，而且拖累世界经济。2012 年 6 月中旬在墨西哥举办的二十国集团（G20）领导人峰会上，美国财政部长盖特纳认为，欧债危机已历时 3 年，新近的发展是第四波危机的体现，他认为“现在的情形对欧元区而言，仍是一个十分具有挑战性的危机。”[④] 世界银行在 6 月 12 日发布的《全球经济展望》中预测，2012 年全球经济增速为 2.5%，为经济复苏以来最低；欧元区经济增速为 -0.3%，并将中国 2012 年经济增幅的预测从 1 月份报告的 8.4% 下调至 8.2%。世行表示，2008—2009 年的金融危机余波未尽，动荡与不确定性将旷日持久。[⑤] 从目前情形看，尽管欧元区在财政、金融等方面进行大幅度的制度调整，但解决主权债务危机还需假以时日。一是部分国家已经无力清偿债务。二是危机已经蔓延到德国、法国等欧元区核心经济体。三是危机从公共财政向银行业扩散，已经严重波及欧洲银行业。四是导致欧债危机的根源

---

① 孙时联、金辉：《2012：世界经济将处于格局大变迁前夜》，《经济参考报》2012 年 01 月 31 日。

② 《美国经济复苏面临两大挑战》，http：//www. sina. com. cn，《经济日报》2012 年 7 月 19 日。

③ 张铭：《当今世界经济发展的几个特点》，http：//www. momo35. com 2012 年 2 月 15。

④ 邹强：《G20：如何承载世界经济发展的期待》，《法制日报》2012 年 6 月 19 日。

⑤ 《欧债危机再临风暴眼》2012 -06 -19，www. beinet. net. cn，2012 年 6 月 19。

短期内难以纾解。如长期的高福利政策如何调整，巨额的财政赤字、公共负债如何释重？冰冻三尺，非一日之寒，解决这些错综复杂的问题也非一日之功。

再次，从日本态势看。日本是世界第3大经济体，其经济复苏时间和程度也在相当程度上影响着世界经济的发展。日本大地震和海啸曾对日本贸易造成严重冲击，使日本工业生产停滞，汽车、大规模集成电路等贸易额大幅下降。随着地震影响的减弱，日本贸易出现恢复性缓慢增长。但从目前情况看，日元持续坚挺和世界经济增速放缓必将给日本贸易带来较大的不利影响。加上日本债台高筑，财政调整能力脆弱，主权债务等级被下调，加上近两年来政坛多变，其经济复苏十分艰难并将严重冲击亚太地区的生产链。

从新兴经济体情况看。尽管其都在加速调整自身经济结构，开发内需市场，但是在全球经济一体化趋势下，新兴经济体也难独善其身。目前新兴经济体仍然面临较高的通货膨胀压力，在欧美采取宽松货币政策形势下，一些新兴经济体也在放松以往紧缩的货币政策，但这有可能导致物价持续上涨和资产泡沫过度积累，而坚守紧缩的货币政策也不利于刺激经济成长。因此，如何把握货币政策的松紧度，也在考验不少新兴经济体。有专家担心，在发达国家的经济复苏尚未完成的情况下，金融危机有可能蔓延到发展中国家和新兴市场，进而导致整个世界经济陷入困境。① 还有专家预测，从2012年开始，低迷的全球经济也许要延续5到10年。

世界经济前景的不确定性，必然给两岸经济合作带来负面影响，并波及许多最终市场在美欧等国的两岸企业。美、日、欧洲都是两岸的主要经济伙伴，其中，中美互为第二大贸易伙伴，美国是中国第二大出口市场和第六大进口来源地。2011年，中美贸易额达4467亿美元，占中国对外贸易总额的12.3%；美国还是中国外资最大的来源地之一，2011年美对华投资合同额达74亿美元。截至2011年底，美对华投资项目累计达6.1万个，累计合同外资金额1623亿美元，实际投入676亿美元。② 欧盟是中国第一大贸易伙伴和最重要的技术来源地，2011年中欧双边贸易额5672.1亿美元，占中国对

---

① 孙时联、金辉：《2012：世界经济将处于格局大变迁前夜》，《经济参考报》2012年1月31日。

② 刘欣、杨依军：《商务部：2011年中美贸易额4467亿美元创历史新高》，news. xhby. net/system/2012/02/12/012695226。

外贸易总额的15.6%。[①] 中欧贸易自2011年开始受到欧债危机的影响。2010年大陆对欧出口增长31.8%，比整体出口增速高0.5个百分点；2011年对欧出口增长14.4%，比整体出口增速低5.9个百分点；2012年1—4月对欧出口下降2.0%，比整体出口增速低8.9个百分点。[②] 日本也是中国的重要市场，2011年中日贸易额达3449亿美元，占中国对外贸易总额的9.5%。[③] 西方市场对台湾同样重要，尤其欧美是台湾重要的贸易顺差来源地，2011年台湾对美国贸易顺差增长超过70%，但受欧债危机影响，同年台湾对欧盟贸易顺差下降超过50%。[④] 可见，西方发达国家经济复苏步伐如何将在很大程度上影响着两岸的经济发展及其相互融合。

（二）世界产业结构将深度调整

当前世界经济正面临着新一轮产业结构大调整，并与过去一百多年几次大的产业结构调整不同，呈现出新的特征：

一是发达国家产业趋向实业化。实际上，2008年的金融风暴之后，美国等发达国家就开始反思其经济结构，而欧洲债务危机使美国等更深刻认识到实体经济与虚拟经济的比例严重失调与危机的发生有着密切关系，必须对本国产业结构进行反思。为改善产业结构比例失调，美国政府明确提出，要降低美国金融业在经济中的比重，振兴制造业，大力发展包括中低端传统制造业在内的各种实业，将美国经济建立在“岩石”上而不是“沙滩上”。欧洲主要经济体也明确提出了“未来工厂计划”，其核心内容就是调整产业结构，防止产业“空心化”，大力发展制造业。日本在“3·11”震后提出了“实体经济本土化”。美国等经济发展模式的快速“转向”势必给全球经济结构带来长远而深刻的影响。

二是新兴产业将加速发展。为稳定和促进经济增长，抢占经济科技制高点，世界主要经济体都进入了空前的创新和发展新兴产业时代，加大投入力度，明确重点发展领域，并把突破核心关键技术、推动战略性新兴产业发展

① 2011年中欧双边贸易额5672.1亿美元，增长18.3%，roomx. bokee. com/7031079. html 2012年2月20。

② 《欧债危机再临风暴眼》，www. beinet. net. cn，2012年6月19日。

③ 2011年中日贸易额达到3449亿美元 创历史新高，inance. ifeng. com/roll/20120217。

④ 台湾地区2011年贸易顺差额位列历年第三，www. shandongbusiness. gov. cn/index/content. 2012年3月14日。

作为新的经济增长点，美国提出，要将研发投入提高到占GDP的3%，力图在新能源、节能环保、信息网络、干细胞研究和航天等领域取得突破。欧盟宣布，2013年以前要投资1000亿欧元以上发展绿色经济，保持在绿色技术领域的世界领先地位。日本将新能源和环境产业作为未来发展重点。[①] 可以预见，新兴产业将在世界范围内快速发展。

三是服务业成为各国产业结构调整的重点。伴随着世界产业结构的调整与升级，服务业逐渐成为产业转移的新热点，服务业离岸外包和跨国转移势头迅猛发展，金融、保险、咨询、管理和法律等专业服务更是成为产业转移的重点行业。在分工不断深化、细化的制造业领域，发达国家及其跨国公司重点控制研发、营销和服务等具有高附加值的产业链环节，将非核心的生产、物流等活动，以项目外包方式分包给劳动成本低且具有专业能力的发展中国家企业，使这种项目外包式产业转移活动保持着快速增长。[②]

四是世界产业转移呈现规模更大、层次更高、转移更快的趋势。突出表现在：（1）跨国公司产业转移出现了由原来单个项目、单个企业、单个产业的转移转向整体产业链转移并带动相关产业同步转移的态势，因此国际产业转移的规模将达到空前水平。（2）发达国家在继续向发展中国家转移劳动密集型产业的同时，也向部分发展中国家转移资本、技术密集型产业，向少数发展中国家转移高技术产品的部分生产工序和研究力量，国际产业转移进入劳动密集型、资本密集型、技术密集型产业和研究能力转移并存的新阶段。特别是，发达国家为了利用全球研发人才和融入产业转入国的创新体系，在发展中国家建立越来越多的研发中心，逐步把部分研发工作转移到发展中国家，从而推动了产业转移层级的提升。例如，到2011年，跨国公司在大陆设立的研发中心已经超过1100家。（3）随着经济全球化和新技术的广泛应用，特别是以计算机、通信和网络技术为代表的信息技术的不断革新及快速普及应用，使传统工业化生产方式向集工业化、信息化于一体的现代生产方式转化，也大大加快了产业转移的速度。

发达国家新一轮产业结构大调整，实际上是经济全球化利益格局的再调整。发达国家回归实体经济，势必打破原有的产业价值链，发展中国家和地区尤其是新兴经济体能否在这一轮国际经济结构调整中抓住机遇，发挥比较

---

① 张铭：《当今世界经济发展的几个特点》，http：//www. momo35. com 2012年2月15日。
② 张铭：《当今世界经济发展的几个特点》，http：//www. momo35. com 2012年2月15日。

优势，将影响其未来在国际分工中的地位和利益。

（三）国际贸易环境更趋严峻

在国际金融市场剧烈振荡的不利因素冲击下，以及发达国家深度调整产业结构、世界经济增长模式变化的背景下，新一轮的贸易保护主义势力更加咄咄逼人，这将使得两岸优化产业结构的形势十分严峻。据 WTO 贸易监督报告提供的数据显示，2011 年，WTO 成员实施的贸易限制措施的数量仍在增加。2011 年 10 月，联合国贸发会议、WTO 和 OECD 联合发布的 G20 国家贸易投资评估报告指出，没有证据表明新的限制贸易措施在减少，也没有证据表明各国正在积极取消现有的限制，尤其是那些在金融危机初期开始实施的贸易限制措施。报告还指出，自 2008 年 10 月以来，各国采取的贸易限制或潜在贸易限制措施有 674 项，仅有 19% 的贸易限制措施被取消。全球贸易预警组织（GTA）在 2011 年 7 月发布的报告称，贸易保护主义势头正在上升，近半年多来，全球已实施 194 项保护主义措施，其中 80% 来自二十国集团（G20）国家。① 尤其是近年来以美国为首的发达国家，为了增加出口、平衡贸易、恢复制造业竞争力，贸易保护和技术封锁日益猖獗。如美国通过《刺激法案法》，限制雇佣外国人，反对使用国外原材料，对大陆汽车产业发起“轮胎特保案”、“钢管特保案”、光伏“双反”案等；欧美先后对大陆出口产品实施多项“反倾销调查”，同时对资本和技术输出严加限制，增设贸易技术壁垒，加剧贸易摩擦。欧洲、日本也先后对大陆出口产品增设贸易技术壁垒，抬高产品进口门槛，加剧贸易摩擦。低碳经济也成为发达国家贸易保护主义合法化的护身符，一些发达国家试图借助碳关税限制大陆产品进口，使得两岸都面临着国际间对节能减碳要求提高的压力。可以预见，国际贸易环境严苛的局面短期内难以根本扭转，这对两岸的传统出口市场和出口产品将产生越来越深刻的影响。

（四）高科技产业合作与竞争并存

近年来，由于能源短缺、环境恶化、疾病预防和治疗等已成为人类共同面临的难题，同时许多科技问题日趋复杂，科技的规模、成本、风险往往超出一个国家或地区的承受能力。因此，无论是发达国家还是发展中国家，都

① 张铭：《当今世界经济发展的几个特点》，http：//www. momo35. com 2012 年 2 月 15 日。

极力推动高科技产业合作，不仅是发达国家之间加强了合作，发达国家与发展中国家、发展中国家之间的合作以及区域经济体之间的合作都在不断加强，而且高科技产业合作的范围、领域、规模、形式都在不断扩张和深化。然而，由于科技要素的稀缺性，在日益广泛的高科技合作中，发达国家和发展中国家由于各要素资源的差异性，在合作中的目标、地位与利益也有很大差别，这就不可避免地在加强合作的同时，也激发了竞争的加剧。发达国家为了保持在国际科技合作中的主导地位，获取发展中国家的资源和能源，始终把握着国际高科技合作中的核心技术。而与此同时，发展中国家和地区为了提升自身综合实力，也不断努力追赶科技发展的热点，在国际科技合作中积极争取资源，以便在国际分工中获取更多一些的利益。因此，尽管国际科技合作蓬勃发展，但无论是发达国家之间，还是发达国家与发展中国家（地区）之间，都存在着既合作又竞争的关系。

此外，影响两岸经济合作的因素还有地区安全、选举等问题。如在埃及、叙利亚、伊朗和朝鲜半岛等热点地区的军事对抗和政治冲突都会对全球经济局势产生不同程度的影响。而一系列国家的大选，如美国、俄罗斯、法国、韩国、墨西哥等也会因领导人的更换可能导致政策调整，从而给整体世界经济的运行带来不确定性。

二、两岸经济合作的重点领域选择

从上述可见，未来两岸将面临极其严峻的国际环境，作为经济全球化中重要的成员，两岸都难以独善其身。但同时我们要看到，机会总是在危机中孕育与诞生，这种世界经济的“后危机状态”也有可能给两岸经济转型与合作带来新的机会。如新兴经济体在国际产业转移链中既是产业承接方又是产业转移方，两岸可以在产业升级的同时将原有传统产业转移到更低产业梯度的国家和地区。两岸唯有建立更紧密的经济关系，才能在以发达国家为主导的世界经济体系中，在深度整合的产业结构和产业链中，在各种名目繁杂的贸易壁垒中求生存、求发展、求双赢。从产业合作角度看，未来两岸应着重以下方面的合作。

（一）加强新兴产业合作

战略性新兴产业是以重大技术突破和重大发展需求为基础，对经济社会发展具有全局性重大引领带动作用的产业，发展战略性新兴产业是后金融危机时代世界各国和地区抢占经济和科技制高点的重大战略举措。祖国大陆和台湾地区也不例外，都把新兴产业作为未来经济发展的重中之重。

台湾于2009年提出六大新兴产业，包括生物科技、绿色能源、医疗服务、精致农业、休闲观光和文化创业，之后又提出要发展云端计算、智慧电动车、发明专利产业化、智慧绿建筑四大智慧产业。大陆于2010年10月颁布《中共中央关于制定国民经济和社会发展第十二个五年规划的建议》和《国务院关于加快培育和发展战略性新兴产业的决定》，确定了将节能环保、新一代信息技术、生物、高端装备制造、新能源、新材料和新能源七大产业作为战略性新兴产业。此后，围绕国家的战略部署，各省市都把战略性新兴产业作为“十二五”规划建设的重点，并相继推出了发展新兴产业的专项规划。从内容上看，台湾6大新兴产业着重在服务业，而大陆新兴产业的落脚点在制造业，这客观上反映了两岸工业化发展的不同阶段，虽然如此，由于两岸发展新兴产业都是基于转变经济发展方式、推动产业转型升级的需要，因此，客观上仍然存在着互补性和契合点，有很大的合作空间。在世界经济恢复缓慢，结构调整深化，国际新兴产业发展竞争激烈的时期，两岸应加快政策和资源整合，抢占经济科技制高点，促进两岸产业结构在全球范围内优化调整，建立新的国际竞争优势，使两岸在互利合作中获得共同发展与繁荣。

一是明确合作的重点领域，可选择台湾有优势的产业进行对接。如电子信息产业；两岸合作中的只有一方作为新兴产业而另一方具有比较优势的产业，如精致农业、文化创意产业等；以及两岸双方都在致力发展而技术都还不太好的产业，如新能源、节能环保、生物技术、新材料等；二是通过规划引导、政策支持、产学研共同参与，探索两岸产业合作的新模式和新途径，提升产业技术和制造能力，增强产品核心竞争力。三是鉴于大陆各省市新兴产业的发展重点不同，台湾进行遴选对接。四是共同开发大陆市场。由于台湾的资源少、内需市场空间有限，必须拓展新兴产业的外部市场，而大陆市场广阔，能够使这些新兴产业的发展获得足够的市场空间。五是创新合作模式。目前，战略性新兴产业还属于潜导产业，两岸应整合要素资源，共同探索突破新兴产业发展的技术瓶颈、市场瓶颈和融资瓶颈，推动两岸新兴产业链的合理布局与分工，形成跨两岸的新兴产业集群，促进两岸新兴产业的持续快速发展。

（二）继续松绑政策，深化两岸金融业合作

在2010年6月两岸签署的ECFA中，大陆与台湾分别将6项与1项金融开放纳入早收清单。2011年以来，在ECFA推动下，两岸金融领域合作不断取得新进展，两岸银行、保险、证券等金融机构的交流合作日益成为新的热点。2011年4月25日两岸银行监管合作平台首次会议召开，2011年8月31日台湾又新核定出台“两岸金融往来管理办法”，对两岸金融往来大幅松绑。两岸银行、证券、保险行业的交流与合作不断深化。至目前，已有19家台湾金融机构，包括3家台资银行在大陆筹建了分行，1家台资银行获准经营大陆台资企业人民币业务，13家台资金融机构获得QFII（合格境外机构投资人）资格，2家台湾保险公司设立了子公司。与此同时，ECFA项下的大陆资本赴台投资案有43件，投资或增资金额1.08亿美元，其中中国银行台北分行、交通银行台北分行已获准营业，6月27日中国银行台北分行正式开业。[①] 在ECFA推动下，于7月1日才改制、重新挂牌的台湾“金融监督管理委员会”（金管会）正研拟放宽企业发行人民币计价债券、开放优质台商回台上市、放宽证券投信投资大陆有价证券、推动银行人民币理财业务及强化两岸金融监理合作平台等。2012年6月17日，国台办王毅主任在第四届海峡论坛上宣布：为继续支持台资企业发展，大陆的工商银行、中国银行、建设银行以及国家开发银行将在未来3到4年内对台资企业再提供6000亿人民币的贷款额度。这些都将十分有利两岸金融合作向纵深发展。

目前，推动两岸金融合作已摆上两岸协商的重要议事日程，这就为深化两岸金融合作创造了重要机遇。两岸应积极互动，全面深化金融合作。要积极落实ECFA早期收获计划中的相关承诺，进一步推动符合条件的台资银行大陆分行尽快开展人民币业务、增设营业网点；推动两岸金融机构通过相互参股等方式深化合作；建立两岸货币清算机制；积极推动两岸货币全面自由兑换，减少台商贷款因美元贬值而造成的损失；支持符合条件的台资证券、保险类机构在大陆设立营业机构；国家开发银行、华夏银行、农发行、兴业银行等商业银行要继续加大支持台资企业发展的力度，对新增加的对台资企业的信贷额度要用好、用活、用足。在当前欧债危机持续蔓延，世界经济形势仍然不稳定、不确定形势下，尤其要加快建立一套适合两岸中小企业的融

① 国务院台办2012年6月27日新闻发布会报告。

资体系，纾解大陆台资中小企业融资难问题，使中小企业能够在不断变幻的国际环境中得以生存和发展。

（三）扩大农产品贸易零关税，拓宽农业合作范畴

两岸农业合作历久弥新，成效显著。尤其是2005年以来，大陆相继推出一系列惠及台湾农业的优惠政策，在ECFA中台湾又获得大陆单方面提供的农产品优惠关税，两岸农业合作大踏步前进。但是基于农业的弱质性，应进一步深化两岸农业合作。

在农产品贸易方面，目前大陆方对台实施零关税的台湾农产品已超过50种。据台方统计，2011年ECFA项下18项农产品累计出口到大陆的金额突破1亿美元，达1.26亿美元，同比增长127%，ECFA显著推动了两岸农产品贸易发展。2012年3月，农业部表示，将考虑进一步放开台湾农产品进入大陆市场的品种和数量，扩大岛内农产品登陆关税降税的范围。① 基于台湾农业的特性，建议加大、加速对台湾农产品实施零关税的步伐，甚至可以考虑全面开放台湾农产品零关税进入大陆市场。目前，台湾农业在三次产业中的比重仅为1.58%，农业总产值为2146.22亿元新台币，约合68亿美元。包括粮食作物在内的规模化生产的农作物种类约77种，其中蔬菜类35种、水果19种、花卉13种。农产品出口额39.85亿美元，占台湾出口总额的1.52%。台湾农产品出口市场主要分布在日本、香港、新加坡、美国和加拿大。其中日本、香港和美国为台湾三大农产品出口市场，占台湾农产品出口总值的近70%。加上岛内市场消费需求，可以出口到大陆的产品并不多，因此可以考虑扩大甚至全部开放台湾农产品零关税进入大陆市场。在第四届海峡论坛中，国台办王毅主任宣布大陆将开放进口台湾大米。质检总局同时也明确表示，即将启动台湾大米及台湾方面提出的其他食品、农产品进口大陆的相关准入程序。7月27日，由中粮集团进口的首批18吨台湾大米已顺利登陆福建马尾港。扩大开放台湾农产品进口，不仅有利于稳定台湾农业生产规模，增加台湾农民收入，而且也有利于台湾当局推动“黄金十年”计划，缩小南北差距，稳定执政根基。尤其是在当前国际经济不景气形势下，加快扩大开放台湾农产品进口，无论是对民众还是当局都犹如雪中送炭。

---

① 雷敏：《大陆将扩大台湾岛内农产品登陆关税降税范围》，www.chuzhou.cn/news/2012-05/15/content_30。

在合作的领域方面，要更新观念，进一步拓宽合作领域。虽然两岸农业合作很久了，但到目前为止，大多数合作还局限在种植业或是生产层面。今后要着力推动农业合作从生产层面向生态层面、管理层面发展，从农业合作向农村合作发展。要树立农业、农民、农村“三位一体”和生产、生活、生态“三生协调”的理念，这样才能突破农业合作的狭隘思维。未来除了在优良品种、种养技术方面的合作外，还要在农产品运销、农业技术推广模式、农民合作组织、生态环境建设、精致农业、观光农业、农业生物技术、农业信息化等方面开展广泛的交流与合作。

三、推动两岸经济合作的保障措施

（一）推动和完善两岸制度性合作

两岸经济制度性合作比内地与港澳的制度性合作迟了近6年，台湾也因此失去了许多商机，而且从内容上看，目前ECFA开放度还远不及CEPA。为推动和完善两岸经济合作制度化，应加快ECFA后续议题协商，加大开放程度，对拟开放的敏感领域可考虑先行选择部分地区（包括台湾的某个县市）先行先试，在试验可行的基础上，再扩大范围，逐步推开，使两岸在更大范围内实现互利多赢，开创两岸经济融合与繁荣之新局面。对ECFA中已拟定的后续协商议题要抓紧协商和签订协议，近期尤其要尽快签署两岸投资保障协议，以进一步推动两岸经济合作制度化进程。

（二）推动双向投资，以负面表列开放大陆企业赴台投资

台湾方面，自2009年6月出台“大陆地区人民赴台投资许可办法”开放大陆资本入台投资后，目前两岸相互投资已经改变了长期以来台湾对大陆单向投资的格局，但是长期以来已经形成的台商投资大陆远多于大陆投资台湾的现象短期内还难以扭转。截至2011年底，大陆累计批准台资项目85772个，实际利用台资542亿美元。其中，2011年大陆共批准台商投资项目2639个，实际利用台资金额21.8亿美元。① 陆资入台方面，自2009年6

① 董会峰：《2011年两岸贸易额突破1600亿美元》，www.taiwan.cn/jm/jrtj/201202/t20120206_2269583.htm。

月30日开放陆资赴台投资以来，台湾累计核准陆资赴台投资件数为255件，核准投（增）资金额计2.9139亿美元，与台商投资大陆的规模还相差甚远。[①] 这种状况相当程度上是两岸相互开放时间差所造成的。台商投资大陆始于上世纪80年代，而台湾开放大陆资本投资台湾还不到两年的时间。在这二年时间里，台湾在ECFA推动下逐步增加对大陆开放台湾发展成熟的产业投资项目，至2012年3月19日，分三阶段开放大陆资金赴台投资项目已有408项，约占其总投资项目比重的67%（见下表）。

台湾开放陆资赴台项目进展情况

时间	项目数	类别	占总投资项目比重%
2009.06.30	192	制造业64项、服务业117项、公共基础建设11项	32
2010.05.20	12	银行、证券及期货等12项	33
2011.01.01	1	配合ECFA服务业早收清单开放1项	34
2011.03.02	42	制造业25项、服务业8项、公共基础建设9项	41
2012.03.19	161	制造业115项、服务业23项、公共基础建设23项	67
合计	408	制造业开放幅度达到97%，服务业开放幅度提升至51%，公共建设部分为51%。	67

但同时我们也看到，虽然台湾开放大陆资本投资的项目数逐步增加，但这只是量上的增长，实质上对陆资入台还有诸多限制，甚至仍然存在歧视性政策，使得大陆企业投资台湾面临许多困扰，抑制了大陆企业投资台湾的积极性。如在第二波开放项目中，虽然开放了包含面板、半导体等在内的高科技产业，但同时规定，陆资若要参股台湾现有面板、晶圆代工厂以及DRAM制造等产业，参股比例不得逾10%；若是采取合资设立子公司方式，陆资比率不得逾50%，即陆资在台湾子公司持股比率最高只有49%；且不得另外成立新公司。即使对于敏感度较低的产业，例如机械、冶金与医疗器材等产业，陆资参股比率也只放宽到20%。[②] 在第三阶段开放政策中，仍然存在这个问题，即对入岛陆资数量上在松绑，实质上在强化对陆资的管理与控制。在第三阶段开放的制造业115项目中，有33项有专门的限制条件。其中31项陆资只能投资现有企业且持股比率不得超过50%（包括食品制造

① 《前5月大陆企业赴台投资额飙增488%》，www.chinanews.com/tw/2012/06－21。

② 《台当局放宽大陆投资台高科技产业禁成立新公司》，www.chinanews.com/tw/2011/02－28/2873130.shtml2011－2－28。

业、非酒精饮料制造业、纸浆纸及纸制品制造业、生物药品制造业、钢铁冶炼业、金属手工具制造业、摩托车制造业等）；另有2项（发光二极管制造业和太阳能电池制造业）不得具有控制能力，并应提出产业合作策略，且须经项目审查。此外，还有7项与侨外投资限制条件相同。新增开放的23项服务业项目，有8项依产业特点订有不同限制条件。新增开放的23项基础设施项目，有14项附带了限制条件。①

上述种种限制，使入岛陆资难以取得“外资”同等待遇，这种歧视性“开放”政策，实在很难激起大陆企业投资台湾的热情，与台湾开放陆资入台的主观愿望也是相悖的。台湾方面从官员到学者都表示，开放大陆资本赴台投资，加大吸引陆资可增加岛内有效需求和生产能力，增强经济成长动力，同时也有助于增加岛内就业机会。台湾当局曾表示，台湾批准217件陆资赴台投资案，投资金额为2.72亿美元，约创造了5189个就业机会。台湾对开放陆资入台“犹抱琵琶半遮面”的矛盾心态和作为是不利两岸合作的，更不利台湾综合竞争力的提升，因此，台湾应抱持更积极的心态，以负面表列形式开放大陆企业赴台投资项目，加快推进两岸产业合作步伐。

（三）积极推动建立两岸产业联盟

产业联盟是指出于确保联盟各方的市场优势，以寻求新的规模、标准、机能或定位、应对共同竞争者和开拓新领域为目的，在企业间结成的互相协作和资源整合的合作模式。产业联盟以契约为纽带，以协商为行为准则，能形成较大的合力和影响力，为产业发展注入新的活力，因而产业联盟被视为提升国家或地区国际竞争力的策略工具。随着两岸经济合作的不断深化，产业合作联盟已应运而生，但从总体上看，目前还处于初级阶段，大多是组建协会或商会等中介组织，以企业为主体的联盟较少，存在联盟目标缺失，契约缺乏有效约束力，补贴机制不完善等问题。今后应运用ECFA框架协议，充分发挥企业和行业协会以及民间组织的作用，大力推动两岸产业建立研发合作产业联盟、供应链合作产业联盟、市场合作产业联盟、技术标准产业联盟等，使两岸产业合作实现更大范围内的资源整合和优化。

---

① 朱磊：《加快推动大陆企业赴台投资的步伐》（上），www.chinataiwan.org/jinrong/.../t20120503_2519106.htm。

（四）创新人才流动、培养与使用机制

人才是“第一资源”，要突破传统要素供给的思维，加强两岸人才流动、培养和使用。因为随着区域经济一体化、全球化进程加快，人才流动的半径越来越大，也越来越频繁。由于两岸处于经济发展的不同阶段，对人才需求存在结构性差异，两岸要以更宽广的视野和胸怀，重视和发挥不同区域、不同领域人才的作用，推动人才合理流动，不拘一格引进人才。要共同建立人才培养和引进计划，建立科学合理的人才激励和人才流动机制。要加大复合型人才和专门人才的合作培养。通过多种渠道和方式，有针对性的培养适应当前和今后一段时期两岸经济社会发展的各层次人才。要鼓励四地科研机构、高校、企业建立企业管理人才、专业技术人才和中高级技能人才合作培养机制；鼓励企业以项目聘用、项目合作等方式相互引进人才，使企业成为引进人才的主体；建立人才引进专项资金、高端人才项目资金等。要处理好引进人才和现有人才的关系、领军人才和普通人才的关系，创新人才引进机制，建立人才柔性引进机制。要将项目、资金、平台和政策等各种要素，与人才的培育、使用有效结合起来，为人才工作、生活创造良好环境；要建立科技成果的利益分配机制，充分体现知识、智慧的含金量，确保两岸经济社会发展所需的高素质人才引得进、留得住、用得好，使人才真正成为推动两岸经济融合的“第一资源”。

加快 ECFA 后续协议商签 促进两岸经贸关系发展

南京大学台湾研究所　刘相平

海峡两岸经济合作框架协议（ECFA）已于 2010 年 6 月 29 日正式签订，并于 9 月 12 日生效。从 2011 年 1 月 1 日起，双方早收计划优惠关税开始实施。无疑，这是海峡两岸关系发展史上极具意义乃至于标志性的事件，是 30 年来海峡两岸经贸迅猛发展应有但非自然的结果，这与经济全球化和区域经济一体化发展的态势有关，更与两岸双方的“意愿”直接相关。

伴随着 ECFA 签订的过程，是台湾岛内蓝绿阵营为此展开的激烈角力和缠斗。可以说，这种缠斗持续至今，支持者不断强调 ECFA 的正面功能，反对者则持续强调 ECFA 的成效不彰乃至负面影响。除了“爱之欲之生，恨之欲之死”的立场对立外，其目标管理的错位是一个重要原因。

在 ECFA 商签期间，为了促使 ECFA 能够成功签订，在反复拉锯的过程中，执政的国民党不断通过强调 ECFA 总体目标，强化宣传 ECFA 对台湾有利的一面，以达到说服民众的目的。而对 ECFA 的目标，国民党方面并没有继续细分短期目标、中期目标、长期目标，也没有细分一年目标、两年目标、三年目标、五年目标……无疑，这使得民进党、台湾团结联盟及其支持他们的学者，利用“总体目标”来检验 ECFA 签订或实施后一年间、两年间的效果。显然，这种攻击对 ECFA 是不公平的。

本文试图通过对 ECFA 实施周年的效果进行评析，并分析其影响因素，提出改进方法。一孔之见，求教于大家。

一、海峡两岸签订 ECFA 之目标

（一）大陆设定之目标

中国进入改革开放进程后，找到一条适合自己发展的道路，在经济全球化进程中充满自信，社会经济取得举世瞩目的发展，从“现代世界经济体系之外”进入体系之内，并快速越过“边缘阶段”进入“半边缘阶段”。这个“半边缘阶段”自然是针对其在全球经济中的位置而言的，如果仅仅针对东亚而言，这个“半边缘阶段”，实际上是中国在东亚区域“核心化”的过程。

不过，在当前的东亚区域经济一体化进程中，中国并非领导者。或者说，中、日的历史性不睦决定了两国不能主导亚洲一体的现实。而“以东盟为主导的模式是目前唯一可行和正在进行中的亚洲一体化模式”，这种“小国集团拉着大国走”的场面，正在试图整合松散的亚洲。无疑，东盟“扛起了亚洲一体化大旗”。①

确实，东盟在当前东亚合作和一体化进程中正在发挥必不可少的倡导者和驱动器的重要作用，其功不可没。然而，东盟本身内部矛盾和实力不足等致命弱点，使得其主导者角色因为勉为其难而带有临时性色彩。有学者明言，“就东亚一体化这一复杂而艰巨的历史进程来考察，从长远和根本上说东盟难以担当起东亚一体化的主导和核心力量这副重担。”②

解决推动东亚区域经济一体化“轴心”的问题，或者说寻找东亚区域经济一体化有能力、负责任、稳定的领导者的问题，是东亚国际关系发展中的一个复杂问题。但是，无论如何，中国都不应该也无法推卸自己应当承担的责任。事实上，中国一直积极而有力地推动着东亚区域经济一体化的进程，因而与日本、韩国、东盟国家建立和维持着紧密的经贸合作关系。

在此过程中，如何处理与台湾经济的关系，是大陆无法回避而且是应该优先考虑的问题。一方面，民族感情的接近、文化的相同，给经济整合提供了天然的平台；另一方面，两岸经济整合显然会增强大陆在东亚区域经济一

① 戴闻名：《东盟扛起亚洲一体化大旗》，《了望东方周刊》2004 年 11 月 29 日。

② 伍贻康：《东亚一体化发展态势和内外条件的点评》，《亚太经济》2006 年第 1 期，第 3 页。

体化过程中的话语权，甚至可以帮助大陆夺取东亚区域经济一体化的领导权。反过来说，如果大陆无法将两岸经济成功整合，必将耗损大陆的能量，降低其在东亚经济体系中的影响力。由此看来，与台湾经济的顺利整合，与大陆参与东亚区域经济一体化进程的目标一致，大陆必须且应该积极推动。

当然，如果仅仅从经济角度而言，ECFA 的签订，对大陆是有利的。显然，ECFA 可以改变长期以来两岸经贸关系"间接"、"单向"的非正常状态，促使两岸经贸关系向"直接"、"双向"的正常状态转变和发展。一方面，ECFA 可以降低两岸经贸活动的成本，进一步加快两岸贸易发展的步伐；另一方面，ECFA 可以为大陆对台出口及大陆企业赴台投资提供正常的、比以前宽松的环境。

2009 年 10 月中旬，商务部国际贸易经济合作研究院、对外经贸大学、南开大学组成的联合研究组公布了对"两岸经济合作协议研究报告"的摘要说明。研究显示，两岸通过商签经济合作协议，逐步消除贸易壁垒，实现生产要素的自由流动，将使两岸资源合理配置，充分发挥效益，对两岸经济、贸易和大多数产业都会带来正面影响。对大陆经济发展而言，两岸签署 ECFA，如果考虑三个"10 + 1"的影响，特别是大陆与东盟自由贸易协议所获得的收益，大陆的 GDP 增长率将提高 0. 63—0. 67 个百分点；如果扣除掉这些因素的影响，只考虑两岸经济合作协议对大陆经济的影响，大陆 GDP 增长率将提高 0. 36—0. 4 个百分点。①

遂此，在 2009 年 10 月 25 ~26 日于成都召开的"2009 年两岸关系研讨会"上，国台办主任王毅明确指出，商签两岸经济合作框架协议，是"为实现两岸经济关系正常化、推进两岸经济全面深入合作而作出的具有两岸特色的制度化安排"。②

（二）台湾对 ECFA 赋予的多重目标

1. 提高台湾经济发展水平，扩大就业

目前，大陆是台湾最大的出口地区。2008 年，台湾对大陆出口占台湾

① 商务部国际贸易经济合作研究院、南开大学、对外经贸大学联合研究组：《两岸经济合作协议研究报告摘要说明》，对外经贸大学网站 2009 年 10 月 14 日，http：//news. uibe. edu. cn/uibenews/print. php/10346。

② 新华社 2009 年 10 月 25 日报道。

总出口的39%，远高于排名第二的美国（12%）。因此，台湾学界普遍认为，既然如此，“与中国大陆进行ECFA协商自然是最重要的事，因为两岸签署ECFA之后，台湾出口产品中就有四成将因减免关税而获利”。①

台湾“中华经济研究院”的研究报告也表明：在“维持农工管制现况，已开放之农工产品自由化”（影响程度较小）以及“维持农业部门管制且不降税，工业部门解除进口管制且自由化”（影响程度较大）两种仿真情境下动态仿真，结果是：“在考虑资本累积的动态情境下，两岸签署ECFA将促使台湾的实质GDP上升1.65～1.72%、总出口量上升4.87%～4.99%、总进口量上升6.95%～7.07%、贸易条件均改善1.4%、社会福利增加77.1亿～77.7亿美元、贸易余额增加17.6亿～17.8亿美元”；至于在就业影响方面，“台湾总就业人数可望增加25.7～26.3万人”。②

ECFA签订后，台“经济部长”施颜祥针对早期收获清单指出，“中国大陆调降539项货品关税约295亿元，台湾整体产值将增加0.86%，相当于1900亿元，并增加6万就业人口”。③

2. 争夺大陆市场，避免台湾产品在大陆市场占有率继续下滑是台湾的当务之急

改革开放以来，大陆经济长期处于高速发展之中，其增长趋势至今未见减缓。以2009年为例，据国家统计局初步测算，2009年国内生产总值达335353亿元（人民币）。按照当时比价，约合49317亿美元，人均GDP则约为3400美元。毋庸置疑，这是一个庞大的新兴市场，引起世界各国/地区广泛的重视。

应该说，大陆市场是逐渐发展和壮大起来的。在这个过程中，台湾产品曾经占据了较大的份额。不过，近年来，台湾产品一方面因为其技术含量仍然处于美国、日本、欧盟之下而竞争力不足；另一方面，由于韩国、东盟国家产品质量提升并加大其在中国的竞争力度，使得其产品在大陆市场的占有率赶上甚至超过台湾。值得关注的是，台湾在这种“夹杀”的困境中，所流失的不仅仅是市场占有率，更重要的是其产品的竞争力。台湾若不采取措

① 林祖嘉：《后ECFA时代经济面貌系列之六——ECFA扩大台湾国际经贸空间》，国民党“国家政策研究基金会”科经（评）098－120号，2009年12月7日。

② 中华经济研究院：《两岸经济合作架构协议之影响评估摘要说明》，2009年7月29日。

③ 《施颜祥：签ECFA，GDP约增550亿》，台“中央社”2010年7月8日报道。

施，将陷入全面落后的困境。

从近年来形势的演变看，台湾产品在大陆市场面临着韩国产品的严重挑战。韩国对中国出口额于2005年一举超过台湾。而据商务部最新公布的数据，2009年1—12月，韩国对中国出口额为1025.52亿美元，台湾只有857.23亿美元，[①] 两者相差168亿美元。

台湾、韩国产品在大陆市场占有率的变化与其各自在大陆的投资有直接关系，因为两者与大陆之间的经贸关系都存在着“以投资带动贸易”的特征。

由于前期投资不如台湾，韩国在中国的投资总额仍然落后于台湾，在排名上落后于台湾。但是，2003年以来，韩国对华投资总额已超过台湾。根据商务部公布的数据，2003年至2009年底，韩国在中国的实际投资额为293.16亿美元，远远超过台湾的210.14亿美元，韩资在中国FDI中的比重和名次也远远高于台湾。[②]

在制造业领域，韩资企业已向台资企业提出了全面的挑战。而从韩国产品在中国市场的占有率超越台湾的形势来看，台资企业已落下风。而韩国目前与中国签订了多份经济合作协议，两国间关于FTA的谈判已举行了多个回合。一旦这份自由贸易协议顺利签订，中国与韩国之间的经贸关系必将有更大的发展。对此，台湾各界普遍具有危机感。

此外，在大陆市场，台湾产品还受到东盟国家产品的挑战和冲击。东盟国家产品对中国出口额同样在2005年超越台湾，此后，逐渐扩大了两者之间的差距。

而从2010年元旦开始，东盟—中国大陆“10+1”正式成行，东盟与中国互免绝大部分商品的关税，但台湾产品进入大陆，仍须缴纳5%至15%的关税，不利于竞争。这给台湾产、官、学各界带来极为强烈的焦虑感。2009年3月，台湾“经济部长”的尹启铭明确表示，大陆市场对台湾十分重要，而2010年“东协（即东盟）与中国的自由贸易协议（即东协+1）

---

① 商务部亚洲司：《2009年1—12月我对亚洲国家（地区）贸易统计》，2010年2月4日，商务部网站，http://yzs.mofcom.gov.cn/aarticle/g/date/l/201002/20100206775934.html。

② 2009年的数据，台湾以65.63亿美元超过韩国的27.03亿美元，是因为台湾通过维尔京、开曼群岛、萨摩亚、毛里求斯和巴巴多斯等自由港的对大陆投资都已包括在内，有历年投资补登记性质。商务部新闻办公室：《2009年1—12月全国吸收外商直接投资情况》，商务部网站2010年1月15日，http://www.mofcom.gov.cn/aarticle/tongjiziliao/v/201002/20100206785656.html。

将全面执行，届时东协输往大陆的产品几乎享有全面零关税，但台湾输往大陆的产品平均税率还达 9.8%，如果两岸经济合作架构协议再没有进度的话，明年大陆市场将会被东南亚国家抢走。”马英九也表示，一旦东盟 +1 贸易免关税开始实施，而台湾被排除在外，岛内企业将遭“边缘化”，因此，台湾只有先与大陆签订 ECFA，才能让岛内企业“先喘口气”。①

综上可见，在东亚区域经济整合进程中，台湾在大陆市场上面临韩国、东盟国家的竞争压力，市场占有率呈现下滑趋势，如不采取措施，甚至有丢失大陆市场的危险。

为了避免危机加深，台湾方面希望通过与大陆签订 ECFA，台湾产品出口大陆“免关税”，可以提高其市场竞争力，转而促进台湾经济的复苏、发展。

3. 进一步加强两岸经济产业的合作，为台湾产业升级提供新的契机

平心而论，台湾产业从轻工业、重化工业再向高科技产业升级的过程是顺利的，策略是正确的，节奏是明晰的，为创造“台湾经济奇迹”立下汗马功劳。但 2000 年以后，台湾产业升级的步伐停滞下来，台湾经济因而受害匪浅。而签订 ECFA，能为台湾产业升级提供新的动力和契机。

台“中华经济研究院”认为，ECFA 的签订、两岸经贸逐步自由化与经济合作关系之建立，亦可将两岸过去因经贸限制而产生的“断链”，再行串接起来。“若能因势利导，将可强化台湾在国际产业链中的地位、加强台湾在中高科技领域的转轨突围，且蓄积中长期创新发展的动能，提供台湾产业发展的新契机”。②

4. 参与区域经济一体化进程，避免被“边缘化”、保持和提升台湾在现代世界经济体系中的地位。

在新一轮的区域经济整合过程中，台湾可能成为最大的受害者，很有可能错失机会，从“半边缘区”陷落于“边缘区”的泥潭。

台“中华经济研究院”在其“两岸经济合作架构协议之影响评估摘要说明”中坦承：当区域主义盛行，且逐渐蔓延到与台湾经贸关系密切的亚

---

① 陈惠珍：《马英九：与大陆签 ECFA 势在必行》，台湾《工商时报》2009 年 3 月 8 日报道。

② 中华经济研究院：《两岸经济合作架构协议之影响评估摘要说明》，2009 年 7 月 29 日。

太地区时，台湾的出口重心也因全球化风潮、生产模块化与垂直专业分工等趋势的发展，逐渐由欧美市场转移到大陆与东南亚。“当台湾的竞争对手（例如韩国、新加坡）纷纷参与区域经济整合，台湾却因为无法参与，而面对贸易障碍较高的歧视性出口市场”，更严重的是，伴随而来的投资环境恶化，带动了生产的外移、岛内投资的减少以及外资企业的踌躇不前，更让台湾面临诸多的挑战，“不仅过去几年经济增长率相对于韩国、新加坡迟缓许多，且在面对此波金融风暴时，出口与产值所受到的冲击也比这些国家来得快且大”。[①] 台湾媒体甚至表示，在多哈谈判破裂的形势下，FTA 将可能取代 WTO，如果这样，台湾“未来十年可能‘没得玩了’，边缘化命运难以避免”。[②]

目前，台湾固然想与美国、日本、韩国等国家商签 FTA 或类似协定，但最急迫的商签对象是东盟。这不仅因为东南亚国家是台湾产品传统的销售市场，更是因为东亚目前已是与西欧、北美三足鼎立的区域经济体，而东盟国家正是东盟区域经济一体化的“扛大旗者”。

台湾徘徊在东盟国家与中、日、韩的“10 +3” 机制门外，对它的经济发展十分不利。台湾“中华经济研究院” 2009 年根据 GTAP 模型之仿真分析，发现“10 +3”将使台湾 GDP 下降 0. 84%，生产总额估计将减少 99. 87 亿美元。以个别产业来看，其影响除机械业因日韩之激烈竞争而由正转负之外，其余的影响方向与“10 +3” 一致，但影响程度增加。台湾生产金额下降最多的产业依序为化学塑料橡胶业（ -29. 26 亿美元)、纺织业（ -20. 67 亿美元)、机械业（ -15. 48 亿美元)、石油及煤制品业（ -7. 81 亿美元)、汽车及零件业（ -2. 94 亿美元)、成衣业（ -1. 96 亿美元）与皮革及其制品业（ -1. 47 亿美元)。[③] 可见，由于“10 +3” 将台湾的主要出口市场——中国大陆及东盟以及台湾主要竞争对手——韩国，整合在一起，使得台湾的竞争压力更大。台湾经济研究院院长洪德生因而认定，在东盟经济共同市场成立的压力下，以及在中、日、韩分别极力争取与东亚其他国家建立

① 台湾“中华经济研究院”：《两岸经济合作架构协议之影响评估摘要说明》，2009 年 7 月 29 日。

② 江睿智：《FTA 若取代 WTO，台湾未来 10 年没得玩》，台“中时电子报” 2006 年 10 月 23 日，http：//news. yam. com/chinatimes/politics/200610/20061023469425. html。

③ 台湾“中华经济研究院”：《两岸经济合作架构协议之影响评估摘要说明》，2009 年 7 月 29 日。

经贸合作关系的激烈竞争下，台湾却被排挤于东亚自由贸易大门之外，如果这些区域经贸合作陆续形成，将进一步加剧台湾“被边陲化之虞”。[①]

为了改变避免这种困境，台湾各界普遍认为，签订 ECFA，能够帮助台湾消除某些参与区域经济整合的障碍，有利于台湾与其他经济体签订 FTA 及类似经济协议，从而在新一轮经济全球化和区域经济一体化进程中受益。

台“中华经济研究院”在其研究报告中也强调“ECFA 只是台湾洽签 FTA 的一部分，台湾应该有全球性的布局与策略，应积极推动对其他国家/区域的 FTA 洽签”。[②]

而有的台湾学者索性提出“应以两岸签署 ECFA 作为台湾全方向参与国际经贸空间的敲门砖”，甚至希望大陆在关于 ECFA 的商谈中，“支持东协任一国家（如新加坡）和台湾同时签署 ECFA”。如此，台湾“即能自然而然融入东亚区域经济的整合中”。[③]

这些观点受到马英九及国民党当局的重视。台“陆委会主委”赖幸媛强调，“与大陆协商签署 ECFA，可为两岸经贸正常化订出基本规则，各国政府也会更积极和台湾洽谈 FTA，让台湾避免边缘化威胁，进而与世界市场接轨。ECFA 是‘两岸经贸正常化路线图’，也是台湾‘重返世界舞台敲门砖’”。[④] 台“副总统”萧万长则指出，“可以将 ECFA 视为是台湾参与东亚经济整合的门槛、台湾联结全球市场的踏脚石以及台湾实现亚太营运中心的催化剂”，因此，“ECFA 对台湾来说，如同一贴补药，可让台湾再次成亚洲经济小巨人”。[⑤] 马英九则表示，两岸签订 ECFA，可以减少台湾与他国签订 FTA 的阻力，“ECFA 是台湾扩大 FTA 的敲门砖”。[⑥]

---

① 洪德生：《因应东协经济共同市场与两岸产业分工》，台《东森新闻报》2007 年 5 月 1 日，http：//news. yam. com/ettoday/fn/200705/20070501221501. html。

② 台湾“中华经济研究院”：《对于〈自由时报〉“次佳理论与比较优势逆转”的回应》，该院网站，2009 年 8 月 31 日。

③ 庄奕琦：《以 ECFA 做为台湾全方位对外双边协议名称》，国民党“国家政策研究基金会”科经（评）098 - 097 号，2009 年 9 月 18 日。

④ 阎光涛：《ECFA/赖幸媛：台湾重返世界舞台敲门砖》，台湾中央日报网路报 2009 年 6 月 18 日报道，http：//www. cdnews. com. tw。

⑤ 何孟奎：《萧万长：ECFA 是台湾经济补药》，台《经济日报》2009 年 12 月 18 日报道。

⑥ 《“总统”：ECFA 是台湾扩大 FTA 敲门砖》，台中央社 2010 年 1 月 11 日报道。

二、ECFA 实施周年两岸经贸关系的发展

台“经济部”公布的资料显示，ECFA 实施周年两岸经贸关系在以下几个层面得到了一定的发展。①

(一) ECFA 促进了两岸贸易的发展，为台湾厂商节省关税已逾 1.22 亿美元

依据大陆海关统计，2011 年 1～12 月大陆自台湾进口总额为 1248.95 亿美元，比 2010 年增长 8%。大陆给予台湾早期收获清单内货品之进口额约为 198.53 亿美元，较 2010 年增长 9.88%，其中约 41.21 亿美元已适用优惠关税，获减免关税约 1 亿 2262 万美元。依据台湾海关统计，2011 年 1～12 月台湾自大陆进口值总计约为 433.83 亿美元，较 2010 年增长 21.29%。ECFA 早期收获清单货品进口值总计约为 50.37 亿美元，较 2010 年增长 28.14%，其中约 10.36 亿美元已适用优惠关税，关税减免总计 2276 万美元。

部分早收计划中的产品出口大陆增速较快。“工业产品”增速前五名的有：(1)“其它类”（如人造关节；其他照相机、投影仪等用物镜；经其他加工的玻璃）增长 55.39%，其中“经其他加工的玻璃”增长达 128%。(2)“运输工具业”增长 46.11%，如“机动车辆用照明装置”增长达 279%。(3)“机械及零组件业”增长 29.17%，其中“金属陶瓷及其制品”增长达 300%。(4)“石化业”增长 8.16%，其中“对二甲苯”增长达 125%。(5)“纺织业”增长 8.03%，其中“非零售精梳较细支混纺棉单纱”增长达 364%。“农产品”中，2011 年 1～12 月 ECFA 早期收获农产品对大陆出口值 12564 万美元，比 2010 年增长高达 127%。其中冷冻秋刀鱼（737 万美元）比 2010 年增长 355%、活石斑鱼（10205 万美元）增长 143%、茶叶（1020 万美元）增长 63% 及文心兰（5.4 万美元）增长 709%。

(二) ECFA 的实施促进了岛内投资、扩大了就业，增加了岛内薪资

根据台“经济部投资业务处”统计，ECFA 签署后，2011 年全年台湾

① 张俊福：《ECFA 早期收获计划执行情形》，台“经济部贸易局”网站 2012 年 2 月 10 日稿，http://www.ecfa.org.tw/ShowNews.aspx? id=417&year=all&pid=&cid=.

成功吸引外资在台投资95.32亿美元，目标达标率为105.91%（目标金额为90亿美元），促成就业人数为23938人。2011年共156件外商来台投资案件，总投资金额为64.17亿美元，投资来源如以件数计，以日本43件最多，美国27件居第二，英属维尔京群岛14件居第三。投资业别方面，以金融保险业14.22亿美元最多，计算机、电子产品及光学制品制造业12.89亿美元居次，电子零组件制造业5.52亿美元居第三。

自2007年至2011年止，台商回台投资金额连续4年增长，并超越各年度预定绩效目标，2011年台商回台投资金额再创新高，达新台币469亿元。在掌握之回台投资案件中，其回台因素主要包括：（1）为运用ECFA早期收获货品关税调降优势，掌握两岸新契机。（2）运用台湾技术研发能量，回台生产高附加价值产品。（3）善用台湾优势整合集团资源。

依据台“行政院主计处”统计，2011年1～11月台湾制造业受雇员工人数为2616603人，较2010年增加104631人（增长率4.17%）。整体而言，列入ECFA早期收获计划各产业之受雇员工人数及增长率普遍高于整体制造业增长率。其中增长幅度最高者是机械设备制造业，增长率增加6.65%，紧随其后者是汽车及其零件制造业，增长率6.03%；橡胶制品制造业，增长率5.36%；增加就业人数部分，机械设备制造业增加12648人、金属制品制造业增加11695人、纺织业增加4448人。

根据台“行政院主计处”调查，2011年1～11月平均薪资为45643元，系历年同期最高水平，比2010年同期增加2.72%，较2010年全年平均薪资（44430元）提高1213元，实质平均薪资亦增1.34%，ECFA的实施，有助于提升台湾薪资水平。

而国家统计局公布的2010、2011年《国民经济和社会发展统计公报》之相关数据显示，2010年，大陆进出口总值为29727.6亿美元，其中进口13948.3亿美元，增长38.7%；2011年全年货物进出口总额36421亿美元，比上年增长22.5%。其中，出口18986亿美元，增长20.3%；进口17435亿美元，增长24.9%。

从下表可以看出，2011年欧盟、香港、东盟对大陆出口与大陆进口扩张速度基本持平，俄罗斯小幅增长0.5，大陆从其他主要贸易对象进口都呈现衰减的态势。在大陆市场占有率衰减幅度最大的是日本（－1.6），其次是台湾（－1.1），再次是韩国（－0.6）。

从以上资料可以判断，（1）ECFA早收计划的实施，对台湾的经济增长、扩大就业的实际效果，比原先设想的差距要大。(2) 从表1分析，东盟与中国大陆“10+1”关税减免的效果继续发酵，东盟产品在大陆的市场占有率稳中有升；日本因为受到2011年“3·11地震”的影响，其对外出口能力受挫严重，对华出口衰减在情理之中；韩国、台湾对中国大陆出口与其在中国大陆投资关系密切，而其大陆投资又受到欧、美市场不振的影响，因此，对大陆出口存在一定的衰减、其产品在大陆的市场占有率下降也可以理解。但是，台湾在ECFA早收计划的支撑下，其产品在大陆市场占有率之下降速度远远超过韩国，使得两者的差距进一步扩大，颇为使人费解和失望。这似乎可以证明，在2011年，即ECFA早收计划实施第一年，台湾缩小其与韩国、东盟在大陆市场占有率差距的目标未能实现。(3) 由于台湾在ECFA签订至今，尚未与任何一个国家或地区签订FTA及其类似协议，其参与区域经济一体化进程的脚步依然停止。

表1　2010、2011年大陆对主要国家和地区货物进出口额及其增长速度

单位：亿美元

国家和地区	欧盟	美国	中国香港	东盟	日本	韩国	印度	中国台湾	俄罗斯
2010年进口额	1685	1020	123	1546	1767	1384	208	1157	258
占2010年大陆进口总额比%	12.1	7.3	0.9	11.1	12.7	9.9	1.5	8.3	1.8
2011年进口额	2112	1222	155	1928	1946	1627	234	1249	403
比上年增长%	25.4	19.6	26.4	24.6	10.1	17.6	12.1	7.9	55.6
占2011年大陆进口总额比%	12.1	7.0	0.9	11.1	11.2	9.3	1.3	7.2	2.3
比上年份额增长值%	0	-0.3	0	0	-1.6	-0.6	-0.2	-1.1	+0.5

资料来源：个人根据国家统计局公布之《中华人民共和国2010年国民经济和社会发展统计公报》、《中华人民共和国2011年国民经济和社会发展统计公报》之相关数据整理。

对此，马英九及国民党执政当局认为：

(1)“中华经济研究院”有关ECFA之经济效益评估报告中，模拟ECFA对台湾GDP（国内生产毛额）可提升1.65%～1.72%等各项经济效益，系指在ECFA全面执行后，亦即包括后续之货品贸易协议及服务贸易协议均完成协商并落实后，也就是在大部分货品均已降/免关税情境下之长期经济效益。而在陆方给予台方早期收获清单内所涉及的商品仅有539项，只占台湾对大陆出口的一小部分（约为6%），仅以此来评断ECFA全面成效不理想，实有误导之嫌。

ECFA早期收获计划清单内货品采两年三阶段降/免税。2011年降为

“零关税”的产品仅有 76 项，另有 450 项产品（占全部项数 81%）本年税率降为 5%。自 2012 年 1 月 1 日起 ECFA 第 2 波关税调降后，早期收获清单中有 94.5% 的货品享有零关税待遇，其余项目则于 2013 年降为零关税。因此，随着 ECFA 效益持续发酵，预估未来效益将更为明显。

（2）综观世界各国洽签 FTA 往往需经历签约主体间的协商，进行可行性评估、谈判协议内容、正式签署、完成国内立法及生效实施等漫长过程方能完成，费时 2～3 年应属正常，并非一蹴可及。

台湾在与大陆签署 ECFA 之后不久，即与新加坡就洽签“台星经济伙伴协议（ASTEP）”展开谈判，另于 2011 年 10 月 25 日与新西兰共同宣布就洽签经济合作协议（ECA）展开可行性研究，为台湾将来加入 TPP 奠定基础。此外，台湾也与印度及东盟主要国家进行经济合作协议之可行性研究。2011 年 9 月 22 日与日本签署之“台日投资协议”，对鼓励日本企业来台投资有极正面的促进作用，亦可带动台湾经济的活动，扩大台湾的就业市场。①

（3）ECFA 早期收获清单实施以来台湾降税产品并未冲击岛内产业，也未扩大岛内贫富差距。依据台“经济部”贸易调查委员会表示，ECFA 早期收获清单中台湾降税项目共 267 项，自 2011 年 1 月 1 日开始实施以来，该会即就每月进口量进行监测，结果显示“267 项早期收获清单产品并未冲击国内产业。”②

而货品贸易早收清单中，有 50% 是属于劳力密集型的传统产业、中小企业与农产品，包括汽车零件、纺织业、机械业、石化中下游产品、农渔产品等，其中部分产品在大陆面临的税率高达 10% 以上，例如机动车辆零件，其关税税率为 10%、棉制浴巾与毛巾为 14%、化纤制胸罩为 16%、棉制或化纤制套头衫为 14%、电烤箱为 15%、电熨斗为 35%、面包机为 32%、高尔夫产品为 32%。由于该等产品之关税税率最长均将在 2 年内均调降为零关税，将可为台湾的传统中小企业开创大陆市场先机。根据研究显示，2011 年以来已获得产证核发的厂商，8 成属中小企业。③

---

① 《关于 ECFA 及台湾与他国洽签 FTA 成效之说明》，台“经济部国贸局”网站 2011 年 12 月 5 日，http：//www. ecfa. org. tw/ShowNews. aspx？ id = 383&year = all&pid = &cid = .

② 张俊福：《ECFA 早期收获计划执行情形》，台“经济部贸易局”网站 2012 年 2 月 10 日稿，http：//www. ecfa. org. tw/ShowNews. aspx？ id = 417&year = all&pid = &cid = .

③ 陈铭师：《ECFA 为台湾中小企业开创大陆市场先机》，台“经济部贸易局”2011 年 5 月 16 日稿，http：//www. ecfa. org. tw/ShowNews. aspx？ id = 265&year = all&pid = &cid = 。

平心而论，ECFA 早收计划对台湾产业和贫富分化的危害确实没有民进党、台湾团结联盟中部分人所宣称的那样剧烈，但是，它对台湾经济的提升也没有达到国民党宣称的效果。

三、结　语

我们必须得承认，20 多年以来海峡两岸经贸关系的发展，在两岸政治关系的影响下，也曾出现一些波折，不过，两岸经贸关系向前推进、发展的趋势一直是持续着的。在签订 ECFA 之前，两岸经贸关系功能性一体化的进程已经达到相当的程度，ECFA 的签订是水到渠成的结果，在某种程度上也是对过去两岸经贸关系发展的制度性补偿。

由于 ECFA 于 2010 年 9 月 12 日才生效，而早收清单更是迟于 2011 年 1 月 1 日才正式实施，距今时间很短，其效益未必能即时显现，与原先设定的目标有一定的距离，对此，我们应该有理性的认识与耐心。

此外，由于台湾内部政治斗争激烈，ECFA 一度成为一个岛内蓝绿政治势力“过招”的擂台，几至风声鹤唳，草木皆兵。面对绿营的责难及部分民众情绪性的反应，蓝营在强调签订 ECFA“不得不为”的同时，特别强调 ECFA 给台湾带来的短期效益，特别强调大陆市场对扩大台湾出口的意义，而 ECFA 给台湾可能带来的中长期影响以及由此对全球市场的拓展意义被选择性忽视。而一味地强调 ECFA 的“早期收获”效益，却埋伏着伤害 ECFA 的重大隐患。ECFA 只是一个政策性的框架协议，其发生作用要有一定的时间，也可能受到各种因素的影响，一旦未能达到目前预期的目标，将必然遭到台湾各种各样的攻击，存在被“污名化”的危险。

从目前情况看，ECFA 对两岸经济的发展并没有特别的推动和刺激作用，两岸经贸关系基本上还是按照其内在的规律以平稳的步伐向前行进。由于 ECFA 是框架性协议，其内容还有较大的充实、提升的空间，两岸在对一些较为复杂问题的处理上，还应该在 ECFA 架构下寻求更多的共识，达成解决方案，尽快签署后续协议如补充性协议、行业性协议、区域性协议等，以利两岸经贸关系稳定、健康地发展，以促进两岸关系和平发展道路平稳、持续性地推进。

海峡两岸贸易结算货币的选择与前瞻

南开大学台湾经济研究所　曹小衡　刘玉人

一、问题提出

两岸贸易自1980年代恢复以来，呈现超常规、多元和互补的发展。大陆在2003年前后即取代美国成为台湾的第一大贸易伙伴、最大的贸易顺差来源地和第一大出口市场；台湾则是大陆的第七大贸易伙伴、第九大出口市场、第五大进口来源地和第二大外资来源地。两岸经济关系已非常紧密，但由于多方面原因，两岸贸易一直以第三方货币美元进行结算，这一现象，从微观角度看，企业承担了多重汇兑的损失和更多的汇率风险，从宏观角度看，给两岸带来了外汇储备“美元化”、国际商品定价权缺失等不利影响。

2007年底的美国次贷危机使世界经济格局发生了新的变化，主要发达国家陷入金融和财政困境中，并导致了主要国际货币剧烈波动，作为世界主要结算货币的美元的昔日优势日趋衰弱，改革现有国际货币体系的呼声高涨。与此同时，人民币的跨境贸易结算稳步推进，祖国大陆已与世界范围内的16个国家（和地区）签署了货币互换协议,① 跨境贸易结算额增长迅猛,② 人民币国际化战略开始推进。在这一大背景下，两岸业者对人民币成为两岸贸易结算可选择货币的期待日益强烈。本文试图对影响两岸贸易结算货币选择的因素及前景进行探讨。

---

① 十六个国家（和地区）包括：土耳其、阿拉伯联合酋长国、泰国、香港、韩国、哈萨克斯坦、冰岛、蒙古、乌兹别克斯坦、新西兰、新加坡、阿根廷、印尼、白俄罗斯、马来西亚、巴基斯坦。合计金额达到13362亿人民币。

② 从2009年7月开始试点到2010年12月底，银行累计办理跨境货物贸易、服务贸易及其他经常项目人民币结算业务5093亿元。其中，2010年银行累计办理跨境贸易人民币结算业务5063亿元。数据来源于中国人民银行。

二、贸易结算货币选择的理论分析回顾

一般而言，国际贸易中用以进行结算的货币通常是由买卖双方共同协商确定，可供选择的货币种类包括出口方货币、进口方货币以及第三方货币。早期的贸易结算货币理论是建立在经验总结基础上，比较权威的是Grassman法则，解释了主要发达国家贸易货币选择行为，也为大多数实证检验所证实；随着越来越多的发展中国家参与到国际贸易中，原有的经验法则表现出局限性，于是大量研究开始设立在企业利润最大化目标分析框架下，试图运用数学工具和局部均衡分析的方法推导出影响结算货币的选择因素；新开放宏观经济学的出现把动态的一般均衡分析引入结算货币选择理论中，成为现今研究结算货币选择的主流范式。虽然学者们研究角度和运用方法都不尽相同或相似，但是对影响结算货币选择的决定因素得到了基本一致的结论。

（一）市场份额影响结算货币选择

贸易结算货币通常都和强大的经济体相联系，特别是占有大量贸易市场份额的经济体，一方面该经济体的企业在贸易结算货币选择上有较大的话语权，一般都倾向于选择本经济体的货币回避风险，另一方面，大量的对外贸易产生巨大的外汇交易，该贸易体的货币自然就成为结算市场上重要的货币，因而贸易体可以通过扩大市场份额进行本币成为结算货币的渗透。Tavlas（1990）、Bacchetta（2002）、Bacchetta 和 Van（2005）、Fukuda 和 Ono（2006）都强调了贸易市场份额对结算货币选择的重要影响，并且将两者关系总结为市场份额越大的贸易体，其本币成为贸易结算货币的可能性越大。图1描述了作为研究对象的七国的平均市场份额与该国出口以本币作为结算货币的份额之间的关系。可以清晰地看到，两者之间是明显的正向关系，即从宏观上讲一个贸易体的市场份额越大，其货币作为贸易结算货币的比例越高。图2呈现的是作为单独类别的贸易产品，其市场份额与以出口方（此例中是日本）货币结算的比例之间的关系，两者之间也是显著的正向关系。理论和经验都证明了市场份额是影响结算货币选择的重要因素。

（二）贸易产品结构影响结算货币选择

Tavlas（1991）、Bacchetta 和 Van（2005）、Goldberg 和 Tille（2005，

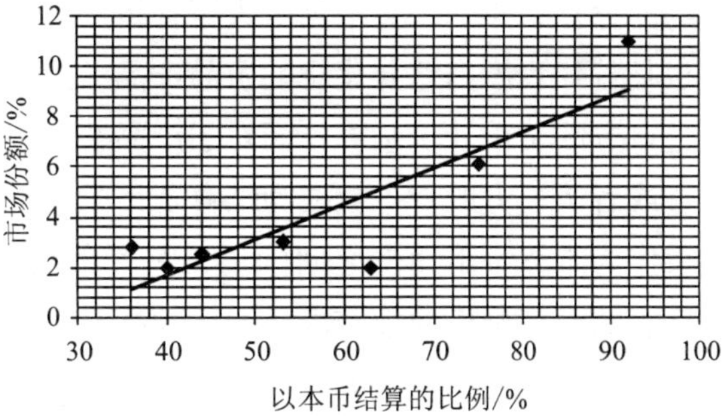

图 1 市场份额与贸易货币选择①

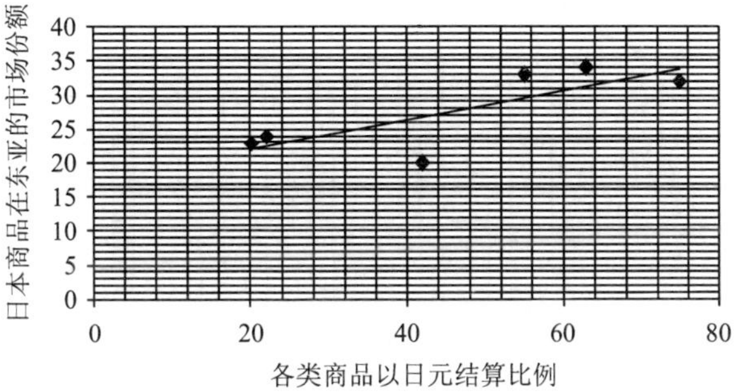

图 2 商品份额与贸易结算货币②

2008）都认为在考虑影响贸易结算货币选择时，贸易产品结构是重要的影响因素，贸易产业特征甚至比宏观经济变量对结算货币的选择影响更大。贸易产品的差异化特征决定了进口方对产品的价格需求弹性，当差异化程度较低时，价格需求弹性较高，市场竞争激烈，出口方企业在贸易结算市场上并无明显谈判优势，其本币成为贸易货币的可能性较低；反之，当产品差异化程度较高时，相应的价格需求弹性较低，出口方往往可以通过在定价权上的优势让本币成为贸易结算货币。

Lall（2000）从技术结构角度将产品分为三类：大宗初级产品（Primary），低技术的劳动密集型产品（LT）和中高技术密集型产品（HT）。其中大宗初级产品的差异度小，市场竞争激烈，但由于历史因素以及美国发

① 图 1 上的各点代表的国家从左到右依次是日本、意大利、荷兰、法国、英国、德国和美国。数据来源于 Bacchetta 和 van，A theory of the currency denomination of international trade，Journal of International Economics 67（2），295—319.

② 图 2 中各点从左到右依次是金属与金属类产品、化工制品、电子设备、精密仪器、普通机械、运输设备。数据来源于曹勇：《国际贸易计价货币的选择——兼论人民币国际化》，《对外经济贸易大学学报》，2007 年第 6 期。

达的商品期货市场的存在，美元一直占据着大宗初级产品贸易结算货币的位置；低技术产品也是替代程度高差异化小的贸易产品，相应的需求价格弹性较大，主要是以进口方的货币计价结算；而对于产品替代程度相对小的中高技术产品，出口方或者第三方的货币就成为结算货币的首选。产品差异化的特征和出口方货币作为结算货币比例之间的负相关关系在图3中得到呈现。图左半部分的点代表的产品价格弹性较高，替代性高，以出口方货币结算的比例低，以进口方货币结算的比例更大；右半部分的点代表产品的技术含量相对较高，替代程度低，从而价格弹性也较低，出口厂商在价格谈判中处于有利地位，以出口方货币结算的比例较高。

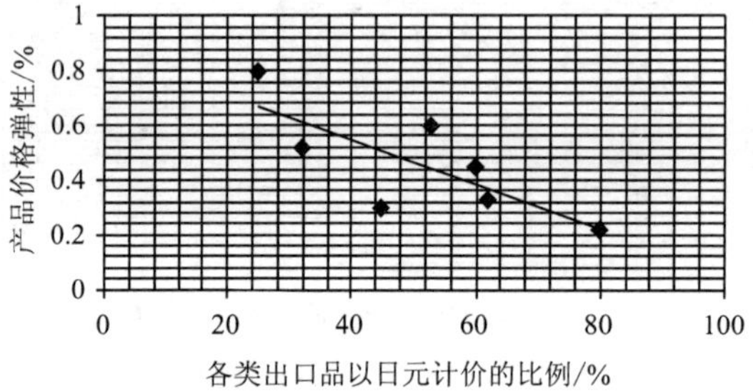

图3　价格弹性与贸易货币选择①

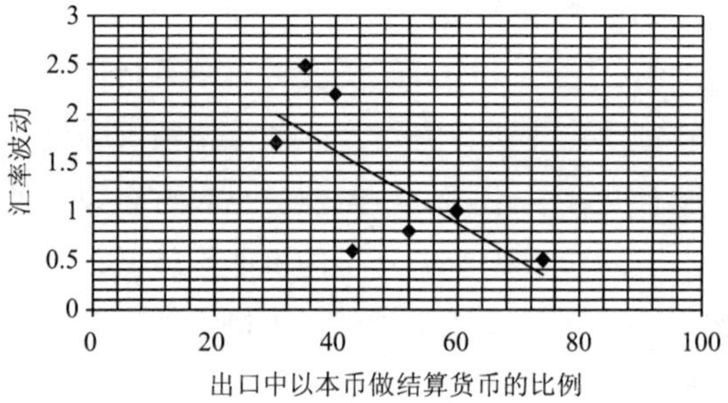

图4　汇率弹性与贸易货币选择②

（三）货币成本影响结算货币选择

进出口企业的最终目标是获得尽可能大的经济利润，因而获得和储藏贸

① 图3中各点从左到右依次是化工制品、金属及金属类产品、电子设备、非金属矿产品、普通机械、精密仪器、运输设备。数据来源同4。

② 图4中各点从左到右依次是澳大利亚、日本、意大利、荷兰、法国、英国、德国。数据来源同4。

易结算货币的成本对企业选择结算货币的影响不言而喻。由于从国际贸易合同的签订到实际的交割之间的时间间隔较长，结算货币的币值（汇率）的不稳定将增加持有此种货币的风险，直接影响进出口双方的经济利益，同时也间接影响该货币成为贸易双方储备货币功能的发挥。Magee 和 Rao（1980）将货币区分为强势货币和弱势货币，强势货币（币值稳定）往往是贸易中被选做结算货币。Krugman（1980）也认为，当一种货币成为强势货币后，进出口企业就很少有动力（或愿意花成本）去寻找其他货币作为结算货币的替代，其最主要的原因就是寻找和替换行为会导致成本的增加，使利润函数整体下降，价格也随之更加频繁波动。Friberg（1997）跳出使用贸易双方货币进行结算的框架，对非贸易参与方货币作为结算货币的现象给予了解释，当非贸易国的货币汇率波动性小于贸易双方的货币汇率波动时，第三方货币就成了最佳选择，因为第三方货币降低了此时贸易活动因为汇率变化而带来的损失。图 4 表示的是当以出口方货币作为结算货币时，其波动情况与使用该货币进行结算的比例之间的关系，显然，波动性和比例之间是反比关系。

三、影响两岸贸易结算货币选择的经济因素

综上所述，市场份额、贸易结构以及货币成本是影响贸易结算货币选择的三个主要经济因素，因此，我们在分析影响两岸贸易结算货币选择时也从这三个角度进行。

（一）大陆和美国在台湾主要进出口产品份额中呈现“倒十字交叉”

美元之所以能成为国际货币和众多经济体贸易的结算货币，是基于其在世界贸易中的影响力。二十世纪后半期很长一段时间，美国单个经济体贸易额占世界贸易总额的比例达到 25% 之多，虽然随后欧盟、日本、大陆等经济体贸易迅猛发展，但本世纪初时美国的贸易量仍占到世界的 16%，[①] 尤其是进口方面，美国进口额始终名列世界贸易总进口的第一位。

2000 年到 2010 年中国在世界贸易中的地位逐步攀升：2000 年美国贸易

① 数据来源于 WTO 官方网站。

总量是中国的四倍有余，中国仅排世界第八名；十年间世界贸易额翻了一倍，中国贸易额翻了三番；到2010年世界贸易排名中国紧随美国之后位列第二，世界贸易总额中的份额中国和美国不分伯仲，并有超越之势，如图5所示。

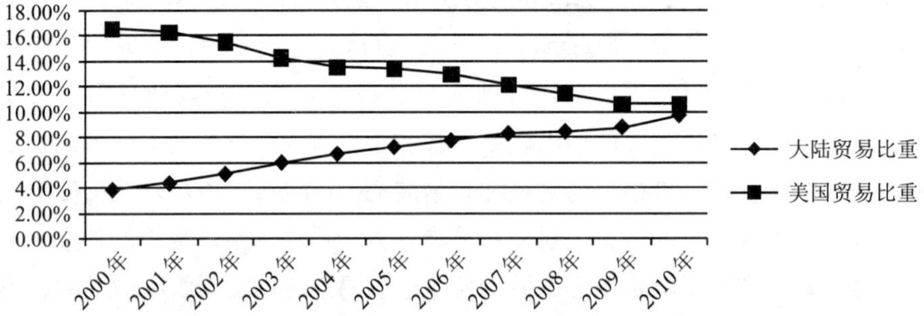

图5　近年来中国贸易总额和美国贸易总额占世界贸易额的比例①

2003年前后，台湾最主要贸易伙伴出现历史性的更替，从美国转向大陆。如图6、图7和图8所示，台湾主要贸易对象为大陆、香港、美国、欧盟、东盟六国和日本，这六者对台湾进出口总贸易额占台湾对外贸易总额的四分之三以上，2003年前后，台湾对大陆和美国两个贸易伙伴的进口和出口贸易比重出现倒转现象，即台湾对大陆的进出口贸易额占对外贸易总额比重是上升趋势，而对美比重是下降趋势，在图表中表现出一个十字交叉的图形，大陆对台湾的贸易在贸易总额、进口总额、出口总额方面全面超越美国，成为台湾的第一大贸易伙伴，改写50余年以来美国一直为台湾最大贸易伙伴的历史。

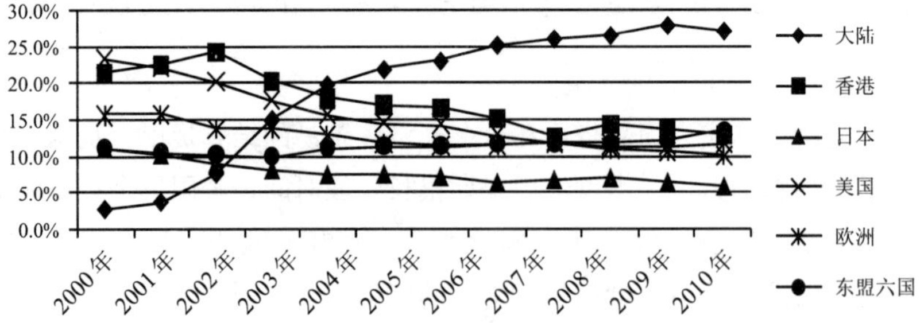

图6　台湾主要贸易伙伴占台湾对外贸易总额的比重②

① 数据来源于WTO官方网站。
② 数据来源于台湾“财政部”网站。

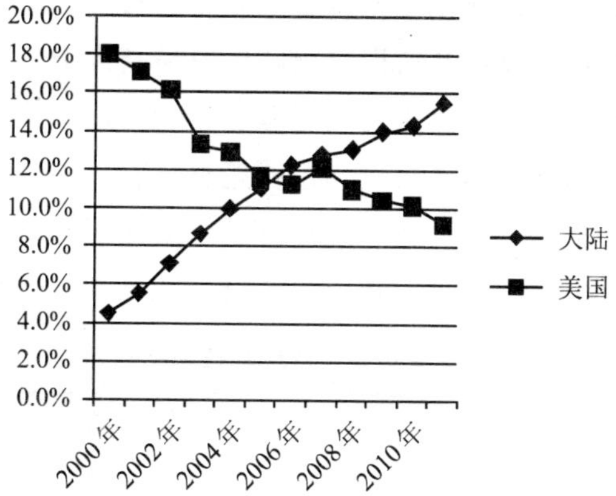

图7　台湾对大陆和美国进口额占台湾总出口的比重①

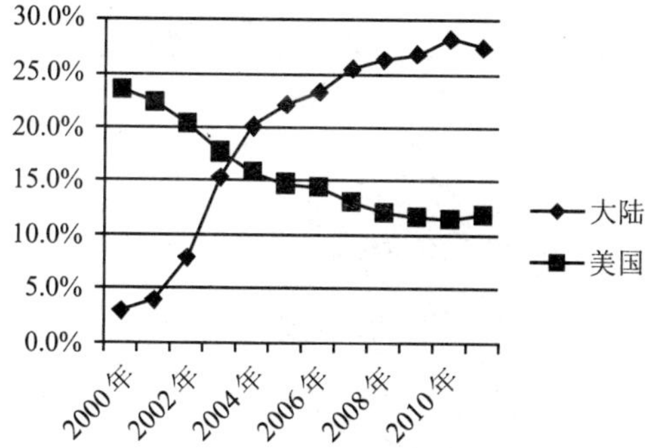

图8　台湾对大陆和美国出口额占台湾总出口的比重②

（二）以中高技术密集产品为主的产业内贸易是两岸贸易结构主要特征

两岸最早进行贸易交流是基于明显的资源互补性，大陆向台湾出口农工原料和半成品，大陆从台湾进口的动力源于台商投资设厂所需的原材料、零部件和机械设备。随着两岸贸易广度和深度的加深，近年来两岸贸易结构呈现产业内贸易的特征，即两岸贸易进出口的主要产品类别趋向一致，形成了以中高技术密集产品为主的产业内贸易结构特征。

当前，两岸贸易进出口主要产品类别基本重合，其中台湾对大陆出口份额最大的产品是机械和电机设备，而从大陆进口的份额的近50%也属于机

① 数据来源于台湾“财政部”网站。

② 数据来源于台湾“财政部”网站。

械和电机设备。按照产品技术结构分类，两岸贸易的主要产品涉及了其中四大类，如下表一所示。从图9可以看出两岸贸易结构中，中高级技术密集型产品占了绝大部分比例，低技术劳动密集型产品贸易比例为五分之一左右，大宗初级产品比例微乎其微。从贸易结构趋势来看，中高级技术密集型产品的比重逐年增加，低技术劳动密集型产品的贸易比例降低，大宗初级产品仍在较低的比例周围波动，并且趋势仍将持续。

表一　两岸主要贸易产品技术结构分类

产品技术结构类别	两岸贸易主要产品类别
大宗初级产品（primary）	矿产品
低技术的劳动密集型产品（LT）	纺织品、基本金属制品、塑料制品
中高技术密集型产品（MT & HT）	化学品、机械、电机产品、车辆等运输设备、资讯和通讯设备、光学量器、电子产品

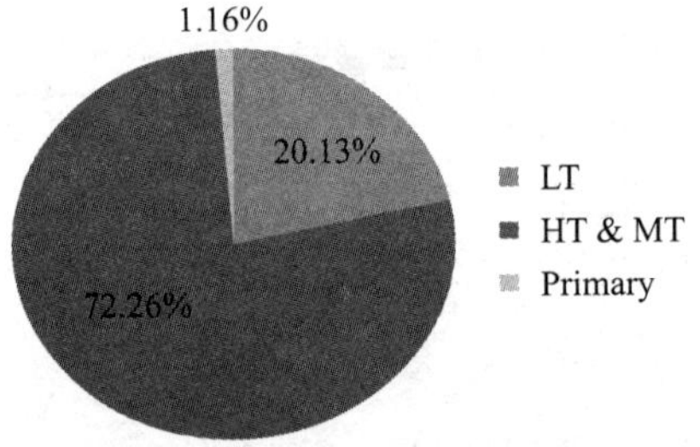

图9　两岸贸易产品技术结构（2011年）

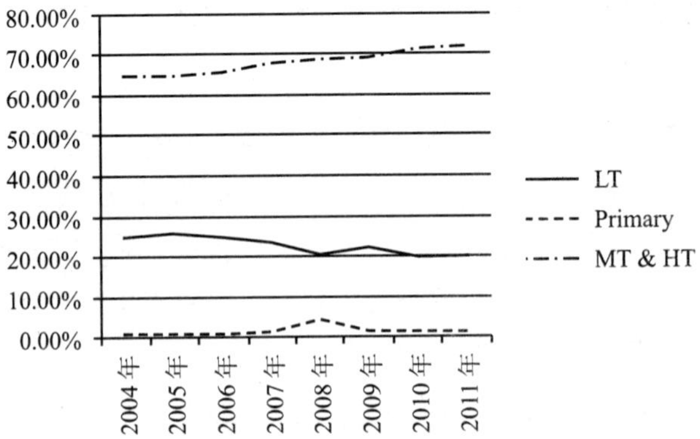

图10　两岸贸易结构趋势

（三）汇率稳定、升值预期看好，人民币的成本优势突显

美元自布雷顿森林体系解体以后曾经历过三次弱势波动。自 2002 年开始，在美国新经济的破灭和“9 · 11”事件的双重打击下，美元一直是走弱趋势（图 11）。2007 年下半年美元的加速贬值和剧烈波动更令使用美元作为结算货币的国家和地区对美元走势忧心忡忡。尽管金融危机爆发后美元曾小幅升值，但这更多来自于全球金融的“去杠杆化”以及对美国经济复苏的预期，从中期看，美元的弱势似难逆转。这源自美国部分产业的竞争优势

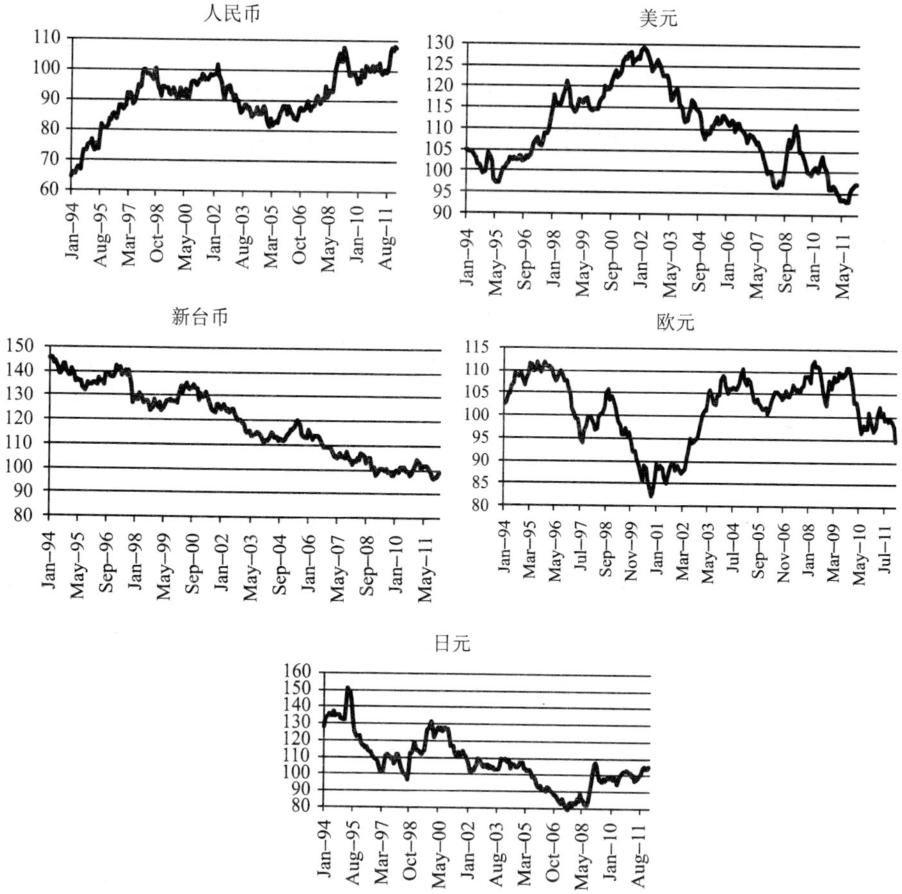

图 11　新台币及台湾主要贸易伙伴货币的实际汇率指数走势

（1994 年至今的月度数据）[①]

---

① 数据来源：国际清算银行。

逐渐消失，制造业方面除了航天航空、高科技产品、精细化工和军工产业等行业，美国在其他领域已不再具有比较优势，且由于经济增长的主要推动力来源于居民消费，而过度的进口消费和微弱的生产输出使其国际收支状况不断恶化，跨国企业对外投资进一步让美国制造业能力外流，从而侵蚀了美元内在的价值。与之相反，大陆经济全面发展的良好态势，如贸易顺差不断扩大、外汇储备持续增加、人民币升值预期下大量外资的涌入；积极调整经济发展结构、大力发展高新技术产业，再加上适时推进的汇率制度改革，让人民币走强及保持长期稳定的基础进一步牢固。

美元的大幅波动、转弱和人民币持续平稳升值（见图11和图12），为两岸贸易结算提供了另一货币选项。一方面，鉴于美元结算的汇率风险因为美元波动而加剧，两岸企业签订合同和交付产品进行结算时间间隔越长，美元汇率波动越大，企业风险就越大。即使企业可处于避险需要参与金融衍生品交易，也将增加贸易成本；另一方面，从宏观角度看美元的持续贬值造成两岸外汇储备不断缩水，这是美元结算下另一种形式的经济损失。

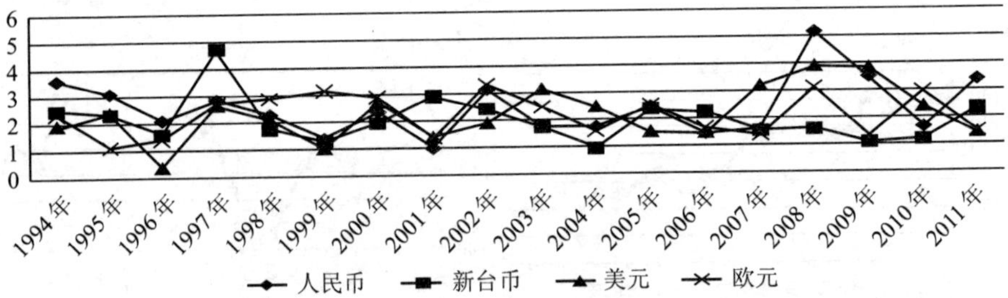

图12　台湾及主要贸易伙伴的货币实际汇率指数波动（实际汇率年度标准差）①

综上分析，从经济因素而言人民币已经具备了作为两岸贸易结算货币的条件：第一，从市场方面，两岸贸易市场份额足够大，而市场份额与贸易结算货币的正相关性，我们可以判定人民币作为两岸贸易结算货币的可能性增加；第二，从贸易结构方面，两岸贸易结构已经发展到以中高技术密集型产品为主的产业内贸易阶段，根据理论和实证经验，人民币可以作为两岸贸易结算的可选货币；第三，从货币成本方面，人民币近年来持续走强升值预期强烈，美元式微且波动明显，两岸贸易以美元结算的交易成本增加，以美元作为全部贸易结算货币不再是最优的选择，人民币也可以考虑作为两岸贸易

① 同上。

结算货币之一。

四、影响两岸贸易结算货币选择的非经济因素

经济因素是决定贸易结算货币选择的重要因素但不是唯一因素，基于两岸关系的特殊性，非经济因素也是至关重要的影响因素。本部分将从两岸关系、制度安排以及美元本位制下的国际因素三个方面进行分析。

（一）两岸贸易结算货币选择的基础已奠定

当前两岸步入和平发展的新阶段，初步建立的政经良性互动局面，为两岸关系正常化提供了条件，也为两岸经济交流向纵深层发展和贸易结算货币多样化选择提供了可能性。2008 年台湾实现第二次“政党轮替”，重新执政后的国民党采取积极开放的大陆政策，两岸人员来往日趋便利，投资环境得以改善，两岸产业优化发展。随着两岸经济合作框架协议（ECFA）的签订、生效和早期计划的全面实施，两岸经济交流正常化、经济合作制度化成型，两岸在“九二共识”的基础上建立了重要的政治互信，由此奠定了台湾业界盼望已久的两岸金融合作以及两岸贸易结算货币选择的政治基础，在两岸和平发展、经济主导的背景下，持有对方货币并使之成为结算工具才成为可能。人民币强势崛起和美元持续疲软是不争的事实，人民币作为两岸贸易结算货币的需求在两岸企业之间早已存在，两岸应尽速创造条件使两岸企业和民众尽早分享这一和平红利。

（二）两岸贸易结算制度建设任务繁重

近年来，国际上为减少金融危机的干扰，区域内货币合作成为应对危机的一种较为有效的手段，贸易结算货币的“多元化选择”也成为国际上双边和多边贸易结算货币选择的特点。当前两岸如要推动人民币成为两岸贸易结算货币，将面临繁重的建构两岸贸易结算制度的任务，其重点主要涵盖：1. 搭建结算平台。如建立足够的遍及两岸的双方银行分支机构的，有足够大的银行结算平台；2. 扩大两岸货币流通。两岸应建立权威的人民币与新台币定价机制、相互开办对方本币的存款业务、简化兑换人民币手续和提高携带限额等，促进两岸货币的自由流通；3. 建立两岸货币清算机制。结算

的实现有赖于两岸货币清算机制的建立，建立两岸货币清算机制，有利于两岸贸易企业能有效而低成本的获得人民币进而以其作为结算货币；4. 构建货币回流渠道。在实行人民币结算初期，就应充分考虑建立相应的人民币回流渠道，让贸易企业将收入的人民币投放到多样化的有吸引力的人民币金融产品上，达到回流人民币的目的，这是一个我们在建设两岸贸易结算制度时值得高度重视的制度设计问题；5. 加强跨境管理和建立统计体系，使两岸贸易结算制度健康、有序推进。

（三）美元在两岸贸易结算中的重要性短期不会改变

虽然国际货币体系单一性不可持续，但美元霸权地位仍会继续，美元在两岸贸易结算中的重要位置短期不会改变。首先是以美国为中心的国际经济发展模式。美国进出口比例长期维持在全球份额的1/6左右，出口导向型地区和国家长期受益于美国的持续逆差而保持经济增长，同时顺差国和地区又因保值需求将美元投回美国发达的金融市场，此种发展模式虽然具有不平衡性但一定时期内有相对稳定性；其次是美元在货币博弈中占有强势。从布雷顿森林体系确定美元霸权开始至今已经60余年，美元计价、结算和储备已经和各种国际金融制度耦合在一起，由于处在国际货币体系的核心地位，给放弃美元的国家和地区带来损失，其在IMF等国际组织中的一票否决权给国际货币体系改革带来更大的政治障碍。第三，能源计价结算垄断巩固了美元霸权地位。“煤炭－英镑”、“石油－美元”的发展路径演绎了霸权货币的崛起，一方面操纵结算货币定价获取自身利益，另一方面通过垄断能源计价结算促使其他领域结算，扩大美元流通范围。美元长期占据两岸贸易结算货币重要位置和上述原因不无关联，并且只有当美元结算的缺陷带来的高成本超过维持现状所获得利益促使利益集团产生改变的动机时，两岸贸易全面直接结算的格局才会出现。

五、结　论

通过上文的分析，我们得出以下基本的结论：

1. 当前是人民币成为两岸贸易结算货币的重要机遇期。从经济因素看，两岸经贸关系交流和合作程度的事实可以支撑人民币成为两岸贸易结算货币的一种选择，从非经济因素看，政治、制度以及国际因素在国际经济政治新秩序和两岸和平发展的大背景下，已出现允许两岸贸易进行直接结算的重要机遇。

2. 两岸贸易结算货币制度性问题的解决将正式开启人民币成为两岸贸易结算货币的大门。综合而言，人民币成为两岸贸易结算货币的制度性问题是应该且能够得到率先排除的障碍，其中，最重要的制度基础—两岸银行的互设及两岸货币清算机制的建立在双方共同推动下正有序推进，这将为人民币成为两岸贸易结算货币开启大门。

3. 人民币成为两岸贸易结算货币有利两岸。对大陆而言，两岸贸易的人民币结算不仅是为了帮助两岸贸易商降低外汇风险，而且对扩大、推进人民币的区域化和国际化，意义重大；对台湾而言，两岸贸易的人民币结算使台商多出一种贸易货币的选择，有助其趋利避害，同时也有助于台湾“国际金融中心”的建设，把台湾塑造为继香港之后的第二个“人民币境外中心”，使台湾经济再上层楼。因此我们认为，人民币成为两岸贸易结算货币势在必行。

参考文献

Friberg R. In which currency Should Exporters Set Their Prices? Journal of International Economics, 1998, 45: 59—76

Fukuda Shin - ichi, Ono Masanori. On the Determinants of Exporters' Currency Pricing: History vs. Expectations [J]. Journal of the Japanese and International Economics, 2006, 20: 548—568

Johnson, M., D. Pick. Currency Quandary: The Choice of Invoicing Under Exchange Rate Uncertainty. Review of International Economics, 1997, 5: 118—128

Lall, S. The Technological Structure and Performance of Developing Country Manufactured Exports, 1995 ~ 1998. Oxford Development Studies, 2000, 28 (3): 337—369

Linda Goldberg and Cedric Tille, Vehicle Currency Use in International Trade, Journal of International Economics, Vol. 76, 2008, 177 ~ 192

Magee, Stephen P. and Ramesh K. S. Rao, 1980, "Vehicle and Non - vehicle Currencies in international Trade". [J] The American Economic Review, 70 (2), 368—373

Tavlas G. On the International Use of Currencies: the Case of the Deutsche Mark. [R]. MF working paper, 1990, No 90/3

Wilander, F., 2005, An empirical analysis of the currency denomination in international trade，Mimeo，Stockholm School of Economics. Job Market Paper.

曹勇，国际贸易计价货币的选择—兼论人民币国际化，对外经济贸易大学学报，2007 年第 6 期。

李晓峰、钱利珍、陈玉婵，美元本位货币体系下美元约束机制形成探讨，现代财经，2011 年第 5 期。

两岸法律适用问题研究

——政治与法律互动的视角

北京联合大学台湾研究院　刘文忠

历史上许多重大的社会变革或伟大的改革家，都是以一些微小甚至不重要的问题作为切入点，从而展开深刻的社会转型与变革的。两岸法律适用在两岸关系的框架下显然属于比较微观与中观的层次，但法律适用的方法、技术、规则等可以能动的牵引两岸统一的进程，展现出法律与政治关系更为多元的互动关系。在法律与政治的关系问题上，法律在很长时间都是从属性的与工具性的，“当法律作为惯例、命令、权利概念不断演进时，实际上就是在沿着上述历史发展的轨迹而行进，虽然特定的概念可以代表特定时代的精神，但是其他的概念并不因此而消失”，“如果说，命令的法律反映出法律是政治过程制度化的产物，因而主张法律就是政治的工具，那么权利的法律展现了法律形塑整个政治过程的影像，因此为政治的运行建构根基”,① 然而对此仍旧不会有定论，二者的互动可能带来更多重峦叠嶂的关系。

两岸及香港、澳门经贸往来日益频繁，产生越来越多的民商事纠纷，而这种跨越不同法域的纠纷涉及法律适用问题。法律适用,② 在一般意义上是

① 马丁·洛克林著，高秦伟译：《剑与天平：法律与政治关系的省察》，北京大学出版社，2011年版，第238页。

② 我国目前关于“法律适用”概念代表性的观点有以下五种：第一种观点认为，法律适用也称作法律规范的适用，是指一切国家机关和国家授权单位按照法律规定，运用国家权力，将法律规范运用到具体的人或组织，用来解决具体问题的一种行使权力的专门活动，它使具体的当事人之间发生一定的权利义务关系或对其适用法律制裁。第二种观点认为，法律适用是与执法相交叉的概念，也有广义和狭义两种解释。狭义是指司法机关运用法律处理具体案件的活动。广义上又有两种含义，一是司法机关和行政机关依法定职权和程序运用法律处理具体问题的专门活动。二是国家权力机关、行政机关、司法机关和国家授权的其他机关依照法定职权和程序，将法律适用于具体的人和事的活动。第三种观点认为，法律适用有两种含义，（1）指国家机关及其公职人员、社会团体和公民实现法律规范的活动。中国法学界一般称这种意义上的法的适用为法的实施。（2）指国家机关及其公职人员依照其职权范围把法律规范应用于具体事项的活动，特指拥有立法权的机关及司法人员按照法定方式把法律规范应用于具体案件的活动。在中国，法的适用通常是指司法适用。第四种观点认为，法律适用也称“司法”是指司法机关及其工作人员依照法定职权和程序，运用法律审理案件的专门活动。第五种观点认为，法律适用也有广狭两义。广义的法律适用概念通常指司法机关和行政机关实施法律的活动，即司法和行政两方面。狭义的法律适用是指司法机关或行政机关适用法律活动中的一个重要环节，即这些国家机关选择、解释、推理并运用法律规范的活动。参见汪金胜：《法律适用概念再商榷》，《黑龙江省政法管理干部学院学报》2000年2月，第100—101页。

指行政主体（公权力的代表者）依照法定职权和程序实施法律（行使公权力）的一种专门活动；在冲突法学中，“法律适用”是指在处理涉外民事关系的时候，对与之有关且都主张管辖的各国法律的“选择”或“采纳”，或者说，法律适用就是调整涉外民事关系的准据法的确定。在法律体系统一的国家，不存在国家冲突法意义上的法律适用问题。但是在我国国家未统一之前、或实行“一国两制”的特定的很长历史时期内，台湾由于内战遗留问题作为独立法域而存在，香港和澳门分属于西方法系传统中的普通法系和大陆法系，有独立的法源，大陆、台湾以及澳门、香港之间都存在着“准涉外法律适用”问题。

一、两岸法律适用问题的意义

适时解决两岸法律适用问题，实质上是从两岸关系框架的一个微观与中观视角介入两岸未来的一个实践性问题，是探讨法律行为与政治现象一个个案分析框架。一旦两岸法律适用的框架被创造出来，成为一种制度，就会成为外在于人们的强大力量，有助于理解行为与事件对于两岸的意义，从而对两岸冲突起着疏导与调节的作用，确保两岸关系沿着健康的道路前进。

（一）前瞻性探索法律体与主权如何实现统一的需要

法律不仅仅要提供正确的司法判决，还要为社会提供思想，发挥积极的建构社会的功能；法律在现代社会里不可或缺，并与政治、历史、哲学、社会等共生，在树立基本人类秩序上意义非凡。法治理想与政治社会本身在一定的历史时期虽存在落差，但法律具有与政治发展与社会发展高度的预见性和适应性。我国是单一制国家，由于历史原因事实上存在四法域的独特构成，是典型的复合法域国家。[①] 在我国，相互独立和平行的四个法域（因为

---

① 英国、美国、欧盟和中国代表了当今世界上复合法域的几种典型情况。英国是单一制国家结构下传统复合法域国家，英格兰和威尔士都实行英格兰的法律制度，苏格兰和北爱尔兰实行各自的法律制度。因此，在英国就形成了两个法域：英格兰（威尔士）法域、苏格兰法域和北爱尔兰法域，各法域都拥有独立的立法权和司法权，其法律传统也各具特色。美国是联邦制复合法域国家，按照美国宪法的规定，联邦政府为各州的中央政府，中央政府拥有最高的立法权、司法权和联邦事务的行政权。联邦政府的权力由宪法赋予，其余权力由各州保留，从而导致了在同一主权国家下复合法域的形成；中国则代表了内战形成国家尚在分裂中形成的复合法域国家；欧盟则是在经济全球化和文化、法律趋同化的国际大趋势下，新的国家联合体形成的多法域地区。

都有独立的审判权），缺少共同的立法主体，因而难说其在一个法律体系里，因而从表象上法律体系没有架构在一个立法者的逻辑上（主权者），因而不是一个统一的法律体系。研究两岸法律适用的意义在于通过制度建设，使四法域内在协调有序运行，形成政治与法律双向良性互动的格局。在规则体系没统一之前，可以借助法律原则与两岸共有的法律文化实现规范内涵的统一。

两岸民间交往衍生大量的法律问题，仅仅以默契和政策灵活是解决不了的，必须求助于公权力和制度化的机制才能确保有序发展。① 两岸公权力的对接和进行事务性的合作与磋商是早晚的事情，实际而言两岸的法律事务合作已经开始。随着两岸全面直接双向“三通”的实现，海峡两岸经贸交流、人员往来日益频繁，涉台婚姻、继承、经贸投资等民商事纠纷越来越多，无疑增加了审判难度，而难点主要集中在两点：即规范援引和判决的执行。最高人民法院一贯重视依法保护海峡两岸当事人的正当权益，自 1988 年至 2010 年 12 月以来，共发布了 7 个司法解释，对于两岸法院及时、公正审理互涉民事案件发挥了积极作用。其中 2010 年《最高人民法院关于审理涉台民商事案件法律适用问题的规定》明确了涉台民商事案件的法律适用规则，该最新司法解释规定“根据法律和司法解释中选择适用法律的规则，确定适用台湾地区民事法律的，人民法院予以适用”。而且尤其值得重视的是，台湾方面也于 2010 年 4 月三读通过“涉外民事法律适用法修正案”，从 2011 年 5 月施行。修法在一定程度衔接了国际私法发展的基本规律，但继续延续“小”国际私法观，仍停留在冲突规范的层面。在两岸复杂的政治环境下，务实解决两岸的经济与法律事务，更多的通过仲裁、ADR 纠纷解决机制不可避免，而台湾民事法律适用修正条文远没有表现出对两岸经济与法律事务高度的预见性和适应性。

（二）解决两岸经贸交流常态化与法律冲突并存的需要

我国四个法域（大陆、香港、台湾、澳门）的法律适用问题涉及公法问题与私法问题。两岸及港澳经贸往来日益频繁，产生越来越多的法律争端，而这种跨越不同法域的争端涉及法律适用的不同层面问题。

有独立的法律制度和管辖权是法域的本质特性。法域就是拥有独立法律

① 黄嘉树：《关于两岸政治谈判的思考》，选自北京联合大学台湾研究院编著：《北京台研论坛》，九州出版社，2010 年版，第 177 页。

体系的区域，该区域内实行独立于其他区域的法律制度，并拥有独立的司法管辖权。[①] 如果仅从司法管辖权的角度分析，法域与主权国家有共同之处，但它特指一个主权国家内部实行不同的法律制度和享有相互独立的司法管辖权的地理区域。中国各法域之间，存在着不同的法律传统，有些法律只能在本法域内行使，各法域间互不隶属，彼此之间是相互平等的关系。在中国，各法域处在统一的国家主权之下，除了根据香港和澳门基本法规定的特殊事项外，全国人大的立法只能在内地施行，最高人民法院也只能在内地行使司法管辖权。

独立与具有平行地位的法域引发适用中的法律冲突，实质上是主权统一行使过程中障碍性与阶段性的问题。独立的法域需要协商与合作，共同促进，共享发展。当今世界经济全球化趋势明显，在区域层面上表现为区域经济一体化。随着香港、澳门的回归和台湾问题的最终解决，不同区域之间建立一种比现在更紧密的经贸关系，乃至最终在中国境内形成一个统一的市场体系是一种不可阻挡的趋势。作为具有统一主权的中国境内四法域之间有必要加强司法领域的协调与合作，以推进这一历史进程；而且两岸及港澳共有的人文传统，是谋求民商法律适用的统一模式的基础；现代市场经济使经济与社会生活变得越来越不具本地化色彩，是四地共有的制度基础。世界经济的一体化及两岸及港、澳经济的区域化，使得确认四地法律传统所使用的标准变得越来越复杂。

两岸法律适用并不囿于两岸间，而是多边关系，互相牵连。在香港、澳门回归之前，由于历史原因和中国政府对香港、澳门以及台湾地位的一贯立场，中国“一国四法域”的状况就实际存在着，因此产生的区际法律问题也层出不穷。在当时，中央政府对涉港、涉澳、涉台区际法律问题是参照国际法律问题来处理的。在香港、澳门回归之后，作为确定香港、澳门法律地位的《基本法》只是就“一国”和“两制”的一些基本问题作了规定。另外一些问题，如内地与港、澳间如何开展法律交流和区际司法协助等问题，则未作具体规定。在香港回归之后的很长一段时间，内地和香港之间的各种关系（包括司法协助关系）没能得到很好的协调，一个重要原因就是法律对此未做出具体规定；香港、澳门回归后准据法也发生重大变化。

---

① 参见黄进主编:《中国的区际法律问题研究》，法律出版社，2001 年版，第 16 页。

（三）建立两岸纠纷解决机制的需要

两岸交往中一系列影响两岸民生的问题，都需要以务实和理性的态度多角度来构建两岸争端解决的法律机制，建立两岸更紧密经贸关系的要求增加了建立争端解决机制的紧迫性。一个有效的争端解决机制，对于两岸经贸往来是必要的，它可以提高两岸争端解决机制的预见性和法律安全，减少经贸纠纷，维系两岸人民的感情，有利于区域经济一体化的实现。争端解决机制就是 ECFA 其中重要部分，是逐步破解难题的一部分，而且是非常关键的一部分。但必须强调的是 ECFA 是一个双边的经贸安排，而不是多边的贸易体制，很难从程序上促进争端解决的公信与公正性。

二、目前两岸法律适用的现状

随着两岸关系和平发展，两岸法律适用的研究成果与两岸法律事务不断推向前进。在司法互助、区际法律冲突，部门法的法律冲突问题（例如两岸知识产权）等领域取得了重要的进展。

（一）两岸法律适用的现状

目前两岸法律适用研究与法律事务重点集中在两岸司法互助层面。司法互助是一种司法行为，多法域共存是我国司法互助存在的基本原因。两岸司法互助主要包括民商事司法互助、刑事司法互助。

民商事司法互助包括送达文书、调查取证、裁判认可和执行等。大陆提供台湾地区司法协助的主要事项有：人民法院认可并执行台湾地区的民事判决、裁定、仲裁裁决、调解书、支付令、财产保全制度；两岸可以互相送达文书，两岸同意尽最大努力，相互协助送达司法文书；调查取证，两岸同意依双方规定相互协助调查取证，包括取得证言及陈述；提供书证、物证及视听资料；确定关系人所在或确认其身份；勘验、鉴定、检查、访视、调查、搜集及扣押等。受请求方在不违反双方规定前提下，应尽量依请求方要求之形式提供协助。受请求方协助取得相关证据资料，应及时移交请求方。但受请求方已进行侦查、审判程序者，不在此限；相互认可及执行民事裁决与仲裁裁决。大陆已经认可及执行台湾地区民事裁决与仲裁裁决。

刑事司法互助自 2009 年 6 月《海峡两岸共同打击犯罪及司法互助协

议》生效以来，最高人民法院和地方各级人民法院高度重视并积极贯彻落实，切实采取各种措施加强涉台司法互助工作，取得显著成效。据统计，截至2011年5月底，经最高人民法院审核转递和直接指导，大陆地方各级人民法院共办理协助台湾地区送达司法文书案件10200余件、调查取证案件180余件；大陆人民法院请求台湾地区送达司法文书案件200余件、调查取证案件若干件。目前，尽管两岸共同签署了司法互助的协议，但囿于两岸往来的现实状况，互助工作仍面临诸多困难。加强两岸司法实务领域的交流合作，针对案件管辖、罪犯移管、文书送达、协查取证、证据采信、判决认可等方面互助事宜，设定更为具体的操作制度和标准，构建顺畅、高效、平稳的协作机制，是顺应两岸民心、惩治互涉犯罪、提高司法效率的必然要求。

（二）两岸法律适用存在的问题

两岸在司法互助等领域取得较大进展，但两岸法律适用包括规则适用、法律冲突、判决的承认与执行等多层次问题，这些层次既有体制性问题，也有技术性与程序性问题，既有政治无关乎法律问题，也有法律无涉政治性问题，因此应区别对待，分层次推进。

1. 法律适用规则的完善。大陆先后与港澳签订了《更紧密经贸关系的安排》（CEPA），与台湾2010年6月签订了《海峡两岸经济合作框架协议》（ECFA）；台湾为解决民商法律适用制定了“两岸关系条例”、“港澳关系条例”；香港立法会也审议了《香港特别行政区与内地相互执行商事判决》的安排；四地都有涉外民事诉讼规则但区别很大。最高法院对港澳台的民事判决与仲裁的执行、诉讼文书的送达做了司法解释，先后出台了涉台的7个司法解释，并于2010年12月颁布了《关于审理涉台民商事案件法律适用问题的规定》。

大陆、香港、澳门和台湾间贸易量不断上升，融入大陆是港澳台地区经济发展战略的最佳选择。港澳分别与内地建立CEPA后，形成的经济竞争优势必将令台湾感受到强大压力，台湾如果不加入这一历史潮流，必将对其经济造成不可估量的损失。由于CEPA、ECFA是在WTO“一国四席”的背景下签订的，四方是一个主权国家下单独关税区，又是WTO体制下的独立成员，增加了法律适用的难度。签订CEPA、ECFA后，这种制度缺陷导致的问题更加突出。四地涉外民事诉讼法虽分别对民商法律适用问题做了单方约定，但司法实践中难以统一，加之四地之间的政治法律关系纵横交错，法治水平发展极其不平衡，且涉及国际条约适用上的冲突，四地民商法律适用规则协调是一个亟待解决的问题，应当适时而前瞻的推出区际法律冲突的“示范法”或者协商制定统一的区际冲突规范（见下文）。在经济高度一体化的区际之间，为了减少歧视，降低跨法域交易成本和风险，必须有相适应的区际法律适用制度与规范。

2. 单边立法的冲突。四地现有民商立法体系“同”的因素与“异”的因素并存，法律规则难以统一，而指导司法实践的法律原则又常态性的受到政局的影响，一些法律原则诸如“公共秩序”和“善良风俗”都是不能通过明确列举得以阐释的概念（很大程度上是解释性的），带有不可预见性。

两岸及港澳的法律冲突客观存在，它具有合法性但是不具有合理性。例如，管辖权的确立，我国虽然没有对区际民商事管辖权进行直接协调，适用于中国数个法域的有关国际公约对个别的民商事纠纷的司法管辖权问题进行了间接的协调，导致了大量涌现的平行管辖和平行诉讼的存在。目前在中国各法域，国际和区际民商事诉讼管辖权的规定是一致的，各法域均将区际民商事管辖权问题与国际民商事管辖权问题同样对待，这与统一主权的要求是不相符合的，也反映了我国各法域尤其是内地和港、澳地区在区际民商事管辖权立法问题上的滞后。

3. 判决承认与执行的障碍。区际法律冲突的解决要通过判决的承认与执行得以体现，在诉讼过程中涉及区际民商事司法文书的送达、区际域外证据的调取、区际法院判决的承认与执行以及区际仲裁裁决的承认与执行的司法协助制度、继承与知识产权等的法律适用规则等诸多方面。

相互认可与执行民商事裁判是两岸民事司法协助的重要内容。目前，两岸主要通过各自立法的方式对此加以规范，自 1988 年至 2010 年 12 月以来，最高人民法院先后出台了七个司法解释，就申请认可台湾地区有关法院的民商事裁判的范围、法律效力以及程序等问题做出了明确的规定。[①] 台湾地区

① 大陆地区认可与执行台湾地区民商事裁判的法律依据，主要体现在最高人民法院制定的相关司法解释之中。自 1988 年至 2010 年 12 月以来，最高人民法院先后出台了七个司法解释，就申请认可台湾地区有关法院的民商事裁判的范围、法律效力以及程序等问题作出了明确的规定。它们是：《关于人民法院处理涉台民事案件的几个问题》、《关于当事人持台湾地区有关法院民事调解书或者有关机构出具或确认的调解协议书向人民法院申请认可人民法院应否受理的批复》、《关于当事人持台湾地区有关法院支付命令向人民法院申请认可人民法院应否受理的批复》、《关于人民法院认可台湾地区有关法院民事判决的规定》、《关于人民法院认可台湾地区有关法院民事判决的补充规定》、《关于涉台民事诉讼文书送达的若干规定》和《最高人民法院关于审理涉台民商事案件法律适用问题的规定》等 7 个司法解释。

认可与执行大陆地区民商事裁判的主要依据是1992年7月颁布的“台湾地区与大陆地区人民关系条例”第74条。该条规定，“在大陆地区做成之民事确定裁判、民事仲裁判断，不违背台湾地区公共秩序或善良风俗者，得申请法院裁定认可。由于该条规定过于原则，缺乏可操作性，台湾“司法院”对认可大陆判决的准则做出如下解释：（1）依台湾地区有关规定，大陆法院之裁判违反专属管辖者，因与公益有关，不予认可；（2）认可大陆法院之判决仅审查其判决内容有无违背台湾地区公共秩序或善良风俗；（3）公共秩序或善良风俗原系不确定之法律概念，是否违背该规定应就个别具体案件来探究，并应注意下列事项：依台湾“宪法”保障人民基本权利之原则；应注意保障台湾人民福祉之原则；大陆法院之判决违反台湾地区强制禁止之规定者，得视个别具体情形认定是否违反公共秩序或善良风俗。[①]（4）对等原则。1997年台湾地区在对该条例进行增订和修正时，于第74条增加了第3项规定，即“前两项规定，以在台湾地区做成之民事确定裁判、民事仲裁判断，得声请大陆地区法院裁定认可，或为执行名义者，始适用之”。这就意味着第74条除了体现公共秩序保留原则外，又增加了“对等”原则，亦即大陆地区的民事判决欲在台湾地区获得认可，必须以大陆地区也承认台湾地区的民事判决为前提。（5）机构先行验证原则。1998年5月6日“台湾地区与大陆地区人民关系条例实施细则”作出修正，其中第54条规定：“依本条例第74条规定申请法院裁定认可之民事确定裁判、民事仲裁裁判，应经行政院设立或指定之机构或委托之民事团体验证。”按照这一规定，大陆地区作出的民事判决和仲裁裁决要经过台湾海基会的验证，这实际上增加了当事人在台湾地区法院申请与执行大陆地区法院判决的难度。

两岸民商法律适用如能够取得更好的发展，必须在管辖权问题、扩大法院相互认可与执行民商事裁判的范围、完善对仲裁裁决认可和执行的规定等方面取得突破，特别应当对公共秩序的内容、公共秩序保留的适用范围与标准作最低限度的原则性限制，并通过权威判例明确公共秩序的具体判断标准，逐步对公共秩序的内涵加以界定。[②]

---

① 陈力：《海峡两岸民事判决的相互承认与执行：困境与出路》，《法治论丛》，2002年第5期。

② 王传丽，张薇：《论两岸四地经贸争议解决》，《法学杂志》，2006年第3期。

三、两岸法律适用的制度构建

解决两岸的法律适用问题关键在于立体性完善三个层面的问题：争端解决机制、法律冲突与冲突规范的选择、司法互助，三个层面又立体性的辐射诸多法律事务性问题，共同构成两岸法律适用的制度。

目前尚需立足于两岸的未来进行两岸法律适用的理论尝试与探索。① 现有研究从法律适用的局部视角如司法互助、区际法律冲突等方面进行探讨，已经不能涵盖法律适用的一些主要领域，特别是争端解决机制。法律适用模式是一个跨多法律部门的领域，涉及三个法系四个法域的法律比较、适用、承认与援引问题；关联到国家主权、国家结构以及国际条约的适用问题等；它关系到借鉴国际私法法学方法以及区际私法适用等诸多问题。

（一）争端解决机制

争端解决机制要解决两个核心问题，即争端解决的规则与程序，它们是保障双边与多边贸易体制的可靠性和可预见性的核心因素。两岸通过 ECFA 的签署建立起制度化的经贸合作框架，通过两会建立起协商性谈判机制。但必须看到两会机制受台湾政局变化的影响很大，ECFA 签订后尚需一系列后期协商，两岸交流的日益频繁和立体化需要完善许多制度，存在两岸协商后制度供给的严重不足，因此进一步完善 ECFA 后的争端解决机制意义重大。

大陆不断进行争端解决机制的探索。2011 年 1 月最高人民法院宣布将采取有力措施，督促指导有关法院推广设立涉台案件审判庭。此前最高法院已在江苏、天津、福建、广东等台商比较集中的地方设立专门的涉台案件审判庭或合议庭，并尝试选择由长期在大陆生活的台湾居民担任陪审员。截止 2011 年 11 月福建已有 48 个县、市、区法院设立涉台案件合议庭或审判庭，聘请了 139 名台胞担任涉台案件的特邀调解员，还成立了独立建制的涉台司法事务办公室。② 然而，从争端解决的整个机制看，这些还远不能满足两岸经贸实际需要。

---

① 相关专著有梁西主编的《国际法》；董立坤的《国际私法论》；谢石松的论文《港、澳、珠三角地区的区际法律冲突及其协调》等；从法律适用视角研究内地与香港的代表性著作如索光举的《CEPA 条件下内地与香港法律适用问题研究》。

② http：//tw. people. com. cn/GB/104510/16216535. html。

争端解决机制的建立能够在两岸稳定发展做出最独特的贡献，保证ECFA后期协议与前期收获能够如期执行。为此，两岸应共同遵守共同拥有的社会责任的价值、幸福、和谐的争端解决理念，才能共享两岸发展成果，增强两岸经贸往来以及和平发展时期的可靠性与可预见性。两岸应该做出承诺并且信守，不应采取单边行动以对抗其发现的违反和平发展规则的事件，而应在争端解决制度下寻求救济，并遵守其规则与裁决而不是诉诸报复措施。

1. 法律适用规则要透明。规则包括双边规则和单边规则。从1990年“海峡两岸红十字会组织有关海上遣返协议”到2010年6月签订ECFA，海峡两岸共签订22个协议，[①] 这是两岸的双边规则，单边规则分别为两岸法域的各自立法。2010年12月最高人民法院颁布了《最高人民法院关于审理涉台民商事案件法律适用问题的规定》，明确了涉台民商事案件的法律适用规则，当事人可以选择台湾地区民商事规则，这是两岸法律适用的一个单方规则。规则（在法律体系内表现为宪法、行政法、民商法、诉讼法、环境法等多个部门法体系为支撑的内在统一形态）、价值与原则、法的适用。规则在两岸法律合作与适用框架下是不可或缺和必要的，但不是框架内的唯一形态；价值和原则层面上因其较宽的覆盖面和宏观的指导性有助于维护框架内法本身运行的灵活性；法的适用则将规则、价值适用于两岸具体的法律职业人的行为中。两岸的经济实体及其社会实体，应该通过争端解决机制的构建，缔造出两岸人共同的社会责任，经济全球化与世界一体化带来的对两岸华人的挑战和回应。

两岸争端解决机制的规则应重在贸易及投资领域。依据ECFA第10条之规定，建立适当的争端解决程序，其适用范围在于解决任何关于本协议解

① 海峡两岸经济合作框架协议（2010.06.29）、海峡两岸知识产权保护合作协议（2010.06.29）、海峡两岸渔船船员劳务合作协议（2009.12.22）、海峡两岸农产品检疫检验合作协议（2009.12.22）、海峡两岸标准计量检验认证合作协议（2009.12.22）、海峡两岸空运补充协议（2009.04.26）、海峡两岸金融合作协议（2009.04.26）、海峡两岸共同打击犯罪及司法互助协议（2009.04.26）、海协会与海基会就陆资赴台投资事宜达成共识（2009.04.26）、海峡两岸食品安全协议（2008.11.04）、海峡两岸邮政协议（2008.11.04）、海峡两岸海运协议（2008.11.04）、海峡两岸关于大陆居民赴台湾旅游协议（2008.6.13）、海峡两岸包机会谈纪要（2008.6.13）、海协关于确认《港台海运商谈纪要》事函（1）（1997.06.16）、海协关于确认《港台海运商谈纪要》事函（2）（1997.06.16）、海协关于增加寄送公证书副本种类事函（1994.12.05）、两岸挂号函件查询、补偿事宜协议（1993.04.29）两会（海协会、海基会）联系与会谈制度协议（1993.04.29）、汪辜会谈共同协议（1993.04.29）、海峡两岸红十字会组织有关海上遣返协议（1990.09.20）、两岸公证书使用查证协议（1993.04.29）。资料来源：中国台湾网 http：//www.chinataiwan.org/flfg/ygxy/

释、实施和适用的争端。依据第13条之规定，本协议的附件及根据本协议签署的后续协议，构成本协议的一部分。另据第3、4、5条之规定，除争端解决程序协议外，双方后续至少还应尽速达成货物贸易协议、服务贸易协议以及投资保护机制协议这三个协议。

2. 程序正当。就程序而言，涉及几个核心要件：争端解决机制的主体、争端解决的时间表、争端解决的方式。如何设置科学的争端解决程序，可以借鉴WTO争端解决的相关原则，科学的设定ECFA框架下的争端解决机制的正当程序原则。WTO争端解决机制具有中立性原则、听审原则、参与原则和证明原则等一系列原则为ECFA提供了一个典范。

借鉴WTO的经验，完善磋商前置及其明定争端解决机制的时间表。WTO争端解决的四道基本程序——磋商、专家组审理、上诉机构审理及裁决的执行与监督均规定了严格明确的时限，明确时间表，保证了争端解决的效率，并确保能及时纠正违反协定或协议的措施，使受害方的权利获得及时救济，从而建立起投资争端解决机制、一般性争端解决机制、反倾销与反补贴争端解决机制。①

完善争端解决机构和执行机构。依ECFA成立的两岸经济合作委员是负责争端解决的常设性机构，解决任何关于本协议解释、实施和适用的争端，不应限于协调两岸的贸易争端问题，进行斡旋、调停与调解；在争端解决各程序中，负责各种文书的传达、请求的受理及提供各种法律支持等；在执行程序的设计上建议可在借鉴WTO争端解决机制的跟踪执行监督机制，建立两岸经济合作委员会作为裁决的跟踪执行监督机构，以争端解决机构会议制度的方式审议争端，从而保证对裁决与建议的执行与监督。

3. 完善争端解决方式，完善公力救济机制和私力救济机制。两岸争端

---

① WTO争端解决机制的时间表包括：1. 请求协商的成员方若在10天内未接到对方的答复，或在请求协商后不超过30天或双方另外同意的期限内没有进行协商，则可直接请求成立专家小组，如果在收到协商请求之后的60天内未能经协商解决争端，可申请设立专家小组，或进行斡旋、调解和调停。2. 由DSB设立专家小组，不得迟于申请后的下次会议上设立。3. 30天内组成专家小组，若对谅解所规定的专家小组职权有增减或争论，当事方应在20天内达成协议。4. 专家小组审理案件过程，一般不超过6个月，紧急情况下不超过3个月。5. 专家小组中期评审报告，分送当事方征询意见的时限：（1）专家小组报告分送DSB各方传阅，这段时间不应超过9个月。（2）如无上诉，DSB60天内通过专家小组报告，上诉评审不超过60—90天，DSB在30天内通过上诉报告。可见，WTO争端解决机制中，能够在一年之内完成争端解决程序，克服了GATT中某些案件拖延时间的弊端。两岸间法律事务的争端解决机制可以借鉴WTO争端解决机制，因为大陆和台湾是WTO体制下的独立成员。

解决机制涉及公力救济与私立救济，仅仅通过大陆、台湾彼此单向的公立救济是远远不够的。公力救济受两岸政治生态的影响，而私立救济机制尚不完善。首先要完善公力救济机制，ECFA 签订后，两岸共同约定把“两岸经济合作委员会”作为两岸负责处理与本协议相关的事宜，包括但不限于任何关于本协议解释、实施和适用的争端，在此原则下，应该借鉴 WTO 争端解决机制组织机构（DSB），建立两岸专门的争端解决机制，并赋予其独立履行司法职能的权力，克服两岸遇到的争端双方“选择规则”（Rule Shopping）和“选择机构”（Forum Shopping）的困难，使解决争端专业化、法制化。“两岸经济合作委员会”采用了与 CEPA 一样的传统的政治争端的解决方法，且规定的很原则，并没有赋予任何司法解决争端的方式，是一种临时性的过渡性的安排。申请设立专家小组，或进行斡旋、调解和调停，可以借鉴 WTO 争端解决机制方式,① 争端当事方的磋商是争端解决的第一步，是请求成立专家组的前置程序，磋商、专家组审理、上诉机构审理及裁决的执行与监督是必备机制。

其次要扩展私力救济机制。ADR（Alternative Dispute Resolution）以妥协而不是对抗的方式解决争端，有利于维护两岸的商业关系和人员往来；ADR 更快捷，更简易和直接，避免了送达、执行和取证难的诸多不便；在两岸规则对接相对滞后的情况下，ADR 不必局限于规则的条条框框，允许当事人自主选择适用的实体规范，如地方惯例、行业习惯和标准或者 WTO 条款等，作出的结果更符合商业惯例和道德标准。在目前可在香港建立 ADR 机构，由台湾、香港、大陆的律师或法律工作者联合组成一个 ADR 机构。

4. 政治与法律方法相结合的原则。WTO 争端解决机制将政治说理方法与法律方法结合起来，形成了独特的和平解决争端制度。国际及其区域经济组织一般采用的争端解决方式包括磋商、专家组和上诉机构审理以及在当事方自愿基础上的仲裁、斡旋、调解或调停，结合了争端解决的政治方法与法

---

① 世贸组织成员如有争端，应先行协商，在一方提出要求后的 30 天内，必须开始协商。如 60 天后未获解决，一方可申请成立专家小组（Panel）。争端的解决机构（DSB）在接到申请后的第二次会议上必须做出决定，即同意或不同意成立专家小组，只有争端解决机构全体反对，专家小组才不能成立，这意味着在世贸组织体制下比 1947 年关贸总协定更容易成立专家小组。这说明世贸组织解决争端的机制在加强，因为在原关税贸易总协定多边贸易体制下，可以“协商未完”为借口拖延专家小组的成立。

律方法，体现了综合性争端解决机制，采用了多种争端解决方式。由于两岸关系受岛内政局影响大，在争端解决时应特别强调政治方法与法律方法相结合，充分借鉴 WTO 争端解决机制。

总之，应在两岸共同利益的前提下，采用非强制的争端解决方式平衡两岸的共同利益，求同存异，才是 ECFA 的实质。

（二）法律冲突与冲突规范的选择

两岸法律冲突在性质上是区际法律冲突（Interregional Conflict of Laws），区际法律冲突是指一个主权国家内不同法域的法律相互之间适用效力上的冲突。① 多法域并存是区际法律冲突产生的前提条件和根本原因。区际法律冲突是一个主权国家内不同法域的法律之间的冲突，是不同法律在空间上、效力上的冲突，或不同法律在同一平面上的冲突。一般认为，区际法律冲突是指一个国家内部不同地区的法律制度之间的法律冲突，或者说是在一个国家内部不同属地性法域之间的法律冲突。区际法律冲突是解决统一国家内部因不同地区的民法不一致所造成的法律冲突的法律，这种法律冲突多见于复合法域的国家，又称多元法域。中国区际冲突是指中国范围内大陆、香港、澳门、台湾四个法域之间的利益冲突及法律冲突；不仅是大陆与香港、澳门、台湾之间的冲突，也包括香港、澳门、台湾三个地区相互之间的冲突。区际法律冲突包括三方面的内容，即区际管辖权、区际法律适用和区际司法协助。

1. 国际复合法域国家解决区际法律冲突的经验

国际上没有关于解决区际法律冲突的统一模式，按照目前有关国家的理论与实践，采用区际冲突法的解决方式主要有以下几种形式：“分别立法”模式、“统一立法”模式、“示范法”模式、类推适用国际私法解决等方法。

制定统一的区际冲突法。有的国家专门制定了区际冲突法法典或法规，如 1926 年的《波兰区际私法典》；有的国家将区际冲突法与国际私法合并起来规定，如 1891 年瑞士颁布的《关于定居的或者暂住的公民的民法关系的联邦法》；有的国家是颁布解决某些方面的区际法律冲突的区际冲突法，如南斯拉夫 1979 年的《解决关于民事地位、家庭关系及继承的法律冲突与管辖权冲突的条例》。

---

① 丁伟主编：《冲突法论》（第二版），法律出版社 2005 年 4 月，第 304 页。

制定各自的区际冲突法。各个法域分别制定各自的区际冲突法来解决本法域与其他法域之间的区际法律冲突，许多国家都是先产生各个法域自己的区际冲突法，再逐渐发展成全国统一的区际冲突法的，例如美国、加拿大和澳大利亚等国。

类推适用国际私法解决。采用这种方式解决区际法律冲突的国家，既认为区际冲突法与国际私法有不同之处，又强调二者之间的相似之处，因此并不单独制定区际冲突法，只是通过本国的国际私法的相关规定来类推适用国际私法规范解决区际法律冲突。

在英美法系国家，一法域的法院把本国的其他法域视为同其他主权国家一样的外法域，因此，在解决区际法律冲突的时候，适用的区际冲突法与国际私法的基本规则是一致的。但是由于国际法律冲突与区际法律冲突之间的区别，这些国家一般是指适用国际私法的基本规则和原则，在具体的适用上并不完全一致。此外，值得注意的是，不是每个复合法域的国家都同时具有全国统一的区际冲突法和各法域各自的区际冲突法。有的国家如西班牙，只有全国统一的区际冲突法；但是美国、加拿大等国既有全国统一的区际冲突法，又有各州或省自己的区际冲突法，而且后者更加重要。同时，区际冲突法不仅仅表现为成文法，在一些英美法系的国家，判例也是很重要的区际冲突法的渊源。在美国除少数学者主张将州际冲突法与国际冲突法加以区别外，大多数冲突法学者都主张州际冲突与国际冲突没有什么区别，其解决都适用相同的冲突规则。1971 年的《冲突法重述（第二次）》第十条规定："本重述中的规则适用于涉及美国一个或一个以上的州的案件，并且一般适用于涉及一个或一个以上的外国国家的案件。"不过，在司法实践中，美国的州际司法协助与国际司法协助并不是完全等同视之。

"示范法"模式。在美国，为了解决区际法律冲突问题，各州于 1892 年共同成立了一个半官方机构，即"统一州法委员会全国会议"。该组织在比较研究各州的法律法规以后，负责制定一个统一立法的最低标准。草案经全体会议通过后，建议各州采用。这种模式对于建立和统一区际民商事司法协助制度无疑是有积极意义的，它不仅可免除各法域之间进行谈判、协商、签约等复杂的环节，能够充分发挥专家学者的作用，自由、简便，易于被各方所采用和接受。①

---

① 黄进、黄风主编：《区际司法协助研究》，中国政法大学出版社，1993 年版，第 5—6 页。

2. 我国复合法域解决区际法律冲突的路径选择

国际私法解决准据法的趋势值得关注。法律全球化导致国际私法出现统一化趋势，表现为四种途径：统一实体法、统一的法律选择法、商人习惯法、标准格式合同。两岸虽不能在国际层面讨论民商法律适用，但国际公约及其他国家间的有关条约和司法实践对于解决两地判决的承认与执行问题仍有借鉴作用。如《纽约公约》、《法院选择协议公约》、《关于民商事案件管辖权与外国判决执行公约》等；同时我们更要借鉴复合法域民商法律适用的经验，如英美、欧盟、澳大利亚等的经验。

灵活、多样不拘泥于法律体系的区际私法应成为两岸构造两岸民商交往统一运动的基本原则，适用区际法律冲突模式处理两岸法律问题，可渐进的分为3个步骤：两岸各自以域内冲突法调整法律冲突；统一区际冲突法调整，两岸相互谅让，共同制定统一区际冲突法；统一实体规范调整。两岸出于同一文化母体，具有极强的民族亲和力，法律差异逐渐消除并渐趋一致，最终过渡到统一实体法阶段，也将是两岸法律冲突解决的最终走向。解决区际法律冲突可以采取灵活多样的区际私法统一模式，不必囿于法典化的模式。目前的复合法域国家解决区际法律冲突既有通过区际冲突法模式，也通过统一实体法模式解决。虽然区际冲突法只是间接解决法律冲突，但是通过统一实体法解决的法律障碍较多，仍然需要区际冲突法调整区际法律关系。随着实践的发展，区际冲突法的统一和各个法域实体法的统一已经成为我国区际法律冲突解决的趋势。

要充分发挥宪法在解决区际法律冲突的作用。例如在复合法域的美国很少支持各州使用公共秩序保留作为对抗诉权的理由，反观两岸法律体系中都主张公序良俗与公共秩序保留原则，[①] 它成为对抗彼此判决与裁定执行的主要理由。在美国复合法域较少发生这种情况的原因是在相当大的程度上得益于美国联邦宪法对“联邦主义”的确立和“充分诚意和信任”条款的存在。美国各州法院在法律适用和区际司法协助中均有权适用公共秩序保留制度，只是在实践中较为少用。各州在区际司法协助中所要考虑的公共秩序的内容，主要还是美国联邦法律和联邦宪法关于美国社会的一系列重大利益的规

---

① 台湾：修正《涉外民事法律适用法》第1条涉外民事，本法未规定者，适用其他法律之规定，其他法律无规定者，依法理；第8条也同时规定，违反公共秩序或善良风俗者，不得适用。

定，如正当法律程序、[1] 平等保护条款、[2] 商业条款、[3] 联邦制度[4]等。美国宪法的“充分诚意和信任条款”不仅是一项宪法原则，也是一项具有可操作性的规则，这一义务性条款的规定最大限度地推动了区际法律冲突的开展。解决我国区际法律冲突，可以在宪法层面尝试法律体系统一的战略举措。

（三）司法互助

开展区际司法协助是解决区际法律冲突问题的实质举措。两岸的司法互助的核心特征是它不是来自法律义务，而是来自两岸的意愿。在 ECFA 签订之后，两岸双方将陆续对相关的补充协定进行协商和签订，以进一步促进两岸的经贸交流有序高效的向前发展，在这种良好的政策环境之下，提升双方的法律环境既是必然要求也是一种可期待的结果。大量的经贸合作涌现必然需要完善的法律规定作为保障和救济的依据，两岸司法协助领域的很多不完善制度亟待解决。同时目前双方有着良好的合作氛围，非常适合对两岸的区际司法协助制度进行整合，借鉴 ECFA 协议民间形式进行司法协助协定的设计和鉴定，在此基础上逐步完成两岸正式司法协助制度的构建。

目前，涉及两岸民商事司法协助的全面协议是两岸的海协会和海基会在 2008 年签署的《海峡两岸共同打击犯罪及司法互助协议》，这份协议开始着眼两岸民事司法互助的机制，拓展了两岸司法领域的合作。但《互助协议》的主要内容是刑事领域，涉及民商事领域的部分也只是框架性的规定，还需要进一步的补充和完善。

两岸司法协助领域的其他法律依据都是大陆地区和台湾地区各自作出的

① 美国联邦宪法第 14 条修正案规定，无论何州，不得制定和实行剥夺合众国公民之特权或豁免的法律，亦不得在未经正当程序前，使任何人丧失其生命、自由或财产。正当程序要求“基本公平”，如果在法院地与当事人或诉讼之间不存在合理联系，适用法院地法律将不是基本公平的，因为这种结果不是当事人所能预见和期望的。如果一州法院拒绝适用与案件有合理连接关系的外州法，而适用本州法或其他州法律，由此导致不利的一方当事人可以以违背适当程序为由，依联邦宪法请求救济。

② 美国联邦宪法还规定，各州不得对其管辖区域内的任何人拒绝给予法律上的平等保护，此即平等保护条款。

③ 美国联邦宪法第 1 条第 8 款规定，国会对美国与外国间、各州间及与印第安部落间的商业关系有规范的权利，此即商业条款。

④ 美国联邦政府的权力源自宪法的规定，各州有其固有的主权，但受联邦宪法的限制。根据联邦宪法第 10 条修正案，联邦宪法未授予联邦政府或未禁止各州行使的权力，均由各州保留。

规定，包括专门的司法协助领域的规定和散见在其他法律规范中的部分条文。

1. 在海协会和海基会层面上两岸刑事司法协助机制已经建立起来。可以借鉴粤港澳执法合作的办案模式，通过建立两岸执法合作联络或联系机制，或者借助港澳力量间接开展两岸执法合作和个案协查，也可通过与两岸执法或司法机关均有联系的国际刑事警察组织、国际检察官联合会和国际反贪局联合会等开展执法合作、个案协助或司法互助，继续发挥两岸红十字会组织在遣返刑事犯方面的作用，推动两岸司法互助健康有序地进行。海协会和海基会应当设立两岸司法事务协调专门机构，就打击共同刑事犯罪和互涉刑事犯罪等议题进行协调。

2. 在单向的民商事纠纷层面上，两岸的文书送达、证据交换已经展开。接下来是进一步完善两岸民事司法协助和仲裁机制，而这也正是争端解决机制的关键。包括台湾对大陆法院离婚判决的认可、台湾法院对大陆法院管辖权的审查、大陆法院对台湾法院管辖权的审查、诉讼文书的送达、证据的调查等。两岸已经进行了单向立法模式的有关尝试，两岸应进一步完善相关规定，充分利用民间途径，完善或增加民间司法协助内容，尝试建立两岸司法机构的直接司法合作机制。

当然两岸司法协助还存在诸多问题，需要进一步完善，本文不再赘述。

本文据此认为，两岸的法律适用实际上密切关联了三个核心问题：1. 争端解决机制，它所确立的规则制定者、参与者、规则、行使规则的程序本身成为法律适用最直接的依据；2. 法律适用和规范冲突，它直接明确哪些行政主体通过何种方式（协商、调节、仲裁、判决）行使哪些国家公权力，排除哪些法律以及援引哪些法律，通过何种方法消除法域的冲突；3. 司法互助，它是法律适用的实际行为和最终结果，包括文书送达、证据调取和判决的承认和执行，而其中的核心是判决的承认和执行。两岸法律适用产生的问题，是单一制国家里多法域并存引发的区际法律冲突，它虽区别于国家间冲突法但具有很大的关联性，因而表现为明显的政治性和非典型的法律科学性，它必然是走向法律体系统一的过渡性与工具性问题之一。

两岸青年交流的现状与展望

——以政治社会化为视角

厦门大学台湾研究院　唐　桦

随着两岸 ECFA 的签署并生效，两岸关系和平发展进入到一个新阶段，亟需寻找新的着力点和突破口。青年是建构未来两岸关系的重要参与者，同时也是引领未来两岸趋势走向的影响者与领导者。相形之下，两岸青年交流领域的研究显得相当薄弱。实现海峡两岸的愿景，需要两岸青年的大智慧与大作为。胡锦涛总书记强调："青年昭示着未来，推动两岸关系未来发展归根到底要靠青年。"[①] 青年与其他社会群体相比，具有特殊性和独立性，所以需要客观地来看待两岸青年交流目前双重性，厘清两岸青年交流中的积极和消极两个面向，正视和调整两岸青年交流之中的认知障碍，透过两岸青年交互参与网络的搭建，以及社团合作的共同推动，逐步形成长效交流机制，增加两岸青年之间的共识，深化两岸青年交流。

一、两岸青年交流的现状

2008 年 12 月 31 日，胡锦涛在纪念《告台湾同胞书》发表 30 周年座谈会上所做的重要讲话中，就"弘扬中华文化，加强精神纽带"部分特别强调"尤其要加强两岸青少年交流，不断为两岸关系和平发展增添蓬勃活力"。2011 年初的对台工作会议，将扩大两岸青少年交往列为工作重点。5 月举行的两岸经贸文化论坛达成共同建议中，纳入了加强两岸青年交流，倡议推动两岸青年交流制度化，构建实质交流平台，举办两岸青年交流、寒暑

① 胡锦涛：《推动两岸关系未来发展归根到底要靠青年》，《人民日报》，2011 年 7 月 13 日。

假营队活动，促成更多两岸青年参与。另外，还支持两岸青年就业创业与合作交流，鼓励两岸青年就职业生涯规划，以及提高就业竞争能力相关议题进行交流座谈，培养两岸青年的创新思维。两岸新生代越来越多地积极参与交流互动，携手走上了两岸关系和平发展的希望之路。

随着两岸关系的转暖，两岸青年交流也乘着两岸关系的大势，快速发展。两岸青年交流的现状特点归纳为：第一，从少量交流发展到规模化交流。近年来，两岸青年交流面逐渐扩大，不论从热络程度上、交流广度上还是参与程度上均屡创新高。从2010年第二届海峡论坛期间举办“首届海峡两岸关爱下一代成长论坛”、并发表海峡两岸关爱下一代成长联合行动倡议书，到2011年两岸经贸文化论坛增列加强两岸青年交流为其重点主题之一，再到“海峡两岸关爱下一代成长论坛”成为第三届海峡论坛重点活动之一，两岸青年交流越来越被两岸民众所重视。另一方面，两岸青年交流数量和质量上都有了显著进展。仅以2010年第八届海峡青年论坛为例，两岸21家青联负责人签署了10个交流项目，涉及大陆11个省市和台湾10家青联社团。第二，从单向交流走向互动交流。两岸青年的交流活动遍及大陆广袤的地域，兼顾到东、西部和城市与农村间的平衡，动态参访与相对静态的交流、体验并重；参与交流交往的台湾青年，也包括不同地区，很多来自台湾中南部。两岸青年交流从早期的零散交流，到后来的定期互访，再到现在的品牌活动，实现了多次跨越，开展了多项内容丰富、形式多样的交流活动，从文化观光参访到青年联欢节，从青年论坛到圆桌会议，两岸青年不只是单向度的交流，互动对话、交流越来越多。第三，社团成为交流的重要载体。从2000年至今，大陆通过台联、海协会、台盟、宋庆龄基金会以及各个综合大学等，多管道地推动台湾大学生赴大陆参访、交流、联谊，取得相当大的进展。这一系列工作影响的台湾年轻人不少于10万人次。“海峡青年论坛”作为两岸青年交流的重要平台，自2003年以来已连续举办了9届。两岸青年社团负责人圆桌会自2009年以来每年定期举办一次，已成为两岸青年社团定期沟通的组织化、机制化平台。第四，中华文化成为交流的纽带。两岸青年有着共同的唐诗宋词，有着共同的文化记忆，浓浓的血缘，深深的眷念，生生不息的亲情文化联结着两岸青年；千年的文明，浩瀚的典籍，源远流长的历史文化联结着两岸青年；相通的兴趣爱好，相近的审美习惯，同步流行的时尚文化联结着两岸青年。[①] 传承中华文化、展示时尚文化等主题成为巩固感召、凝聚两岸各界青年的文化纽带。第五，青年交流大大增进相互了解。两岸青年交流的影响，表现为两个不同的层面，若就认知和印象层面来看，两岸青年交流已取得相当大的成效。首先，交流能化解部分刻板印象，比如台湾青年原本认为大陆很落后和大陆青年原本认为台湾很混乱等的刻板印象，都能够透过交流得到很大程度的调整；其次，交流能加深对彼此发展的印象，一些台湾青年甚至因为了解到大陆经济的发展形势而重新设定生涯规划；最后，交流可以建构出双方持续互动的沟通管道。两岸青年在现在两岸关系和平发展大交流时期的新的生活经验中，建构了不同的对彼此的认知架构。依《联合报》的民意调查，曾去过大陆的台湾民众从十年前的31%增加到42%，而去过大陆的人中50%对大陆人民留下好印象，38%对大陆政府印象不错，比没去过大陆者分别高出17个与9个百分点，足见两岸民间交流的意义重大，效果在显现。[②] 透过交流，两岸青年对彼此有了更直观和不同的感受，台湾青年看到大陆的经济发展，大陆青年看到台湾的乱中有序。台湾青年来大陆，改变了他们过去对大陆发展的错误认知，让他们重新审视内心的中华文化基因，加深了身为中华民族一份子的认同感。

尽管随着两岸关系的发展，两岸青年交往日益密切，但是，不可否认，两岸青年的交往工作相较经贸等方面的往来而言仍相对薄弱，进一步发展的需求和空间很大，存在以下几个问题：第一，过于注重形式和规模，制度化、常态化有待加强。存在过分追求规模，只重视参加交流的人数、团体数目多寡，追求“新闻效应”现象，而对交流主题有所忽视，致使两岸青年聚在一起，只是参加活动，缺乏深入的交流。很多活动实则是两岸青年的交流，却把大多数时间花在单方的参观游览上，没有为两岸青年人之间的交流交往创造足够的空间，出现“交流活动很多，两岸青年聚在一起，缺乏深入的交流，甚至不知道要做什么、要讲什么”的现象。第二，忽视民间社会力的作用，交流动力不足。目前大陆方面在推进两岸青年交流的主要着力点是在论坛、夏令营和短期访学上。这些措施在战略目标设定上是正确的，对两岸青年是有益的，却过于倚重公权力的运用，忽视了能深入并长久地影

---

① 《王晓同志在“海峡论坛·两岸青年社团负责人圆桌会议”上的致辞》，中国共青团网，http：//www. ccyl. org. cn/documents/ccylspeech/200906/t20090602 _ 251388. htm。

② 《台民众对大陆心态矛盾：抱怨批评　又想到大陆工作》，中国新闻网，http：//www. chinanews. com. cn/tw/2010/12 －23/2742228. shtml。

响台湾青年对大陆的感性认知和认同度的民间社会力量。两岸关系和平发展的内涵在青年层面上的理解，就是“如何解决与两岸青年生活密切相关的经济、社会和文化发展的问题”,[①] 它在青年交流层面的主要任务就是重建两岸青年的统一动力。[②] 目前我们开展的两岸青年交流活动更多从大陆对台工作大局出发，较少就台湾青年的需求进行先行论证。第三，认知不同产生交流障碍。两岸分离几十年，在特殊的历史背景下，双方的青年人对对方社会的认知有很大的差别和障碍。两岸的青年各自都会由于过去不同生活经验的影响，而将对对方的评价感觉贮存于记忆系统中。加上李登辉、陈水扁等人多年的“去中国化”教育，不少台湾青年形成了相对较为独特的自我认同意识。两岸历史上形成的对对方的认识，总是按照之前的印象预期另一方的行为，夸大对方的敌意，并视其为有冲突意图的对手。即使对方社会发生显著变迁，这种固有印象也不会完全消失。同时随着交流深入、接触面扩大，以前由于分隔所掩盖的问题与矛盾浮上水面，带给台湾青年冲击，如陆客文明素质等，让其对两岸发展持观望态度。这些都给两岸青年的交往带来一定的障碍。

二、从政治社会化的视角探索困境成因

为了进一步了解台湾青年对于两岸关系的看法，厦门大学台湾研究院民意调查研究中心分别于 2011 年两次采用计算机辅助电话调查（CATI）系统[③]对台湾各县市民众进行了访问，以下是本次调查中跟本文相关的几个数据结果。1. 青年受访者对于“大陆与台湾同属一个国家”这一说法的认同度，低于中老年受访者。在青年受访者中的认同“大陆与台湾同属一个国家”的说法的比重为 15.22%，略低于中老年受访者的 16.59%。显示增进两岸民众政治认同，特别是青年政治认同，成为我们做台湾人工作的重要方向。2. 身份认同方面，青年受访者对于“既是台湾人也是中国人”这一说

① 刘国深：《两岸关系和平发展新课题浅析》，《台湾研究集刊》，2008 年第 4 期。

② 杨剑：《关于两岸关系和平发展与和平统一目标的理论思考》，《海峡评论》，2008 年第 1 期。

③ 计算机辅助电话调查系统简称 CATI（Computer Assisted Telephone Interviewing System）。其通常的工作形式是：访员坐在计算机前，面对屏幕上的问卷，向电话对面的被访者读出问题，并将受访者的回答结果通过鼠标或键盘记录到计算机中去；督导在另一台计算机前对整个访问工作进行现场监控。通过该系统调查者可以以更短的时间，更少的费用，得到更加优质的访问数据。

法的认同度，低于中老年受访者。青年受访者同意自己“既是台湾人也是中国人”的说法的比重为36.18%，显著低于中老年受访者的47.3%。3.青年受访者对于未来两岸关系最终走向的预期，与中老年受访者基本相当，主张维持现状占绝大多数。认为未来两岸关系会维持现状的二者几乎相同，都在56%左右。[①] 对于未来两岸关系的最终走向，青年受访者与中老年受访者预期基本相同，从以上的民调数据，我们可以看到在身份认同方面，台湾民众的主体意识在强化，更多的台湾青年自认为是“台湾人”，甚至“既是中国人又是台湾人”的认同降至4成左右。随着两岸关系和平发展的深入推进，两岸和平发展所带来的好处逐渐凸显，这种背景下为什么还会出现认同的流失值得我们从政治社会化的视角来探寻一下成因。

对于政治社会化的含义，不同的学者有着不同的见解，但是基本上是一致的，只是角度不同。阿尔蒙德认为“政治社会化是政治文化形成、维持和改变的过程。”[②] 兰顿说，政治社会化是社会把政治文化代代相传的过程。[③] 伊斯顿和丹尼斯指出，政治社会化是个人获得政治取向和行为模式的发展过程。[④] 政治社会化研究的是如何把政治态度、价值与行为模式传递给新生代的过程，那么结合前述的定义，本文提出政治社会化实际上是一个双向运动，一方面是政治系统利用一定的社会媒介，将政治文化以建制化的方式塑造社会成员的政治倾向和行为模式，另一方面是社会成员特有的政治认知、政治情感、政治态度的形成过程。个人通过积极学习或被动接受社会媒介所传递的政治文化，将其内化为自己的政治认知和价值观，并将其外化为一定的政治实践。[⑤] 从这个意义上说，台湾青年的政治社会化是逐步形成身份认同的过程。台湾青年的身份认同与社会化之间的内在关联体现在：一方面，台湾青年从小到大，都在不断地从家庭、学校、同伴、媒体等渠道接收各种相关信息，接收着政治系统所释放的价值观。另一方面，台湾青年的生活经历和“故事”都在建构和重组他们的身份认同，进而影响他们的政治

① 以上数据皆来自于厦门大学台湾研究院民意调查研究中心的研究数据。

② 加布里埃尔·阿尔蒙德著，曹霈霖等译：《比较政治学：体系、过程与对策》，上海译文出版社，1987年版，第91页。

③ Gu pte，Kalpan a：A Study in th e Process of Polit ical Socio – lizat ion，Bom bay，Him alayo pub，House，1989，p. 2。

④ Gu pte，Kalpan a：A Study in th e Process of Polit ical Socio-lizat ion，Bom bay，Him alayo pub，House，1989，p. 2。

⑤ 李业：《论大众传媒的政治社会化作用》，东北师范大学硕士学位论文，2011年。

态度和政治行为。也就是说，台湾青年的身份认同和对两岸关系的态度的形成，都是一个政治社会化的过程，唯有理解了这个过程和途径，我们才能理解台湾青年认同复杂性的成因。

在两岸交流中，很多所谓的现实是人们根据自己的解释和有意识或者无意识的认知行为再生产出来的。① 制度制造了分类系统，并参与塑造青年的思维方式，进而决定了青年的身份认同、自我印象和偏好。② 那些台湾青年在两岸交流中形成的共享故事在很大程度上维系着边界和身份的再生产。早在 1958 年，戴维·伊斯顿和希思就指出，童年对于政治倾向的形成是至关重要的阶段。政治倾向在人生的早期阶段就已经趋于稳定。③ 阿尔蒙德则主张政治社会化贯穿漫长的一生，“态度可能早在孩提时就已形成，但随着每个人的政治经历和社会经历的发展总是不断变化的”，④ 因此再政治社会化是不可避免的，而实施公民社会化的结构主要包括：作为社会化机构的家庭；共同体，聚居区和同辈集团；教会；学校系统；工作场所；正式组织；大众传播工具；专业化的政治输出机构：利益集团和政党；专门输出机构：立法机关、行政机关和法院；社会、经济和政治结果。⑤ 总而言之，政治社会化的途径主要可以划分为以下几种：家庭、学校、大众媒体、社会共同体及其他。⑥ 台湾青年不仅受到家庭、学校、社区等直接社会环境的影响，也与政体、市场、地域文化、大众媒体等“社会大环境”密不可分。前者以看得见的社会互动为载体，而后者的影响则是无形的。台湾青年行事较中老年更为务实，更注重个人前途，较少关心“台湾前途”等宏大叙事，“国家观念”较为淡漠，政治忠诚度和抗压性较低。青年人政治观念尚未定型，易受各种因素的影响，台湾青年的身份认同的政治社会化途径由以下几个部

---

① Peter L. Berger and Thomas Luckmann: The Social Construction of Reality, Garden City, New York: Anchor Books, 1996: 5.

② 黄平、罗红光、许宝强编：《当代西方社会学人类学新词典》，吉林人民出版社 2003 年，第 38 页。

③ 胡海可，林华蓉：《近二十年我国政治社会化研究述评》，《广东社会科学》，2002 年第 5 期。

④ 加布里埃尔·阿尔蒙德：《比较政治学：体系、过程和政策》，曹霈霖译，上海译文出版社 1987 年版，第 91 页。

⑤ 加布里埃尔·阿尔蒙德：《比较政治学：体系、过程和政策》，曹霈霖译，上海译文出版社 1987 年版，第 101—118 页。

⑥ 转引自阎宏斌：《试析政治社会化功能与运作模式——从比较政治的角度看政治教育》，河南社会科学，2005 年第 3 期。

分组成：

1. 代际环境的差异。

对于年龄层在60岁以上的台湾民众，因经历了两岸军事对立时期，而对大陆产生敌对心理；然而透过两岸开放探亲的政策，逐渐淡化他们内心的仇视。对于中年以上的台湾民众而言，经历了两岸的政治对抗时期，透过逐步交流，除了为彼此在经济上带来商机，也增进了两岸民众间的了解。台湾青年世代，一方面，相较于老一代，尤其是相较所谓的外省第一代而言，他们缺乏血缘，以及原乡记忆、原乡经验的联系，因此可以理解何以年轻族群对大陆有更强烈的疏离感。另一方面，对于台湾在“国际空间”方面的困境，现阶段的两岸关系，经济彼此依赖又竞争，对年轻世代而言，初出社会即可能遭遇工作机会的流失，同时可能还必须要面临与大陆人民在工作上和资源上的各种竞争等，都是年轻世代对大陆持有敌意的原因。李登辉、陈水扁执政期间，“台独”社团乘机在青年学生中举办所谓研讨会、研习营等活动。人总是生活在社会群体之中的，群体内同伴的政治信仰、政治倾向等很容易通过相互交往传递下去，甚至左右个人的判断力。在“台独”成为“政治正确”的强势语言后，一些青少年为避免遭到同伴围攻或挖苦，不敢坦言自己的中国人身份，而以“华人”、“炎黄子孙”等模糊身份认同来取代。

2. 教育的洗脑

学校是政治社会化最重要的场所之一。历史教育更是可以塑造个人基本的国家和民族认同，起到构筑“想象的共同体”的重要作用。成长于李登辉的分裂主义教育和陈水扁的“台独”路线教育的青年世代，中国认同大为减弱，“台湾认同”尚未定型，因此处于模糊、失范时期。岛内“台独”势力正是看中这一点，把青年人作为“台独”突破点，大肆推行以“去中国化”为核心的“本土化教育”。1997年，李登辉当局编纂《认识台湾》一书，刻意删减有关祖国大陆的历史、地理课程，增加“台湾史”、“台湾人”、“台湾地理”、“台湾文学”等内容，极力淡化和消除台湾青年的“大中国意识”和“中国认同”。2001年，台湾各级中小学普遍开设乡土语言课，把闽南话改名为“台语”，企图“从娃娃抓起”，培养台湾青少年对于未来“台湾国语”的语言忠诚。2004年12月，台“教育部”新公布《高中国文课程纲要》，把教材中能体现中国文化特色的文言文的比例整体下调

20%，提高台湾白话文的分量，强调“以台湾新文学以降之名家、名篇为主”，以前列为必修的《中国文化经典教材》改为选修教材，企图进一步剥夺青年学习、了解中国文化的机会，增加青年对于台湾文化的认同。台湾岛内近年来的历史教科书之争，不仅反映了国民党和民进党的权力之争，更深刻地折射出了二十年来台湾社会政治文化的变迁发展，这样的政治文化渲染下的“台湾主体意识”，又对教科书制定产生了深远的影响，从而深刻地影响了政治社会化进程。“台独的国族建构从台湾史教科书下手，通过三个编纂方法达到去中国化而建构台湾民族认同的目标：一是历史书的关键用词加以去中国化：‘台独史观’的用词是‘荷治—郑氏王朝—清领—日治—终战—再殖民’；二是截断中国人在台湾的接触、开拓史时间，不承认史书所言三国之吴的浮海来台；三是高度正面歌颂日本殖民统治带来所谓现代化，极力隐除日据台湾许多先贤的功绩。前‘教育部长’杜正胜的同心圆理论史观，把台湾地方史提升为‘国史’、原本国史（中国史）变成外国史，扭曲史实、融入台湾独立建国意识，现在看来相当成功。”① 岛内分裂势力一直从历史观、文化观、民族观等各个方面试图割断两岸的历史联系、内在的精神联系与民族认同，淡化中国文化对台湾民众的影响，培植所谓台湾主体意识，对台湾青年的思想意识、价值观念、理想信念、精神追求、民族认同等造成极大的混乱。郁慕明说：“我们发现，经过20年台独史观教育的结果，台湾的年轻人大多数不认同中国了，这是两岸间最大的不稳定因素。”②

3. 媒体的建构

查菲及蒂普顿在1970年的实证研究证实了大众传播媒介对政治社会化的功能，他们询问青少年关于父母、老师、同侪和大众传播媒介四个社会化机制的重要性，其中大众传播媒介被认为是最重要的信息来源。③ 台湾青年基本出生于台湾解除戒严之后，传播技术的发展和媒体行业的开放，形成了台湾青年受众特殊的接触媒体特点，报纸、杂志、网络等都是他们获知信息的途径之一。从最基础的政治社会化到整体民意环境的反应，都可以突显出

① 《历史课纲修订与台湾的国族认同问题》，中国评论新闻网，2011年1月3日，http：//www.zhgpl.com/doc/1015/5/8/8/101558831.html？coluid = 0&kindid = 0&docid = 101558831&mdate = 0103153557。

② 郁慕明：《20年台独教育，台湾青年大多不认同中国》，西陆网，http：//junshi.xilu.com/2012/0506/news_48_251042.html

③ 方积根、唐润华、李秀萍：《台湾新闻事业概观》，北京：新华出版社，1990年，第27页。

媒介无所不在的本质。从公共领域的角度出发，台湾社会的新闻论述在实践政治功能上一直无法形成有力的共识：一是政治权力的直接操控、间接介入等造成政府威权的独大；二是因为市民社会长期的被压抑形成了结构性失忆的现象，也让新闻的专业义理欠缺酝酿空间。媒体的公共性首先表现为它是否能够提供一种政治性辩论的非歧视性的、自由的空间，对于台湾地区而言，大众媒介不仅没有提供公民较为广泛且平衡的政治观点，内容反而充斥着明显的政治偏差。由于认同意识的不同导致了对于两岸议题的不同见解，进而产生不同的政治偏差报道，然后又塑造了年轻人的认同意识。比如，泛绿媒体几近以“中国”为主，将大陆视为“国家”而非使用地区等较为模糊的称谓；而泛蓝媒体则多使用“中共”、“中国大陆”等称谓进行新闻报道。在报道上，泛蓝的报刊更多关注于两岸的互动，对于两岸关系的定位则是更多以“大中华”的宏观角度论述方式呈现；而泛绿的报刊更多从“国族主义或是基于统/独的认同意识”出发，将两岸关系定位为“国际关系”。[①] 在两岸关系的报道上，由于媒介的立场不同，对新闻事件的诠释有不同的样态，对青年政治态度影响的效果是不容忽视的。

此外，性别、生活地区、生活伙伴、经济地位、职业、政治事件等也是台湾青年政治社会化的重要传播媒介。这些政治社会化机构在传播内容和手段上具有一定的相似性。在一个运作良好的政治社会化机制中，这些机构往往相互配合，形成一种教育合力，从而促进了台湾青年身份认同的发展。由此形成的身份认同和对两岸关系的认知不是一成不变的，而是社会结构与具体情境共同作用下的权宜性结果，一旦失去外力的推动，就可能改变了。所以两岸青年交流未来的发展方向也应该作用于这些途径之中。

三、建构两岸青年“共同认知”的四个路径

认同并非一成不变的，而是可以通过行为体之间的互动来建构的。而认同一旦形成，就具有独立的作用，使行为体对于相互之间的关系的共同观念发生改变，从而影响到行为体的行为和选择。[②] 台湾的青年一代由于其成长

① 何亚伦：《台湾地区媒体对中国大陆国家形象之影响》，复旦大学硕士学位论文，2010 年。
② 夏建平：《认同与国际合作》，世界知识出版社，2006 年版，第 308 页。

环境、教育背景以及生活阅历均与大陆青年存在较大差异，要从思想上高度重视对台青年工作，做好他们的思想工作特别是增强他们的祖国意识就要采取与之相适合的方式，要多渠道、多层次的建立台湾青年一代能够接受的交往形式与交流途径。两岸青年共同认知的建构是一项重要的民心工程，是两岸关系和平发展框架的基础工程。在重大的、原则的问题上存在共同认知或重叠认知是两岸青年进行交流、对话的基础，在此基础上两岸关系才能实现和平发展。本文提出以下四种建构两岸青年“共同认知”的整合路径：

1. 交往理性的价值路径。建构两岸青年的共同认知，主观来看，两岸青年必须感觉到使他们团结在一起比使他们分裂更珍贵。一方面，要在各个层面上重新去思考，以及用台湾年轻人听得懂的话去阐述，统一的价值在哪里。中华民族的建构要周延，终究要找出彼此都接受的共同价值。大陆的对台宣传媒体应该将台湾青年纳入目标受众群体而加以培养，使他们能够理解两岸统一的意义和趋势。另一方面，让两岸青年共同参与探讨什么是两岸未来最好的生活方式以及实现手段，两岸青年在没有任何压力的情况下自由、平等地对话和交流，从而实现以理解为基本方式、以达成共识为基本目的的交往目标。随着两岸青年的交流的深入发展，两岸青年对于敏感的政治议题的讨论也明显增多了，年轻人敢于直面两岸现实议题的挑战。通过开放性的对话、辩论，两岸交往中曾经被扭曲的认知，特别是“台独”分子通过“去中国化”灌输给青年学子的理论，可以得以重新认知，对真相和历史进行还原，增强中华民族的向心力，把两岸中国人的共同信念、情感心理内聚凝合。基于此，设立两岸青年对话平台，就两岸公共事务进行学术探讨、对话、辩论。

2. 加深认同的文化路径。文化是民族的灵魂，两岸同胞同文同种，同根同源，建立在同一文化背景上的交流必然能够加深彼此的认同感和信任，凝聚民族的情感。李登辉、陈水扁执政时期，肆意割裂两岸的历史文化联系，任意虚构台湾文化的独立性，大搞“文化台独”，摧毁台湾青年对中华文化的感情，制造台湾社会的文化认同危机。首先，凝聚中华民族认同，培育两岸公共文化服务，以两岸合作的方式创造共识。同时，深入探讨两岸文化的内在联系，增强文化认同感。两岸应该把培育青年文化认同视为自己的重要任务，提供两岸公共文化服务。两岸需要的是一种针对青年的长期的大规模的共同文化参与的文化动员。覆盖网络的构成除了包括公共图书馆与博物馆、美术馆、剧院以及艺术中心之外，也涵盖了文化馆与文化广场、电影院、电视台、文化信息数字网络、书店等。两岸青年交流活动中，一方面，加强两岸在文化古迹和非物质文化遗产的保护、传承和利用等方面的交流合作，同时发挥闽南文化的引领作用，通过闽南语、歌仔戏、佛教典礼等闽南文化与台湾文化对接，消解台湾青年的疏离感；另一方面，发挥大陆兼容并包的特点，引导青年在文化差异中相互理解、相互欣赏；并且在对外推广中国传统文化的过程中，联手合作，扩大共识。使两岸青年在文化环境的差异对比中，体会中华文化的源远流长和兼容并蓄。

其次，两岸分离后，共同记忆中断了，对于两岸青年来说，建立共同的历史记忆很重要。两岸应该共同修史，开展科学的历史教育。尤其是要利用媒体来再现集体记忆，比如将两岸相关的集体记忆融入故事叙述、借助于新闻报道唤醒公众记忆等；台湾需要进一步加强认识当代大陆，大陆则需要体认台湾的多元化政治环境，要善于利用媒体培养两岸共同的历史记忆，以一种积极的、参与的方式，通过开放性的讨论，在动态的过程中，不是静态地对历史或现实的事实的认定，逐步建构两岸共同体的文化认同。从历史文化教育领域推动两岸青年的文化交流与合作，有利于加强两岸青年的文化认同，共同构筑两岸和平发展的基础。

3. 共同参与的制度路径。建构两岸青年的共同认知，客观方面，两岸人民需要一定的组织来使这种感觉制度化。首先，充分利用现有的交流平台，扩大青年交流，巩固友谊。两岸青年交流是奠定以后长期交往的基本条件，在这过程中，活动举办要使得参与者即使回到了台湾也能持续与大陆青年保持联络，彼此间的想法与意识也能持续地交流。彼此的联系将在未来的日子里继续，成为彼此培养共同的社会记忆的开始。其次，建立健全两岸青年交流合作机制。制度化是交流畅通的有效保障，尤其对于肩负未来两岸和平重大责任的青年来说，他们畅通无阻的交流是减少隔阂和误解，增进认知和融合不可替代的方式。大陆可依托两岸青年社团负责人圆桌会议，逐步完善两岸青年社团交流的制度安排，逐步建立、完善定期沟通、互访交流、合作协商等制度和交流合作机制。再次，创造条件，鼓励两岸青年共同创业、联合研究。台湾很多青年朋友对新的创业模式很有独到的创意，大陆有非常良好的市场，可以协调包括资本市场，以及金融市场上一些协助的力量，使合作交流的项目有机会落实。通过交流，包括技术合作的开发，还有相关一些创业的商业模式的一些共同的思考、设计，可以优势互补，推动两岸青年在解决问题的过程中，形成合作的契机，为促进共同发展创造条件。最后，以最广泛的两岸事务政治参与的制度设置来凝聚两岸青年的共识。让两岸年轻人多渠道共同参与两岸事务，培育最具潜力的公共领域，形成公共舆论，表达两岸民众的共同意愿，并就与普遍利益相关的问题最终导向共识。同时可以培养一批冷静的有学养和对台湾有研究的大陆学者，在台湾的媒体上发声，指出台湾民主本身的问题和不成熟之处，帮助台湾的一些弱势青年群体。民主政治在台湾以“民粹式民主”的形式存在，大陆可能反而是扭转蓝绿僵局的帮手，帮助台湾民主制度走向成熟。

4. 共同生活的社会路径。首先，继续发展两岸之间经贸社会往来，形成利益共同体。经贸之间的交流越密切，才能形成共同生活圈和利益共同体，才会有助于两岸青年产生命运共同体的感受。其次，两岸青年的共同之处在于两岸“分享一个世界”。当一群青年针对同一件事情开始发言讨论、或是关心同一个现象的发展，我们就创造了一个两岸公共空间。这个公共空间基本上是无形的，但是它却是使你我他产生关联的媒介。如果许多成员都只管表达自己对某件事的看法，却从来不屑去了解别人的看法，那么公共领域仍然是空洞的，或欠缺一种起码的相互性。所以。我们未来要着力于培养这样一个两岸公共领域，两岸青年以言语、而不是以暴力来进行互动，当公共领域的成员分别表达了他们的意见与立场，如何决定哪个看法比较可取，就必须看谁提出“较佳的论证”。两岸青年公共领域的交往要更多地从社会内部发力，让社会自身激发应有活力，创生新的具有正面效应的非正式制度和非正式规范。最后，构建两岸青年共同生活圈，在共同生活经历的基础上形塑共同的历史记忆和情感，从而奠定两岸之间的集体认同，为两岸关系的进一步发展提供坚实基础。正如台湾政治大学“80后”大学生曾国勋所言：“认识越来越多的大陆青年朋友，我想慢慢他们会成为我生活的一部分，我们会拥有越来越多的共同的社会记忆，到那时大陆就真正与我们密不可分了。”大陆近年提出“两岸同胞是血脉相连的命运共同体”，希望与台湾同胞建设“共同家园”。这种柔性温情的提法较易获得岛内民众的认同，下一步两岸青年可以在命运共同体的内涵上多做交流，逐步培养两岸青年休戚与同的意识，促使两岸更多开展合作而非走向零和对抗。

青年是国家的未来、民族的希望，是促进统一、振兴中华的生力军和后备军。台湾青年的民心所向、政治追求，攸关台湾地区的未来发展，攸关两岸关系的和平发展。因此重视研究并努力把握台湾青年的心态，是有的放矢地做好台湾人民工作，实现中华民族全面振兴的重大举措。在两岸的互动中，应重视对两岸青年共同认知的建构，使中国是两岸人民的中国、两岸都是中国人等这些共同身份能够从建立共同史观、恢复两岸人共同的历史记忆，通过深度的文化、教育的交流合作等逐步去建构。在动态的过程中逐步建构两岸共同体的文化认同，共同打造两岸和平发展的希望工程。通过更多元的交流互访来改变、增进两岸感情，也让青年朋友有更多新的思维，交换彼此想法，进而替社会做出更大贡献，进而有共同目标为两岸之间而努力。